启真学术文库
QIZHEN

首译之功

明末耶稣会翻译文学论

李奭学　著

TRANSWRITING:
Translated Literature and Late-Ming Jesuits

ZHEJIANG UNIVERSITY PRESS
浙江大学出版社

纪念先师余国藩教授

简体字版序

在明清之际西学东渐这个学术领域里，我耕耘已久，而屈指算来，如今怕也三十余年了。我的本行是比较文学；西学东渐的钻研，我当然也从比较文学的角度出发，把重心尤摆在翻译文学史上。我所重者，乃自欧洲文字译成中文的作品。我颇服膺刘禾在《跨语际实践》（*Translingual Practice*）里提出来的见解：由中文外译的著作，除庞德（Ezra Pound, 1885—1972）等少数人所译外，很少对原文社会产生影响；而外文中译的作品，对中文世界才有真正的贡献。

研究明清之际的文学中译，说来吃力而毫不讨好，我几乎十年才能磨成一剑。我出入多年，迄今所得也不过四本专著，原因我在其他书序中也都提过：此际耶稣会士的翻译，很少明示所出原本为何，研究者得凭其西方学问功底——甚至是运气——才能考得原作，然后再细而论之。惭愧得很，本书所谈诸译其实是我的第一本书《中国晚明与欧洲文学》的续作，但结构上另辟一途，以少数译本为单位而未综合论之。其中某些译籍，我连其底本为何，迄今仍然懵懂不知。方家其恕之，我也待有朝一日能予补正。

本书繁体字版，系由香港中文大学出版，而"首译之功"这个大书题，中大本原作"译述"，强调耶稣会的翻译方法或翻译策略。简体字版，我则改名作"首译之功"，亦非毫无"出处"。我第一次使用这个谐音的成语，是在复旦大学比较文学专业与上海师范大学比较文学学科点的演讲会上，最近则是应香港中文大学翻译系与台湾高雄中山大学人文中心之邀而讲。要说明的无非是这些书籍的中译，一一都是史上首见，有其特殊的印刷文化与历史内涵。我要感谢杨乃乔、刘耘华、王宏志与杨雅惠诸教授邀约。演讲会上诸君也都曾指正了一些疏漏，虽然都是随口一提，于我则是纶音灌耳。至仞高谊，甚感。

所谓"十年磨一剑"，说来好听，我仍因自己所得有限而懊恼非常。尽管如此，撰写本书的十年间，我也从未叫屈，反而悠游在研究之中。每有发现或发明，不免像孩童般兴奋雀跃。我身在研究单位，研究是分内之事，教学则是副业。多年来我教的博、硕士生中，能够领略我的专长者不多。尽管如此，有少数愿意"跟进"，我同感欣慰。

凡此又让我想到当年负笈芝加哥，业师余国藩教授殷殷垂训，辛苦教导，关爱之情与勤，只在我待自己学生之上，我深觉有负师门。本书繁体字版问世之时，老师尚且健在，我幸而及时把书敬献给他。但星移斗换，不过数年间，这本简体字版面世，老师竟已作古，"献辞"二字得改为"纪念"了。物是人非，我常感人世变幻莫测；睹物思情，不胜唏嘘之感也油然而生。

李奭学

2019 年初，台北·南港

繁体字版序

　　本书是拙作《中国晚明与欧洲文学——明末耶稣会古典型证道故事考诠》（以下简称《中国晚明与欧洲文学》）的续作[1]，也是我从文学的角度研究明末西学东渐的第二本专著，写来所费时间与心力绝不下于第一本书，但在资源上，则倍甚于前著：包括文哲所在内，多间机构都曾慨伸援手，出资让我出入于欧洲、北美与东亚地区的大型与专业图书馆。我四处"寻幽访胜"，从善本读到罕本，跃然神往，"陷溺"其中，也乐在其中。饮水思源，这篇拙序伊始，上述我得先予表明，并向各单位敬致最深的谢忱[2]。

　　在写作上，本书一改《中国晚明与欧洲文学》以文类为主而综述考诠的方式，主因在我拟一本本地"细读"（close reading）明末耶稣会士中译的欧洲文学。首先，在我上大学与就读硕士班的 20 世纪 70 与 80 年

[1]　李奭学：《中国晚明与欧洲文学——明末耶稣会古典型证道故事考诠》（台北：联经出版公司，2005；修订版，北京：生活·读书·新知三联书店，2010）。

[2]　本注所志本书诸章内容，除了在文哲所外，多半也曾在下面校系、机构或场合演讲过：台湾清华大学历史研究所与中文系，台湾交通大学文化研究所，台湾大学中文系与历史系，台湾师范大学国际汉学研究所，台湾中山大学人文科学研究中心，辅仁大学语言学研究所，第二届海峡两岸暨港澳翻译与跨文化交流研讨会，台湾西洋古典、中世纪与文艺复兴学会，北京理工大学，上海师范大学比较文学与世界文学中心，复旦大学中文系，北京外国语大学海外汉学中心，香港大学中文学院，以及东京大学东洋文化研究所。各单位邀请人至忉高谊，谨此再申谢忱。此外，我在辅仁大学比较文学研究所与跨文化研究所，以及台湾师范大学翻译研究所的学生，对本书书稿也曾提出批评和指正，谨此同申谢忱。最后校稿的工作，又承我前后任的研究助理苏郁茜、余淑慧、蔡淑菁、张雅媚，以及三位博士后研究员林熙强、陈硕文和蔡祝青教授协助，谨此亦致谢意。

代，"细读"在台湾学界风起云涌，早已卷起千堆雪，好不热闹；时迄于今，我仍然相信"细读"是文学科系的学生应该具备的训练之一。其次，对我来讲，研究明末欧洲文学的译本最大的问题，乃原作或源本与作者双双难解，而我有心为学界解开我所能解的问题，这也需要一本一本地加以研究。最后，明末文学诸译虽以宗教为共同主题，但每一译本仍有其各自的生命，可以归纳出某一或某些共同特色，所以在考诠之外，我不应漫无目的地讨论，应寻觅所论之作最重要的主题或形式，予以发微。本书诸章，几乎都是如此构成，全书当然也满布同类色彩。

本书正文诸章的编排次序，我都按所论各书可能译就或已确定的初刻时间为准定之[1]。我选书也不是毫无头绪地选，《中国晚明与欧洲文学》内论过的译作，我大致略过；学界已经多方讨论的译作，我同样避开不谈。所以本书挑选的八部译作，至少有七部几乏前人讨论。此所以各章以独立论文发表时，我多数以"初探"题之，而我所论之译确也为举世"初次"的"探讨"。当然，题为"初探"，另一意蕴是就我而言，更是"初次"在"探讨"这些译作，试予诠解。虽然如此，正文所论诸译，有极

---

[1] 本书诸章的初稿文题及发表处谨志如下：第一章《翻译的旅行与行旅的翻译：明末耶稣会与欧洲宗教文学的传播》，载《道风：基督教文化评论》第 33 期（2010 年秋），页 39–64；第二章《欧洲古典传统与基督教精神的合流——利玛窦〈西琴曲意八章〉初探》，载初安民（主编）：《诗与声音——2001 年台北国际诗歌节诗学研讨会论文集》（台北：台北市政府文化局，2001），页 27–57；第三章《翻译·政治·教争：龙华民译〈圣若撒法始末〉再探》，载单周尧（主编）：《东西方研究》（上海：上海古籍出版社，2011），页 139–164；第四章《太上忘情：汤若望译王征笔记〈崇一堂日记随笔〉初探》，载钟彩钧（主编）：《中国文学与思想里的情、理、欲：学术思想篇》（台北：文哲所，2009），页 327–388；第五章《三面玛利亚：高一志〈圣母行实〉初探》，载《中国文哲研究集刊》第 34 期（2009 年 3 月），页 53–110；第六章《黄金传说：高一志译述〈天主圣教圣人行实〉再探》，载《翻译史研究》第 1 辑（2011），页 17–54；第七章《"著书多格言"：论高一志〈譬学〉及其与中西修辞学传统的关系》，载《人文中国学报》第 13 期（2007 年夏），页 55–116；第八章《中译第一首"英诗"——艾儒略译〈圣梦歌〉初探》，载《中国文哲研究集刊》第 30 期（2007 年 3 月），页 87–142；第九章《瘳心之药，灵病之神剂——阳玛诺译〈轻世金书〉初探》，载《编译论丛》第 4 卷第 1 期（2011 年 3 月），页 1–38；第十章《晚明翻译与清末文学新知的建构——有关〈译述：明末天主教翻译文学论〉的一些补充》，载《中国文哲研究通讯》第 21 卷第 1 期（2011 年 3 月），页 205–242。

少数学界也曾予论列，不过我觉得犹有不足之处，所以当仁不让，重新再探。

以往大家只道近代中国文学始自清末，殊不知清末文学新象乃萌发乎明末，尤应接续自明末耶稣会的翻译活动。本书书名的大标题作"译述[*]"，然而倘非自觉俗而狂妄，我还蛮想冠以"第一"一词。盖书内所析诸译，有中国第一次集成的欧洲歌词的集子，有中国第一次出现的欧洲传奇小说，有中国第一次译出的欧洲上古与中世纪的圣传，有中国第一次移译的欧洲修辞学专著，有中国第一次可见的玛利亚奇迹故事集，有中国第一次中译的英国诗，也有中国第一次见到的欧人灵修小品文集。这些译著，确实都当得上译史"第一"的头衔，意义自然不小，在文学译史上尤然。不过也正因我写作时心中所存都以文学译史为念，最后我仍然转了个大弯，以"译述"这个似题非题的名词为题。历史上，信达雅绝非翻译铁则，"信"字尤为中国最近这百余年来才有多人大力强调的翻译通则。即使在西方，恐怕也是启蒙时代以后的体认。欧洲文学首度中译的历史现象，本书首章我论之甚详，而我所称的"夹译夹述"，尤为明末耶稣会衮衮诸公践行的翻译策略。一思即此，纵然读来拗口，看来怪异，我还是固执拙见，让"译述"二字在书题中上场。

严复译书，有"一名之立，旬月踟蹰"之说。我不敢自比严复，但昔日好译，体之甚深。本书不是翻译，而是译史专论，我写来也常感"一章之著，数月踟蹰"。有些篇章，我更是多年思索，经年才成，研究上下的功夫甚大。虽然——请容我借用胡适的说法——没有一章我写来不费力气，但书内仍不乏我耗时甚久却犹难板定的考证问题，也有我滔滔言之犹觉夸夸其谈的败笔，更有我自认有理却也不过是自我陶醉的主题认定。古人云："文章千古事，得失寸心知。"上面的话，我自是从实招来，

---

[1] 本书初版于 2012 年，原书名为《译述：明末耶稣会翻译文学论》。

读者知我罪我，我都感谢，更期待方家博雅，不吝指正。

　　拙作书成，香港中文大学翻译中心及翻译系主任王宏志兄出力最大，高谊可感；吕汇思小姐总司编务，细心而又兼具耐心。除了拙序开头提到的几个单位外，尚有其他许多师友鼓励与热心协助，我同样铭感在心，他们是袁鹤翔、康士林（Nicholas Koss）、马基恩（Bernard McGinn）、黄一农、李欧梵、张隆溪、郑树森、张汉良、王德威、孙康宜、王汎森、郑毓瑜、祝平一、吕妙芬、古伟瀛、陈慧宏、杨晋龙、蒋秋华、廖肇亨、潘凤娟、张谷铭、孙景尧、刘耘华、杨乃乔、李天纲、张西平、张先清、梅欧金（Eugenio Menegon）、钟鸣旦（Nicolas Standaert）、林耀椿与罗位育诸教授与先进。文哲所图书馆前后任的刘春银、林义娥主任与馆员苏怡玲小姐，不时供我咨询，采购用书，倾力相助之义常在我心。多年来我深为坐骨神经病变所苦，谢松苍医师竭心尽力减轻我的苦痛，仁心仁术，堪称医界表率。我的助理群中，陈如玫小姐竭力帮助我研究，我尤得特致谢悃。研究生涯单调无比，我的家人——尤其是内人嘉彤——百般宽容，又常帮我校稿、润稿，"谢谢"二字对她或他们而言，已嫌多余。业师余国藩教授乃我研究与灵感的影响源头，又常蒙其斧正本书诸章的内容，特此敬谢。掐指一算，我拜别师门，负笈返乡已经十有三年，先生大隐于市亦已有时，然而时日愈久，我们一家对他却是感念弥深。拙著题献恩师，聊表寸心，自然也当然。

李奭学
2012 年夏·南港

常用书目代称

中日文

《人物传》　　　方豪：《中国天主教史人物传》，3 册，香港：公教真理学会；台中：光启出版社，1967。本书正文的夹注或脚注中所引第一个数字依序表示第一、二、三等或上、中、下之册数。其他书之有分册（卷）者，同。

《三柱石》　　　（明）徐光启、李之藻、杨廷筠著，李天纲编注：《明末天主教三柱石文笺注——徐光启、李之藻、杨廷筠论教文集》，香港：道风书社，2007。

《三编》　　　吴相湘编：《天主教东传文献三编》，6 册，台北：台湾学生书局，1984。

『大正藏』　　　高楠顺次郎、渡辺海旭ら共に刊行：『大正新脩大藏経』，100 册，東京：大正一切経刊行会，1924—1932。

《六合》　　　沈国威编著：《六合丛谈·附解题·索引》，上海：上海辞书出版社，2006。

《古言》　　　（明）高一志：《励学古言》，崇祯五年（1632）刻本，收于《法国图》，4:1-66。

《古新》　　　（清）贺清泰译注，李奭学、郑海娟主编：《古新圣经残稿》，9 册，北京：中华书局，2014。

《存目》　　　四库全书存目丛书编纂委员会编：《四库全书存目丛书》，台南：庄严文化公司，1995。

《年谱》　　　宋伯胤编著：《明泾阳王徵先生年谱》，增订本，西安：陕西师范大学出版社，2004。

《老子》	朱谦之校释:《老子校释》, 收于《老子释译》, 台北: 里仁书局, 1985。
《自定稿》	方豪:《方豪六十自定稿》, 2 册, 台北: 作者自印, 1969。
《行实》	高一志译:《天主圣教圣人行实》, 武林: 天主超性堂, 1629。
《两头蛇》	黄一农:《两头蛇: 明末清初的第一代天主教徒》, 新竹: 台湾清华大学出版社, 2005 年。
《统记传》	(清) 爱汉者 (郭实猎) 等编, 黄时鉴整理:《东西洋考每月统记传》, 北京: 中华书局, 1997。
《法国图》	钟鸣旦 (Nicolas Standaert)、杜鼎克 (Adrian Dudink)、蒙曦 (Nathalie Monnet) 编:《法国国家图书馆明清天主教文献》, 26 册, 台北: 利氏学社, 2009。
《直解》	(清) 味增爵会士 (王保禄):《轻世金书直解》, 1907 年初刊; 北京: 西什库, 1909。
《金书》	(明) 阳玛诺译, (明) 朱宗元订:《轻世金书》, 1848 年重刊本, 罗马梵蒂冈图书馆 (Biblioteca Apostolica Vaticana) 藏书, 编号: Raccolta Generale Oriente, III, 1165。
《耶档馆》	钟鸣旦、杜鼎克编:《耶稣会罗马档案馆明清天主教文献》, 12 册, 台北: 利氏学社, 2002。
《徐家汇》	钟鸣旦等编:《徐家汇藏书楼明清天主教文献》, 5 册, 台北: 方济出版社, 1996。
《徐汇续》	钟鸣旦等编:《徐家汇藏书楼明清天主教文献续编》, 34 册, 台北: 利氏学社, 2013。
『御作業』	H. チースリク、福島邦道、三橋健:『サントスの御作業の内拔書』, 东京: 勉誠社, 1976。
《晚明》	李奭学:《中国晚明与欧洲文学——明末耶稣会古典型证道故事考诠》, 台北: 联经出版公司, 2005。
《贯珍》	沈国威、内田庆市、松浦章编著:《遐迩贯珍——附解题·索引》, 上海: 上海辞书出版社, 2005。
《陈垣》	陈垣著, 陈智超主编:《陈垣全集》, 20 册, 合肥: 安徽大学出

	版社，2009。
《提要》	徐宗泽:《明清间耶稣会士译著提要》，台北：台湾中华书局，1958。
《汇编》	郑奠、谭全基编:《古汉语修辞学资料汇编》，台北：明文书局，1984。
《禁毁书》	四库禁毁书丛刊编纂委员会编:《四库禁毁书丛刊》，北京：北京出版社，2000。
《圣》	（清）艾儒略译:《圣梦歌》，崇祯十二年绛州版，见《耶档馆》，6:435-464。
《粹抄》	（清）李九功编:《文行粹抄》，5 卷，康熙戊午年（1678）榕城绿庄堂刻本，耶稣会罗马档案馆藏书，编号 Jap.Sin.I.34.a。
《遗著》	（明）王征著，李之勤辑:《王征遗著》，西安：陕西人民出版社，1987。
《譬下》	高一志:《譬学》下卷（1632），梵蒂冈教廷图书馆馆藏崇祯六年（1633）刻本，编号: Borg. P.F.Cinese 324 (26)。
《续修》	续修四库全书编辑委员会编:《续修四库全书》，上海：上海古籍出版社，2002。
《续编》	吴相湘编:《天主教东传文献续编》，3 册，台北：台湾学生书局，1966。
《经解》	（明）罗雅谷:《圣母经解》，法国国家图书馆藏本，编号 Chinois 7316。
朱本	朱维铮编:《利玛窦中文著译集》，上海：复旦大学出版社，2001。
朱注	（宋）朱熹集注:《四书集注》，台北：世界书局，1997。
吴编	吴相湘编:《天主教东传文献》，台北：台湾学生书局，1965。
李辑	（明）李之藻辑:《天学初函》，6 册，1629，台北：台湾学生书局，1965。
阮刻	（清）阮元校刻:《十三经注疏》，2 册，北京：中华书局，1980。
周注	周振甫注:《文心雕龙注释》，台北：里仁书局，1998。

周编	周骈方编校:《明末清初天主教史文献丛编》, 5 册, 北京: 北京图书馆出版社, 2001。
章注	章文钦笺注:《吴渔山集笺注》, 北京: 中华书局, 2007。
郑编	郑安德编:《明末清初耶稣会思想及文献汇编》, 5 卷, 北京: 北京大学宗教研究所, 2003。
罗编	罗新璋编:《翻译论集》, 北京: 商务印书馆, 1984。

西文

AH	Cicero. *Ad Herennium.* Translated by Harry Caplan. Cambridge: Harvard University Press, 1989.
Art	Thomas Wilson. *The Art of Rhetoric* (*1560*). Edited with notes and commentary by Peter E. Medine. University Park: Pennsylvania State University Press, 1993.
AT	Mary Macleod Banks, ed. *An Alphabet of Tales.* 2 vols. London: Published for the Early English Text Society by Kegan Paul, Trench, Trübner, 1904.
BI	St. John Damascene. *Barlaam and Ioasaph.* Trans. G. R. Woodward, et al. Cambridge: Harvard University Press, 1983.
BY	E. A. Wallis Budge, trans. *Baralâm and Yĕwâsef, Being the Ethiopic Version of a Christianized Recension of the Buddhist Legend of the Buddha and the Bodhisattva.* Cambridge: Cambridge University Press, 1923.
CFS	St. Augustine. *Confessions.* Translated with an introduction and notes by Henry Chadwick. Oxford: Oxford University Press, 1911.
CG	St. Augustine. *The City of God.* Translated by John Healey. Edited by R. V. G. Tasker. 2 vols. London: J. M. Dent and Sons; New York: E. P. Dutton and Co., 1962.

CWA   Jonathan Barnes, ed. *The Complete Works of Aristotle.* Revised Oxford Translation. 2 vols. Princeton: Princeton University Press, 1984.

DAR   Cypriano Soarez. *De Arte Rhetorica.* In Lawrence J. Flynn, S.J., "The *De Arte Rhetorica* (1568) by Cyprian Soarez, S.J.: A Translation with Introduction and Notes." Ph.D. dissertation, University of Florida, 1955.

DF   Benedicta Ward, trans. and ed. *The Desert Fathers: Sayings of the Early Christian Monks.* London: Penguin, 2003.

DO   Cicero, *Cicero XXI: De Officiis.* Trans. Walter Miller. Cambridge: Harvard University Press, 1990.

DPC   Michele Ruggieri and Matteo Ricci. *Dicionário Português-Chinês* (Mss part). Ed. John W. Witek, S.J., et al. Lisbon and San Francisco: Biblioteca Nacional Portugal, Instituto Português do Oriente, Ricci Institute for Chinese-Western Cultural History, University of San Francisco, 2001.

EIS   Isidore of Seville. *The Etymologies of Isidore of Seville*, Trans. with introduction and notes by Stephen A. Barney, W. J. Lewis, J. A. Beach, and Oliver Berghof. Cambridge: Cambridge University Press, 2006.

ELDBS   Eleanor Kellogg Heningham. *An Early Latin Debate of the Body and Soul Preserved in MS Royal 7 A III in the British Museum.* New York: Published by the author, 1939.

FR   Pasquale M. D'Elia, S.I., ed. *Fonti Ricciane.* 3 vols. Rome: La Libreria dello stato, 1942.

GR   Charles Swan, trans. *Gesta Romanorum or Entertaining Moral Stories.* London: George Bell and Sons, 1891.

HCC   Nicolas Standaert, ed. *Handbook of Christianity in China, Volume I: 635–1800.* Leiden: Brill, 2001.

IC	Ioannis Gersonis (Thomas à Kempis), *De Imitatione Christi*. Lvgdvni: Apud Theobaldum, 1551.
IL	George E. Ganss, S.J., et. al., eds. *Ignatius of Loyola: The Spiritual Exercises and Selected Works*. New York and Mahwah: Paulist Press, 1991.
IO	Marcus Babius Quintillianus. *Institutio Oratoria*. Trans. H. E. Butler. Cambridge: Harvard University Press, 1996.
LA	Jocobi á Voragine. *Legenda aurea*. Edited by Johann Georg Theoder Graesse. Vratislaviae: Apud Guilemum Koebnner, 1890.
MBVM	Johannes Herolt. *Miracles of the Blessed Virgin Mary*. Trans. C. C. Swinton Bland. New York: Harcourt, Brace and Company, 1928.
MEDP	John W. Conlee, ed. *Middle English Debate Poetry: A Critical Anthology*. East Lansing: Colleagues Press, 1991.
MEMV	Beverly Boyd, ed. *The Middle English Miracles of the Virgin*. San Marino: The Huntington Library, 1964.
MM	Michael S. Durham. *Miracles of Mary: Apparitions, Legends, and Miraculous Works of the Blessed Virgin Mary*. San Francisco: Harper SanFrancisco, 1995.
MNS	Gonzalo de Berceo. *Los Milagros de Nuestra Señora*. Edited with notes by Jorge Zarza Castillo. Bacelona: Edlcomunicatión, 1992.
MVB	Herolt. *De Miraculis beatæ Mariæ virginis*. In Johannes Herolt Discipvli, *Sermones de Sancis, cvm exemplorvm promptvari*o. Venetiis: Apud Io. Antonium Beranum, 1598.
NLS	Joseph-Henri-Marie de Prémare. *Notitia linguæ Sinicæ*. Malaccæ: cura Academiæ Anglo-Sinensis, 1831.
Obras	Luis de Granada, trans. *El contemptus mundi*. In vol. 6 of *Obras dell V.P.M.F. Luis de Granada*, 17 vols. Madrid: La Imprenta de Manuel Martin, 1756—1757.
OHTM	E. A. Wallis Budge, trans. *One Hundred and Ten Miracles of Our*

Lady Mary. Oxford: Oxford University Press, 1933.

Orator   G. L. Hendrickson and H. M. Hubbeli, trans. *Cicero V: Brutus, Orator.* Cambridge: Harvard University Press, 1988.

PCD   Edith Hamilton and Huntington Cairns, eds. *Plato: The Collected Dialogues.* Princeton: Princeton University Press, 1961.

Pfister   Louis Pfister. *Notices biographiques et bibliographiques sur les Jésuites de L'ancienne mission de Chine, 1552—1773.* 2 vols. Shanghai: Imprimerie de la Mission Catholique, 1932.

PJ   Joseph N. Tylenda, trans. *A Pilgrim's Journey: The Autobiography of Loyola.* Collegeville: The Liturgical Press, 1985.

Resource   Sarah Jane Boss. *Mary: The Complete Resource.* Oxford: Oxford University Press, 2007.

Sánchez   Clemente Sánchez. *The Book of Tales by A.B.C.* Trans. John E. Keller, L. Clark Keating, and Eric M. Furr. New York: Peter Lang, 1992.

SDF   Benedicta Ward, SLG, trans. *The Sayings of the Desert Fathers: The Alphabetical Collection.* Kalamazoo: Cistercian Publications, 1975.

SSCFE   E. A. Wallis Budge, trans. *The Sayings and Stories of the Christian Fathers of Egypt: The Syriac Version of the Apophthemgata Patrum,* Vol I . Rpt. London: Kegan Paul, 2002.

SWMAE   Mary Ford-Grabowsky, ed. *Spiritual Writings on Mary: Annotated and Explained.* Woodstock: Skylight Paths, 2005.

VP   Heribert Rosweyde. *Vitae Patrum: De vita et verbis seniorum libri X historiam eremeticam complectentes &c.* Antwerp: Ex Officina Plantianiana apud Viduam et Filios Io. Moreti, 1615.

VSB   *Querela, sive, Dialogues Animae et Corporis Damnati, quem aiunt S. Bernardum Composuisse. Ex vetusto Codice descripta.* Londini: Ex officina N. O. sumptibus Leonardi, 1613.

Zürcher   Erik Zürcher. "Renaissance Rhetoric in Late Ming China: Alfonso Vagnoni's Introduction to His *Science of Comparison.*" In Federico

Masini, ed., *Western Humanistic Culture Presented to China by Jesuit Missionaries (XVII–XVIII Centuries): Proceedings of the Conference Held in Rome, October 25–27, 1993*. Rome: Institutum Historicum S.I., 1996.

除非另有说明，否则本书所用中文《圣经》概据思高圣经学会译释:《千禧版圣经》(台北: 思高圣经学会出版社，2000)，亦称"思高本"。武加大本《圣经》为 Alberto Colunga and Laurentio Turrado, eds., *Biblia Sacra juxta Vulgatam Clementinam*, Nova ed. (Madrid: Biblioteca de Sutores Cristianos, 2005)。英译本《圣经》则为 *The New American Bible* (New York: Catholic Book, 1970)。

目 录

第一章
导论：
翻译的旅行与行旅的翻译

以译述友

1900 年以前，中国大规模的翻译活动大多和宗教传播有关，宗教文学于是乎变成历代翻译文学常见的首布之作，相关译者无不勠力以赴。我们在佛典里因此看到本缘部有各种生经，而史传部也有佛所行的礼赞。唐初天主教东流，史称聂派景教（Nestorianism）。他们留传迄今的文本，也以《三威蒙度赞》最为著名，学者咸以为就是今日大公教会地位崇高的《光荣颂》（"Gloria in excelsis Deo"）[1]。唐后千年，天主教的罗马教会再度莅华[2]，不到三十年内，我们又看到耶稣会士利玛窦（Matteo Ricci, 1552—1610）译笔巧运，为皇室翻得《西琴曲意八章》（以下简称《西

---

[1]　参见吴其昱：《景教〈三威蒙度赞〉研究》，《史语所集刊》第 57 本第 3 分（1986 年 9 月），页 411–438。另见《陈垣》，7:875–876，以及翁绍军（注释）：《汉语景教文典诠释》（香港：汉语基督教文化研究所，1995），页 191。另见普天颂赞编辑委员会（编）：《普天颂赞》（香港：基督教文艺出版社，2003），第 679 首。最近有关唐代景教的一本佳作是吴昶兴：《真常之道：唐代基督教历史与文献研究》（台北：台湾基督教文艺出版社，2015）。此书页 135–160 于"聂斯多留"的神学思想有精彩之说明。唯一缺陷是强把"天主教"称为"基督教"。

[2]　罗马教会的教士入华，史上公认最早者乃方济会士孟高维诺（John of Montecorvino, 1247—1328），事在元代。孟氏据传曾翻译部分《圣经》，也曾在上都开班教授拉丁文的圣歌，然而不论所译所教，均无传本存世。孟高维诺来华的前后及经纬，韩承良尝据可见的文献予以演义，参见所著《若望·孟高维诺宗主教：中国第一位天主教传教士》（台北：思高圣经学会出版社，1992）一书。

琴曲意》）（1601?）。后书乃词集，所收者利玛窦称之为"道曲"，而这个"道"字正如其后艾儒略（Giulio Alèni, 1582—1649）《西学凡》中"道科"的"道"字所指，乃"神学"或"天主教之道"之意。由是观之，《西琴曲意八章》固亦宗教文学矣！（李辑，1:283-290）

明末欧洲图书来华，早在 16 世纪 80 年代已端倪可见，罗明坚（Michele Ruggieri, 1543—1607）有诗《游到杭州府》云："携经万卷因何事？只为传扬天主名。"[1] 此诗既称"经万卷"，"经"就不仅止于《圣经》，而应该是各种天主教典籍的泛称。不过明末欧籍东传，最为人知的反属 1618 年金尼阁（Nicolas Trigault, 1577—1628）的壮举。这一年之前五年，金氏奉当时中国教区首长龙华民（Nicolo Longobardi, 1559—1654）之命返欧募书，准备在华开办藏书楼[2]。1620 年，金尼阁返华，携来在教廷及他国募得的欧籍七千册。此时藏书楼的筹办因故作罢，募书所得反为此后耶稣会提供了取之不竭的中译底本（《自定稿》，1:39-62）。其他会士由欧前来，书囊亦不空虚。万历年间，王征（1571—1644）由陕西往游帝都。万历四十三年（1615），他会庞迪我（Didaco de Pantoja, 1571—1618）于庞氏的北京寓所，曾大开眼界，得见庞氏所藏数量惊人的西籍，因有如下的记述与感叹："［庞氏］遍示邸寓所携来诸书，简帙重大，盈几满架，令人应接不暇，恍如入百宝园，身游万花谷矣！初若

---

[1] Albert Chan, S.J., "Michele Ruggieri, S.J. (1543—1607) and His Chinese Poems," *Monumenta Serica* 41 (1993), p. 141. 罗明坚另有诗组《天主生旦十二首》，其中第四首亦有"僧将经卷来中国，远度生灵发善心"二句，其中的"经卷"似指《圣经》而言，见上文页 147。

[2] Cf. Noël Golvers, *Building Humanistic Libraries in Late Imperial China* (Rome: Edizioni Nuova Cultura, 2011), pp. 35-47. 有关金尼阁返欧募书及购书事，见 Edmond Lamalle, "La propoaganda du P. Nicolas Trigault en faverur des missions en Chine (1616)," in *Archivum Historicum Societatis Iesu vol* 9 (1940), pp. 49-120；另见 Noël Golvers, *Portuguese Books and Their Readers in the Jesuit Mission of China* (*17th-18th Centuries*) (Lisbon: Centro Cientifico e Cutural de Macau, I.P., 2011), pp. 87-88; 以及 "Circulation and Reception of Portugese Books in the 17th /18th Century Jesuit Mission of China, Mainly in Three Bishop's Collections (Diog Valente, Polycarpo de Sousa and Alexandre de Gouveia)," in Maria Berbara and Karl A. E. Enenkel, eds., *Portuguese Humanism and the Republic of Letters* (Leiden: Brill, 2012), pp. 243-264。

另开眼界，心目顿豁已，复目绚心疑，骇河汉之无极也。"（郑编，3:458）
王征初遇庞迪我之时，庞氏就已知道翻译乃耶稣会此后势必肩挑的工作：
有关巴别塔及因之造下的人类语言变异的故事，他早在《诠人类原始》
（1610）中已缕述而遍示于中国！（《耶档馆》，2:232）

宗教文学多有所本，我所见明末尤属耶稣会士译而可冠上"文学"
二字的文本，多数即有其欧洲本源。明末八十年的岁月，因此可称《圣
经》故事与景教《三威蒙度赞》以外欧洲文学首度入华，而其引渡津筏
当然是翻译。耶稣会士对翻译的态度如何，故而为一极其重要的问题。
审之于今日可见的明末翻译文学，利玛窦的《交友论》应该居首。是书
中译于1595年，译来或和利玛窦拟结识中国王公贵族的心态有关。但全
书几乎不着一句于天主教[1]，而且除了圣奥斯定（St. Augustine of Hippo,
354—430）之外，征引的对象也以今人认定的教外人士居多，尤其是西
方上古时贤如亚里士多德（Aristotle, 384—322 BCE）与西塞罗（Marcus
Tullius Cicero, 106—43 BCE）等人。话说回来，从《圣经》开始，"友
谊"就是基督宗教教义中的一大主题，耶稣所谓"爱人如己"所寓（玛
19:19），正是普世一同的"友爱"（《晚明》，页265–287）。这种他律道
德，倘从卫匡国（Martino Martini, 1614—1661）的《述友篇》（1647）质
言之，强调的又是凡人"共父"，彼此应该谊如兄弟或朋友，也间接说
明了《交友论》的宗教精神。所以耶稣会的翻译，打从一开头，目的几
乎就在"述友"——即使是为传教而述之，亦然。瞿汝夔（1549—1612）
为《交友论》撰序，开头乃暗示："昔周家积德累仁，光被四表，以致越
裳肃慎，重译来献。"（李辑，1:295）

瞿汝夔用事取典，不是没有缘由，因为利玛窦方才入华，也曾以

---

[1]　例外是第五十五条："上帝给人双目、双耳、双手、双足，欲两友相助，方为事有成矣。"见李
辑，1:309。

"越棠献雉"诘诸当时领兵欲搜香山澳的韶州府同知刘承范（fl. 1583—1591）[1]，而此所以瞿氏在数年后借以说明《交友论》的译事经纬。《册府元龟·鞮译》引《尚书大传》或《后汉书》等古籍云："周公居摄三年，越裳以三象胥重译而献白雉……"[2] 越裳在交趾之南，远献白雉，志在向周家示好，求为朋友。利玛窦亦重译来华，但他"服习圣化"，雅愿"以我华文，译彼师授，……以备陈风采谣之献"（李辑，1:296-297），所持乃谦卑的宗教精神。《交友论》的译举虽另有历史缘故，关乎朱氏宗室南昌王（李辑，1:299-300），却也因此而益类越裳献雉，精神上志在"逑友"[3]。

《交友论》的意义还不仅限于欧人在华首布的友论而已，更在其事本身就是译史要事。从早年的德礼贤（Pasquale M. D'Elia, 1890—1963）、方豪（1910—1963）到近期的米尼尼（Filippo Mignini）与毕墨惜（Timothy Billings）等中西论者，无不认为《交友论》一百条，多数所本乃葡萄牙耶稣会士莱申特（André de Resende, 1498—1573）编《金言与证道故事》（*Sententiae et exempla*）集中论友谊的部分[4]，而莱编我所知道的首稿乃镌版于1557年，地点系法国南部的里昂（Lyon），来华并不容易。今天中国国家图书馆所藏1590年的第五版，咸信是利玛窦取为中译的底本，而这一版出书的地点更是大举北移，已达法国当今的首府巴黎[5]。1493年，葡萄牙囊获罗马天主教的保教权（*patronatus missionum*），此后帝国的势

[1] （明）刘承范:《利玛窦传》，重刊于阎纯德编:《汉学研究》第13集（北京：学苑出版社，2009），页372。另见宋黎明:《"Liu Samfu"：吕良佐还是刘承范？——刘承范〈利玛窦〉传〉读后（一）》，《韶关学院学报》第32卷第11期（2011年11月），页14-18。

[2] （宋）王钦若等（编）:《册府元龟》，3册（北京：中华书局，1982），卷996（外臣部），页1689。相关出典见陈佳荣、钱江、张广达（合编）:《历代中外行纪》（上海：上海辞书出版社，2008），页3-4。

[3] 参较（明）冯应京《刻〈交友论〉序》:"西泰子间关八万里，东游于中国，为交友也。"见李辑，1:291。

[4] Filippo Mignini, "Introduzione" to Matteo Ricci, *Dell'amicizia*, trans. Mignini (Macerata: Quodlibet, 2005), pp. 15-20; Matteo Ricci, *On Friendship: One Hundred Maxims for a Chinese Prince*, trans. Timothy Billings (New York: Columbia University Press, 2009), p. 157.

[5] André de Resende (Andreas Eborensis), *Sententiae et exempla* (Paris: N. Nivellium, 1590).

力如日中天，贾梅士（Luís de Camões, c. 1524—1580）的史诗《葡国魂》
（Os Luciadas, 1572）便道尽葡人崛起后的堂堂国威。15 世纪末，达·伽
马（Vasco da Gama, c. 1469—1524）的海军自大西洋沿非洲海岸挺进，经
好望角而后攻入印度洋，直达古晋一带。《葡国魂》第十章想象东亚：第
129 节以下，我称之为"中国诗节"，贾梅士开始吟唱那"广土富疆"而
"皇威浩瀚"的国度[1]。在历史上，其实也不到六十年的时间，葡萄牙的
战舰早已窜出马六甲海峡，进入中国南海，长驱直抵横滨，进而建立据
点。他们甚至趸回台湾海峡，攻陷澳门，经商殖民[2]。葡军枪鸣炮响，见
证的乃东西两洋再也不能不相闻问。"交流"必要，而且重要。莱申特
《金言与证道故事》的第五版入华，得由巴黎南下，在普罗旺斯一带越比
利牛斯山或绕道法、葡西南海疆，再不就只好走法、意边界经西班牙大
部而送抵葡萄牙，然后再由里斯本放洋出海。这段路程，走来我想三个
月至半年不等。其后赴华所循，其实就是上述葡人东来的途径。海路一
途，快则一年六个月，慢则远不止于此数。《圣教信证》称耶稣会士东
来，"远涉九万里"，而且"须自备多金，以为三年航海资斧"，而罗明坚
在 16 世纪 80 年代写的《寓杭州天竺诗答诸公二首》，也有"不惮驱驰三
载劳"之句，说明的是时程所耗[3]，不啻暗示 1595 年，利玛窦在南昌译出
《交友论》的速度之快——快到若用台湾今天的语汇来形容——几可称之

---

[1]　Luís de Camões, *The Lusiads*, trans. Sir Richard Fanshawe and ed. Geoffrey Bullough (London and Fontwell: Centaur Press, 1963), p. 330.

[2]　John E. Wills, Jr., "Maritime Europe and the Ming," in John E. Wills, Jr., ed., *China and Maritime Europe: 1500—1800* (Cambridge: Cambridge University Press, 2011), pp. 24–51.

[3]　以上见（明）张赓、韩霖：《圣教信证》，收于《法国图》，4:510；Albert Chan, S.J., "Michele Ruggieri, S.J. (1543—1607) and His Chinese Poems," p. 141. 金尼阁西行募书，于 1618 年 4 月由里斯本附舟东返。待其抵达澳门，时间已在近两年后的 1620 年 7 月 2 日，见毛瑞芳：《关于七千部西书募集著干问题的考察》，《历史档案》第 3 期（2006），页 12–13。利玛窦从里斯本东至澳门的时间，艾儒略的《大西西泰利先生行迹》也道是三年，见《耶档馆》，12:201；（明）谢肇淛的《五杂俎》则称四年，见该书卷四，页 42a，在《禁毁书》子部第 37 册，页 435。林金水：《利玛窦与中国》（北京：中国社会科学出版社，1996），页 9–11 则谓利玛窦于 1578 年 3 月 24 日离开里斯本，1582 年 8 月 7 日抵澳门。所以张赓、

为"抢译"了。《金言与证道故事》由澳门北上进入江西，至少还要再补上几个月的时间，而从译籍的选择、实务工作到刻印面世，若再加上巴黎到里斯本一程，我推测利玛窦当时可以译书的时间，可能只有半载不到而已[1]。

除《交友论》与《西琴曲意八章》之外，利玛窦另可留名文学译史的专著是《二十五言》（1604）。此书流传颇广，详载于多起私家书目之中，有十三言左右还曾重刻于赵宋直系后人赵韩（fl. 1612—1617）的《榄言》里。除了利玛窦所写的一则例外，其余二十四言的前身均系罗马大哲爱比克泰德（Epictetos, c. 50—138）的《道德手册》（*Enchiridion*）[2]，而爱氏乃罗马斯多葛学派的台柱之一，其作东来，历史与文学意义显然。斯帕拉丁（Christopher A. Spalatin）研究《二十五言》最详，早已指出书中大抵为"译"[3]；然而有趣的是，利玛窦的《天主教中国开教史》（*Storia dell'Introduzione del Cristianesimo in Cina*）提到《二十五言》，始终却

韩霖等人所言，应是多数耶稣会士的经验，连清初马若瑟（Joseph-Henri-Marie de Prémare, 1666—1736）在所著小说《儒交信》中，也让他的角色代之称"西儒"皆"飘大海三年，受辛苦无数"，方才抵华，见郑编，4:216。话说回来，利玛窦在刘承范的《利玛窦传》页374谓自己乃由占城、暹罗、真腊、琉球、福岛而抵华，"为时则十年往矣"，则似嫌夸大。这里的"琉球"，我疑为"台湾"，但利玛窦东来，实未过台，参见方豪：《台湾方志中的利玛窦》，在《自定稿》，1:610。

[1] 从里斯本放洋东来的历史路线，参见顾卫民：《果阿》（上海：上海辞书出版社，2009），页2-53。有关明代中国内陆交通的问题，见星斌夫：『明清时代交通史の研究』（东京：山川出版社，1971），页5-210。史上多以为《交友论》一书，利玛窦译有意大利文版，实则非全属实，氏所为，半为《交友论》的拉丁音译，半为辞不甚达的意大利文意译，见宋黎明：《国王的新装——利玛窦在中国（1582—1610）》（南京：南京大学出版社，2011），页126-127。

[2] 《二十五言》可见于明清之际的《赵定宇书目》《澹生堂藏书目》《绛云楼书目》，《近古堂书目》《四库全书》与《脉望馆书目》之中，见钟鸣旦、杜鼎克著，尚扬译：《简论明末清初耶稣会著作在中国的流传》，《史林》第2期（1999），页60，以及吴欣芳：《"无声的说法者"：利玛窦的著书过程与读者理解》，台湾大学历史系硕士论文（2009年6月），页127-130。另参见徐海松：《清初士人与西学》（北京：东方出版社，2000），页572-578。（明）赵韩《榄言》所录的《二十五言》，收于《日乾初揲》，5册（日本公文书馆内阁文库藏明刻本），1:51a-1:55b。

[3] Christopher A. Spalatin, *Matteo Ricci's Use of Epictetus*, Ph.D. dissertation (Wagan, Korea: Pontificae Universitatis Gregoriane, 1975), p. 10.

以"己作"称之，毫不腼腆（*FR*, 2:286–301）。他唯有在《天主实义》（1595）中才坦言系某"师"所作（李辑，1:537），而这某"师"也唯有到了高一志（Alfonso Vagnone, 1566—1640）译《励学古言》（1632）后，才明白指出系"厄比德笃"或爱比克泰德（《法国图》，4:65）[1]。《二十五言》有序跋各一，前者系出资梓行此书的湖广监察御史冯应京（1555—1606）撰，后者乃明代基督徒中官位最高的徐光启（1562—1633）的手笔。冯序将《二十五言》比之于佛门的《四十二章经》，语带贬义，盖"二十五"乃十以内的奇数之合，《易·系辞上》称之"天数"也（阮刻，1:80）。冯序同时另也暗示利玛窦条译欧籍或许有本（李辑，1:321–322）盖在有意无意间，冯应京确已指出了《二十五言》的文字本质为"翻译"。

至于徐光启的跋语，在译史上用意更深。徐文谓《二十五言》"写"于明代"留都"——亦即南京——复陈利玛窦"从其国中携来"的"经书盈箧"，但因皆"未及译"，所以"不可得读也"。职是，徐光启乃请利玛窦译之，以飨中国阅众：

> 先生所携经书中，微言妙义海涵地负，诚得同志数辈相共传译，使人人饫闻至论，获厥原本；且得窃其绪余，以裨益民用，斯亦千古大快也。岂有意乎？（李辑，1:327–328；《徐集》，9:286）

利玛窦当然愿意："唯，然无竢子言之。"以利氏所携欧籍数量之多，在"翻译经义"方面，他也只能请徐光启"姑待之耳"（李辑，1:328；《徐集》，9:286）。徐光启与利玛窦其后实有《几何原本》等要籍之译，但当年他们对答多次，徐氏可能根本就不知道他全览其文而为之作跋的

---

[1] 有关《二十五言》，另见李奭学：《中译第一本欧洲宗教经典：论利玛窦的〈二十五言〉》，《道风：基督教文化评论》第 42 期（2015 年 1 月），页 87–118。

《二十五言》，实乃利玛窦假"著作"称之的"译作"。就像今天女性主义译家所倡导的翻译策略一样，利玛窦早从男性天主教徒的角度对所持文本"上下其手"了（manhandling the text）[1]；连"爱比克泰德"这个原作者之名，他都予以抹除。

利玛窦当年犹豫的问题，到了1623年艾儒略写《西学凡》时，倒在书末明白承诺："旅人九万里远来，愿将以前诸论与同志繙以华言；试假十数年之功，……次第译出。"艾儒略氏还拟训练中国学子阅读欧洲文字，使其翻译欧典，从而令"东海西海群圣之学，一脉融通"（李辑，1:59）。数年后，艾儒略在《口铎日抄》中又重新强调了这段话，雅愿"多译广刻"（《耶档馆》，7:55）。尽管如此，比起艾儒略来，利玛窦仍然不愧是个"中国通"，深知中国知识分子有强烈的天朝心态，对华夏广土以外的"洪荒遐裔"兴趣不高。《天主实义》里，他假托的"西士"终于忍不住了，冲着对话中的"中士"抱怨起来："贵邦儒者鲜适他国，故不能明吾［西］域［或欧逻巴］之文语，谙其人物。"他批评中国传统士子闭塞，不通外语。说话当时，利玛窦已不复初来乍到，逼不得已，他也只好反身明志："吾将译天主之公教以征其乃真教。"（李辑，1:378–379）所谓"天主之公教"含摄的文本太多了，欧洲宗教文学此后乃"等不得已也"，终于陆续在华现身。

隐身的作者

西方人"著作权"的观念，可能要待17世纪才告确立，适值耶稣会士陆续东来之际，而此刻利玛窦早就可以区别"著"与"译"了。所著

---

[1] 这个说法，我"改写"自谢莉·西蒙（Sherry Simon）借芭芭拉·戈达尔（Barbara Godard, 1942—2010）所用的"妇扯文本"（womanhandling the text）一词，见 Sherry Simon, *Gender in Translation: Cultural Identity and the Politics of Transmission* (London: Routledge, 1996), p. 13。

《天主教中国开教史》谈到龙华民的文学成就时，即正确无误写道: 他"'翻译'了几本圣人传记"（cominciò poi a *tradurre* alcune *Vite di santi; FR*, 2:232）。《几何原本》的译序里，利玛窦又明白称道是书系"欧几里得"所著，而他中译的是乃师"丁先生"的"集解本"[1]。我举《几何原本》为例，意在反衬，因为晚明耶稣会刻书常常"漏列"作者，独标译者名姓，恰和西方此时译籍的印刷形式相反。后者之"矮化"或"忘了"译者名姓而独列作者，寻常事耳，或许也会令当代译论家如韦努蒂（Lawrence Venuti）慨叹西方之"译者不见了"（translator's invisibility）！[2] 耶稣会刻书所循，似为机杼自出。佛教以外，中国传统几无翻译文化，而早期佛经的写本或刻本里，凡值疏部或论部等非佛所传者，只要造家可考，首页中通常著译并举[3]，说来与中文世界今日译界的印刷文化相去不远。《几何原本》的序言虽然详谈了作者与版本渊源，然而此书毕竟是少数的例外之一，耶稣会多数译籍的首页——甚至全书——仍然"漏列"作者而独钟"译者"之名。即使是《天学初函》版的《几何原本》，首页也只列出两位译者的名姓——"丁先生"得"委屈"其人，隐身于译序之中！一般而言，耶稣会传入中土的文学文本的作者难考，原文真身也常无头绪可觅，其来有自。

---

[1] 利玛窦:《译〈几何原本〉引》，见李辑，4:1935—1937；参较徐光启:《刻〈几何原本〉序》，见李辑，4:1923—1924。

[2] 我了解韦努蒂所谓"隐身的译者"是就翻译文体而论，慨叹尤为英语世界的译者过曲从赞助商（patron）而令译文内化太甚所致，见 Lawrence Venuti, *Translator's Invisibility: A History of Translation* (London and New York: Routledge, 2005), pp. 1–42。

[3] 例如《金版高丽大藏经》显宗论外十一部《成实论》（北京: 宗教文化出版社，2004），页 166（《成实论》扉页）即著译皆云:"诃梨跋摩造，姚秦三藏法师鸠摩罗什译。"再如汇集各种古本的《中华大藏经》第 1 辑第 7 集《阿毗昙心论》（北京: 中华书局，2004），页 22667（《阿毗昙心论》扉页）亦云:"尊者法胜造，东晋僧伽提婆共惠达于卢山译。"另见李际宁:《佛经版本》（南京: 江苏古籍出版社，2002）一书中的各式图版。

耶稣会译作当然不完全都"作者阙名"或"作者难考"[1]。利玛窦最早称之为"译"的《圣若撒法始末》的著作权，我们即可溯至圣若望达玛瑟（St. John Damascene, *c.* 676—749）或佛拉津的亚可伯（Jacobus de Voragine, *c.*1229—1298），而译者之为"龙华民"则早已板定在案。龙华民的中译工作，起因于中国佛教徒谓天主教"经籍"匮乏，只有薄薄一册《天主教要理》。所以 17 世纪伊始，龙华民乃发奋译书，《圣若撒法始末》系其成果。欧洲上古以来，玛利亚的"奇迹故事"（*miracula*）都是圣母传的一部分，尤常写进《雅各原始福音书》（Protoevangelium of James）一类的外经中。中世纪进入高峰，风气更盛，亚可伯所著《圣传金库》（*Legenda aurea*, 1326）里有几篇玛利亚传，可称代表。话说回来，这里我想强调的仍为《圣若撒法始末》中译的意义：是书既然是在佛教徒的敌意中译成，翻译对龙华民而言就不只是传教的策略，恐怕也是对付异教徒的武器，可以其人之道还治其人之身。龙氏身为译家的能动性更是如此显示：他或本于圣若望的《巴兰与约撒法》（*Barlaam and Josaph*）译书，或从《圣传金库》中的《圣巴兰与圣约撒法》一篇敷衍，而不论所据为何，龙华民都以利玛窦立下的"传统"译书，亦即常视布教情况需要，擅添情节或"篡改"相关细节。如此方便善巧形成的结果，早已是一部另有关怀的圣巴兰与圣约撒法的"新传"了，而且系用中文"译写"（transwriting）而得的新传。

翻译的基础是阅读，龙华民中译时的"创造性的叛逆"（creative infidelity），恰恰反映出他兼集今天译论家十分看重的"读者"与"作者"这双重身份，可让人借以例示翻译研究上的"创作性转向"（creative turn），

[1] 举例言之，罗雅谷（Giacomo Rho, 1593—1638）译于 1632 年的《圣记百言》的自序中即明陈是书乃"依西巴尼亚"（西班牙）"近古……慧女德肋撒"所述，再经"西库"录记之而成书，见《法国图》，23：427-429。这位"德肋撒"乃指加尔默罗修会（Carmelite Order）创办人"圣德肋撒"（St. Theresa of Ávila, 1515—1582），今日亦称"圣女大德兰"。

重予评价^[1]。耶稣会主动的翻译行为，目的自非徐光启个人一厢情愿的"易佛补儒"，也不是徐氏偕其他耶稣会士共译《崇祯历法》（1633）时所称的"会通超胜"^[2]。利玛窦中译《几何原本》，旨在以数学的理性传达经院哲学强调的"信仰追求理性"（faith seeking reason）之旨，希望以此说明天主教乃理性的宗教，是"智信"，不可以"迷信"者如佛、道比之^[3]。在文学性欧籍的中译上，由于各有目的，耶稣会士早已走出了李之藻（1571—1630）所谓"不敢妄增闻见，致失本真"的"信"念，不少译作走的反而是李氏所谓"创译"的路子。上举"不敢妄增闻见，致失本真"一语，出自李氏和傅泛际（Francisco Furtado, 1589—1653）共译《寰有诠》（1628）后为是书所写的序言^[4]，反映古来译者译书的理想。但反讽的是，就《二十五言》或就《圣若撒法始末》衡之，利玛窦和龙华民这两位耶稣会的前后任"领导人"都可谓"为达目的而不择手段"，乃某种广义或另成定义的翻译"目的论者"（skopos theorists），早以实务前导弗美尔（Hans J. Vermeer, 1930—2010）与诺德（Christiane Nord）等今人的理论达三百年之久。

　　《西琴曲意八章》及《二十五言》的文学性，现代人不见得一眼可判，但是谈到1625年金尼阁偕张赓（1570—1650?）译辑的《况义》，我想问题可能不大。《况义》是所谓《伊索寓言》的第一部中文译本，而后

---

[1] See Paschalis Nikolaou, "Notes on Translating the Self," in Eugenia Loffredo and Manuela Perteghella, eds., *Translation and Creativity: Perspectives on Creative Writing and Translation Studies* (London: Continuum, 2006), p. 19; and Eugenia Loffredo and Manuela Perteghella, "Introduction" to their eds., *Translation and Creativity*, p. 2. 另参见何绍斌：《越界与想象：晚清新教传教士译介史论》（上海：上海三联书店，2008），页150–207。

[2] 陈福康：《中国译学史》（上海：上海人民出版社，2010），页47–48。

[3] 今天我们朗朗上口的"迷信"一词，史上为其"发扬光大"者，正是明清间的耶稣会士，参见祝平一：《辟妄醒迷：明清之际的天主教与"迷信"的建构》，《历史语言研究所集刊》第84本第4分（2013），页695–752。

[4] 李之藻：《译〈寰有诠〉序》，见（明）傅泛际（译义）、李之藻（达辞）：《寰有诠》，在《存目》子部94:94。李之藻生年，学者以往误为1565年，现据龚缨晏、马琼之说改之，见二氏著《关于李之藻生平事迹的新史料》，见《浙江大学学报》（人文社会科学版）第38卷第3期（2008年5月），页90。

者在古希腊乃演说家的例证手册，和欧洲修辞学关系匪浅。即使进入中世纪，《伊索寓言》仍为欧陆学校里常见的文科读物，和文学教育渊源甚深。金尼阁出身杜埃（Douai），乃弗莱芒人（Flemish），文学造诣颇高。《况义》每像谢文洊（1615—1681）论庞迪我的《七克》（1604）一样，"于情伪傲暖千状万态，刻露毕尽，而罕譬曲喻尤工，每于滑稽游戏中，令人如泠水浇背，陡然惊悟，颇有庄生寓言风致"[1]。《况义》的刻本，如今已佚，法国国家图书馆和牛津大学的博德莱图书馆皮藏的抄本有三种。早在清末，日人新村出（1876—1967）即曾撰文谈过巴黎的《况义》抄本（《法国图》，4:305–343）[2]。民国以后，周作人（1885—1967）赓续再谈[3]。然而法国国家图书馆的《况义》抄本虽明载此书乃"西海金尼阁口授，南国张赓笔传"，其中却仅译了一般《伊索寓言》中的十余条故事[4]。如果再合以其他耶稣会士的中译，终晚明之世，他们总计也不过移译了五十来条的伊索寓言，离"足本"中译仍远。尽管如此，在距今那么早的明末，《况义》的刊刻，仍然应称难能可贵，值得我们大加表彰。

《况义》一书，内田庆市的研究最新，在"原译者"的问题上尤有异见。内田认为，原译者恐怕不完全是金尼阁。金氏之前，利玛窦和庞迪我在各自的著作如《畸人十篇》（1608）或《七克》之中，其实都译过数条伊索寓言。内田取来对照《况义》内的同一寓言，发现其文言句式与用字遣词都相去不远，有的甚至完全雷同[5]。由是观之，《况义》就

[1] （清）谢文洊:《〈七克易〉序》,《谢程山集》,第 14 卷,在《存目》集部别集类第 209:209–251。
[2] 新村初:『伊曾保物语の漢訳』,见所著『南蛮廣記』（東京：岩波書店，1925）,页 294–324。
[3] 参见周作人:《明译伊索寓言》,《自己的园地》（1929；台北：里仁书局，1982）,页 194–197；或见李奭学:《希腊寓言与明末天主教东传》,《中西文学因缘》（台北：联经出版公司，1991）,页 20。
[4] 《况义》总数本为二十二条,但其中《三友》一条绝大多数《伊索寓言》均不收,故我约其数为二十一。尽管如此,巴黎法国国家图书馆所藏第一抄本中第 5、13、20 和 21 则仍非属一般《伊索寓言》所有者,故《况义》中的伊索故事恐怕只有 17 则。
[5] 内田庆市:《谈〈遐迩贯珍〉中的伊索寓言——伊索寓言汉译小史》,见《贯珍》,页 68–70。

不是那么理所当然地由"西海金公"口授，而应该是由他及张赓汇集前人之译，再加上两人合作的新译，重编而成。内田的研究颇有创见，为《况义》成书的过程再开一境。我可以加上两点浅见，也是个人"成见"：首先，《况义》中的故事不乏本土化的译法，就清末罗伯聃（Robert Thom, 1807—1846）的《意拾喻言》而言，有前导之功，更合乎其时日本"翻案小说"重新脉络化（recontextualize）故事的译事策略，从而在中国兴起一股"外国故事，中国情境"的翻译热潮。其之荦荦大者，可以见诸沈祖棻（1909—1977）等人所译的《鲁滨逊漂流记》，以及包天笑（1876—1973）的《馨儿就学记》等书[1]。金尼阁及张赓汇整伊索寓言，再予中译，目的绝非为中国童蒙增加一本舶来的"儿童文学"。他们或如谢懋明（约1629年入教）所言，乃为"悯世人之懵懵"（《法国图》，4:326-327）而移。但就其翻译原旨言之，我看恐怕仍像古希腊人一样，是在为会士登坛讲道提供一本可取为例证以资宗教发蒙的手册。《况义》各抄本中都可见非欧语言的所谓《伊索寓言》的故事，而且不乏出诸中国传统之作，这是原因。金尼阁、张赓不避昔日旧译，抄之录之，并称之为"译"，这也是原因。他们所译，偶尔又可见只有骨架而乏故事之血

[1] 有关《鲁滨逊漂流记》本土化的"译述"性研究，见崔文东：《政治与文学的角力：论晚清〈鲁滨逊漂流记〉中译本》，《翻译学报》第11卷第2期（2008），页101-103；以及崔氏另著：《家与国的抉择：晚清 Robinson Crusoe 诸译本中的伦理困境》，《翻译史研究》第1辑（2011），页202-222。有关包天笑的译作，见陈宏淑：《译者的操纵：从 Cuore 到〈馨儿就学记〉》，台湾师范大学翻译研究所博士论文（2010）。这种本土化的译法，绝非陈平原等人所以为的外语能力、土洋合译方法、"拜金主义"或篡改以显自重等原因可以简单解释得了，而毋宁是古来风尚与民族主义使然，再加上大量东洋风的影响所致。其间因果关系，我们不能不察，否则我们怎能解释西塞罗那种"用演说家的身份"（ut orator）翻译《埃利奥特》（The Illiad）或王大闳以台北地景重诠《杜连魁》等的"意译"活动？"篡改"之说更是言重，欧人要进入十七八世纪才有著作权的概念，部分中国人即使到了今天都还缺乏此一观念，我们怎能以之责备清末的"意译"？倒是为主义信仰或为传统阅读习惯而为之还略有道理，明末耶稣会与清末新教的某些中译行为最可说明。以上参见王宏志：《重释"信达雅"：二十世纪中国翻译研究》（上海：东方出版中心，1999），页203-210。西塞罗等罗马人的翻译方式，参见 Rita Copeland, *Rhetoric, Hermeneutics and Translation in the Middle Ages: Academic Translations and Vernacular Texts* (Cambridge: Cambridge University Press, 1991), p. 49。

肉者，渊源所自，显然乃证道故事集，而这更是原因。入清以后，明遗民李世熊（1602—1686）借《况义》数则，重编为《物感》一书，讽时谏世，兼寄家国兴亡的个人哀音，同时说明了《况义》绝非仅在"悯世人之懵懵"。布教以外，此书的另类用途，多矣（《晚明》，页81–83）。

金尼阁一生曾往返中、欧两次，布道而兼携书来华。他是最早进入华北的耶稣会士之一，所到之地，连早他东渡的另一耶稣会士高一志也曾驻驿其间，而且奉献毕生，以迄于死。在传教士所称的"文科"（rhetorica）及圣传（hagiography）的中译上，终晚明八九十年的岁月，我想无人能出高氏之右。1600年利玛窦北上之前，高一志接下所遗南京教务。不旋踵——就在1616年——南京礼部侍郎沈㴶（1565—1624）翼护佛教，假"有伤王化"之名三参"远夷"，遂起"南京教案"，将高一志等人以木笼押解，逐至广州，再转澳门[1]。对天主教而言，南京教案是祸起萧墙，但是对欧洲宗教文学的中译来说，南京教案焉知不是"塞翁失马"？高一志避居澳门的时间长达六年，尽管谪居期间他卷入青洲购地风波，而其他事迹则几乎不可考，但澳门有圣葆禄学院等天主教单位的图书收藏，高一志具阅读上的地利之便。他或以教书，或以译书消遣流放岁月；又适逢金尼阁运书返华，他占得先机，一睹为快，还曾携带诸如伊拉斯谟（Desiderius Erasmus, c. 1466—1536）的《譬喻集》（*Parabolae sive similia*）北上，为后来译行的中文文本预作"编撰"的准备[2]。高一

---

[1] Alvarez Semedo, *The History of the Great and Renowned Monarchy of China*, trans. by "a Person of Quality," 3 pts. (London: Printed by E. Tyler for Iohn Crook, 1655), pt. 2, pp. 205–214. 有关南京教案的简便叙述，见钟鸣旦、孙尚扬：《一八四〇年前的中国基督教》（北京：学苑出版社，2004），页255–260。
[2] Pfister, 1:92. 有关圣葆禄学院的设立与发展，见汤开建：《明清时期天主教的发展与兴衰》，收于吴志良、金国平、汤开建等（编）：《澳门史新编》，4册（澳门：澳门基金会，2008），4:1093–1095，以及页1107–1112。高一志在澳门卷入青洲所有权的争议当时，撰有《论耶稣会对青洲所拥有的权利》一文，拟说明耶稣会进入青洲兴建传教中心的法理依据，见金国平、吴志良：《青洲沧桑》，收于吴志良等（编）：《澳门人文社会科学研究论文选·历史卷（含法制史）》，3册（北京：社会科学文献出版社，2010），2:735–751。

志再度入华，时在 1624 年。他应请入山西绛州敷教，颇受欢迎，得人甚伙[1]。五年后，高一志终于出版了《天主圣教圣人行实》一书。

在中国翻译史或中西文学交流史上，《天主圣教圣人行实》的意义重大，因为高一志所本或其所沿袭的此书的传统，"大致"乃前述《圣传金库》，而《圣传金库》系欧洲中古最具影响力的圣传专集。高氏中译之书，通常都有译序，交代译事始末。我所见崇祯二年（1629）版《天主圣教圣人行实》乃刻于中国南方的武林（杭州），并非高氏驻锡的山西绛州，然全书居然不著一字于笔受或笔润者，显示或许由高氏独自译成。《天主圣教圣人行实》并非私刻，因为该书扉页刻有耶稣会会徽，书首还弁有"同会郭居静、阳玛诺、费乐德订"数字，表示梓行系经会方"批准"，乃"正式"的出版品。若有助译者，理当列名并刻。《天主圣教圣人行实》流传甚广，连艾儒略的福建教众都熟悉（《耶档馆》，7:503）。既然《圣传金库》在欧洲中古圣传史上的地位崇高，《天主圣教圣人行实》的中译就非俗举。高一志译书或译书前的准备工作，部分确应完成于澳门（Pfister, 1:89）。南京教案方兴之际，徐光启尝撰《辩学疏稿》，拟为高一志等人开罪。徐氏所拟会士可以"西学辅王化"的建议之一，便是请就西籍中译（郑编，3:34）。这一点，高一志如实践行。

明末耶稣会内同修每每"共订"译籍，而这其实是某种形式的教会书检制度，一可在教义上杜绝异端，二可在道德上保证品质。在欧洲的教会印刷文化史上，类此书检制度史称"出版准许"（*Imprimatur*）。教区神父或相关人员每有书成，都得送至教会，经两人共"订"（*nihil obstat*）后，方予"准印"（*imprimi potest*）。审查者当然由教会高层指定，通常具有长上的身份。如此书检制度，艾儒略的《职方外记》尝述其大要道：

---

[1] 《山西绛州正堂告示》，收于《天主堂基石记》，见《徐家汇》，5:2397—2398。

[欧罗巴]诸国所读书籍，皆圣贤撰著，从古相传，而一以天主经典为宗。即后贤有作，亦必合于大道，有益人心，乃许流传国内。亦专设检书官，看详群书；经详定讫，方准书肆刊行。故书院积书至数十万卷，毋容一字蛊惑人心，败坏风俗。（李辑，3:1362—1363）

　　1621年，柏里安（Liam Brockey）所称的"莫托士命令"（Motos Orders）颁布，其中明载：耶稣会在华所刊因用中文书写，梵蒂冈解者乏人，所以教廷特许就地合法，无须寄回罗马另审[1]。不过耶稣会仍得审时度势，由三人在华把关，严审会中出版品，主事者通常是现任中华副省会长与当年的职会同志。此一书检制度，我以为乃挪用柏拉图式理想国思想的结果（《晚明》，页330-332）。耶稣会士在华不但颇以书检自豪，杨廷筠（1557—1627）等人曾代为详介，而且还身体力行，翻译类的书籍检查得尤其彻底。1613年，高一志偕韩云（1596—1649）共译《达道纪言》，韩氏在序言中即曾明白指出："大约西学规范严，一字之差，斥为异端，书三经审定，始敢传布。"（《三编》，2:659）讽刺的是，《达道纪言》系私刻，高一志反要待其他译作出，方可谓"出版通过"，付梓前有三位同志为之"看详"。《达道纪言》未着审定记录，乃在华耶稣会史上罕见的私刻。

　　《达道纪言》与《励学古言》等书梓行，山西绛州的韩云与段衮（生卒年不详）家族贡献最大。他们是彼此联姻的秦晋之交，和陕人王征一样雇有刻工，家中设有印书场所。就耶稣会本身言之，自行设厂，刻版出书，常事耳，金尼阁的成就尤其明显。他由南方北上西安与绛州，最后返回武林，因故自裁。金氏南北奔波，所到之处无不筹设工坊，亲自

---

[1]　Liam Matthew Brockey, *Journey to the East: The Jesuit Mission to China, 1579—1724* (Cambridge: Belknap Press of Harvard University Press, 2007), pp. 76 and 80.

主持刻印事业。在西安，他参与王征的印务，刊行《况义》与《西儒耳目资》（1626）；在南方，他也重印了利玛窦的名作如《天主实义》与《畸人十篇》（1608）等书，甚至在武林镌行西文，广布自己所译的拉丁文《中国五经》（*Pentabiblion Sinense*, 1626），功在印刷文化与文学的双重交流[1]。耶稣会刻书速度有时快甚，以《励学古言》为例，崇祯五年（1632）夏至方才译毕，同年立冬即镌版功成，效率奇高（《法国图》，4:66）。

《励学古言》乃取例于西方上古传记的欧洲式"劝学篇"，高一志因南绛陈所性（太乙）之请（《两头蛇》，页 103），综理所知劝学事典中译成书。全书因此似无固定的单一底本，而是高氏就过去日常所读，再由笔记或记忆中调出繙成。所译柏拉图、亚里士多德或苏格拉底等西方古贤每勉人奋发向上，以读书为念。陈所性对高一志中译的对象有所求，希望能以"轻拨冷刺取胜"，话头暗藏"机锋"，读后且可令人"下汗解颐"者方是（《法国图》，4:6）。高一志答以"诚有之"，乃"取成训之简而尽者权译之，以作蒙塾之铃铎"。前及《达道纪言》为"蒙塾"作"铃铎"的倾向浅，但高一志选取中译的欧洲上古名哲或时贤的故事，多数反而是从"蒙塾"中为人作"铃铎"的修辞学著作中掇出，成就者因和《励学古言》多数训格之言的性质雷同，都是隽永简短而富于机锋的历史故事，所谓"克雷亚"（chreia）是也（参阅《晚明》，页 125–187）。《达道纪言》因为是应请口译，笔受者另有其人，是以高一志交由古绛群友刻之，我们从而看不到"三次看详"的书检记录。此书的内容芜杂，其"底本"可能以文艺复兴时代流行的"常谭集"（commonplace books）贡献最大。高一志阅读此类书后再予笔记，必要时乃取其精华而以中文出之。

高一志是意大利特罗法雷洛城（Trofarello）出身的贵族，尝把爵位留给兄长而"出家为僧"。浮海东来之前，他已念到博士学位，担任修

---

[1]　计翔翔：《金尼阁与中西文化交流》，《杭州大学学报》第 24 卷第 3 号（1994 年 9 月），页 51–57。

辞学教职长达五年之久[1]。今人研究高氏最大的困难，是所译文本的底本难考。晚明入华的耶稣会士中，高一志的修辞学成就特别高，而他对其中的记忆一道修养尤深，曾裁剪利玛窦学习中文的笔记而成《西国记法》（1625）一书，为欧洲"文科"留下有别于中国古来"修辞学"的痕迹。正因高氏学问大，我们很难查得所译文学书籍的底本，1629年的《圣母行实》可以说明一二。景教的《序听迷诗所经》对耶稣降世有相当清楚的记载，而"凉风"吹入"末艳"（Mary）腹腔，使之有身的传奇（《大正藏》，54:1287），唐代西安一带的道侣佛僧应不陌生。但是谈到有"始"有"终"的玛利亚生平，我们仍得推《圣母行实》为中文世界史上的第一书。此书流传甚广，付刻后不过几年，艾儒略撰《天主降生言行纪略》（1635？），便要读者参见，以详圣母躬备人世的万德（《耶档馆》，4:45），而在改朝换代后的乾隆十一年（1746），此书还曾变成福安教案中官府取供的缴库证据。待时序进入19世纪，高龙鬐（Aug. M. Colombel, S.J., 1833—1905）依旧认为当时教徒，"很少有不曾读过……《圣母行实》一书的"[2]。《圣母行实》书分三卷，冶传记、神学与传说于一炉。叙述之精细，绝不输现代人的圣母传，我尤其看重第三卷所集的一百则玛利亚的

---

[1] 高一志"博士"（多笃耳）学位的问题，历来皆下文定之:（明）南京礼部主客清吏司:《会审王丰肃等犯一案》，在（明）徐昌治（编）:《破邪集》第1卷，见周编，2:120a—120b。但段春生2009年12月1日写给我的电邮称:"高一志是在1584年10月24日，即他十八岁那年进入米兰耶稣会公学院（Colegio Milano），接受严格的信仰与人文社科的培育。所学课程有语法、修辞、拉丁文、希腊文等语言知识，以及《圣经》、古希腊哲学、托马斯·阿奎那的经院哲学，信理、伦理等神学知识。此外，修道院成员还必须学习艺术、建筑、绘画、数学及其他自然科学知识，以使他们具有十分广博的知识结构。高一志就是在这样的学习背景下接受了系统最严谨的信仰与人文的陶成。修道院毕业后，高一志曾在米兰的布雷拉等学校从事古代典籍、哲学及修辞学的教育工作达五年之久。"段春生乃绛州段家后人，亦是额我略大学（Pontificia Università Gregoriana）的高一志研究者，他访问过高家的后人，而高家的后人未提到高一志拥有"博士"学位，所以南京礼部的说辞恐仍有待证实。

[2] （清）高龙鬐（著），周士良（译）:《江南传教史》（Histoire de la mission du Kiang-nan）第1册（新庄:辅仁大学出版社，2009），页272。教案中的例子见吴旻、韩琦（编校）:《欧洲所藏雍正乾隆朝天主教文献汇编》（上海:上海人民出版社，2008），页104。

奇迹故事。在时间上，龙华民据悉乃在华首位编译某"玛利亚奇迹故事集"（*Miracoli di Nostra Signora*）的天主教士（*FR*, 2:232），但高一志恐怕才是有系统地汇整这些欧洲民俗故事的集大成者。这一百则的故事，高氏自称"述"，有趣的是，同会罗雅谷（Giacomo Rho, 1593—1638）的《圣母行实·序》却道是"译"。《圣母行实》书成谜也成，第三卷的文字性质尤其是罗生门。

翻译的形式

今日中文的用法中，"译""述"两字的含义绝难互换，一为有原文根据的文字交换行为，一为口语意涵强过书面语的语言作为：孔子不是"窃比老彭"，说自己"述而不作"吗？（朱注，页101）明末耶稣会士的印刷文本中，涉及译作行为的动词不少，吴欣芳指出有"授""述""口授""口译""口说"和"译述"等六种[1]，我以为或可再添上"演""译义""达辞""议叙""创译"，甚至是"譔"或"撰述"等六种。这些动词，以魏晋南北朝佛经译界的用法来说，前者多指"口度"或"度语"而言，几乎就是我们今日"口译"的代称，而后者大致则指"笔受"而言[2]。天启七年（1627），邓玉函（Johann Schreck, 1576—1630）偕王征译《远西奇器图说》，王征谓全帙由邓氏"分类而口授焉，余辄信笔疾书"以成，即为此指[3]。如此中译模式，实则又无异于《大品经·序》叙鸠摩罗什（*c.*334—413）的翻译之道："法师手执胡本，口宣秦言，两释异音，

---

[1] 吴欣芳：《"无声的说法者"：利玛窦的著书过程与读者理解》，页14。

[2] 马祖毅：《中国翻译简史："五四"以前部分》，增订版（北京：中国对外翻译出版公司，1998），页33。

[3] （明）王征：《〈远西奇器图说〉录最》，收于（明）邓玉函（口授），王征（译绘）：《远西奇器图说》，

交辩文旨。"接下来沙门如法钦（生卒年待考）与僧睿（fl. 401）等再"详其旨义，审其文中，而后书之"（《大正藏》，55:53）。明末耶稣会士通常就扮演罗什的角色，而法钦、僧睿，就是王征、韩云了。就晚明通体而言，助译与润稿者在文字上最突出的一位，应该是闽人张赓。他尝为龙华民、金尼阁与艾儒略的文学大业校订或笔润，其功不凡，值得大书特书[1]。明末耶稣会的翻译过程既然是如此这般，则可谓上承汉末以来佛教的译经事业，下则又开清末基督新教第三度"土洋合作"的翻译模式[2]。

高一志的"述"字本应指"译"，然而《圣母行实》成书极其严谨，高氏反而不像私刻的《达道纪言》等书附上所谓"笔录""笔记""汇记""阅""参阅"或"较订"者之名[3]，显示他的"述"字就像利玛窦的《交友论》一样，可能也指所译多为个人手笔，非由他人笔受之[4]。话说回来，高一志的"述"字另有可能是谦辞，谦称自己译笔不佳，"不敢言译"，只能选用另一层次较为"谦虚"的动词，以"述"字自我指涉。证诸艾儒略的《天主降生言行记略》，上述可能性极高，盖艾书本亦为译，底本系萨松尼亚的卢道福（Ludolphus de Saxonia, *c.* 1295—1378）《耶稣基督的生平》（*De vita Iesu christi*, 1474）的简本。不过艾儒略引孔子的话，以自己"言之不文"为由，效耶稣曾如孔子般"身教口授"，述而不

2 册（北京：中华书局，1985），1:9-10。清末林琴南所出西籍，常为他应人之请，"逐字逐句口'译'而出"，再请他"'述'之"的结果，亦此之谓也。参见林纾：《〈利俾瑟战血余腥录〉叙》（1903），见罗编，页 164。

[1] 有关张赓生平，参较邱诗雯：《张赓简谱》，《中国文哲研究通讯》第 22 卷第 2 期（2012 年 6 月），页 125-140。

[2] 19 世纪基督教的翻译方式，参见 Patrick Hanan, "Chinese Christian literature: The Writing Process (1615—1681)," in Patrick Hanan, ed., *Treasures of the Yenching: Seventy-fifth Anniversary of the Harvard-Yenching Library Exhibition Catalogue* (Cambridge: Harvard-Yenching Library of the Harvard College Library, 2003), pp. 261-283。

[3] "较订"或"较刻"等词中的"较"字，乃是为避明熹宗朱由校（1605—1627）的名讳而得，广泛出现在明末耶稣会著译之中。

[4] 缪咏禾：《明代出版史稿》（南京：江苏人民出版社，2000），页 250。

作，硬把自己的翻译又由"译"降级，"贬"为"述"的行为[1]。高一志同样曾自谦"言之不文"，但他用"述"字还有最后一个可能：他认为自己所为非如同今日严格定义下的"翻译"，而是"夹'译'夹'述'"的结果，在某种程度上操纵色彩极浓。耶稣会的中译传统中，如此"译法"俯拾皆是，前及利玛窦的《二十五言》就是显例。利氏每每"偷天换日"，恰到好处时甚至可以"点铁成金"。用黄庭坚（1045—1105）等江西诗派的术语喻之，利玛窦可谓特擅"夺胎换骨"，所得时而自成天地[2]。

现代人谈翻译，好讲"信"字，以"忠"于原文为天经地义；"夹译夹述"不忠不信，因此常变成书写罪状。然而从西人如西塞罗、德莱登（John Dryden, 1631—1700），与斯坦纳（George Steiner）等人的理论看，或从后现代的角度衡之，"夹译夹述"确有其史上常然，有其理论上的合法性，而关乎这点的首要症结，乃在"信"或"忠"的论述实则都是逻辑学上所称的"错误的类比"（false analogy），而且错得往往连译者都不自知，不相信。传统以为译文得信实或忠于原文，说穿了是把原文和译文以夫妻关系拟之，而这个修辞传统大多又是以父权为中心，是以"妻"之"忠"于"夫"也就变成理所当然。在这个基础上形成的翻译论述，因此是原文为"主"，译文为"从"，再度而且正面强化了"信"或"忠"的正当性，使得"偏离原文"的"译文"陷入"讹误"或"专擅"的恶名陷阱。"偏离"就是"不忠"，当然"不信"，故而哪管美丑，那属于"夹述"的部分不是失去合法或正当性，就是让读者打成了"信言不美，美言不信"（les belles infidels），在翻译的论述史上变成牢不可破的意识形态。

上面的拙见，有如德里达（Jacques Derrida, 1930—2004）所称没有

---

[1] 有关《天主降生言行记略》的最佳研究，参见潘凤娟：《述而不译？艾儒略〈天主降生言行纪略〉的跨语言叙事初探》，《中国文哲研究集刊》第 34 期（2009 年 3 月），页 111–167。

[2] 有关江西诗派的风格，参见宗廷虎、袁晖（编）：《汉语修辞学史》（合肥：安徽教育出版社，1990），页 145–146。

"译文"，何来"原文"的解构译观[1]，而后现代译论往往再从诠释学出发，不断质疑意义的不变或固定的源起（fixed origin），宁可相信互文性（intertextuality）这种辩词。如果我们相信德里达与罗兰·巴特（Roland Barthes, 1915—1980）等人这一套的看法[2]，难免就会从海德格尔（Martin Heidegger, 1889—1976）或伽达默尔（Hans-Georg Gadamer, 1900—2002）之见，以为诠释有其历史性，不可能脱离文化畛界而回归那本来就不固定的"源起"。既然"固定"不可靠，那么译家又要如何向原文的哪一面向索取译文不会出错的保证？"错"是必然的，因为意义不断在变，任何"正确的译文"在脚步尚未站稳前都会让"迟到的新意"宣布"错"了。后现代译论又告诉我们，"正确的译文"只存在于某一脉络或某一时间点上。易之以诠释或历史的整体，"正确的译文"非得是"夹译夹述"的译风不可，亦即必须以"译"领"述"，以"述"补"译"。所谓"本来面貌"或"原汁原味"的翻译，其实是译论神话，是实践上的假象。文学翻译一如文学书写，只能以"再现"（representation）视之。

本雅明（Walter Benjamin, 1892—1940）的看法更前卫。在他犹太教式的天启观下，人间万物——在翻译的语境中则尤指译文而言——都只是所谓"纯粹语言"（pure language）烙下的部分印记，翻译故此没有真正的"信实"或"忠实性"可言。如果勉强求忠求信，我们只能逡巡在原文的"可译性"（translatability）之间，任其召唤，再借着挖掘原文的"精粹"（essence）以展现之。然而"可译性"并不代表原文全体，"精粹"也只是这个全体中较引人注目的部分，译者势必"站出来"，以自己的认识与诠释"补足"那"可译性"与"精粹"的不足。如此形成的译文，势必又要"夹译夹述"了，不会是传统所以为的"亦步亦趋"或

---

[1] Jacques Derrida, "Des Tours de Babel," in *Difference in Translation*, trans. and ed. Joseph F. Graham (Ithaca: Cornell University Press, 1985), pp. 51–69.

[2] Terry Eagleton, *Literary Theory: An Introduction* (Oxford: Basil Blackwell, 1983), pp. 137–139.

"单向发声"。所以从理论宏观的一面看，"翻译"永远处于意义匮乏的状态下，只有"夹译夹述"或——我干脆就省字而权借耶稣会士的话语再说之——"译述"，才能使"译"或"述"补足彼此的匮乏。也唯有"译述"式的书写，才是翻译的"今生"（this life）和其"继起的生命"（after life）结合整并的唯一管道[1]。

我译之为"继起的生命"的本雅明之见，不会是佛教式的"来生"，而是犹太与天主教（Judaic-Christian）传统强调的线形时间的产物，"译述"因此也不是喝了孟婆汤后的转世投胎，缺乏前世记忆，而是生前身后一脉相承的父子关系。所以就在"译述"二字的呈现中，生命追续而起。谁都知道父与子乃切不断的血缘亲脉，但谁也都知道父与子各有其独立的生命。"译述"演示而出的文本，故而是这种意义下的"译家"和"作家"的不可切割性：两者乃一体之两面。也是在这种特殊的结合里，译家和作家才共同创造出了一个"另类的文本"，形成了一个全新而且容得译评与文评双双活动于其中的文字空间。所谓翻译的"创造性转向"，说来其实得在"译述"这个立足点上看才会新意再显。高一志的《圣母行实》——尤其是第三卷的奇迹故事——便是这类文本。本书处理晚明天主教的文学译作，也是由此类批评观念出发。所谓译文的"对与错"，大抵不在我的考虑之列。

新的诠释，当然有别于纯就源文（source language）形成的批评结果。诠释者得行走在译文线性的生前身后间，游移在"信实"与"增损"之际，还得——就耶稣会而言——蹭蹬于译者与一般所谓"校订者"之间。下面我且举 1631 年至 1632 年高一志所译另一部"文科"大书的首、二版赓续再谈:《譬学》或《譬式警语》。此书共分二卷，是许

---

[1] 本雅明之见可参阅 Walter Benjamin, "On Language as Such and on the Language of Man" and "The Task of the Translator," both in Marcus Bullock and Michael W. Jennings, eds., *Walter Benjamin: Selected Writings*, vol. 1, 1913—1926 (Cambridge: Harvard University Press, 1997), pp. 62–74 and 253–263。

理和（Erik Zürcher, 1928—2008）承认的唯一一部耶稣会的"文学"译作。高一志所称之"譬"，大约也是许理和英译《譬学·自引》时所称的"比拟"（comparatio）：亦即由"类比"（analogy）和"对比"（contrast）组成，再以"联语"出之之譬。这种譬喻共同的关联基础是"相似"（resemblance）。但是高一志的"比拟"有另指，许理和有所不知，盖其笔下所谓"类比"或"对比"都得用"论证"（argument）而非喻词（figure）构成，而且非得奠基于其上不可。这一套论述形式，中国古来绝不乏见，正是一般连珠文的句式基础。不过这一套论述形式，同时却也是亚里士多德以来，欧洲人从他们最看重的逻辑推演而得，广泛应用在议论、贬褒，以及法律修辞上。在初版的《譬学》的《自引》里，高一志分譬式为十种（《三编》，2:578–586），缕述精细而有条理。下面这条譬文的渊源所自，可想是欧洲修辞学的高度成就之一："玻里波鱼性甚钝，而于欺纳小鱼甚巧矣。世人德甚昏而于猎取小利则甚明者，当作玻里波鱼观。"[1]

　　这整条譬喻，高一志实则译自伊拉斯谟的《譬喻集》[2]，在譬式性质上，应属《譬学·自引》译之为"明譬"者，盖高一志系以玻里波鱼之性与行动力的对照作比，然后将之联系到世人"德昏"与"利明"的关系上。"玻里波鱼"（polypus）是今人所称的"乌贼"或"蟑鱼"[3]；高一志中译时人在中国北方的山西，系属内陆地区，海中生物想来绝非"参

[1]　（明）高一志:《譬学》上卷（崇祯五年），页 1a。

[2]　伊拉斯谟的《譬喻集》中，此喻原文如下："Polypus stupidum alioquin animal, in captandis conchis incredibili utitur solertia: Ita quidam ad solũ quæstum suum sapiunt, alibi pecudes mere." 见 Desiderius Erasmus, *Parabolae sive Similia Des. Eras. Rot. ex diligenti avctorvm collatione novissimvm recognita, cum vocabulorum aliquot non ita vulgarium explicatione. Accesservnt annotationes longè vtilissime, vna cum indice, quæ adolescentia vsum manifestè commonstrabunt, auctore Ioanne Artopæo Spirense. Similitudines aliæ etiam collectaneæ ex Cicerone, aliisque scriptoribus additæ* (Londini: Impensis Guilielmi Nortoni, 1587), p. 158. 此一譬文的原典，我乃因下文而得悉: 金文兵:《高一志与明末西学东传研究》（厦门: 厦门大学出版社，2015），页 228。

[3]　《譬学》中这条陈述的原典出自 Pliny, *Natural History*, trans. H. Rackham, 2nd ed. (Cambridge: Harvard University Press, 1983), IX.xlvi–xlviii。

阅者"山西绛州人氏段衮所熟稔，所以"玻里波鱼"只能音译，高一志无从以适当之中文移之。同类的音译，《譬学》中另有不少，说明此书有其地域性，应该是经翻译或"译述"而得。在亚里士多德的《修辞术》（*Tekhnē rhētorikē*）中，用"论述"或喻词写成的"类比"或"对比"性的"联语"甚多（cf. *CWA*, 1422a-1423a），喻依之后，多用"因此"（*ita*）承接而开显其足以比拟的喻旨。

有关"玻里波鱼"的譬文文采有限，并不能代表《譬学》的整体成就，但此书第二版就不然，首端之句业已经过润改，"欺纳"易为"欺噬"，而"甚巧"之后的感叹字"矣"乃赘字，亦已经删除，凡此虽仅数字之差，却简洁精练了许多："玻里波鱼性甚钝，而欺噬小鱼甚巧。世人德甚昏而猎取小利甚明者，当作玻里波鱼观。"（《三编》，2:587）明代可见的《譬学》两版中，有许多譬文业经类此之手法——徐光启乃幕后那操盘手——重润，"炳焕一新"而致文采斐然了，堪比上及连珠文或用连珠诗格写成的中国诗歌[1]。明代译史上，我们多知耶稣会文本有人代润，然而如何改，多数人却懵懂，而《譬学》两版的差别，适可经细勘而见证其之所以然。

在这篇导论中，我对圣传中译的着墨不少，但所谈多为中古圣传，下面我拟一提德国耶稣会士汤若望（Johann Adam Schall von Bell, 1591—1666）口述、王征笔记的《崇一堂日记随笔》（1638），稍谈欧洲上古圣传在华使用的方式。在上古圣传的范畴中，圣热落尼莫（St. Hieronymus or St. Jerome, *c.* 347—420）称之为《沙漠圣父传》（*Vitae patrum*）的上古天主教僧尼或在家居士的生平最值得注意，因为此书开启了部分天主教的圣传传统，对中世纪的同类书写影响尤大，其力所及，甚至包括前举

---

[1] 连珠诗格的例子可见安倍喜任（编）:『新刊連珠格詩』, 2 卷（東京: 小浜野貞助、齐藤栄作出版, 1881）一书。

《圣传金库》或《天主圣教圣人行实》，也冲击到了《巴兰与约撒法》或《圣若撒法始末》等圣传传奇（hagiographical romance）的书写。王征在崇一堂每日笔记所得，大多数是汤若望口述的部分《沙漠圣父传》的传文。后书卷帙浩繁，而我们倘就此而言，则《崇一堂日记随笔》所译实如九牛一毛。然而我们仔细审视，却不得不承认汤、王二人颇译了些错过不得的好传，例如《沙漠圣父传》中名气最大的圣安当（St. Antony, c. 251—356）的奇遇，再如老实葆禄（Paul the Simple）的一生，等等。在天主教世界，这些传记名篇俱已传诵千年，影响之大，可以见诸后世小说家如福楼拜（Gustave Flaubert, 1821—1880）的创作等。再以《崇一堂日记随笔》所译圣安当往谒圣热落尼莫笔下"葆禄首位独修"（Sancti Pavli Primi Eremitæ）的传奇覆案之，则清代中叶以前，早也已有中国教徒鼎力以白话重述或改写同一故事（《法国图》，13:568–572）。纵为中文世界，晚明订饾所译，在改朝换代后依然不失魅力。

有趣的是，王征之所以重理汤若望浮踪陕西的口述译业，有其个人的难言之隐。原来王征信教颇诚，却因原配乏嗣，在儒家"无后为大"的压力下不得不曲从纳妾，因而违反了教中圣诫，犯了淫欲之罪。汤若望口述或许无心，王征笔记却是有意，一心以圣安当等教中先贤自持的清心寡欲为念，甚而引之以对照自己的淫情邪念，自我忏悔。他的翻译因此是悔罪的表白，乃中国史上第一部隐喻化了的《忏悔录》。王征一面笔记，一面思过，同时为中国对欧译史创造出一种"评赞"式的翻译形式，留下译者自己的阅读感想，兼及生平感触，也为清代殷弘绪（Père François Xavier d'Entrecolles, 1664—1741）译《训慰神编》（1730）、贺清泰（Louis Antoine de Poirot, 1735—1813）译《古今圣经》的批注，以及林琴南（1852—1924）等夹译夹注式的评译工作树下基桩。《沙漠圣父传》原本多用希腊文撰就，少部分则以拉丁文或叙利亚文书写，但有鉴于逐字对译每造成晦涩而难以卒读的结果，现代英译本大多也以德莱登所称的"意译"（paraphrase）出之[1]。《崇一堂日记随笔》因口译与白话、文言互换等"特殊"的"语内翻译"成书，汤、王要直译或信译其实也难！

汤若望与王征的中译工作乃偶然促成，王征若不想借翻译寄托个人感慨，崇一堂中的翻译结果还未必能够名留青史。然而说到翻译之为意识上的产物，而这产物本身又可明白用"文学"这张标签予以界定，则终晚明之世，我们非得搬出艾儒略在 1637 年译出的《圣梦歌》不可。这是一首歌行体的辩论诗，长达二百七十六行。据张赓转述，艾儒略一开始就拟以中国诗的形式译出。所以《圣梦歌》乃晚明耶稣会"有意为之"的文学中译，极其显然，本身更可直接驳斥许理和早年的成见。不过此诗初版只见张赓一序，抑且未着"审查"人名姓，显然又是私刻，可能还是 1634 年以后陆续发生的福建教案的反面宣示[2]：艾儒略译以砥砺、坚定教徒向教的信心。《圣梦歌》的欧语版本甚多，抄本更达一百三十二种[3]，而其拉丁文名称亦伙。以"圣梦"为题，艾儒略或有鉴于其时三山地区教徒梦见异象者众，因举例说明欧洲传统圣梦的内涵。当然，艾氏没有料到他译笔一开，所得居然是中国史上首见的英国诗的中译，虽然他是从拉丁文译得。

《圣梦歌》既有辩论诗之称，内容必有互诘的两造：话说某夜某人梦见有人命丧郊野，灵魂脱离尸身，正为是否能通过天主的审判而与尸身

---

[1] 参见 Helen Waddell, "Introduction" to her trans., *The Desert Fathers* (Ann Arbor: University of Michigan Press, 1993), p. 2。德莱登对翻译的看法见 John Dryden, "The Three Types of Translation," in Douglas Robinson, ed., *Western Translation Theory from Herodotus to Nietzsche* (Manchester: St. Jerome publishing, 1997) , pp.172-175。

[2] 关于"福建教难"的简述，见钟鸣旦、孙尚扬：《一八四〇年前的中国基督教》（北京：学苑出版社，2004），页 264-266。

[3] 见 H. Walther, *Das Streitgedicht in der lateinischen Literatur des Mittelalters* (München: C. H. Beck'sche Verlagsbuchhandlung Oskar Beck, 1920), pp. 211-214。不过此书漏列者不少，至少达三十五种之多，见 Neil Cartlidge, "In the Silence of a Midwinter Night: A Re-Evaluation of the *Visio Philiberti*," *Medium Aevum* 75 (March 2006), p. 24。

争吵不休。灵魂首先埋怨尸身生前贪图酒色，致令他通不过最后的审判，进不了天国的大门。尸身听罢，气得从地上跳起，反而面向灵魂疾言呛道：若不是你生前指挥，我何至于贪图酒色？一切过错，唯灵魂是问。全诗魂尸相怨，如是者反复回环，终至地狱群魔跃上舞台，将那魂尸拖走。临下无间道之际，那酣睡之人突然醒来，原来是南柯一梦。不过梦境骇人，此人早已冷汗涔涔，赶紧跪地祷告，祈求天主赦免他在人世所造的罪愆。

辩论诗之为"文类"也，中国并非没有。《圣梦歌》强调的尸魂互怨，陶渊明《形影神》一脉早成气候。再以敦煌文学里的《茶酒论》《燕子赋》或非属敦煌的民俗文学如《猫鼠相告》观之，辩论诗或金文京所称的"争奇诗"的民间传统另已隐然形成，别具一格，有的还已传唱数百年了。若以明人如邓志谟（1559—？）的争奇文学观之，则欧洲辩论诗的传统中常见的动植物争辩或自然元素的争持，亦可见于邓著《花鸟争奇》或《风月争奇》之中，吟唱的形式还颇近其欧洲的对应体，可见中国知识分子对于诗中辩论的形式毫不生疏，而东西两洋因有一相关的共同诗学[1]。中国辩论诗的传统中，宗教主题较晦，然而争辩手法洋洋大观，丝毫不逊《圣梦歌》或其渊源所自的欧洲系谱。艾儒略在明末中译《圣梦歌》，大有可能也因邓志谟等人那些强烈的俗世传奇诱发使然。

在诗律上，艾儒略的翻译恪循古风，所以在他笔下，约略四百八十五行的拉丁原文"浓缩"成了二百七十六行。翻译增损，甚或出格而以佛道名词入诗，也变成艾诗"译述"上的一大特色。是的，艾儒略确实就以"译述"为自己的翻译行为定位。此中玄机，处处可见。另一"译

---

[1]　金文京：《东亚争奇文学初探》，见张伯伟（编）：《域外汉籍研究集刊》第二辑（北京：中华书局，2006），页 7-11。此外金氏另文亦可参考：《晚明文人邓志谟的创作活动：兼论其争奇文学的来源及传播》，收于王瑷玲、胡晓真（编）：《经典转化与明清叙事文学》（台北：联经出版公司，2009），页 295-316。

述"的典型，是阳玛诺（Manuel Dias, Jr., 1574—1659）在 1640 年移译的《轻世金书》（*Contemptus mundi*）。此书的原作者乃耿稗思（Thomas à Kempis, 1380—1471），不论阳玛诺是从拉丁原文还是从格兰纳达（Luis de Granada, 1505—1588）的西班牙文本重译，他连文体都"改写"了耿稗思或格兰纳达。耿稗思的拉丁文以简洁易懂著称，阳玛诺的中译却用《尚书》体为之，晦涩而难以卒读。格兰纳达的西班牙文尚藻饰，雄辩滔滔，阳玛诺译来却含蓄而内敛，完全不称那可能系其源语的文体特色。他的翻译增损，较之原文或源文，自是彰明较著，早已有人详加比对分析 [1]。

20 世纪之前，"翻译"对在华天主教而言，一直是个困扰人的问题。唐代的景教徒说自己"妙而难名，……强称景教"（《大正藏》，54:1289b），入华耶稣会则有个挥之不去的"陡斯"（Deus）问题。究竟应该译为"上帝"还是"天主"，不到 1628 年阳玛诺主持的嘉定论辩结束，他们几难确定 [2]，而这还只是单纯的教名或至高神的名字取舍问题。一旦涉及文本互译，问题益显复杂。一般言之，涉及宗教的翻译几乎都以"信"字为最高原则，甚至可以因此而数易译稿。1605 年利玛窦等译《圣经约录》，便尝因源语译文金石难和而"累经窜改至数次，乃得与本经原文相合，方敢付梓"（《耶档馆》，1:115），可窥一斑。然而天主教要籍的翻译史上，这种"审慎"往往却非实践常态。曩昔圣热落尼莫译《旧约》希伯来文，圣奥斯定唯恐所循原文与数百年来教义抵牾，特地致书警告不可尽译，以免教会社会两皆动荡，滋生不安。奥氏坚持《圣

---

[1] 参见徐允婧：《轻世金书研究——〈效法基督〉的首次汉译、译文及影响》，北京外国语大学中国语言文学学院硕士论文，2007 年。

[2] 有关嘉定会议，详见 Liam Matthew Brockey, *Journey to the East: The Jesuit Mission to China, 1579—1724*, pp. 85–89；高龙鞶（著），周士良（译）：《江南传教史》第 1 册，页 237–240；另见 Sangkeun Kim, *Strange Names of God: The Missionary Translation of the Divine Name and the Chinese Response to Matteo Ricci's Shangti in Late Ming China, 1583–1644* (New York: Peter Lang, 2004), pp. 171–183。

经》之译也，得待天主感召，始可为之[1]。艾儒略在福建布道时，也曾告诉门下《七十子本旧约》（The Septuagint）殆因天主"神功默启"有以致之（《耶档馆》，7:107-108），所以耶稣会士所了解的宗教翻译和"原文"未必有关，关联者反而是异相或梦兆，是先知的"自由"或教义期待上的最新神意[2]。翻译时倘遇问题，可代为解答的或非原文本意，而是教义或那所谓"最新的神意"。"信"或"忠"的原则倘非实务上不得不加敷衍的掩人耳目之词，那就只能信实或忠实于"天主"或"教义"，而不是原文。果然如此，翻译似乎也不过是耶稣会的方便善巧罢了。真正的"原文"若非"天主"，就是"教义"。

从勒菲弗尔（André Lefevere, 1945—1996）等后现代译论家的角度看，"译述"当然是翻译，是翻译诸多的策略之一，就如同"信译"也是翻译的策略一样，并不等于翻译的标准。从"忠"或"信"的角度看，我们会把"源文"等同于"原文"（the original text），但是如果视之为策略，则"源文"只是"原文"的意念的详说细解，两者实则不必画上等号。"源文"且容得了译家剪裁、雕塑，而这些行为，现代译论家或比较文学者如苏珊曼（Susan Mann）等人都认为是"操纵"（manipulation）所致，是以从"源文"传递到"目的语"的过程就充满了"建构"，明末的耶稣会译家如艾儒略等人，多半正可谓实务上的"操纵学派"中人。他们翻译时，经常自觉或不自觉在玩弄源文。依我看来，"操纵"二字，为

---

[1] 参见 CG, 15:22-23。圣奥斯定对圣热落尼莫的"警告"，见他所写的"Letter to Saint Jerome," in André Lefevere, ed., *Translation/History/Culture: A Sourcebook* (London and New York: Routledge, 1992), p. 16；另参较 Karlfried Froehlich, "Introduction to his trans. and ed., *Biblical Interpretation in the Early Church* (Philadelphia: Furtress Press, 1984), p. 7。

[2] 参较李奭学：《翻译与神意》，见所著《经史子集：翻译、文学与文化札记》（台北：联合文学出版公司，2005），页 10-12。CG, 15:23 谓：七十子是"先知"，是在"上帝之灵的激励"下翻译。CG, 15:22 又谓：七十子是"先知"，他们的"译文所提供的意思与真理一致，而且宣扬真理"。他们"选择了这种与原文有差异的译文，不是在完成他们身为译者的任务，而是在发挥他们身为先知的自由"。宗徒因此"有很好的理由不仅引用希伯来文本，他们可以引用希腊文七十子本《圣经》"。

其校订或笔受者当之有愧，因为拥有"原文"的知识者并非其人，而是可以玩弄"源文"的耶稣会士。他们"玩弄"源文，使之变成"原文"，一大目的便在遂行和传教相关的各种目的。由是观之，历来论者好辩的所谓"土洋合译"之争，确可休矣！宽松再言，耶稣会士的中译乃建立在自己——或本教——的意识形态上的旅行行为，而如此形成的文本果实，当然是勒菲弗尔特有所指的"改写"（rewriting），其本质无异于文学史的写作、文学选集的编选，甚至也无异于典律的形塑[1]。

晚明耶稣会中译的欧洲宗教文学既属"改写"，既然是用中文重出的"建构"，则这些文本就像文学创作或历史书写（historiography），当然也可容许我们从文学与译学的角度分析其形式与内容，尤可允许我们寻找其身为"原文"的"继起的生命"，而谈到这里，某种跨洲与跨文化的系谱学便会变得重要无比，因为"生命"既因"继起"而形成，则必有其天主教意义上的"前世"或"今生"。两者互补或拼凑为一，才称得上充分掌握到"改写"或"建构"的整体意义。我们二谈至此，那属于客方语言（guest language）之外的主方语言（host language）就益显重要，当然是我们忽略不得的另一种生命。果然如此，那么我们其实也容不得自己不注意格拉夫顿（Anthony Grafton）等人讨论明末耶稣会士所传时提出来的"诠释工具箱"（toolkits of interpretation）。易言之，我们不得不在"客方文化"中也做一番"考证"，不得不注意天主教在华的传统如何重诠改写——或谓"译述"——欧洲宗教文学的方法与过程，使之融入目的语或主方的文学文化中[2]。

---

[1]　André Lefevere, "What is Written Must be Rewritten, Julius Caesar: Shakespeare, Voltaire, Wieland, Buckingham," in Theo Hermans, ed., *Second Hand: Papers on the Theory and Historical Study of Literary Translation* (Antwerp: ALW-Cahier, 1985), pp. 88–106.

[2]　Howard L. Goodman and Anthony Grafton, "Ricci, the Chinese, and the Toolkits of the Textualists," *Asian Major,* Third Series, vol. 3, pt. 2 (1990), pp. 95–148.

观看的角度

回到耶稣会文学译作的底本再谈：我仍得承认"考证"难为，盖"译述"性的翻译策略不啻格拉夫顿等人所谓的"诠释上的文本外科手术"（exegetical surgery on their texts），而且还不仅是"诠释上"的手术而已，耶稣会士还会在手术台上真刀实剖，甚至会为切除的地方另行补上"自以为是"的填充物[1]，从而为多数的译作制造假象，形成研究障碍。面对如此现象，本书只能迂回前进，多方推敲，大胆假设而小心求证。话说回来，在研究的过程中，我依旧闻得杂音回荡，而最常听到的是有关文学传统的问题，例如如此考掘在文学与翻译史上的意义为何，而我所谓的"宗教文学"真能冠上"文学"的尊衔吗？这些问题回答不易，因为答案千丝万缕，但总结所以，牵涉到的其实都是文本观看的角度问题。

1837 年，基督新教的传教士郭实猎（Karl Friedrich August Gützlaff, 1803—1851）在所编的《东西洋考每月统记传》中有专文论诗，尝指出"欧罗巴民讲异话，其诗书异类"（《统记传》，页 195）。既属"异类"，而这些"诗书"的"译作"又由外移入，坦白言之，其阅读与评价当然就不宜完全以中国固有论之。不过"译作"的问题说来话长，而本书所论者也正是此一课题，所以请容我岔开，由创作最后再行谈起。明代率先进入中国内地传教的西方教士，并非世人耳熟能详的利玛窦，而是罗明坚（Michele Ruggier, 1543—1607）。罗氏在华的时间不超过十年，但是他交游广泛，包括此时的中国戏曲家徐渭（1521—1593）。两人或曾吟诗唱和，至少徐氏的赠诗迄今犹存[2]。所以罗明坚工诗，大有可能。果然如此，则在骚墨上他恐怕也"领袖群伦"，早期耶稣会士中罕见其匹。某次

---

[1]　Ibid., p. 105.

[2]　Albert Chan, S.J., "Two Chinese Poems Written by Hsü Wei（徐渭）(1521—1593) on Michele Ruggieri, S.J. (1543—1607)," *Monumenta Serica* vol 44 (1996), pp. 317–337.

罗明坚提笔濡毫,写出了如下七言诗的上半首:

> 乌鸦拿获一蜈蚣,
> 喙食蜈蚣入腹中。
> 岂料蜈蚣身有毒,
> 即伤乌鸦死相同。

罗明坚的诗有原题,称为《冤命不饶譬喻》,手稿在 20 世纪 90 年代才发现[1]。如以这上半首诗论之,按文类应该归入现代人所谓"寓言诗"的项下。不过对熟悉陈世骧(1912—1971)揭橥的中国诗的"抒情传统"的人来讲,罗明坚这首诗除了文笔外,身份也可疑,充其量只能算是"打油诗"一类[2]。诗史有雅正、通俗之分,《冤命不饶譬喻》可以通俗之作视之,而这个传统中除了名声响亮如八骏马等神话动物外,除了《西游记》等说部中以韵文所唱的其他种种动物诗外[3],管见所及还真难觅得类如《冤命不饶譬喻》的中文诗,遑论宋人之"词",连唐、宋诗家与词家所创的"咏物诗"或"咏物词"中都罕见。所以《冤命不饶譬喻》是"诗"吗? [4]

　　罗明坚引起的问题,如果放在"翻译"的范畴中看,前及许理和

---

[1] 罗明坚:《冤命不饶譬喻》,见 Albert Chan, S.J., "Michele Ruggieri, S.J. (1543—1607) and His Chinese Poems," *Monumenta Serica* vol. 41(1993), p. 155. 此诗的下半首如下:"从来杀命还填偿,自古冤家决不容。曾子戒之当谨守,出乎反尔理无穷。"

[2] 陈世骧:《中国的抒情传统》,见《陈世骧文存》(台北:志文出版社,1972),页 31-37;另请参见陈国球:《抒情中国论》(香港:三联书店,2013)一书。有关罗明坚作诗的语言问题,见 Albert Chan, S.J., "Michele Ruggieri, S.J. (1543—1607) and His Chinese Poems," pp. 137-138. 罗明坚也有诗《叹唐话未正》,说明自己学中文以证道的辛苦,见前揭 Albert Chan, S.J., "Michele Ruggieri, S.J. (1543—1607) and His Chinese Poems," p. 153:"数年居此道难通,只为华夷话不同。直待了然中国语,那时讲道正从容。"

[3] 例子见(明)吴承恩:《西游记》(台北:华正书局,1982),页 3 及 39。

[4] 谈及罗明坚诗词的文章,例子见汤开健:《明代来华意大利耶稣会士罗明坚的中文诗》,载姚京明、郝雨凡(编):《罗明坚〈中国地图集〉学术研讨会论文集》(澳门:澳门特别行政区文化局及澳门大学,2014),页 210-260。

也曾附和过。讨论高一志的《譬学》时，许氏提到利玛窦中译的《西琴曲意八章》，随口便评道：在中国传统中，这八章词"不配称为文学"（Zürcher, p. 334）。中国传统确有可能持如是之见。本书论及艾儒略译《圣梦歌》，而如上所述，此诗原文乃欧洲中世纪在英伦与欧陆俱驰名一时的《圣伯尔纳的异相》（Visio Sancti Bernardi）。然而放在中国传统中，一般士子也可能径以"劝世歌"视之，类同于《红楼梦》里的《好了歌》，地位高不到哪里去，所以《圣梦歌》也能算"诗"吗？

中国诗以"雅"为尚，言志抒情的传统重视诗人情志的抒发，劝世之作难比杜甫（712—770）《秋兴八首》的感时忧国，也赛不过苏东坡（1037—1101）《江城子》的婉约动人。罗明坚的《冤命不饶譬喻》不在类此抒情的传统中，何况诗中所譬亦乏华夏古来寓言中时常涉及的人类！ [1]《圣梦歌》以"辩论"的方式写灵肉怨怼："死候之念"（memoria mortis）与"最后的审判"等天主教常谭的色彩极强，强到让人几乎忘了中国传统中也有类似之作！所以《冤命不饶譬喻》是"诗"，而《西琴曲意八章》与《圣梦歌》也称得上"文学"吗？我想初读这些著作或译作，任何人难免都会启疑窦！

中国人对言辞之辩素有成见，孔子（551—479 BCE）以来几唯"木讷"是尚，所以《圣梦歌》这类好逞口舌能事的译作的问题，我们还是等到第八章再详。中国传统中其实也不乏"鹬蚌相争"或"北溟有鱼"一类的动物寓言，以之入"诗"却罕见得很。纵使"动物诗"可以登堂入室，出现在中文韵体中，我看大约也仅见于民俗传统或荀子（313—238 BCE）一脉的俗赋，"正统"或严肃的诗人词人里，怕是君子不为或难为！所以——请容我再问一遍——《冤命不饶譬喻》可以称之为"诗"吗？如果换个角度回答，我想我仍然会说"是"。罗明坚乃耶

---

[1] 谭达先：《中国民间寓言研究》（台北：台湾商务印书馆，1988），页17—94。

稣会士，受过欧洲中世纪"证道艺术"（*ars praedicandi*）这种特殊的修辞学的熏陶，而我在《中国晚明与欧洲文学》中曾指出天主教此会中人雅好使用伊索式寓言布教或传道（《晚明》，45–123）。罗明坚下笔何以不避"俗"，不讳"俚"，其实道理可解。动物寓言的特色是角色中人类少，动物多，今天我们耳熟能详。但对传统中国知识分子而言，在庙堂上如此书写，则可能令人目之为怪，认为匪夷所思。此外，除了看过金尼阁译《况义》的少数人外，中国士大夫对"动物"在西方文学史上的地位其实也懵懂得很，遑论见之于诗史！古希腊的戏剧乃诗剧，阿里斯托芬（Aristophanēs, *c.* 448—380 BCE）早就写过以"鸟"与"青蛙"为题的喜剧，而在他之前数百年，民间还传唱过仿荷马的长诗《蛙鼠斗》（*Batrachomyomachia*）。凡此种种，西方文学史历历可见。中国人多半仅知散体写成的《伊索寓言集》，而单是这部内容颇类《冤命不饶譬喻》的"文"集，欧洲史上就有多人用"诗"改写过，而且一唱再唱，几乎乐此不疲。我有限的知识中，可以数出来的至少有上古巴布里乌斯（Babrius）的希腊文本《伊索寓言诗》（*Aesopic Fable in Iambic Verse*）、亚微亚奴斯（Avianus）的牧歌体拉丁文《寓言诗》（*Fabulae*）、12世纪英人"法国的玛丽"（Marie de France）以诺曼法语（Norman French）吟唱的《寓言诗集》（*Fables*）和启蒙时代的法人拉·封丹（Jean de la Fontaine, 1621—1695）的《东西寓言诗集》（*Fables*）等等。这些诗人在各自所属国家的文坛上，都非泛泛之辈，"法国的玛丽"和拉·封丹尤为时代的表率，地位崇隆。如果以启蒙时代的法国衡之，则拉·封丹地位绝不下于莎士比亚（William Shakespeare, 1564—1616）或弥尔顿（John Milton, 1608—1674）之于英国的文艺复兴时代。易言之，动物诗——尤其是寓言性的动物诗——的写作，在欧洲系常态，而且吟来迄今不辍。20世纪30与40年代，美国诗人瑟伯（James Thurber, 1894—1961）犹有《时代寓言与图绘名诗》（*Fables for Our Time and Famous Poems Illustrated*），杂糅《伊索寓言》与新创之作为一体，可称复兴：老少阅众，一时称绝。

　　章前提过，罗明坚出身意大利，是以欧洲传统他不会不熟，何况入华前他学植深厚，布教西返后还继续深造而获颁法学博士的学位（Pfister, 1:15–21）。他的《冤命不饶譬喻》确以中文写成，但说起诗学渊源，却非中国诗史能够解释或局限，我们不可仅凭华夏传统便加妄断。罗明坚的中文好不好，中诗格律的程度是佳抑劣，这些都可商榷[1]，然而若因所写乃动物寓言即否定其"诗"的文类身份，我觉得可能也会轻率到看走眼。即使就美学观之，除了声律外，我们尤忌仅因文字之易，率尔便忘记作者由来与背景。这层道理简单，因其有如以英文书写中国文化中的故事，当然不能因英美文学的内容或手法有异于中国古来的传统，遽尔就否定故事的价值。中国人好写短诗，然而——且容我反面诘之——我们能因此便谓特擅长诗的西人比中国古来的骚人墨客强？

　　从明末罗明坚的例子出发，我们甚至可以进一步走到清末，循之再论2000年韩南（Patrick Hanan, 1927—2014）挑起的所谓"传教士小说"的问题[2]。令韩南——还有其他学者——踟蹰的是类此之作大致以布道为目的，在传教士的考虑中，"艺术性"或"文学价值"因此居次，其文学地位故而可议！[3]"传教士小说"有先声，清初法国耶稣会士马若瑟（Joseph de Prémare, 1666—1736）的《梦美土记》（1709）与《儒交信》（1720? ）俱属之，我相信还是整个基督宗教在华首见的两个"创作性"的说部文本，后者甚且是天主教第一部白话小说。不论是《梦美土记》还是《儒交信》，情节同样都薄弱。前者我有专文论列，兹不赘；后

[1]　参见汤开建："明代来华耶稣会士罗明坚的中文诗，"姚京明、郝雨凡编：《罗明坚〈中国地图集〉学术研讨会论文集》（澳门：澳门特别行政区文化局及澳门大学，2014），页210–241。

[2]　Patrick Hanan, "The Missionary Novels of Nineteenth–Century China," *Harvard Journal of Asiatic Studies* vol. 60, no. 2 (2000), pp. 413–443. 此文后来收入 Patrick Hanan, *Chinese Fiction of the Nineteenth and Early Twentieth Centuries* (New York: Columbia University Press, 2004), pp. 58–84。

[3]　Patrick Hanan, *Chinese Fiction of the Nineteenth and Early Twentieth Centuries*, pp. 59–60. 吴淳邦：《19

者略谓某甲闻得某乙改变信仰,因此问道于某名为李光者,而李光遂大肆发挥,以天主教义应答之[1]。马若瑟的小说技巧不恶,《儒交信》带有框架故事的形式,小说中夹附论述,笔法熟练,令人思及半世纪之前董说(1620—1686)的《西游补》。《儒交信》重说"教",故事才走到一半便借各种辩论令多人改宗天主。职是之故,小说读来有如在华教史上常见的"教义问答"。后一类书也常用白话文写,亦采问答体,但是不具小说的形式,更无情节可言。但在某种意义上,教义问答或许竟是传教士小说的根源。职是之故,学者所不安者,乃所见传教士小说唯见教义,几乏情节。此所以他们不知如何"评价"天主教的《儒交信》,也不知如何看待前述郭实猎著的《悔罪之大略》!

对我而言,这里所谓的"不知",症结仍然在阅读的角度。学者若从中国古典小说的观点看《儒交信》与《悔罪之大略》,甚至以此阅读米怜(William Milne, 1785—1822)的《张远两友相论》(1819)——这是新教中文小说在华的开山之作——当然在形式以外会有陌生或失望之感[2],盖其中绝无《红楼梦》的儿女情,也不会有《西游记》中曲折离奇的斗法

世纪 90 年代中国基督教小说在韩国的传播与翻译》,《东华人文学报》第 9 期(2006 年 7 月),页 231。有关《张远两友相论》,另见 Danniel H. Bays, "Christian Tracts: The Two Friends," in Suzanne Wilson Barnett and John King Fairbank, eds., *Christianity in China: Early Protestant Missionary Writings* (Cambridge and London: Harvard Univesity Press, 1985), pp. 19–34。

[1] 《梦美土记》目前仅见抄本,法国国家图书馆(Bibliothèque nationale de France)所藏乃某王若翰抄本,编号为 Chinois 4989,古朗氏书目编号为 7045,见 Maurice Courant, *Catalogue des Livres Chinois, Coréens, Japonais, etc.* (Paris: Ernest Leroux, 1912), p. 60;梵蒂冈教廷图书馆(Biblioteca Apostolica Vaticana)所藏为另一抄本,编号为 Borg. Cinese 357 (9),抄者阙名。两份抄本皆未署著者马若瑟之名,但此一问题要廓清,可见李奭学:《中西合璧的小说新体——清初耶稣会士马若瑟著〈梦美土记〉初探》,《汉学研究》第 29 卷第 2 期(2011 年 6 月),页 81–116。《儒交信》藏于法国国家图书馆,编号 Chinois 7166,现代排印版则见郑编,4:211–258,以及相关研究见宋莉华:《传教士汉文小说研究》(上海:上海古籍出版社,2010),页 23–42。

[2] 《张远两友相论》较易寻获,我用的本子是 1857 年(咸丰七年)宁波华花圣经书房的刻本微卷,现藏近史所郭廷以图书馆,编号:MC00161。不过此书的现代重排本业已出版,其他清末传教士小说并收于黎子鹏(编注):《晚清基督教叙事文学选粹》(新北:橄榄出版公司,2012)之中。

或神通，更乏《金瓶梅》里的"性的政治"。所见者，又是有如教理对答的劝化过程。所以称之为"小说"，盖章回分明，也有某种程度的情节与布局罢了。坦白说，中国古来的宗教善书也以情节铺陈因果轮回，甚至分有章回，大谈异相奇迹，变成鲁迅（1881—1936）所谓"神魔小说"的前身。不过这类叙事性的善书通常情节强过教理，"曲折离奇"得刚好和清代的传教士小说南北分行。《悔罪之大略》才发表不久，17世纪英国作家班扬（John Bunyan, 1628—1688）的经典《天路历程》（*Pilgrim's Progress*）便在华译出，文言本外另有各种方言译本，而且时而出现在文言译本之前[1]。班扬的名著讲的同为梦中天启，但是故事性强多了，以托喻为主的寓言手法更是老练。郭实猎或许蹈袭之，从而在明清间的《圣梦歌》及《梦美土记》的前导下写出了《悔罪之大略》这部传奇性的梦中异相。

我们倘可从天主教肇建以来的西方护教文学（apologetic literature）的流衍衡之，那么从《儒交信》经《张远两友相论》迄《悔罪之大略》的内容与虚构的方法其实不言而喻。"护教文学"是一种相当特殊的文类，主要目的当然在为基督信仰辩护，而此一文类盛名最负的自是2世纪亚历山德拉的克莱芒（Clement of Alexandria, b. 150）的《劝勉希腊人》（*Exhortation to the Greeks*）。后书虽乏情节，不过具有如同小说的讯息发声与接受者。在克莱芒之前，欧洲另有其他护教文学，其中"对话"之设亦常事耳，几乎步步紧逼在比较天主教与其他信仰的"真假"或"优劣"上，时而也会长篇大论论神学。《劝勉希腊人》深受希腊文化的影响，笔法几乎抄自柏拉图（427—347 BCE）的《对话录》，虽则其间少了苏格拉底（469—399 BCE）式的诡辩。如以同属2世纪的《亚历斯提德的辩护》（*The Apology of Aristides*）再证，则书中对答就显然多了。对话录虽非小

---

[1] 《天路历程》的中译史略，参见马祖毅：《中国翻译史》，上册（武汉：湖北教育出版社，1999），页 688-691。

说，其影响却扩及6世纪如波依提乌（Anicius Manlius Severinus Boethius, d. 524）的《哲学之慰藉》（*De Consolatione Philosophiae*）与14、15世纪法国才女皮桑（Christian de Pizan, 1365—1430）的《仕女之城》（*Le livre de la Cité des dames*, 1405）等著作。此一线脉的"对话录"，情节当然是再明显也不过。的确，惯读《水浒传》或《平妖传》的中国读者可能习惯不了欧洲的"才子"与"佳人"如上以论述为主的虚构性言谈，但我们能因此就否定其内容与笔法，甚至是否定其文学价值吗？

皮桑的《仕女之城》重点在宣扬女权，这里我可以存而不论，然而波依提乌的《哲学之慰藉》纵不能以"现代"二字形容其虚构性的笔法，但呼之为某种广义的"传奇小说"（romance）应不为过，而且此书在散体中往往夹有如同明清通俗说部的插诗与韵文，意义别具。波依提乌这类源自护教文学的叙述之作（narrative），实为《堂吉诃德》（*Don Quixote*, 1615）以降秀异的西方"现代小说"的前身。谈到这里，我想我就明清基督宗教小说的"文学价值"所拟论述者，应可告一段落了，盖问题的症结，我已经暗示得够清楚：不论《儒交信》或《张远两友相论》，甚至是明末的翻译文学，我们都不能以传统中国小说的标准衡量，甚至不能以18、19世纪以来的现代小说如《包法利夫人》（*Madam Bovary*, 1856）绳之。比较合理的价值判断，应由西方文学传统与基督宗教本身的护教文学或其流衍如波依提乌的《哲学之慰藉》等"类说部"的角度为之。由是再思，则当代学者与译史专家——包括韩南——忧虑的所谓"文学价值"的问题，就应该是多虑而不成其为问题了：且不谈克莱芒或亚历斯提德，在欧洲史上，我想波依提乌绝对称得上是大师，而《哲学之慰藉》亦神、哲两栖的文学伟构。至于耶稣会士罗明坚的《冤命不饶譬喻》——甚至是金尼阁所译的《况义》、利玛窦译的《西琴曲意八章》或艾儒略译述的《圣梦歌》——的看待之道，那就要看我们是否愿意承认拉·封丹《东西寓言诗集》有其不可泯灭的文学地位了！

第二章

圣歌与圣谛：

利玛窦译《西琴曲意八章》

琴声

公元 1595 年，利玛窦（Matteo Ricci, 1552—1610）初访南京。他本拟顺河北引，观光帝都。讵料这年丰臣秀吉（1537—1598）率兵攻朝，明人若擅交远人则有私通外夷之嫌，利玛窦在乏人领路的情况下遂沿江西退，终于奄留南昌，从游于建安王及当地文人学士。第二年夏天，澳门传来耶稣会会令，远东巡案使范礼安（Alexander Valignani, 1538—1606）命利玛窦出掌中华副省，令之即刻入京朝贡，为天主教在华做久居之计。从这年算起，利玛窦几经波折，要待五年后才能如愿进京。他初履中国内地时在 1583 年，1601 年时物换星移，十八载岁月匆匆已过。此际的利玛窦殆非探路青鸟，而是深谙世故的方外老手。他献给万历皇帝的贡品除了自鸣钟和万国舆图等器物外，另有"西琴一张"。而令人倍觉周延有礼的，是他另又上表神宗，奏其所呈皆"不足为珍；然出自极西，……差觉异耳"（李辑，1:283）[1]。

好一句"差觉异耳"！个中客套的成分有多少，明白人当然晓得。自鸣钟乃此刻欧洲最新的科技产品之一，万国舆图又是文艺复兴时期地理

---

[1] 另见罗光：《利玛窦传》（台北：辅仁大学出版社，1982），页 73–121。

大发现后的重要结果，率皆万历闻所未闻的发明和新知，怎可谓"不足为珍"？利玛窦所呈的西琴倒无关发现，在西方早有沿革，有趣的是神宗闻后同表奇之，盖"视中州异形；抚之，有异音"（李辑，1:283）。这张琴，据称是按键式的铁弦琴，其声铮淙[1]，神宗认为攸关风雅，利玛窦序其所出《西琴曲意八章》时，故称之为"雅琴"（李辑，1:283）。至于《西琴曲意八章》之作，则有二说，同样也都出自利玛窦。所撰《天主教中国开教史》的说法是雅琴贡至，乐师习曲，唯恐上问，特央利氏释词（ *FR*, 2:134）。《西琴曲意八章》序言的说法则呼应了上述神宗的感受，谓万历闻有异声后，即传乐师入宫，问曰："其奏必有本国之曲，愿闻之。"利玛窦的回答则是："夫他曲，旅人罔知，惟习道语数曲。"遂译其大要而陈于皇帝之前（李辑，1:283）。

---

[1] "铁弦琴"（gravicembolo/manicordio）一称，见 Matteo Ricci, SI, *Storia dell' Introduzione del Cristianesimo in cina*, in *FR*, 2:132–135。"铁弦琴"一译，我沿用艾儒略（Giulio Alèni, 1582—1649）的说法，见艾儒略：《大西西泰利先生行迹》，收于向达（校）：《合校本大西西泰利先生行迹》（北平：上智编译馆，1947），页131。中国人的称呼不一，（明）支允坚：《梅花渡异林》亦称之"铁弦琴"，谓"其状方，不叩自鸣，声踰丝竹"，见《存目》子部杂家类，页683；（明）刘侗、于奕正：《帝京景物略》（北京：北京古籍出版社，1980），页153除"铁弦琴"外，另有"天琴"一称；（明）冯时可：《蓬窗续录》，收于（清）陶宗仪等（编）：《说郛三种》（上海：上海古籍出版社，1988），第9卷，页810则呼之为"番琴"；（清）印光任、张汝霖：《澳门记略》，收于（清）祈垍（编）：《岭海异闻录》（台北：华文书局，1969），页208名之为"铜弦琴"。后一称法未必失真，因为在铜、铁之外，王云五重编的《续文献通考》（1747），第2册（上海：商务印书馆，1936），页3873也有这琴"以金银或炼铁为之"之说。以上另见 HCC, pp. 851–852；方豪：《中西交通史》，5册（台北：华冈出版公司，1977），5:1–4；或林金水：《利玛窦与中国》（北京：中国社会科学出版社，1996），页261–265。此外，（清）张岱《利玛窦列传》从《续文献通考》，写此琴亦精，谓其弦"纵三尺，横五尺，藏棫中，弦七十二。以金银或炼铁为弦，各有柱，端通于外，鼓其端而自应"。阴法鲁据《续文献通考》谓此琴有"七十二弦琴"之称，因其琴"纵三尺，横五尺，藏棫中。弦七十二，……弦各有柱，端通乎外，鼓其端而自应"。张岱的《利玛窦列传》，见续修四库全书编辑委员会编：《续修四库全书》320 史部·别史类（上海：上海古籍出版社，2002），页206。阴法鲁并谓，这种琴当时意大利文系"艾品奈特"（epinette），"即欧洲的古钢琴（clavichord），……按一柱，发一音"。见阴法鲁：《阴法鲁学术论文集》（北京：中华书局，2008），页46。中国人对同一张或同类琴的观察之精，无过于（清）谈迁：《北游录》（北京：中华书局，1977），页46。在这本书中，谈氏谓顺治十一年（1654），他北上访汤若望于北京宣武门左之天主堂，此时汤氏出示"天琴"一具："琴以铁丝，琴匣纵五尺，衡一尺，高九寸，中板隔之，上列铁线四十五，斜系于左右柱。又斜梁，梁下隐水箸，数如弦，缀板之下底。列雁柱四十五，手按之，音节如谱。"

不论利玛窦所述《西琴曲意八章》由来是否为实，书中所收琴词八章却可谓他入华后的第二度文学尝试。第一次是 1595 年的《交友论》，是利玛窦二游南昌时和建安王往还的结果，移译了莱申特所辑《金言与示范故事》中论交友的部分，集欧洲上古与中古名人金言与逸事而成（《晚明》，页 149-151）。相形之下，《西琴曲意》的文学企图更显，因为书中所收虽然是"歌词"，利玛窦却志在"抒情"（FR, 2:134），而西人之有"抒情诗"（lyrics）之作，说其始也，便在合"琴"（lyra）而唱。广义上的抒情之作，故而皆可倚声入乐[1]。《西琴曲意八章》便在这种个人与历史的因缘际会下，一步步朝"文学"方向发展，而且从《吾愿在上》与《牧童游山》两首歌词看来，大有可能还是"文艺复兴晚期至巴洛克初期的牧歌（madrigale）风格"，是当时非礼仪用的"灵修性牧歌"（madrigale spirituale）[2]。严格说来，《西琴曲意八章》中，利氏的译笔多数乏善可陈[3]，但此书之制，除了在呼应西方抒情诗和音乐密不可分的关系外，同时也在晚明重演了所谓"西域新音"传入，"词"体因而在华形成的文学与译坛故史。职是之故，《西琴曲意八章》当然值得我们重视，而我觉得尤其值得一问的是：利玛窦在书中所谓"道语"或"道曲"者究竟何指？

---

[1] 陶亚兵：《明清间的中西音乐交流》（北京：东方出版社，2001），页 15 谓利玛窦的"原稿"将《西琴曲意八章》"记为""Canzone del manicordio di Europa voltate in lettera cinese"，并解释道："canzone"乃"13 至 17 世纪意大利流行的一种较为通俗的意大利文抒情诗"，亦是"16 世纪至 17 世纪"意大利"乐曲的重要体裁"。陶书并未注出所谓"利氏原稿"的出处，但应系 FR, 2:134，倒呼应了这里我所谓合"琴"入乐的抒情诗之说——虽然这里的"琴"并非希腊人的"lyra"。

[2] 洪力行：《十七、十八世中国天主教圣乐相关文献初探》，《哲学与文化》第 40 卷第 1 期（2013年 1 月），页 12-13 及 13 注 41。

[3] 参见宋黎明：《国王的新装——利玛窦在中国（1582—1610）》（南京：南京大学出版社，2011），页 159 中非常坦率的评论。

圣典

从《西琴曲意八章》的序言可知，利玛窦所作诸章均有其欧语"原本"，似乎皆因翻译而得（李辑，1:283）。唯学界于此虽有考释，迄今并无重大发现[1]。若参合以利氏当时人在北京的塞困之状，他的"翻译"出诸记忆者恐怕多过出自某特定的文本者[2]。即使语语皆有所本，《西琴曲意八章》中的八章应该也是由各方名言或各色论述"杂凑而成"（cento），并非某一"原作"的完璧重现，而这几乎便在演示当代理论家所谓"阅读即书写"的"互文"（intertextual）现象[3]。实情当系如上，利玛窦坦言各曲曲词他"第译其意，而不能随其本韵"。不过除了上述之外，如此中译的原因利氏另有剖陈，说是"方音异也"（李辑，1:283）。

后面这一句话是地道的经验谈，深得中语西言差异的个中三昧。梵文因属印欧语系早期的语言，所以佛典汉译史上早已察知上述差异[4]。利玛窦此地的意思是欧洲曲调与曲词每有音节上的联系，而中文由于是单音节的文字，所以不易逐字直译，在"依调译词"之际仅能述"意"而不能令词、调两者合若唇齿。如此一来，《西琴曲意八章·序》所称的"翻译"，便不得不"自由"到变成今人所谓的"意译"或"译述"，裴化行（Henri Bernard, 1889—1975）甚至以"文学创作"（compositions

---

[1] Henri Bernard, *Le Père Matthieu Ricci et la Société Chinoise de son timps (1552—1610)*, 2 vols. (Tientsin: Hautes études, 1937), 2:22n22. 另参见 John Thompson, "Matteo Ricci: Eight Songs for Western Keyboard" 之中的按语及注释，网址如下: http://www.silkqin.com/01mywk/themes/programs/mrxiqinquyi. htm#musiccom，检索日期: 2010 年 11 月 11 日。

[2] John Thompson, "Matteo Ricci: Eight Songs for Western Keyboard" 的 n2 和 n4 都说《西琴曲意八章》的曲词之谱也，系利玛窦先以意大利文写下，然后再译成中文。这恐怕误读了利氏的自序，而这篇序文，Thompson 也误以为系李之藻所写。我们观其行文，实可断定为利玛窦之口吻无疑。

[3] 这里我用的是罗兰·巴特的观念，参见 Terry Eagleton, *Literary Theory: An Introduction* (Oxford: Basil Blackwell, 1983), pp. 137–139。

[4] 马祖毅:《中国翻译简史:"五四"以前部分》，增订版（北京: 中国对外翻译出版公司，1998），页 41–42。

littéraires）称之[1]。不论是"创作"还是"译述"，《西琴曲意八章》对其欧文"原本"必有增损[2]，可以想见。首章"吾愿在上"述人生而心向天主，章尾的对句即因模拟而填就。开曲首揭天主怜恤苍生，大公无私，继而举例申述，谓其——

> 常使日月照而照无私方兮，
> 常使雨雪降而降无私田兮。
>
> （李辑，1:284）

　　这两句曲词所呈现的乃一静态画面，温雅文馨中自有一股磊落，利玛窦显然有修辞上的考量。就形式而言，词中有复沓，有对仗，而且——不管有多生涩——利氏系以骚赋之体译就，读来确有诗意，抒情色彩亦重。尽管如此，利玛窦所填仍有出典，应该化自《新约·玛窦福音》第五章。其时耶稣劝人当爱仇敌，强调"圣父"于世人乃一视同仁，我们故而没有理由起分别心："祂使太阳上升，光照恶人，也光照善人；〔祂〕降雨给义人，也给不义的人。"（5:45）现代版和利玛窦所"译"——我们权且依他所言而如此称之——之间，显然有语意上的差别。可见者尚有多起。举例言之，利玛窦或为对偶故，译文中每令天体和自然现象都由经文中的单行变俪行。他或又因缺乏原文在手，所以经中的好人与坏人——或义人与不义之人——也全都在否定字先行的情况下转释（paraphrase），变成了"私方"或"私田"等词。"第译其意"，出家人确实不打诳语。

　　利玛窦出生于 15 世纪后半叶的欧洲。就当时的教会而言，他的"译

---

[1]　Henri Bernard, *Le Père Matthieu Ricci et la Société Chinoise de son timps (1552—1610)*, 2:22.
[2]　这些欧文"原本"为何，有各种说法，但都难以证实，见 John Thompson, "Matteo Ricci: Eight Songs for Western Keyboard," n2。

文"在圣典上所依当然不会是今日多数世人熟悉的《钦定本圣经》（King James Bible），而是克莱蒙特（Pope Clement VIII, r. 1592—1605）版的《通俗译本拉丁文圣经》（The Vulgate Bible）[1]。果然如此，那么利玛窦的改译其实颇合圣热落尼莫（St. Hieronymus or St. Jerome, c. 347—420）译经的理论，因为圣热落尼莫虽坚持《圣经》义玄，译家不得以己意自出，但也强调翻译相当复杂，直译外亦应辅以意译，如此方能弥合语言落差[2]。我们细究其实，类此"互补论"不过出入于希伯来文、希腊文和拉丁文之际，语言间的同质性高；待其见诸主形的中文文言，译家恐怕已身不由己，非走意译的道路不可了。盖形音于此分离，而彼此扞格既见，译出语和译入语必然也就形同陌路。倘就《西琴曲意八章》再言，此中还有个字或音节以外的"曲调"需要照顾，问题愈显复杂，利玛窦欲不意译或译述，可乎?

利玛窦不仅"第译其意"，所译所写的体式就质的一面而言，大约也得风从《新约》希腊文。利氏仿圣热落尼莫出经，而热本《新约》非特拒从希腊人的"雅体"，走的抑且就是"通俗"拉丁文的语言路数，把出身犹太的写经人的希腊俗体模仿得惟妙惟肖[3]。在《西琴曲意八章》里，如此之体谱成之曲，利玛窦称之为"道曲"，而类此之意所撰之语，他则名之为"道语"。不过这两个名词也不见得完全由此派生，其间另有原委。欲得其详，我们仍得溯回明末，就当时耶稣会内的语言文化再思所以。

据 1623 年艾儒略的《西学凡》载，泰西学术凡分六科，在"人学之精"后进阶所习者称之为"道科"，即"陡禄日亚"（*theologia*）或"神

---

[1] Nicolas Standaert, "The Bible in Early Seventeenth-Century China," in Irene Eber, et al. eds., *Bible in Modern China: The Literary and Intellectual Impact* (Sankt Augustin: Institut Monumenta Serica, 1999), p. 34.

[2] W. Schwarz, "The History of Principles of Bible Translation in the Western World," *Babel* 9 (1963), p. 7. 或见谭载喜:《西方翻译简史》（北京: 商务印书馆，1991），页 31–33。

[3] 谭载喜:《西方翻译简史》，页 33。

学"是也。其内容总括"天学之奥",而所论系"超生出死之学",细分下则有"古今经典与诸圣人微论"的析证（李辑,1:27及1:49-50）。艾儒略的用词,今人可能觉得陌生,但精神实则亘古不变。在宗教意义上,"天学"乃指"神学"而言,而"道语"就是和精神信仰有关的章句,尤指"古今经典"——亦即新、旧两《约》——和教中"圣人"（saint）的行状（acta）及其相关论述。利玛窦所谓所译之"道语数曲",在这个指涉下意义顿显,要之和当时欧洲教会音乐有关,尤会关涉"古今经典"和"圣人"的传记。职是此故,阴法鲁（1915—2002）才会称《西琴曲意八章》是一部"圣乐集"。"吾愿在上"内涵耶稣论爱仇的章句,可谓"词"合《福音书》而成,不就是最好的说明吗?

阴法鲁系音乐史学者,"圣乐"的问题他曾从曲度着眼比附,发觉《西琴曲意八章》的欧洲原曲虽然失传,但利玛窦所译之词却相应于"近代赞歌"的谱式,故而不仅是"曲意"而已,似乎也可像唐代景教的《三威蒙度赞》一样入乐,可以和而歌之。阴氏之见乃专门知识,非我力能置喙,但他因《西琴曲意八章》缀有年命攸忽、富贵浮云之语,便以为利玛窦有意借曲词淡化天主教的色彩,以博得明神宗及中国士大夫的好感,朱维铮更不无反讽地认为利氏借本书之译,希望万历皇帝效法《圣经》中的达味王,最好因之入教（朱本,页239）[1],我对这些说法都有保留,觉得似是而非。我之所以说"似是",因为如前所述,利氏有《西琴曲意》之作确和明神宗有关,而王柔的研究又有他见,以为后来明室内宫还可能因此而设堂吟唱圣乐[2]。我之所以说"而非",则在阴氏所指的年命浮云乃人类对生命体认的共相,儒家道家固可一见,天主教又何尝不然,而朱维铮虽谓《西琴曲意》有词出自《圣咏集》（朱本,页

---

[1] 阴法鲁:《阴法鲁学术论文集》,页334-338。

[2] 王柔:《西洋音乐传入中国考》,《音乐研究》第2期（1982）,页92。

239），却也仅属臆恻，证实不易，更难服人。《旧约·训道篇》第十二章第一节有如下之语，似在反证，尤在批驳阴法鲁之见："在你年轻的时日，在灾祸的日子来到之前，即在你说的那些'没有欢乐'的日子来到之前，你应纪念你的造主。"

利玛窦随遇而安的冲淡哲学，其实大多由劝世哀歌表出。他勘破了世相，而这点虽和欧洲中古圣坛上的证道常谭（*topos*）有关，尤其和里尔的亚兰（Alan of Lille, *c.* 1128—1202）所拈出的"轻世"（*contemptus mundi*）观念一致[1]，但其本源恐怕仍非《圣经》莫属。《西琴曲意八章》第六章"胸中庸平"里，利玛窦衍有一语，来源依然是"古今经典"里的《古经》，亦即今人所谓的《旧约》：

吾赤身且来，
赤身且去。
惟德殉我身之后也，
他物谁可久共欤？
　　（李辑，1:288）

意大利汉学家德礼贤（Pasquale D'Elia, 1890—1963）尝考利玛窦这四行曲词，谓其"令人思及"《旧约·约伯传》（以下简称《约伯传》）。德氏言之凿凿[2]，利氏的曲词实则于《约伯传》有直引而译之处，也有演义性的教理改写，仍然是章前模糊其词的"译述"行为。

《约伯传》里，约伯无端受难，不但牲畜被掳，仆从被火烧，最后连儿女都惨死在风吹屋毁之中。幸亏他虚怀虔心，自知身外之物皆天主所

---

[1]　Alan of Lille, *The Art of Preaching*, trans. Gillian R. Evans (Kalamazoo: Cistercian Publications, 1981), pp. 26–30.

[2]　Pasquale D'Elia, "Musica e canti italiani a Pechino," *Rivista degli Studi Orientali* vol. 30 (1955), p. 142.

赐，即使儿女也算不得一己所有，是以问天后依旧保有一颗平常的心。传中写他哀恸愈甚，坚忍与虔逊之心益盛，所言故而有如斯多葛学派的哲学家："我赤身脱离母胎，也要赤身归去；上主赐的，上主收回。"（约1:21）我们若可稍改这里《圣经》预表论（typology）的指向，那么这段话或可视为在回应《创世纪》中天主因"人的堕落"而发的名言："你既是灰土，你还要归于灰土。"（创 3:19）不过在《西琴曲意八章》里，利玛窦强调尤甚的恐怕是引文中接下来的两行，因为这两行交关性命，才是世人"超生出死"的关键所系："惟德殉我身之后也，他物谁可久共欤？"

我在本书有关《圣梦歌》一章中特地引出，天主教所谓"德"者，多指"德行""善工"或"善功"（bonna opera）而言，而此乃是基督赏赐世人的天堂之钥（见本书页 389；另见《晚明》，页 372）。如此论点之所以形成，实为死亡对人造成的威胁使然。尘世凡物因此形同恍音虚影，皆非世人救赎的依恃，李世熊谓"西教无生，天学重死"[1]，良有以也。话说回来，"德行"或"善工"仍为救赎论上的起死回生之钥，在神学的强调上尤可供世人上邀天宠，此所以利玛窦在"德"字上特别着墨，看重不已。他的弦外之音当然是"他物"的归属问题。在上引"胸中庸平"的轻世说之前，利氏早已为世人和天主排定伦序，说是"造物者造我乎宇内，为万物尊；而我屈己于林总，为其仆也"。主仆关系既定，而且还是先验难违，那么所谓身外"他物"岂有归我之理？人间一切乃天主所赐，天主因此随时可以收回。人间有德有勇有智之士，因为明白这个道理，故而皆可"不待物弃己，而己先弃之"（李辑，1:288）。易言之，我们得先超拔乎尘圜之上，而这样做的前提，当然唯"德"字是赖。

利玛窦的基本"道语"，都建立在"耶和华定人赏收"这种"道理"

---

[1] （明/清）李世熊：《答彭躬庵》，见《寒支初集》，卷七（清初檀河精舍刻本），收于《禁毁书》集部 89:255。

上。《西琴曲意八章》以妙音劝人尊天，我们可以想见其然，而其中轻世与出尘之思充溢，当又不足为奇，我们无须惊讶。上述"道理"如果再加细案，其实还可见于利玛窦 1595 年所写的《天主实义》中，差别仅在《西琴曲意八章》借"词"抒情，《天主实义》却以"文"议论。谨以"赤身来去"为例再予说明。《天主实义》中推演此旨，前提亦如《西琴曲意》所谓"世之势，无常耶"。这种"无常之世"，宗教家多以梦幻况之，《天主实义》下卷则像莎士比亚的《哈姆雷特》（*Hamlet*）一样，以"舞台"为喻细说，笔力不逊：

> 人生世间，如俳优在戏场，所为俗业如搬演杂剧，诸帝王、宰
> 官、士人、奴隶、后妃、婢媵，皆一时妆饰之耳。则其所衣，衣非
> 其衣，所逢利害，不及其躬。搬演既毕，解去妆饰，漫然不复相关。
> 故俳优不以分位高卑长短为忧喜，惟扮所承脚色，虽丐子亦真切为
> 之，以中主人之意耳已。（李辑，1:537-538）

"主仆"的意象在此又现，而且兵分两路，直捣利玛窦整个"舞台说"的中心主旨。他说戏子"衣非其衣"，因为戏装乃喻中"主人"所赐，非属自己与生俱来，卸妆后当然要物归原主。而所谓"利害，不及其躬"一语，亦为人世犹如舞台使然。盖人世果然就是舞台，则凡人行走其中便有如俳优穿梭于舞台之上，怎可能将那"戏中荣辱"当真？世人若认清自己在世间所扮演者不过"角色"而已，则哪里会斤斤计较于那幕落即散的"人世利害"？[1] 爱比克泰德的《道德手册》或利玛窦译述的《二十五言》纶音贯耳，如此"舞台论"早已一弹再弹，一唱再唱（李

---

[1] 利玛窦在此或许也在呼应《新约》中，保禄在格前 4:9 说过的话：我们乃"供世界、天使和世人观赏的一场戏剧"。

辑，1:343–344），连赵韩的《榄言》也从儒家立场连类而辑之，视同人间真理[1]。上引那《天主实义》中的舞台论，尤为《二十五言》横的移植[2]，当是《手册》纵的传承，而且系以中文直接承袭：

> 请记在心：你不过是一出戏里的角色，为"剧家"所决定。"祂"要把戏写短，就写短。"祂"要你扮演行脚乞者，记住，你甚至要演得绝妙无比。同理，"祂"要你演的角色若为跛脚之人，是个官员或是个方内人，就么好好地演吧！你的职责是把"剧家"派定的角色扮得令人赞叹不迭，不过［你也应牢记］角色的编派，乃是"祂"的事情。[3]

爱比克泰德话中的"祂"，指的乃斯多葛学派信仰的唯一真神（God），利玛窦则将之内化成天主所宗教那独一无二的天主[4]。因此之故，从《二十五言》《天主实义》，甚或《西琴曲意八章》一脉视之，戏子都不应在意舞台上的尔虞我诈，应该在意的反系下了台后的"真实世界"，是自己和"主人"之间的"利害关系"。喻境里的"戏子"，当指在世凡人，而所谓的"主人"，就利玛窦的信仰来说，也就是生命真主。因系为"真"，祂的赏收才能算数，审起人来更是真而又真。所以身处俗世——不论戏子或凡人——都无须算计，反应常保"胸中庸平"，亦即——且容

---

[1] （明）赵韩：《榄言》，收于《日乾初揲》，5册（日本国立公文书馆内阁文库藏明刻本），1:53a–54b。

[2] 我的意思是：《天主实义》的"舞台说"，几无只字之差抄自《二十五言》——利玛窦"自我互文"至此。

[3] Epictetus, *Encheiridion*, in W. A. Oldfather, trans., *Epictetus II* (Cambridge: Harvard University Press, 1996), pp. 496–497. Also see Keith Seddon, *Epictetus' Handbook and The Tablet of Cebes: Guides to Stoic Living* (London: Routledge, 2005), pp. 83–84.

[4] Christopher A. Spalatin, *Matteo Ricci's Use of Epictetus*, Ph. D. dissertation (Wagan, Korea: Pontificae Universitatis Gregoriane, 1975), pp. 65–70.

我回头再引《西琴曲意八章》——以中庸之道处世，"不以荣，自扬扬；不以穷，自抑抑矣"（李辑，1:287）。

后面这两句话也有《天主实义》上的基础。利玛窦以"舞台论"总梳主仆关系，继而所推就是《西琴曲意八章》中强调的"赤身说"："不论君子小人，咸赤身空出，赤身空返。临终而去，虽遗金千笈，积在库内，不带一毫，何必以是为留意哉？"（李辑，1:538）换句话说，人死千金还散，虽"富"犹"穷"，何必因后者而"自抑抑"？《西琴曲意八章》意在"道语"，而《天主实义》根本就是那道语所系的"道理"，可见曲词和《天主实义》——不论精神还是用语——都有重叠之处，甚至前后辉映，互为因果。在这种情况下，罗兰·巴特（Roland Barthes, 1915—1980）等后现代思想家所谓"互文"之说，就不必非因他我的关系而生了。如以利玛窦好以《天主实义》预告《西琴曲意八章》中的道语而言，我们甚至可以说互文的情况于利氏自身尤显。这种自身互文的现象，说来还可提示《西琴曲意八章》的"杂编"性质，而阴法鲁所谓"冲淡基督色彩"，也会在其探照下不攻自破。

我们若就《西琴曲意八章》的天主教精神质而再言，有一点我得重新强调，亦即利玛窦不仅征引《圣经》经文，他在《西琴曲意八章》中也用到不少中世纪以还天主教中的通俗传统，内含我在《中国晚明与欧洲文学》里提到的"证道故事"（exemplum）这种文类。证道故事的一大泉源，是圣热落尼莫所谓《沙漠圣父传》。3至5世纪，天主教苦修运动（monasticism）兴起，北非沙漠不时有隐修士群集或独居。他们卧薪尝胆，蹈扬自励，含辛茹苦，所冀盼者乃天人合一的圣善之境。他们言行尤显异常，但是常含人间至理，一可为度世金针，再可为世人针砭（DF, ix-xix）。后世天主教型的证道故事，有一大部分即汲取自沙漠圣父的传记，形成一个相当大的次文类或"圣人行实"的传统。这个传统在中世纪纷陈歧出，遗风流绪因天主教重传统，连16、17世纪之交的利玛窦都娴熟不已，不但用之于《交友论》和《天主实义》，连《西琴曲意八章》也不能免。

《西琴曲意八章》第七章"肩负双囊"的主喻，利玛窦即典涉上述传统。全章的结构是章旨先行，开篇故有主题句曰："夫人也，识己也难乎？欺己也易乎？"继之利氏乃移樽就教于证道故事的传统：

　　昔有言："凡人肩负双囊，以胸囊囊人非，以背囊囊己愆兮。目俯下，易见他恶；回首顾后囊而觉自丑者，希兮！"（李辑，1:288）

这段话我没有分行而引，因为利氏所填散文味道浓，冲淡了《西琴曲意八章》中"诗与声音"的强调，也淡化了证道故事的叙述色彩。这点或因衍译有以致之，或为证道故事和所证真理之间的辩证关系使然。方之《沙漠圣父传》，利玛窦在《西琴曲意八章》中的"沿用"，其实已经变成了"挪用"（appropriation），因为凡人囊人非或囊己愆之说，早就出现在希腊人的《伊索寓言》里，而这"两只袋子"据传还是普罗米修斯（Promethius）造人时，刻意挂在人类的项上的[1]。《沙漠圣父传》的作者别造语境，而利玛窦所述更具新意。

在《沙漠圣父传》里，"昔有言"的"言"（apophthegmata）原为"昔有'故'"——"故事"是也。早期的挪用，道是有隐修僧人犯罪，弟兄以之告于某摩西（Moses）方丈（abba），要求他前往处理。方丈沉吟半晌，待二度催促，方才成行。不过动身之际，他肩后背负沙袋一双，众人奇而问之，对曰："此乃我之罪愆，而我犹自视不得，如今怎能前去审判他人之愆？"[2] 英译本的《沙漠圣父传》每每分类编排，似此故事多置于"明辨"（discretion）项下，因为世人就算具有"谦卑"与"爱德"，若乏明察"中道"（royal road）的本事，造下之果则可能过犹不及，于事

---

[1] 参见伊索（著），沈吾泉（译）:《伊索寓言》（台北：志文出版社，1985），页 238-239。

[2] Helen Waddell, trans., *The Desert Fathers* (Ann Arbor: University of Michigan Press, 1994), p. 96.

反而有碍。不论控告他人还是为人指控，沙漠圣父都认为主事者应该力主"明辨"，如此才能判是非，别真假[1]。

利玛窦的"昔有言"和早期《沙漠圣父传》的形成略异，但是到了晚期，两者相去不远[2]。尽管如此，我相信利玛窦所引并非天主教上古，而是"肩负双囊"的欧洲中世纪传统，盖其时西班牙教士桑切斯（Clemente Sánchez, 1370—1426）的《字母序列证道故事集》（*El Libro de los enxienplos por a.b.c.*）风行于西南欧，而利氏引"言"的叙述性变奏赫然见诸其中。桑切斯本不曾明文说出"摩西方丈"之名，但故事内容仿佛其然。其中的方丈除了取袋实以沙粒，背之身后外，另又取一篮子，内置"小沙粒一颗"，置诸胸前。众人问故，方丈徐徐答曰："背后所负之袋尽为重沙，皆我罪愆，可见其多而深。我置背后而罔视，连为之哀号伤悲都没有。至于眼前之沙虽寡，代表的却是那有过的弟兄之罪。比起我的罪愆来，那弟兄的实在算不了什么，可是我却想去审判他。众弟兄，这样做是不对的。我应该做的反而是将己愆放置胸前，为其哀号祷告，而不应插手或注意他人之过。"[3] 方丈这几句话意涵深刻，标榜的是自省之难与夫自欺之易，正呼应了前引"肩负双囊"的主题句的精神。

非特如此，利玛窦还用韵文为第七章作结：

觇他短乃龙睛，
视己失即瞽目兮。

（李辑，1:288-289）

---

[1] 参见 Peter France, *Hermits: The Insights of Solitude* (New York: St. Martin's Press, 1996), pp. 42–47。

[2] Ibid., pp. 46–47.

[3] John E. Keller, L. Clark Keating, and Eric M. Furr, trans., *The Book of Tales by A.B.C.* (*Ei Libro de los enxienplos por a.b.c*; New York: Peter Lang, 1992), p. 17. "肩负双囊"另亦收于中古其他证道故事集中，见 Frederic C. Tubach, *Index Exemplorum: A Handbook of Medieval Religious Tales* (Helsinki: Akademia scientiarum Fennica ,1969), 337:4413。

所谓"龙睛",德礼贤的意大利文译本《西琴曲意八章》解为"山猫之眼"（*occhi di lince*）[1]，当然是为抚平文化差异所做的变易。然而说来有趣，利玛窦所据之"原文"——亦即德礼贤移译时所用的意大利文——或许就是由此隐喻，因为"龙"只有在东方文化中才有正解的可能[2]。不论如何，"龙睛"缩自"画龙点睛"，殆指"锐眼"或"慧眼"而言。至于"瞽目"，那就毋庸申说。"肩负双囊"这两句话指锐眼可见他人之短，独懵懂于己身之过，标举显然。是否有人真的如此严以待人，宽以律己？依利玛窦之见，答案肯定。

古典

"肩负双囊"是比喻，但在《西琴曲意八章》第七章的文脉中却是个合天主教型与希腊古典型的比喻性例证（*paradeigmata*），涉及亚里士多德《修辞术》所谓修辞学上的逻辑技巧（2.20.20）。利玛窦在章中没有将《沙漠圣父传》迄证道集内的叙述如实重现，反而化之为"言"，除可说明俗谚和民俗故事常可互换的文化常态外，原因或又在严人宽己的责难中，他所举的例中之例实为一叙事性的故事。为解释所谓"龙睛"与"瞽目"，他用散体举某"默泥氏"的故事为证道：

> 默泥氏一日滥刺毁人。或曰："汝独无咎乎？抑思昧吾侪欤？"

---

[1] D'Elia, "Musica e canti italiani a Pechino," p. 143.

[2] "山猫"的寓意可方便见于 Ad de Vries, *Dictionary of Symbols and Imagery* (Amsterdam: North-Holland, 1974), p. 307。"龙"对中国人的意义可见于刘志雄、杨静荣（著）：《龙与中国文化》（北京：人民出版社，1992）一书，或李奭学：《西秦饮渭水，东洛荐河图——我所知道的"龙"字欧译始末》，《汉学研究通讯》第 26 卷第 4 期（2007 年 11 月），页 1–11。

曰:"有哉。或又重兮,惟今吾且自宥兮。"(李辑,1:289)

再据德礼贤的解释,"默泥氏"指希腊诗人帕尔米尼底斯(Parmenides),乃苏格拉底之前的重要哲学家之一[1]。不过我遍检群籍,迄今尚未查获利玛窦笔下此一故事的来龙去脉,况且"默泥"一音,与摩尼教的创始者"摩尼"(Mani)也近似,相似者另又有多起[2],所以我们很难肯定德礼贤的解释正确。尽管如此,由于帕尔米尼底斯在哲学史上向来以重视理性著称,言辞犀利,平时又待人严苛,绝不信任感官所察,是以德氏的认定或许不无道理。

如果放在柏拉图或西方古人对帕尔米尼底斯的认识中看,所谓"滥刺毁人"的"刺"或"毁"字也应如德礼贤借翻译所做的解释,指"讽刺"或"诽谤"他人而言,和武力暴行无关[3]。帕氏常以知识训人,态度仿如中国俗谚所说的"不许百姓点灯,只许州官放火"[4]。或因此故,利玛窦才会认为"默泥氏"口德有亏,好以言辞谤人。利玛窦的强调有丑化之嫌,帕尔米尼底斯从而变成了"宽以待己"的人格典型。他的生平故而可取为证道之用,而所"证"者,我指的自然是"反证",是反面的教材。

在华引介帕尔米尼底斯,《西琴曲意八章》当居首功。不过我挑出此人所拟申论者并非这一点,而是《西琴曲意八章》用例和用典如今已从《圣经》与圣人行实型的证道故事变为欧洲古典,意义再转。古典型证道故事出现的时间远比天主教型来得早,然而就管见所及,帕尔米尼底斯很少侧身其间,所以即使就整个欧洲圣坛的传统观之,利玛窦的用法也

---

[1] D'Elia, "Musica e canti italiani a Pechino," p. 143.

[2] John Thompson, "Matteo Ricci: Eight Songs for Western Keyboard," n18.

[3] D'Elia, "Musica e canti italiani a Pechino," p. 143.

[4] 参见 Plato, "Parmenides," in *PCD*, pp. 921–956;以及 David Gallop, trans. with the Greek original, *Parmenides of Elea: Fragments* (Toronto: University of Toronto Press, 1984), pp. 3ff and pp. 104ff。

非比寻常。何况译述《西琴曲意八章》时，他人在中国北京，和欧洲已有时空大异，而全喻的结构方法又循古典"世说"（chreia）的路数在走，更属罕见中的罕见（参见《晚明》，页125–187）。

"肩负双囊"的文脉蜿蜒到了默泥氏的轶事，早已点出章中"严以待人，宽以律己"的"待治主题"，在反证的层次上也讽刺地呼应了阴法鲁的"儒家"之说。当然，这里所谓"儒家"只能用"反证"稍稍圆之，因为孔子教人的群己分际乃宽以待人，严以律己，并非默泥之道。严人宽己又系天主教谏人应察的人格疏失，也是"古今经典与诸圣人微论"中常见的大旨。"圣人"之见前已略及，新经《福音书》中的耶稣却是这么说："为什么你只看见你兄弟眼中的木屑，而对自己眼中的大梁竟不理会呢？……你怎么能对你的兄弟说：让我把你眼中的木屑取出来，而你眼中却有一根大梁呢？"（玛7:3–4，另参路6:37–38及41–42）这段话在后世证成了一部分的修道思想，恐怕也是利玛窦让"龙睛"对上"瞽目"的《圣经》基础，重要性可见。默泥氏所犯的过错乃耶稣点出来的教训，历代基督徒无不牢记在心。在利玛窦笔下，这位希腊哲人虽然自知性格有失，却仍夸夸其言，"明知故犯"。利氏所斥再三者，正是他宽以待己，"且自宥兮"的处世态度，可谓无赖至极；故取之对照"以背囊囊己慝"，希望听曲之人能够体会其间的百步与五十步之别。在耶稣教训的比勘之下，默泥氏的典"故"还可与双囊之"言"合流，无论在天主教还是在"肩负双囊"的语境中率皆形成某种特殊的辞效，是以"故事"在解"陈述"了。

"肩负双囊"所透露的基督思想，利玛窦率皆证之以己教与异教故事，而如此双管齐下说明儒道之见不必硬由天主教分出。对他来讲，不论是明辨己慝还是严以律己，"道理"就是"道语"。双囊之喻与默泥氏的故事故此变成了一体之两面，可以铺展成"道"的正喻与反喻，从而攻向第四章"德之勇巧"中那"大德之成"所能臻至的"金刚石城"（李辑，1:286）。

　　"道"的这种分身修辞，上节中的"赤身说"亦可见之，不过方法稍异，内容则由自身互典回溯欧洲上古，亦即由基督"道理"反观古典"道语"，从而又自隐喻的角度延伸出某种——这回是——罗马人和利玛窦互为传承的"天主教要"。此一"教要"无他，正是我章前伏笔所在的斯多葛学说。耶稣会与晚期坚忍学派的联系世所公认，利玛窦在"译"成《西琴曲意八章》后另有《二十五言》（1604）之"述"，行家都晓得是"译"自爱比克泰德的《道德手册》[1]。是书开篇的"言"谈，推衍的正是上述"赏收由'神'"的轻世之见，因为利氏所称物之"不在我者"包括"财也，爵也，名也，寿也"，恰好对应了上述"高卑长短"、"千笈之金"和下面我会谈到的《西琴曲意》第三章所称的"寿修"问题。这些"俗物"或"身外之物"，来去都由不得人决定，利玛窦在《二十五言》中劝人的对待之道故大致如"胸中庸平"所称的"不待物弃己，而己先弃之"。类此自我抹除的克己之道，赵韩以为是儒门修身的"荣进"之途[2]，而利玛窦则视为"修德"之首要。我们都知道：唯"大德之成"才能攻上那所谓"金刚石城"。

　　在天主教的神话中，"金刚石城"系天国永恒的形貌，中世纪时人尤其执守不移，在长诗如《珍珠》（*Pearl*）中俱可一见[3]。然而进入此一天城的方法不仅止于"肩负双囊"的明辨与苦修精神，同时还要化至"胸中庸平"所称"安心受命"的境界，所以史景迁（Jonathan D. Spence）《利玛窦的记忆之宫》（*The Memory Palace of Matteo Ricci*）才会拈出《西

---

[1]　参见 Christopher A. Spalatin, *Matteo Ricci's Use of Epictetus*, pp. 7–50; 另见 Margherita Redaelli, *Il mappamondo con la Cina al centro: Fonti antiche e mediazione culturale nell'opera di Matteo Ricci S.J.* (Pisa: Edizioni ETS, 2007), pp. 99–112. 另见李奭学：《明清西学六论》（杭州：浙江大学出版社，2016），页 1–31。

[2]　赵韩，《榄言》，见《日乾初揲》，1:43b 及 53a–53b。

[3]　Casey Finch, trans., *Pearl*, in Malcolm Andrew, Ronald Waldron, and Clifford Peterson, eds., *The Complete Works of the Pearl Poet* (Berkeley: University of California Press, 1993), pp. 47–51.

琴曲意八章》第二章"牧童游山"予以发微,特别强调"心平,随处乐;心幻,随处忧"的唯心之论(李辑,1:284–285)[1]。尽管如此,我觉得就《西琴曲意八章》全书观之,更紧要的乃"金刚石城"的入城之道是要懂得对抗时间之道,尤其是要了解如何以正确的态度面对时间的考验。《西琴曲意八章》中,利玛窦直接讨论时间问题的曲词计三章,包括"善计寿修"(李辑,1:285–286)、"悔老无德"(李辑,1:286–287)和"定命四达"(李辑,1:289–290),为数近半,不可谓少,而间接触及者,还不在此数,可见他或天主教对时间的重视。

时间的问题,彼特拉克(Petrarca, 1304—1374)等文艺复兴时代的诗人固然吟咏,但以上举《西琴曲意八章》诸章来说,史景迁呼吁我们尤应倾听上古贺拉斯(Horatius, 65—8 BCE)的声音[2]。因为这位罗马诗人对时间的流逝极其敏感,所著《歌谣集》(Carmina)在许多意义上确可投利玛窦这位隔代同胞之好。从《天主实义》到《畸人十篇》,利玛窦和中国人的谈话也常触及年命有时,寿无金石之固。这种倾向在《西琴曲意八章》中用诗用歌表现得更清楚,而我目前虽然难以在八章中找到可以和贺拉斯《歌谣集》字字对应的"单篇译作",不过两相比勘,仍可察觉利玛窦确实用了不少贺氏的古典意象。且先不谈直指时间诸章,前及"胸中庸平"的主旨即令人思及《歌谣集》第二卷第三首。

在这首诗中,贺拉斯打一开头就劝人"身处逆境之际",要"记得安心受命",而"殊乐荣福到时也应有节制,要急流勇退",因为只要是"凡人都难逃死神的催命"。这位人类年寿的克星无微不至,无孔不入:"管你买的是草地或家园",大限一到,"你都得放手,而绍袭所得的家业

---

[1] Jonathan D. Spence, *The Memory Palace of Matteo Ricci* (London: Faber and Faber, 1985), pp. 199–200.

[2] Jonathan D. Spence, "Matteo Ricci and the Ascent to Peking," in his *Chinese Roundabout: Essays in History and Culture* (New York: Norton, 1992), p. 49.

再怎么兴旺，也要落入他人之手"！总之，贺拉斯认为我们浮沉宇内，"遁脱的船只迟早都会翻灭"[1]。利玛窦也看到了这一点，而且取之法之，化之为"胸中庸中"里的意象。他的劝世良言更如贺拉斯所寓，希望听曲之人"衡乎靖隐"，以"庸平"处世（李辑，1:287）。

《西琴曲意》尾章乃"定命四达"。其中同样的概念再度浮现，而且表现得酣畅无此，淋漓尽致。上面衍译的贺拉斯诗行，"定命四达"便化为利玛窦的长篇道曲。"定命"者，中国人所谓"定数"或凡人无可遁脱的"年命"与"死亡"（le morte）[2]，至于"四达"则为数似乎不止于"四"，而是命定之数无处不达的泛指。

首先"侵"人的定命即时间，因为韶华易逝，年命逼人。这点利玛窦体之极深，而贺拉斯早已感同身受，两人所吟所唱又殊途同归了。举例言之，我们听到贺氏感叹"玫瑰花开，其萎也急"的时候[3]，利玛窦就会和以"春花红润，暮不若旦"（李辑，1:289）。时间如此无情，利氏的曲词当会有所反应，"定命四达"遂有如下之问：

何用劳劳而避夏猛炎，
奚用勤勤而防秋风不祥乎？

（李辑，1:290）

利玛窦在曲中继而再唱者，在"意译"的层次上就竿头再进，二度呼应了前及贺拉斯草地或家园都不我之属的旨意。更耐人寻味的是，"定命四达"连意象也逼近贺拉斯，两者或许确有渊源。盖定命一达，利玛窦

---

[1] Casper J. Kraemer, Jr., ed., *The Complete Works of Horace* (New York: Modern Library, 1936), pp. 185–186.

[2] D'Elia, "Musica e canti italiani a Pechino," p. 140.

[3] Casper J. Kraemer, Jr., ed., *The Complete Works of Horace*, p. 185.

的说法是：

> 纵有深室青金明朗，
> 外客或将居之！
> 岂无所爱苑围百树，
> 非松楸皆不殉主丧也！

（李辑，1:290）[1]

我们若加细勘，当会发现这四句诗简直就是《歌谣集》第二卷第三首的中文改写。称之"改译"，亦无不可。

"松楸"一说，利玛窦应该是置诸中国人的丧葬文化中用，而所谓"松楸殉主"，指的自是土坟砌成，唯有这类林木可以耸立其间，伴人长眠[2]。就修辞而言，"松楸"等"定命四达"诸句，利玛窦述来颇反《西琴曲意八章》的常态，娴熟得有如赋体创作，灵感恐怕确因贺拉斯而得。在文艺复兴时代的人文主义课程表上，贺氏本来就常列名其中，况且他和是时及中古意大利的音乐活动又息息相关，不是诗论变乐论，就是诗行化为曲词[3]。"定命四达"用到上引类似贺诗的句子，所拟昭告者正是年命无常，寿如月之盈亏，而我们唯有"安心受命"，才能在时间与死亡的双重威胁下全身而退。

利玛窦本人不谙琴艺，为他调拨"雅琴"，在皇宫弹奏《西琴曲意八

---

[1]　上引最后一行，我据朱本页 244 补入"皆"字。

[2]　参见 Nicolas Standaert, *The Interweaving of Rituals* (Seattle: University of Washington Press, 2008), pp. 21, 53–54 上的三张中国墓园的图画。

[3]　参见 Paul F. Grendler, *Schooling in Renaissance Italy: Literacy and Learning, 1300—1600* (Baltimore: Johns Hopkins University Press, 1989), pp. 204–205, 以及 Claude V. Palisca, *Humanism in Italian Renaissance Musical Thought* (New Haven: Yale University Press, 1985), pp. 8–9。

章》的人，其实是庞迪我[1]。就"定命四达"言之，庞迪我唱来尽管意涵深刻，利玛窦显然意犹未尽，所以他又将曲词由《歌谣集》第二卷第三首嫁接到第三卷第二十四首去。后诗中，贺拉斯哀叹"自由民家中的子弟少不更事"，只是些"后生废物"，盖他们"早已不知如何长坐马鞍"，一无是处。这些罗马后生唯乐是图，父辈尔虞我诈累积而来的家财就此散去，而这到底是何道理？贺拉斯有此一问，乃是有感于帝国内战而发[2]。可是"定命四达"倒转琴弦，却化之为浮世一叹，而利玛窦继之所填便是无常常在的人世吊诡。俗世之歌至此转为警世神曲，我们闻得其声也善：凡人"日渐苦萃，财贿几聚，后人乐侈奢，一番即散分"！（李辑，1:290）

在"定命四达"转入这些"道语"之前，利玛窦在《歌谣集》中寻章摘句，又借第一卷第四首让定命或死神再度发威，谓其"不畏王宫，不恤穷舍"，凡属人间百物皆可染指。故此"贫富愚贤，概驰幽道"，而"土中之坎三尺，候我与王子同冢"（页289-290）。"王子"一句当系隐喻，莎士比亚的《哈姆雷特》也曾一用，似乎攸关中古某涉及亚历山大的古典型证道故事[3]。贺拉斯的诗则写得直截了当，因为利玛窦的衍译，他只用两句话便予以唱出："死神伧然，所叩不仅穷人寒舍／连王者金宫也不曾放过。"死神的威胁还有更深的一层：一旦落入他的手中，"你就再难享受主人的殷勤美意／连那美丽的李西达也无缘再睹"[4]。贺拉斯诗

---

[1] 参见 FR, 2:132; Henri Bernard, S. J., "La musique européenne en Chine," *Bulletin Catholique de Pékin* 22/258 (Février 1935), pp. 79ff。另见 Jonathan D. Spence, *The Memory Palace of Matteo Ricci*, p. 197。

[2] Gordon Williams, ed. with translation and running commentary, *The Third Book of Horace's Odes* (Oxford: Oxford University Press, 1969), pp. 124–127.

[3] Mary Macleod Banks, ed., *An Alphabet of Tales*, pts. I and II (Rpt. Millwood: Kraus Reprint, 1987), pp. 348–349; and William Shakespeare, *Hamlet*, ed. Harold Jenkins (London: Methuen, 1982), V.i.191–205.

[4] Casper J. Kraemer, Jr., ed., *The Complete Works of Horace*, pp. 134–135. Cf. Steele Commager, *The Odes of Horace: A Critical Study* (Norman: University of Oklahoma Press, 1995), p. 267.

中这外在的时间逆旅，利玛窦将之内化成家庭意象，说是定命僭行，"不日而需汝长别妻女亲友"（李辑，1:290），不假稍等。《歌谣集》首卷这几句诗，旨在时光催人，大限难违，在宗教文学中每为典型的世相之见。利玛窦借曲述意，其事不奇。

奇的是贺拉斯面对死神肆虐，通常劝人"有花堪折直须折，莫待无花空折枝"。在《歌谣集》中，"及时行乐"（*carpe diem*）系首卷第十一首的主题，其普遍性强，贺拉斯以下，西方早已蔚为传统，英国诗人马维尔（Andrew Marvell, 1621—1678）便曾赓续其志，将之传唱于利玛窦身后不久；19 世纪的斯温伯恩（Algernon Charles Swinburne,1837—1908）继之又起，在中国已经不得不正视基督宗教的影响力之际犹兀自浅唱轻吟。《歌谣集》中该诗，贺拉斯吟赠柳可蕾（Leuconöe），意在劝她不要蹉跎岁月，应该紧抓时间，享受人生：

> 韶华妒人，
> 连我们窃窃私语时都会绕指溜走。
> 所以珍重今日吧，
> 切莫相信明朝[1]。

贺拉斯所写显然是情诗，在时间意象及用喻上和《歌谣集》其他诗作每有呼应之妙（cf. Commager, pp. 273–274），可见人世无常对他确实造成了相当大的压力。贺拉斯所写也不仅止于道情，其中也有耳鬓厮磨的情色意味。韶华会"妒人"，这是原因。其他诗行中另有"惊涛拍岸"的性爱比喻[2]，这也是原因。

---

[1] Kraemer, Jr., ed., *The Complete Works of Horace*, p. 143.

[2] *Ibid.*

诗人写时间，目的不外有二。首先是借其消逝之快，劝人载酒狂歌，莪默·伽亚谟（Omar Khayyám, 1048—1131）的《鲁拜集》（*The Rubáiyát*）是例子。其次则因其催人老，所以浓情蜜意不可少，马维尔的《寄语怯情人》（"To His Coy Mistress"），也因此蜚声国际。然而《西琴曲意八章》乃"道曲"，利玛窦固可借取或直取贺拉斯的意象，终极目的应该还是有所不同，我看非宗教劝化莫属。《西琴曲意八章》第五章"悔老无德"由"老"这个主题出发，利玛窦在时间上同样有其焦灼之感，是以曲词中才会有"春年渐退"而"蘖老暗侵，莫我恕也"之叹（李辑，1:286）。他的感触当然因内省而发，非关行乐方法，就连伽亚谟的狂歌都非想盼，马维尔与贺拉斯的情色就更不用提了。时间的翼车追赶愈急，利玛窦的面对之道就与贺拉斯愈行愈远。他首先敲响的警世之钟，是劝人莫以"有数之日，图无数之谋"（李辑，1:287）。

后面这两句话当然化自《庄子》的生命有涯无涯之喻，不过态度积极了许多。利玛窦真正的意思是年命有限，凡与终极关怀无涉者都是空妄之思，都是"无数之谋"，我们极需避开。而死亡既为人世最大的威胁，那么在还没有跳脱之前，凡俗之务都是自我兴幻，无须在意。在生与死或年与命永恒的拔河中，我们故此应知取舍，故此应分轻重。我们之所以珍视今朝，爱惜眼前，不是要及时行乐，而是要戮力修持，"超生出死"。《西琴曲意八章》的坚忍琴声，由此再发。

不过我觉得琴声中最值得玩味的，是利玛窦就上旨所做之论证居然仍不免贺拉斯的痕迹。若以利氏善用贺式意象的记录看，这个论证或可谓出自上引《歌谣集》第一卷第十一首最后的两行。"悔老无德"唱道：

> 幸获今日一日，
> 即亟用之勿失。
> 吁！毋许明日，

明日难保来日之望^[1]。

（李辑，1:287）

引文中那"一日"的动词，利玛窦用的是"获"字，和贺拉斯拉丁原文中的"抓"（carpo）字差别仅在"反掌间"。这个巧合和贺氏下一句话的动词"信任"（crédé）又是桴鼓相应^[2]，因为利氏接下来所用"许"字，在某种程度上也有"相信"与"委托"等事涉"信任"的内涵。

贺拉斯用了两个拉丁子句，利玛窦移之为四个中文句子，目的或在修补翻译和衍释上的语意落差。这种"修补"，说穿了在转换原句的旨意，挪之以符合自己的用意。《西琴曲意八章》里，利玛窦的"意"显而易见，亦即明日之"望"倘无今日之"用"予以精进，到头来也不过镜花水月，总是梦幻泡影。而所谓"用"者何？"善计寿修"有一段话倒从天主教观点改写了贺拉斯的古典或异点，可以引来回答上面的问题："上帝加我一日，以我改前日之非，而进于德域一步。设令我空费寸尺之宝，……夫诚负上君之慈旨矣！"（李辑，1:285）贺拉斯亟亟要"抓住这一天"，目的是尽享官能之乐，利玛窦的动作则反是，谆谆所勉，期望的乃精神上的提升，是人类的终极关怀。此所以曲词中口气谦卑，说是今朝若能幸获，我们就该"进德修业"，快马加鞭，朝那"金刚石城"达达迈进。

《西琴曲意八章》第二章"牧童游山"有"游外无益，居内有利"二句，史景迁因其末字是"利"，以为寓有名字寓言（name symbology）的

---

^[1] "悔老无德"中这"毋许明日，明日难保来日之望"一句，或许也和《约伯传》4:14–15 有关："其实，关于明天的事，你们还不知道；你们的生命是什么？你们原来不过是一股蒸气，出现片刻，以后就消失了。你们倒不如这样说：'上主若愿意，我们就可以活着，就可以做这事或者那事。'"

^[2]　贺拉斯这首诗的拉丁原文，我用的是 C. E. Bennett 的版本，见 Bennett, ed. and trans., *Horace: The Odes and Epodes* (Cambridge: Harvard University Press, 1988), p. 32。

意涵，从而解为"利玛窦"三字，而"内"字因此遂变为大明"宫内"或"内宫"[1]。史氏此解有寓意，未必当真，但是我相信利玛窦必定不会反对"德域的精进"才是他希望万历听人弹唱曲意可得之"利"。全书八章自有章法，整体也有其内在的结构可言，几乎在寓言化圣依纳爵（Ignatius of Loyola, 1491—1556）《神操》（Spiritual Exercises）的灵修方式。利玛窦劝人勘破世相，先是缕述人神关系，序言因而点出进贡雅琴，旨在"道语"。次则推展《西琴曲意》内的道语：一唱是"心"字的重要，再唱则提醒我们应该"安心受命"，如此才能和外在于我心的时间对抗；三唱时甚至要求世人善用有限的时间，为大限过后的来世着想。这样看来，"居内有利"的"内"字亦可作"内心"解。盖书中其他诸章的章旨几乎也唯"修心"是问，而内心果能不为时间与外物所役，凡人处世自如海岳巍巍，风涛不能惊。

我们倘能求得《西琴曲意八章》这套内的结构，其实不难窥见在组曲转折的"德之勇巧"这一章中，利玛窦何以会用如下所引响应自己的书序，也可以从中探悉他为"曲"作"意"在"心"字外的神学意图：

> 琴瑟之音虽雅，止能盈广寓，和友朋，径迄墙壁之外而乐及邻人，不如德行之声之洋洋。其以四海为界乎，寰宇莫载，则犹通天之九重，浮日月星辰之上，悦天神而致后帝之宠乎？（李辑，1:286）

这段话中的两个"乎"字，用得令人错愕。二度使用时，利玛窦或许确有意于修辞反问（erotesis），借以指出进京"贡琴"，于他不过方便而已。更重要的乃本章开头所问《西琴曲意八章》中"道语"的主要意涵，亦

---

[1] Jonathan D. Spence, *The Memory Palace of Matteo Ricci*, p. 200.

即德行在天主教教义中的首要地位。有德者不仅可以走遍宇内与四海，善行更可助他跳脱尘围，上达"天"听。此地的"天"字可不仅指"天神"[1]，更为"上帝"之指，也就是天主教徒所尊崇的"天主"[2]。

余音

利玛窦进贡的"雅琴"，到了崇祯十三年（1640），汤若望（Johann Adam Schall von bell, 1591—1666）在明室犹能一见，而且曾经应请修琴及撰写弹奏之法，又中译了琴座所雕的几句出自《圣咏集》的拉丁文：

尔天下民，翕和斯琴，咸声赞主。（150:5）
以籁以歌，扬羡厥名。（150:49）[3]

这几句诗不无意涵，献琴之旨了然。此外，汤若望也奉命在明思宗及后妃跟前弹琴，令闻其异[4]。终利玛窦一生，他无缘亲自献琴，虽通声律，弹唱似乎又非其所长，而耶稣会的创会先驱对音乐的态度似乎更不积极[5]。雅琴进宫，实由内臣代达，而乐师求教，也因颇通律吕的郭居静

---

[1] 今天的思高本《圣经》已将"天神"改称"天使"，不过为求一致，本书仍以"天神"指"安琪儿"。

[2] 利玛窦这段话写得颇含混，最后一句中的"天神"和"后帝"，我从德礼贤页139解为如今天主教与基督教译法中的"天使"（angli）与"上帝"（Sovrano Dominatore）。"后帝"一词，很难解为"皇后"与"皇帝"，应该也是"上帝"之意。《诗·阃宫》："皇皇后帝，皇祖后稷。"见阮刻，1:615。

[3] 见方豪：《中西交通史》，5:4—5。

[4] Joyce Z. Lindorff, "The Harpsichord and Clavichord in China during the Ming and Qing Dynasties," *Early Keyboard Studies Newsletter* vol. 8 no. 4 (October 1994), p. 2.

[5] 这方面——尤其是圣依纳爵（St. Lgnatius of Loyola, 1491—1556）的态度——见 Thomas D. Culley, S.I. and Clement J. McNaspy, S.I., "Music and the Early Jesuits (1540—1565)," *Archivum historicum Societatis Iesu* no. 40 (1971), pp. 213—245。

（Lazarus Cattaneo, 1560—1640）转介而由庞迪我代授。职是之故，《西琴曲意八章·序》所述万历对于这张琴的反应就都是二手消息了。神宗听罢《西琴曲意八章》后的感触，当非利玛窦或后人可以得闻。饶是如此，我们可以确定从雅琴东传这一刻开始，西方乐器在中国宫廷就已风行，迄18世纪末才稍歇。明室倾圯后来华的耶稣会士，还因这股风气而有《律吕正义》与《律吕纂要》等系列重要乐籍之撰，受宠的程度不输自鸣钟和万国舆图等珍器奇物（*HCC*, p. 854）[1]。

明末中国士人的态度呢？他们对于利玛窦所贡“雅琴”倒多正面肯定。贡琴之后，冯时可（1547—1617）尝因利玛窦出示同类之琴，有幸得聆雅音。《蓬窗续录》谓按琴“小板”后，所出较之丝竹“声更清越”[2]。待雅琴入宫，时人眼见耳闻就不易了，然时宦徐时进（fl. 1595—1621）仍可见之，所作《欧罗巴国记》描述之为“弦四十五，皆铜质，细如丝。鼓之不按弦，而按其旁之拍。声嘹呖嚛嘈，万籁相宜，出丝间”。[3] 如是观之，徐时进所见这张方函长琴，仍为按键奏之的击弦键琴。除此之外，我们对这张琴的认识，几唯《西琴曲意八章》是问。然而曲意毕竟非曲，在某个意义上连“依调填词”都称不上，借之识琴无异隔靴搔痒。尽管如此，中国士人对于雅琴的效果仍表乐观，至少从利玛窦的《天主教中国开教史》看来，读过曲意诸章的中国士人都认为曲词一

---

[1] *HCC*, p. 854；另见陈万鼐：《清史稿·乐志研究》（北京：人民出版社，2010），页 25-44。

[2] （明）冯时可：《蓬窗续录》，收于陶宗仪等（编）：《说郛三种》，第 9 卷，页 810。不过冯氏见琴的时间，《蓬窗续录》语焉不详，此地我仍从陶亚兵之见，以为事在利贡琴之后。冯氏所见，故应为同类而非同一张琴。参见陶著：《利玛窦献琴考》，未刊稿，发表于北京中国社会科学院世界宗教研究所与美国旧金山大学利玛窦中西文化历史研究所合办：《相遇与对话：明末清初中西文化交流国际学术研讨会》（论文集），2001 年 10 月 14-17 日，页 441。

[3] （明）徐时进：《欧罗巴国记》，载于所著《鸠兹集》，8 卷（台北“国图”馆藏万历年间刻本，编号：12918），卷 1 页 12a。《鸠兹集》有序曰：“万历二十七季张应泰大来父拜书。”唯确切刊刻时间不详。《欧罗巴国记》一文，徐时进记于万历庚子年（1628）四月浴佛日，刊刻时间当又更后，其时利玛窦已入北京矣。徐文我因郑诚下文而得悉：《〈欧罗巴国记〉与〈天母歌〉——有关利玛窦的两篇明人诗文》，《澳门历史研究》第 12 期（2013），页 166 及 168-169。

合，神宗必定心动，从而会依"词中所示诸德"治理天下（*FR*, 2:132–133）[1]。

这些"士人"到底是谁，《天主教中国开教史》模糊以对，我们如今也无由识之。不过在历史上，《西琴曲艺八章》最清澈的余音，明末重臣郭子章（1543—1618）的《蠙衣生养草》（1609）可居其一；盖郭氏尝见此书单行本，将原本并序合抄其中。此外，我们也可聆之于18、19世纪之交的东瀛。其时日本神道教学者平田笃胤（1776—1843）翻阅《天学初函》，而《畸人十篇》所附《西琴曲意八章》中的首二章"吾愿在上"与"牧童游山"，平田一概收之于他个人编纂的《本教外篇》之中，用以批判天主教，进而验证、说明神道教的教理与信仰[2]。尽管如此——而且话说回来——我们在这批判声中仍可得闻《西琴曲意八章》的华夏余音。就我辨得，刘侗（*c*. 1594—1637）和于奕正（1597—1636）合著《帝京景物略》，尝效《文心雕龙》收篇的偈子，而由竟陵名家谭元春（1586—1637）谱出《竟陵谭元春过利西泰墓》一诗，为他在崇祯五六年过阜城门外利氏陵寝公然奏雅。其中"行尽松揪中国大，不教奇骨任荒寒"一联，不仅表出谭氏熟悉利玛窦尝献"铁丝琴"一事，而且也知道是时"上亲视嘉叹"。谭氏这两句诗呼应了《西琴曲意八章》最后"定命四达"所称定命一到，"非松即楸，皆不殉主丧也"二句，其情至显！[3]

即使不谈诗赋与扶桑教义余音，中国士人对《西琴曲意八章》的评价仍然高而可见。琴音是否雅正，反似无关宏旨。《天主教中国开教史》载，其时接近耶稣会的中国群士，无不向利玛窦索书传抄，深为其中的

---

[1] 另请参考朱本，页240；以及本书页47。

[2] 见平田笃胤：『本教外篇上』，在上田万年、山本信哉与平田盛胤编：『平田笃胤全集』卷二（東京：内外書籍，1932），页1。另参较平川佑弘：『マッテオ・リッチ伝』，3册（東京：平凡社，1997），2:263–265的诠解。（明）郭子章部分，见郭著《蠙衣生养草》（夷部"大西洋琴操"，1609；与《蠙衣生蜀草》等并抄，台北"国图"馆藏蓝格旧抄本，索书号：402.6 12596，[页319–326]）。

[3] （明）刘侗、于奕正：《帝京景物略》（上海：上海古籍出版社，2001），页304。

西哲智慧感动，甚而以为修齐之道尽在其中。"贡琴"一事，从而便无"献书"重要，所以利氏见状，旋即撰序并词，付之梨枣，而且另撰中义双语对照的别本行世（ *FR*, 2:132–133 ）[1]。可惜后者失传，否则我们对《西琴曲意》"原文"或译或撰等问题就可迎刃解之，至少会知道策应何对。对利玛窦而言，"雅琴"无非巧器，就如原文一般，恐怕也只是个引子而已。琴声所传扬的道语，才是他北上献琴迂回所拟传达的目的。

而这一切，无非又耐人寻味。"贡琴"的行动本在向万历示好，如今抚鳞未成，副产品曲意倒似乎征服了至少是读过此书的中国士子。有趣的是，这些士子为之沉吟的欧人智慧——亦即利玛窦《西琴曲意八章》序言中所称的"道语"——固亦可见《圣经》章句，甚至内含中世纪欧洲圣坛上的证道故事，然而其中同样不乏天主教外的西洋古典轶事与诗歌，似乎又在宣示基督所教也未必要出诸基督之口。只要是"道理"，利玛窦或许就会说是"道语"。

---

[1] 不过裴化行指出后本并非"中义双语对照"，而是"相对应的拉丁音译"，见 Henri Bernard, *Le Père Matthieu Ricci et la Société Chinoise de son timps (1552—1610)*, 2:22。裴氏所据不知为何，但观诸利玛窦在所谓《西字奇迹》图文中的表现，可能性甚大。果然如此，此一对照本对《西琴曲意八章》内容的了解，我想帮助恐怕有限。《西字奇迹》中的图文见（明）程大约：《程氏墨苑》，下册，收于《中国古代版画丛刊二编》第6辑（上海：上海古籍出版社，1994），附录页1–16。

第三章
翻译·政治·教争：
龙华民译《圣若撒法始末》

译名的故事

　　1602年，龙华民在广东韶州传教，申讲教理。当地中国佛众一向和天主教为"敌"，闻之不服[1]，尤其不值教会的粗鄙不文，从而歧视当时他们几唯少数教义问答可恃的窘状，以为难与诸如《大藏经》者比拟。龙华民为澄清误会，扭转颓势，遂应信众之请，在《天主圣教日课》等书的编纂之外，另又翻译了圣人传记一种，是为《圣若撒法始末》，事见利玛窦的《天主教中国开教史》（*FR*, 2:229-233）。《圣若撒法始末》的故事在欧洲史上流衍复杂，其希腊文本传为7或8世纪圣若望达玛瑟（St.

---

[1]　天佛之间的冲突并非韶州特例，晚明稍后更为普遍。当时天主教与佛教之间的龃龉，原始文献多数可见于（明）徐昌治（编）:《圣朝破邪集》（亦称《明朝破邪集》）及（明 / 清）钟始声（藕益智旭）（编）:《辟邪集》，俱见周编，第2-4册。相关研究亦多，较重要者见郑安德:《明末清初天主教和佛教的护教辩论》（高雄：佛光文教基金会，2001）; Jacques Gernet, *China and the Christian Impact: A Conflict of Cultures*, trans. Janet Lloyd (Cambridge: Cambridge University Press, 1985), pp. 64-140 ; Ma Xiaoyang, "Conflicts Between Roman Catholicism and Buddhism in the Late Ming Dynasty and their Effects," trans. Esther Tyldesley, *China Study Journal* vol. 18 (2003), pp. 27-40 ; 以及岡本さえ：『近世中国の比較思想：異文化との邂逅』（東京：東京大学東洋文化研究所，2000），頁115-142。有关《圣朝破邪集》的精简介绍，可见岡本氏另编：『アジアの比較文化名著解題』（東京：科学書院，2003），頁143-145。《圣朝破邪集》乃闽人黄贞辑，1639年交由浙江佛僧费隐通容（1593—1661）"阅"；同年秋，通容又因盐官徐昌治（生卒年不详）素浮声望而授其付刻，详见夏瑰琦:《〈圣朝破邪集〉校注本序》，收夏瑰琦（编）:《圣朝破邪集》（香港：建道神学院，1996），页22-23。

John Damascene, *c.* 676—*c.*754）所著，人称《巴兰与约撒法》（*Barlaam and Ioasaph*）。圣若望此书，后来有人指出乃某同名为"若望"者所著。然而再据学者研究，这位"若望"的本子，说其根本，可能还是 10 或 11 世纪时，圣优锡米（St. Euthymius of Athos, *c.* 955—1028）所译，出自 6 世纪以格鲁吉亚文写下来的所谓《巴拉法里亚尼》（*The Balavariani*; *BY*, pp. lxxxiii‒cxxi）。

　　史上虽然振振有词，上述各本实为后人重译改编。《圣若撒法始末》最早的源流有二，一为人称"伯乐维语"（Pehlevi）的中古波斯文本，由此下开叙利亚文及其他阿拉伯文本，甚且西向再传，迢递抵达非洲的埃塞俄比亚（阿比西尼亚）。除了埃塞俄比亚文本外，此一早在 2 世纪就已形成的传播语径造就的《圣若撒法始末》，实则未必和《巴兰与约撒法》有关，天主教色彩并不强（*BY*, pp. lxxxiii‒cxxi）。就教史而言，前述《巴拉法里亚尼》才可能是《圣若撒法始末》最早的雏形，11 世纪时又经亚索斯山（Mont Athes）的僧侣推衍，重要性不言而喻，而这也形成了《圣若撒法始末》故事的第二条源流，咸信系其"真正的"的滥觞[1]。当然，我们若以天主教史上流传之广衡量，圣若望达玛瑟的《巴兰与约撒法》，才应该是那抢得头香者，欧洲中古其他圣传几难媲美[2]。圣若望达玛瑟的本子，9 世纪时，据传已由梵蒂冈某名为阿纳斯塔修斯（Anastasius）的图书馆馆员以拉丁文开译了，而 13 世纪博韦的樊尚（Vincent of Beauvais, *c.* 1230—1298）的《史鉴》（*Speculum historiale*）又以拉丁文重出，自此《巴兰与约撒法》的故事便无远弗届，而且广泛移为各地俗语，甚至由散

---

[1]　此书已有英译本，见 David Marshall Lang, trans., *The Balavariani: A Tale from the Christian East Translated from the Old Georgian* (Berkeley and Los Angeles: University of California Press, 1966)。

[2]　参见 Paul Peeters, "La première traduction latine de *Barlaam et Joasaph* et son original grec," *Analecta Bolandiana* XLIV (1931), pp. 276‒312；以及 Jean Sonet, S. J., *Le Roman de Barlaam et Josaphat*, Tome 1 (Paris: J. Vrin, 1949), pp. 63‒65 and 195。

体而衍为诗体传奇，流布欧洲各国。倘再加上文艺复兴时期西班牙大剧作家如洛佩·德·维加（Lope de Vega, 1562—1635）的《巴郎与荷撒法》（*Barlán y Josafá*, 1611）或卡尔德隆（Pedro Calderón de la Barca, 1600—1681）的《人生如梦》（*La vida es sueño*, 1636）等剧，《巴兰与约撒法》的各语种译本及其载体之变异者已达六十种以上[1]。13世纪时，佛拉津的亚可伯（Jacobi á Voragine）再将拉丁文本缩为简本，以散体的形式出之，收录于所著《圣传金库》（*Legenda aurea*）之中，阅者益伙，影响力愈大。龙华民的中文译述所本，浅见以为"主要"便是以《圣传金库》本为主的拉丁文译述系统[2]。

　　上面有关《圣若撒法始末》的一页传播史，我在《中国晚明与欧洲文学》里大致讲过（《晚明》，页373-398）。书中我还曾强调一点，亦即就东西文化交流史而言，《巴兰与约撒法》的拉丁文简本——我指的是亚可伯的《圣传金库》本的西班牙语重出本——也是最早深入东

---

[1] 我所见者俱收于K. S. MacDonald, *The Story of Barlaam and Joasaph: Buddhism and Christianity* (Calcutta: Thacker, Spink and Company, 1895), pp. 3–109 and its "Appendix," pp. 1–53；以及Jean Sonet, S. J., Tome 1, pp. 119–312; and Tome 2, pp. 5–585. 另请参考Toni Bräm, *La verion provençale de "Barlaam et Josaphat": une oeuvre cathare?* (Konstanz: Hartung-Gorre, 1990), 以及Edward C. Armstrong, *The French Metrical Versions of Barlaam and Josaphat, with Especial Reference to the Termination in Gui de Cambrai* (Princeton: Princeton University Press; Paris: Librairie Édouard Champion, 1922) 二书。

[2] 钟鸣旦（Nicolas Standaert）在所著"The Jesuits' Preaching of the Buddha in China," *Chinese Mission Studies (1550—1800) Bulletin no. 9* (1987), p. 39及p. 41n6谓:龙华民可能译自Georgio Trapezuntio, trans., *Historia de Vitis et Rebus gestis Sanctorum Barlaam Eremitae, & Josaphat Regis Indorum*一书，因为北京原北堂图书馆藏有此书，其详细资料且可见诸Hubert Germain Verhaeren, ed., *Catalogue de la Bibliothèque du Pé-T'ang* (Beijin: Imprimerie des Lazaristes à Pékin, 1949), 550–551:1871。钟氏的推测或可成立，但上书在北堂书目中既无年份，无页数，也没有提到入馆或入华的时间，如其为一般欧籍，则以长短论之，可能数倍长于《圣若撒法始末》，所以是否为龙译所本，我觉得尚待更强的内外证予以解明。话说回来，若衡之以龙华民称故事为"若翰圣人"述，则如下文所示，我以为应出自《圣传金库》本，至少也应出自《圣传金库》本的嫡裔，而最有可能的则是由《圣传金库》本与《巴兰与约撒法》互勘所形成之耶稣会版。《圣传金库》一书，明末耶稣会士十分熟悉，本书第六章中，我会指出在龙译之后二十年，高一志曾将《圣传金库》的衍本移为中文。相关资料，见高一志（译）:《天主圣教圣人行实》，7册（梵蒂冈教廷图书馆藏明刊本，编号: Borgia Cinese 325）。

方的天主教圣传，1591 年即经日本耶稣会士译为日文，收于罗马字本的《圣人的工作》（『サントスの御作業』）之中，对是时日本教会的发展贡献颇巨[1]。龙华民的韶州译本出现较迟，然而却是最早传播入华的天主教圣传。其他重要传记如《天主圣教圣人行实》（1629）、《圣母行实》（1629），以及《圣若瑟行实》（1640？）等都刊刻于后，有的时距甚至达三十年以上[2]。《圣若撒法始末》的韶州刊本如今已难觅得[3]，我所见者唯南明隆武元年（1645）闽中（今福建闽侯县）天主堂的刻本。这个本子书首仍署龙氏"译"，以字"精华"行。闽中刊刻之际，龙精华尚称健在，不过人在山东。隆武本首页，明载此书业经张赓手"订"，而且还有时人吴右（生卒年不详）、冯文昌（生卒年不详）与徐光启之子徐骥（1582—1644）为之"较刊"，和龙译原本应有文字上的歧异。上述手"订"或"较刊"者中，张赓最称重要。他乃明末在徐光启、李之藻与杨廷筠外声名最著的基督徒之一，奉教以后为耶稣会译述事业笔受笔润不遗余力。所"订"的《圣若撒法始末》，我虽不知去"原译"多远，但就隆武本衡之，译文文字精湛，造句遣词之佳可比是时优秀的明人传记。再以篇幅观之，则中国固有多半短小，可以牵缠若是，绵延似一中篇小说者就不多见。因此龙译可谓最早译介入华的欧洲"小说"之一，是所谓"灵悟传奇"（spiritual romance）的中文表率。

---

[1] 另见福島邦道:『サントスの御作業・翻字研究篇』（東京: 勉誠社，1979），页 129-145 和页 377-387；以及 Keiko Ikegami（池上惠子），*Barlaam and Josaphat: A Transcription of MS Egerton 876 with Notes, Glossary, and Comparative Study of the Middle English and Japanese Versions* (New York: AMS Press, 1999), pp. 31-57。最近相关的研究，见原田実:『黄金伝説と仏陀伝: 聖伝に隠された東西交流』（京都: 人文書院，1992）一书，尤见此书页 9-40 及 214-224。不过原田显然不知道《圣若撒法始末》继日译本十年后也中译了。

[2] 高一志:《圣母行实》，在《三编》，3:1273—1552；（明）阳玛诺（述）:《圣若瑟行实》（云间敬一堂刊本，傅斯年图书馆藏书，编号: AFT081R）。

[3] 《提要》页 48 谓上海徐家汇藏书楼亦藏有一册《圣若撒法始末》，然我前往查阅，实则为闽中天主堂梓行本的抄本，所以韶州当时中译的《圣若撒法始末》是否迄今存存，我们不得而知。Nicolas Standaert, "The Jesuits' Preaching of the Buddha in China," p. 38 称龙译直待 1645 年方才付梓，不知所据为何。

《中国晚明与欧洲文学》中，我所忽略而未曾刻意开展的是《圣若撒法始末》系"圣人传记"的文类意义。如同拙著所示，《圣若撒法始末》始则并非天主教文学，而是佛陀的故事，是释迦所行经天主教化后的文本。早在13世纪，此事马可·波罗（Marco Polo, c. 1254—1324）应已揣知。所"著"《马可·波罗游记》（The Travels of Marco Polo）谈到他初抵今天的斯里兰卡（锡兰）时，便曾闻悉当地有某释迦蒙·薄加（Sogomon Barchan）者的坟冢。其人在世时乃印度某国王子，后执意离宫出外修行。波罗以东方人的偶像崇拜看待此事，但他也提到撒拉逊人认为这位"释迦蒙·薄加"其实就是"先知亚当"（the prophet Adam），从而将他与犹太、天主及伊斯兰三教共享的祖先神话混为一谈。这"释迦蒙"一音所指，当系"释迦牟尼"，而"薄加"若非"佛祖"（Buddha）的变音，就是"薄伽梵"（Bhagavân）的转声，系佛教信仰中的最高天。由此可知，马可·波罗似在暗示佛传与天主教圣传的结合，行纪中的传主或他所引的阿拉伯穆斯林早已侦悉[1]。大约三百年后，葡萄牙旅行家都·科托（Diogo do Couto, 1542—1616）行经锡兰，又拿《马可·波罗游记》所述和当地人士印证，也把若撒法的故事详细叙述了一遍，说明至少到了17世纪，西方已有人能具体指出佛传和《巴兰与约撒法》的重叠[2]。然而虽曰指证历历，知者毕竟不多，西方世界依旧视《巴兰与约撒法》为天主教圣传。1602年，龙华民当更懵懂，而欧洲学界要再察得真相，可就得迟至19世纪后半叶了[3]。1933

---

[1] Manuel Komroff, ed., The Travels of Marco Polo [the Venetian], Revised from Marsden's translation (New York: W. W. Norton, 1982), pp. 283–284. Cf. BY, pp. xxix–xxxiii.

[2] Diogo de Couto, Decada Quarta da "Ásia" (Goa: n.p., 1597), Part II. Liv. Vl. Cap. ii. pp. 13–17. Cf. BY, pp. xxxiii–xxxvi.

[3] 1859年，德人本费（Theodor Benfey, 1809—1881）从同年朱利恩（Stanislas Julien, 1799—1873）出版的三巨册法译佛教《譬喻故事集》（Les Avadanâs）中悟得《巴兰与约撒法》出自佛传，并将研究公之于世。其后迄20世纪前夕，另有法、德学者也纷纷加入证实的行列，终使真相大白，详见 BY, xxxvi–xxxviii。

年，华封老人马相伯（1840—1939）评论冯秉正（Joseph-Francois-Marie-Anne de Moyriac de Mailla, 1669—1748）《圣年广益》（1738）中所译的若撒法故事时，显然看出佛传的渊源，但他倒果为因，反因天主教素有关于圣多默在印度东岸传教的陈年旧说，从而认为是印度人误导了中国人，把天主教情节敷衍进佛陀的传记中[1]。徐宗泽在1940年为《圣若撒法始末》撮述情节之际，甚至还恍惚其中，不明所以，而欧洲耶稣会要注意到龙华民的努力和当时历史的窘境，更得俟诸近人如钟鸣旦（Nicolas Standaert）的努力了[2]。

可惜钟鸣旦虽知《圣若撒法始末》和佛教的联系，所做之研究却浅尝即止，连龙译之本源由佛转耶的"过程"，他也略而不谈。这个过程的关键当然不难推敲，6世纪前景教和摩尼教的转介应系重点。景教可能在佛传中加入基督信仰，促成《巴兰与约撒法》的叙利亚文本的"翻译"（*BY*, p. xciii）；而摩尼教在上古末期早已蔚为普世信仰，曾像景教沟通欧洲和东方文化，佛传如《普曜经》（*Lalitavistara*）等梵典因而西传[3]。众所周知，《普曜经》等佛所行强调者多属"证道得悟"或"出家精修"等传记母题，而这方面即使力主一神论的天主教也不免，而且还是不同圣传常见的主题。两者在教内文学上的合流归一，《巴兰与约撒法》就是代表，故而《圣若撒法始末》之为"文学"也，理当归入所谓"成长小说"或"启蒙故事"（*Bildungsroman*）之列，其叙述重点乃若撒法"因悟成

---

[1] 马相伯所书按语的原文如下："佛书所载佛之行事，有与此印度圣人相类者。意者，我国人向印度求经时，彼中有以此圣人事实见告者。因'若撒法'可译称'若撒佛'；犹'法兰西'亦译称'佛兰西'：佛徒模糊影响，遂混取入佛传；如后有采《封神榜》中神道为佛者矣！阅者分别观之，可也。至此圣人'不贵世之所贵，保全己之真贵'，使我国人能追随其遗范，则易接收宗教之福音精神：故嘱录出，以饷同志！"见天津《益世报》，1933年2月25日。圣多默传教印度东岸事，见本书页80注[2]。
[2] Nicolas Standaert, "The Jesuits' Preaching of the Buddha in China," pp. 38—41. 此文页40及页41注7也指出都·科托早已发现《圣若撒法始末》为佛传，唯其声音太弱，时人未予正视。
[3] 《圣若撒法始末》的早期系谱和摩尼教的关系，见 *BI*, pp. xv—xviii。

圣"的曲折过程。

就《圣若撒法始末》通书观之，上面所言应该不虚。《圣若撒法始末》的主角若撒法系"应帝亚"（印度）国王亚物尼耳（Auennir）的单嗣，出世后，有人预言其来日必定舍身出家，侍奉天主。亚物尼耳唯恐儿子信仰生变，自小即置之金宫扶养，不令人近。日译本在这方面叙写尤详，谓"宫中若有人罹病，随令退出，并由体健者入替，务必滴水不漏"，不让太子"看到人世的苦痛"，也不令知人间另有忧心伤悲（『御作业』，页132）。尽管如此，龙译本和日译本中的若撒法一样，及长，仍请出城游观，从而像《普曜经》中的悉达多太子见到瞽者残疾或"面皱齿落，发白颈偏"之人（《法国图》，15:234）[1]，开始体悟到生老病死等生命四苦，心怀忧戚。日译本在此夹插西方医学，由陪臣奉知病体乃因"血气痰水"四大失衡所致，而"岁月无情"，年龄一到，"不分贵贱尊卑"，任谁都得离世他去（『御作业』，页135）。

出城游观之际，"把腊盎"（巴兰）远在北非，掐指一算，已经得知太子心中有疾，遂乔装商家，跋山过海来到日译本所称的"南蛮"印度（同上页）。若撒法继而亦以"因缘"故而得遇这位苦行僧，并且密从受教，进而对世相体悟益深，遂如预言所述，谢绝宫中荣华，"出家"野修。罗帕的《巴郎与荷撒法》中，"把腊盎"系由天神作法，抓其发梢运神力携来，"奇迹"的角色重。《圣若撒法始末》虽然强调保守，有如罗帕之以信仰与圣工作为成圣的判准[2]，但书中的刻画反却着墨于若撒法精神的启瀹与生命的成长。凡此种种，无非又是启蒙小说的着墨典型，显

---

[1]　在某种意义上，这两句话甚至有"译文"上的重叠处，盖《普曜经》中难提和罗化身而成的老人，经中的描述也是"头白齿落，皮缓面皱"。这种重叠可为内证，加强佛传和若撒法故事的联系，见《大正藏》，3:466。

[2]　相关讨论见 Robert R. Morrison, *Lope de Vega and the Comedia de Santos* (New York: Peter Lang, 2000), p. 225。

示东西宗教传统确有共同的关怀。不过走笔至此，容我岔开指出此一母题和传统天主教的圣传仍然有异，亦即若撒法之能证得"圣人"之身，并非循寻常的"殉道"、"苦修"、"异相奇迹"或身为教中"掌权者"等因素所致。其人生平的圣传性格，因此迥异于我们通常可见的"行状"（vita）或"殉道记"（passio）等形式，虚构或虚构上的戏剧性显著。职是之故，《圣若撒法始末》身为传记所应有的历史性格诡异[1]，或以上举中古天主教界所称的"灵悟传奇"称之方是，重点乃在"传主"历劫得悟——或因此而得证所宗之正果——的超自然大戏[2]。

这出"大戏"首先显现于《巴兰与约撒法》的书题上。此书何以并列人名而题为《巴兰与约撒法》已难考知，但书中的约撒法系"菩萨"或"菩提萨埵"（Bodhisattva）经传抄后的笔误或转音，大约是学界的不移之论。学者据中古波斯与阿拉伯文的抄本，了解"菩"字开首的声母（b）在上述两种语言中都已转为"约"（y/i/j）的音，因为原文的差别仅有表示轻重音的"一点"（one dot）而已；而"提"（dh）及"埵"（ttva）音又两两佚失，仅余尾部的"萨"（sa）音经波斯文增补而转为"撒法"两音中前后的元音及子音（af）罢了。此所以希腊文译者将"菩提萨埵"一名转为"约阿撒法"（Iôasaph），而熟悉《圣经》人名的好事者又因梵音与天主教名姓系统不合，所以将《列王纪上》的"约荷撒法

---

[1] Charles F. Altman, "Two Types of Opposition and the Structure of Latin Saints' Lives," in *Medievalia et Humanistica: Studies in Medieval and Renaissance Culture*, New Series, Number 6: *Medieval Hagiography and Romance*, ed. Paul Maurice Clogan (Cambridge: Cambridge University Press, 1975), pp. 1–62. Thomas Head, "Introduction" to his ed., *Medieval Hagiography: An Anthology* (New York and London: Routledge, 2001), pp. xiii–xxxviii; Raymond van Dam, *Saints and Their Miracles in Late Antique Gaul* (Princeton: Princeton University Press, 1993), pp. 82–105, 尤请参见 Peter Brown, *The Cult of the Saints: Its Rise and Function in Latin Christianity* (Chicago: University of Chicago Press, 1981) 一书。扼要的讨论见黄进兴：《圣贤与圣徒》（台北：允晨文化公司，2001），页 101–110。

[2] Cf. Tony Davenport, *Medieval Narrative: An Introduction* (Oxford: Oxford University Press, 2004), pp. 130–131.

特"（Jehoshaphat）一名省音略字（列上 15:24），改为《玛窦福音》上所用的"约撒法"（Josaphat）一称（玛 1:8）[1]。在龙华民笔下，他则将之三转，转成带有广东腔的"若撒法"。

"约撒法"一名固然易解，但"巴兰"缘何形成则已难测，因为梵典中的佛传未见他人开示释迦。众所周知，佛乃自悟有成，在菩提树下证得法身。是以"巴兰"的问题，我觉得最能服人的说法应推英人巴奇（E. A. Wallis Budge）所提者。20 世纪 20 年代，巴氏以英文译出《巴兰与约撒法》的埃塞俄比亚文本后，尝在引言中称此名乃"约撒法"自身的"倒影"（reflection）。"巴兰"史有其人，一称"巴拉哈"（Barlâhâ），是罗马皇帝戴克里先（Gaius Aurelius Valerius Diocletianus, c. 245—313）在位时的天主教殉道者。其人事迹，巴奇认为写出《巴兰与约撒法》的西亚僧人应不陌生（BY, p. xl）。不过"巴兰"可能只是这个僧人权借的名字，借指阿拉伯文本中劝化约撒法皈依的隐士"毕劳哈"（Bilauhar）。某些学者则更进一步指出，后一名即格鲁吉亚文本里的"巴拉法里"（Balavari）：原先之音应为"巴拉娃里"（Balavhari）或"巴勒娃里"（Balahvari）。巴奇另又转述了某些学者之见，以为"毕劳哈"转为伯乐维或中古波斯语之后，旋即变成"薄伽梵"一音，而南亚学者米陀（Rájendralâla Mitra）表示"薄伽梵"并非无谓，根本就是佛祖——继而是"菩萨"——"最恰当"的称号，《吠陀颂》（the Vedas）中早已可见（BY, pp. xl–xli）。果如这些南亚、西亚与中东语言的历史学者所见，那么"巴兰"岂非又是"菩萨"，是《巴兰与约撒法》中的"约撒法"或《圣若撒法始末》里的"若撒法"本人的另一法身？中西两个文本中的"菩萨"，其实都是"佛祖"。如此一来，"约撒法"或"若撒法"岂非再因音变而借"巴兰"之名以行其自我教化之实，而这不也就等于佛祖

---

[1] *BY*, p. xxxix. 不过我得指出，今天的思高本《圣经》的音译仍作"约沙法特"。

在菩提树下自我开悟的叙述或故事化，岂非就是他在"反身自指"或行霍梅尔（F. Hommel）所谓的"自我复相"（*Repetition der [sic] des Buddha selbst*）？[1] 佛传变成了天主教的圣传，整个故事至此套上一层虚构／叙事（fiction/narrative）的后设色彩，诡异的程度，令人叹为观止。

上述情况，似乎也发生在"亚物尼耳"等《巴兰与约撒法》要角的命名问题上，《圣经》常为稽核查考的重点（*BY*, p. lxxxix），而容我旧调重弹，这些龙华民当又一概懵懂。话说回来，或许也是因此之故，《巴兰与约撒法》的各种译本方才常见歧出。《畸人十篇》中，利玛窦谈到《巴兰与约撒法》的内容，以为是圣若望达玛瑟口谕而得，埃塞俄比亚文本则采用第一人称的叙述观点，直指其事关乎圣多默（St. Thomas the Apostle）赴印度传教的"史实"（*BY*, p. 4）[2]，而这些日译本则只字不提，反而把语境拉到罗马上古，以天主教和希、罗神祇的对抗为历史背景定调。《巴兰与约撒法》的传译复杂若此，难怪龙华民手译或张赓手订殆和传统"翻译"或"校订"的行为有别。加以龙译的原始出发点在和中国佛教徒角力，而我们倘不谈其中隐含的权力争夺和《中国晚明与欧洲文学》中我业加剖陈的历史反讽，这种"翻译"行为本身当然也充满了政治性格，会在"权力"与"历史反讽"外因叙事模式或翻译修辞——亦即翻译时的情节与字词增损——而大开其"方便法门"，变成胡克斯（Bell Hooks）刻画语言时所谓"斗争的场域"（a place of struggle）[3]。

胡氏乃女性主义的译论家，这里所指当然不是她曾严词论述的英语在实际政治上的霸权地位，而是语言本身所具有的意识形态潜能。中文

---

[1]　Cf. Weisslowits, *Prinz und Derwisch* (Munich: n.p., 1890), p. 145.

[2]　*BY*, p. 4. 圣多默曾在印度布道一事，天主教文本载之甚详，参见 "The Preaching of Saint Thomas in India" 与 "The Acts of St. Thomas in India" 等文献，俱收于 *BY*, pp. 279–338。

[3]　Bell Hooks, "this is oppressor's language / yet I need it to talk to you: Language, a place of struggle," in Anuradlha Dingwaney and Card Maier eds., *Between Languages and Cultures: Translation and Cross-Cultural Texts* (Pittsburgh: University of Pittsburgh Press, 1995), pp. 295–301.

的雏形多经表象形成，即使形声字在后代演为主流，"形"仍为构字要件之一。所以方块字本身每每既是符征，也是符旨，上述"意识形态潜能"的现象从而益发明显，非特强行做主，令文字在翻译时反映出作家的意志本来，于《圣若撒法始末》中尤会抗拒龙华民向原文靠拢的译者"应然"，致令这本中文圣传独立于欧洲传统之外，在中国晚明独树一帜，像拉丁与欧洲俗语各本一样孤军奋战，终于走出了一条属于自己的生命大道。

翻译的策略

上文所谓"属于自己"独特的"生命大道"，首先见于《圣若撒法始末》的本源问题上。我虽举《圣传金库》本为《圣若撒法始末》的底本，然而仍以"主要"二字予以限定，意即在这个本子之外，《圣若撒法始末》其实另有宪章，虽然两者程度可能相去甚远。以文艺复兴时代南欧文本的传播状况而言，此一"另本"不可能是《巴拉法里亚尼》或我屡屡提到的埃塞俄比亚文本，而应该是圣若望达玛瑟的《巴兰与约撒法》或其拉丁文的全译本。我之所以如此假设，原因在经过比勘，发现《圣若撒法始末》溢出《圣传金库》本的地方多半可见于《巴兰与约撒法》，使得三本的情节回环互见，而这表示龙华民的翻译既在外译，也在内译，在以《巴兰与约撒法》济《圣传金库》本之不足，或对之修订，增删起来。如此翻译，自然不宜以近人所谓"信译"或"足译"绳之。《圣传金库》本的若撒法故事一开头，亚可伯自叙所述乃传自圣若望，龙译本因此可谓《巴兰与约撒法》的衍本的衍本，但也因上述之故而变成《巴兰与约撒法》本身的衍本。三本自是又翻衍成某种译事上的诠释循环。

这种诠释循环，我们当然得由《圣若撒法始末》的文类问题再予检视。此书既属启蒙小说与灵悟传奇，可见龙华民用之以对抗佛教徒寓有深意；他着眼的应该是这类故事"启迪人心"的效应，可以晓喻大众，进而敷演教理。这里的教理，讽刺的并非《圣若撒法始末》原本的佛教义理，而是自西徂东的天主教道。更有甚者，龙华民为凸显天佛间冰炭不合，打一开始就对圣若望所传的"原作"有所调整。一句"粤自天主降生为人"若在叙说以往，把《圣若撒法始末》的"故"事本质表露无遗。书中继之乃开说耶稣"以受难赎世罪，以真福引世趋"，兼"以异能动众信"的往事。我们所悉故而不仅是"太西诸国"已得风气之先，可窥天教，连诸佛所出的"小西洋国"或"应帝亚"亦"闻其风而兴焉"（《法国图》，15:219）。圣多默布道的"历史"，隐含在这部分的叙说之中。这些《圣传金库》本俱缺的情节，龙华民从《巴兰与约撒法》及其他语径的同一故事补成，使其译本变得比所本更近天主教史所以为的"原本"。不过就实践的模式而言，这里我应予着墨的首推龙译"易"来有模有样，拟史之心昭然，可见其发蒙风众之志确炽，辟佛之心确强。我相信唯其因此，《圣若撒法始末》才会形容亚物尼耳生平唯佛是信，是拜，而太子若撒法生来虽未尝有人告以基督之名，在闻悉父王与天学的嫌隙之后仍可上邀天主"圣宠"，从而大开其"灵魂之眼"（《法国图》，15:232）。

上文中的"佛"字当然有教争上的暗示。《圣传金库》本里，亚可伯其实不曾像埃塞俄比亚本详陈故事中天主教的竞争对手为何，顶多以"异端"或"诸神"（*Dii*; *LA*, p. 812）称之。然而《巴兰与约撒法》就具体多了，圣若望开谈亚物尼耳之际，明白称其所宗乃"希腊之道"（Greek way），所行乃"偶像崇拜"（idol-worship, 1.6）——有如马可·波罗的批评一般——而后连宙斯（Zeus）家族的冤报轮回也指证历历（xxvii.245-251），仿佛重开纪元二三世纪间天主教与希、罗宗教的拉扯争执。然而龙华民信笔挥来，在《圣若撒法始末》里轻易转换了历史时空，天主教过往的仇敌如今已易为佛教。现实里的历史，看来不仅可以化为文本中的历史，连龙华民这位译者也开始玩起福柯（Michel Foucault, 1926—1984）式的知识与权力（connaissance/ puissance）对应的文本游戏来，似乎在说翻译并无异于其他的论述（discourse），乃建立在各种排他性的原则之上，俾便确立一己独立的价值与操作上的系统[1]。龙华民的"玩"，在"诸神"变"诸佛"的各景里相当称职，充分突显出"印度"在《圣若撒法始末》中应有的地位。佛教确实出自此一"国度"，即使明末的中国人也了解来自"应帝亚"，也就是"身毒"或"天竺"。

上面我叙述《圣若撒法始末》故事，其实推展甚速，跳过了《巴兰与约撒法》或《圣若撒法始末》都曾力加表现的另外两组情节：一为亚物尼耳座前宠臣之"逊荒持斋"，"洗养灵魂，以几光明吉界"（《法国图》，15:221）；二为国君之前另有权臣一人，因曾救助某足伤窭人而得"言语之医"（《法国图》，15:229）。这位权臣不日更因之而获救，免致被谗遭难。这两个情节穿插于若撒法倏闻天主圣名之前，乍看和"他的传奇"并无直接的联系，似乎也验证了现代叙事学者对于中古欧洲圣传的"拼凑"之讥，谓之缺乏"有机结构"[2]。然而实情绝非如此简单，至少在龙华民的译本中，第二个细节里窭人的"言语之医"的身份，在结构上乃对应于若撒法闻得天主圣教后，叙述者所谓"天主圣言"已经契合其心的突发之论（《法国图》，15:232）。龙本译来，心思颇细，心计颇工。

我们倘细而再看，龙译《圣若撒法始末》其实不断在凸显二事。就上述第一组故事而言，他强调宠臣得天主之教后，乃"开我目，辨别好丑"（《法国图》,15:224）。相形之下，亚物尼耳执迷佛教，自是心眼蔽塞。

[1]　Michel Foucault, "The Discourse on Language," in his *The Archaeology of Knowledge and the Discourse on Language*, trans. A. M. Sheridan Smith (New York: Pantheon Books, 1971), pp. 215‒237.

[2]　Cf. Thomas J. Heffernan, "An Analysis of the Narrative Motifs in the Legend of St. Eustace," in *Medievalia et Humanistica: Studies in Medieval and Renaissance Culture* New Series: Number 6: *Medieval Hagiography and Romance*, ed. Paul Maurice Clogan, pp. 63‒89.

第二个故事则强调权臣已得"言语之医"，若指亚物尼耳轻信谗言，信仰上显然"失聪"已久（《法国图》，15:229）。这两个故事一路迤逦，次第开展，在《圣若撒法始末》中所以举足轻重，殆因耳目形成的母题力促使然。传记中不断强调这两者的重要，而我们也看到若撒法的故事不断与之平行推展。他在宫中仅能得见美色，悉闻美声，出宫后所见则非"瞽"即"聋"，适为二臣际遇的反面，和亚物尼耳更在伯仲之间。如此布局大致从佛本缘而来，系后世学者据以得悉《巴兰与约撒法》真身的主因之一[1]。然而《巴兰与约撒法》以下，故事各本率皆如此叙写，看得出天主教和沙门实有合拍之处。佛教四苦因此分身再变，在天主教文本中转为世人的蒙昧无知，无缘得识真主，也未克辨悉宗教真理。把腊盎继而乔装，往访若撒法。他介入叙述，上述否定当然是先机顿发之处。

　　按照《圣传金库》的说法，把腊盎本为天主教僧侣，驻锡于累纳亚（Sennaar）这沙漠之地（*LA*, p. 358）。这个说法已见《巴兰与约撒法》，但细究其历史源头，3世纪《沙漠圣父传》当系肇因。圣安当等苦修僧，此刻莫不持斋于北非漠地[2]。麦克唐纳（K. S. MacDonald）研究希腊古典，认为在西方古人的观念中，北非和印度经常混为一谈，似无差别[3]。龙华民比当时的人世界观大多了：他或因天竺国情和舆地有别，遂将把腊盎改写为"一修道至极，峻德匪夷者"，而《圣传金库》本中的"沙漠"则从《巴兰与约撒法》之见，易为山野之处，而且还要"乘舟"才能自此履及应帝亚之国。不过在把腊盎乔扮的身份上，龙华民就因袭《圣传金库》本，称之"托为商旅"，在神启下径赴若撒法的金宫，以重宝求见。《圣传金库》本中所谓"重宝"系宝石一颗，和后文颇有呼应。然而《圣

---

[1]　这个问题较详尽的研究见 Emmanuel Cosquin, "La légende des saints Barlaam et Josaphat: son origine," *Harvard Theological Review* vol. 30, no. 4 (1937), pp. 579–600。

[2]　See Peter France, *Hermits: The Insights of Solitude* (New York: St. Martin's Press, 1996), pp. 20–51.

[3]　K. S. MacDonald, *The Story of Barlaam and Joasaph: Buddhism and Christianity*, pp. lix–lx.

若撒法始末》始终未及"重宝"的内容，但以用途宣之，谓可如"牖知之光，开瞽之明。达聋之聪，发哑而声"（《法国图》，15:237）。在某个意义上，《圣若撒法始末》的说法三度呼应了通书伊始即一再强调的"耳聪目明"等天主教在宣教上的医学常谭。

天主教希望人"耳聪目明"，为的是区辨世相真假，从而认清孰为真主。《四福音书》中，耶稣的神迹之一就是助人复明得声（如玛9:27–34）。把腊盎也因为神启，所以受命前去为若撒法"振聋发聩"。重宝一景过后，他因是晓以《撒种的比喻》（《法国图》，15:238–239）。这一景龙华民虽然仍从《巴兰与约撒法》补译，他的本子因此也将把腊盎拟如耶稣，视同那撒种的人。《撒种的比喻》并不见于《圣传金库》本，《圣若撒法始末》与日译本却都有之[1]，可想包括龙华民在内的东来耶稣会士无不以把腊盎、智者或耶稣自期，希望能播种，把智慧的根苗养成，而后有刈获，有收成。话说回来，若就真假之辨与耳聋失聪的关系一点再言，《圣若撒法始末》中把腊盎为若撒法所说的第一个证道故事，我觉得最可将译者摆弄知识的权力问题示范明白：

> 昔有大能国君在金车中，前呼而后拥。途遇二人，衣服敝陋，体羸面黄。君下车拜之，切面怀抱。扈从臣工，甚怪君失威重，但不敢面请，惟告其君之弟。君弟进曰："以君之尊，降屈贬威，为国羞矣！"君不明言其意，第于薄暮，命吹响器者至其弟之门，一吹掌号。盖此国之法，凡问死罪，先遣吹者于应死人门首，掌号示众。于是君弟闻此响声，自度不能获生，尽夜点简，以候其死。旦则微服携妻，赴阙哀鸣。君召之入而泣曰："尔颠倒哉，错乱哉？甫

---

[1] 有关日译本《撒种的比喻》的研究情况，见 Keiko Ikegami, *Barlaam and Josaphat: A Transcription of MS Egerton 876 with Notes, Glossary, and Comparative Study of the Middle English and Japanese Versions*, pp. 90–93.

（汝）原未尝获罪于我，而今如此畏我传命之人，则何为怪我前日谦卑叩首，以待天主传命之人乎？其人报我将死之声，高喨殆过响器。又言天主将来严行审判，而我得罪天主甚多，我厚待之，奚有非是？"（《法国图》，15:239-241）

把腊益口中的这个故事，利玛窦在1608年刊行的《畸人十篇》中也二度开说（李辑，1:154-157）。就其使用而言，此一故事本为欧洲中古著名的证道故事，人称《死神的号角》（"The Trumpet of Death"），前此我业已数度提到（《晚明》，页290-295）。这个故事另可见于是时重要的证道故事集或证道文集如《罗马人事迹》（*Gesta Romanorum*）与《常谭集》（*Sermones Vulgares*）之中，甚至是中世纪英国名家高尔（John Gower, 1330?—1408）的伟构《情人的忏悔》（*Confessio Amantis; GR*, pp. 187-189; *Exempla*, pp. 151-152）。然而论其源始，《罗马人事迹》与《常谭集》的本子其实并非自出，而是袭自圣若望《巴兰与约撒法》的传统，或从亚可伯的拉丁简本裁剪而成。当然，若跨过宗教，寻根究底，论者也都知道《死神的号角》目前所知最早的典故实则出自梵籍，而且典出者正是和佛教发展有关的《阿育王经》（《大正藏》，50:142-143）。经中这位国王不是别人，正是遣子马因达（Mahinda）入锡兰弘法，使之发扬光大的护教权君，犹如天主教史上的君士坦丁大帝（Constantine the Great, 272—337）。至于故事中的"王弟"亦非无稽，而是阿育王之弟毗陀索卡（Vitasoka），史有其人。

《阿育王经》里的故事经时空迢递转述之后，到了西方其实内容已变，不复佛典原来的样貌。国王开头所遇二人，一般约撒法故事多译为"隐修士"（hermits），日文本则称之为"山居的出家隐士般的和尚"（"世を捨つる山居の道山者"；『御作業』，页129）。在天主教的语境中，这类人多指北非沙漠圣父一类的修行者；用日文本中的话来讲，他们都是正人君子，而且"身为基督徒，不但不怕皇帝的愤怒，同时也渴求为主殉道"。他们抑且"颂扬耶稣之名"，为世人"开说人世的虚幻与身后永世的荣宠"。职是之故，这些隐修士乃基督所宠信者，此所以《圣若撒法始末》中的"大能国君"称他们为"天主［的］传命"者。在日译本中，亚物尼耳座前的"宠臣"不但是类此的修道者，他也有鉴于国王不事正道，所以"厌世的念头日增"。所谓"宫中奉迎或爵位俸禄"都在抛弃之列，但求"洗养心性，淬励灵魂"（同上页）。再以《罗马人事迹》中的本子为例，所谓"号角"的宣达其实已经结合了中世纪骑士的竞技之风，变成了开赛前马上列队的响器齐鸣（ *GR*, p. 249n）。当然，竞技场合总有人或伤或亡，《阿育王经》里的响器在此也如实变成了"死神的号角"。龙华民从之再译，所本虽为《圣传金库》，却又像《罗马人事迹》一样是在"二度翻译"了，因为首先若望已有违《阿育王经》原本所传，其次龙华民在中文里也有自己的变易或变译之道。

在"国君"接见王弟之前，龙译本的情节除了赢弱者的人数外，呼应《圣传金库》本的地方几乎字字强过《巴兰与约撒法》中的同一故事[1]。此一国君不仅如上所引，是位"大能"之主，他面对臣属的疑问，也有应答上充分的智慧，足以和面对赢弱者的表现相提并论。在某个意义上，他的所作所为，更把亚物尼耳这位同样"伟大"的君主比了下去。《罗马人事迹》里的国君怀抱两位赢弱者之后，开示王弟的方式是"以身作则"，示范《达摩克利斯之剑》的情节（ *GR*, pp. 250–251），近乎《阿育王经》中阿恕伽王（案即阿育王）之所为。不过龙华民的译述直接多了，他不但"删改"了佛典的内容，甚至连《圣传金库》本的故事也重予剪裁，径自表出后者视为隐喻的"赢弱"意涵，以"死神"的警示为

---

[1] 《圣传金库》本亦称之"衣服敝陋，体赢面黄［至显］"（ quibusdam attritis verstibus indutis et macie attenuatis obviasset），见 *LA*, p. 814。

王弟耳提面命，从而像高尔《情人的忏悔》般使其通晓生而在世，可怕的并非号角催命的人间律则，而是两位隐修士所代表的天主玉旨与永生永罚[1]。日译本中，亚物尼耳的"宠臣"还有澡雪君王心志的重责大任，把入华耶稣会汲汲强调的"三仇"改为"二仇"，拟使皇帝忘却"愤怒"，不再为凡间的"骨肉之思"忧虑成疾（『御作業』，页130）。龙译本里，所谓"尔颠倒哉，错乱哉"之问，在《圣传金库》本中原也不过是个感叹词，感叹王弟"愚昧有加"（o stulte; LA, p. 814），如是而已。但在龙华民——甚至是日文——的转译中则加重语气，凸显语意，使"颠倒"与"错乱"二词阴为问话，阳则点出整个"故事中的故事"的主旨：凡俗之人看待世相都是"颠倒"或"错乱"为之，国君之弟即为显例，亚物尼耳亦然。韶州佛教徒目无天主，可想更是人间之尤。

　　龙华民的翻译指控固然严厉，更严厉的是他的修辞策略已经在行"译者即知者"这种语言上诡谲的权力关系。据今人斯皮瓦克（Gayatri Chakravorty Spivak）之见，翻译所涉的语言有三重结构，即"修辞"、"逻辑"和游走于"修辞"边缘的某种力量；后者广涉时空与价值观等个人的意识形态，对逻辑构成负面的威胁，斯皮瓦克无以名之，姑称"静默"（silence）。所以她说"修辞之行也，每因内部有一静默的暴力使然。在能动者产生的过程中，修辞会在破坏逻辑之际，将此一暴力展现出来"[2]。这里修辞的催动者之所以会是某种"暴力"，是因为我们可以将之"转"而——希望这里我不会说得太牵强——解为翻译的常情之一，亦即译者常会忘记笔底是"译"，不由自主地就以潜意识中的自身之意——这里不一定是"原作"之意——强反彼志，而且还借之"修改"原作，甚至"将错就错"，使原作与译作处于"竞争"或"敌对"的跨语际状态

---

[1]　Cf. Tony Davenport, *Medieval Narrative: An Introduction*, pp. 64–65.

[2]　Gayatri Chakravorty Spivak, "The Politics of Translation," in her *Outside in the Teaching Machine* (New York and London: Routledge, 1993), p. 181.

中。我还想补充一点：翻译果然就是这种语言的建构过程，或谓意义果然就是如此触动而来，那么再用斯皮瓦克所借巴雷特（Michèle Barrett）的观念来讲，翻译其实是某种"政治"行为，绝对有其意识形态上的基础[1]。

我要特别强调上文中的"某种"，因为这里"政治"已经超越斯皮瓦克旨意原在的语言或性别与帝国主义的关系，反而变成了翻译自觉或非自觉性的内在运作。从《死神的号角》的源语和译入语的互动来看，"静默"产生于龙华民开译之初即与佛教为敌的假设，而如前所述，这种内在的驱力早已使他从落笔翻译就界定《圣传金库》本所称的"异端"为何，继而公然再以"佛教徒"为亚物尼耳定位，称之"生平信向，……惟佛家诸异端"（《法国图》，15:220）。若撒法出生前那第一位臣属，也是在这种情况下以命相赌，指责亚物尼耳之"背主拜佛，惑溺大谬"（《法国图》，15:225），而这又让我们联想到利玛窦处理《伊索传》（*Vita Aesopi*）时，笔下也有个几乎一模一样的"翻译"手法（《晚明》，页248–265）。《圣若撒法始末》中甚至译道：若撒法出生之际，亚物尼耳亦因上天"喜溢殊甚"而令众人"共拜'佛'，谢诞……［其子］之恩"（《法国图》，15:226；单引号的强调为我所加）。对我们已确知其为原文的《圣传金库》本而言，或对《巴兰与约撒法》这整个若撒法故事的天主教传统来说，龙华民在《圣若撒法始末》中因目的而做出的"翻译越界"当然是"暴力相向"，而且从一落笔就形成某种力量，静静地流布在语意的回转递换之间，最后终于迫使译文改变原文的逻辑，在修辞上朝译述目的走去。整个过程内外互涉，乃一攻佛抑佛的双重政治，读来确实讽刺，但也逗人深思。

上述"静默"的"暴力"倘非刻工舛误使然，倘非张赓的校订或其

---

[1] Gayatri Chakravorty Spivak, "The Politics of Translation," in her *Outside in the Teaching Machine* (New York and London: Routledge, 1993), p. 179.

他"较刊者"促成，那么龙华民下笔，恐怕时而也难以控制行文的龙走蛇行，恣意也"自"意奔窜腾挪。说来有趣，在若撒法求亚物尼耳让他遍历世相前的一景中，我们发现龙华民的文字居然反将了自己一军。事发于若撒法和身边一嬖僮谈话之际。太子问及国君何以将他囚禁深宫，不令外出。此僮不但"见识颇超，知太子夙慧远虑"，而且还条答原因如下："君恶天学之人，禁戮几尽，又使千秋勿听天主经，弃其所奉'佛像'，故禁止他人讲论。"（《法国图》，15:231–232）从逻辑上来讲，这里单引号中我所强调者不可能会是"佛像"，而应该是天主或耶稣的"圣像"才对。唯有做此解释，下文"故禁止他人讲论"才能产生意义。然而我们姑不论这段话在《圣传金库》本原阙，即使是一字之易，也已使易得或译成之文发生了修辞转变，变化成了译文原来应有的逻辑。自鸠摩罗什以来，"颠倒错乱"中的"颠倒"就是中译后的梵词，《心经》所用传之最广，敦煌石室本《唐梵翻对字音般若波罗蜜多心经》则音译之为"尾播哩也娑"（*viparyâsâ*）[1]，而龙华民或张赓连类之，使之在《圣若撒法始末》里反而变成了天主教本身的翻译反讽。

　　尽管如此，《圣若撒法始末》往后的发展中，我们依然可见"正常"的静默游走弥散在译述的字里行间，使修辞发生了变化。再以国君回答王弟的话为例，他对羸弱者的"厚待"，其实是对死神的"畏惧"，不过这种对应得待我们读到他将那羸弱者比诸"传命之人"才能侦悉。如此行文，当然是推意而为，收放有"度"的德莱登所谓"意译"[2]，盖《圣传金库》本原作"使者"（*praeco*; *LA*, p. 814），不是"死神"。话说回来，

---

[1] 《心经》中的上下文是"无罣碍故，无有恐怖，远离颠倒梦想，究竟涅盘"。见《大正藏》，8:847–850。所谓"颠倒者，无明所使，反于真理之妄见也"，见周止庵：《般若波罗蜜多心经诠注》（台北：佛教出版社，1981），页215。前引敦煌石室本《唐梵翻对字音般若波罗蜜多心经》，亦见周著，页14。

[2] John Dryden, "On Translation," in Rainer Schulte and John Biguenet, eds., *Theories of Translation: An Anthology of Essays from Dryden to Derrida* (Chicago: University of Chicago Press, 1992), p. 17.

除了死亡本身不可测外，国君对死神的"畏惧"另又有本，源出天主教义中最后审判的观念。这点《圣传金库》本叙说甚明，而龙华民也是如实照译。然而他或恐明代读者有昧于"最后的审判"，在《圣传金库》本外针对那羸弱者倒又追问了一句，补充说明："我得罪天主甚多，我厚待之，奚有非是？"如此增补，显然又是诠释的行为，是埃科（Umberto Eco, 1932—2016）肯定的"诠释者在解读具有美学价值的文本时所扮演的积极角色"，本身固以诠释者为重，但也承认会受到"文本的制约"[1]。不论是"意译"的行为还是诠释的开放与制约的辩证，在翻译的过程中，凡此种种其实都已受到斯皮瓦克所称语言中的"静默"层面的制约。对原作而言，"静默"固为暴力，然而当其收放自如之际，却也会有如文本在自行书写，自动翻译，又变成萨特（Jean-Paul Sartre, 1905—1980）所谓"引导性的创作"（*création dirigée*）[2]。若其精甚：船过，水无痕。

　　当然，在龙华民的整个翻译性重述中，"颠倒错乱"才是"他"——此刻未必是亚可伯或圣若望达玛瑟这些原本的编次者——真正的强调，而这又涉及天主教文学里的"真假"常谭。在中国晚明，这点也凿凿可见，尤可见诸龙译本之后如《畸人十篇》等耶稣会的中文名著中（《晚明》，页61–78）。若撒法阅尽生老病死，体知生命真相之后，把腊盎接下开示的第二个"故事中的故事"就此开说的，正是真假之辨，而这个故事在文学上的名声之响，除了前此我另书讨论过的《三友》之外（《晚明》，页70–78及页368–380），在《圣传金库》或《巴兰与约撒法》的传统中恐怕称最，此即人称《巾箱传奇》（"Four Caskets"）的宝匣故事：

　　　　［国君］既为弟言［《死神的号角》］，复命作木厢四具。其二具

---

[1]　Umberto Eco, "Interpretation and History," in his et al., *Interpretation and Overinterpretation*, ed. Stefan Collini (Cambridge: Cambridge University Press, 1992), p. 23.

[2]　Jean-Paul Sartre, *Qu'est-ce que la littérature*? (Paris: Gallimard, 1984), p. 58.

饰以金玉，华美可观，内实死骨臭秽之物，以金锁锁之。又二具涂以油灰，粗恶可鄙，而内实珍宝。乃召朝臣，出厢视之，曰："此四厢，尔料孰佳？"众佥云："华饰金锁者佳矣！"君曰："我固知尔等必如此云，为尔以外目但观外事，曷不以内目视中之所藏乎？"即命发外美之厢，秽气触人，绝不堪闻。君曰："尔等当知人服锦绣之衣，而罪恶内盈者，与此二厢相似。"又发二厢，其中皆珠玉宝贝，香气袭人。君曰："此厢与我前日所敬婆人相似，外虽衣恶而内充道德，实馨香可人也。"（《法国图》，15:241－242）

这个故事之所以在欧洲举足轻重，人尽皆知，原因是至少有两部文学名著曾据之为底本，演为部分故事。一在龙译本之前，乃薄伽丘（Giovanni Boccaccio, 1313—1375）的《十日谈》（*The Decameron*, 1353）；一与龙译本几乎同时，系莎士比亚的喜剧《威尼斯商人》（*The Merchant of Venice*, c. 1596）。其中相关的种种，请容稍后再谈。这里我想指出的是龙译本述说此一故事除在寓意显然的真假之辨外，另含一重要的目的，亦即拟借以向明代佛教徒介绍基督的真身。其间的转折，我们得回溯《撒种的比喻》。用龙华民改写后的翻译，这个比喻全文如次："吾主云：'有农播种，或下于路傍者，鸟啄食之。或下于硗确之地，随生随稿（槁），为其土薄而根不深也。或下于荆棘之中，荆棘拥蔽之，亦不长发。惟下于肥饶之土，自秀而实矣。'"（《法国图》，15:238－239）

若撒法听罢《巾箱传奇》或稍早《死神的号角》后，有趣的是脑中的联想并非这两个故事直接的意涵，而是开说之前上引《撒种的比喻》："太子曰：'……顷所云为尔主而论播种之事者，愿闻为谁？'"（《法国图》，15:242）问题如是，说明龙华民这里确有翻译上的策略性考虑。有关《撒种的比喻》的说者，亦即喻前那"吾主"的身份，《圣传金库》本未予表出，径自转入《创世纪》的重述。《圣若撒法始末》之所以有此一问，我看系因《巴兰与约撒法》启发而来，而且文字上也颇多因袭（vii.45）："把腊盎对曰：'太子若愿知，吾主即是耶稣契利斯督。其为天主之子，其为皇之皇，主之主乎！'"（《法国图》，15:242）所谓"皇之皇，主之主"虽比《巴兰与约撒法》的描述简略，而后者重心所在的"三位一体"在《圣若撒法始末》里始终亦付阙如，但龙华民的编译似乎犯不着如此多言，毕竟此刻他心目中的阅读对象对天主根本一无所知。在这个"前福音的时代"，神学上的大道理自然不宜，何况韶州读者对天主教所疑乃经籍的多寡，是知识的高低，当然——就中国人对"经书"的敬畏而论——也是权力的大小[1]。如此则以彼之矛攻彼之盾，一句"皇之皇，主之主"不就可以杜悠悠之口，甚至使中国人开迷解惑？

龙华民再叙《撒种的比喻》，让若撒法代问耶稣的真身，其实是巧编。翻译于此又介入知识与权力的运作中，编辑也随之而化身为政治行为了。《死神的号角》和《巾箱传奇》的内涵既然不言自明，或是本身早已自问也自答了，那么让前喻回环，以天主教真正的关怀总结二喻，岂不巧甚？

《撒种的比喻》出自《新约·福音书》（如玛13:3-8），由于后面紧随着耶稣对"比喻"的一般看法（玛13:10-12），所以歧义性特别强[2]，把腊盎在《圣若撒法始末》中的解释尚不及其一。在此之前，把腊盎已将若撒法拟为"肥饶善地"，可下"天主嘉种"（《法国图》，15:239）。不过即使如此，把腊盎也仅能就传统再添一解，所释仍然难以穷尽《撒种的比喻》的内涵。他未遑深入的，应该包括那"撒种者"的身份。"他"有可能是《福音书》中开播的耶稣，也有可能是在《圣若撒法始末》里宣

---

[1] 参见郑振铎：《经书的效用》，在西谛（郑振铎）（著）：《中国文学研究新编》（台北：文光出版社，1973），页1211—1213。

[2] 这点可参见骆其雅（Herbert Lockyer）（著），詹正义、周天麒（译）：《圣经中所有的比喻》（台北：基督中国主日，1987），页349—361。

教的把腊盎。如果我们可以在后现代式的蒙太奇襄助下跳出《圣若撒法始末》的文本，我们甚至可以说此刻执笔中译若撒法故事的龙华民亦可当之。在明末中国"撒下"基督之种的主力不是别人，正是耶稣会士，而龙氏系其中的一员，而且是个中要角。若撒法和把腊盎的对话既经移花接木添写形成，显示《圣若撒法始末》的文学结构亦经强化，劝化益力。耶稣乃天主降世，全知全能，传中有如暗示祂的地位应该远在佛陀之上。

龙华民翻译《死神的号角》，内心几唯"言语之医"是问，希望读之者能闻得天主正音，勘破世相。而他译的《巾箱传奇》呢？从《圣若撒法始末》始终以聋瞽之启来看，答案当然不言而喻，系凡人目测真假的能力。我们不要忘了故事中另有"金玉"与"死骨"等语，而这些除了让我们联想到稍后高一志《励学古言》所称"外洁内秽，外芳内臭"者之外（《法国图》，4:23），还会令我们有一探其间差别的欲望。如此欲望果能遂行，而且得其所正，当然就是理解《巾箱传奇》的关键。至于看出的人应具备的条件，还在其次。龙华民所传的故事，其实又非逐字直译，而是如前所述的意译或根本是就题译述。所以他可以再借译者与知识的互动，大行其翻译上的权力善巧。尽管如此，龙华民并未更动原文的大意，只在紧要关头巧接版本，在不损害原意的状况下更动字词，使之合乎自己的目的。《巾箱传奇》直接指涉到"目视能力"的语汇，无过乎国君所谓"外目"与"内目"的对立。前者系凡人俗眼，难以辨别真假，后者则为宗教——而且还是天主教——的慧眼，可以照破金玉幻象，直视箱中的死骨秽物。具有此等法眼，当然就可看出"衣恶"者内心的"道德"，进而发实祛虚，破邪显正。《死神的号角》固然重耳，但那"大能国君"亦具此等《巴兰与约撒法》所着重的"内目"（ the inner eyes; *BI*, vi.43）故此才能认得《圣传金库》本国君所谓"窭人"（ *illis pauperrimis*, *LA*, p. 815）的真身，甚至比之于那些珠玉盈香之箱，在《圣若撒法始末》中评为"与我前日所敬窭人相似"（《法国图》，15:242）。

由是观之,《撒种的比喻》在《圣若撒法始末》中就再现得十分贴切。是喻虽然强调在"不同的土壤"中,种子的成长有异,暗指若撒法系天主教所求那有属灵知觉的人,可以得窥天国正轨,而他稍后确也曾在梦中进入至福圣境(《法国图》,15:258-259),但是从内容到结构故事的语言,《新约》的写经人也一再强调"真假"或"是非"之辨。这种强调所求之真,必然又关涉到眼识与耳识,而我们倘弃《玛窦福音》而就《马尔谷福音》衡之,当会发觉《撒种的比喻》伊始,马尔谷所知之耶稣所重者,就是这两种官能。骆其雅(Herbert Lockyer)曾据钦定本《圣经》指出,《撒种的比喻》开头,用的就是两组指涉到眼耳二识的惊叹词:"看哪,听啊!"[1] 骆其雅的观察饶富兴味:把腊益将《死神的号角》与《巾箱传奇》总结以《撒种的比喻》;倘若机缘得遇,我相信骆氏必然也会同意故事得如此改编!

　　上文最后的推测,纯属我个人的曲为之解,思高本《圣经》或我参考过的牛津本上皆乏"目视"之句[2]。知识与权力的关系在翻译中确属诡谲。《巾箱传奇》的使用还有更诡异的一面,亦即用在不同的场合往往会出现不同的"翻译"或"番易"之效。后一名词,我指"跨国"(番)的文本"转换"(易),和拉丁文的"翻译"(*translatio*)本意遥相呼应,充满动态的呈现。这狭、广二义的翻译观,我们可举龙译译成前两百余年的《十日谈》为例再加说明。书中第十日的第一个故事不仅把空间由印度搬到西班牙,而且箱数也变了,由四口变成两口,使之演为某国国王借以表示运气也可能前后不一的工具[3]。这里"金玉"依旧,秽物或一无

---

[1]　这点可参见骆其雅(Herbert Lockyer)(著),詹正义、周天麒(译):《圣经中所有的比喻》(台北:基督中国主日,1987),页352。另请参见 *The Holy Bible: King James Version* (New York: American Bible Society, 1984), p. 38 (New Testament)。

[2]　思高本为谷4:3-8;所谓牛津本,我指 Bruce M. Metzger and Roland E. Murphy, eds., *The New Oxford Annotated Bible*, New Revised Standard Version (New York: Oxford University Press, 1991), Mk 4:3-8。

[3]　Giovanni Boccaccio, *The Decameron*, trans., G. H. McWilliam (Harmondsworth: Penguin, 1975), pp. 734-737.

价值的东西也依旧，总之或好或坏的表征样样不缺，差别仅在箱子的外表并无美丑之分。不过也是因此之故，我们了解《十日谈》的意图已不如《巴兰与约撒法》或《圣传金库》本复杂了。薄伽丘意在化神圣为通俗[1]，所以令表相与内里的对照破除殆尽。经此“番易”，《十日谈》确实把圣典转成了俗典，树立起《巾箱传奇》的另一传统。

这种情况，莎士比亚处理起来又别开生面。《十日谈》里的箱子既可由四口变成两口，《威尼斯的商人》也没有理由不能令其作三口。果不其然，剧中的富家女鲍西娅（Portia）之父临终前，便打造了三口外表分别饰以金银铅的箱子，并规定凡猜中箱中置有鲍西娅的图像者，就有权求她下嫁。在第三幕第三景之前，戏中凡涉鲍西娅的场景，如此改写的莎翁版《巾箱传奇》都是情节的重心，和犹太人夏洛克（Shylock）那“一磅肉”的高潮形成掎角之势，扣人心弦至极。莎翁写活了这三口箱子，因为他一反薄伽丘以“运气”为系的平板主题，完全由人性来处理这出“选择”的戏码。和《圣若撒法始末》里的众臣一样，鲍西娅的前两位求婚者都以貌取箱，或是由身份地位推想其中内容。可想而知，他们一个个都失败了，莎士比亚也一步步在教人外貌之不可恃。鲍西娅最后由夏洛克的死对头巴萨尼奥（Bassanio）娶得，因为求婚者中只有他最踏实，认得清“外表最难称内容，而巧饰常欺人”的世间幻觉[2]，所以舍弃了那华丽的金箱与银箱，宁取铅箱的素朴与质朴，最后终于得中头彩而赢得美人归。

“中彩”那一景，我们读来似曾相识，盖莎士比亚重复了几个《圣若撒法始末》亦有之而《圣传金库》本也常见的主题，例如前述的“真假之辨”（3.2.99-103），又如真箱一启，一缕“芳香”（sugar breath）袭人，

---

[1]　Cf. David Wallace, *Boccaccio: Decameron* (Cambridge: Cambridge University Press, 1991), pp. 98-99.

[2]　William Shakespeare, *The Merchant of Venice*, ed. Jay L. Halio (Oxford: Oxford University Press, 1993), 3.2.75-76.

等等（3.2.21-22）。令我们"倍"觉巧合的是莎士比亚假巴萨尼奥之口对"邪教"的攻击，因其令人联想到龙华民译《圣若撒法始末》在宗教政治上的目的："就宗教而言，哪一个该下地狱的邪说没有一脸虔敬的教牧祝福之，哪一个没有人引经据典合法之，又哪一个没有巧装美饰遮掩其罪恶？"（3.2.81-82）戏文里的"宗教"若可"番易"为"佛教"，我想十之八九就不离此刻龙华民或入华耶稣会士对后者的成见。看来《巾箱传奇》也因龙华民中译故而在17世纪初的东西两洋相互辉映了。不无意义的是：如此辉映的两者甚至可谓血脉相连，把英国伊丽莎白时代的剧场联结到明末中国的宗教场域去。

依我浅见，上述的"巧合"根本不是"巧合"，乃《圣若撒法始末》在英国发酵的结果，而居中牵线的媒妁，《罗马人事迹》依旧是关键，因为学界咸信鲍西娅巾箱择偶的浪漫传奇就出自此书传由贺里南（Helinand of Froidmont, *c.* 1160—1229 or 1237）或他人所译的中古英文本[1]。贺本《罗马人事迹》译于卡克斯顿（William Caxton, *c.* 1422—*c.* 1491）之前，是典型的证道故事集。就像《死神的号角》，书中的《巾箱传奇》也本于《巴兰与约撒法》或《圣传金库》本的传统。《罗马人事迹》的情节虽然和《威尼斯的商人》大致符合，叙事者却颠倒为"凰求凤"，说的是那不勒斯公主为嫁罗马王子而"巾箱寻夫"。

《罗马人事迹》的本子比较有趣的地方是：故事结尾有一道德寓意的解说，让金银铅的《巾箱传奇》趸回《巴兰与约撒法》去，亦即令其回复为天主降世的寓言，并及开天辟地的《创世纪》故事（*GR*, pp. 301-306）。非特此也，整个传奇还因此而笼罩在《光荣颂》或《荣归主颂》的圣歌氛围中，在某一意义上已把天主教和唐初入华的景教结合为一。因

---

[1] Sidney J. H. Herrtage, ed., *The Early English Versions of the Gesta Romanorum* (Oxford: Oxford University Press, 1879), pp. 294-306. Halio, "General Introduction" to his ed., *The Merchant of Venice*, p. 17 则以为系出自 Richard Robinson 所译。

为 8 世纪左右，《荣归主颂》早以《景教三威蒙度赞》的译名由景净传行于中土（《大正藏》，54:1288）[1]，本书导论伊始，我已稍及。不过《罗马人事迹》最可反证的情节是：把腊盎说完《巾箱传奇》后，《圣若撒法始末》的故事就急转直下，而这一转便走入了耶稣圣名的解释去。在《巾箱传奇》的传统中，此非孤例也，乃是时布教证道界共同的说法。即使随后那《创世纪》的重述，也是在为故事"解说寓意"，系《巾箱传奇》整体的一环。薄伽丘化为世俗的小说，莎士比亚手巧，似乎又将之拉拔到灵悟的高度去。金银铅三口箱子就如种子所撒的四块土地，分别呼应了天主教三层看待人世的方法。于教义尤其接近的，当然是《威尼斯的商人》指证历历的素朴行世、质朴处世等观念。

译者的特权

由此看来，《圣若撒法始末》的本源在史上层层的"翻译"或"番易"，所涉其实已不仅限于翻译和知识或权力之间的折冲了，而是一跃又跃进本雅明对翻译形而上学的论述中。在名篇《译者的职责》（"The Task of the Translator"）里，本雅明暗示巴别塔倾圮之后，天人语言由一统而分裂，犹如瓦瓶既倾，破裂成千万碎片。译者的职责便在挽狂澜于既倒，将这千万碎片复合为一，以重返原初与上天浑然一体的状态。翻译因此既是碎片的黏着剂，也是人间语言不仅是"互通"，更是"互补"的桥梁[2]。"互通"的意涵在这里说来较弱，暗示的是语言乃分别的个体。

---

[1] 敦煌所出景经之一的《尊经》经尾的按语云："大秦本教经都五百三十部，……唐太宗贞观九年，……房玄龄、魏徵宣译奏言，后召本教大德僧景净译得……三十部。"这"三十部"之中，应含《三威蒙度赞》。《尊经》内文见《大正藏》，54:1288。

[2] Walter Benjamin, "The Task of the Translator," in Marcus Bullock and Michael W. Jennings, eds., *Walter Benjamin: Selected Writings*, vol I, 1913—1926 (Cambridge: Harvard University Press, 1996), pp. 251–263.

"互补"则显示个体原本就该是一体，即使是译文和原文也是一体的两面，相辅相成[1]。本雅明的翻译神学虽然源出犹太教，但在天主教所收编的《旧约》信仰中却非不可见。实情是两者经常贯通彼此，根本就是一脉相连，此所以阳玛诺《圣经直解》有犹太教为"古教"，而天主教为"新教"之说（《三编》，4:1559）。是故移本雅明以就《圣若撒法始末》中译的诠解，我看未必是逆时而行的穿凿附会。我们回想《巾箱传奇》的意义，最后简直就由《新约》《十日谈》与《威尼斯的商人》共同组合而成，翻译或番易在其间都扮演了相当吃重的角色。这些文本各自代表意义之一，但彼此间的关系是互相诠释，可以跨越语言的鸿沟，变成龙译本《圣若撒法始末》中是喻——至少就我的了解而言——最后的内涵。《巾箱传奇》这一走，已经走过希腊、拉丁、意大利、英国与中国的语言。本雅明借翻译在讲的因此不完全是神学或玄学:《圣若撒法始末》可是如实实践之！

本雅明的译观若合斯皮瓦克再看，龙译本宗教政治的意涵益发明显。不过诚如我在《中国晚明与欧洲文学》里的暗示（参见《晚明》，页398-397），这两者合流的最佳例子——若从证道故事的角度观之——应该是《圣若撒法始末》中的第三个譬喻故事，此即中世纪法国人所谓的《小鸟之歌》（"Le lai de l'oiselet"）：

> 有人善射，获一小鸟，名画眉。其鸟作人言曰:"君子致我于死，何益于君？供君之膳，不足充饥。若其释我，我教尔以三训。尔受之，必有大益。"射者惊怪，乃曰:"明告我训，我即尔释。"鸟曰:"三训无它，其一曰:'勿求得所不能得。'其二曰:'已失之物，

---

[1] Cf. Brian M. Britt, *Walter Benjamin and the Bible* (New York: Continuum, 1996), pp. 33-69; and Lydia H. Liu, *Translingual Practice: Literature, National Culture, and Translated Modernity, China, 1900—1937* (Stanford: Stanford University Press, 1995), pp. 14-16.

不得返者，不必忧闷。'其三曰：'勿听信所不可信。'守此三者，尝尝（常常）得福。"射者以为有理，遂放之去。此鸟得放，欲试彼人能行三训否，乃自半空飞鸣曰："君子可怜，可叹。尔今失一大窖。我腹中有一宝，其大过于啊玛旦（蛋）。"射者听鸟言，忧悔放失，又心图再获，谓此鸟曰："可来，可来。若再来投我，我与尔结友，必然厚待尔，即又放尔。"鸟曰："我已明知尔性颠狂，才闻三训，旋弃不能用矣。我初言勿求得所不能得，勿复望得既失之物，勿信所不可信。尔今信我腹中有宝，大过啊玛旦，独不观我之全身，尚无鸡旦（蛋）之大。又既失我，不可复得。以此苦心，费力图谋，求复得我而不可得。尔又无翼，不能如我之飞……"（《法国图》，15:243-245）

在阿方西（Petrus Alfonsi, fl. 1116—1126）的《教士的训练》（*Disciplina clericalis*）等中世纪证道故事集中，此一故事亦可一见，流传扩及英伦等地，时而为人视为笑话型故事（*fabliau*），寓教于虐[1]。龙译《圣若撒法始末》中，《小鸟之歌》的政治性格首见于故事成篇的始末。根据松原秀一的研究，《小鸟之歌》和《死神的号角》或《巾箱传奇》有一大异，亦即此一故事不仅不见于任何汉译佛典，即使连巴利佛藏亦付阙如[2]。不过这并不表示此一故事和"应帝亚"无关，因为再据池上惠子，梵文本《五卷书》才是此一欧洲故事的灵感泉源[3]。《五卷书》成书于2世纪，其传世的版本复杂，我查考后之所得，乃《小鸟之歌》恐非书中任何故事直

---

[1] See Lenora D. Wolfgang, *Le Lais de L'Oiselet, An Old French Poem of the Thirteenth Century: Edition and Critical Study* (Philadelphia: American Philosophy Society, 1990), pp. 1–33.

[2] 松原秀一：『中世ヨーロッパの説話——東と西の出会い』（東京：中央公論社，1992），页167。有关《小鸟之歌》的问题，另可见 Jean Sonet, S. J., *Le Roman de Barlaam et Josaphat*, Tome 1: *Recherches sur la tradtion manuscrite Latine et Française*, pp. 28–30。

[3] Keiko Ikegami, *Barlaam and Josaphat: A Transcription of MS Egerton 876 with Notes, Glossary, and Comparative Study of the Middle English and Japanese Versions*, p. 16.

译而成，主要系由第二卷的第一个故事混编或敷衍所致。事涉众鸽为猎者所擒，后经鸽王智取，从容脱身[1]。至于《圣若撒法始末》中"腹中有宝"之说，恐亦源自《五卷书》接下一卷的第十四个故事，涉及某禽下粪，其中"现有"金块一节[2]。既为"混编"，《小鸟之歌》在形成上的主观筛选就难免，故而本源故事与植入故事之间可见编辑性的互动，其中最显著的是《五卷书》取自佛教的宿命思想，我们在画眉教给射者的"三训"中即可一见。例如"勿求得所不能得"一训，《五卷书》原来的说法如下："不应该你有的东西，即使是已经落到你的手心里，自己也会溜掉。"[3] 有趣的是，《五卷书》中此刻的"说者"已非画眉，而是故事中原拟捕鸟的猎者，显示《小鸟之歌》的编成蕴含某种翻译与宗教上的悖论，可借以一窥本雅明神学式的关怀，亦即真理或本体语言往往会经不同的概念补充而成；也可借以看出斯皮瓦克修辞诠解上的同类趋向，因为此刻的真理往往也由修辞边缘的静默力促成就。

本雅明的互补之说，《圣若撒法始末》中"我已明知尔性颠（癫）狂"一译可以再见，而其中译也是我们论述上最佳的接续点。《圣传金库》本实缺"尔性"之"性"。那猎者私心重，可为一己之利而出尔反尔，画眉因谓自己"当知"其人"愚昧"（*nunc pro certo cogovi te fatuum esse; LA*, p. 816），语气并无龙译所称"颠狂"之强。狭义论之，龙华民的译法因此有疵。然而"颠"字指倒上为下，可以引申为"倒假为真"，和"狂"字若有联系。后者系理性丧失，说来正是前者之因。"颠狂"之译，故此是在补充说明射者"愚昧"的本质为何，而"愚昧"不也正是"颠狂"的由来吗？就故事再言，龙译实从《圣传金库》本出，盖后者也

[1] 参见季羡林（译）：《五卷书》（北京：人民文学出版社，1981），页174-188。季书系由梵本译出。

[2] 季羡林（译）：《五卷书》，页302-303。

[3] 季羡林（译）：《五卷书》，页175。

用"射者"（*sagittārius*）称呼《巴兰与约撒法》细而名之的所谓"捕鸟者"（fowler）。尽管如此，龙华民未从"愚昧"原旨，反而改之为"颠狂"，表示他心中在上述之外还另有道理，或指此一射者于世相之见不从正道或真理而行，也就是他把画眉的假话当真理了。果然如此，那么《圣若撒法始末》所称的"颠狂"当系"非对谈"（illocutionary）的语言行动[1]，语气之强已容不得译本中的射者反驳，评的乃其"有失聪明"一事。放在《圣若撒法始末》的上下文再看，这里的"聪明"若乏《小鸟之歌》以前的两个证道故事对照，我们还未必能够认识清楚。这两个故事所讲系"耳聋目瞽"，是以《小鸟之歌》里的"颠狂"当指耳既不"聪"，目又未"明"。译述上一旦得如此理解，就表示龙华民已让"同体"给"互文"了，使前言解释了后语，或让后语映照了前言。

翻译上的字斟句酌，确可形成诠释张力，演为斯皮瓦克式的文本政治。如果没有上述转易或转译，《小鸟之歌》就难以演为教争的工具，故事内涵也难以跟着发生变化。我们在《圣若撒法始末》中继而之所见，故此又攸关龙华民译述背景中的天佛之争。把腊盎讲《小鸟之歌》，所拟攻击者不完全是射者，某一个意义上也在指斥韶州百姓信仰的佛教。故此说完故事后，他脱口而出的又是"繇此观之，信望佛者，其颠狂自欺，亦如射鸟之人"（《法国图》，15:245）。这句话由"信望佛者"以次，俱不见于欧语各本之中。但是好一句"颠狂自欺"的添补，不但在文字上呼应了《小鸟之歌》里"尔性颠狂"的"射者"，在语意上也证明了我在上文所训无疑。龙华民这句添加，依旧是他因译事"静默"而衍发的文本改编。"信望佛者"如其变成文中主语，接下他从《圣传金库》本或《巴兰与约撒法》所译不但指涉会变明白，也会把后者原拟攻击的希腊宗教

---

[1]　Cf. Mary Louise Pratt, *Toward a Speech Act Theory of Literary Discourse* (Bloomington: Indiana University Press, 1977), pp. 80–84.

转为印度——不，应该说是中国——佛教。于是浮屠信众顿成《圣若撒法始末》嘲弄的标靶，他们但知"祭拜人间所雕画之像"，而且"又谬信其不能救己者［为］能救人，谬信其无福者为有福"，甚至是"谬信其魔鬼为真主"。佛徒行世已经是"戏"，如今又"惑"于世相（《法国图》，15:245），以假为真，可谓耳既不聪，目又未明，果然就如《小鸟之歌》里那"尔性颠狂"的射者，处处都在行"自欺"之实。

我们倘不考虑张赓晚出的"手订"，则龙华民这类的语增似乎也已变成明末耶稣会士译述的传统，每每用来上手不已。且举龙氏之后在文学编译上也卓尔有成的金尼阁为例。金氏在 1625 年刊刻《况义》；这是一部如我所述伊索式寓言的证道故事集，系西方动物故事在华首见的大成之集。书中到处可见希腊盛行的泛神信仰，而每遇"神像"之塑，金尼阁通常会以嘲弄的态度揶揄处理。《况义》中有现代人称为《破坏神像的人》（"The Man Who Shattered a Statue of a God"）一篇[1]，其中偶像的崇拜，金氏虽未以"十诫"（Decalogue）中的第四条责之（出 20:4-5）[2]，但译述手法若在抨击之。那贫而奉像者在故事中业经夸大，说是"旦暮焚香"，求神庇佑，有如《圣若撒法始末》中那"信望佛者"。非特如

---

[1] 文见戈宝权：《中外文学因缘——戈宝权比较文学论文集》（北京：北京出版社，1992），页 425。现代英译本可见 Olivia and Robert K. G. Temple, trans., *Aesop: The Complete Fables* (Harmondsworth: Penguin, 1998), p. 49。

[2] 这里所谓"十诫中的第四条"（出 34:17），我用的是基督教的概念，见《圣经：和合本修订版》（香港：联合圣经公会，2011），页 103。罗明坚的《新编西竺国天主实录》中的"十诫"不著"偶像"一词，其第二条作"毋呼天主名而设发虚誓"，见《耶档馆》，1:93。罗明坚的说法，19 世纪中叶的在华天主教教士仍然沿用，例子见（清）任斯德范：《圣教理证》，在郑编，4:419："勿呼天主圣名以发虚誓，即不可用天主名以发虚咒、言假誓而骗他人。"黄进兴：《圣贤与圣徒》，页 135 注 168 引张治江、李芳园（编）：《基督教文化》（吉林：长春出版社，1992），页 75-86 指出：《圣经·旧约》原无"十诫"条目，而我们今天之所以有此观念，系从圣奥斯定的诠解而来。尽管如此，此说仍有过分简化之嫌。在《旧约》中，"十诫"是个老概念，存在于公元前 5 世纪之前以《出谷记》（《出埃及记》）为首的两卷经文中。其重要性，《新约》业已指出，而梅瑟也曾大力强调。至于"十诫"之所以为"十"，原因乃为方便记忆计，不因一家之言即予定调。详见 Michael Coogan, *The Ten Commandments: A Short History of an Ancient Text* (New Haven: Yale University Press, 2014), pp. 8-126。

此，这"神像"随后果然就发展为龙译《小鸟之歌》中所谓"其不能救己者"：盖奉之者原以为"能救人"，不意却"日求日贫"，终于在破口大骂后"举斧破之"。讽刺的是不破便罢，一破之下，那"无福"的神像反倒"赐福"了，因为神像内藏"黄金满腹"[1]。《小鸟之歌》里"腹中有宝"的反讽在此居然应验，读来又是一大讽刺。

《况义》里另有《驴驮神像》的寓言一条，金尼阁更把关怀化为实际上的翻译的政治。故事讲一头驴子驮负神像而行，路上行人逢之，顶礼有加。有趣的是此驴蠢极，竟以为众所礼敬者乃自己，从而洋洋得意。更有趣的是金尼阁行文但遇"神像"二字，则径改之为"佛相"，寓言中故有"庄严佛相者，驾驴而行"等索之原始《伊索》乃不可得之句[2]，可见龙华民首创的翻译政治，入华耶稣会后学亦步亦趋，片言只字间所延续者尽为韶州教争，是佛教和天主教的宿仇新恨。

和《圣若撒法始末》一样，《况义》最早的刊本如今难觅。不过后者有三种抄本传世，最后一种成于清咸丰年间，现藏于牛津大学博德莱图书馆（Bodleian Library），余者则俱存于法国国家图书馆。上面我所引的句子，戈宝权所谓巴黎第二抄本作"神像"（《法国图》，4:319），第一抄本则仍以"佛像"行[3]。这两个本子或出自明人翰墨，但孰先孰后，迄

---

[1] 戈宝权：《再谈金尼阁口授、张赓笔传的伊索寓言〈况义〉》，《中外文学因缘——戈宝权比较文学论文集》，页425。

[2] 这里所引，据戈宝权：《谈金尼阁口授、张赓笔传的伊索寓言〈况义〉》，《中外文学因缘——戈宝权比较文学论文集》，页415。《驴驮神像》一则，牛津本《况义》阙，至于现代英译本，则可见于Olivia and Robert Temple, trans., *Aesop: The Complete Fables*, p. 198。

[3] 《驴驮神像》其实还有第三个版本，重刻于（明/清）李世熊：《物感》，在所著《史感·物感》（宁化：宁化修志局重印，1918），页11。《物感》题为《礼驴》，"佛像"亦改为"物象"，不知系李氏手笔抑或他人所为。据祝普文：《从〈物感〉一书看〈伊索寓言〉对中国寓言的影响》，《文献》第2期（1988），页265–271，《物感》应该成书于明亡之后。书中所收《况义》的寓言，不少有改动之处者已经无复——也难以恢复——原貌了。不过这里我最应一提的是，金尼阁与张赓原有的宗教思想，李世熊也已易之为世俗的关怀。"物象"一词若为李世熊亲笔所改，则更切近《晚明》，页78–85中的拙见。

今仍难考订。可以确定的是，巴黎的两个抄本对偶像崇拜皆持否定的态度，而意义亦胜的是：第一抄本明载金尼阁译书系以"口授"的方式为之，而为他"笔传"者无他，正是手订《圣若撒法始末》的张赓。隆武本《圣若撒法始末》刊刻之时，张氏已垂垂老矣，所以他校订的时间可能提前，或在1622年入教之后，与《况义》笔受或属同期（《人物传》，1:265）。果然如此，则龙译本的"翻译的政治"不但曾浸染会内同志，甚至连教内信众也有可能受到影响，继而演成一场中西天主教中人都曾与闻其间的译述护教之战。龙华民译书真正的关怀不仅可见于上述种种的互文，也可见于其中文本的越界之处。

就《圣若撒法始末》一面再言，这里所谓"护教之战"并未因把腊盘讲了三个证道故事就宣告落幕，传中另有《空井喻》与《三友》两个寓言也在延续同一论述。不过后二者我在《中国晚明与欧洲文学》中俱已详谈（《晚明》，页359–396），这里从比较文学的角度审观，只有一点我应再予强调：日译本在《空井喻》的处理上尤胜龙译本，而且欧风十足，并无太大的"日化"倾向。首先，在生命的旷野上追逐罪人的不是龙译本里的"龙"，也不是利玛窦所传之"象"，而是欧洲神话中地道的"独角兽"（*unicorno*），代表的乃岁月无情，如矢如梭在身后追赶。其次，其他故事里的喻依虽然大致无殊，然其详而细者仍有小别，例如在井中喷火以待罪人的也不是龙译本中的龙，而是一条"大蛇"，焰气狺狺。环绕此蛇而另行在旁守株待兔的才是四条"恶龙"。如同寓言中其他的蜂、鼠等动物，这四条恶龙各有寓意，巴兰以为代表"地、水、风、火"，而且由其循环还可进而申论为"血、气、痰"与"黄水"，也就是西方古代民俗医学所称人体中的四种"体液"（humors），包括"胆汁"在内（『御作業』，页138）。如此叙写十分得宜，一面呼应了利玛窦《天主实义》里欧式的宇宙构成观（李辑，1:386），另一方面则呼应了《死神的号角》里为若撒法解释致病之由的陪臣的说法。前喻后喻，关系了然。

我得另予强调的一点是，在《圣若撒法始末》往后的情节中，《小鸟之歌》主题所系的真假之辨也有不少回响。若撒法闻是喻已，道心已开，但父王亚物尼耳唯恐他陷溺过深，在侍臣"亚腊基"（Arachis）的献策下，央"一老山人"佯作把腊盏，欲将"真假之'辨'"易为"真假之'辩'"，以言辞机锋尽挫天主教的锐气，从而令若撒法"迷途知返"。这个"老山人"名唤"纳歌耳"（Nachor），在《圣传金库》本中的身份本为"隐修士"或"隐修僧"（eremitam; LA, p. 818）。西方灵修运动兴起后，此类人物常见，如前所述和沙漠圣父之间渊源颇深[1]。《圣若撒法始末》中的"山人"本源同"山虞"，在中文里俱指"掌管山林的官吏"，后来才衍申成为山居的隐修士。由是观之，龙华民的中译原也无讹，不过由于"山人"在常人生活中另有所指，乃占卦赞礼等命理之士的自称[2]，而这点《圣若撒法始末》稍后亦从之而行（《法国图》，15:255），是以就入华耶稣会士对占兆一事的负面观感衡之[3]，《圣若撒法始末》译来其实颇有藐视之意。纳歌耳这位"真山人，假隐士"，接下来确实也把《小鸟之歌》的真假之辨"辩"得有声有色。他佯作把腊盏，伪装成天主教的护卫者，本拟和亚物尼耳辩"道"时诈败，使若撒法迫于形势而重返所宗。奈何天主全知全能，早已洞悉此事，于是托梦于太子，告以其中的"诡情"（《法国图》，15:251）。故事发展至此可谓戏剧化已极，因为纳歌耳在若撒法严词训示下，最后居然反出亚物尼耳，全心朝向天主之道而行，而天主此时也二度显佑，就让纳歌耳"弄假成真"，以佛门"山

---

[1] Cf. Helen Waddell, *The Desert Fathers* (Ann Arbor: University of Michigan Press, 1957), pp. 1–25.

[2] 广东、广西、湖南、河南辞源修订组及商务印书馆编辑部（编）:《辞源》（台北：远流出版公司，1987），页49。

[3] 利玛窦的《畸人十篇》有《妄询未来，自速身亡》一篇，对命理占卜有着强烈的抨击。见李辑，1:259–272。

人"之身口吐基督信仰的"真言"。质而言之，此刻的纳歌耳业已澡雪精神，在神启下幻化成把腊盎的真身，从而"帅真之仇而争真"（《法国图》，15:255），变成了天主教真正的卫道之士。

这里所称"真之仇"，当然就是"假"，纳歌耳一幕因此又是"真假之辨"，我们故而三度得聆《小鸟之歌》的精神旨要。从翻译的角度看，《圣若撒法始末》中纳歌耳护教的一幕实为"翻译中的翻译"，因为学者业已指出此幕并非梵典原有，而是《巴拉法里亚尼》自希腊文的《亚历斯提德的辩护》（*The Apology of Aristides*）摘抄而来，而后再经《巴兰与约撒法》"辗转"承袭所得 [1]。《亚历斯提德的辩护》写于 2 世纪左右，乃亚氏在罗马皇帝哈德良（Hadrian, 76—138）座前为基督信仰力辩的结果，也是天主教史上首部护教之作。书成之后，又有叙利亚文本出现。然而学界咸信《巴兰与约撒法》自有承袭，不一定直接抄自《亚历斯提德的辩护》[2]。尽管源流问题澄清不易，《圣若撒法始末》中"纳歌耳的辩护"却出现得相当单纯，系自《圣传金库》本翻译而得。当然，这里的"翻译"又非常态可比，因为就"原文"而言，龙华民只能说在"译述"或"改写"，只能说他表达出了精神之所在，不是逐字对译。其中因而再见翻译上的策略考虑，也令人颇讶异于龙氏"番易"的能力之强：

> 纳歌耳曰："普天下，未闻天主道者，皆各自立其所为主，或以日月为主，或以五行为主，或以山川为主，或以仙佛为主，其所误甚大甚明。从天主者，以万物之主为主，盖天主亲自天降，传道救

---

[1] Robert Lee Wolff, "The Apology of Aristides—A Re-examination," *Harvard Theological Review* vol. 30, no. 4 (1937), pp. 233–247.

[2] 叙利亚文及希腊文本的原文及相关之讨论见 J. Armitage Robinson, ed., *Texts and Studies*, vol. I: *The Apology of Aristides*, vol I. 2nd ed. (Cambridge: Cambridge University Press, 1893) 一书。

世，乃是真主。其事理至正至公，非一人一家私主也。"(《法国图》，15:254）

在《圣传金库》本中，纳歌耳上引文中的"未闻天主道者"，其实仍有专指，系巴比伦的卡尔迪亚人（Chaldaei）、希腊与埃及人三者（*LA*, p. 820）。他们都持泛神之论。在希腊人这方面，《圣传金库》本尤从《巴兰与约撒法》之说，由萨特恩（Saturn）一族的嚆矢谈到维纳斯（Venus）的出生。日译本同样顺此序列侃侃而谈；口述其说的纳歌耳还强调"萨特恩诺"（Saturno/Saturn）在登上奥林帕斯山的主神之前，曾吃掉自己的孩子。不过这些孩子之一随后反而砍下他的生殖器，投入海中，使之化身为维纳斯。其后朱庇特（Jupiter）应运出世，但他饱受凌虐，曾被捆手绑脚为人推下地狱[1]。重获自由而为众神之王后，他心理反常，不但淫人妻女，而且行为有如牲畜一般。维纳斯也好不到哪里去，一会儿和战神玛尔斯（Martes）通奸，一会儿又爱上阿多尼斯（Adonides），荒淫败德[2]。埃及人则"将畜类当正神"，荒唐又滑稽，有如巴比伦人把人当神一般。若非基督应化救世，传播天主正教，世间恐仍处处污秽（『御作業』，页142）。我们观诸龙华民的译本，纳歌耳话中的语境则完全有异。赫西俄德（Hesiod, fl. 750—650 BCE）的神话在此业已阙而不论，龙华民仅就"日月"或"山川"的崇拜发声，而这不禁让人觉得他的"中译"似乎在佛教之外，同时也冲着中国固有而来。《圣传金库》本也有"五行"之

---

[1] 据神话上的"事实"或记载，应该是宙斯流放"萨特恩诺"，又将他推入地狱，见 Ovid, *Metamorphoses*, trans. Frank Justus Miller, 2nd ed. (Cambridge: Harvard University Press, 1984), Book II, pp. 17–20。

[2] 纳歌耳口中的这些话，当然因圣若望写《巴兰与约撒法》时祖述传统而得，不过复述上略有出入。希腊人就此一故事所写大要之最早者，见 Hesiod, *Theogony* (Cambridge: Harvard University Press, 1982), II, pp.156–206, 713–735。

说，但真正所指乃巴比伦人传统的四元素（*elementa*）。这方面，欧洲史上连希腊人也曾濡染，所以上文才有四种"体液"之论[1]。龙华民由"四"到"五"的一词之易，倒把西方和中东上古全都扭向邹衍（305—240 BCE）及其信徒所奉行的阴阳之学，甚至可比董仲舒（179—104 BCE）等人的五德终始说。《圣若撒法始末》里，五德殆经圣化，俨然成神，连后儒转出的道术也蜕化，变成泛神思想的一部分了。

凡此种种，尽管日译本言之深切，在《圣若撒法始末》中，我相信仍抵不过上引文最后一句里的"佛"字。从《圣若撒法始末》里的亚物尼耳到执笔译书的龙华民，此刻最大的关怀应该还是这个教门。对亚物尼耳而言，佛门是他要捍卫到底的个人信仰。就龙华民再观，佛门则是攸关天主教存亡最大的威胁。龙氏由是发挥了本雅明所称译者追寻"真理"的"特权"，在意译的掩护下将译者个人的"自由"无限上纲。他的目的，当然又在让纳歌耳绕道而行，由对西方泛神论的攻击转为对尤其是佛门的抨击。我们总其所论，则可见纳歌耳志在捍卫天主之教，而龙华民甚至由消极变积极，译本中已正面宣扬起所宗的本质。此所以《圣若撒法始末》的命题，关涉到了天主乃"万物之主"这个实理。

对中国传统而言，纳歌耳或龙华民的万物有主说当然失之偏颇。《老子》早有明言："大道泛兮其可左右，万物恃之以生而不辞，功成而不名有，衣养万物而不为主。"郭象注《庄子·齐物论》，也有如下类似之见："造物者无主，而物各自造，……此天地之正也。"[2] 倘若不论中国固有或

---

[1] 这方面最简便的讨论见 N. G. L. Hammond and H. H. Scullard, eds., *The Oxford Classical Dictionary*, 2nd ed. (Oxford: Clarendon Press, 1970), p. 380。

[2] 见《老子》，页88-89；以及（晋）郭象（注），（唐）陆德明（音义）:《南华真经》，收于《中国子学名著集成珍本初编》，道家子部第 54 册（台北：中国子学名著集成编印基金会，1978），页68。另参见 Deborah Lynn Porter, *From Deluge to Discourse: Myth, History, and the Generation of Chinese Fiction* (Albany: State University of New York Press, 1996), pp. 64-65。

其明代衍说，此刻龙华民汲汲在意的佛教对造物的看法恐怕也有"异"见，因为轮回之说系其教义根本，所持的圈形时间观根本没有始末可言，又怎可能令其开口探讨开天辟地的问题？佛教在这方面缄口再三，结果是一旦涉此，佛陀每以譬喻避谈，最著名的当为《中阿含经》上的《箭喻经》。其中佛陀问道："有人中箭，我们是该为他先拔箭疗伤，抑或问箭所从来？"[1] 话说回来，天主教也有其基本教义，亦即"天主"乃"万物之主"，系宇宙的创造者。此说总一切教义之本，和佛教的差异又不可以道里计。由是观之，纳歌耳所论当属真假之辨，滔滔不绝在教导宇宙的真理。他护教功成，《圣若撒法始末》的叙述者遂许之曰："持论各端，理胜词辨［sic］。"（《法国图》，15:254）看来，纳歌耳已令讲会场上的佛门信众口拙词穷，颓然若丧家之犬了。

龙华民在《圣若撒法始末》中如何借翻译讲比喻，又如何令两者结合以行宗教上的权力争夺？他的讲法或做法多属修辞性的考虑，都由逻辑背后那冥冥中的"静默"推动。水到渠成时，所译几乎没有一句话没有《圣传金库》原本所无的弦外之音。这种言外之意，目的当在推广信仰，所以亦具意识形态上的基础。《巾箱传奇》所传是"内目"与"外目"的区别，希望韶州或后世读者可以认清金玉其外未必也金玉其内，更可能的结果是内含败絮。《死神的号角》大抵亦复如此，表明真相常常寓于平凡之中。《小鸟之歌》则彰显"真假之辨"益切，对那"射者"或他所影射的佛教徒大肆抨击。射者所以难判真假，除了"颠狂"的本性以外，原因还在他难抵宝物的诱惑。后一点，《圣若撒法始末》重视的程度不亚于其他。故事结束前，我们故而得见叙述者郑重其事，以术士——日译本称之为"博士"（『御作業』，页143）——得阿达斯（Theodas）大

---

[1] 见《大正藏》，1:803。另参见 Mircea Eliade, *A History of Religious Ideas*, trans. Willard R. Trask, 3 vols. (Chicago: University of Chicago Press, 1982), 2:91－93。

施幻术，"色诱"——虽然这次不是"财惑"——若撒法为其外现，令全传再度开显其与佛典的联系。

原来亚物尼耳一看计未得售，于是从毛遂自荐的得阿达斯之"议"[1]，令其巧施魑魅，拟使若撒法在美女诱惑下失贞居家。得阿达斯得令，乃尽撤若撒法身旁的童仆，代以美女进陪，期能献媚蛊惑。就在高潮将起之际，有一"新寡美貌王女"（《法国图》，15:257）——日译本说是某皇帝的"令爱"或"公主"（『御作业』，页143）——再度奉遣，"盛妆而进"，而且还求与太子"同宿一宿"，庶几可"背诸神佛"，以进于天主之教，变成基督徒。这一段经过日译本"译"来稍见人性，因为"王女"乃以"夫妻之道"求诸若撒法，而后者亦以"夫妻之道"虽为天主所容，奈何"我已誓愿终身守贞"回应（『御作业』，页143）。龙译本和《圣传金库》本时见出入，例如"王女"实非"新寡"，而是"丁忧"；又如她佯称所拟"背"者乃希腊人等的"偶像"（*ydolorum; LA*, p. 822），并非中文语境里的"神佛"。尽管如此，龙华民"译"或"易"来情境浃洽，却也是不争的事实。何况他下笔声欬如闻，又令人难掩阅读的欲望。

---

[1] 此"议"又是一"喻"，乃"证道故事"也："古有一君，艰于后嗣。后举一子，延医视之。医谓此子十年间不得见日并火光。如见，必瞽。君乃命人于大石中，凿空为岩，选乳母抱住养焉。十年后方出，尽以世物与观，又教之以某物某名，凡金银珠玉，锦绣骏马美女，一一问知。然其目中所注视，尽在妇人。"见《法国图》，15:256–257。我所以称此一故事为"证道故事"，乃因艾儒略嗣后在《口铎日抄》中也讲过同一故事，并以之"证道"。不过艾氏的故事因系口述而出，加油添醋这种修辞初阶（*progymnasmata*）的训练不免，是以内容略异，可以想见，谨录之如下，以窥一斑，并资比较："昔西邦有王子，王惧其荡也，三十年不出宫，不令见一人，识一物。一日，命游于都，阅诸美好之物，王子未有动也。偶逢群美遇前，顾左右，答曰：'此魔也，最能引人，毋烦尊问。'比归，王问曰：'今日出游，遍观诸物，何好乎？'对曰：'他无可好，惟好彼群魔耳。'"艾儒略因叹曰："嗟乎，三十年不识一物，不见一人，一遇美色而悦之，虽愓与魔，弗顾也。可见好色之念出诸人情，人可不刚厉自克乎哉？"见《耶档馆》，7:405。许理和以为艾儒略所述"出自西方"，误，应仍乞灵自《普曜经》，尤其是卷三至卷六各品（《大正藏》，3:497–524）。许氏之见，见 Erik Zürcher, trans. (with Introduction and Notes), *Kouduo richao: Li Jiubiao's Diary of Oral Admonitions, A Late Ming Christian Journal*, 2 vols (Sankt Augustin: Institut Monumenta Serica, 2007), 1:492。

更有甚者，传中同时幻术并施，由得阿达斯发动邪魔进袭。这个写法除了呼应《普曜经》中的情节外，同时仿佛也以正邪交战再喻王女对若撒法的诱惑之切。《圣若撒法始末》因谓"其时有魔攻击"，令若撒法"强将［王女］搂抱"，而他确实也受到了影响，叙述者故而再谓"被敌急迫"，看来灵修道体已岌岌可危了。所幸此刻若撒法毕竟精修已久，二度试探未必能够得逞。他遂"长跪祷告"，求天主助其脱困（《法国图》，15:257-258）。此举表示太子心志已坚，《圣若撒法始末》暗示他不日当可证道成"圣"。

如果放在《普曜经·降魔品》的上下文中看，这里的"证道成圣"理当改易为"证道成佛"，因为"降魔"之后，净饭王的"太子"确实已证得无上正觉，由肉身化佛。说其本源，是的，上述若撒法的试探正是出自佛教的《普曜经》，而《降魔品》就是探赜源本。我们犹记得《四出观品》中，太子既见生命四苦，出家之意已启，而净饭王当时的首要之务，也在"作诸伎乐，令心乐之"，庶几可杜其出尘之思（《大正藏》，3:504）。这当然是以"耳聆"之的声音之娱。而《六年勤苦行品》开头，释迦业已出离尘垢，结跏趺坐于菩提树之下，修如法行，坚住如山，这时连色欲也不能遮其"眼目"。他抑且仰首誓言，曰："使吾身坏，肌骨枯，腐身碎尽，不成佛道，终不起也。"（《大正藏》，3:515）

释迦的话方才说完，魔宫中立刻辉光普照，有如弥尔顿（John Milton, 1608—1674）《失乐园》（*Paradise Lost*）里的万魔殿也曾大放光明。魔王波旬此时亦如撒殚（Satan），见状乃自梦中惊起。他唯恐释迦成佛，"必空我界"，于是大会众臣，拟"以大兵众而往伏之"（《大正藏》，3:517）。在《普曜经》中，所谓"大兵众"似乎只是虚张声势的说法，因为到了《降魔品》，波旬攻击释迦的主力并非魔军，而是他膝下四女。她们个个妖娆妩媚，于是"绮言作姿"，进而"善学女幻迷惑之业，往欲乱道"。就在这当头，众女试探的方法叠合了得阿达斯一节中的"王女"故事。四女首先向释迦好言说道："[汝]仁德至重，诸天所敬。应有供养，故天遣我。"既之则色诱再出，乃谓："我等既好年壮盛时，天女端政，优钵华色，莫喻（逾）我者。愿得晨起夜寐，供事左右。"（《大正藏》，3:519）展读至此，我们终于了解论者每以"启蒙小说"定位《圣若撒法始末》的原因：若撒法这位"太子"将来会像《普曜经》中的"太子"释迦一样坚志定心，以"革囊盛臭"发蒙，悍拒女色（《大正藏》，3:519）[1]。就像《死神的号角》，佛传和圣传在此一脉相传。

　　讽刺的当然是《圣若撒法始末》及其所遵循的文本传统挪用佛传的情节后，在中国晚明反得化为辟佛攻佛的工具，而中文译述里居然也得强调结果正面，内容已为天主教添得一功。继纳歌耳之后，得阿达斯幡然悔改，弃佛而愿遵天主之道，"从教终身焉"（《法国图》，15:259）。龙译本内《巴兰与约撒法》所无而《圣传金库》本亦缺者，乃"应帝亚"国王亚物尼耳失利再三后，终于也认清真理为何一事：他有感于"太子之化"，最后"入奉圣教"，变成了基督徒。就《圣若撒法始末》的情节而言，这个译法或重编固然是逆转，可见龙华民当年与佛教对峙之严重，然而因佛传中的净饭王临终前也接受了佛教，证成了正果，再不以释迦所行为忤，所以在历史讽刺中，我们又见译述促成的情节回归，使《圣若撒法始末》的互文性再开一境，所谓知识与权力的关系遂新解再添。和佛传有异的是，若撒法为广被圣教，在故事结束前居然接受亚物尼耳赠国。一时之间，"应帝亚"各省各郡遂"[广]揪天主殿，立十字圣架，所在咸服"。《圣若撒法始末》的收尾是若撒法一见大事已成，于是拱手让贤，"辞国隐修"。他最后踽踽独行于郊野，将一身华服尽赠予贫者，自己则布衣裹身，飘然远去（《法国图》，15:260）。

---

[1]　参较（后汉）竺大力、康孟详（译）：《修行本起经》卷下《游观品第三》，在《大正藏》，3:467。

圣宠的政治

我们再案《圣若撒法始末》，若撒法抗拒美色成功其实不完全因他心如止水使然。故事中强调的反而是圣宠的造就，得力于王女投怀送抱之际若撒法像悉达多在失神下所做的一场梦。天主教的启示文学中，生前得以进入天堂者——除了《若望默示录》中的圣若望等少数人之外——多数都因梦境所成。《黑马牧人书》（ *Shepherd of Hermas, c.* 150 ）以降，梦境文学从而大盛，中古犹然。相关文本，耶稣会则连入华都不忘携带[1]。由是观之，若撒法的"天堂梦"意义倍增，不但是《圣若撒法始末》出离《普曜经》等佛传的一大分水岭，也是耶稣会在华首先译成的西方文学"梦象"（ dream vision ），勾勒出了中国史上首幅的天主教天堂图景[2]。《圣若撒法始末》谓其时若撒法长跪向天主祷告，其后他——

> 乃傔卧，梦见一平原中，雅多芳趣，花草交青，木果甚繁，床椅尽饰金玉，且有天神歌唱，俾人神怡。[此乃]大为受福之处。（《法国图》，15:258–259）

方之《圣传金库》本中的同一段落，《圣若撒法始末》此地的译述较简，省略或改写了天主教天堂观中非常重要的意象"金刚石城"。此地日译本的逻辑则较明显，若撒法入梦后所莅，难以言喻，除了花香树美，鸟鸣如乐外，其中还有"金殿阁楼，华丽无比"，而"珠玉纷陈，银饰辉耀"下"有床，有铺盖，也有枕头"。"屋后"则有"天神冉飞，合焚香

---

[1] Cf. Michael D. Cherniss, "Two New Approaches to (Some) Medieval Vision Poems," *Modern Language Quarterly* vol. 49, no. 3 (September 1988), pp. 285–291. 另参见本书第八章。

[2] 天主教的天堂图像稍后可于利玛窦的《畸人十篇》另见之，见李辑，1:230–238。不过利氏这里所做的是"陈述"，和龙华民的"叙述"不同。

诸圣共奏仙乐"。这一派天界圣景，唯"贞士"（Beauto）方允入居（『御作業』，页143-144）。日译本这里所述贴近《圣传金库》本，而上文所谓"金刚石城"，我则自利玛窦的《西琴曲意八章》转出[1]，《圣传金库》本原作"黄金为墙，金光闪烁的城池"（... civitatem ... cujus muri ex auro obrizo errant ... ; *LA*, p. 822），乃溯自《若望默示录》的典型天堂想象（默4:1-6; 21:10-21）[2]。在这座圣城中，天神如日译本刻画般齐声高唱，而在圣音缭绕里，若撒法邀天之宠，也和悉达多太子一样尘念顿消，色欲尽退。于是那"王女"——或佛经中的"魔女"——就变成了"盛血皮囊"，对他再无诱惑可言。日译本非为对抗佛徒而译，是以看来较具人性，谓该"王女"或"公主"后因某"博士"改宗，进言劝说，遂从若撒法施教领洗，改宗转奉基督。她扮演的本为波旬手下"魔女"的角色，此刻不但保住了性命，而且就像《普曜经》里悉达多太子的俗世妻子一样"弃邪归正"，弃恶从善了（《大正藏》，3:536）。

《圣若撒法始末》所述的天堂图像，当然和若撒法最后的歇脚处有别。他克制色欲，战胜魔法后，接受亚物尼耳之托，将半壁江山改为天主教王国，呼应了圣多默印度传教的天主教"史实"。随后又将父亲并赐之国交予把辣基亚斯统领，志愿辞国修行他去。最后还因"行于郊"而遇一贫者，乃交换布衣草履而"入山"寻访把腊盎，希望再结师徒之缘。上述"行于郊"三字系龙译本用字，所谓"郊"，日译本作"沙漠"（*dezeruto*）解（『御作業』，页144），一仍《圣传金库》写法之旧贯——虽则西班牙或拉丁语中此词并非全指今义而言[3]。把腊盎"满世之期"，

[1] 利玛窦：《西琴曲意八章》，见李辑，1:286。原文是"勇哉大德之成，能攻苍天之金刚石城，而息至威之怒矣"。

[2] 相关论述见 Jeffrey Burton Russell, *A History of Heaven: The Singing Silence* (Princeton: Princeton University Press, 1997), pp. 50-51。

[3] Cf. Benedicta Ward, "Introduction" to his trans., *The Desert Fathers: Sayings of the Early Christian Monks* (Harmondsworth: Penguin, 2003), p. ix.

亦"天主降生后三百八十年也",而若撒法从二十五岁野修三十五年后,同样霞飞高举而去。龙译本最后的几句话仍为译述而得,颇能托出把氏与若氏师徒一场的天主教意涵:把辣基亚斯将他们合葬于国京,"厥后墓间奇迹甚多,大多皆显扬天主及赞美天主教诸圣人之事也"(《法国图》,15:262)。他们的歇脚处在人间,不过不谈自己随后也证成了圣人之身;他们显扬天主,赞美圣人其实正暗示"圣宠加身",在象征的层次上当真飞升而去了。

从上文所陈本雅明的译论观之,"圣宠加身"当然有隐喻作用,有如在暗示"圣宠"或"翻译"才是人类唯一的救赎之道。此所以德曼(Paul de Man, 1919—1983)和利柯(Paul Ricoeur, 1913—2005)论《译者的职责》,咸以为其内涵可以"先知性的"(prophetic)或"弥赛亚式"(messianic/*messianique*)形容[1]。对斯坦纳(George Steiner)而言,巴别塔倾圮系人类继偷尝禁果后第二度的堕落[2],而本雅明在《论本体语言与人类语言》("On Language as Such and on the Language of Man")里也暗示凡人所称的"翻译"系始自此时[3]。德里达(Jacques Derrida, 1930—2004)某相关名文更暗示,本雅明笔下的"翻译"有二蕴,一为人间万国语言的互译,二为天人意见的交感。人神本来觌面可通,所凭借者乃本雅明所称的"纯粹语言"。如今心曲难合,原因在人心曾经僭越,思与天高[4]。尽管如此,欲求两者畅通亦非缘木求鱼。本雅明以为循翻译或

[1] Paul de Man, "Conclusions: Walter Benjamin's 'The Task of the Translator'," in his *The Resistance to Theory* (Minneapolis: University of Minnesota Press, 1997), p. 76; Paul Ricoeur, *Sur la traduction* (Paris: Bayard, 2004), p. 18.

[2] George Steiner, *After Babel: Aspects of Language and Translation*, new ed. (Oxford: Oxford University Press, 1992), p. 61.

[3] Walter Benjamin, "On Language as Such and on the Language of Man," in Mullock and Jennings., eds., *Walter Benjamin: Selected Writings*, 1:72.

[4] Jacques Derrida, "Des Tours de Babel," trans. Joseph F. Graham, in Schulte and Biguenet, eds., *Theories of Translation: An Anthology of Essays from Dryden to Derrida*, pp. 218–227.

可再得，从而晋至那"受福之处"[1]。在《圣若撒法始末》里，这个过程翻作寓言，由"天神歌唱"启之，由语音的弥散肇之，因为人神既已不通，歌声如其要"俾人神怡"，那么"翻译"应该是不言自明的助成之道，是我们由凡世语言出发，再度回复天人一体的——容我再用上面的隐喻——"黏着剂"。

经过如此转喻，上文所谓"俾人神怡"就不一定非指世俗的旷心怡神不可，也可能指人神之间的灵犀互通。所以本雅明会强调的应属梦中那天神的"歌声"：这声音可能出以非人之语，是以欲闻之而得"神怡"，人类非得借通灵或睡梦之助不为功。由此凸显的翻译，恐怕就不完全是俗世语言的互易，其中得自若撒法近乎天界的"慧根"更多。在《论本体语言与人类语言》一文里，本雅明又指出人类之所以为万物之灵，主因秉有天赋，具"命名"的能力。这种《天主实义》里利玛窦或会以"灵觉"名之的禀赋（李辑，1:410-412），其实是某种"直观"（contemplation），不必经由人类语言即可认识或感知事物的存在与内涵。就翻译的转易功能衡之，"直观"当然也是"翻译"，因为事物原先的秩序在此重整，由无名变有名。饶富意义的是，如此情况倘再移之以就人类的语言，"直观"应该还会变成语际互通的桥梁，是翻译时我们会因"静默"而对原文生出来的心领神会。在宗教语境中，如此"心领神会"当然又可呼为"翻译"，盖人神业已交通其间，而天人之际也已贯穿为一。"翻译"由是又变成了"受福"之道，是凡人重返天界、重返神恩的不二法门。

在此一神学或玄学式的聚照之下，翻译其实跳出了寻常的语意与实践模式，而龙华民也才能由常态下"译者的不见"变得清晰"可见"[2]：阅读《圣若撒法始末》，我们似乎已经忘记了《圣传金库》本，忘记了

---

[1] Brian M. Britt, *Walter Benjamin and the Bible*, pp. 51–69.

[2] 这里我的讨论颇受 Lawrence Venuti, *Translator's Invisibility: A History of Translation* (London: Routledge, 1995) 的启发，尤见该书页 1–42。

亚可伯，甚至忘记了圣若望等传统上所以为的"原作者"[1]。话再说回来，正因龙华民别有怀抱，在《圣若撒法始末》的译事中逆向操作，圣宠与凡人的关系在文本里才不会阳春白雪得一如字面所示。后者之下，另有真谛，是我们在个中搜秘时必须穷究的对象。凡此若予加总，龙华民——还要外加一位"较订者"张赓及另三位"较刊者"——才能把我们带到耶稣的名下去，继而转进《创世纪》以来天主教的宣教系谱中。翻译对龙华民——甚至是对张赓等人——而言，故而是带领中国人重返圣宠的方式，是促使他们走上本雅明所谓天人合一的"纯粹语言"的康庄大道。

这条"大道"最后攸关者，仍为明末宗教——因此也是翻译——的政治。《圣若撒法始末》中，龙华民译毕《创世纪》与圣子降世的"往事"后，依旧不忘此刻他努力的目标，笔端直指所译拟予贬抑的对象。但凡叙述者跳出《圣传金库》本的地方，我们都可看到他不忘指斥"世人之拜佛"，都称之"病狂丧心"（《法国图》，15:243）。这类言语字字玄机，字字又见教争上的内涵。《圣若撒法始末》里，同一策略我们其实早见几许，而《小鸟之歌》唱罢，抑且转进另一批"故事中的故事"。不过诚如前述，其中之荦荦大者，我在《中国晚明与欧洲文学》里业已谈过，此处不再一一赘述。我可以添赘数语以为本章作结者，乃翻译和角色改宗所衍生的问题。

纳歌耳与得阿达斯的改宗，在《圣若撒法始末》中系亚物尼耳变化信仰的前兆，当然也是他们悟得佛教之非与天主教之是之后的"省悟"。

---

[1] 这点当然讽刺，但是更讽刺的是不仅"我们"忘了，龙华民在耶稣会内的"同志"恐怕也忘了。在《晚明》，页 311–352 与本书导论中，我曾指出，天主教——尤其是入华耶稣会——或因柏拉图《理想国》的影响而常见"书检"的举措。晚明耶稣会士的著作，不论是译还是写，刊刻前故而大多必经三人把关，详为审查。《圣若撒法始末》也不例外，为隆武本共同把关者乃费奇规（G. Ferreira, 1571—1649）、艾儒略与杜奥定（Augustinus Tudeschini, 1598—1643）等三人。他们当然熟知《圣传金库》本中《圣若撒法始末》的故事，手边或许也有原文。不过审查之际，他们非但"不见"亚可伯，似乎也"忘了"圣若望。如此则审查果有标准可言，那么从上文或下文我会强调的宗教政治观之，这个"标准"应该不是"原文"或"源文"，不是译对或译错的问题，而是天主教的利益或龙华民 1602 年在韶州的处境。对耶稣会而言，翻译因此是政治，是非显然取决于教义与己教的意识形态。

这两人犹非《圣若撒法始末》的主角，信仰上的改变并非情节上的大关目。亚物尼耳则不然。他敬信三宝，故事从开头就许之为"多智谋，攻战辄克"（《法国图》，15:220），可谓《圣若撒法始末》在若撒法和把腊盎之外最重要的角色。然而他和天主教斗智斗勇，却一再失利，本身反映的几乎就是明末天佛之争中耶稣会的期许。亚物尼耳的失败犹不打紧，最后居然还要他改宗归主，在现实的寓意上，不正代表当年韶州教争之际，龙华民相信或已预拟自己终将得胜，会把整个韶州给天主教化了？历史的结果当然未必尽如他意，不过从文学的角度质而再言，此刻翻译所示有其语言上的勾斗，也有文类上的吊诡。从纳歌耳到亚物尼耳的改宗，实则都是独立的启蒙之旅，也都是"启蒙小说里的启蒙小说"或"灵悟传奇中的灵悟传奇"，从而可为《圣若撒法始末》显现的翻译政治再增颜色。热闹处，更胜原本。

明末耶稣会士传入中国的天主教圣人传记不少，但是较诸章前提到的《圣母行实》或《圣若瑟行实》，《圣若撒法始末》和《天主圣教圣人行实》一样，都是其中少数"原文"得觅或大致可以确定的译作之一[1]。

---

[1] 在 16、17 世纪的耶稣会传统中，有关《圣若撒法始末》的另一有趣的现象是：会中之人每每视之为《沙漠圣父传》的一种。1615 年，比利时耶稣会士罗斯维德（Heribert Rosweyde, 1569—1629）编行了或为该会首部的《沙漠圣父传》（Vitae partum; Antwerp: Ex Officina Plantianiana apud Viduam et Filios Io. Moreti），而此书 1628 年的重刊本就厚达 1060 页，可称"巨著"。其首卷中，罗斯维德毫不迟疑地便把巴兰与若撒法的故事列入。沙漠圣父的苦修事迹本和 8 世纪前才在小亚细亚兴起的希腊文本《巴兰与若撒法》无关，更与其后译就的拉丁文本一无瓜葛，但耶稣会仍以沙漠圣父的遗事视之，可能的原因《圣若撒法始末》也已透露一二。首先，若撒法对天主教尚处蒙昧无知之际，故事谓巴兰在罧纳亚便已测知，于是晓行夜走，赶至应帝亚欲渡其人。如本章先前所述，在故事或实际地理上，罧纳亚乃早期不少非洲沙漠圣父的栖址，在《沙漠圣父传》中意义别具。其次，不论是《圣传金库》本还是龙华民的译本，无不再三提及若撒法得悉世相后所入的修行处乃一"沙漠"。这点当然有悖《普曜经》中对释迦悟道之处的描绘，但"沙漠"这一词之易，已把佛陀的故事带出梵典外，使之与天主教圣人传奇这个大系统结合为一，令人不能不赞叹原始改作者的手法之妙，也不能不说其人文学挪用的技法之高。罗斯维德所刊的《沙漠圣父传》，我方才觅得 1628 年本。其中所收之《巴兰与若撒法》虽道是本于圣若望所传，但这点及其与《圣若撒法始末》可能的传承，我得再加研究，另文详之。1628 年本的《巴兰与若撒法》，见 Heribert Rosweyde, Vitae partum, pp. 186–259。

后者的拉丁文原本还是前者的出处，盖《天主圣教圣人行实》虽未收《圣若撒法始末》，其中圣传却多本于《圣传金库》移译而成，和《圣传金库》的日译本《圣人的工作》颇不类。龙华民所译的《圣若撒法始末》当然难当足本信译之名，属于"译述"的增损处颇多，然而他信守亚可伯的原文处，译来确实也分毫不爽，字字无殊，成就之大，令人侧目。张赓继之再加笔力，为来日的隆武刊本粉饰面貌，《圣若撒法始末》的可读性因而大增。比起前此利玛窦所译的《交友论》或《西琴曲意八章》来，文字功夫与情节曲折当又高明几许，确实不俗[1]。可惜我们迄今所见亦唯隆武刊本，未审龙译本来。尽管这样，我还是觉得"中译欧洲小说第一书"这份殊荣，《圣若撒法始末》当之无愧。

利玛窦的《天主教中国开教史》既然提过《圣若撒法始末》之译，则利氏自当见过此书，难怪《畸人十篇》用到其中的证道故事。利玛窦借以警世，兼向晚明中国士子宣教，而这又是带有某种政治意涵的知识与权力的关系。我们由隆武本的增损，尤其由那事涉天佛之争的部分着眼，应该也可看出《圣若撒法始末》关系着某翻译上的诡论，亦即此书的欧文原本诚然间接取自《普曜经》或其他梵典，但书中倡议的观念似乎关涉天主教的地方远胜佛教。我再三提到，从《死神的号角》经《巾箱传奇》到《小鸟之歌》，我们处处可见"真假之辨"贯穿其中，强调的乃世相的表面未必等同于存在的本然。这种强调，佛教看似也有，我却觉得《圣若撒法始末》反而用之于"宗教政治"，是龙华民而非亚可伯建立本教论述的一大妙著。当然，这里我所谓"论述"，福柯的味道仍然高过其他。在《语言的论述》（"The Discourse on Language"）一文里，福氏

---

[1]《交友论》的问题，参见 Pasquale M. D'Elia, S.I., "Il Trattato sull' Amicizia: Primo Bibro scritto in cinese da Matteo Ricci S.I. (1595)," *Studia Missionalia* 7 (1952), pp. 449–515.《西琴曲意》的问题，参见本书第二章。

指出凡属"论述"必有两端，知识的授受系其特征，所以权力关系就变成任何知识系统的基本结构[1]。天主教虽系欧洲旧有，当其传至东土，对中国人而言实为全新的知识领域，龙华民有必要就此再作"论述"。后面这个"论述"，我做"界说"解释，通常建立在前一"论述"所必备的排他性原则之上。宗教论述，尤其是力主一神的基督宗教的论述，最普遍的排他性原则当然就是福柯文中所称的"真假之辨"[2]。论述必赖真理意志形塑，而真理意志就像求知意志一样，"每每会向其他论述施压，予以限制"[3]，以便建立一己属于"真"的地位，以便堂而皇之地把其他论述剔除出境，然后再以"假"为名而消解之。从《死神的号角》引发的《圣若撒法始末》的证道故事群所反复申论者，不过在演练或反映上述事实罢了。也唯有在这个基础上，龙华民的翻译增损——尤其是那事涉天佛之争的部分——才能显示天主教之"真"与佛教之"假"，进而取代佛教，使自己化为中国唯一的宗教。由是三顾，翻译果然又是政治，或谓近代欧人在宗教上惯见的逆向殖民操作手法之一[4]。

当然，如此翻译而出的作品已非佛教或"应帝亚"的固有，而是自成一格的全新论述，甚至比亚可伯《圣传金库》中那个"源本"的性格还要独立，其中——诚如麦唐纳所述——"不仅没有无神论或怀疑论，也没有否认个性或灵魂的教旨，甚至连轮回或转世的暗示都没有"[5]。单

[1] Michel Foucault, "The Discourse on Language," in his *The Archaeology of Knowledge and the Discourse on Language*, pp. 215–237.

[2] Ibid., pp. 218–220.

[3] Ibid., p. 219.

[4] 尼南贾娜（Tejaswini Niranjana）在讨论殖民主义与翻译的互动时，曾指出翻译经常是殖民者的首要之务，以便获取有关殖民地的知识，为自己来日的权力奠定基础。上述龙华民以"翻译"为宗教政治服务的手法，在"政治实情"这方面，刚好和尼南贾娜所论相反。不过如果就"翻译为政治服务"这一点来看，前殖民和后殖民的历史实况似乎相去不远。见 Tejaswini Niranjana, *Siting Translation: History, Post-Structuralism and the Colonial Context* (Berkeley: University of California Press, 1992), pp. 1–86。

[5] K. S. MacDonald, *The Story of Barlaam and Joasaph: Buddhism and Christianity*, p. lviii.

就龙华民所译的《圣若撒法始末》而言，麦唐纳所见犹然，简直在指出此刻天主教已把佛教给收编了，而不是自己曾经深受影响。饶富意义的是：在明代中国，这种"收编"把释迦行实化为天主教这个大论述里的小论述，使之变成众多圣人传记中极为动人者之一，也为所在地的文化新增一曲折有致的叙事文学。

隆武本《圣若撒法始末》刊刻的详情，我们所知不多，尤其难比1591年日译本同传的翻译与梓行[1]。虽然如此，隆武本之行世，无疑和当时耶稣会士艾儒略入闽敷教有关，闽中天主堂的贡献尤大[2]。至于南明臣庶接触的状况，我们迄今依然一无所知，但是《圣若撒法始末》既能重刊，而且有张赓等人为之校订付梓，则在南明稍前的晚明理应也有不少的读者。这些人是否看得出上述宗教地位或文学权力上的结构变化？遗憾的是时迄于今，我仍得承认尚无所获。尽管如此，撇开隆武本不谈，后世的圣若撒法故事，中国仍然持续可见。乾隆年间，冯秉正出前及礼仪历（litergical calender）《圣年广益》，其中11月27日乃圣把腊盎（巴尔郎）和圣若撒法专属的节日，因有《圣者撒法，国王苦修》的译文一篇[3]。清代中叶，有某华人手抄《衫松行实》一卷，以白话重述了不少前此业经汉译的教内文学，其中亦有一篇不足四页的《圣若撒法始末》的撮述，而到了20世纪30年代，天津《益世报》如前所述，还曾重刊冯秉正的译文，文末且有前述华封老人马相伯不明就里的一段按语，天主

---

[1]　Keiko Ikegami, *Barlaam and Josaphat: A Transcription of MS Egerton 876 with Notes, Glossary, and Comparative Study of the Middle English and Japanese Versions*, pp. 32–44; also see Hideichi Matsubara, "The Migration of a Buddhist Theme," in Jean Toyama and Nobuko Ochner, eds., *Literary Relations East and West: Selected Essays*, published as vol. 4 of *Literary Studies: East and West: Selected Essays* (Honolulu: College of Languages, Linguistics and Literature, University of Hawaii at Manoa, 1991), pp. 162–165.

[2]　有关艾儒略在福建的传教活动，参见潘凤娟：《西来孔子艾儒略——更新变化的宗教会遇》（台北：基督教橄榄文化事业基金会和圣经资源中心，2002），页44–124。

[3]　（清）冯秉正：《圣年广益》，12编（北京：首善堂，1738），11编下集页97a–105a（11月27日）。

教的传统色彩甚重[1]。在《衫松行实》本中，隆武本里的"天文士"及其预言工具，都已经日本式的"飜案"处理，改为"算命的"与"八字"等词，而若撒法的启蒙师"把腊盎"之名也易为"罢辣羊"。至于若撒法之名的音译，则一仍旧贯，相关语词亦仅稍变以符合中国传统，可能还因口语迢递嬗变扭曲所致，而且故事也唯有经此流转，才有可能变形简化，才能在情节主线未易下删改更动（《法国图》，13:581–584）。《衫松行实》中的简本显示，在南明迄清代中叶，《圣若撒法始末》的故事，中国仍然不乏熟悉者，并非一书功成万"古"枯。

　　冯秉正身处乾隆朝，当然不知道 19 世纪英、德学者有关《圣若撒法始末》与《普曜经》的研究，但所译的若撒法故事不但抢先一步，译出了"圣若望达玛瑟诺"此一十分接近现代的天主教译名，而且传前还有引自《路加福音》的"警言"（路 16:9），传后还有"宜行之德"与"当务之求"两个相关的灵修部分。马相伯在天津《益世报》重刊故事时，则另行添加标题《印度王子若撒法事实》，且附拉丁文题 "S. Josaphat Rex Indorum Orientalium"，把"王子"改为"国王"（Rex）了[2]，颇耐人寻味。

　　这个标题，马氏可能从礼仪历抄出，也可能自出机杼，自行题记。他的拉丁文出色，史有定论。方之《圣若撒法始末》，冯秉正所译当然短了许多，也有不少变异。且不谈龙译本中重要无比的五个比喻故事一概从缺，即连若撒法梦中所见天堂，也已改为"地狱"，而亚勿尼尔改宗之后，又复赐教名曰"亚本讷"（Abenner）。他奉教四年谢世，此间无时不"苦痛悲号"，为过去所造的恶业忏悔。父王辞世之后，若撒法亦"七

---

[1]　见本书页 76 注 [1] 以及页 80 注 [2]。

[2]　马相伯的重刊本印行于天津《益世报·宗教与文化》，1933 年 3 月 3 日。除上所述之题外，马氏另添了一句话："一个追求解决人生问题的传记。"

日未离棺梓，水浆滴点不沾，常哭常求，库努（藏）金银，尽作哀矜之用"。 他守孝四十日，然后召集众臣，示以出家的决心。在此之外，亚勿尼尔早已将其国并民一分为二，令若撒法治理其一。《圣年广益》本亦道是因得亚腊基（哈辣石）献策，意欲借国政繁忙，迫使若撒法在日理万机中或可忘却出家念头[1]。《圣年广益》所译既为礼仪年各日专属的圣人传记，冯秉正中译必然有据，实则节选自法国耶稣会士克霍瓦塞（Jean Croiset, 1656—1738）的《年中每日圣人传》（*Vies des Saints pour tous les jours de l'année*; Pfister, 1:600），去龙华民所本的《圣传金库》已有时距。不过耶稣会在华译述史上这一前一后的辉映，说来意义仍具，可见《圣若撒法始末》在华的传播绝非单向而行，而是分轨前进，各有特色。若含《杉松行实》里的白话本计之，则由明入清，由繁而简，我们至少四闻圣若撒法的故事了，可知盛行，在中译史上几乎绝无仅有。

我们回头重审利玛窦的《天主教中国开教史》。其中有关《圣若撒法始末》中译后的追记，利氏似乎颇为满意其成效，盖他提到梓行之后，以往讥讪天主教的"仇人"——这里指的当系韶州的佛教徒，而这个名词也让我们联想到前引《圣若撒法始末》中的"真之'仇'"——似乎即变得哑口无言，变得"不敢再说"龙华民等人所宗"没有经书"了（*FR*, 2:233）。利玛窦的记载固属个人的片面之词，从中我们仍可看出 1602 年龙华民译书之际，韶州教争确实严重。在欧洲，耶稣会的创立本与伊斯兰教势力的消长有关，其后更因反制基督新教而声名大噪[2]，如今时移地易，在华所遇却仍为宗教地盘的争夺，可见传教确有浓厚的意识形态色彩。就人类的历史长河而言，我想更严重的是在明清易帜的文化当口，

---

[1] 冯秉正:《圣年广益》, 11 编下集页 100b-102b。亚本讷一名，龙译本缺，不过依 *BI*, p. 9, 若撒法之父名为 "Abenner"，正是此处所谓 "亚本讷"。*BI*, p. 535 未云若撒法之父领洗后有教名。

[2] "The Society of Jesus," *Catholic Encyclopedia of America*, at http://www.newadvent.org/cathen/14081a.htm (accessed on Oct. 10, 2008).

不仅耶稣会所传的文本，就连传递文本本身的翻译行为也都由内向外，变成宗教政治如假包换的一环了。《圣若撒法始末》全书在中西文化和因之形成的文学传播史上因而意义再具，绝对值得我们详加斟酌，仔细玩味[1]。

---

[1] 在英语世界，圣若撒法的故事迄今仍难画下句号。2012年，罗马天主教所属的美国玛利诺修会（Maryknoll Society）在叶尔斯伯（Robert Ellsberg）执笔下，出版了《圣人全传：每日省思的圣人、先知与时代的见证》(All Saints: Daily Reflections on Saints, Prophets, and Witnesses for Our Time) (New York: Crossroad, 2012) 一书，其中每年的11月27日仍定为圣巴兰与圣若撒法的节日，虽然叶氏了解故事本源实为佛法，见该书页516–517。

第四章
太上忘情：
汤若望与王徵译《崇一堂日记随笔》

传而记之

明清两代，汤若望（Johann Adam Schall von Bell, 1591—1666）官至太常，备尝荣宠，我们知之甚详[1]，但和本章相关者另有王徵（1571—1644），则何许人也？这个问题的答案，研究明清之际"西学东渐"的学者当然熟稔，但一般人恐怕知者不多，我有必要在进入本章论旨之前，略述其人一二。

明穆宗隆庆五年（1571），王徵（字良甫，号葵心、了一道人等）生于陕西泾阳，父应选（生卒年不详）好学，攻经算，母慈惠，勤俭持家。神宗万历二十二年（1594），王徵中举，不过迟至禧宗天启二年（1622），他方登进士，为黄道周（1585—1646）年友。万历二十八年，庞迪我（Diego de Pantoja, 1571—1618）偕利玛窦（Matteo Ricci, 1552—1610）入北京，四十三年会王徵。其时庞氏《七克》（1614）已成，王徵因李之藻或杨廷筠（1557—1627）馈赠而有机会一读。在"种种会心"之外，王徵读后还有"语语刺骨"之感（郑编，3:458），随即入教，变成上述二人

---

[1] 参见黄一农：《耶稣会士汤若望在华恩荣考》，《中国文化》第 7 期（1992 年 11 月），页 160-170。

并徐光启外明末最重要的基督徒之一。

天启六年（1626），王征偕金尼阁以南京音订汉字声韵，共撰《西儒耳目资》一书，而且编得颇为得心，所谱散曲《山居咏》故谓："奇人幸得多奇遇，资人耳目元音谱。"（《遗著》，页197）王征因为助编《西儒耳目资》之故，乃从金氏研习拉丁文，可惜成效颇微。话说回来，王征纵非中国最早学习此一语言者，可能也是有明一代的第一人[1]。王征之父向来不以"君子不器"自限，对西洋科技抑且兴趣颇大。王征或受父亲影响[2]，天启七年乃再偕伽利略（Galileo Galilei, 1564—1642）知友邓玉函译《远西奇器图说》，亲自绘图。此书乃中国首部西洋物理及机械工程学专著，对时人及后世影响颇大[3]。所以王征文理兼备，道器共修，通人也。王征的父亲好读"往哲格言懿行"之书如《明心宝鉴》与《太上感应篇》等等[4]，是以王征进教之后，往往也以往圣懿行自淑淑人，泾阳鲁桥家中且附设刻书设施，方便刊行传教士的译著[5]。

倘就本书的关怀而言，王征此刻最重要的译著，我以为系笔受汤若望口译的《沙漠圣父传》，结果共得十一篇，而按杜鼎克（Adrian Dudink）的研究，另有两篇则出自额我略教皇（Gregory the Great, 540—

---

[1] （清）黄节：《王征传》，原载《国粹学报》史篇第6期（1905），见《年谱》，页220："当其未第也，就里中金四表者，授泰西文字。"这里所称"四表"，乃金尼阁的字。方豪诸氏谓王征是中国人最早学习拉丁文者，恐非确论，盖元代孟高维诺（John de Montecorvino, 1247—1328）来华，已在大都开班教授拉丁文，比王征早了二三百年，见韩承良（编著）：《若望·孟高维诺宗主教：中国第一位天主教传教士》（台北：思高圣经学会出版社，1992），页105—106。

[2] 参见王征：《〈远西奇器图说〉录最》，见邓玉函（口授），王征（译绘）：《远西奇器图说》，2册（北京：中华书局，1985），1:11。

[3] 以上王征生平的大要乃据《人物传》，1:226—231。《远西奇器图说》的贡献及影响，见邱春林：《会通中西——晚明实学家王征的设计与思想》（重庆：重庆大学出版社，2007），页204—332；以及牛润珍、安允儿：《王征与丁若镛——16至18世纪中韩两位实学家对西洋奇器的研究与制造》，收于黄爱平、黄兴涛（编）：《西学与清代文化》（北京：中华书局，2008），页500—508。

[4] 王征：《浐北翁训子歌·跋》及《为父求墓志状稿》，见《遗著》，页237及255。

[5] 鲁深：《陕西雕版源流考》，《人文杂志》第4期（1985），页95—99。

604）的《对话录》（*Dialogi de vita et miraculis patrum Italicorum*），一篇则出处不详[1]。这十四篇圣传的正文，均译于 1628 至 1630 年间，王征集而题之为《崇一堂日记随笔》，刊于崇祯十一年（1638）。其中日记的教中圣人传文文末，殆附王征所谓"评赞"一篇，而且也都写于崇祯十一年左右，乃他个人对教中先圣懿行的评论。清嘉庆年间，王征七世孙王介（生卒年不详）撰有长诗《读明史甲申之变先端节公殉国略述梗概百韵》，其中有对句一联，隐喻的即为《崇一堂日记随笔》的译事："石室秘府探仙箓，先圣后贤同一辙。"（《遗著》，页 333）[2]

研究明清间西学东渐的学者都知道：王征好言"畏天爱人"，也著有《畏天爱人极论》一书（1628）。书名中所谓的"天"，指十诫所称"钦崇一天主在万物之上"的"天主"[3]，深受下引《诗》句的点化："上帝临

---

[1]　这十四篇，王征分别题为《巴孥圣人》（"St. Paphnutius"）、《安当葆禄》（"Anthony and Paul the first Hermit"）、《莫闇利约》（"Macarius of Alexandria"）、《每爵祝日》（"每爵"指 Patermutius）、《老实葆禄》（"Paul the Simple"）、《毕约尔》（"Pîor"）、《卯罗水异》（卯罗为 Maurus）、《卯罗酒异》、《少年水异》、《以撒巴剌约》（"Evagrius Ponticus"）、《少年人》、《修道人》、《欧塞卑约》（"Ospitone"）与《玛利诺》（"Marinos"），见《崇一堂日记随笔》，在《三编》，2:765–831。《三编》里的《崇一堂日记随笔》乃景印自梵蒂冈图书馆藏本（编号: Borg cin 336.3），但据宋伯胤引王重明之说，牛津大学博德莱图书馆另有一抄本，编号 Mss.China.c160。中国对日抗战胜利后，河北献县有刻本，和梵蒂冈本一样，"后移交北平光启哲学院"。以上见《年谱》，页 65。至于《崇一堂日记随笔》内的十四篇故事在一般《沙漠圣父传》与《对话录》中之出处，杜鼎克研究最详，见 Adrian Dudink, "The Religious Works Composed by Johann Adam Schall von Bell, Especially His *Zhuzhi Qunzheng* and His Efforts to Convert the Last Ming Emperor," in Roman Malek, ed., *Western Learning and Christianity in China: The Contribution and Impact of Johann Adam Schall von Bell, S.J. (1592–1666)* (Sankt Augustin: China-Zentrum and the Institute Monumenta Serica, 1998), vol. 2, pp. 805–809。《卯罗水异》里的"卯罗"乃圣本笃的弟子，其事亦可见诸 *LA*, xlix.3 或《行实》，5:33b–34a。高一志译"卯罗"为"冒禄"。

[2]　王介在第二句的自注中曾谈及"邓玉函等"所谓"西耶教之大儒"，他所指的"后贤"必定也包含汤若望在内，而首句中的"石室"与"秘府"应指沙漠圣父在北非或中东常落脚的修道石室（cell）。如此一来，"探仙箓"非借部分的《沙漠圣父传》不可，亦即下面会提到的王征所记汤若望在崇一堂所执那"奇迹小册"。王介生平及其搜罗王征著作的简介，见毛瑞方：《王征著述考》，《历史档案》第 3 期（2008 年 8 月），页 25。

[3]　王征：《崇一堂日记随笔·小引》，见《三编》，2:759。王征所识十诫中这一条应为第一、二条结合而成，现代版中文《圣经》中作"我是上主你的天主，是我领你出了埃及地、奴隶之所。除我之外，你不可有别的神。"见出 20:2–3。

第四章　太上忘情：汤若望与王征译《崇一堂日记随笔》　　│　129

尔，毋贰尔心。"（《三编》，2:771）。职是，《崇一堂日记随笔》题中的"崇
一堂"遂如同时三山"钦一堂"，亦本于上述十诫此条而来。崇祯元年
（1628），王征丁父忧，由扬州司理职上返乡，在故省西安修"崇一堂"。
崇祯三年五月，汤若望奉诏二度进京修历。在这之前，他尝共西班牙同
会会士曾德昭（Alvaro Semedo, 1585—1658）寓西安，驻铎于崇一堂中。
十一年后，王征在故里泾阳鲁桥另修一堂，亦名"崇一堂"[1]。

　　汤若望驻铎西安期间，据《崇一堂日记随笔·小引》称，王征间从
泾阳前往探望，"每留连十数日"（《三编》，2:759–760），而汤氏亦"每
夕坐间"，为王征译述"西贤苦修会中奇迹一二段，以为日课"（《三编》，
2:760），所得即崇一堂"日记"的初稿。其后王征再加笔润，"手录成帙，
漫加评赞"（《三编》，2:761），遂有《崇一堂日记随笔》全帙出。汤若望
度言所本乃前述《沙漠圣父传》，然而王征懵懂，但知司铎"所述奇迹小
册"有单纸两面，厚达"百数十叶"，而其中细印者无非又是"蝇头西
字，横行密排"（《三编》，2:760）。至于书中故事，则有长有短，不一而
足，汤若望居留能述而王征得以日记者，亦不过全书"千百"故事中之
"一二"耳。《崇一堂日记随笔·小引》这段描述甚是，盖《沙漠圣父传》
实乃总称，成编的源头著作颇多，从亚他那修（Athanasius, *c.* 296—373）
的《圣安当传》（*Vita S. Antonii*）到色勿罗（Sulpitius Severus, *c.* 363—
c. 465）的《圣马丁传》（*Vita Martini*）都包含在内。各本的原文也很复
杂，但以东方教会所用的希腊文与叙利亚文为主，辅以西方教会的拉丁
文，部分则为其他上古语言如亚美尼亚文，等等。所以《沙漠圣父传》
可谓卷帙庞然，系合多人手书近百人的苦修事迹混杂而成[2]。其中所收

---

[1]　以上见《年谱》，页64；王雪：《基督教与陕西》（北京：中国社会科学出版社，2007），页
55–56。

[2]　《沙漠圣父传》的源头诸作，论之最称精简的是 Benedicta Ward, SLG, "A Note on the Text," in his
trans., *The Desert Fathers: Sayings of the Early Christian Monks* (London: Penguin, 2003), pp. xxix–xxxi.

灵迹传奇又难以数计，汤氏所传应本于某精挑后之选本，其祖本大有可能还是罗斯维德（Heribert Rosweyde, 1569—1629）1615 年在安特卫普（Antwerp）首刊的《沙漠圣父传》。

　　罗斯维德乃汤若望时人，出身比利时，一说荷兰。他尝在是时欧洲重要修院的藏书楼中抄写教中圣人的传记，又埋首于各类经籍之中，故可谓汤氏时代欧洲最重要的耶稣会学者之一。罗斯维德首议编修后人名之为《圣人行传》（*Acta sanctorum*）的大部头著作，躬自撰述，故此踵继其志的"博兰德学派"（The Bollandists）每尊为开山祖师[1]。罗氏所编《沙漠圣父传》的原本若为希腊或其他语言，则已都移译为拉丁文。这部《沙漠圣父传》共分十卷，有如《太平广记》般广搜散处各书的圣父（也有"圣母"[desert mothers]）的传奇成帙，在 1617 年和 1628 年还曾增删再版，版式与内文多少都有异于原编。罗斯维德所编虽称庞然，在编译上对"原文"却多删节，撷精取华的重点则为灵圣神异，颇符上引王征形容的"奇迹"二字。从《崇一堂日记随笔》中译的时间看，1628 年版的罗编似乎难符汤若望所本，即使较诸 1615 年版，该书非但仍非王征所谓"百数十叶"的"小书"，抑且为厚达千页的对开本巨著[2]，是否能为汤氏随身携带，也不无疑问。当然，我们若就内文的印刷观之，罗斯维德所编两版则确如王征所述，都系"蝇头西字，横行密排"镌版刷成。

　　沙漠圣父的时代，天主教的圣人经常为人一呼百拥而列圣，是以博

────────────

[1]　罗斯维德的生平可见 Maurice Coens, "Héribert Rosweyde et la recherche des documents. Un témoignage inédit," *Anactecta Bollandiana* vol. 83 (1965), pp. 50-52。《圣人行传》当然也有可能是《崇一堂日记随笔》的底本，陈纶绪在罗马耶稣会档案馆所见此书，封面上贴着一张书名签，作《圣人行实》，也有一名为《苦修圣人来历》，也用拉丁文写着"汤若望"译的"少数圣人的劝世故事"（Exempla rara/aliquot sanctorum/a p. Adamo Schall），见 Albert Chan, S.J., *Chinese Books and Documents in the Jesuit Archives in Rome: A Descriptive Catalogue, Japonica-Sinica I–IV* (Armonk and New York: M. E. Sharpe, 2002), p. 320。

[2]　Heribert Rosweyde, *Vitae Patrum: De vita et verbis seniorum libri X, historiam eremeticam complectentes & c.* (Antwerp: Ex Officina Plantiniana apud Viduam et Filios Io. Moreti, 1615). 我没见过 1617 年版的 *VP*，不过同一单位所出的 1628 年版的书题拼法稍异，作 *Vitas patrum*。

兰德学派的《圣人行传》也收沙漠圣父的故事，致令汤若望原先所本和罗斯维德的关系益难论断。虽然如此，至少在系谱上，罗编《沙漠圣父传》仍能提供某种线索，借供《崇一堂日记随笔》比勘之用。况且17世纪时，罗编流传确广，阅者无数，早已经时贤列为《沙漠圣父传》的拉丁文标准本[1]。《崇一堂日记随笔》的刊译，因此更具意义。加以汤若望译述之前，中文传记文学中从未见《沙漠圣父传》，汤、王二公的努力，价值益显。除此之外，王征又是中国本土天主教文学的先驱人物，在行他"深谙律吕"，于志则"颉颃今古"[2]。所谱《山居咏》分《山居自咏》《山居再咏》与《同春园即事》三套散曲。此书王征虽写成于仕途蹭蹬与家国存亡之秋，但用字遣词每每跨越东西，意象与诗境也谐和了中国新旧，所以地理与文化上的鸿沟自然消弭，方家多视为华人圣曲的发轫代表，时代意义再具[3]。中国史上，几乎也唯有清人吴历（1632—1719）在康熙盛世所吟的《天乐正音谱》可埒[4]。王征为汤若望笔受在辞官之前，笔端故感时伤己，文字则摇曳生姿。《崇一堂日记随笔》有如其希腊与拉丁文原著，娉然可读，斐然可诵，所以我们尽可以天主教在华早期中译的"传记文学"目之。

就中国翻译文学的传统衡量，《崇一堂日记随笔》仍有甚于以上者。书中译传非特有别于司马迁《史记》之类，亦非其后野史的漫无所据

---

[1] Helen Waddell, "Introduction" to her trans. and ed., *The Desert Fathers* (Ann Arbor: University of Michigan Press, 1994), p. 5.

[2] （明）梁尔壮:《简而文小引》，见谢伯阳（编）:《全明散曲》第3册（济南: 齐鲁书社，1994），页3449。

[3] 谢伯阳（编）:《全明散曲》第3册收之，见页3440—3448。方豪:《校刻〈天乐正音谱〉跋》谓:"卢翼野先生前有志搜刻各教所为曲，于从公右任处得明末王葵心先生征《山居咏》，嘱余笺释，即以胜利之次年，木刻于南京，列《钦虹簃丛书》。"见《自定稿》，2:2231。另见方豪:《于右任先生对天主教文献的贡献》，在《自定稿》，2:1980；1982—1983。

[4] 参见方豪:《校刻〈天乐正音谱〉跋》，见《自定稿》，2:2231；郑骞:《校〈天乐正音谱〉跋》，《自定稿》，2:1626；以及章文钦:《吴渔山及其华化天学》（北京: 中华书局，2008），页272-280。

可比。王征的译文，在中国主流或中心上加了一个埃文－佐哈（Itamar Even-Zohar）所称的"边缘系统"[1]，丰富了明代文学整体。王征时常译有所感，传文后另附评赞，在清末以前的翻译文学史上，系一非常独特的现象：前此汉译佛典史上罕见如是作风，明清间耶稣会的各种译事活动也鲜蹈其例。这些"评赞"又风味独特，暗示王征走笔中译时的读者或听者位置，也是他因之而感人伤己的抒怀之情。从20世纪接受美学的角度再看，我们甚至可以称之为伊泽尔（Wolfgang Iser）所谓"文学沟通的三重结构"中的第三重，是文本与读者交会后呈现出来的最具体的记录，亦系阅听活动的实情转化[2]。所以《崇一堂日记随笔》的评赞又非一般翻译文学或文学批评可比，甚至还可说是中国人对天主教灵修文学最早的回应，角色多重。中国史传或叙事文学史上，评论或论赞形式众多，包括评点、回批、夹批、旁批、眉批、总评、读法或君子曰、赞曰、论曰与评曰等等，但就佛教肇始的文本翻译史细案，王征这种翻译外的所谓"评赞"则几为新创，可为中国文学批评的语料库再注新血。中国传统纵有批语，亦非出现在《崇一堂日记随笔》之前，我们得待清末严复（1854—1921）、林琴南（1852—1924）与苏曼殊（1884—1918）诸氏出，方见模拟。评赞不是评点，不过其间只有评议与圈点的形式之别，就翻译这种特殊的文字行为而言，当系独创。晚明小说昌盛，《水浒传》《三国演义》与《西游记》的回末总评早已蔚为历史典范，王征对这种评论形式自不陌生，所谓"议论判定"或"品评味读"等阅读行为想来熟稔

[1] Itamar Even-Zohar, "The Position of Translated Literature within the Literary Polysystem," in his *Polysystem Studies, Poetics Today: International Journal for Theory and Analysis of Literature and Communication* 11:1 (Tel Aviv: The Porter Institute for Poetics and Semiotics, 1990), pp. 45–52.

[2] Wolfgang Iser, *The Act of Reading: A Theory of Aesthetic Response* (Baltimore: Johns Hopkins University Press, 1878), pp. 56–60. 中国文学的评点表现和伊泽尔等人的接受理论有暗合之处，相关论述可见王瑷玲：《评点、诠释与接受——论吴仪一之〈长生殿〉评点》，《中国文哲研究集刊》第23期（2003年9月），页71–128。

不已[1]。译作译来应予总评，历史时机已经成熟，何况王征还有其不得已于言者，下节我自会再详。总之，《崇一堂日记随笔》绝非单纯的翻译，更非在勒菲弗尔抨为"真空"（vacuum）的状态下从事，态势至显[2]。

爱乐实

王征既然喜读圣贤之书，童髫以来难免因景仰而有意成圣（郑编，3:456）。他在接受天主教前曾佞佛向道（郑编，3:456），故而生命理想中满布荆棘，不仅包括儒家的"圣贤"，也含括释门之"佛"，更曾"志冲紫府，梦游仙路"。待王征发现"世界如倾屋，仕途如矮屋"，而自己居然已"缧泄余生"了，便一心归主，"永断长安路"（《遗著》，页200-202）[3]。从《崇一堂日记随笔》的评赞看来，上述"圣"字，儒家"圣贤"之意犹存。然而其中成分更多的，恐怕是基督信仰所强调的教内"圣人的特质"（sainthood）。崇一堂内所译乃沙漠圣父的行止，其中天主教的圣人，王征不可能毫无认识，而所认识者之一，我几可断言非关"情"，即涉"欲"。因为这两种人情俱圣人成圣前得戮力克服的对象，何况3至5世纪天主教隐修之风大盛，不论隐居于埃及、巴勒斯坦、叙利亚还是其他"沙漠"地带的苦修僧，他们所拟"修"或所拟"克制"的对象，多半也是上述这种人之所以为人的本质意念。

这里用"本质意念"概括，我意之所在乃儒家或——缩而言之——

---

[1] 有关中国古代的评论模式，参见谭帆:《中国小说评点研究》（上海：华东师范大学出版社，2001），页1-11；另见 David L. Rolston, ed., *How to Read the Chinese Novel* (Princeton: Princeton University Press, 1990), pp. 3-123。

[2] André Lefevere, "The Role of Ideology in the Shaping of a Translation," in his ed., *Translation/History/Culture: A Sourcebook* (London and New York: Routledge, 1992), p. 14.

[3] 王征对仕途态度的淡然，亦可参见所著《与唐太守书》等致友人信件，收《遗著》，页239以下。

荀子的看法。孔子或中国古人言"情"，大致上都会关涉到"欲"，所以我们常常"情欲"并用，而这点学界也已指陈历历[1]。荀子又将情欲合以"天性"发微，所持故可谓后儒——从在华耶稣会的角度看——"堕落"后对此一问题最为深刻之见："性者天之就也，情者性之质也，欲者情之应也。以所欲为可得而求，情之所不免也。"[2] 易言之，荀子承认"情"或"情欲"乃天生使然，系人之所以为人的"本质"，其间并无好坏之分。如此"情"观同样可见于古希腊的亚里士多德，所著《论灵魂》（*De anima*）承认人而无"欲"，则不能"动"（433a）。在某种意义上，亚氏不啻复述了柏拉图《会饮篇》（*Symposium*）所谓"情"者，"生命之源也"的观念（201d–212b）。亚氏常左违乃师意见，但两人在情欲的问题上倒径庭不大。

中国人尊性贱情，其事已入汉世。武帝独尊儒术，各种有关"情"的论述纷纷出现，南北朝之际遂有"太上忘情"一说。"太上"一词出现于殷商之前，迄春秋而为道家借用，《老子》第十七章遂有"太上，下知有之"之语（《老子》，页487）。老子话中之意，指《易经·系辞上传》第十二章中那抽象的"形而上"世界，亦即万物尚未化生之前的所谓"道"（阮刻，页77）。不过到了南朝，刘义庆（403—444）《世说新语》反以"圣人"解"太上"，从而有如下故事云：晋人"王戎丧儿万子"，悲伤不已，人劝之，"王曰：'圣人忘情，最下不及情，情之所钟，正在我辈。'"[3] 王戎话中的"圣人忘情"或其时常言已可闻得的"太上忘情"，后人多以为指"圣人不为感情所动"而言，虽然这里的"圣人"亦

---

[1] D. C. Lau, "The Doctrine of *Kuei Sheng* 贵生 in the *Lü-shih ch'un-ch'iu* 吕氏春秋," *Bulletin of the Institute of Chinese Literature and Philosophy, Academia Sinica* 2 (March 1992), p. 59. 不过"情"与"欲"在中国的问题复杂，详细论述可见余国藩（著），李奭学（译）:《重读〈石头记〉:〈红楼梦〉里的情欲与虚构》（台北：麦田出版，2004），页97–169。

[2] （清）王先谦:《荀子集解》（台北：世界书局，1987），卷16，页284。

[3] 余嘉锡:《世说新语笺疏》（台北：华正书局，1989），页638（《伤逝》）。

"人"，同具人性之本的各种"情"愫。进一步说，"太上"所要"忘"的"情"，正是人间的七情与六欲。

柏拉图与亚里士多德都知"情"，都承认有其重要性。柏氏劝人以理性待之，而亚氏《诗学》（*Poetics*）则有"涤情"（catharsis）之说（*CWA*, 1449b），仿佛西方古人也有"太上忘情"之论。事实当非全然如此，亚里士多德乃就技术层面说情，谈不上后世天主教兴起后的超性观，也不必非身体力行不可。柏拉图则由人欲切入，在友爱与感官的欢愉间游移，最后再像圣奥斯定一样往精神层面提升，超越性强甚（*CFS*, iv [7]-xiii [20]）。在天主教长达两千年的历史中，以超越论反省人间之情，常又可身体力行而超脱者，上面我再三提及的沙漠圣父是"不文之徒"中的典型。圣安当大家耳熟能详，他几乎目不识丁，个人的故事就是最佳说明，入华耶稣会士每奉为修身典范。《沙漠圣父传》通常由安当的传记打前战，所以汤若望为王徵日课，入手即《沙漠圣父传》或《崇一堂日记随笔》。圣安当在其中戏份甚重，扮演的角色重要异常。

上文我由"情"字入手，视之为理解《崇一堂日记随笔》的入门钥匙，原因另外有一，而且同样和王徵有关。王氏熟悉从利玛窦、庞迪我到邓玉函等人的著作，对基督信仰虔敬而坚定，尤重天主十诫的规范，所以进士及第当年即致书家人，不得为其纳妾，《五云太守来云墓志铭》亦以"先生平生不蓄妾媵"美其年兄之"凛操如冰"[1]。但研究王徵的学者都知道，王徵正室尚氏所生男嗣率皆早夭，故此家人尝以儒家孝道跽求纳妾，以便传宗接代。王徵秉性淡宁，本"忽忽无意于人间世"，"于一切声色世味淡如也"[2]，但在天启三年（1623）[3]，他在儒门孝道夹击之

---

[1] 参见王徵：《祈请解罪启稿》，见《三编》，2:834。另参见《遗著》，页264-265；以及艾儒略：《口铎日抄》，在《耶档馆》，7:106。

[2] 王徵：《两理略·自序》（崇祯九年），见《遗著》，页163。

[3] 纳申氏于天启三年乃黄一农推算所得，见《两头蛇》，页145。

下仍然不得不以五十三岁高龄迎娶十五岁的申氏（1609—1678）为妾，似与信仰南辕北辙。实情确实如此，但纳妾后王征反显忐忑不安，而且几度还想守诫出妾。最后据他所说，终因家人故而"因循苟且下去"[1]。职是之故，崇祯十一年（1638）王征翻动书架，在"秋雨连绵"之际重理崇一堂日记旧稿，实非偶然。何况日记中每一圣父故事之后，王征都曾搦管评赞，借表自省。《崇一堂日记随笔》译竣于王征花甲之际，而十年后刊刻，他实已逾古稀之年，书末附《祈请解罪启稿》一文故非寻常。王征危坐提笔，伏案书写，在文中以非常恳切之辞向信仰告饶，深自后悔往年因妻求父命与"弟侄环泣"而破戒娶妾。重理旧稿而会附文乞罪，而且还是两年前的旧文，王征刊刻《崇一堂日记随笔》时的心情，我想在天主教忏悔的仪式之外，他踟蹰可知。从这篇启稿看来，《崇一堂日记随笔》又非任意成书，全帙在比喻的层次上可称王征个人的"忏情书"，对象非仅是西来的"铎德先生"，还包括天主圣三。

《沙漠圣父传》系早期天主教传记文学的奇葩，《崇一堂日记随笔》译以中文，所表现者固为西式情观，但和中文传文有异的是，《沙漠圣父传》鼎力刻画者并非人情或性情一类的概念，而是情欲这种凡人难免的情性。"情欲"者，圣奥斯定以"渴望"（covetousness）或"欲望"（desire/appetitus）定义之[2]，希腊人则用"爱"（eros）字表示，一般而言，多具"性爱"的内涵（Cf. PCD, 203e）[3]。以下引《崇一堂日记随笔》

[1] 这是黄一农嫁接、变化王征的话，见《两头蛇》，页146；亦请见《三编》，2:835。《两头蛇》第四章"儒家化的天主教徒：以王征为例"是历来研究王征的最佳论述，我撰写本章颇受影响。

[2] Saint Augustine, *Eighty-three Different Questions*, IIIV.1–2 (New York: Fathers of the Church, 1959), pp. 63–67. 另见 Hannah Arendt, *Love and Saint Augustine*, ed. Joanna Vecchiarelli Scott and Judith Chelius Stark (Chicago: University of Chicago Press, 1996), pp. 9–44 之讨论。圣奥斯定引弟前6:10，认为"渴望"是"罪恶的根源"。

[3] 大写而拟人化的爱乐实（Eros），在希腊神话中是爱神阿弗洛狄忒（Aphrodite）之子，亦即罗马人所称的爱神丘比特（Cupid），多喻男女之爱，包括性爱。

中的故事衡之，如此"情欲"或"爱"的表现，我觉得就应该改译为"淫情"，实天主难容者：

> 一少年修道之人多兴淫念，多自克之，然犹不已。一旦，就山中一老年修道者，历述其兴念不能尽克之故，盖求一克己之方法也。乃彼老年人，自少至老，绝无欲念，而见少年所述之言，辄嗔责之，谓为天主所弃人也。少年怫然不悦而回，私念："既为天主所弃矣，不如回城娶妇，另作行径。"（《三编》，2:813）[1]

在沙漠圣父的世界中，这个故事名闻遐迩，和某"阿爸阿波罗"（Abba Apollo）有关。其作者虽然佚名，但原本出自"执事皮罗谷"（Pelagius the Deacon）与"副执事若望"（John the Subdeacon）由希腊文译成拉丁文的《沙漠圣父嘉言录》（*Apophthegmata partum*），应无疑问。这部嘉言录所载不仅止于"嘉言"，连"懿行"或"作为引路明灯"的"故事"都有，文类相当特殊[2]。阿波罗的故事出自其中第五卷，较诸其拉丁文原译，汤若望与王征的中译已大为简化，操纵的痕迹明显，故事还有可能就源出罗斯维德《沙漠圣父传》所循或——根本就是——其本身所出，盖 1615 年版的罗编亦载同一故事[3]。

故事中的"阿波罗"人称"阿爸"或"师父"。他就像希腊神话中同名的太阳神一样，向来也以理性闻名，甚至是圣父中罕见的通情达理

---

[1] 除下文我会提到的《沙漠圣父嘉言录》外，此一故事亦见巴拉迪的《圣父的天堂》，英译题为"The Triumph of the Disciple of an Old Man in the Desert," 见 Palladius, *The Paradise of the Holy Fathers*, in *SSCFE*, pp. 212–214。

[2] Philip Rousseau, *Ascetics, Authority, and the Church in the Age of Jerome and Cassian* (New York: Oxford University Press, 1978), p. 12.

[3] *VP*, pp. 573–574; 英译见 Helen Waddell, trans. and ed., *The Desert Fathers*, pp. 33–35。至于王征题为《修道人》者，见 *DF*, pp. 46–47。

的人，对年轻修士照顾尤多（*SSCFE*, pp. 340-353）。故事里的少年则相反，他不但做不到老者的"无欲念"，抑且自兴淫念，受斥后还自暴自弃，却灵襄修，打算重返人间社会娶妻，不再进德修业了。那少年之所以有意娶妻，目的是以之为自己欲念的"出路"，所兴者当然是天地初开即令人为之迷狂的"淫念"。在希腊人的观念中，淫念只会像金苹果神话或"帕里斯的评判"（The Judgment of Paris）中的厄里斯（Eris）之所为，在人群中制造混乱，让人性变成一切的乱源[1]。《沙漠圣父嘉言录》第五卷的主题所论，正是"淫念"所系的"淫欲"（"*De fornicatione*"），所载相关故事不少[2]，而其再前一卷所述，系克制这种欲念的《自制》（"*De continentid*"; *VP*, p. 567），相关故事另有不少。

就《沙漠圣父传》的语境观之，类此淫情欲念通常和撒旦结为一体，混为一谈，而后者在书中每如欧洲中世纪时见刻画的鬼魔一样，黑蹦木炭。《崇一堂日记随笔》中，王征也效一般欧人，以"小黑人"称呼这"淫魔"，令其游走于书中星罗棋布的圣传之中[3]。但丁（Dante Alighieri, 1265—1321）的《神曲》（*Divine Comedy*）里，地狱鬼魔的皮肤黝黑，撒旦的面孔则有三，一为白，一为黄，而第三张也是黑色，代表这位大天神的"堕落"[4]。上引《崇一堂日记随笔》故事中的老者实非毫无欲念，而是有如《红楼梦》第五回前未曾试过云雨的贾宝玉，自小就"纯诚未试"。

---

[1] Cf. Barry B. Powell, *Classical Myth*, 4th ed. (Upper Saddle River: Pearson Prentice Hall, 2004), pp. 77 and 521.

[2] 专论见 William Harmless, S.J., *Desert Christians: An Introduction to the Literature of Early Monasticism* (Oxford: Oxford University Press, 2004), pp. 232-236。

[3] Jeffrey Burton Russell, *Lucifer: The Devil in the Middle Ages* (Ithaca and London: Cornell University Press, 1984), pp. 68-69. 高一志（译）：《天主圣教圣人行实》（武林：天主超性堂，1629），第五册，页10a 也改写了《圣传金库》里"埃塞俄比亚人"这个词，而以形容词令其作"黑短丑形"之人，和《崇一堂日记随笔》有异曲同工之处。

[4] Dante Alighieri, *The Divine Comedy*, trans. John Ciardi (New York: W. W. Norton, 1970), pp. 34, 42 and 65.

阿波罗为少年开示之后，乃借老者再为少年说明人性本然，于是催令"魔念"出现，借试老者之心。叙述者说此时"远远"但"见一小黑人进老者修道之门"，而不旋踵间，老者已疾疾直奔城中。此刻他心中"欲念炽甚，不能遏"，故拟往城中"寻一遂我念者"矣（《三编》，2:814–815）。故事中的"小黑人"，罗斯维德本《沙漠圣父传》称之"伊索匹亚人"，也令其代表"淫念之魔"（*fornicationis dæmone*）。那老者果然毫无所异于修道少年，淫魔一旦攻心，旋即丢盔弃甲，投降败走。不论《崇一堂日记随笔》还是《沙漠圣父传》，"攻心"在故事中都以"进门"为比喻，罗本抑且效罗马爱神丘比特（Cupid）而让淫魔持弓"待命"，再以"箭矢"贯穿老者，隐喻淫念或爱欲勃起，十分传神：阿波罗"见一伊索匹亚人站在［老者所居］石室之旁，开弓便朝老者射去"（…vidit Æthiopem stantem iuxta cellam, &, sagittas mittentem contra illum senem, …），而"这一射，老者马上严重受创，醉八步般开始踉跄起来，有如让美酒给陶醉了"（quibus quasi perforates, stanim tamquam ebrius à vino, huc atque illuc ferebatur; *VP*, p. 573）。设非阿波罗及时开示，拯救之，否则结局中，老者的故事可能反向而走。

崇祯四年（1631），王徵入登莱巡抚孙元化（1581—1632）麾下，以辽海监军道之名协助练兵。两人同为基督徒，惺惜非常。孙氏尝著文，引利玛窦《交友论》形容王徵为"第二我"也，可见感情之笃[1]。不过是年辽将孔有德（1602—1652）吴桥兵变，王徵被执，渡海逃归后因朝中贬抑，返乡山居（《遗著》，页133–151）。尽管如此，王徵对儒门标榜的"忠"字仍然念兹在兹，心中念念都是君臣之义。所以崇祯十六年李自成（1606—1645）围西安，陷北京，王徵义无反顾，绝食而亡，为国

---

[1]（明）孙元化：《赠了一道人》，见《遗著》，页330。有关利玛窦《交友论》与"第二我"的问题，参见《晚明》，页149–151与页270–275。

捐躯（《年谱》，页216-219）。自杀在天主教义中当然不容，却是王徵儒家一面的体现，此刻恰和汤若望的言行不类，因为汤氏曾仕二朝，既入崇祯历局为官，又是康熙跟前的宠臣。儒家好讲气节，王徵乃儒门忠烈，后人故谥"端节"。在个人修身上，王徵同样刚毅过人，硕鼠之恨不敢或忘。尽管如此，人性脆弱，王徵却也知之甚详。上引阿波罗故事固为汤若望选译，可见天主教或汤氏对"淫情"的典型反应，但王徵笔受之，甚至为之笔润，所书评赞必同汤氏性格而亦以坚忍称，是以开笔便谓"淫念难克"而应克，极力强调"克淫"乃生命"第一苦工"（《三编》，2:816），但若乏天主臂助，常人绝难竟功[1]。《畏天爱人极论》中，王徵称色欲之克，唯勇者可为，而其基础乃"勇毅"二字（郑编，3:483），正呼应了《沙漠圣父嘉言录》第四卷《自制》的旨要。王徵欣赏阿波罗代天诲人，尤感其道灵活，谓之深得佛语"善巧方便"的精义，故可"循循善诱"以"坚少年以老成，提老年如婴儿"，实"天人"也（《三编》，2:816）。阿波罗显然知"情"，也知道如何超越俗情，不为所惑或所动，甚至还会因人制宜，了解那导情之道。

阿波罗诲人导情的精要，说来更不类《崇一堂日记随笔》描绘的其他沙漠圣父，而最大的差别是他像荀子承认情欲乃人性本然。他面对克淫失败而有自弃倾向的少年，第一句话如下：淫念之起，"何妨？"阿波罗这句话为少年保住了自尊与自信，传文继而才切入正题而劝少年道："肯痛自克责，正是天主所予。"（《三编》，2:815）在罗本《沙漠圣父传》中，阿波罗甚至承认自己少时也曾欲火焚身，由此为少年说明欲念乃凡人皆有。不过阿氏继之强调天主令起，目的乃在勉人——用王徵的译文说——"痛自克责"，甚而或得视之为接近天主的门路，不应因之而自弃

---

[1] 这点王徵生平亦可为证，所著《山居自咏》又有曲文夫子自道："胡涂账，何须算？神明镜，乐有余，分明认得来时路。半生潦倒从人笑，百样颠危赖主扶。自在乡，由人住，洒圣水消除了百业，叹南柯劳攘杀玄驹。"见《遗著》，页198。

背主，再近女色。《崇一堂日记随笔》中的老者难抑欲念，同样承《沙漠圣父传》而来，道是阿波罗祈求天主幻设而成的试炼，如此天主方可得一可资济人的法门，使人善从其道。自《沙漠圣父传》到《崇一堂日记随笔》，少年和老者最后的克淫良方都是阿波罗跪地代祷，祈求天主赦罪，而故事最后——这里王征的笔译反倒偏出《沙漠圣父传》——也是"黑魔……遂灭"，"自是不敢轻言以阻人之进矣"（《三编》，2:815）。"太上忘情"，而这"太上"果然还要知道如何忘之，我想沙漠圣父中可以臻此化境的第一人，王征所知应该就是阿波罗。较诸罗斯维德本《沙漠圣父传》，《崇一堂日记随笔》所出的此一克淫故事颇见阙译漏译，但阿波罗处理情欲的方法，汤若望口中与王征笔下倒一毫不省。

在《沙漠圣父嘉言录》论淫欲之前，罗斯维德以"自制"导之，确和王征的"克淫自制"有所辉映。王征的"克"字，典出者并非《自制》该卷。他对《沙漠圣父嘉言录》也应无所知，自己的典涉实为庞迪我《七克》的书题钥字，连孔门的"克己复礼"都称不上。众所周知，庞迪我劝人所拟"克"者乃天主教的"七罪宗"（Seven Deadly Sins），而"淫念"或"迷色"（Lust）虽非人类首罪，亦居其一，而且重量一点也不轻（李辑，2:1001—1052）。淫念乃"身欲"（caro）的内在欲求，表现于外则为人对"俗世"（mundus）的依恋。两者并现，往往则由天主教所称的"邪魔"（diabolus）催发。上引少年、老者与阿波罗的故事，正说明了"肉体""世俗"与"魔鬼"的影响力无远弗届，好的基督徒非与之颉颃不可，否则便堕入"贪恋俗情"（cupiditas）的恶趣。天主教上古以来，因以"三仇"（tres hostes）名之[1]。王征徘徊在明末的社会与政治腐朽的氛围里，不时得力抗三仇，自我鞭策，故此非但在《山居咏·简而文自

---

[1] 从基督宗教的角度看"三仇"的问题，下文称便：Harold S. Martin, "Three Enemies of the Christian Life," at http://www.brfwitness.org/Articles/1985v20n6.htm (accessed on Oct. 28, 2008).

记》中亟称居址得"远离市尘，渐扫三仇浊累"（《遗著》，页195）；《山居咏·山居自咏》一套还表示人类往往"恋凡情双扯仙裾"，而"三仇五浊虽能去"[1]，我们仍得"防淫紧似防奔马"。如此才可策己之怠，"唤醒冥愚"（《遗著》，页198）。

可惜这点王徵体会已晚，《崇一堂日记随笔》书成之前的天启三年（1623），他早已娶妻不说，又纳妾申氏，《祈请解罪启稿》因谓自己"犯"了"天主十诫之中毋行邪淫之罪"，是以自知"重罪多端"，乃一"重罪人也"，不时还得以"爱主虽真，苦不热"而频频自责（《三编》，2:833–834）。《祈请解罪启稿》中的"犯"字，我特地撰出，因为此字和下节会论及的《老实葆禄》中"听命钦遵"的对主之"爱"适呈觭角。"情欲"可以乱人心性，使人执迷，此之谓也欤？《祈请解罪启稿》自责甚深，王徵甚且取阿波罗故事中的少年故事躬自反省，斥责自己"年将七十，反不如十七少年功行"——且不谈他还"虚传不娶，而实昌邪淫之罪于莫可解"！（《三编》，2:836）

王徵以为自己已种下了"邪淫"恶德，而此"德"在《新约》中说来近似"阿莫尔"（amor）这种"情爱"的负面意指。如是之"情"若可导之以正，实则也不难由"淫情"转为正念。前揭柏拉图的《会饮篇》指出，人类有其不可泯灭的灵魂，而其"故居"不在俗世，乃在天上。《会饮篇》和阿波罗的故事一样，随即顺藤摸瓜，强调"情爱"或前译的"淫欲"系人类得救的凭借之一：在泯除欲念的干扰时，"情爱"往往会转化自身而变成某种怀乡的力量，最后鼓起羽翼将灵魂送归人类的天家，使之获致救赎。"情爱"是生命之"欲"，显示灵魂匮缺不全，渴望回返

---

[1] 方豪：《了一道人〈山居咏〉笺证》以为"五浊"或为天主教的"七浊"或"七罪宗"之误，见《遗著》，页302。不过我有保留，因为《题温与亨海印楼五言古诗一首》中，王徵亦有"嗤彼五浊累"一句，不可能又是笔误，见《遗著》，页271。"五浊"一词，我疑为佛家"五蕴"的变语。王徵入天主教前曾为佛徒，改宗不表示他不能以原本信仰的语汇入诗，尤其是含义近似的语汇。

天界，使自己重新具足一切[1]。柏拉图此一情欲观，在天主教进入欧洲之际，每为教中借用，甚至促成了诺斯替派（Gnosticism）的赎罪论：灵魂得透过"情欲"怀乡力量的催动，在耶稣的唤醒下才能重返圣域，再邀天宠[2]。职是之故，"爱乐实"（eros）所蕴含的"淫欲""情欲"或"情爱"等实为"爱乐死"的观念，天主教也因此才逐步将之转化，在柏拉图与圣奥斯定双双引导下上升，从而转变成了"人与人之间的情爱"，近似《新约》希腊文中常用的"爱"的各种观念，包括"爱近人如你自己"（玛22:39）这种基本的"友爱"（philia）思想[3]。

卡利他

中世纪欧洲人在信仰上的权威文本，自是武加大本《圣经》。此一译本早已跳脱希腊与希伯来文的两《约》，甚至击退了犹太教的七十子本希腊文《旧约》，变成信仰与翻译学上常说的"第二原本"。圣热落尼莫翻译《圣经》，好用拉丁文中表示"敬爱""慈爱"或"博爱"的字汇入之，论者每解为"子女有所亏欠于父母者，是父母对子女的感情所系者，

---

[1]　柏拉图有关"爱"的看法多见于《会饮篇》和《斐德罗篇》（Phaedrus）。前者如191c-212b；后者如237d-257b。详论见 A. W. Price, *Love and Friendship in Plato and Aristotle* (Oxford: Oxford University Press, 1989), pp. 15-102。

[2]　Cf. Bernard McGinn, "The Presence of God: A History of Western Christian Mysticism," vol. 1: *The Foundations of Mysticism: Origins to the Fifth Century* (New York: Crossroad, 1994), pp. 92-93. 天主教的灵魂（神）观和柏拉图灵魂论的关系，在华耶稣会士中谈得最直接的是高一志，见所著《天主圣教四末论》（巴黎法国国家图书馆藏崇祯丙子年绛州刻本，编号 Chinois 6857），第1卷，页23a。

[3]　另参得前4:9所用的"弟兄的友爱"（philadelphia），并见台湾福音书房与李常受（译）：《圣经·恢复本》（台北：台湾福音书房，2007），页927中此节之边注1。除了"友爱"及下文会谈到的"大爱"或"爱佳泊"（agape）之外，《新约》表示"爱"的希腊原文另有"喜爱"（storge）与"爱欲"（eros）二词。其间异同，请详 Benjamin B. Warfield, "The Terminology of Love in the New Testament," *The Princeton Theological Review* (January 1918), pp. 1-45。

也是人类博施于同类的情感者"[1]。总之，这种种所谓"卡利他"（*caritas*/
charitas）之"爱"[2]，天主教早已取为"人品"中最高尚的特质，不仅
《格林多前书》视为天学三德之首（格前 13:13），不仅圣奥斯定在《天主
之城》里赞扬有加（*CD*, 2:32–34），《沙漠圣父传》也鼎力强调，而其荦
荦大者，就罗斯维登本《沙漠圣父传》的首版观之，几乎也已经可以和
希腊人最重视的"友爱"并置而论。下面我拟举以讨论的故事，同样出
自《崇一堂日记随笔》，罗本的原题是《老实葆禄》（"De Pavlo Simplice"；
VP, pp. 483–484）：

> 老实葆禄，至诚人也。初因出外而其妻有所私，老实葆禄辄弃
> 家，访至安当圣人苦修山中，求为讲经，奉事天主。安当见其为乡
> 村朴野人，欲试其心，命之跪诵《圣经》，待己出，然后起听讲解。
> 老实葆禄遂如命跪诵。安当故久不出，令人潜视，不但不起，即左
> 右顾亦不敢，直至次日安当圣人出见，命之起，方起焉。圣人爱其
> 诚，遂授教，令之日侍左右……（《三编》，2:793）[3]

一般人解《沙漠圣父传》，从未以为葆禄愚昧，而是认为他秉性忠厚，不
染尘埃。《崇一堂日记随笔》中汤若望与王征译为"老实"（*simplex*）者，
多数拉丁本的现代译者都以"质朴"（simple）释之（E.g., *SSCFE*, pp.
125–128; and *DF*, pp. 193–196），此所以上引文才以"至诚"形容安当

---

[1] "Amor & Caritas, Caritas & Penuria," Cap. LXII. p.143; quoted in Rand Johnson, "Translating the Sacred: Renaissance Latin Bibles," *Proceedings of 2007 MEMESAK International Conference* (Seoul: Kyung Hee University, 2007), p. 100.

[2] "卡利他"和下节重点所在的"爱佳泊"的词意有相当高的重叠性，我会伺机再谈。如以二词所含的基督之大爱而言，我想王征可能以"慈爱"译之，"卡利他"犹然。王氏写过的对联中，有一副是天主"留降世圣言，显慈爱以拯救斯世"，见《遗著》，页 281。

[3] 此一故事另可见于巴拉迪的《圣父的天堂》，在 *SSCFE*, pp. 125–128。

这位弟子。老实葆禄的故事，罗斯维德本所收有二，第二本出现在第八卷，开传伊始就称葆禄之妻颇有容姿，"人多视为绝色"（*vxorem duxerat mulierem formosissimam; VP*, p. 730）。但是她不守妇道，丈夫务农在外，每每在家中就"招蜂引蝶"。某日葆禄由田间回来，撞破奸情。饶富深意的是他似乎早有预感，眼见太太与人燕好，不仅毫不生气，反而仰天大笑道："解脱了！解脱了！"葆禄也不用找借口，这下名正言顺即公诸友朋："我要出家为僧了。"（*ego enim recedo, & efficior monachus; VP*, p. 730）汤若望的"小册"所收，并非第八卷中这添油加醋的本子，因为故事的情节虽无大别，但我们从上引王徵的笔受却可了解汤氏所本实则未曾敷衍，故而第二卷中的"第一本"可想"原文"如次，"某日，［葆禄］亲眼撞见妻子与人通奸，他也不和人提，自己伤心地便走避沙漠，［野修］去了"（Cum vxorem suam oculis suis cum adultero cubantem vidsset, nulli quidquam dicens, egressus est domum; & moestitia animi tactus in eremum semetipsum dedit, …; *VP*, p. 483），终而得遇圣安当。

葆禄表明来意，想要拜圣安当为师，随之修行。安当初不知葆禄来历，乃像《西游记》中须菩提祖师初会孙悟空时一样；另又有如上引阿波罗的故事一般，遂从"测试"入手，开始建立彼此间的信任关系。在罗斯维德的第一本里，"测试"要求的根本原则是绝对的"服从"（*oboedientia*），是天主曾对亚当所提"不可违"的要求，也是《沙漠圣父传》着墨最多的人间有情的第一美德[1]。所以罗版的故事中虽有烈焰当空，夜露冷冽，圣安当仍然要求葆禄在室外长跪祷告，直待昼夜已过，走出室外，命之起身方止。这一点，《崇一堂日记随笔》虽然稍改内容，却是依样译述，精神上毫厘未失，总以试炼看待葆禄的顺从。在天主教"爱"

---

[1] See Douglas Burton-Christie, *The Word in the Desert: Scripture and the Quest for Holiness in Early Christian Monasticism* (New York and Oxford: Oxford University Press, 1998), p. 219.

的观念里，"顺从"乃律法（Law）的一部分，戒律（Commandments）都得赖之才能开展或完成。在《旧约》中，律法就是爱，顺从律法因此就是爱中有爱，爱上加爱。爱的是谁呢？当然是律法的授予者，是那要求人顺从其意者，在《老实葆禄》里也就是圣安当，因为他发号，是那施令者。在天主教或《圣经》的上下文里，律法的授予者乃天主，是耶稣，所以顺从律法就是敬爱天主或耶稣，隐含之意是"下对上的爱"[1]。

葆禄没让圣安当失望，他忠肝赤胆，长跪听命。安当也在肯定孺子可教后，方才以学生视葆禄，开始传道授业兼解惑。罗斯维德的第一条故事谈到王征笔译时所称"教授"的方式，可不是只有《崇一堂日记随笔》写及的"令之侍左右"而已。安当教他隐修必备的生存方式，教他要能手脚并用，照顾各种身体需求，也教他腾空脑袋，在心中预留空间，以便天主随时入住。安当立教，过晚方食，而且食不可饱，饮酒也仅能适度，不能乱性扰情，令其恍人神智。凡此葆禄都敬谨受之，躬自省察。至此，安当才在居址附近为葆禄立一石室，令安身，隐修密受。葆禄奉行唯唯，无不遵命；安当欣然，备觉安慰。《崇一堂日记随笔》由此感知的葆禄内"情"，其实"顺从"第一。汤若望谓圣安当"爱"之，所爱者当然不是上文强调的"情欲"，也不是"情爱"，而是葆禄"顺从"的天性。这个"爱"字，俗语可能称为"喜欢"，也是我刚刚转述的"欣慰"的内涵，其中更含神学上由圣奥斯定开启的所谓"敬爱""慈爱""宠爱"或"博爱"等意义。如果我们循此再探王征的评赞，则益发可以感知安当对葆禄之"爱"并不下于葆禄对他的情。至于奥斯定或武加大本《圣经》的译者，则早就会心唯唯，书之示众，以"卡利他"名之了（如格前13:1–13）。

---

[1]　Ibid., pp. 261–291.

"天主宠爱"既为"卡利他"的要件之一[1]，那么这种"爱"必不止于凡俗间的彼此敬爱，而是一种更为广博的人世大爱。《崇一堂日记随笔》所译葆禄入安当门下随侍的种种，还包括某日他"与诸进教大聪慧人讲论天主降生及古先知圣人诸事理"。书内所称"古先知圣人"，可想系古经中如梅瑟、达味诸圣；而"诸事理"者，罗斯维德本中第一条倒指陈历历，乃曩昔经中记载的灵异神奇各种事迹。葆禄老实，出言无忌，全然不以俗世人情为意，是以侍听聪慧之士论道当下，开口忽问天主"降生在前"抑"先知在前"？"沙漠圣父"一词之所以译之以"圣"，并非其中诸公殆腹笥便便，学问精湛之士，而是因为他们每能忍人之所不能忍者。加以又虔心向主，唯唯奉之，确可入圣品之列。葆禄"出言无忌"，看在安当眼里却变成"愚陋失序"（《三编》，2:794），状如罗本所称"痴愚"（simpliciores; VP, p. 483），令身为讲会主人的安当困窘不已，故此"怒而斥之，令再勿言"。然而葆禄不但不知无状，还"以为"安当"命所当然"，从此退回石室再修，噤声默然，不再言语。对于安当，他的"爱"是言听命从，不问所以，是"卡利他"中"利他"二音的中文转义。

　　石室讲会当下，圣安当当指葆禄失言，是时不得再开尊口。孰知葆禄"老实"，居然就从言语的表层认知师尊所命，而且此"命"一遵就是一两个月之久。时日推移，安当当然也知晓大概；罗本谓其闻悉后感动非常，料不到世间居然有人心思单纯若此："我们听不到上天的声音"，而葆禄"却对我们的每一字句都可心领神受"，毫不怀疑（VP, p. 483）。众人闻之赧然，面有愧色。就在此时，圣安当决定教导葆禄更高层次的"顺从"之道，只可惜这个片段《崇一堂日记随笔》略过不记。尽管如此，我们幸而仍有罗本《沙漠圣父传》可窥内情一斑，而且言之还应称

---

[1]　Saint Augustine, *Eighty-three Different Questions*, IIIVI.1, p. 67.

详。安当开始像禅门教人，不按常理出牌了：他一会儿令葆禄汲水而又倾倒于地，一会儿要他拆开竹篮而后再编织复原，最后甚至令他撕裂衣服继而重新缝补（*VP*, pp. 483–484）。安当所施，总之难以言喻，不过葆禄无怨无尤，欣然领受。安当所"教"或"教之"之法，由是当非凡俗可比或可知。罗斯维德的本子故而就此解释两句，再引《福音书》说明，这才打住。

罗本叙述者所举的《福音书》首先是《玛窦福音》，其中耶稣称："谁若愿意跟随我"，就"该弃绝自己……来跟随我"（玛 16:24）[1]。其次是《若望福音》，当中基督称自己"从天降下，不是为执行"自己的"旨意，而是为执行派遣"祂"来者的旨意"（若 6:38）。引文如数字，同样也会讲话：安当不按常理施教，目的是要葆禄"遵主圣范"（"imitation of Christ"），不以个人为念，完全"弃绝自己"。这里我曲引耿稗思（Thomas à Kempis, *c.* 1380—1471）的书名，目的在强调玛窦与若望两人笔下耶稣的话一经引用，《老实葆禄》里安当和葆禄的凡俗关系马上提升，可比成——甚至是可变成——天人问题了。葆禄对于师命的"顺从"，天主也曾一度要求于亚当，只可惜后者入耳即忘，而这弥尔顿所称人类"第一遭的违叛"（man's first disobedience），自此变成基督宗教界第一宗的滔天大罪[2]。"顺从"的重要性，在《沙漠圣父传》、《崇一堂日记随笔》或汤若望所课于王征的内容里，不仅是"人性"的问题，而是基督宗教——在《崇一堂日记随笔》的上下文里当然是罗马天主教——最重要的"超性"问题——不，我应该说是超性的"美德"。《沙漠圣父传》用凡俗关系指涉天人之际，而《崇一堂日记随笔》也因之而谓葆禄"老

---

[1] 此高一志所谓"绝意以从长命"的耶稣会之德，见所著《圣人行实·自序》，在《天主圣教圣人行实》第 1 卷，序言页 2a。另见本书第九章"阅读实学"一节。

[2] John Milton, *Paradise Lost*, in Merritt Y. Hughes, ed., *John Milton: Complete Poems and Major Prose* (New York: Odyssey Press, 1957), p. 211.

实听命每如此"，在安当"愈益爱之"之外，亦由"圣人"而上达圣三中的"圣父"：盖"天主"对他也"宠爱诚笃"了（《三编》，2:794）。

我们换句话再说，葆禄爱师敬师，结果不仅严师尊之爱之，甚且上邀天宠，连创世主也爱之宠之了。圣热落尼莫或圣奥斯定笔下的"卡利他"的定义，在这里完全体现：一面是葆禄以顺命为爱，一面是安当以得人为爱，最后则是天主因之加爱，而且——按照《崇一堂日记随笔》的说法——最后还要"畀之大力"（《三编》，2:794）。罗斯维德本对这"大力"的描述，除了在另一葆禄传中视之为"天眼通"外[1]，乃以比较级的方式为之，称之，亦即拉丁原文中所谓"更强的能力"（*plures & potentiores virtutes*; *VP*, p. 484）——强到连安当本人都自叹不如。而此一大"力"，不论在罗本还是在《崇一堂日记随笔》中，果真就由特异能力再予加强："间有染魔求祛除者，安当圣人或不能除，而老实葆禄则能除之矣。"（《三编》，2:794）

此一"超性功能"来得突然，但是葆禄既与天主有缘，我们也不必以凡俗逻辑绳之。《崇一堂日记随笔》还道安当宝爱弟子，为免葆禄因拥大能而习染时骄，忘其本来，乃置诸深山更深之处，不使人近。唯有自己力有未逮之际，方由葆禄出山协助（《三编》，2:794）。《崇一堂日记随笔》这里其实已把安当视作天主另一次的道成肉身，因为天主随后居然也从安当而顾虑葆禄可能萌发傲心，所以偶尔也想"挫其锐气"。问题是葆禄根本全诚忘己，所以一旦困难发生，他开口跽求，天主也只好一一助其祛魔济世。稍有迟疑，葆禄纯诚必发，其表现则为"魔若不去，己终不食"。如此废寝"忘食"，精诚致志，天主焉能不爱不宠？《崇一堂日记随笔》最后为葆禄一生所下的结论依然和"情"或"爱"有关：葆禄

[1] Cf. William Harmless, S.J., *Desert Christians: An Introduction to the Literature of Early Monasticism*, pp. 242-243.

功成，乃因其"诚实"之心"最为天主之所怜爱"故也（《三编》，2:795）。

故事中的"诚实"，当然不止于"坦白"的常义，而是包括"心无所计"这种朴拙无机。而终《崇一堂日记随笔》或罗斯维德本的葆禄故事，这一点无不再三着墨。罗本第一版指出葆禄为安当或天主所爱，殆因"顺命"与"诚朴"使然。第二个版本的故事则较为复杂，细笔铺陈的情节增加不少，虽不可能为汤若望口译所本，但提到葆禄为师为主所宠的原因，则相去不远，又是"诚朴"而已——外加"谦卑"。

所谓"谦卑"，不仅指葆禄样样顺从，还得"自牧"，尤忌"自满"。《崇一堂日记随笔》中有《巴孥圣人》（"De Paphnvtio"）的传文一篇（《三编》，2:765–770; *VP*, pp. 474–475），专讲"自满"。首谓巴孥（Paphnutius）自视甚高，私期天主示以所修功德可居何等，其后天神一再幻设，令其受挫，始知满招损的道理，而苦修确也不可自满。《沙漠圣父传》的实情是：修道人自觉精进即为退步，即犯骄傲之罪[1]。王征的评赞反向而为，其实并无大异："天主令天神显抑之，抑之者，正所以进之也。"（《三编》，2:770）另一圣父莫闷利约（Macarius）的行实所示，则为自牧的典型：他绝不以神修而得的功夫傲人；一遇有人称羡自己，即飘然引去（《三编》，2:787–788）[2]。沙漠圣父个个如此谦卑自牧，可用圣奥斯定式的"卑降情况"（*humilitas*）状其内心：面对众生即面对天主。方其面对尤为后者之际，他们故得自我贬抑以"听天之命"，"顺从"到底，如此和《崇一堂日记随笔》正文所强调的圣父的价值观又无大异了，而方之评赞中王征对葆禄的评价，甚且益发近似："乡村朴野，至诚老实，全是不失赤子之心之人也。"（《三编》，2:795）

---

[1] Peter France, *Hermits: The Insights of Solitude* (New York: St. Martin's Press, 1996), pp. 38–39.

[2] 莫闷利约的传记见 *SSCFE*, Book 1, pp. 117–125; and *VP*, pp. 480–482。汤若望口译的故事，已经他和王征大幅删节。

王征方葆禄于"赤子"，就晚明尤属泰州的王学左派观之，极评也，盖李贽以次，"童心"便系时哲期许最高的修身或道德内容[1]。由于葆禄心地拙朴，一旦"听命，便一一钦遵"。安当试予之试炼中，"不命之起，不敢起"，"不命之言，不敢言"。纵使事小如此，葆禄也都胸无杂念，谦卑自牧，"不敢少犯"（《三编》，2:795）。所以对他，王征认为非仅安当"爱其诚实"，甚至连天主也因此而更显"怜爱"。常人或以葆禄的老实为痴愚，可能临身而讪笑，但——这里王征开始暗示何以《崇一堂日记随笔》要附刻自己《祈请解罪启稿》的原因——王征却深刻体认到葆禄不犯"圣人之诫"的顺从性乃常人难比；而准此，则葆禄又"于天主诸诫，肯一犯之乎"？（《三编》，2:796）王征的评赞仍有下文，但我们捧读至此，对他生平稍知一二者可能疑窦已启：以葆禄诚朴且听命钦遵，难不成王征在暗示自己虽为《七克》所动，又因金尼阁与汤若望故而信教益坚，"钦崇唯一"，但连这最起码的天主诸诫都难以顺服？在《祈请解罪启稿》中，王征自述"初进教时，原矢坚守一夫一妻之规以遵诫"（《三编》，2:834），如今那少年修道者难以克淫而愿克，独自己都已登花甲而届古稀之年了，难道还不如那老者？独自己可以克之却又难敌淫念而纳妾，甚至连葆禄的"老实"都不敌，因为自己"虚传不娶，而实昌邪淫之罪"？（《三编》，2:836）迎娶申氏一事，对临老入花丛的王征而言，可真是命中诅咒，是清凉一生却难以对阿波罗启齿，不敢侍立安当左右，也不能正面求天主告饶的一大污点！

　　王征所知的老实葆禄乃村野鄙夫，比诸自己进士出身，简直胸无点墨，然而诅何人也，居然心无所羁就可信守师命与天主所立之诫？其德之全，自己似乎无以拒而难媲之！对王征而言，葆禄因此是自己的明镜，

[1] 参见（明）李贽：《童心说》，见《焚书》卷3，在所著《李贽文集》（北京：社会科学文献出版社，2000），页92。

临水揽之，可把心中龌龊一一照破。王征对天主教的了解是：葆禄这类人已经进入天家，其德全备，"讵知鬼魔畏惧远遁"，而"天主顾独鉴其诚实"？《崇一堂日记随笔》如此评赞，王征犹在西方逡巡，然而终了，王征仍得回到自己的东方主体，遂从儒家的角度再次审度葆禄的行止，而他的结论是拟之于曾参与颜回，以为"参鲁回愚"，却是"孔夫子最得意弟子也"！（《三编》，2:796）由是观之，《崇一堂日记随笔》果然可称王征个人生命的写照，正是他在俗情打滚的一部忏悔录。汤若望口述而他一一笔记者，因此无一不也在质疑自己过往的生命罪愆[1]。我们开卷所见，因此是封圣之前巴孥的倨傲不恭。他在日多国（埃及）修得的神功不过尔尔，却以为自己已位在同侪之上，因此不可一世，要比诸那"某市吹箫者"，要超越那某"约一乡而为善者"，甚至要打败那前来助他神修的"大商某人"！要等到最后关头，巴孥才掂得自己确实尔尔，才了解怎可自视若高？（《三编》，2:765–770）王征开篇评赞，就已朝谦抑伏傲的大道前进，所以"参鲁回愚"一回到王征的思绪之中，他也开始怀疑葆禄长跪当日，我们焉知他不是"独得宗传，意亦埒是"？（《三编》，2:796）

当然，不管是"独得宗传"或"怜爱"其诚，葆禄和圣安当或天主都以"情"交。对于后二者，葆禄但怀赤子之爱，可比人子亲亲，所谓"敬爱"是也。对于葆禄，圣安当或天主之"情"则如严父爱子，所谓"慈爱"是也。在故事中，葆禄最后还由俗列圣，经天主宠爱而具异秉，"羿之大力"。这时他已可代天行道，凡有"染魔求祛除者"，他无不拜求天主，以身救之，虽万死而不辞，几达耶稣冀人爱邻而臻至的博爱化境，自然也以世人为自己仁爱的对象。艾儒略《五十言余》有言曰："非奇才

---

[1] 《祈请解罪启稿》因谓："诸铎德提诲奖掖，汲汲引为教中人，年来且承远西铎德致书褒嘉，即甚驽弱，忍不思奋，第自省罪愆山积，未克悔解，实自知为重罪人也。"见《三编》，2:833–834。

博识可以成圣人，惟诚心精进而已！"（《三编》，1:379）葆禄老实，其之谓也欤？

类如"老实葆禄"者，《崇一堂日记随笔》中另有毕约尔（Pîôr）一人，而他的故事又紧紧接在《老实葆禄》之后，显然经过特殊的安排成序，因为各家《沙漠圣父传》均不做此联结（Cf. *VP*, pp. 764–765, or *SSCFE*, 1:218–219）。不过毕约尔确实也以"诚"而"听师命"，不敢违。日记所载毕氏之"师"无他，亦圣安当也，而叙述者果然也因此而将故事联系到老实葆禄去（《三编》，2:797–798）。葆禄是师有命，不敢违，毫无心机到按口说听命。毕约尔更严重。安当爱其诚朴，不拟使之凄惶于途，所以命他默修之际"不必频来见我。天主或命你来见我，方可一来见耳"（《三编》，2:797）。毕约尔听罢，居然择山居之，三十年不见安当，直至乃姊垂垂老矣，渴盼再会弟弟一面，求安当收回成命，以谋一聚，他才出关谒师。《崇一堂日记随笔》仅凭这听命钦遵一点，就断定毕约尔"亦如老实葆禄"，皆具"听命之诚"。这个"诚"字，在罗斯维德的毕约尔传中，当又如《老实葆禄》一篇所示而解为"纯诚"之意，亦即毕约尔也以奉守师命为生命最高准则，何况安当还强调唯天主有命，毕约尔方可暂息野修，重返师门。此所以安当讶奇其三十年间不见，而毕约尔随即亦回答"师有命，天主无命，是以遵师命不敢来见"耳（《三编》，2:798）。

在评毕约尔的故事时，王征说他每读之则"未有不掩卷而笑"，也推测人人读之亦"共笑之矣"（《三编》，2:799）。毕约尔的评赞中这两个笑字，我想含义不同。在王征一方，他的"笑"是会心暗许之意："今之听师命者，声入左耳，已从右耳飞去。觌面唯唯，退即笑而置之者比比也。"（《三编》，2:799–800）因此毕约尔犹如葆禄之师亦趋，步亦趋，岂寻常人能比？至于那第二个"笑"字，则如上引"退即笑"所含之负面义，盖"讪笑"也，笑天下中居然有如此"愚忠"者！王征毕竟深明教理，了解汤若望择以课己者，正是遵师命乃常人欲遵天主之命的前提，未有违背之而仍能师主行实者。和罗斯维德本解释《老实葆禄》一样，王徵对毕约尔的看法也由俗至圣，公然言明"专一敬听师命，正是专一敬听天主之命"（《三编》，2:799），从而又把"以诚听命"提升至天主教探讨天人之际时所强调的人对天主的"顺从"之德。"顺从"天主就不会违命，从圣奥斯定的解释看，也就是以"卡利他"之爱在爱天主了。

如是敬爱天主，当然得忘却人世俗情，所以强调的自为天主教式的"太上忘情"。只可惜《崇一堂日记随笔》书成之际，王徵仍未出妾，没有依金尼阁或汤若望以天德所要求于他的"遵守"或"顺从"教规。老实葆禄的纯诚应命，王徵在评赞中推许得面有难色：他做不来。毕约尔视师命有如天主之命，不但拳拳服膺，而且身体力行，躬自实践；而这王徵在自家与儒家的双重约束下又难以办到，所以如同《崇一堂日记随笔》附《祈请解罪启稿》谨表不安，在《老实葆禄》一篇之后，他重理手稿，也不得不将《毕约尔》附上，再表忐忑。毕约尔遵师遵主之命，诚诚悃悃，战战兢兢。而王徵面对如此典范，再也不能不自我告罪，不能不自我责备。他——且容我套用《毕约尔·评赞》之语——"虽承师命"，但事与愿违，亦即金尼阁与汤若望虽"当面禁谕"，他却"弗遵"而纳妾。所幸王徵奉教诚笃，退而自省后还能感叹道："余甚愧之！"王徵从汤若望笔受《沙漠圣父传》，目的正是在于誊录足令自己"可叹者"，"以立遵命之程"及"遵命"在天主教语境上的重要地位（《三编》，2:800）。

王徵为人严肃，律己极严，但要渡人，他也可以装疯卖傻因自娱而寓言人事，所著《活人丹方》乃有明一代以道德与个人心境为药引的游戏之作中的表率。这副"方子"志在拯救人心，洗净天下人的罪业，所以"成分"包括"敬天真心一副，爱人热肠一片"，而且还说若置入"宽平锅内煅炼"，只要清凉不燥，"耐烦宁静"，则"研为细末，神水调匀"，当可制成和气之丸，保人"长生不死"。[1] 王征这帖《活人丹方》当据禅门遗趣草成，我们在稍前问世的《西游记》或百年后的《红楼梦》中亦可觅得类似的寓言[2]，可见王征早年礼佛的成绩。他的方子"开"来风趣幽默，更可见——至少在药方的字面上——他有如罗斯维德本《老实葆禄》中之称阿波罗为"济世良医"（*sapiens medicus*; *VP*, p. 573），自己也变成了某种意义上的"救世医者"。若从《活人丹方》的内涵来看，服食王征之"药"的人，日后必定"忘情"而臻至"太上"的"圣人"化境。王征友爱世人，以博爱天下为职志，时人无不景仰之[3]，而更重要的是我们从他对毕约尔与老实葆禄的评赞看来，他对苍生、对天主的爱，"卡利他"的内蕴尽集其中，一无人间俗念。

爱佳泊

凡此种种爱，王征《畏天爱人极论》约之以"仁"，此所以《和靖节先生〈归去来辞〉》中他有诗云："奉一仁以作宅，历千变兮常安。"（《遗著》，页 276）在实际生活中，王征另著《仁会约》，与乡党人士共订生活准则[4]。在《畏天爱人极论》里，王征谓："仁"字可以"二言穷之，曰：'爱天主，而天主无以尚。而为天主者，爱人如己也'"。这个说法，无异

---

[1] 王征：《活人丹方》，见（清）刘凝（辑）：《天学集解》（俄罗斯圣彼得堡国家图书馆馆藏抄本），卷 4，页 37ab。

[2] 有关《西游记》者，参见王国光：《〈西游记〉别论》（上海：学林出版社，1990），页 71–108；有关《红楼梦》者，见余国藩（著），李奭学（译）：《重读〈石头记〉：〈红楼梦〉里的情欲与虚构》，页 27–96。

[3] 这点可见于（清）张炳璇：《王端节先生传》；[清] 查继佐：《王征传》；（清）黄节：《王征传》；陈垣：《泾阳王征传》，俱收于《年谱》，页 211–216 及页 219–227。

[4] 王征：《仁会约》，见《年谱》，页 141–162。

以"仁"为圣奥斯定式的"卡利他",亦即"人对天主之爱";也是《新约》式的"爱佳泊"（agape），亦即"天主对人的大爱"。在《畏天爱人极论》中，王征又解释道：使人能行以上二者，则"百行全备矣。然二亦一而已。笃爱一人，则并爱其所爱者矣。天主爱人，吾真爱天主者，有不爱人者乎"？（郑编，3:484）易言之，只要"爱人如己"，就是"钦崇一天主"（郑编，3:483），就是"卡利他"，更是"爱佳泊"。王征因而极称"仁"字，归其"德"于天主曰："仁，天之尊爵也。"（郑编，3:484）

王征这里所称之"天"，乃"天主"，至于"德"，则当如阿瑟·韦利（Arthur Waley, 1889—1966）之解《道德经》书题的"德"字，系"潜在的力量"（a latent power）之意[1]。王征认为"仁"系天主借令"所以成我者"，而我亦因心中有"爱"，所以能弥补天地之"歉"或不全："人人知爱，人人相爱"，而在此"一转念间"，只要大家又能以诚相待，"仁"之至蕴出矣，其实亦可践也，故"孰谓不至平，至易乎哉"？（郑编，3:484）王征不愧儒门出身：他把天主或耶稣的"卡利他"或"爱佳泊"都化为孔子平生强调最甚的"仁"字。

圣安当或天主宝爱老实葆禄或毕约尔，纯因他们一片至诚，不染杂念，可以为天主故而拒绝世俗的掣肘，又可视人间笑骂或凡夫的七情六欲如无物。圣安当或天主之爱，对老实葆禄或对毕约尔而言，因此也有如耶稣在《若望福音》中对世人所行之爱："你们该……如同我爱了你们一样。"（若15:12）在《新约》希腊文的语境里，耶稣传令的人世之爱以"友爱"的成分居多，但是祂以身救世，竟而忘己，则为神学上所称上对下的宗教"大爱"或"爱佳泊"，尤指天主对宗徒或对特定信众的"恩宠"而言。在后一意义上，"爱佳泊"无异于《罗马书》里的"卡利他"

---

[1] Arthur Waley, *The Way and Its Power: A Study of the Tao Té Ching and Its Place in Chinese Thought* (New York: Grove Press, 1958), pp. 31–32.

了（罗 5:5）。尽管如此，《新约》也曾以"爱佳泊"为动词（*agapao*），用之于夫妻、亲子、兄弟与天人的关系上（如弟后 4:10；若 3:19 及 12:43），意义高尚，范围并不输后来武加大本中常见的"爱媚儿"。当然，《新约》中的"爱佳泊"时而更可由上对下转为律法以外所谓下对上的"孺慕之情"，中文里同称"大爱"，也可以"敬爱"译之。这种爱，是基督信仰中诸爱的基础，而其所本或所赖者正是葆禄在《弟茂德前书》第一章第五节指出来的"纯洁的心"（*corde puro*）、"光明磊落的良心"（*conscientia bona*）与"真诚的信仰"（*fide non ficta*）。

上面提到的老实葆禄或毕约尔，粗略言之，其实都具备上述三种敬爱天主之情。然而我们若就《新约》中"爱佳泊"特有的"牺牲精神"观之，我觉得整部《崇一堂日记随笔》里，"贞女"（*beatas*）玛利诺（Maryânâ）的传记才是此一情感最佳的表现。《沙漠圣父传》中，多的是"沙漠圣'母'"，玛利诺系典型，王征与汤若望将其故事译得十分感人。圣奥斯定解释"卡利他"或"爱佳泊"，认为这种感情出自天主圣三中的"圣神"，自始就周流在人类的身上[1]。所以玛利诺故事中的这种爱，仍然和《新约》的用法有别，至少天人关系在此已经对调。易言之，我们得将玛利诺视若道成肉身的天主之爱，以她为十字架上的斑斑血迹借人类显现的忘己无私之爱。

耶稣在《福音书》中讲过多次祂对"父"的爱（如若 14:31）。此"爱"字最重要的内涵是不计毁誉，牺牲自己，愿意"以父之名"拯救人类全体。耶稣受遣而来，完成使命，理所当然。在《崇一堂日记随笔》中，玛利诺对天主圣父的爱也可比这里的耶稣，同样不计毁誉在向天主靠拢，信心勇气坚毅过人。为使世人趋主避魔，玛利诺传最后还写道：

---

[1]　Saint Augustine, "Homilies on 1 John," in John Burnaby, ed., *Augustine: Later Works* (Philadelphia: The Westminster Press, 1955), p. 318. Also see Hannah Arendt, *Love and Saint Augustine*, pp. 21–22.

她又像蒙冤未雪的耶稣一样，不惜饱受误会而牺牲自己。如此救世与爱世之忱，可比天主化为肉身为人赎罪的爱，故而我们在玛利诺的故事中也看到她颠倒圣俗的次序，反转人对天主的"诚爱"，使之变成以人演示的天主对人的"大爱"或"博爱"。

从叙利亚文或希腊音看来，"玛利诺"实为男子名，相应之阴性专有名词是我们熟悉的"玛利亚"（Mâriâ），所以巴拉迪（Palladius）编《圣父的天堂》（*The Paradise of the Holy Fathers*）的叙利亚文本，"玛利诺"的传奇译成了英文便是《圣女玛利亚的故事》（"Of the Blessed Woman Maria"; *SSCFE*, 1:248–250）。巴拉迪或罗斯维德都不知道玛利诺传的原作者是谁，不过罗氏显然认为玛利诺出身亚历山德拉，所刊《沙漠圣父传》指出礼仪年历上为她祝贺的节日乃每年的二月十二日。我所见的现代版《圣女玛利纳》（"St. Marina"）的中译传文里，"玛利诺"之父则名为"欧日纳"（Eugenius），系"俾斯尼亚人"（Bebryces）人[1]，和罗斯维德之见不合。汤若望本以口译者，当非《圣父的天堂》的原文或其拉丁文译本，不过如前所述，他深谙《沙漠圣父传》的阅读传统，驻铎崇一堂时，应当不会忽视此一天主教世界传颂已久的圣女传奇。

王征为汤若望代笔，谓玛利诺之父乃教中卓有盛德之士，因诚心慕道而弃家遁入某修会神修。岁月悠悠，寒暑十易之后，这位父亲"凡心"忽动，想起自己的女儿犹寄养在外，形单影只，遂满面忧色，镇日颓然失神。修会会长问故，玛父方才透露——他不说"女儿"，而是说——自己的"儿子"寄居在外，因思念而致抑郁寡欢，忧形于色。这段过程罗斯维德述之尤切，我们在他的《沙漠圣父传》中看到修会会长甚同其情，特允玛父回到寄养的亲人家中，将"儿子"带回修院。玛父遂在女

---

[1] 公教真理学会（编著）：《圣人传记》（*Lives of the Saints*），4 册（台北：思高圣经学会出版社，2005），1:245。

儿十四岁——《崇一堂日记随笔》说是十三岁——时将她乔扮为男，改"玛利纳"之名为"玛利诺"而携带入会，父女共修。如是者岁月悠悠又是十易寒暑而有余，而此时玛利诺之父业已亡故，二十七岁的玛利诺已亭亭长成，唯会中同修都不知道她的女子真身，仅以仪容秀雅的俊男诧然视之。玛利诺亦坚忍向道，只字不吐，一切苦劳咸以身任，无怨无悔（*VP*, p. 393）。

罗斯维德本《沙漠圣父传》续道，玛利诺之父爱女心切，去世前特地对她叮嘱如下："女儿，你生前不会有人知道你［女身］的秘密，但要小心魔鬼！别让他给引入歧途而把这神圣的修会给毁掉了。在基督和众天神面前奋斗吧！要赢得［天国的］冠冕，永远远离恶魔。尤切毋堕入邪道，不得超脱。"（*VP*, p. 393）故事中，玛父这席话有意义，就《崇一堂日记随笔》的后文看来至关重要，可惜汤若望口度之际并未看出，而王征当然也没随笔记下。父亲生前的话其实预言了玛利诺的命运，盖该修会离市尘颇有距离，物品补给不可或缺，会中修士得驾车出差，采买所需。此一责任向来由会中长辈担负，不料某日修会会长因故反而命玛利诺"卸车入城"，备办补给。待她任务完成，当时却日已西斜。所以玛利诺像以前会中同志"诣某家"，准备打尖过夜，隔日再返修会。父亲生前的叮嘱，其意义几乎就由这"某家"当夜发生的事点滴显现。

玛利诺"诣某家"后，这"某家女见玛利诺而悦之，盖视之为美少年"而"不知其为真童女也，遽欲私之"（《三编》，2:827）。玛利诺乃纯阴之身，以全贞为念，怎可能会去"私"那淫女？玛利诺拒之而返，不过问题也随之而来，盖——

乃某家女淫心炽甚，不能已，辄他有所私而成孕。比将娠，其父母觉之，勒问其所私。淫女私其所私之人，不之吐也，反以玛利诺之名对。适玛利诺承会长之命，复至其家。其淫女之父母怒甚，与众人宣知此事。咸痛挞之，驰报会长，与众通知。会长疾恶之甚，总不知其为女身也。痛挞之，几死，即逐之会外。玛利诺遭此冤诬亦总不肯自白，自露其女身，日唯于会所门外承罪祈哀而已。未几，淫女生一子，其父母又送玛利诺处，再辱挞之。玛利诺哀泣，抚育此子，朝夕宿于门外，默自苦修。每见会中人，即叩头乞哀，如此五年。众会人怜其苦，又念其父曾为大有德人，咸恳求于会长，会长方许之复入，然命一切会中最贱最苦之役皆独身任之，毋得他有代也。玛利诺得入，喜甚。其苦作愈甚，顾殊不自以为苦。又三年，忽有疾，病甚。会长令诸人勿得视慰，且曰："入会未几即有病，是天主不欲令是等罪人久涸我苦修会中乎？诸人何数数恳求为耶？"玛利诺死，会长仍令异葬野外。众会人将遵命异葬，内有怜其苦极者欲为一洗涤之。比解衣欲洗，方知其犹然童女身也。众始惊泣，急请会长亲看。会长亲看之真，不觉大声恸哭，跪而悔罪……（《三编》，2:827–829）

玛利诺遭那淫女冤诬，据《沙漠圣父传》载，其实乃因"魔仇邪道"（*infidias inimici; VP*, pp. 393）作虐使然，正应了玛父叮嘱爱女提防的话中重点。玛利诺生前，确实也没有人认出她的童女原身，更未"毁掉"或"涸浊"了所属修会。《崇一堂日记随笔》所收《沙漠圣父传》各篇，其中玛利诺的故事恐怕戏剧性最强，而其张力首先便因传中这"魔鬼"——文本稍后，王征也将之译出，写于传文之末——或"淫念"的化身与玛利诺"太上忘情"的"冰清洁志"冲突形成。从结构上看，玛父生前的叮嘱，在全传中因而是伏笔，预告玛利诺来日命运的态势至显，而原作者笔法之高妙，由是也可窥斑见豹。

　　玛利诺传文学性强，这伏笔是因素之一。但若撇开不谈，玛利诺故事的张力，我以为另外有一，俱系于上引传文中的"知"字：身为读者，我们显然像身兼译者与读者的王征和汤若望一样，都知道玛利诺系女身。唯独她所居修会的会众及会长不"知"，而悲剧其实就由此引发。另一攸关戏剧张力的问题是：玛利诺何以愿意承受各种苦难与侮辱而坚决不肯吐露其女儿真身？在罗斯维德的传文中，会长听人报知了玛利诺与淫女有私而产子之后，曾找她查证是事是否属实。事关天主教修士的"名节"，玛利诺本来轻易便可否认，因为她身为女性，理论上不可能与女人有私，毋论产子。然而当着会长的面，玛利诺却强压内心的冤屈，在《沙漠圣父传》中嗫嚅回道——而且还"承认"——私通正是自己所为："师父，是我犯的罪，……我很后悔，请为我祷告。"（VP, p. 393）

会长铁面无私，当然愤怒难抑，就像《崇一堂日记随笔》所记的一样，随即"痛挟"玛利诺，使之"几死"，同时还将她逐出修会，任其自生自灭。令人犹疑难解的是，玛利诺此后更显卑微，而且显然情系修会，在院门之外五里徘徊，凡有人问，她都"承罪祈哀"终始之，好像那私通之罪果为所犯。玛利诺如是情牵，凡三年。那淫女所产之子，她当然也"概括承受"了，毫不辩解，日日且乞食以抚育之，而如是者又是两年。是以会长承故人与众人情，准许玛利诺再度入院重修之前，王征的笔记谓之"叩头乞哀"已达"五年"之久（《三编》，2:828）。重返修会前此一甚长的期间内，有人怜悯玛利诺，尝为之代向院长求情，但各种横逆纷至沓来却也彰明较著，玛利诺承受了世间罕人能忍的肉体与声名上的侮辱。问题是玛利诺就是默默领受，而且也以"罪身"自视，无一词为自己辩白。

在中国文化传统中，女性因故而以男装现身一直是尤自北朝《木兰辞》或《木兰诗》以来，众所喜爱的文学母题，包括背景较早但年代晚出的孟丽君或祝英台等相关戏曲在内。这类故事强调女儿家也能做男儿事，"巾帼英雄"或"扫眉才子"并非不可为。不过我们从历史反向再议，却也察觉这类故事凸显出来而反显讽刺的是女性在历史上的从属地位。玛利诺传奇移为中文，我们读而奇之，甚至有所期待，其实系因同一心理使然。其中强烈的性别因素，恐怕更是王征这类儒家男性沙文主义者感动的原因之一。事实确实如此：王征或汤若望非仅以《玛利诺》为《崇一堂日记随笔》压轴，在传文文末，王征也跳出《沙漠圣父传》或汤若望的口译，自行语增而"脱稿演出"，以数语向玛利诺致敬，谓之乃"绝德"女子，而其事迹更是"举世所难及"也（《三编》，2:830）。女扮男装已为一奇，"沙漠圣母"中这种例子不多[1]，而玛利诺乃其中之佼佼者，又是一奇。对儒门男性而言，玛利诺的例子吸引力更大，其中倘再加上她坚毅果决的个性与忍辱负重的精神，那么王征"译文"中会出现上述一类"最高级"的语汇也就顺理成章了。玛利诺逆来顺受，为信仰不计一切，人间的冤屈又怎能折其天上之志？她周遭主要的人事，多与男性中心论下的修院活动有关。这一点强化了苦修与女性特质时而矛盾的圣传母题，继而也彰显了这类母题在宗教上的特殊性，使之在《沙漠圣父传》中更显突出，令人侧目，所以当居主导地位，应无疑问。我相信唯有经此解释，《崇一堂日记随笔》才可将玛利诺传推为高潮，使之变成全书的压轴之译。

在上文所提王征的语添之外，玛利诺的坚忍，王氏又自成解读，从而在传文最后的评赞中强调其所以含冤不辩，乃"惟恐其女身一露，有伤厥父易女作男之初心"故也。观诸玛利诺全传，王征的解释当然是，因为冤诬一来，《崇一堂日记随笔》每谓玛利诺"总不肯自白，自露其女身"（《三编》，2:828）。不过我们回头细案，对于这点王征似乎评得疑信参半，因为评赞继之冒出来的却是一个暧昧的问句，介于修辞反问的是

---

[1] 另一个名例是狄奥多拉（Theodora）的故事。"他"其实是个"她"，以女流而在沙漠隐修，而且要等到亡后净体，大家方知"阿爸"（abba）原来是"阿妈"（amma）。狄奥多拉的事迹见 SDF, pp. 82–84. 相关论述见 William Harmless, S.J., *Desert Christians: An Introduction to the Literature of Early Monasticism*, pp. 440–441.

与非之间："此或其一念之隐衷乎？"（《三编》, 2:831）严格说来，这个问题只有玛利诺自己才能肯定，汤若望口译时并无任何相关的暗示。王征日记所重乃玛利诺入会苦修后数年，"盛德益著，苦行益坚"（《三编》, 2:826），有若其父。至于女身是否会败露，这点如前所示，根本不在玛父顾虑之中或他根本否定之。如此看来，玛利诺拒绝申冤，想来另有隐情。《圣父的天堂》中，玛利诺之父原拟将她送入修女院神修，但玛利诺反对，因为父亲已有年纪，她不能——也不忍——离之而去（SSCFE, 1:248）。如今父亲既亡，玛利诺少了一份顾虑，她大可承认自己的性别，再转到修女院继续清修，如此不正可回复其"玛利纳"的原身，又何必含冤莫白，任人诟责？有关"淫女"设计陷害一节，即使在巴拉迪的本子中，我们也难以觅得证据以支持王征的解读。玛利诺强忍误会，《圣父的天堂》频频暗示者反而是她"为主之故"而"爱敌如己"：她动心忍性，宁愿如耶稣般以含冤自我试炼，甚至以"罪人"自居。所以当最后真相大白时，《圣父的天堂》的叙述者即明白指出玛利诺所作所为的都是要荣耀天主，都是因"天主之名"使然（SSCFE, 1:249–251）。

　　巴拉迪的本子，设使亦为汤若望手持的《沙漠圣父传》所据，则玛利诺之埋"名"而——尤其是——隐"性"所示者，我想应为天主教的罪人观。在《圣父的天堂》中，玛利诺强调最甚的是自己为有罪（sin）之身；为了赎罪，她才会每天想办法哺育那和自己一无关系的弃婴，甚至干脆就承认自己犯有"淫行"，"堕落"（fall）了（SSCFE, 1:250）。玛利诺暴露真身后终令会长恸悔等情节，《圣父的天堂》阙，然而上面的叙述已足以显示"人生而有罪"这个天主教的基要思想，指出此一思想在玛利诺的脑海中烙得有多深。凡人出世就"获罪于天"这个罪人观，正是玛利诺含冤而不辩不雪最大的原因。《崇一堂日记随笔》记玛利诺因遗体净身才暴露性别这一段，1615年的罗斯维德本《沙漠圣父传》中言之无殊，故此我们几可断定罗氏的传统才是汤若望口译所本。王征的笔记系由《沙漠圣父传》中《贞女圣玛利诺传》("Vita Sanctæ Marinæ Virginis")的后半部改写、敷衍而得，应为不移之论（*VP*, p. 394）。

　　所谓"为主"之说，我们同样得就天主教的罪人观出发审视，才能详明其然，而"以为主受难为荣"等常见的苦修原因，更得建立在这个基础之上。有关苦修之说，入华耶稣会从庞迪我的《七克》写成以来，便一再强调这是世人赎罪的良方，是爱主的不二法门[1]。话说回来，王征实则亦知玛利诺的故事有其戏剧性的一面，评赞之始因而说道："以女扮男，不但同会者不知其不男，且令淫女谬认为美男，亦可为（谓）善变者矣。"这里"善变者"三字当无贬义，王征指玛利诺易容乔装的桥段高明，没有人辨认得出。如果有人可以，则非出自冥冥天意不可，所以会中才有人可怜玛利诺之苦而为她解衣净身，终使沉冤得雪。这一切，王征俱以为系"天主默启"有以致之（《三编》，2:831）。在罪身观之外，"天主默启"当然也是天主教另一个难以撼动的基要思想。

　　玛利诺的故事奇特若此，她移灵到修会所在的天主堂后，遐迩闻之，"无不人人惊诧，持蜡而来"，而"观且吊者"且不下"十数万人"之多（《三编》，2:830）。若以巴拉迪本为准，汤若望这里的译述几乎是翻译上所谓"结构规范"（matricial norm）下的"改编"行为[2]，盖玛利诺亡后，她父亲生前提及的"魔鬼"此时倏地出现，附凭到前述"淫女"的身上，而且"作厉"令之"殊苦"，虽"百方不能止"，唯待"八日"后其父母"自悔当时之冤诬，令淫女亦往见"玛利诺的遗体，魔鬼才因畏惧而遁去。故事至此再作奇传，而版本上更奇，同样也由巴拉迪转向罗斯维德去。王征有高见，评而赞道玛利诺留尸"八日"——在罗本《沙漠圣父传》中是"第七日"（*in septimâ die*; *VP*, p. 394）——乃为祛魔显灵，拯世

---

[1] 《七克》称有"多鸣"者，愿盗贼磔其"手足肢体"，以"为上帝久忍痛苦"，见李辑，2:919。

[2] Gideon Toury, "The Nature and Role of Norms in Translation," in Lawrence Venuti, ed., *The Translation Studies Reader*, 2nd ed. (New York and London: Routledge, 2004), pp. 209–210.

救民，恰可呼应老实葆禄最后禳灾去邪的"天"赋异秉："盖亦向者表扬葆禄圣人之微意哉！"（《三编》，2:831）

葆禄以老实而邀天主怜，王征对玛利诺的评赞也相去不远，亦以其之坚忍而为天主爱，盖她的生命特质同样含括了《弟茂德前书》中强调的"纯洁的心""光明磊落的良心"与"真诚的信仰"。基督宗教中的爱，上述三者是根本，前已论及。然而就天主教的天人观言之，"真诚的信仰"当居三者之首。因"信"称义，由"信"也才能得"爱"。即使是王征，对此也体会甚深[1]。"信"与"爱"倘合而为一，其实便是人对天主的"孺慕之忱"，而这种感情已超乎人世欲念，甚至得以忘却俗界为进入之门，否则"太上"的情感主体难得。老实葆禄如此，毕约尔如此，玛利诺同样也是如此。

他们三人间若有不同，差异就在葆禄和毕约尔都以仰望之姿恳求天主垂怜示爱，玛利诺却在孺慕天主之际将心比心，把自己"放到"天主的位阶上，对构陷她的淫女或淫魔一无恨意，体现了耶稣"你们当爱你们的仇人"的宝训（玛5:44）。此外，众人皆以玛利诺为男，因此在故事的逻辑上，玛利诺实无显露母性的必要，更无接受淫女所出的义务。可是她不但一肩扛下通奸的道德罪名，也担负起因为如此所需担负之责。她对世人的爱已非俗常之情，而——在天主教的语境中——是天主，尤其是基督在《新约》中所展现的"天界之情"。王征如果回想到所著《清北创建温恭毅公缮城祠碑记》，可能会引他勉励温公的话评比玛利诺道："倘先生一闻人言，便引筑怨之嫌乎，其何得有今日？征常读西儒《真福实指》。所指真福八端之一有曰：'为义而被窘难者，乃真福。为其已得天上国也。'如先生之'真'，已永享天上之福矣！"（《遗著》，页252）由是反思，我们可想何以罗斯维德本《沙漠圣父传》一再以天主圣三——这当

---

[1] 王征：《代疑篇·序》，见吴编，页484。

中当然也包括"圣神"——对待世人的方式较诸玛利诺的人间行为，从而暗示上述形式的"爱佳泊"必然永世长存，和天主共处于天地之间（VP, p. 394）。饶富意义的是：从《崇一堂日记随笔》的翻译策略来看，玛利诺传反衬出来的这种"天界之情"，凡人——不论是阿波罗故事里的少年还是老者，也不论是老实葆禄还是毕约尔——似乎都得以对天主之"信"或"爱"为体认之先，然后在"太上无情"这种有情悖论的开示下臻化而至。

翻译告解

王征在崇一堂为汤若望笔受之际，当然懵懂于所记乃天主教世界鼎鼎大名的沙漠圣父的故事，否则一定会诧异"圣父"（pater）中何以会有女子侧身其间，何以上述"奇人"异事又都发生在"沙漠"之中？这些问题答之不易，因为问题问来犹如在问3至5世纪间天主教隐修运动的起源与经过，而这岂是本章可以回答得了的？虽然如此，我们若缩小范围，把问题局限在"沙漠"和王征——有部分甚至包括汤若望——中译时所处的中国明末的关系上，那么要我以区区数语结束本章，或许尚可。

从《崇一堂日记随笔》的序言与评赞看来，王征确实不知自己为汤若望笔记者乃欧人通称《沙漠圣父传》的圣传传奇。他仅知笔下都是教中圣人与圣女的事迹，而这些人的共同特色系苦修自持，不为俗世的感情左右，正是《简而文自记》里王征所谓愿"潜伏洞壑，永遵十诫清修"的素怀典型（《遗著》，页195），也合乎他归田后抛却"寥翔之念"而"悉归目前"的平淡之志（《遗著》，页204）。为汤若望笔受《崇一堂日记随笔》，因此是王征"焚修昭事"的生命大事[1]，亦为他在《西儒耳目

---

[1] 王征：《析箸文簿自叙琐言》，见《遗著》，页228。

资》与《远西奇器图说》外的著译生涯里的另一奇行。罢官之后，王征在《山居自咏》中犹以"启我灵函圣迹图"一句回忆之[1]。

再理昔年的笔受之际，王征其实年事已高，然而他不但不以笔耕为苦，还道"受得苦中苦，方做人上人"（《三编》，2:762）。《崇一堂日记随笔·小引》提及书中诸圣，王征也因其人不辞劳苦而以"苦修士"称之。这些隐修士"皆有志做天上人者，不苦而能之乎？嗜苦如饴，非矫情也"。所以笔受之"非果能自取法，亦非必欲强人取法，但思诸修士看透世缘悉幻，独依天主为真，故虽受苦千般，不改钦崇一念"（《三编》，2:762）。"崇一"的堂名与书名，至是又纶音再响，而书里"为主受苦乃荣主"的观念也很明显，看得出是王征不辞苦、不畏苦臂助汤若望"译举"的动力之一，几乎也是玛利诺一般的牺牲精神。我们若循此三思，则王征多日笔受，雨夜还搦管重理旧译，当然也可称为某种苦修行为，乃借以锻心炼性，进而瞻仰天主，有如老实葆禄或毕约尔一般。

老实葆禄或毕约尔乃圣安当门下，而据亚特那修的《圣安当传》，他隐修的石室位于埃及尼罗河谷某处，总之和阿波罗故事中那老少隐修士及《玛利诺》里的主角一样，都是北非漠地。玛利诺的居址是个修会，应有某种大小的苑囿，离市尘人烟所聚也有两三天的时距。上述诸人个个几乎都有个人自行择定的修行石砌屋室，而《沙漠圣父传》书题所称的"沙漠"虽然不一定指"漠地"，但他们所居确实也都远离人迹，草木难生，而且多处深山之中，乃"漠山"也。这种地景的意义，彼得·布朗（Peter Brown）曾以"身体"（body）对照之，说明情欲在其中扮演的角色。一般概念里，"沙漠"因多水源缺乏、草木不生，所以也是"荒芜"（barren）的代称。一方面，安当等沙漠圣父离群索居，来到沙漠隐修，

---

[1]　卢前:《山居咏·跋》（见《遗著》，页303）称"启我灵函圣迹图"一句为"天主教义"，不知所据为何。

说来系因"沙漠没有女人"使然，所以这群人实乃希腊上古"憎恨女性"（misogyny）的性别偏见的复辟者。他们的行为，另一方面则是如此思想和天主教规——如十诫中的禁欲观——合流的结果。[1] 教中所称之"欲"，当然以深具情色一面的"爱乐实"为主；而从男性中心论的角度来看，要杜绝这种负面欲望，男人势必得贬低或"扬弃"性与女人，而这或许正是玛利诺始终没有恢复"玛利纳"真身的念头的缘故，也是那"淫女"追求她，而王征译谓"玛利诺拒绝之"的重要因素。

无论如何，沙漠中的圣父必须杜绝女色，务使本性中的肉欲（carnal desire）或性欲（lust）变得有如"槁木死灰"。最好是把心修得"童山濯濯"，一念不起。在这种思想的带动下，沙漠圣父当然不能像中国——尤其是——禅门僧人往那溪流涓涓、鸟鸣花开的"名山"隐居[2]。身为基督徒，他们得如王征在圣安当传中所评，"避世惟恐不远，入山惟恐不深，人总不见不闻"（《三编》，2:782）。职是之故，他们时常也得师法天主而自我流放于旷野或其他不毛之地，而有什么地方能像"沙漠"这么在"形"——实体——与"神"——比喻——的层次上都是西方文化里的"不毛之地"？"沙漠圣父"就是一群拉丁文所称的"越雷觅他"（eremita）——或可译"独修"或"隐修士"——而这个词的本义倘据也是圣父传作者之一的圣依西多禄（Isidore of Seville, *c.* 560—636）的解释，正指找寻"荒漠"或"荒芜而无人烟之地"（eremum）的"隐遁者"（anchorita）。在精神层次上，他们师法厄里亚（Elijah）和洗者若翰（John the Baptist; *EIS*, p. 172）。沙漠圣父得永守童贞，在性事上"一尘不

---

[1]　Peter Brown, *The Body and Society: Men, Women, and Sexual Renunciation in Early Christianity* (New York: Columbia University Press, 1988), pp. 241–258.

[2]　王征对类此者颇有批评，《安当葆禄》合传的评赞记道："我辈少能甘澹薄，便谓卓越一时。又或少少撇脱尘缘，便谓超绝千古。间有深山守静孤者，却又名心飞驰，甚或借为快捷方式，求其刻刻念念。"见《三编》，2:784。

染",纯洁得有如厄里亚和洗者若翰两人共同追随的耶稣。

老实葆禄的故事显示,沙漠圣父在修行上几乎都采取"师徒制"。不过为人师者如圣安当,大多不以"言教"教人,而是以"身教"诲人(*DF*, pp. xxx–xxxi)。在毕约尔的传记里,这种授徒方式最明显。安当令他修行,而修行地点在比安当所在地还要更深的深山内。毕约尔得独自起居,从安当当年的身教揣摩苦修的方式。这个模式固然是旷野里的耶稣首创,但那毕竟是经中的过往。在沙漠圣父所处的上古末期,圣热落尼莫才是在当下笔记整个模式的人。他写葆禄首位独修的传记,就是让他以自身为典范教人。安当生当葆禄之后,在葆禄蒙主宠召前还曾前往探视,互道仰慕的衷肠。凡此,罗斯维德的《沙漠圣父传》都曾详载之(*VP*, pp. 19–20),而汤若望也为王征在崇一堂"课"及了,重点就中译于《崇一堂日记随笔》的圣安当传之中(《三编》,2:779–781)。王征有志于灵修,所以圣安当及其他沙漠圣父绝非他的文化他者。但从这些人授徒的方式看来,汤若望为王征"课",反而是地道的中国传统教学方式:这对跨国师徒的关系,乃确立在文本解释的基础之上。

我所谓的"解释",就《崇一堂日记随笔》的历史上下文看,精确的说法当然是"翻译",而且是雅各布森(Roman Jakobson, 1896—1982)所称的语际(interlingual)和语内(intralingual)合流的翻译行为[1]。汤若望何以选《沙漠圣父传》日课王征,《崇一堂日记随笔》从未道及[2]。但王征

----

[1] Roman Jakobson, "On Linguistic Aspects of Translation," in *The Translation Studies Reader*, ed. Lawrence Venuti, 2nd ed., p. 139.

[2] 魏特(Alfons Vath, S. J.)(著)、杨丙辰(译):《汤若望传》(*Johann Adam Schall von Bell S. J.*),2 册(台北:商务印书馆,1960),1:119 谓《崇一堂日记随笔》的原本乃王征偶获,不知根据为何。对于这点,魏特的德文原本或有解释,但我尚未看到。尽管如此,我们若据《崇一堂日记随笔·小引》,原作仍应视为由汤氏携带入陕为宜。我怀疑魏特看过中译本。汤若望系随金尼阁来华,所携可能就是 1620 年金氏由欧洲募集至中国的七千部欧籍之一。不过在惠泽霖(Hubert Germain Verhaeren)编的《北堂书目》(*Catalogue de la Bibliothèque du Pé-T'ang*)中,这点我尚未查得确证。

有志效法天主教的古圣先贤，则从他在万历四十三（1615）年初会庞迪我那一刻起，就已端倪可见。王征因《七克》而入教，书中"婚娶正议"一节对其"纳妾"之见影响恐怕最大。从利玛窦以来，天主教多可容忍儒家伦理，唯一不能妥协就是纳妾，即使"不孝"或"无后"之论也不能博其同情。"婚娶正议"大力抨击蓄妾，庞迪我据"妾者，接也"的古义，附之于"防淫"项下，使"妾"变成"淫念"的代名词，乃那负面含意的"爱乐实"或"爱乐死"，从而又联系上了《旧约》十诫要求人类戒之的第六条，何况"绝色"还是圣依纳爵从耶稣行实出发而有所求于耶稣会士的入会誓愿。一旦蓄妾，庞迪我——包括汤若望——还认为会威胁到家庭和睦，出现轻视庶子教育等社会问题（李辑，2:1042—1052），因此纵为高官也不得与之妥协，不可轻言为其付洗[1]。当时文化反省力高的儒门中人如李之藻与杨廷筠等，即都力守利玛窦以来的耶稣会规。孙元化（1581—1632）一家三代，更为信仰而从未蓄妾，连男丁寥零之际也不改其志[2]。王征体认到女色问题的严重时，已经娶妻尚氏：妾的问题令他耿耿于怀，但天启三年（1623），仍因儒门孝道而又纳申氏为妾。他想从圣安当谢绝女色既然不可能，唯一能做的大概就只有戒淫，再效老实葆禄之出妻而"出妾"了。王征的这点"微愿"乃性别与中国现代性

---

[1] 参见康志杰：《论明清之际来华耶稣会士对中国纳妾婚俗的批评》，《世界宗教研究》第 2 期（1998 年 4 月），页 136—143。不过耶稣会非妾，最佳的研究仍为上举黄一农的专文。至于汤若望的看法，见魏特：《汤若望传》，2:301。用苏如望（João Soeiro, 1566—1607）《天主圣教约言》中的话来讲，亦即"妻妾相妒，嫡庶相争"等等，见《耶档馆》，2:276；另见王丰肃（高一志）：《教要解略》中之相关议论，在《耶档馆》，1:165。"婚娶正议"中，庞迪我雄辩滔滔，言之凿凿，但我觉得他的诠释不完全合理，因为他忘了儒家正派人士"无后为大"的理由和《旧约》对一夫多妻的容忍并无二致，他也没看出儒家的孝道和天主教一样，都从男性中心论出发，使女人沦为生育工具。这两种看法一旦结合为一，难怪孔门就不以"人"视"妾"，从而衍生出不少连"性别"（gender）都谈不上的父系中心论上的正当性问题。

[2] 见刘耘华：《徐光启姻亲脉络中的上海天主教文人：以孙元化、许乐善二家族为中心》，《世界宗教研究》第 1 期（2009），页 104。

的联系点之一，但他似乎却仍行之不得，盖申氏唯夫是从，代夫掌家，私德与公德俱全，怎能无缘无故即挥之使去？[1] 此刻的王征，确实左右在儒门与天学的信仰之间，而他唯一能向天主告解的方式，大概也只有为汤若望助译一途。《崇一堂日记随笔》译成，王征无形的告解亦成，书末附录《祈请解罪启稿》的忏悔意含是再清楚不过了。

王征私领域的活动，当然也不乏公领域的意义，而这不啻说《崇一堂日记随笔》书成，王征必然另有惜忍自己以造福他人之意。《崇一堂日记随笔·小引》道："天虽老我之须眉矣，不老我之心志，不老我之耳目。安居明窗净几，尽是自在清闲；光阴有几，忍复虚掷，无问开卷有益？"（《三编》，2:763）这几句话开头效李长吉（790—816）句而以"老"为动词，虽非王征生平罕为[2]，但修辞力量甚强，显而易见。对王征来讲，只要《崇一堂日记随笔》中的圣贤可以"左右对面"，只要这些"至尊不离目前"，则读其人苦修自持的事迹，恰可"收摄狂念而潜滋其心灵"，避开本章第一节那少年和老年的欲念丑态。王征还改写了《新约》中葆禄的话道：以"一时之微苦得微异日之安恬"[3]，何其便宜，又何乐不为？"真苦不恤"（《三编》，2:763），《崇一堂日记随笔》至是为之一变，变成了王征自渡渡人的救苦方舟，也变成了汤若望入世淑人的济难渡筏。

汤若望以翻译课人，对《崇一堂日记随笔》中各传文的知识背景当然远胜王征。《沙漠圣父传》的联系，他不可能不知道，况且圣亚特那修、圣安当或圣热落尼莫的名字，耶稣会士在 16、17 世纪早已从欧洲写

---

[1]　这些道理，耶稣会从利玛窦以来知之甚稔，也知道会制造出社会问题，参见 Henri Bernard, *Le Père Matthieu Ricci et la Société Chinoise de son timps (1552—1610)*, 2 vols. (Tientsin: Hautes études, 1937), 2:346。

[2]　王征：《和焦涵老中丞年兄见赠元韵》开诗即有"老我桑榆景"一句，见《遗著》，页 270。

[3]　这一句话在利玛窦的《畸人十篇》里译作："以瞬息之轻劳，致吾无穷之重乐。"见李辑，1:254；在庞迪我的《七克》中，则译为"今世瞬息微眇之劳，所致天堂之福乐无量数，无限期矣"。见李辑，2:1092，而其原典应为《格林多后书》4:17。

到了中国，而《沙漠圣父传》这个通称还是圣热落尼莫命名的结果，其时的标准拉丁文本也是耶稣会的同会弟兄编译而成！汤若望奉诏修历，进京前应请而入崇一堂振铎，《崇一堂日记随笔》正文各篇，乃为振铎的对象之一王征而译，而王征何其有幸而得以笔受之，几乎是率先在译史与中西文学交流史上占得先机，和汤若望共享《沙漠圣父传》首译——就管见所知，也是迄今仅见的中文译本——的美名。

《崇一堂日记随笔》的意义，其实不止上举译史与文学史所具者，我们还得再论本章重点所在的"爱"字，回到王征为纳妾而向铎德告解一事。他告解的对象不仅止于泰西诸公，另含天神谙若（*anjo*）与天主陡斯（Deus）[1]。中国古来鲜见专文论"爱"，有之，多半也是用"情"或"欲"字代之，但《祈请解罪启稿》对天主却直言示"爱"（《三编》，2:833），相当特殊。我们踅回《崇一堂日记随笔》反省，则可见王征如此所记，大致又在劝人禁"欲"克"情"，希望助人跳脱尘圈而入圣超凡——有情大欲，汤若望与王征都已列在禁制与克制的范围之内了！王征的写法，读来有如教条，当然又是他的"太上情结"发酵使然。在《祈请解罪启稿》中，王征追溯半生，把幸脱登莱之难也列为天主所赐："百危百险中，赖主佑而生还。"圣宠一至于此，而他犹"不自割舍，日堕欲海中"，岂非辜负之极？追念及此，王征悔不当初，他想"及时苦修，断绝一切世缘"（《三编》，2:836），想效法沙漠中那些修道者苦修致甘。他宁"做天上人"去也（《三编》，2:762），也不愿"悠悠忽忽"在"醉梦乡"里"料理尘情"了（《三编》，2:763）。讽刺的是，"太上忘情"果为天学理想，则在人世似乎仅汤若望可以臻至，盖二朝而仕对汤氏根本构不成变节的罪名，但王征二妻而驭就为铎德不容，圣教不允。《沙漠圣父传》或《崇

---

[1] Cf. Albert Chan, S.J., *Chinese Books and Documents in the Jesuit Archives in Rome: A Descriptive Catalogue, Japonica-Sinica I–IV*, p. 321.

一堂日记随笔》中的戒淫禁欲思想，因此只是王征的生命理想，思齐或可，实践实难。崇祯十年（1637），王征雨夜重理《崇一堂日记随笔》的旧稿，再读下他说"不觉动今昔之感"（《三编》，2:761）。所谓"今昔"者何，如此时间感肇致的情绪又是什么？是和汤若望近十年前的互动，是吴桥兵变幸而生还，还是别有其他不足为"儒家"而得向"天主"道者？这些问题，耐人思索。

王征对天儒合一向来乐观，所吟《即事》诗有云："精白一心事上帝，全忠全孝更无疑。"（《遗著》，页275）天启年间清军叩关，就在军事倥偬之际，王征借进京会试的机会，也以儒士之身上书熹宗，劝之崇"天"尊"主"，提纲振纪，拯家国于形如危卵之秋[1]。虽然如此，"妾"所肇致的天儒不合，王征仍然体之深刻，领洗上的困难重重，又令他何其尴尬：在汤若望之前入陕的金尼阁已经拒绝为他施礼，后继的汤氏仍有疑虑！不过我们话再拉回，王征既已决定钦崇唯一，他如今也只能效"太上忘情"以解罪，恪遵天主教规而黾力出妾了。《祈请解罪启稿》故有"从今以后，视彼妾妇一如宾友"一语，希望"自矢断色以断此邪淫之罪"（《三编》，2:837）。

奈何王征尘情似仍未了，因为他才立意嫁妾，正室尚氏即从儒门立场"哭恳勉留之"，严重到"几至反目"；而申氏当时虽未及笄，却比尚氏还似儒门，反以节烈贞女自居，不仅誓死捍卫婚姻，拒绝改适，甚至还痛哭得"几殒厥生"（《三编》，2:835）。王征无奈，又无计可施，最后

---

[1] 见王征：《王征为奴氛日炽人心动摇敬陈祈天固本简要三事以佐末议揭帖》，在《遗著》，页143-144。王征有关"天"的用语多属儒门可见者，但以天启年间他入教观之，我想这个"天"字应有成分甚高的天主教意涵，亦即当如利玛窦在《天主实义》中的解说："吾天主乃［中国］古经书所称上帝也。……历观古书而知上帝与天主，特异以名也。"这种索隐或象征论式的附会，清初白晋（Joachim Bouvet, 1656—1730）等人做得更多，参见《晚明》，第四章。另请参考任大援：《王征：西方思想的播种者》，见宝成关（编）：《西方文化与中国社会：西学东渐史论》（长春：吉林教育出版社，1994），页284。

只好任其守活寡度日[1]。申氏的节烈犹不止于此：闯军陷西安之后，王征引刀自誓，坚拒出仕；一闻北京失守，又以"死忠"自励，终于绝粒殉明，事见屈大均（1630—1696）著《泾阳死节王征传》（《年谱》，页 217）[2]。申氏此时亦以贞烈明志，欲效丈夫拒为二臣，故拟绝食而亡。其后她虽因故而苟活余生，终了仍然自杀殉夫，陪王征走上了荩臣之路（《两头蛇》，页 156）。

王征半生事天，"太上忘情"对他或为幸事，但是对忠心耿耿，视他为"主"的申氏可还是幸事一桩吗？就她而言，"太上忘情"反酿悲剧。王家君、妾难合，乃天学和孔教因人伦思想扞格而在中国造下的第一宗家庭纷争；王家君、妾果合，却是以生死作为代价，何其讽刺！纷争因此变质，演成了家国悲剧[3]。尽管如此，王征对世人毕竟有情，《崇一堂日记随笔》仅译《沙漠圣父传》十二篇，离全璧中译还有一段漫长的路得走。所以到了崇祯十一年（1638），王征都还昕夕祈天保佑，希望汤若望重游西安，"续成全书"（《三编》，2:761），使人世再得领航明灯。在中国译史与中西文学关系史上，《崇一堂日记随笔》开译有功，自无疑义；但在伦理与宗教会遇的过程中，《崇一堂日记随笔》却也有过，造成了王征一家的破碎，而这在史上可谓不辩自明。人间世事往往依违矛盾，功过抵牾！申氏名为"妾"，儒家死节却高尚过人。她认定的"主"是王征，而王征的"主"却是"天主"与"君主"。他们各殉其主，各行其是，其间逻辑曲折，时而彼此互斥，中国天主教史恐怕会无言以对。有明一代，

---

[1] 王征的解罪之辞是"愿言进教守贞"，见《三编》，2:835。
[2] 王征的君国之思，下面对联可以窥一斑："忧国每含双眼泪，思君独抱满腔愁。"见《遗著》，页 281。王介前引之《读明史甲之变先端节公殉国略述梗概百韵》中的相关诗句如下："北向痛哭端皇帝，滴滴泪珠成碧血。"见《遗著》，页 336。
[3] 参见《两头蛇》，页 156。天、儒在伦理思想上的矛盾，常令明代天主教家庭产生龃龉。这一点，我以为是黄一农《两头蛇》的书旨及全书在学术上最大的贡献，详见李奭学：《评〈两头蛇：明末清初的第一代天主教徒〉》，《中国文哲研究集刊》第 29 期（2006 年 9 月），页 303–307。

《沙漠圣父传》抵华，译史与文学史何其有幸，惜乎《崇一堂日记随笔》成书的原委却也令人沉吟，我们读之阅之，在庆幸之余，难免更要因历史弄人而为王征叹，为他冲突经年的生命际遇而低回不已。

第五章
三面玛利亚：
高一志译《圣母行实》

"有母无父"

歌德（Johann Wolfgang von Goethe, 1749—1832）的《浮士德》（*Faust*）写浮士德学海迷航，懊恼青春尽为茕茕孤荧所篡，因而立下血契，把灵魂卖给魔鬼梅菲斯特（Mephistopheles），并且否认圣父与圣子，希望以此换取年命回春，得享俗世知识、权力与感官之乐。歌德生当 18、19 世纪，恰值近代德国文学史上的狂飙运动（*Sturm und Drang*）鼙鼓动地之际。《浮士德》中浪漫与古典对峙显然，而歌德妙转巧笔，自此一战功成，使《浮士德》变成德国文学的百代表率。歌德之前近两百年，英国的马洛（Christopher Marlowe, 1564—1593）也曾逞千钧笔力——亦即所谓"马洛的强力诗行"（Marlowe's mighty lines）——首开西方以浮士德生平为诗剧主题的历史先河。马洛笔下《浮士德博士》（*Dr. Faustus*）的主角因皓首穷经而有青春浪掷之叹，故而也出卖天主所赐灵魂，交换浮世短暂的荣华富贵与声名爱情。

不论歌德还是马洛所撰，这两部有关浮士德的诗剧有一共同特点：浮士德出卖灵魂的过程中不仅否认天主圣三（Trinitas），同时也割腕刺指，签下血书，和魔鬼共订约契。后一过程尤具殊义，因为否定天主或基督的叛举虽然史不绝书，但在浮士德戏剧尚未出现之前，以血契背主而售魂求荣者却是基督宗教界向所仅见[1]。浮士德的故事表面上是叛"主"传奇，非关圣母，然而我们顺藤摸瓜，详加细究，却会发现玛利亚才是整个传奇的关键角色，乃浮士德叛主背恩后仍能得救的灵魂人物。此所以在欧洲中世纪，整个浮氏故事的雏形都包罗在各种以"圣母奇迹故事集"为题的民俗与宗教文学的双重传统中。这点下文再详；这里我想先予指出的是晚明在华的耶稣会同样强调圣母，宗教画与宗教文本中尤其常见。当时中国人对天主教三位一体的基本神学其实认识有限，但对玛利亚就知者称伙[2]。加以当时《程氏墨苑》（c. 1606）等流行画册所收、教堂内所供或壁画上所绘者大多亦为圣母容颜，因此，即使清人定鼎中原之后，像张岱（1597—1679）等传统士子在耶稣外，所知之天主教几乎亦唯圣母而已。张岱一族和耶稣会略有渊源，本人也尝见过教中圣画，读过会士所写，而令人莞尔的是他从罗明坚之说，笔下认识的耶稣却是"有母无父"[3]。晚年，张岱曾寄情于史传，《石匮书》（c. 1678）从而出焉，其中有如下关于欧洲宗教的"新知"道：欧逻（罗）巴"家家皆像天主母、天主及圣人而祝之"[4]。这

---

[1]　我所见过的浮士德雏形多以散体写下，诗体之大者则有 "Theophilus" (Ms Rawlinson Poetry 225, kept in the Bodleian Library, Oxford University), in *MEMV*, pp. 68-87；以及 *MNS*, pp. 145-168。浮士德故事和 Theophilus 的关系，请容下文再详。

[2]　（明）谢肇淛观圣母图像，甚至以为她就是天主，见所著《五杂俎》，卷4，页43b，在《禁毁书》子部第37册，页436。

[3]　罗明坚《天主实录》的原文是"……嗍所（耶稣）生在世间，固有母而无父者也。"（耶档馆，1:59）

[4]　张文见：《石匮书·利玛窦列传》（第204卷），载续修四库全书编集委员会（编）：《续修四库全书》320史部·别史类（上海：上海古籍出版社，2002），页206。张岱和西学、西人的关系见 Jonathan Spence, *Return to Dragon Mountain: Memories of a Late Ming Man* (Toronto: Penguin Group, 2007), pp. 128-134。至于宗教画与布道在华的联结，见汤开建、陈青松：《明清之际天主教的传播与西洋宗教画的关系》，《安徽师范大学学报》（人文社会科学版）第33卷第6期（2005年11月），页662-668。"天主母"的强调有其由来：耶稣会士据《四福音书》宣扬玛利亚从圣神受孕，所以耶稣"有母无父"。若瑟乃玛利亚之"净配"，故此只能说是耶稣的"养父""鞠父"或"代父"，非"生父"。以上见（清）马若瑟：《圣若瑟传》（法国国家图书馆藏清刻本，编号 Chinois 6747），页3b、7b、8a及11a。清初杨光先（1597—1669）反教排外，掀起历狱，上述父子关系也曾令他愤怒不已，乃以儒家五伦观痛斥如下："耶稣之母玛利亚有夫，名若瑟，而曰耶稣不由父生，……是莫识'父子'。"杨文见所著《与许青屿侍御书》，在《不得已》，见《续编》，3:1092。

里"天主母"排序居首，重要性显然在"天主"之上。张居正（1525—1582）的女婿刘戬之（fl. 1602）甚且称之为"天母"[1]，地位崇隆已极；而我们由是类推，不难想象在明清之际部分中国人眼里，玛利亚几乎就等于天主教，而这也表出今天该教有别于基督教的特点之一。有鉴于此，本文中我拟从上述浮士德故事首重的"契"或"约"字谈起，一探明末耶稣会士高一志所"译"《圣母行实》（1629）一书，尤重该书卷三的"灵验"或"奇迹故事"（miracle）描绘的三种玛利亚形象：人神中保、悍妇妒女与赐子女神[2]。我以这三种形象概括玛利亚，不仅是因为"约"或"契"的概念贯穿其间，乃相关故事意义彰显的基础关键，也因这些形貌在《圣母行实》中系常见典型，有其独特的文化内涵，在西方常经敷衍，变成文学上的高眉之作。此外，中西文化有别，这些形貌也显示在华为圣母立传，高一志有其策略上的传教与本土化考虑，因此所译或所选都得重新打造，才能融入明末信仰与文化的双重语境之中。《圣母行实》乃中文世界首刊的玛利亚传，讨论时——请容强调——我尤得较之于欧洲中世纪迄文艺复兴时期主要的玛利亚奇迹故事的集子，为其间因约契关系引发的圣母形象的转变溯本探源，强化异同问题的论述[3]。

----

[1]（明）刘戬之：《竹林园行记·浮云篇》（日本公文书馆内阁文库藏万历年间刻本，番号：17407），页 11b–12b。刘戬之诗，我因郑诚下文而得悉：《〈欧罗巴国记〉与〈天母歌〉——有关利玛窦的两篇明人诗文》，《澳门历史研究》第 12 期（2013 年 11 月），页 167 及 170。

[2]《圣母行实》的初刊年份另有 1631 年之说，见《提要》，页 42。但衡诸下文会提到的《圣母经解》乃刻于同年，而此书又系《圣母行实》的续书或辅助读物，应刻于其后，所以这里我从 HCC, p. 618 之说，为《圣母行实》的初版系年。

[3] 对欧洲中世纪的圣母奇迹故事研究最精、最广者，我想应推下书：Adolf Mussafia, *Studien zu den mittelalterlichen Marienlegenden*, 5 vols. (Wien: Sitzungsberichte der Kaiserlichen Akademie der Wissenschaften, 1886—1898)。这里"奇迹"（miracle）的定义，我从刘易斯（C. S. Lewis）之见：凡"以超自然的力量干涉自然者"，皆属之。见 C. S. Lewis, *Miracles* (1947; Rpt. San Francisco: HarperSanFrancisco, 2001), p. 5；另请参较 Herbert Lockyer, *All the Miracles of the Bible* (Grand Rapid: Zondervan, 1961), pp. 13–18。不过"奇迹"的意涵，欧洲中世纪另有所指，攸关教堂仪式而不仅是某种显灵罢了，见 Benedicta Ward, *Miracles and the Medieval Mind: Theory, Record, and Event, 1000—1215* (Philadelphia:University

背主血契

欧洲史上的圣母奇迹故事集，以英国人所辑者为最早，自成一绵延有致的文学系谱。待其向欧陆弥散，才渐次分为两脉：一为地方崇拜的产物；一为不分畛域，属于全欧可见者[1]。高一志的《圣母行实》——尤其是卷三——所收，奄有英伦与欧陆的故事，全书或通卷因而可以全欧性的圣母奇迹集视之，更可做这类集子进入中国后的楷模观[2]。对天主教徒而言，圣母灵圣，奇迹大多应验在三种人身上：骑士、青年爱侣与罪人[3]。浮士德为私欲出卖灵魂，即属罪人一类。他的故事，中国古代的子部说部不乏类似者。我们若可放下"天主与撒殚对峙"这类宗教框架不论，若可不以西方特有的神哲超越论绳之，则唐传奇《杜子春》的故事中人，显然就是为一己之私而出卖灵魂的对应典型。然而时序进入晚明，方天主教耶稣会士逞其象寄风华之时，我们就不能说上述概念在华仍阙：最迟到了 1624 年，高一志在澳门便"译"出了《圣母行实》一书，五年

of Pennsylvania Press, 1987), pp. 3–19. *OHTM*, pp. ix–x and xlvi–lvii 中讲得更明白：一般而言，"圣母的奇迹故事关乎教堂主日之礼拜，有时则为纪念圣母而在一年三十二个节日中逐一诵读之。此时这些节日无异于主日，教徒得休息，不能工作。不论男女，只要可以动，都得上教堂去，而且要站着聆听圣母的奇迹故事。男人得梳理头发，女人得素服进入教堂，不得涂脂抹粉，也不可佩戴珠宝。主教等人员在诵念圣母传奇时，都得依序转向四方。圣幕后藏有奥秘，主教等必须投地祭拜三次，然后燃香去邪，向圣三的每个位格顶礼。接下来是站在玛利亚塑像或画像之前焚香三次，祈求她以中保之身介入天人关系。此时主教等会按教徒读书的能力，依序诵念三篇圣母的奇迹故事，继之再焚香清净圣幕。其他教士同时也得燃香祭拜圣母塑像或图像，另一位则得向朗读者施行同一仪式"。上述 Benedicta Ward 的专著，也有专章讨论中古圣母奇迹集的各种阅读成规与特色，见页 132–165。

[1] R. W. Southern, "The English Origins of the 'Miracles of the Virgin'," *Medieval and Renaissance Studies* 4 (1958), pp. 176–216. 欧洲圣母奇迹集的历史流变，Adolf Mussafia, *Studien zu den mittelalterlichen Marienlegenden*, vol. 1, pp. 1–22 有详细的概论。

[2] 非关圣母之奇迹，耶稣会所集者亦所在多有，例见无名氏撰：《湖广圣迹》，在《耶档馆》，12:425–437。

[3] Benedicta Ward, *Miracles and the Medieval Mind: Theory, Record, and Event, 1000—1215*, p. 163.

后刊刻[1]。此书以中文移转了某一以血书为契而出卖灵魂的叛教传奇：

> 贤士某，素备圣德，钦崇圣母，每行串经功课惟谨；积久动众，
> 教宣内外。会本郡教主卒，众议共推贤士。贤士固辞免，执规行教
> 如故，德益修。恶徒深嫉之，诬以他罪，讼于官。贤士不辩，触逢
> 官怒，失职败名，举国兴谤言。贤士始不堪，忧疑不止，遂为魔徒
> 巧诱，入一异境，伏叩巨魔，冀雪其枉；甚且从魔命，手立背弃天
> 主血契。魔喜曰："子且归，寻如意矣。"谲哉魔也！盖是时主教者，
> 已旋悟其冤，魔知之，故居为己功耳。寻且旌其德，复其职，庶民
> 亦复从如初。然贤士至此，仍不多魔功，自以背主违教罪重，心卒
> 不安。于是自讦自责，投入圣母案前，恳乞提祐，涕泣悲号，凡三
> 昼夜不止。忽见原书血契，从空坠入手中。贤士幸消重罪，即趋主
> 教之前，告解求祐；更图补失倍功，登高临众，自鸣其非，并扬至
> 慈圣母功德之灵验。言毕，辞众归室，投踞圣母台前，叩谢大恩，
> 誓死不忘，寻踞所获血书之所而逝。后主教者，赐瘗于圣堂之隅，
> 仍列于圣品焉。（《三编》，3:1444—1446）

此一故事出现在《圣母行实》第三卷，乃全卷百则圣母奇迹故事之一，
我姑且沿袭前用文字，题之为《背主血契》。不过此一故事在高一志手中
流衍曲折，在欧洲史上也同样复杂。《圣母行实》之外，1629 年同年，高

---

[1]《圣母行实》应该译述于 1624 年以前。1616 年南京教案发生，高一志为当朝逮捕，既而囚车
遣返澳门，直到 1624 年才易名北上，再入中国。尽管如此，《圣母行实》及其他译作仍应在教案稍
弛后刊刻于山西绛州。以上参见 Pfister, 1:89—92。在版本方面，除了 1629 年本外，《圣母行实》另有
三个刻本：绛州本（1631）、广州大原堂本（1680）、北京报领堂本（1694）。我用的是广州大原堂本，
见《三编》，3:1273—1552。绛州本的第三卷，下列网址有原版：http://archives.catholic.org.hk/books/
FSM.12/index.htm。至于北京报领堂本，耶稣会罗马档案馆收藏了一本，编号：JapSin I, 60。此外，民
国以后上海土山湾也有现代刊本（1917 年书目第 36 号）。

氏另刊有《天主圣教圣人行实》巨帙，也将同一故事"囮"为卷二"巴西圣人"（St. Basil the Great, 329?—379）的生平奇遇之一[1]。《圣母行实》第三卷，《背主血契》实则又有另一奇迹故事为之前导，性质亦属以契事魔的叛教传奇。此一故事略谓富室某"以侈致贫；贪心忽炽，竟愿从魔，投以契曰：'我自今不信天主，情愿事尔，希尔济我急而援我难。'"（《三编》，3:1441）[2] 我们倘走出中文文本的系统，此一富室某的故事在欧陆散播更广，我所知者有拉丁文与法文的写本，甚至向外又扩散到了非洲，出现在埃塞俄比亚文的本子中（OHTM, pp. 226–231）。然而除了血的意象非属这富室某的传奇的重点外，其故事梗概泰半沿袭高译中那贤士某的架构，又以约契居首，变成了中国明代第二个"浮士德的雏形"。

贤士某故事中的人魔之约语带嘲弄，响应了《圣经》大洪水后天化虹霓以饶恕凡俗之罪的天人盟约（创 4:1–19:17）。故事中所谓"魔徒"，因《四福音书》详载耶稣为族人出卖之故，欧语本多以"犹太人"定其人种[3]。浮士德素称"博士"，腹笥所含大多系神学与所谓"黑色的魔术"（black magic）[4]，是以高译中因贫而叛教事魔的富室某，想来并非马洛

---

[1] 《行实》，2:52a–52b：责撒勒"府中有鄙夫，欲用魔力，被魔诱，以指血书契，誓投役，永祀奉之，背天主圣教。因之……籍（藉）魔力成其私谋矣；而竟冒重刑，心大乱，昼夜不宁，至失望而欲赴井。[巴西]圣人知之，来见。既见，令斋戒数日，又令众民合志代祈主佑，以显圣能。圣人与诸人俯伏求祷，鬼魔游空嚣叫，由（犹）不服命。少顷，众见血契自空随（堕）下，至圣人前。圣人毁之，谕其曰：'既幸蒙天主赦尔重罪，切勿再犯，以致主怒，百倍加罚也。'"《行实》大致译自《圣传金库》，但后书中此一故事并无以"血"书契之说。高一志的中"译"，显然加入了不少个人之"述"。《圣传金库》的相关传说见 LA, pp. 122–125。

[2] "富室某"的故事，《三编》景印的大原堂本不全，我所用者乃法国国家图书馆藏的全本，编号：Chinois 7316。

[3] Cf. Joan Young Gregg, *Devils, Women, and Jews: Reflections of the Other in Medieval Sermon Stories* (Albany: State University of New York, 1997), pp. 217–218.

[4] 相关讨论见 Richard Kieckhefer, *Magic in the Middle Ages* (Cambridge: Cambridge University Press, 1989), pp. 172–185; and Valerie I. J. Flint, *The Rise of Magic in Early Medieval Europe* (Princeton: Princeton University Press, 1991), pp. 344–347.

或歌德的诗剧所源，而——是的——从中世纪经英国文艺复兴时期迄德国狂飙运动的各种浮士德故事，正是建立在高一志所谓"贤士某"的传说之上，至少是建立在贤士某与富室某汇流后的某约翰·浮士德（Johann Faustus）的真人故事之上[1]。当然，此中有恶徒西蒙（Simon Magus）的奇巧幻设介入；而在德国中世纪，浮士德素来亦有原名，人多以"亚达拿的提奥菲勒士"（Theophilus of Adana）称之，同样以法术或神通著称一时[2]。

我们仔细研究高一志笔下贤士某的故事，发现若要认识此一浮士德传奇的雏形，叩门砖多半会涉及《圣经》。《玛窦福音》指耶稣就义前，尝和门徒共度逾越节，并且以饼为肉，以葡萄酒为血，相约日后共享天国的福乐："因为这是我的血，新约的血，为大众倾流，以赦免罪过。"（玛26:28）经中所称"新约"（*novi testamenti*），乃相对于《格林多后书》

---

[1] "浮士德"的故事在意大利文艺复兴晚期产生极大变化，由奇迹传说走向与历史实人结合。相关论述见 Leo Ruickbie, *Faustus: The Life and Times of a Renaissance Magician* (Stroud: The History Press, 2009), pp. 21–223。

[2] 另见 H. G. Haile, *The History of Doctor Johann Faustus* (Urbana-Champaign: The Board of Trustee of the University of Illinois, 1965), pp. 1–11; and Ulysse Chevalier, *Répertoire des sources historiques du moyen âge*, new ed., vol. 2 (Paris: A Picard et fils, 1907), col. 4439—4440; also cf. Valerie I. J. Flint, *The Rise of Magic in Early Medieval Europe*, pp. 338–344。但是 *AT*, pp. 318–319 与 Sánchez, p. 172 却说此人出身"西西里"（Cicilie/Cecily），而这个地方似乎才是多数版本所认定者，参较 Joan Young Gregg, *Devils, Women, and Jews: Reflections of the Other in Medieval Sermon Stories*, p. 217; and *LA*, p. 593。康奈尔大学怀特校长图书馆（President White Library）收藏有一拉丁文写的玛利亚奇迹故事集的手稿，其中第二十九条也持同样的说法，T. F. Crane 曾加整理，并附详细之版本评述，见所著 "Miracles of the Virgin," *The Romantic Review* 2/3 (July–Sept, 1911), pp. 275–278。提奥菲勒士的故事在欧洲文化区流传甚广，时间从中世纪跨到近代都有。以下为我读过，但在本章中无暇提及的本子：*OHTM*, pp. 214–216; Ms Rawlinson Poetry 223, in *MEMV*, pp. 128–129; *The South English Legendary*, Ms Harley 2277, British Museum, in *MEMV*, p. 105; Ms Rawlinson Poetry 225, Bodleian Library, in *MEMV*, pp. 68–87。在 Caesarius of Heisterbach 的 *Dialogus Miraculorum* 里，"提奥菲勒士"不作"富室某"，作"里爵的某骑士"（a knight of Liège），见 Barbara G. Walker, *The Woman's Encyclopedia of Myths and Secrets* (San Francisco: HarperSanFrancisco, 1983), p. 608。马洛与歌德的作品之直间接所本，参见 Paul A. Bates, ed., *Faust: Sources, Works, Criticism* (New York: Harcourt, Brace and World, 1969), pp. 1–44。

所提《出谷纪》中梅瑟代天主而与百姓共订的"旧约"（veteris testamenti；格后 3:14）。梅瑟曾洒上"盟约的血"（sanguis foederis; 出 24:8），在《圣经》及曩昔的传统中都显奇特。不过贤士某以血立契这个母题，我们若溯其本源，想来应该建立在耶稣的新约之血上面，至少成分大过梅瑟所订的旧约之血。经中的事实，贤士某在故事里居然罔顾，辜负了耶稣立契乃为使人进入天国的好意。贤士某又歃血事魔，左违教中正道，其行止与《新约》中犹达斯（Judas）以三十银钱为"约"而背主的往事无异（玛 26:14-16; 27:3-10）。贤士某或提奥菲勒士传奇和天主教圣典的联系之深，由此可窥一斑。

　　放在整个圣母奇迹故事的文学框架中看，贤士某或提奥菲勒士的命运并不完全因卖主求荣或求财使然，而是由玛利亚和信众直接互动促成。那贤士某一向"钦崇圣母"，好持串珠诵念——应该是——《玫瑰经》（Rosarium）吧！他堕落前专心侍奉圣母，堕落后得蒙玛利亚救度，顺理成章。巨魔计诱，贤士某难敌，开启了天主教文学史上立血书、背叛主的例子；而高译所言之"巨魔"，无疑乃群魔枭首——亦即徐光启（1562—1633）以音译之为"露际弗尔"（Lucifer）——的魔鬼或撒殚（《三柱石》，页 115-116）。堕入地狱前，贤士某不提耶稣，反而"投跽圣母台前"，忏悔求宥，说明三位一体的父系神圣观过于阳刚，对常人而言实有待母系的阴柔予以调和，尤应以女性特有的温煦突显人类世系原为严父慈母的"家庭"本质，冲淡宗教过于出世的表象。欧洲同类故事中，此一贤士某系某教士，本为中国传统所称的"出家人"，不过方内方外乃是由"俗居"转到"天家"的过程，名异实同，父或母系这性别问题同样会卷入其中。人不能离群索居，而阳盛阴衰，亦非世福全璧。贤士某既不见容于男性的教士世界，自然得向女性象征的玛利亚祈福求救。

　　圣母一旦介入，她身为"中保"（Mediatrix）的神力不输其"子"耶稣[1]。故事中，贤士某投在案前，开口悔罪，感天动地，"原书血契"焉能不"从空坠入手中"？这贤士某生前不独收回了关键的约记，身后还因圣母福佑而位列圣品，荣登圣榜。有志于天主教的神职者，对这贤士某跃居人上的兴趣，我看远高于《浮士德》与圣母奇迹之间的渊源，"约"的重要，于此又得一说明。《圣经》由新、旧两约构成，而打从《创世纪》开始，约或契就是天人关系的重点，甚至得赖之开展。同类强调，教史上的重要人物如亚当（如创 2:15-20）、诺厄（如创 9:1-17）、梅瑟（如出 19:5）或耶肋米亚（如耶 11:2-3）的生平中比比皆是[2]，后世有关圣母的看法亦然：信徒必先种因，圣母方可赐果。

耶稣在马厩降世乃天主教认定的教史开端，但迫而察之，读者应可发觉母亲玛利亚在经中位阶不高，出现的频率尤低，难副后世所加的荣光。既然如此，玛利亚又何可臻至"中保"的教中高位？《四福音书》中最早写就的是《马尔谷福音》。观诸其中，玛利亚出现在第六章第三节：当时耶稣自外返乡，邻人认出他系若瑟家人，而玛利亚虽然在场，经中所记却也仅止于此。《宗徒大事录》是"教会史"的文类之冠，然而玛利亚不过在首章第十四节稍稍现身罢了：其时耶稣方才谢世，玛利亚偕其众徒在橄榄山一同祷告。至于葆禄的书信，则从未直接提到玛利亚。换句话说，我们若较诸耶稣或伯多禄等宗徒出现的次数，玛利亚在贤士某或富室某等故事中的传奇地位其实难解，至少不应让后世的基督徒景仰若是。然而实情远非如此，玛利亚反而可以和圣子平起平坐，地位尊贵得不遑多让。如此现象，数世纪来已种下苦果，至少让天主教世界分成

---

[1] 圣母在天主教的小传统中的中保地位，以下书中的相关章节所论最详: Marina Warner, *Alone of All Her Sex: The Myth and the Cult of the Virgin Mary* (New York: Vintage, 1976), pp. 273-331。

[2] 有关"约"在天主教《旧约》神学中的重要性，参见下书 Gerhard von Rad, *Old Testament Theology*, trans. D. M. G. Stalker, vol. 1 (New York: Harper, 1962—1965), esp., pp. 129-135。

东、西两个教会：虽可共生，却难和解[1]。所以天主教的圣母崇拜绝非经有明载，而是得俟诸四五世纪方才蔚起，尤可谓431年厄弗所（Ephesus）会议的共识，乃玛利亚身居"神的母亲"（Theotokos）的地位发酵使然。

"神的母亲"的希腊原文指"怀神之人"（Dei Genitrix）[2]，早在厄弗所会议前即已见诸东方教父如奥利根（Origen, d. 254）等人的言论中，325年举行的奈西亚会议也已使用在案，广泛见诸有关基督论（Christology）的讨论之中。5世纪的君士坦丁堡大主教聂斯多略（Nestorius, c. 386—c. 451）向来怀疑神母之说，尝为之翻案，宁可称玛利亚为"人母"（anthropotokos）或"基督之母"（Christotokos）。聂氏之见明指玛利亚不过人身，引起的争议当然不小。如从其说，则耶稣乃人、神二性，"圣子"的身份便显可疑。厄弗所会议上，亚历山大主教圣济利禄（Cyril of Alexandria, c. 378—444）力陈聂斯多略之非，而圣济利禄要将耶稣定为"肉身之道"，玛利亚就得回复神母之身，重新当"神"。西方教会其后胜出，聂派打成异端，玛利亚再获女神信仰的合法地位，神性大增。在这种卡罗尔（Michael P. Carroll）所称宗教政治与社会学的因素之外，玛利亚在教会中还有处女崇拜的男性心理加持[3]，有时也因特定的历史、地理与文化因素而使其神性益形巩固，神母之身益显当然[4]。在玛利亚身上，天、人似已合一。厄弗所会议分裂了天主教世界，却意外奠定了玛利亚

---

[1]　我指的是下文所述厄弗所会议后教会的分裂，以及14世纪开始的宗教改革。厄弗所之后东、西教会各行其是。宗教改革以后，基督宗教的新旧两派迄今犹难磨合，而且俨然已是两种宗教了。

[2]　希腊文中的"tokos"原系"有身者"（bearer）之意，不过厄弗所的"共识"径自解为"母亲"，"Theotokos"故可译为"神的母亲"。有关"神的母亲"最简便的概论性论述见 Sara Jane Boss, "The Title Theotokos;" and Richard Price, "Theotokos: The Title and Its Significance in Doctrine and Devotion," both in *Resource*, pp. 50–73. *Resource*, p. 74 另收 "Cyril of Alexandria on the Theotokos" 一文，值得参看。

[3]　玛利亚的性别与男性——尤其是僧侣——的关系，详见 Marina Warner, *Alone of All Her Sex: The Myth and the Cult of the Virgin Mary*, pp. 130–133。

[4]　这方面的讨论，详见 Michael P. Carroll, *The Cult of the Virgin Mary: Psychological Origins* (Princeton: Princeton University Press, 1986), pp. 3–21。

信仰的合法与正当性，绵延成长达一千五百年的圣母崇拜。

如前所述，《四福音书》与《宗徒大事录》记载玛利亚之处有限，我们今天熟悉的玛利亚故事，许多系由未经收入《新约》的其他福音书共组而成。圣母显灵及其早期的圣迹部分亦然。凡此种种，最重要的源头材料当系《雅各原始福音书》(*Protoevangelium of James*) [1]。因此，在家世、婚姻与出入埃及的叙述之外，一部翔实的玛利亚传记还得包括她"圣"质天成，长于安娜（Anna）与杰钦（Joachim）家中，来潮与适人前都在圣殿度过，等等。此外，若瑟迎娶玛利亚还得解为毫无阃内圆房之意，说成是志在护其童贞。玛利亚所谓"永远的童贞女"（Ever Virgin）之称，遂因《雅各原始福音书》而告奠定。此一外经当由某名为"雅各"者写成，开篇立意即非耶稣传记，而是圣母生平。出经的时间当在 2 世纪，比《四福音书》迟了约莫百年，是以从正统的立场看来，史实的成分相对可疑。至于玛利亚多数的灵验奇迹，大多是经年累月积淀而得，而且赓续成长 [2]，欧洲中世纪时宫廷中有智王阿方索十世（Alfonso X of Castile, 1221—1284）咏之，民间有柏昔欧（Gonzalo de Berceo, *c.* 1197—1264）吟唱，尤常为教区神父借为证道故事（*exemplum*），在圣俗两界春风化雨，圣坛才人德维催（Jacques de Vitry, fl. 1210—1213）便系其一，而前及提奥菲勒士一条当时的使用记录，迄今犹存在案 [3]。

证道故事的传播无远弗届，圣母奇迹在民间流传之广，居口传——

---

[1] 《雅各原始福音书》及相关文献可见于 William Hone, ed., *The Lost Books of the Bible* (Rpt. New York: Bell, 1979), pp. 17–91。

[2] 19 世纪以后"面世"的圣母奇迹故事的例子，可见 *MM*, pp. 14–49。

[3] See David A. Flory, *Marian Representations in the Miracle Tales of Thirteenth-Century Spain and France* (Washington, D.C.: The Catholic University of America Press, 2000), pp. 24–46, 72–92, and 110–129; also see Benedicta Ward, *Miracles and the Medieval Mind: Theory, Record, and Event, 1000—1215*, p. 29.

时而亦为书写——文学之首，中世纪所遗集子达数百种之多[1]，在文学史上较有地位者有何若特（Johannes Herolt, called Discipulus, fl. 1435—1440）的《玛利亚圣迹集》（*Miracvlis B. Virginis*）、《罗卡玛德圣母奇迹集》（*Miracles de Notre-Dame de Rocamadour*），高因西的高提耶（Gautier de Coinci, 1177—1236）的《圣母奇迹集》（*Miracles de la Sainte Verge*），前及阿方索十世与柏昔欧的《圣玛利亚歌行集》（*Cantigas de Santa María*）和《圣母奇迹诗》（*Los Milagros de Nuestra Señora*），博韦的樊尚（Vincent of Beauvais, *c.* 1230—1298）的《史鉴》（*Speculum historiale*），以及佛拉津的亚可伯（Jacobi á Voragine, *c.* 1228—*c.* 1298）著《圣传金库》（*Legenda aurea*）中的相关传文，等等。何若特的集子写于 15 世纪，其中故事和《圣母行实》第三卷雷同者颇多，加以彼此年代接近，所以相关传统或为高一志出卷所据之一（*MBVM*, pp. 1–7; cf. *MM*, pp. 13–178 and Sánchez, pp. 172–188）。

从《雅各原始福音书》以来，圣母的奇迹故事以欧洲中世纪所造者最伙，时常为欧洲奇迹剧（miracle play）的情节所借或为民俗故事所本，往往又和玛利亚传说或"正史"上其人的生平绾结为一，所以虚实真假，纷纭莫是。举例言之，《雅各原始福音书》（1:1）和《四福音书》（如路 1:26–27）都强调玛利亚生于纳撒肋（Nazareth），其后尝居一室清修涵养。这个"史实"在千年后溢出了《雅各原始福音书》，经人巧手焊接，变成众所瞩目的焦点之一，好事者每亦踵事增华，其说益备：有道是此时寇贼入侵纳撒肋，而玛利亚虽已升天，也只好迁地为良。此室因此拔起飞升，渡海而由天神移至大儿玛际亚国（Dalmatia）。可惜好景不过四年，该国"国民亦复轻渎"圣母之室，玛利亚于是二徙至意大利某

---

[1] 不计用拉丁文与欧陆各地的俗语所撰者，光是用中世纪英文写就而如今亦可见到的圣母奇迹故事集至少就有四十四种，见 Peter Whiteford, "Catalogue of Middle English Miracles," in his ed., *The Myracles of Oure Lady: Ed.* from Wynkyn de Worde's Edition (Heidelberg: Carl Winter, 1990), pp. 97–133.

山。不过问题依然，盖其间有恶徒劫掠，迫使圣母三迁于邻近的山丘之上。尽管如此，此一居处仍患于山主贪夺，圣母不悦，终令全室四度飞升，安置于意大利中部东岸的罗肋多（Loreto）一地（《三编》，3:1221—1227）。至此，世人方知圣母愤怒，不敢再秽洁室[1]。

上面的故事虚实互沁，可以看出《雅各原始福音书》影响之大。故事中的地名译法，我乃从高一志的《圣母行实》。此书文笔"明白畅晓，又有故事"（《提要》，页42），阅之每难释手。高译前两卷的底本为何，学界迄无研究，但各卷卷目之下，高氏悉称系自己的"撰述"。虽然如此，罗雅谷为之作序时，却以"译"定位之（《三编》，3:1275），使人莫名所以。我目前研究所及，也仅可确定一点:《圣母行实》纵有高一志个人的手笔，全书应当也有"译"的一面，而且译来绝非无端，应有本源，第三卷尤其如此。这一卷肯定是迄今可见天主教在华首部的圣母奇迹故事集，若再加上前两卷时而援引的奇迹，则《圣母行实》全书的奇迹故事总数在百则以上。

高一志处理第三卷时，打破了欧洲古来传统，以十个栏目重编圣母故事，手法犹如他晚出的《达道纪言》（1636）。可见在翻译之外，通卷应当也有自述的成分。在上述玛利亚崇拜（Mariolatry）的欧洲基础外，入华天主教于圣母的传记似乎早已也有撰写上的全盘规划。1631年，罗雅谷尝在龙华民、傅泛际与汤若望"看详"下撰写了《圣母经解》一书，委请其时的光禄寺卿李天经（1579—1659）"阅"或润笔之（《经解》，页5b-6a）。此书时常呼应《圣母行实》的内容，甚至互文以解释《圣母经》

---

[1] 从1294年以来，这个"史实"已经变成"另一个"圣母奇迹，见 *MM*, pp. 133-134。明末耶稣会士中，艾儒略曾亲临罗肋多朝拜，所著《职方外纪》中详载之，见艾儒略：《职方外纪》，在李辑，3:1888。康熙年间，华籍司铎樊守义（1682—1707）旅欧之际，也曾前往一游，见所著《身见录》，在方豪：《中西交通史》，5册（台北：华冈出版公司，1977），4:194-195。有关圣母宫室的迁徙，另见 Alphonse Bossard, ed., *Dictionary of Mary*, trans. John Otto, revised, expanded, and ed. (N.p.: Catholic Book, 1985), pp. 258-260。

的独特之处[1]。《圣母行实》果然为译，若有单一底本，则可能因此而大肆敷衍，已由个人分说。就内文再看，高一志显然扮演过编次者的角色（《三编》，3:1421—1422），个人时而跳入叙述，增添见闻（如《三编》，3:1537—1538）。他的原作者本为全书的叙述者，而添写处反而模糊或混淆了全书的观点，形成双重叙述的奇特现象。《圣母行实》第三卷故显行文拉杂，是由不同版本的玛利亚传记及述其显灵的集子综理而成，尤其是何若特继承的中古传本。

上举贤士某的故事，可在目前较易觅得的五六种圣母奇迹集的排印本中看到，其形态通分为二：一是正式挂以"提奥菲勒士"之名者；一为省略其名，然而内容完全雷同者。后者中最有名的自是何若特的《玛利亚圣迹集》。何氏生当15世纪，本人是多明我会士，也是此会中人在讲道上的佼佼者，所著风行文艺复兴时期，而出书那年距耶稣会士或高一志莅华还不到百年。15世纪之前，提奥菲勒士的故事不但已有希腊文本，而且早在9世纪就已译出了如今可考最早的拉丁文本，系某"葆禄

---

[1]　以上述圣母清修之室为例，高一志固然曾在《圣母行实》述之，但《圣母经解》唯恐失察，仍举《圣母行实》为"参考资料"而"增补"之曰：如德亚虽为"古教圣经所传天主预定降生"之地，但在历史上却一再为"教外多夺"，所以"天主欲世人尊崇圣母，特显圣迹，命天神举此室移数千里，越大海，息于罗肋多之地"。非特如此，圣母室继之转为"圣地"，有人诣之，"求佑辄应"，而"瞽者得明，病者得痊，死者复活"乃寻常事耳（《经解》，页5b—6a）。《圣母经解》还指出耶稣在成年前不仅曾居是室，复活后也介入了该室迁移的过程。《圣母经解》的注疏传统与系统，可能另含《又圣母经传》及多明我会士欧加略在清初所著《人类真安》二书〔《又圣母经传》乃《又圣母经》[Salve regina]的传疏，已收入中国宗教历史文献集成编纂委员会（主编）：《东传福音》第9册，在《中国宗教历史文献集成》第59册（合肥：黄山书社，2005），页9-225-9-285；《人类真安》未见刊本，手稿可能完成于福建漳、泉一带，现藏于牛津大学博德莱图书馆，编号：MS. Chin.d.43〕。我之所以如此推测，乃因《又圣母经传》亦常提及《圣母行实》，并借以印证说明，例子见该书页9-284。可惜《又圣母经传》不但著译者不详，目前可见者唯某民国前的旧抄本，而且抄写时间亦阙，令人茫然于其成书年代。《人类真安》写于清初，现存抄本有严谟（1640—？）题序。书中圣母奇迹故事，欧加略几乎完全循《圣母行实》分类的方式编排。此书另一不无意义之处是：其中圣母奇迹不一定发生在欧洲，也有发生在中国或其他亚洲地区者，例如某方济各（沙勿略？）在吕宋附近因船难而蒙圣母救助，从而得以在死前解罪一条即是，见《人类真安》中《十五端经》救人灵魂于解罪部分之第五条圣母奇迹故事。《又圣母经传》及——尤其是——《人类真安》相关的问题，下面我会在正文或脚注中伺机再谈。

执事"（Paul the Deacon）的手笔。据一般之见，从 9 世纪开始，许多类似故事便辗转于证道僧当中，而各家热衷使用的结果是名号纵使佚亡，故事原本的力量仍存[1]。何若特的版本因此兴起，谓之为《圣母行实》中贤士某——甚至包括那富室某——的故事的最近版亦不为过。葆禄执事的本子以波斯侵略拜占庭帝国为背景，事发时间或可向上再推三百年，回到纪元 6 世纪。但是时代的痕迹在何若特本中大都被抹去，变成高一志本目前的形式。我们从中可以窥知者，乃圣母故事的另一特征，亦即任何故事中人都可能像浮士德或贤士某及富室某一样背叛天主圣三。尽管如此，魔鬼一旦要求叛教者连圣母也一并反出时，此人通常会悚然惊醒，噤声收手[2]，《圣母行实》中有一"名士"就是如此（《三编》，3:428—1430）。何若特的相关版本引自海斯特巴赫的希瑟里（Caesarius of Heisterbach, 1170—1240）的《奇迹丛谈》（*Dialogus Miraculorum*），于上面所陈，叙述尤详（*MBV*, pp. 40–41/*MBVM*, pp. 123–126）。

康熙《十架颂》有"徒弟三背两番鸡"一句[3]，典出《四福音书》（如玛 26:69–75）。从《沙漠圣父传》（*Vitae patrum*）开始，天主教文学经常书写、批判类似的行为（*SSCFE*, pp. 266–267），但后世叛教者何以胆敢否认耶稣或天主，独独于玛利亚却心存忌讳呢？这是一个十分有趣的问题，教义与文学上皆然。贤士某或富室某和魔鬼之间的关系是约既签下，彼此便得遵守，依约而行。不过尽管书之以血，中国人所称"歃血为盟"的仪式味道浓，叛教者依然不敢颠覆故事中的另外一个约，亦

---

[1] P. M. Palmer and P. R. More, eds., *The Sources of the Faust Tradition from Simon Magus to Lessing* (New York: Oxford University Press, 1936), pp. 60–75.

[2] 我所知道的唯一一例外是《圣传金库》中的说法。该书里的《玛利亚出生记》（"De nativitate beatae Mariae virginis"）里的提奥菲勒士不仅背叛耶稣基督，连"祂母亲"（*et matrem ejus*）也"否认了"（*abnegavit*），见 *LA*, p. 593。

[3] 康熙:《康熙十架歌》，在《普天颂赞》，修订版（香港：基督教文艺出版社，2003），第 170 首。此诗的疏解，可见吴新豪:《康熙十架颂》,《宇宙光》第 420 期（2009 年 4 月），页 82–84。

即他因"钦崇圣母，每行串经功课惟谨"所带动的一切基础约束：唯有"钦崇圣母"，日行"串经功课"这个圣母专属的仪式，玛利亚才会回报其人。

圣母慈悲，但不表示任何人她都怜悯，任何时间都有祷必应。希伯来文中，《旧约》中的"约"（berit）字由"石契"的本义转义形成，有钦崇维护、始得善报的言外之意[1]，而这正是贤士某故事中的约契关系最佳的属性说明。就结构言之，提奥菲勒士或贤士某的意义并不在售灵事魔，而在这个约契不过是个契中契或约中约，系建立在提奥菲勒士或贤士某日常即和玛利亚订有约盟的基础上。在大的盟约未解的前提下，提奥菲勒士等人和魔鬼合订的那一纸小小的书契的效力又能有多大？基督之约可背，玛利亚之约每天都在践履，高一志笔下的贤士某当然不敢有违。闻得圣母名号，他当然心生惊怵。玛利亚在贤士某或提奥菲勒士传奇里扮演中保，可谓叛教者的心灵和圣母有长期冥契使然。

《圣母行实》开宗明义讲"圣母之所自生"及"其自幼至老历年之行状"，次借古圣先贤之言"以著圣母之大德"数端，因为"天主赉圣母之恩，而举之于万民之上者如此"（《三编》，3:1275—1276）。这两部分结束后，全书才来到文学性最强的第三卷[2]。类如贤士某或提奥菲勒士和圣母之间的约契关系，卷中俯拾皆是：有经诵念形成者，也有因心有所求而应验者。从欧洲中世纪到高一志所处的文艺复兴时代，圣母奇迹集共同收录的故事其实有限，其中某条便经诵念而形成约契，略谓某神职人员平日心肠悭吝，不曾替人设想，唯一的善工是每天都口念"万福玛利亚"

---

[1] 辅仁神学著作编译会：《神学辞典》（台北：光启出版社，1998），页 828。

[2] 《圣母行实》分卷的方法颇似《圣传金库》中的《玛利亚还魂记》（"De assumtione beatae Mariae virginis"）及前述她的出生记的笔法，因为亚可伯的传文大致也都以圣母生平开篇，继之以神学论述，最后则同高"译"一样以圣母的奇迹故事作结，见 LA, pp. 504–527 and pp. 583–595。尽管如此，我并不认为高一志的书译自亚可伯，因其内文及奇迹故事的内容相去都颇有距离。

（Ave Maria）。此僧死期到头时，群魔将之推到耶稣面前治罪，但如同那贤士某的故事一样，圣母此时也因此僧时常诵念自己的名号，顿觉有约，于是往见耶稣，恳求轻治其罪[1]。这个故事反面暗示的是：此僧平日倘不端心诵念玛利亚的圣号，圣母就不会在圣子面前为他调解了。诵念和救度，在圣母奇迹故事中，故此形同因与果，更有某种契约法上所称的对价关系在，可因其一而令其二得对等之补偿（quid pro quo）[2]。无形之中，"万福玛利亚"在故事里也已经物化，变成中世纪流行的赎罪券。圣母当然同时应化，转为耶稣和人类之间的桥梁。由于基督宗教认为人皆有罪，所以人人都需要救赎，于是忏悔的对象便不止圣父或圣子，还要包括圣母在内。一般民俗里，后者的重要性抑且大过天主圣三，结果便是《圣母花冠经》每条经文的求祷辞都以如下一语发端："今我求尔为我转求于尔极爱之子耶稣。"[3]非特此也，《圣母经解》更引某《行德镜》而收类如上述模式的故事一则（页20a–20b）。故事后之解释，则和上文我所论者几乎一致：

> 天主尊高无对，人类卑微。凡罪赦恩，岂敢直前求祷，势必藉一主保以通其情。……吾主耶稣降生为人，虽亦称人中主保，又以其原有之性实是天主，罪人亦不敢直前求之。然则哀哀下民，非

---

[1] 例见 Nigel of Canterbury, *Miracles of Virgin Mary, in Verse* (*Miracula sancte dei genitricis Virginis Marie. Versifice*), ed. Jan Ziolkowski (Toronto: Pontifice Institute of Medieval Studies, 1986), pp. 71–76 ("De presbitero qui nesciuit aliam missam nisi de Santa Maria").

[2] 天主教义本身就强调"价"的观念：圣父救人乃以圣子的牺牲为"价"，而人欲得圣子与圣父这"天主"之救或欲得此"价"，自己亦得以"七圣事"（seven sacraments）为"价"。这种"对价关系"，可举艾儒略的话予以说明："吾主之为万民赎罪也，乃捐一身为万民赎罪之价也。价在兹，必有取是价者，始得沾救赎之恩。今之七撒格勒孟多，正所以取之之路也。若无是七之一，吾主纵欲加恩，而己不取，其负吾主也多矣。"见艾儒略等（共铎），李九标（记）：《口铎日抄》，收《耶档馆》，7:64。

[3] 这里所引见（清）石铎琭（述）：《圣母花冠经》，页4a及5a。此书我所用者为法国国家图书馆皮藏之刻本，编号：Chinois 2864，刊刻时间不详。石铎琭不是耶稣会士，乃方济各会会士。

倚圣母而谁倚乎？盖圣母本人类而为天主之母，闻见同类苦患，其心必怜悯之，必代达其意愿于其子前，且圣母所祷，其圣子耶稣必许之。而耶稣以人体主保人类于天主罢德肋之前，亦必得之。（《经解》，页 3a–3b）[1]

这段话中的圣母有慈悲心，会代人求情，但比较有趣的神学前提乃其中另语"圣母本人类而为天主之母，闻见同类苦患，其心必怜悯之"。在《圣母经解》里，这句话稍后曾再语增着墨："圣母见其同类弟兄有罪，堕为魔奴，不得不兴矜怜而迫切救拔。"（页 33b）易言之，玛利亚虽已称"圣"，似与圣父、圣子、圣神处于同一位阶，但她仍然是"人"，所以所拟拯救者多半仅限于同类弟兄或姊妹。圣母生而为人却能超凡入圣，而且是基督信仰而非世俗如儒家者之圣，她名号中的"圣"字的意义就值得我们深思：以灵圣救人犹小事耳，但以人救人所烘托者则是异常写实的"大能"。除了"本质"（substantia）或神学上所谓"品类"外，玛利亚并无异于圣父、圣子或圣神。她以人身降世，和耶稣道成肉身一样都经天主安排，都在祂的计划之内。耶稣带来新约，圣母因此也常与人有约。这个约所形成的"允诺"（fiat），在各种圣母奇迹集所烘下的"救恩史"（history of salvation）上——从文学的角度看——有时似乎还高过耶稣的应允。

对玛利亚而言，前述念诵"万福玛利亚"的某僧口中的"万福"一语，当然更是某种约定，而且约束力强，强到圣子得从母命而剜腕刺指，在故事里——就像在经中——拟以自己的血液清洗该僧的罪业。就基督

---

[1] 《经解》页 3b 亦引圣伯尔纳详释圣母的"中保"位置："子不能辞，亦不能受辞，子必听，亦受听，盖子不拂母情。凡主恩主爱，我等所需向真福者，必赖圣母主保，方能求之，方能得，以故圣母称诸恩之喉，诸恩之车云。"《圣母行实》亦有如下之语："圣母祈求圣子之言，必不虚负。以故后世圣贤凡欲其意易达于天主者，必冀圣母代请，鲜不副望焉。"见《三编》，3:1307。

宗教的观念而言，世人万罪，但罪的重量没有一种会重过基督之血所不能洗净者。基督流血，本为世人赦免罪过而流[1]，面对玛利亚为人请求之命，祂更难违拗，必须惜忍之而遵命照办。况且在"圣母"一称的诠释上，耶稣会早已融合了儒门孝道观而发展出了如下一说："母之所求，子必许之。"（《经解》，页33a）马洛的《浮士德博士》巧接耶稣流血的意义，又从上述某僧的故事求得灵感，曾让浮士德在堕入地狱前惊恐莫名，凄厉叫道："看哪！看哪！基督的血向穹苍倾注！"（See, see, where Christ's blood streams in the firmament!）[2]血因具有此等力量，贤士某及某些提奥菲勒士的传说方见血书成契。

金环之约

上述恶僧的故事里，耶稣除了母命难违外，祂必须以血赦罪另有一故：玛利亚曾提出一叠日历，满载该僧诵念"万福"或"亚物"（ave）的次数。这叠日历像极了明代流行的功过格，对神对人都有约束力[3]，而且力量大到除了惩恶扬善这种社会约契外，宗教上还另有一大约盟得遵守：信者得救。在《圣母经解》的语境里，这所谓信者信的对象当然是圣母。只要约定形成，玛利亚便会向耶稣代人赎罪或求情。上文我所谓"诵念

---

[1] 《经解》页16b的注文中故而也这样说道："世人蒙耶稣大光，照明天路，又蒙以宝血赎人罪，恩莫大焉。"不过这里所指之"血"，应为耶稣在十字架上所流者。

[2] Christopher Marlowe, *Dr. Faustus*, ed. John D. Jump (London and New York: Routledge, 1998), xix.146.

[3] 除了上面述及之"功"外，有"过"（罪）则基督徒更当记之，参见艾儒略（译著）：《涤罪正规略》，《三编》，3:1249—1250。明人功过格的契约性社会功能见 Cynthia J. Brokaw, *The Ledgers of Merit and Demerit: Social Change and Moral Order in Late Imperial China* (Princeton: Princeton University Press, 1991), pp. 162-168。

成约"，情形仿佛，《圣母行实》第三卷时而便见对应与呼应的奇迹，可在中保外，为凡俗所认识的圣母再添一解。

至于心有所求会变成对价关系，乃因某种形式的期约回报有以致之，亦因回报必经程度不一的许愿发心才能成全。《圣母经解》尝引某中世纪的玛利亚奇迹集《古行镜》中的故事道：某全德之妇"幼有邪行"，但"日于圣母前真心悔哭"，临终前希冀以此功德免堕地狱。圣母寻声果至，向索命群魔吆喝道："尔等焉敢害事我者？合去！"继而又转向耶稣道："我不许邪魔拉某妇于地狱，因彼在世恒献功于我而哭悔其罪故。"这个故事，何若特的《玛利亚圣迹集》内也收了（MVB, p. 4/MBVM, pp. 18–19）[1]，显示忏悔与玛利亚出手救度的关系乃呈正比发展，约的订者与受者都会因信仰上的对价关系而获益。此外，《圣母经解》中的此一故事里，圣子耶稣已陷入了母命与天法都不可违的两难之中。此刻圣母心意已决，扮演的角色强硬了许多，所以"狠话"尽出："全能者不难为其母。"这句话虽然是翻译，笔下却带有强烈的儒家的孝道精神，而且也因为这句话，耶稣无奈，只好让那某妇死而复生（《经解》，页36a–36b）。

似此奇迹，《圣母行实》第三卷另有多则。这里我拟举为例，借以再谈的是圣母奇迹呈现的另一种约契关系，亦即经处女及女神崇拜蒸酵而成者，尤指男性因女神的气质及美貌而生发的自我想象。有约如此，其中当见俗世人情与天界空灵的交会，而且交会得时常夺人魂魄，可以独立成另类的故事形态。这种形态所呈现的圣母形象，便是"悍妇妒女"。《圣母行实》中，高一志译了一个奇迹故事，我姑且题之为《金环之约》，可证上文：

---

[1]　此外，欧加略的《人类真安》亦收之，而且还稍加敷衍，见该书《〈十五端经〉救人灵魂于地狱》第三条的圣母奇迹故事。

［某］小童者，质清气和，乡党爱之。一淫女欲与之私，诱以金环。小童未悟，受之。既而入圣母堂，仰睹圣像，叹仰无已，即以金环献之，誓定从是独敬圣母，必不并容他情。忽圣像如活，伸手接环。善童惶悚，明知圣母赐允其愿，且喜且赞，叩谢归室。每以所见神迹慰其心，励其修焉。至后日久心变，其亲将为结婚，童亦忘前誓。正至婚日，忽闻天声，呼其名，且责以忘前金环之约。童闻猛醒，即图改徙，以绝诸端。立时辞亲谢世，往投精修之会焉。（《三编》，3:1525—1526）

此一故事中的人神关系虽非董永与七仙女一类的中国俗传，但"夺人魂魄"或动人处相当，尤似魏晋志怪与唐人传奇。我们细思所以，原因在小童或玛利亚都把彼此视同约契的双方。用一个比较"像人"的说法，即两者间因指环而形成的关系有若中国古人指腹为婚的正面婚约，浪漫得很；而本为淫女计惑之用的金环遂由邪改正，变成小童情订圣母的信物。

　　在中国的《搜神记》或西方圣杯追寻的故事传统里，传信为盟通常最是令人销魂。信物本身或属物质，却收纳了不少象征资本，背后的意涵岂可等闲视之？如其为情所致，则可使人形销骨立，《红楼梦》中贾宝玉送给林黛玉的一方绡帕，《罗密欧与朱丽叶》（Romeo and Juliet）中朱丽叶所贻的一枚戒指[1]，都可使持有者或接受者睹物思人，魂回昔日。我们为《金环之约》动容，还有更重要的一个原因：小童献上金环，"誓定"毕生"不容他情"。除此之外，他当时一无所求，天真烂漫。尽管如此，圣母依然显灵，接过金环，表示就此情定。她能以至美的天界圣品而"纡尊降贵"，接受凡人纯情。精诚所至，金石为开：这往日的"金环

---

[1]　（清）曹雪芹、高鹗：《红楼梦》，3 册（北京：人民文学出版社，1982），1:420-421; William Shakespeare, *Romeo and Juliet*, ed. Brian Gibbons (London and New York: Methuen, 1980), III.2.142.

之约"，后来确实也如约实现。我们暂且不管此一实现最后以何种方式收场，眼前可以确定的是女神崇拜——还得是对美丽的女神的崇拜——的男性心理，在此淋漓展现。

玛利亚颜妍貌美，在天主教信仰中几乎想当然耳，系先验不移之论。《圣母行实》首卷故谓其"形神之洁，特超众圣"（《三编》，3:1288），又美其"仪容端饬，迥异凡女"（《三编》，3:1290）。《圣母经解》是《圣母行实》的延伸之论，这方面论说尤详："圣母盛容超迈，然极庄严，令见者辄发爱敬而生贞德之愿。盖圣母备女德之诸美好而绝其反。"职是，徐光启在万历年间初睹西洋画中的圣母芳颜时，才会"心神若接，默感潜孚"，而在《圣母像赞》中有如下诗句道："作造物之贞母，为至洁贞身。"同因此故，圣弟阿厄削（St. Dionysius of Alexandra, fl. 247—264）也叹曰："使我非明知其不为天地万物之主，［亦］必将以天主视之。"（《经解》，页14a）不论《圣母经解》还是其所引，当中刻画的玛利亚系中国儒家借《诗经·关雎》托喻而成的"天后"（Queen of Heaven）；她具有一切懿德，她庄严曼妙，睹之不但令人淫念不思，抑且会心生敬爱，进而致力于贞德之修。圣弟阿厄削的话也在咏叹玛利亚的威仪，不以凡俗之美拟之，甚至提高其位阶，以天主方之。

天主教徒相信在希伯来或叙利亚原文的"姓名学"（*praesagium nominis*）里，"玛利亚"一名指"母皇"或"海星"（*stella maris*）。《圣母行实》于此特有分教（《三编》，3:1320），《圣母经解》也多方发微，可见入华耶稣会士笃信之深[1]。他们持"母皇"一说，盖圣母为耶稣之

---

[1]　然而据 Alphonse Bossard, ed., *Dictionary of Mary*, pp. 343–344 所述，"海星"之说乃误解。此词系圣热落尼莫最早考得，不过他原指 "stilla maris"，亦即《圣母行实》所称"沧海一滴"之意，见《三编》，3:1375。后世抄写者误 "stilla" 为 "stella"，全词遂转为"海上之星"之意。也有人说这个"误读"是圣伯尔纳巧手慧心所为，见圣伯纳多（圣伯尔纳）（著），任佩泽（译）：《圣母赞》（香港：大屿山神乐院，1994），页56。

母，扩而言之亦为诸天神、诸圣祖、诸先知、诸宗徒、诸致命、诸童贞与诸圣徒之"母"（页9a-13a）。又训之曰：海星者，指人世这个苦海中的受光者或施光者（页9a）。当其为星也，实乃极星之属，"恒居其所不动"，大有别于有其升沉的今世所谓"行星"（页14a-15b）。《圣母行实》里的此一概念，高一志早年以王丰肃之名所译的《教要解略》说得更为细微："玛利亚"乃"天主圣母名号，译言'海星'也。浮海者不识东西南北，则望天星为识"。高氏还引申道："吾人涉此险危世界，如蹈海中，不得圣母接引，未易遵行天主圣道，以至于上升天堂也。"（《耶档馆》，1:139-140）玛利亚身为"海星"或"海中女神"的形象，像极了中国民间宗教里的妈祖。她可引舟夜归，甚至在俗界这"人世苦海"导人于正，烛照众生，为其引路，使之出离道德与其他危噩迷航[1]。"玛利亚"因有内涵若此，故不论实义还是况义，都是"人类之至尊"。在天界的等级，则可称"天主之下"，唯"圣母一人而已"（《经解》，页16a）。

《金环之约》里的男角见圣母圣像而心生爱慕，所强调者虽似儿女私情，但是我们不要忘了《圣母行实》于此所用乃"爱敬"一词。《金环之约》中的男角不过是个小童，对玛利亚投射的感情应该还有其他，而要明白这一点，厄弗所的大公会议是肇始。会中除了讨论聂派异端的问题

---

[1] 职是，圣伯尔纳有下言："人不欲沉溺于波浪者，勿离己目于此［海］星之光。"又曰："人涉世如涉海，或遇诱之独风，或遇苦难之滩石，惟一心呼求玛利亚，则魔诱息，苦难平。又心生傲念如猛浪之沸腾，性好虚名如浮波之云芬，又或偶冒之邪风，炫于世俗之颓风，身罹多罪如漏舟将沉，恶念恒生如猛兽截路，皆呼求玛利亚，必得其救。"见《经解》，页14a-15a。另参见 Katherine Ludwig Jansen, *The Making of the Magdalen: Preaching and Popular Devotion in the Later Middle Ages* (Princeton: Princeton University Press, 2000), pp. 20-21；以及方豪：《校刻〈天乐正音谱〉跋》，见《自定稿》，2:2230-2231。T. F. Crane 整理的康奈尔大学所藏的玛利亚奇迹故事集的第三条，也曾述及某僧因暴风雨突来而遇海难。他于是向圣母祈祷求救，而后就像妈祖指引中国渔船夜归一般，该僧所乘之船的船桅果然出现了有如巨烛的一团火光引舟前进，而海面就此风平浪静了下来，见 T. F. Crane, "Miracles of the Virgin," pp. 23-24。中国南部省份沿海地区的妈祖信仰，见《绘图三教源流搜神大全》（台北：联经出版公司，1980），页186-190；亦可参见马书田：《中国人的神灵世界》（北京：九州出版社，2006），页126-137。

外，群聚的主教也曾如前文所示，议决玛利亚为母性的代表。此议实承天主教古教父之见而来。耶稣或天主之爱，在凡人眼中会因性别而推为父性之爱，古教父遂也将玛利亚宣圣，令其"天主母"的崇高地位结合人间的母性与女性等特质，填补了单性信仰的欠缺。何况父系阳刚，而平信徒怎能令所宗匮乏阴柔的一面？人世由两性组成，天界也得讲究平衡。职是之故，《金环之约》里那童子所谓"叹仰无已"就不仅指"爱敬"而言，也要包括"敬爱"。男童毕竟是男童，即使可以感知男女之情，也需母爱慰藉。在圣母的盛容之外，《金环之约》里的男童此刻恐怕也已滋生了弗洛伊德（Sigmund Freud, 1856—1939）所称的"恋母情结"（Oedipus complex）。高一志译笔下的故事并未说明长大成年后男童拟娶的女子姿容与人格特质，否则精神分析或许真可在此挪来一用，提供另一个阅读的角度，让我们了解缔结金环之约时那男童的心理状态。

《金环之约》这个故事，我在何若特的《玛利亚圣迹集》中仅见类似者，不过就管窥所及，中世纪其实另有埃塞俄比亚文本。倘再以中世纪英文为观察的坐标，则以此一语言写下来的圣母奇迹集中，我们至少可得他本两种。其一出自《字母序列故事集》（*An Alphabet of Tales*），其二见载于大英博物馆（British Museum）手稿部的《抄本增补目录》（*A Catalogue of Additions to the Manuscript, 1916—1920*）之中。由此可知，《金环之约》不仅流传于欧陆，连入华耶稣会罕见言及的英伦也盛行不已，而且"情节"和高一志所译几无二致。其中若有差别，唯高译的小童系亲闻圣母责骂破空而来，而英伦二本则说他是在"幻梦"（fantasye）之中见责于玛利亚。高本讲得比较含蓄的"往投精修之会"，英伦二本亦效《新约》中耶稣的生平或沙漠隐修士常栖之地，道是小童最终"抛妻弃产而遁入旷野"修行[1]。

---

[1] See *AT*, pp. 438–439; Department of Manuscripts, British Museum, *A Catalogue of Additions to the Manuscript, 1916—1920* (London: British Museum, 1933), pp. 272–275.

高一志所本当非中古英文，我们也不知道是拉丁文还是南欧俗语，但是中译和中古英文的差异有其意义，至少在情节上奇得较合逻辑。"小童"由长成到适婚之龄的时间较长，忘记婚约，当然可能；而他拟另娶他女，也符合儒家以孝为人伦中心的思想。是以译成"往投精修之会"当然比"遁走荒野为僧"更投明代社会主流所好。倘非基督徒，怎能了解"精修之会"就是梅瑟及耶稣曾亲身经历的"旷野"或天主教的"空门"？（宗7:29—30; 玛 4:1—11）

何若特《玛利亚圣迹集》英译本的书首，有近人鲍尔（Eileen Power）写的一篇导言。其中转述了一则近似《金环之约》的故事，说来有趣巧合。而更有趣的是，此一故事居然是由坎特伯雷的圣托马斯（St. Thomas of Canterbury, c. 1118—1170）经纬前后。欧洲中古圣人中，圣托马斯奇迹最盛，就证道故事之易于变形而言，以他人替高一志笔下的小童并非不可能。话虽如此，鲍尔仍然有话要说：她告诉我们圣托马斯遗事乃出自希瑟里的《奇迹丛谈》。生前，圣托马斯是亨利二世座前的重臣，两人情同手足。后来他出任坎特伯雷大主教，反对亨利以政领教，从而闹翻。两人各持己见，毫不退让。1170 年，亨利及其从者派出杀手，圣托马斯终为所刺。死后，据说他常在葬身的教堂显灵，灵验事件层出不穷，教会得派专人看守木拱，日夜记之，终于演变成 12 世纪以来奇迹最多的圣人，甚至迫使 14 世纪的乔叟（Geoffrey Chaucer, 1343—1400）招兵买马，让《坎特伯雷故事集》（*Canterbury Tales*）中的二十余位朝圣者倾倒于其墓前[1]。话说回来，鲍尔的兴趣集中在圣托马斯的青少年时期：当时他仍然在巴黎大学求学，尝在同学面前"吹捧"自己的"女友"之美，以绝色形容之。然而大伙儿都知道圣托马斯并无情妇，所说乃向壁虚构，是以毫不留情便报以嘘声。大伙儿谬矣！当年圣托马斯心想口说者，实为

---

[1] Benedicta Ward, *Miracles and the Medieval Mind: Theory, Record, and Event, 1000—1215*, pp. 89–109.

玛利亚的容颜。真正有问题的是：圣人嗣后自感愧疚，频频以不该亵渎圣颜自责。他向圣母合十忏悔，求恕其罪。奇异的是此时玛利亚突然示现，而且拿出一只内装一件十字裓（chasuble）的黄金匣子，命托马斯急招同学示之，说是两人定情的"约记"（troth）[1]。

　　玛利亚和圣托马斯的传奇到此尚未完结；圣托马斯的奇迹集内还记载他藏有用头发编织而成的衣衫一件，人多未睹，更不知替他缝补破衣的人是谁。希瑟里的《奇迹丛谈》代之作答：原来都是玛利亚显灵，代行针黹。这可见两人在天人两界的联系之深[2]。上引鲍尔的故事其实也未完结，因为她随即评论道：圣托马斯的"女友故事"诚然浪漫，却显示在某一个意义上，圣母谦、贞、哀三德中的谦德已经有损，徒然转为反讽[3]：她不许人间有美胜之，所以刻画上才会强调那股醋劲，反映出故事编者以男性为中心的性心理幻想过程（*MBVM*, pp. xv–xvi）。

　　鲍尔的评论及其相关背景复杂，往往又和《金环之约》的文学性有涉，值得进一步探讨，尤可自中世纪另一英文本的《圣母奇迹集》（*The Myracles of Oure Lady*）予以验证。在英国中世纪，圣母灵验的集子曾虏获不少善男信女的心，令其热情阅读。《圣母奇迹集》提到有某牛津大学的学生非常敬重圣母，后赴罗马宗座教堂参拜，所见却是脂粉不施——也不甚貌美——的一具石雕，颇感失望，敬心全失。待他回到牛津，旋因重病而卧倒在床。某夜，玛利亚示现，告以他在罗马有渎自己，故有

---

[1]　Also see Caesarius of Heisterbach, *Dialogus Miraculorum*, ed. S. Strange, 2 vols. (Cologne: H. Lempertz, 1851), 1:7.

[2]　Ibid., 2:5–6. Cf. Benedicta Ward, *Miracles and the Medieval Mind: Theory, Record, and Event, 1000—1215*, p. 99.

[3]　我知道圣母谦德多指她不愿居孕育耶稣之功，在天主前一向也以"婢女"自称。见《三编》，3:1315；另见《经解》，页 17a。

今日之噩[1]。《西游记》里所谓"一饮一啄，莫非前定"的果报观[2]，看来也适用于这个故事，尤可解释那牛津学生罹病的缘故。除了此一教训，牛津学生的故事也表现出玛利亚的仪态不容非议；而她姿态之高，于圣母三德中的谦德又是讽刺。如以圣托马斯的传奇再议，如可撇开上文中的神圣与亵渎不谈，传奇中最难令人忘怀者，我想仍为圣母所赠的十字褡，因为此物和《金环之约》里的金环俱表约记，显示圣母和圣托马斯之谊有如已有婚约的未婚夫妻。圣人犹在悬念之际，双方便已开写"爱的契约"了。

类此玛利亚崇拜，读来引人遐思；而我们若想深入再探，则得趑回何若特的《玛利亚圣迹集》。其中也有中世纪故事谓：某骑士青春年少，暗慕主人之妻。就在他为色欲所惑之际，有隐修士出现，劝其端正内心，以圣母为念。骑士依之，每日即课诵圣母名号，矻矻专心，于是色欲全消，后来连其主母都感讶异。当然，精诚所至，金石为开，故事里的玛利亚不但在某日显灵，而且就倚在骑士的马前，敛容正色说道："我的容姿是否令你倾心？"答案不言而喻，不过令人更吃惊的是圣母接下来的大胆表白："跟我来吧，我会成为你的妻子。"她又趋前"亲吻"了骑士，道："我以这个吻订下我们的婚盟；他日我们就当我儿［基督］面前，正式拜堂完婚。"（*MBV*, p. 13/*MBVM*, pp. 45-46）在天主教的传统中，恭呼圣母圣号而不思他女乃是对玛利亚最大的尊崇，表示呼唤者心中有"贞"（*castitas*）；而"贞"不仅是玛利亚无涉性事的形容，也是她要求于所欢的圣德，通常会"回报"以某种形式的约定[3]。果然，上述骑士和圣母订下婚盟后，五内仅存"贞"字，故事抑且反转了圣德所属的对象，变成了是那骑士在守贞了（*MBV*, p. 13/ *M BVM*, p. 47）。守贞之士，玛利亚怎

---

[1] Peter Whiteford, ed., *The Myracles of Oure Lady*, pp. 71-72.

[2] 见吴承恩:《西游记》，2 册（台北: 河洛图书公司，1981），1:492。

[3] Cf. Gerd Lüdemann, *Virgin Birth? The Real Story of Mary and Her Son Jesus*, trans. John Bowden (London: SCM Press, 1998), pp. 12-14.

可毁约而令其失望？

耶稣会史上，上述骑士与圣母的关系常见。会祖圣依纳爵本业军人，骁勇善战。他由俗身而领铎之前，圣母曾经显灵，促其出家护教，效忠自己。圣依纳爵此后神视（vision）频仍，而他与玛利亚心灵既济，干脆就效骑士传奇《高卢的阿马迪斯》（*Amadis de Gaula*）中的情节——另一方面则依智者阿方索王的前例——穿上基督的武装，黄夜直奔蒙特塞拉特（Montsarrat）教堂的圣母座前，时站时跪，祷告通宵，为心中至圣"武装守夜"（*Vigilia de los caballeros*），有如当时骑士之于自己仰慕的女性一般。对圣母的"贞"，圣依纳爵的亲历强调，自非凡夫俗子能比（*PJ*, p. 26; and *IL*, p. 239）。

骑士的婚约虽乏实体信物，然而凡夫俗子——此中想来还包括教会中人如已晋司铎者——的女神情结则一览无遗。如果信物在身，造成的当然又是另类的移情效果。《圣母行实》中的小童故事，高潮迭起：我们映入眼帘者首先是一凡胎俗女，而且是位花痴淫女。其次圣母显灵，欣然与男童缔结金环之约。再次的进展应在数年之后，就在童子长大成人，依俗迎娶一女之际。此刻玛利亚忽焉再现，而且以曩昔之约，厉声责备那已经成人的童子。对惯看仙女谪凡的中国读者而言，约或信物或许俗套，然而在《圣母行实》的故事中，那惦记前约者却非寻常仙子，更非荐枕以就刘、阮的天台神女，而是圣婴之母，是天主教世界地位无双的至圣至善至美的表征，所以剧力不可小觑。即使在西方，这种情形依然，《金环之约》基本上就因类此女神崇拜所致，而且是在罗马古典的基奠上发展出来的一段神人奇缘。

奇缘所涉罗马神祇无他，乃时人宗教中爱与美的天界化身维纳斯（Venus）。回到上古，前述"金环"（ring）的受赠者实为一女神，故事的编次者多半题之曰《维纳斯的指环》（"The Ring of Venus"），法国作家梅里美（Prosper Mérimée, 1803—1870）曾改编之并在 1831 年发表了小说《伊尔的维纳斯》（"La Vénus d'Ille"）。德国歌剧家瓦格纳（Wilhelm Richard Wagner, 1813—1883）也曾据以创作，使之融入北欧神话，改编成连环歌剧《尼伯龙根的指环》（*Der Ring des Nibelungen*）最后一出的《诸神的黄昏》（*Götterdämmerung*）。1870年，英国诗人莫里斯（William Morris, 1834—1896）再度翻新故事，撰成长诗《献给维纳斯的指环》（"The Ring Given to Venus"），收入所著大型诗集《诗吟尘世乐园》（*The Earthly Paradise: A Poem*）之中[1]。

维纳斯的传奇乃罗马上古女神神话的一环，和其时某青年有关：后者曾以开玩笑的态度，在女神塑像前献上一枚戒指，并且为她戴上。孰料维纳斯的塑像居然动了起来，戴上戒指的手指一夹，信物就此再难拔下。过了一长段时间之后，青年忘记此事，拟迎娶某女为妻。此时维纳斯醋劲大发，居然闯入新房，公然要求新娘把"丈夫"还给她。原本欢天喜地的俗世婚礼，此时却以新娘魂归离恨天而悲剧收场。中古之世，希腊罗马上古故事常经天主教化，时人也挪转了"维纳斯的指环"，将女角易为玛利亚（*MBVM*, p. xvi）；而其结果便是一连串"迎娶"圣母的传奇[2]，其中的典型就是高一志移以中文的《金环之约》。

玛利亚之所以会和维纳斯产生联系，原因有二。其一是天主教上古之际，厄弗所人早已有狄安娜（即阿尔忒弥斯，Artemis）或密涅瓦（即雅典娜，Athena）的信仰。某名唤迪米特里奥斯（Dimitrios）的银匠还以

---

[1] 梅里美的《伊尔的维纳斯》加油添醋，硬是生出另一个新的故事框架来，而且将重点放在维纳斯所代表的"爱"上，而不是"美"。《伊尔的维纳斯》的故事形态因此有别于罗马人的"维纳斯的指环"。梅里美的小说见 Prosper Mérimée, *Colomba: La Vénus d'Illle, Les Âmes du Purgatoire*, new ed. (Paris: Calmann Lévy, n.d., 1900), pp. 14–293. 莫里斯亦然："指环"本为某青年的结婚戒指，但误送维纳斯，因此也生出一段风波，见 William Morris, "The Ring Given to Venus," in May Morris ed., *The Collected Works of William Morris* (London: Routledge and Thoemmes Press; Tokyo: Kinokuniya, 1992), vol. 6, pp. 136–174。

[2] Babara G. Walker, *The Woman's Encyclopedia of Myths and Secrets*, p. 609. 另参较 Benedicta Ward, *Miracles and the Medieval Mind: Theory, Record, and Event, 1000—1215*, pp. 159–160。

制造女神的银龛闻名，发了大财。时人故常呼唤这位罗马女神之名，认为她的伟大乏神能及。此刻葆禄正在厄弗所传教，到处强调"人手制造的，并不是神"（宗 19:26）。最后引起民怨，发生暴动，有赖城里的书记官出面安抚，群情始寂。这位未留下名姓的书记官曾经说道："厄弗所人啊！谁不知道厄弗所人的城，是伟大阿尔忒弥斯的庙，和那从天降下的神像的看守者呢？"（宗 19:35）厄弗所的女神崇拜，即使葆禄把该地转为基督之城后，看来也难以消灭，而且还绵延了数百年之久，使得中世纪日耳曼圣女马克德博的梅哈堤（Mechthild von Magdeburg, *c.* 1207—*c.* 1282/1294）首开以希、罗式"女神"（*göttinne*）定位玛利亚的风气[1]。在希腊或罗马宗教里，狄安娜或密涅瓦向为"智慧"之神。她的光环，天主教众"神"无以匹敌。若有，则唯圣化后的玛利亚稍可企及[2]，而这应该是厄弗所会议之后，玛利亚宣圣封神[3]，进而取代了狄安娜的原因之一。话说回来，狄安娜毕竟不以"美"名世，这个属性的代表天神仍归罗马人眼中的维纳斯。姑且不论智慧，在天主教的神话中，即使包括美或爱，也唯有玛利亚可以一身而兼具。厄弗所人改宗天主后数世纪，他

---

[1] Mechthild von Magdeburg, *Das fliessende Licht der Gottheit*, ed. Hans Neumann (Munich: Artemis, 1990), p. 75. Cf. Barbara Newman, *God and Goddesses: Vision, Poetry, and Belief in the Middle Ages* (Philadelphia: University of Pennsylvania Press, 2003), pp. 274–275.

[2] 在中世纪，玛利亚确实有人视之为"智慧的宝座"（Throne of Wisdom），见 Eva De Visscher, "Marian Devotion in the Latin West in the Later Middle Ages," in *Resource*, p. 177。

[3] 这里我乃笼统说之。如同本章最后一节我会指出来的，玛利亚封圣乃她身份特殊所致，而且系在中古宣圣制度确立之前即告完成。此时所谓"圣人"大多为"致命"（殉道者）、笃信者（confessors）与苦修者（ascetics）。中古之世，教宗英诺森三世（Innocent III, r. 1198—1216）将宣圣的权力由地方收归教会中央所有。到了 1234 年，教廷又制定法规以为依据，严格考核准备位列圣品者，除了奇迹异象与社会工作或个人德行上的要求外，制度上还得由宣福礼（beatification）启之，然后再由遴选委员会甄辨，以区分"贞人"（the blessed）与"圣人"，继而昭告天下，乃告礼成。上述天主教的封圣制度，下书有扼要精论: Lawrence S. Cunningham, *A Brief History of Saints* (Oxford: Blackwell, 2005), pp. 36–39。

们不再祭拜罗马女神，虔敬的热忱转向"天主之母"[1]。数百年前罗马人的"维纳斯的指环"就此收编而转换了配戴者，变成是"玛利亚的指环"，从而引领风骚，使后人竞相以此创作。

《金环之约》另又涉及《圣经》诠释学上玛利亚的固定形象："新娘"。《旧约·雅歌书》首开天主教描写性爱的"结婚颂"的托喻传统，后世的解经人如圣安博（St. Ambrose）或圣伯尔纳（St. Bernard of Clairvaux, 1090—1153）每亦借"预表论"（typology）论之，认为其中的"新娘"应指玛利亚。至于"新郎"，自然就是耶稣或天主，至不济也应该是"教会"的比喻[2]。如此读法的对象转到了《欧瑟亚》一卷后，玛利亚正式变成"天主无瑕的新娘"[3]。盖祂（它）尝借欧瑟亚之口，宣布那从埃及回来的"妇人"会称欧氏为"依士"或"丈夫"，不再呼之为"巴里"或"我主"（欧 2:18）。非但如此，天主还要"永远聘娶"这妇人，"以正义、公平、慈爱、怜悯"等德性"聘娶"之（欧 2:21）。虽然就经文的字面及其第一层的托喻观之，天主拟聘之"妇人"系指"以色列人"，但在《新约》中，《玛窦福音》却告诉我们，玛利亚为避黑落德迫害，曾经举家逃往埃及（玛 2:13-14）。所以从天主教的解经学观之，欧瑟亚口中那"从埃及地上"回来的女人便是玛利亚，而耶稣遂也变成《玛窦福音》中天主借先知之口说出来的"儿子"："我从埃及召回了我的儿子。"（玛 2:15）圣伯尔纳系解经权威，于圣母特有研究。他活跃于中古鼎盛之际，时人就因玛利亚在《旧约》中曾以"新娘"的身份预现，故而也以她替换了

---

[1] 参见 Edward Schillebeeckx（著），香港公教真理学会（译）：《玛利亚：救赎之母》（香港：香港公教真理学会，1983），页 149。

[2] 圣伯纳多（圣伯尔纳）著：《注释〈雅歌〉讲道》，下册，收任达义编译：《圣伯纳多著作》，第 1 卷（香港：圣伯纳多瞻礼出版，1994），页 3。另参较 Eva De Visscher, "Marian Devotion in the Latin West in the Later Middle Ages," in *Resource*, pp. 188 and 198-199; and Marina Warner, *Alone of All Her Sex: The Myth and the Cult of the Virgin Mary*, pp. 121-127。

[3] Edward Schillebeeckx（著），香港公教真理学会（译）：《玛利亚：救赎之母》，页 124。

"维纳斯的指环"中的女角。维纳斯期待于为她戴指环的身份者，不就是自己的"新娘"幻身？

中古之时，维纳斯转为玛利亚尚有近因一。据加东（Elinor W. Gadon）与瓦尔纳（Marina Warner）的研究，在吟游诗人四处走唱的全盛时期——尤其是在 13 世纪——他们常因玛利亚有王宫"后"位的实指与喻称而对她歌颂连连，视之为"宫廷爱情"（courtly love）追求的对象，从此让玛利亚从传说与《圣经》中的刻板形象转变为"有血有肉"的女人[1]。中古的圣母奇迹故事中，有一则谓某人每日都会摘取五十朵玫瑰，编为花冠，献给玛利亚。这是《圣母花冠经》的由来，高一志也曾将故事译出，而且就收在《圣母行实》第三卷中。此人之名，中古奇迹集多称为"扎卡瑞阿"（Zachariah）[2]，而故事与高译之别仅在五十朵的玫瑰后者易为六十三朵，借以附会玛利亚在世的六十三年与玫瑰珠规的规数（参见《三编》，3:1315 and 1412）。这个当时人称"扎卡瑞阿"者入会精修之后，高译称他常跪伏圣母台前，"口吐奇美鲜花"；同时另有天神逐朵串之，制成花冠以"加贤士之首"（《三编》，3:1439—1441）[3]。史上自

---

[1] Elinor W. Gadon, *The Once and Future Goddess: A Sweeping Visual Chronicle of the Sacred Female and Her Reemergence in the Cultural Mythology of Our Time* (New York: HarperCollins, 1989), p. 216; Marina Warner, *Alone of All Her Sex: The Myth and the Cult of the Virgin Mary*, pp. 134–148.

[2] 如 *OHTM*, pp. 35–37。*OHTM*, pp. 37–38 另又从何若特收录了一篇不见于《玛利亚圣迹集》的拉丁文故事。

[3] 中古集子中，"天神"时作"圣母"，而"奇美鲜花"则化为"玫瑰"，见 *MM*, pp. 148–149。《圣母行实》所述显然由两个故事组成，一采花，一吐花。后者较常独立成篇，如 John Mirk, *Mirk's Festival: A Collection of Homilies*, ed. Theodor Erbe (*c.* 1415; London: Early English Text Society, 1905), pp. 16–17；又如 Berceo, "El clérigo y la flor," in his *Los Milagros de Nuestra Señora*, pp. 37–39。Berceo 的故事，其实另含某一颇似《高僧传》中鸠摩罗什的"不烂金舌"之说；15 世纪时，英国诗人里德加特（John Lydgate）也曾吟过，见 *MEMV*, pp. 123–124; also cf. Gautier de Coinci, "Histoire d'un moine mort dans la buche duquel on trouva cinq roses fraîches," in *Miracles et mystères: la littérature religieuse au nord de la France*, trans. F.-J. Beaussart, et al. (Laferté-Milon: Corps 9 Éditions, 1989), pp. 82–83。在里氏之前，乔叟的《坎特伯雷故事集》改编过这个故事，见 Geoffrey Chaucer, "Prioress's Tale" of *Canterbury Tales*, in *The Complete Works of Geoffrey Chaucer*, ed. F. N. Robinson, 2nd ed. (Oxford: Oxford University Press, 1957),

此便常见基督徒把"男女之爱"献给玛利亚，从而编出许多情歌来。圣安瑟伦（St. Anselm, 1033—1109）认为在仰望天主外，人世间最高的愉悦是瞻礼圣母[1]。在比喻的层次上，此刻进入修女院者都将自己"嫁"给了天主或耶稣；而修道院中的僧侣所"娶"，一般而言，相对应的也是玛利亚[2]。俗世中的骑士阶级更发展出一套仪式来：骑士可将戒指套在玛利亚塑像的指头上，如果指头紧握，指环拿不下来，便表示自己和玛利亚有缘，已得青睐而可入修院清修或"迎娶圣母"。何许的亚兰（Alain de la Roche, 1428—1475）有此等经验：在天神与过往的圣人见证之下，他尝"嫁"给了玛利亚。所以云"嫁"，因为这次仪式颠倒过来，变成是玛利亚将一枚指环套在亚兰的手指上。这枚指环还遵守中世纪俗规，由圣母用自己的头发编织而成。玛利亚由是而有"爱神"之名，将维纳斯的属性接收过来。两位"女神"都是高一志所谓的"海星"（《三编》, 3:1320），至此亦转成了《圣母经解》中呼请的"晨星"，更接收了中国妈祖般"天后"（Maria Regina）的名号[3]。

《金环之约》当然比亚兰的"故事"温婉动人，换成中国人看来，或有如昆仑山上西王母和穆天子订下的约盟："道里悠远，山川间之。将子

pp. 161–164。乔叟的 "The Man of Law's Tale" 亦由圣母奇迹故事改编而成，见 F. N. Robinson, ed., *The Complete Works of Geoffrey Chaucer*, pp. 63–75。至于《圣母花冠经》的由来，石铎琭曾引 "圣若翰嘉俾斯大诺"之语而述之："昔泰西有一修士虔奉圣母，每日采取香花制冠以献之，勿有间断。逮入圣方济各会，遵行会规，不暇采花矣。遂以为忧，魔因诱惑（惑），谓[之]出会嗣其功，不然前功尽废。于是决志出会，忽圣母显于其前，谓之曰：'汝何愁苦而改易其志？我诲汝以永远不坏之冠，胜于世上易萎谢之花冠，更惬予心，更增汝绩。不必采花，惟诵《花冠经》，胜于采花制冠。'"以上见石译，《圣母花冠经》，页 1a–3b。

[1] St. Anselm, *Mediations*, quoted in *MM*, p. 148.

[2] Marina Warner, *Alone of All Her Sex: The Myth and the Cult of the Virgin Mary*, pp. 127–133.

[3] *EIS*, p. 170. Also see John of Damascus, "On the Dormition of the Holy Mother of God," in Brian E. Daley, S.J. ed. and trans., *On the Dormition of Mary: Early Patristic Homilies* (Crestwood: St. Vladimir's Seminary Press, 1998), p. 196; and Marina Warner, *Alone of All Her Sex: The Myth and the Cult of the Virgin Mary*, pp. 103–117.

无死，尚能复来。"[1]《圣母行实》中的小童态度更加严肃：他"仰睹圣像，叹仰无已，即以金环献之，誓定从是独敬圣母"。这里的"敬"字如同《红楼梦》里的用法，除了"尊敬"之外，兼寓母子或——特别是——男女之爱。此所以童子继而才会说他"不容他情"。罗马人依随希腊人，同持人神同形之说。维纳斯或许可以和人开个玩笑，然而天主教世界中的圣母何其尊贵，岂可容凡人以戏谑待之？小童既有金环之约，最后必得如是履约。讽刺的是，这个"约"又如前及的骑士传奇：其中圣母确曾践约，唯天人婚盟怎可见诸人世，而凡躯怎又可目睹超凡的天颜，遑论神圣？苏格兰国家图书馆（National Library of Scotland）所藏的一份手稿早就指出，凡人想见圣母真身只有两个办法：一是眼睛瞎掉，一是命丧黄泉（*MEMV*, pp. 24–29）。是以上述骑士故事中的婚约，必得在骑士身后方可举行，地点则是天堂。高一志笔下的童子大致亦然：他虽不必以死践约，不过在圣母提醒前情后"即图改徒，以绝诸端"，进而"辞亲谢世，往投精修之会"。这是"遁世"；从某个意义上说，更是"绝世"或——像那骑士一样——"弃世"！

奇迹故事早已发展成为欧洲中古民间文学的重要文类之一，《金环之约》等关乎圣母的欧语原本也是所谓"玛利亚与新郎官"（Mary and the Bridegroom）系列传奇中的一环（*MVBM*, p. xvi）。民间所谱的玛利亚故事，其叙述形态变动不居，不过母题恒常如一，总把玛利亚写成悍妇妒女[2]：任何男子只要曾掏心掏肺，对她矢誓忠贞，就算情定终身了。倘一时忘约而另结新欢，玛利亚必然强势介入，矜悯世人的哀德也消失不见。

---

[1] 唐晓峰（审订）：《穆天子传》，卷3，收于赵敏俐、尹小林（主编）：《国学备览》，12册（北京：首都师范大学出版社，2007），3:105。

[2] 不无意义的是，埃塞俄比亚文本的玛利亚奇迹集中，圣母曾当着对她矢志忠贞的一名男童道："如果你将来要娶妻，只能娶容貌与身材如我者。"又道："把手给我，[并发誓道：]除我之外，你不会娶其他女人，因为我是个善妒的女人，醋劲甚强。"见 *OHTM*, pp. 223–224。

男子即使回心转意，圣母也不容新妇存在，更不必谈让她的地位凌驾在自己之上。所以圣母之心不可负，圣母之美也不容赛过，像极了徐光启《圣母像赞》最后一句的描述："美非常而莫伦。"[1]

《圣母行实》中，类此玛利亚故事有数则，如果从何若特的《玛利亚圣迹集》观之，同例更多，前引骑士传奇就是其中之一。设若我们扩大比较，再就圣母奇迹集的传统整体衡之，《金环之约》的衍枝添叶当以15世纪的埃塞俄比亚文本称最。其中编派了两组约契，首先是人间的"婚约"：高一志笔下的"淫女"，在埃塞俄比亚文本中不仅不"淫"，而且还是个"处女"或"贞女"（virgin）。她和小童一见钟情，乃馈之以指环一枚，作为定情的信物。其后小童在无意间看到圣母塑像，惊为天人，居然就此见异思迁而"毁约"，反手把指环戴在圣母手上："你比我所爱的女人更美，因此合该变成我的爱人。请把这枚戒指当作我的爱的信物；除了你之外，我不会再爱上其他的女人。"天人之间的"婚约"就此定下。问题是：及长，"小童"又"毁约"了，反拟迎娶先前的情人。玛利亚乃"贞德"——我指的是"忠贞之德"——的化身，哪能任凭小童无缘无故又移情别恋？她马上托梦，大骂负心："我们前此的婚约何在？瞧，你要迎娶一个可能会比我好的女人吗？你爱上的人会比我更高贵吗？"玛利亚不仅剽悍若此，她在"玛利亚与新郎官"这套奇迹故事中的"本性"也表露无遗[2]，毫不犹豫就说要"报仇雪恨"，要"惩罚"那负心汉。圣母诸德中的"慈爱"（caritas），在此灰飞烟灭。

所幸"玛利亚与新郎官"或《金环之约》等奇迹故事中，结局总是小童适时梦醒或受到告诫，吓出一身冷汗，于是再毁前约，又忘了他

---

[1] 《三柱石》，页106。另参见 Sánchez, pp. 179–180 对这位善妒而不容"移情别恋"的圣母的刻画。

[2] "玛利亚与新郎官"的故事，尚有变体或其他的形式，参见 Marina Warner, *Alone of All Her Sex: The Myth and the Cult of the Virgin Mary*, pp. 154–158。

的"贞女"或"淫女",重返圣母身边。"重返"是象征性的说法,故事中的小童其实若非进修会侍奉玛利亚,就是远遁沙漠,以苦修为她"服务"去了。埃塞俄比亚文本的《金环之约》因此有如《圣母行实》里的中文译本,盖小童与玛利亚两人的"约"都要等到此时方称践履,而圣母也要等到此刻才会回复慈祥面貌,甚至——如就埃塞俄比亚文本再加比较——在小童辞世前为他张罗吃穿(Budge, pp. 256–258),细心呵护得仍有如中国古来传说里的仙凡奇缘。

送子观音

埃塞俄比亚文本的《金环之约》乃本于博韦的樊尚等人所传的同一拉丁文故事(Budge, pp. 258–261),反映的其实是玛利亚在欧洲的形象。然而高一志的《圣母行实》毕竟译在中国,而且是为传教而译,不能不受中国社会的民情风俗与文化制约。这也就是说,高一志翻译会受到"文化能动机制"(cultural agency)的干扰,从而使其传译产生结局上的变化。职是之故,我们在《圣母行实》的《金环之约》中才看到中国人熟悉的天人情愫,荡气回肠。女神信仰的本土化现象又是历史常态,高一志的《金环之约》可窥一二,但翻译行为的"能动者"(agent)的力量,在此同样也不可小觑[1];我们若予细案,依然得往《圣母行实》第三卷的奇迹故事中再探。此其间令人印象最深者,我以为莫过于玛利亚还有赐子的能力:她有如中国传统中"白衣大士"或"送子观音"的天主教化身。

---

[1] "文化能动机制"与"能动者"的概念,我取自下文:Keith Harvey, "Translating Camp Talk: Gay Identities and Cultural Transfer," in Lawrence Venuti, ed., *The Translation Studies Reader*, 2nd ed. (New York and London: Routledge, 2004), pp. 411–412。

"送子观音"虽有"观音"一名，但在佛教的"六观音""七观音""三十三观音"和"三十三应身观音"中并无此一图貌，亦即"送子"并非观音身为佛门菩萨的属性或能力。这个概念之所以形成，应为观音信仰传入中国后就地合法的结果，或因鬼子母与白衣大士的形象混淆所致，当然也可能因观音"寻声救苦"的产房效应使然。其形成契机当在姚秦鸠摩罗什（344—413）之前的西晋，盖此时竺法护已出《正法华经》，而其中便有求子于观音的说法："若有女人无有子性，求男求女归光世音……"（《大正藏》，9:129）鸠摩罗什其后的译本亦谓："若有女人，设欲求男，礼拜供养观世音菩萨，便生福德智慧之男。"（《大正藏》，9:57）[1]不过《法华经》有此一说，并不表示信仰或崇拜已经形成，何况此时观音乃男身，并非女性。赵翼（1727—1814）《陔余丛考》第三十四卷称："许洄妻孙氏临产，危苦万状。默祷观世音，恍惚见白氅妇人抱一金色木龙与之，遂生男。"[2]观音以女身着白衣送子，这是历代刻画的典型，而如此呈现的原因当在《法华经》另有下文：为救度世人，必要时男神观音亦可以比丘尼或妇人、童女应化，所以本身已含带了某种女性的特质，或许也包括了"母性"在内（《大正藏》，9:57）[3]。

　　许洄的故事发生在南宋宁宗庆元年间（1195—1200），是以整个崇拜的形成，时间上恐怕得往上再溯。最早的观音送子传说出自《冥祥记》，乃南朝刘宋时期某沙门告诉当时祭酒孙道德的话："苟心欲求儿，当至心

---

[1]　另见全佛编辑部编：《观音宝典》（台北：全佛文化公司，2000），页89–90。

[2]　（清）赵翼：《陔余丛考》，3册（北京：中华书局，2006），3:739。这类故事还有不少，如《白衣经应验》："长沙孙琳妻，凤患产难，子多不育。虔诵《白衣经》，后临盆夕，梦大士授红丸令吞，曰：'免产厄，母子皆安。'遂刊经广施。"此一故事我转引自许止净：《无量寿经》修学网《救苦之愈疾二》，网址：http://a.bonze.cn/wlsjwz/gygy/44.htm，检索日期：2007年8月23日。史上观音送子、育婴与助产的传说，我多得悉自邢莉：《观音——神圣与世俗》（北京：学苑出版社，2001），页329–358。

[3]　另参龚天民：《观世音菩萨真相》（台北：校园书房出版社，1999），页30–31。

礼颂观世音，如此可有后望也。"[1] 自此以还，凡属佛徒，只要无嗣求子，
所求对象泰半便是观音，而孕妇祈求生产顺利，当然就以观音为膜拜的
对象。除此之外，观音也因藏传密宗的度母故而由此变性，加入了女娲、
注生娘娘与碧霞元君等中华文化所谓"子嗣神祇"的行列[2]。《宣验记》
另载有一卜说（悦）之者，尝因恳求观音而得子息[3]。卜悦之生当何时，
已难稽考，不过观音在信仰上由男身变女性，我们似可确定事在有唐一
代，因此，"送子观音"的女神概念的形成，最早也得俟诸隋亡之际[4]。
大约 11 世纪，佛教妙善公主的传说再出，《全像观音出身南游记》一类
通俗说部不仅将妙善与观音结合为一，也深化了观音女身的形象，民间
深信不疑。在沙门内，观音"女神"之身再难撼动[5]。

　　一般而言，女性的"送子观音图"多为观音手捧或抱持一小儿跏趺
而坐或正面站立，史上以唐人吴道子所绘最为脍炙人口。我们即使从敦
煌莫高窟所出之《法华经变文·普门品》或从后世风行的《白衣观音送
子宝卷》内的插画观之[6]，"送子观音"的图像在神情姿仪上确实有如西

---

[1] 《冥祥记》中孙道德的故事，我引自邢莉：《观音——神圣与世俗》，页 330。

[2] Kenneth K. S. Ch'en, *Buddhism in China: A Historical Survey* (Princeton: Princeton University Press, 1964), pp. 341–342. 参较廖芮茵：《台湾子嗣神祇的信仰与科仪》，载台中应用技术学院应用中文系（编）：《道教与民俗学学术研讨会论文集》（台中：台中技术学院，2007），页 217–245。

[3] 以上《宣验记》故事乃出自《观音应验记：诸菩萨感应抄》写本（原藏于京都青莲院；东京：东京大学史料编纂所重刊，1955），第 55 条。

[4] 参见邢莉：《观音——神圣与世俗》，页 99–134。不过最晚也不会晚过纪元 1100 年，见 Glen Dudbridge, *The Legend of Miaoshan*, revised ed. (Oxford: Oxford University Press, 2004), pp. 14–15。

[5] Glen Dudbridge, *The Legend of Miaoshan* 中虽不见《全像观音出身南游记》，但此书之中译本则景印而全录之。见杜德桥（著），李文彬等（译）：《妙善传说：观音菩萨缘起考》（台北：巨流图书公司，1990），页 172–212。

[6] 吴道子图恐佚，然《一行居》略状其形，至于《法华经变文·普门品》或后世盛行的《白衣观音送子宝卷》内的插画，部分见张总：《说不尽的观世音：引经·据典·图书》（上海：上海辞书出版社，2002），页 16 及页 47–48。另见弥永信美：『仏教神話学 2：観音変容譚』（京都：法藏館，2002），页 308 中一幅 1583 年——亦即罗明坚与利玛窦入华当年——的中国送子观音塑像。另参考同上书页 309–311 的相关插图；以及刘秋霖等（编著）：《观音菩萨图像与传说》（北京：中国文联出版社，2005），页 279–289。

人所绘马槽中的"白衣示现圣子降世图"（Nativity）。后者中，玛利亚往往怀抱耶稣端坐，更为典型。耶稣会士在晚明进入中国，他们四出传教，随身时常携带——或所建教堂内亦常悬挂——者便包含"圣子降世图"在内[1]。利玛窦著有《西字奇迹》，书中收有一题为《天主》（"Tien Chu"）的玛利亚怀抱圣婴的立像（朱编，页262）。当时见过包括《天主》在内的这些图绘的中国士子，就常把"圣子降世图"误为"送子观音图"，惊诧不已[2]。类此"误读"或"错觉"，亦可暌诸1584年日本耶稣会寄回罗马的《日本事情报告书》。从德川到江户幕府后期，日本多数时间锁国，禁止天主教传教，耶稣会士与日本教徒为掩人耳目，逃避迫害，发展出了"隐切支丹"的观念，再因子安观音或子育观音像与圣子降世图近似而形成了"玛利亚观音"（マリア観音）的秘密崇拜，借以延续教派。子安观音的祭祠，在中国明代乃常态，这其实就是送子观音或送子娘娘的民俗信仰，而日本——尤其在关西一带——之有"玛利亚观音"之制，也因16世纪从福建德化窑运销而去的白瓷慈母观音塑像使然[3]。因此，玛利亚与观音的宗教互文在东亚是个国际现象，共同点是都因耶稣会而起，

---

[1] 这一点，莫小也有陈述，见所著《十七—十八世纪传教士与西画东渐》（杭州：中国美术学院出版社，2002），页53–128。

[2] 南明重臣瞿式耜（1590—1650）长期信仰基督，在父汝说亡后撰《显考江西布政司右参议达观瞿府君行状》，称之"性不喜佞佛，而信根夙具，建小阁于浣溪，奉大士其中"。瞿氏为母所撰《先妣施恭人行实》亦称之"心主慈悲而未尝拈香佛前，膜拜祈福。师、尼、巫、觋纵横里中，独逡巡不敢阗吾门。年逾四十，始庄严一大士像瞻礼焉"。佛门中，"大士"多指观音，但瞿氏这里既言"不喜佞佛"，"未尝拈香佛前"，又称信奉"大士"，似有不合，黄一农疑其应指圣母玛利亚，其说甚是。瞿文见江苏师范学院历史系苏州地方史研究室（整理），余行迈等（点校）：《瞿式耜集》（上海：上海古籍出版社，1981），页291及页294。另见《两头蛇》，页317。

[3] 弥永信美：『仏教神話学2：観音変容譚』，页251–252, 307–308及563–564。观音和"送子"或"孕产"之间的关系，除弥永信美所著页305–330外，另见 Yu Chun-fang, *Kuan-yin: The Chinese Transformation of Avalokiteśvara* (New York: Columbia University Press, 2001), pp. 127–137。

都涉及天主教的传教活动[1]。

玛利亚在西人传说中像极了希腊神话里的阿尔忒弥斯，也有人错以为是罗马神话里的狄安娜（Diana）；而无巧不成书，这两位奥林帕斯山上的巨神都熟谙关乎婴儿的各种情事如孕产与育婴等等。古厄弗所当地原有的狄安娜神殿，在天主教时代即曾像阿尔忒弥斯的遭遇而改祠玛利亚。这些和婴儿有关的"女神"身份一夕数变，其实是信仰位移的结果，彼此实为一脉相承[2]。但尽管玛利亚和子嗣的联系有中外的史嬗与渊源，对基督徒——尤其是对像高一志这类耶稣会士——而言，"玛利亚送子"的能力其实内典已明。"盖圣母初领天主降胎之报，即闻意撒伯儿圣妇蒙主赐孕，往贺。意撒伯［儿］甫闻圣母之言，遂觉孕子踊跃。"（《三编》，3:1497）《路加福音》所载更为详明："［玛利亚，］看，你请安的声音一入我耳，胎儿就在我腹中欢喜踊跃。"（路1:44）高一志因谓"据是，后圣立论皆云：'天主降世后，所施首恩，即托圣母施于孕育者'"，而"是后乏嗣及难产者，但望圣母恩祐，鲜不获焉"（《三编》，3:1497—1498）。如此言之不谙说：玛利亚除了可以用"生耶稣时所用襁褓"助人"易产"外（《三编》，3:1502），本人也是欧洲舶来的中国式送子观音一类的赐子女神。

高一志所谓立论之"后圣"，应指《圣母行实》继之所引的"圣多明我"（St. Dominic, c. 1170—1221）。有道是"弗浪济亚国"（Francia/France）有"一贤王诸福毕享，独以乏嗣为忧，其后忧更甚"，遂"问计"于圣多明我，而"圣人对曰：'贤后欲获所求，无他营，独以虔心奉圣母工课，从此立望无疑也。'"（《三编，3:1498》）我们若由此再考，则圣多明我的

---

[1] 后世教士为方便传教，干脆内化玛利亚，将之说成观音，或以观音为玛利亚，参较 Yu Chun-fang, *Kuan-yin: The Chinese Transformation of Avalokiteśvara*, pp. 258-259。类似之举，南美洲亦曾发生。耶稣会在玻利维亚传教时，即以玛利亚代替当地印第安人崇奉的大地女神，见彼得·克劳复·哈特曼（Peter C. Hartmann）（著），谷裕（译）：《耶稣会简史》（*Die Jesuiten*；北京：宗教文化出版社，2006），页38。

[2] Cf. Lesley Hazleton, *Mary: A Flesh-and-Blood Biography of the Virgin Mother* (New York: Bloomsbury, 2004), pp. 77-80, and p. 115.

看法在他之前百年即可窥得。因为从 11 世纪开始，各路神学家就已展开辩论上的攻防，使玛利亚的形象产生急剧变化。其中最大者乃从她的"母性"观点出发，坐实了如下鲍尔所言："各方皇帝与国王若乏子嗣储君，……每每伏乞圣母庇佑。"（*MBVM*, p. x）类此"奇功圣迹"，高一志的了解是"史不胜书"（《三编》，3:1498）。职是使然，玛利亚遂从《金环之约》里的悍妇妒女又转回了圣"母"的形象，恢复她身为女人应有的温婉，而且还因为"美就是主宰生育的定命神和送子娘娘"（*PCD*, 206d）之故，她同时也和子安观音或妙善所应化者一样，变成了"孕产""育婴"或"送子"的专业女神。

中国民俗里，观音送子的灵迹一般称为"窃灯"（添丁）或"寄名"。欧洲中古的玛利亚奇迹集中，类此故事也不少，圣母送子的传说沸沸扬扬。从 12 世纪开始，法国的罗卡玛德（Rocamadour）变成全欧圣母崇拜的中心之一，玛利亚示现的圣迹均记录在案，所谓《罗卡玛德圣母奇迹集》，便是此刻某修道僧所纂。此书写来颇有史诗的雄心壮志，因为开书楔子就来了一段呼神式（invocation），吁请圣神下凡，帮助叙述者讴唱圣母的奇迹。书中有故事谓：某加里西亚（Galicia）人偕妻长途跋涉，最后来到罗卡玛德，面见教堂中的玛利亚圣像。这对夫妻颇有年纪，但膝下犹虚，于是恳求圣母赐子，果然一举得男[1]。故事随后发展的纠葛曲折，多赖圣母化解。此一故事随后还曾为人复制改编，播散于欧陆与英伦，把玛利亚送子的传说推向历史的高峰，从而变成证道故事集中常见的玛利亚形象。15 世纪的西班牙圣坛才人桑切斯（Clemente Sánchez）著《字母序列证道故事集》（*Libro de los enxienplos por a.b.c.*），其中即曾著录之（Sánchez, pp. 187–188; also see *MMV*, p. 125；*MM*, p. 157）。前述鲍尔之

---

[1]　Marcus Bull, trans., *The Miracles of Our Lady of Rocamadour: Analysis and Translation* (Rochester: The Boydell Press, 1999), p. 97 and pp. 115–117.

见，这里再添一证。

中国儒家的传统以"无后为大"，农业社会又以"多子多孙"为福，因此子息的重要性只在婚谊之上，不在其下。有鉴于此——而这也是高一志译书常见的"因地制宜"与"入乡随俗"的佳例之一——《圣母行实》第三卷特辟欧洲圣母奇迹集所无之栏目曰："圣母护生产者。"（《三编》，3:1497）。其中共收故事七则，某些之性质颇近《观音应验记》一类书中所收的灵验事迹，亦即每条故事均有实人实地可考，偶尔连"朝代年纪"也会译出。从上面两节我们探讨过的圣母的奇迹故事看，这七则传奇多数也具有约契的书写套式，亦即圣母应验往往是故事中人"许愿"求子所致，而许愿者当然也得——用个中国宗教术语——遵约"还愿"。如此"还愿"泰半与《背主血契》或《金环之约》一样，都以祈祷而得的子女奉侍圣母终篇。下面一则是典型：

> 弗斯辣郡，古有名室夫妇，贤而无子；闻圣母凡于钦崇之者，未尝负望，乃入堂，伏求赐子：幸获，即愿献圣母为役。未几果孕。孕时，梦怀一狼，后入堂忽变为羔羊焉。既产，如愿献之圣母，遂养育训诲，殚尽心力。乃小童忽被邪诱，渐逆亲命。慈母苦责之，复述往梦，泣训曰："吾初梦所怀者狼也，入圣堂乃变羔羊。兹汝不肖，与狼何异？但不知何日转善变羔羊耳？"小童闻言，大异且感，当蒙圣母牖增心力。遂辞亲遁世，入精修名会。从是立志修德，与年俱长，屡蒙圣母亲临慰励。至终时，降接升天域焉。（《三编》，3:1498—1499）

"弗斯辣郡"位处何方，待考，唯其地并上举故事并非无中生有，殆无疑问。为得子嗣，故事里的名室夫妇先向圣母许愿，而所出虽一度误入歧途，最后仍如父母所许之愿而"辞亲遁世，入精修名会"，继而在德业有成后蒙圣母接引天域。还愿之举，至此具结。这种约契结构在桑切斯的

《字母序列证道故事集》中亦可一见，盖后书中的母亲在求子之际也发了愿，和圣母订约道：得子后，她必以圣母之名捐资成立大型修院。较之高一志所译，这位母亲益明天人关系，在儿子归正后随即对他"晓以大义"道："我儿，把你赐给我者把你赐给了我，所以你无疑是她的仆人。我也因此得暂悬他念，希望你为她服务。"为圣母"服务"是何含义？对这位母亲来讲，就是让儿子"变成僧侣，然后在自己所筑的修院长大成人"。不过此了归正不久后旋即去世，母亲只好代为"出家"，以"谦诚敬诵玛利亚"而度其余生（Sánchez, pp. 187–188）。

不论桑切斯所述还是弗斯辣郡的故事，其结构首尾或情节主从都互有呼应，信仰的工具性一览无遗，说来又似晚明功过格的属性。不过高一志所述曲折有致，倒非一般功过格近乎数学公式者可比，而其文学性也正显现于此等"曲折有致"之中。弗斯辣郡名门因发愿而有身孕，然而产前得梦，所梦者由"恶狼"转为"驯羔"，预示所产之子必入邪道，"渐逆亲命"；而后再由生母告以圣母应许的往事，点醒浪子："吾初梦所怀者狼也，入圣堂乃变羔羊。兹汝不肖，与狼何异？但不知何日转善变羔羊耳？"如此戏剧化的"劝子"过程，结果当然也是戏剧化：该子聆训后果然改邪归正，而且一如前愿，"献圣母为役"。在桑切斯的故事中，此"役"就是"服务"。高一志所译果有反讽，我们得从中国人的观念审之：向圣母求子本因膝下虚空，欲得子嗣承继；如今子息既得，结果竟不能留守身畔，而且——且别忘了此刻天主教士已得绝色独身，终身不娶！——这不但使那古之名室如实"乏嗣"，无以延续生命，最后还得在圣母"慰励"下偕之归天。"送子观音"或"送子娘娘"的"送"字，在这里变成了"送终"。

一般而言，《观音应验记》或其他有关"送子观音"的故事中，凡人求子所得之子，观音不会毫无理由便"接引西归"。盖中国人求子本为延续香火，使命脉不断，是以岂能个个像唐玄奘那样，打出生就注定削发为僧，"重返灵山"？送子观音这种佛门崇拜尤含强烈的儒家思想，特别是前引《孟子·离娄篇》所谓"不孝有三，无后为大"，或赵岐为之作注时所称的"不娶无子，绝先祖祀"（阮刻，2:2723）。然而基督文明毕竟不是孔门伦理，欧洲中古的基督文明更是神权治下的产物，是以对基督徒而言，人生在世所作所为也不过是在为死后的生命预作准备，死亡与绝嗣因此并不可怕。可怕的是死后若坠入地狱，则万劫不复。由是逆向观之，弗斯辣郡那对父母所许之愿就不难理解。《金环之约》相关的故事多以死亡收场，而这类死亡实则无异于一场"神圣的喜剧"（divine comedy），至少是这出戏的开幕式。只要圣母乐于接受，有缘娶其为"妻"者对上述那死亡舞台无不趋之若鹜，跃跃然欲登其上。弗斯辣郡那对名室夫妇一向以贤著称，岂会不知这些道理？他们虽以生子为念，却也无惧于向圣母献子。及长，甚至也不反对子嗣"出家"，入院精修。圣母所赐之子不但再也不能延续香火，而且还得蒙其"宠纳"——后面这个词在故事中几乎就是"死亡"的代称！

除了此一反讽外，弗斯辣郡的传奇另含殊意。《圣母行实》第三卷或何若特《玛利亚圣迹集》一类故事集内，其实不乏梦见玛利亚或圣母托梦的场景，而且这些场景也不限于"圣母护生产者"一栏所收的故事。不过弗斯辣郡那位贤母的梦具有象征意义：故事中说她先"梦怀一狼"，而此狼继而进入圣堂，忽地变为"羔羊"。在欧洲，"狼"（canis lupus）和"羊"（agna）的喻义，一向为修辞学上所谓的"反对"（antithesis）。意大利人的祖先神话称罗慕路斯（Romulus）曾经由母狼养育，但狼乃肉食性动物，具有摧毁与攻击的本能，是以在以意大利为主的天主教文化中仍有贬义。但丁《神曲》开卷有一头母狼，诗人解之为一切"太过"（excess）的象征，而天主教的七罪宗无一不是肇因于"太过"使然，例如"吃得太过"就变成"饕餮"（gluttony），"爱得太过"就变成"贪婪"（avarice），"性欲太过"即为"淫欲"（lust），而"生气太过"就变成"愤怒"（wrath）。犯下这些罪愆，任何人都会被打下地狱（Inferno），而这也是但丁笔下那头母狼的归趋之处[1]。弗斯辣郡的童子虽有慈母"养育训诲，殚尽心力"，但仍违逆所命，走上歧路，形同那梦中之狼或"我母教会"（Mother Church）——这个词也指玛利亚——的敌人，乃撒旦之属。然而"羊"——尤其是"羔羊"——的象征意涵就大大不同。以《若望默示录》为例，其中形容人子耶稣的头发皓白，用的就是"有如洁白的羊毛"（默 1:14）。若望神魂登上天堂，在天主座前二觐耶稣。这次圣子便以确切的"羔羊"（agnellus）形貌现身；而经中也写道唯有这只羊才能揭开七只印封的书卷，把天国的奥秘传给世人。此刻耶稣早在人间成仁，所以若望说众长老中间站着的羔羊"好像被宰杀过"一般（默 5:6）。这些意象均在显示"羊"有别于"狼"，在天主教的象征系统中乃属正面的意涵。弗斯辣郡的贤母梦见狼变羊，在天主教的语境中可谓意蕴了然，点出了那即将出世的孩童未来的命运为何：他会误入歧途，走上撒旦曾经走过的路，但不同处在于他能辨别是非，会因慈母劝说而浪子回头，迷途知返，最后甚至可以如圣母或耶稣般重返圣域，回到天上的都城。

用今天的头衔来讲，利玛窦是耶稣会在华第一任会长，继任者为龙华民，同为意籍神父。利氏所著《天主教中国开教史》载有有关龙氏的故事一则。在广东韶州布道时，有信徒告诉龙华民道：家中偶像业已尽弃，独留观音像一尊。龙华民问故，答以家内怀孕，希望观音助其顺利生产。龙氏随即顺势"回道"或"布教道"：玛利亚曾无痛分娩，产下圣子，所以她才是这位信徒应该祈求的对象，可以其图像替代观音崇奉之。这位人夫思之有理，遂行之，而其妻果然产下一子，毫无痛苦（FR, 2:200）。从玛利亚送子与产妇之神的角度看，龙华民的故事颇具象征意义，显示此时在天主教中国教区里，"送子观音"已可应化，变成"送子圣母"，

---

[1] Dante Alighieri, *The Divine Comedy: Inferno* I: 48, trans. John Ciardi (New York: W. W. Norton, 1967), p. 4; also cf. Carl Lindahl, et al., eds., *Medieval Folklore: A Guide to Myths, Legends, Beliefs, and Customs* (Oxford: Oxford University Press, 2002), pp. 440–441.

内含心理加教理层次的变化。

在天主教的传统中，欧洲中世纪广为人所承认的助产女神，其实另有以童贞殉道的安提阿的圣女玛加大（St. Margareta of Antioch, dates unknown）。但是在中国晚明，耶稣会尚未引进这位屠龙圣女[1]，其名不彰，玛利亚顺势胜出，把送子和助产这两种属性一肩扛下。上引龙华民的故事，同时也在回应时人蔡汝贤（生卒年不详）所见。就在利玛窦与罗明坚来华后三阅寒暑的万历十四年（1586），蔡氏任广东左布政司史，掌邦交贡赐与海外事务。由于职务之便，他著有《东夷图像》和《东夷图说》二卷，后者内并绘有《天竺图》一幅，其中就把"圣母圣子图"画成手抱婴儿席地而坐的"送子观音图"。《天竺图》中有僧侣跪在一幅应该是"圣母圣子图"前；他身着天主教僧袍，头秃髯虬，手持玫瑰珠一串，分明在向玛利亚祷告，或在施行某种教中科仪。万历十四年天主教早已传到印度东南沿海，而利玛窦及罗明坚为取信明人，稍早也曾以天竺来僧自居，所以蔡汝贤的印度想象涵有天主教士及圣母子图，并非匪夷所思；饶富意义的是他把玛利亚视如观音，或是在无以参考下只好以送子观音图为蓝本，凭空造出一幅后人会亦步亦趋的"圣母子图"[2]。

---

[1] 有关安提阿的圣女玛加大的生平及其在天主教文化史上的意义，见 David Brown, *Through the Eyes of the Saints: A Pilgrimage through History* (London and New York: Continuum, 2005), pp. 5–6。

[2] 蔡汝贤的知识确广，《东夷图说》内的"天竺"条还准确指出印度百姓以七日为一循环，第七日乃"礼拜天"。他们"诵经食已"，须感谢"天主"。他们居家的四壁，甚至还"各置天主［图像］"，而"为惺惺法其一念精专，行亦苦矣"。不过蔡汝贤以为此刻印度"人多奉佛为僧"，而这点若非混淆了史实，就是因早期天主教士无以译"陡斯"（Deus），所以代之以"佛"使然。16、17 世纪，除了天主教与伊斯兰教外，印度人多奉我们今天所称的"印度教"。即使是佛教，印度亦无左近中国人的观音崇拜，遑论有"送子观音"之说。以上等见（明）蔡汝贤（撰）：《东夷图像·东夷图说》，见《存目》，史部 255:414 及 426。我的了解出自汤开建与陈青松：《明清之际天主教的传播与西洋宗教画的关系》，页 666。有关蔡汝贤涉外的事迹，亦见汤开建：《蔡汝贤〈东夷图说〉中的葡萄牙及澳门资料》，《世界民族》第 6 期（2001），页 59–65。此外，《四库全书提要》虽称《东夷图说》中的"图像悉以杜撰，亦毫无所据"，我想应误，理由见汤开建：《中国现存最早的欧洲人形象资料——〈东夷图像〉》，《历史月刊》第 136 期（1999 年 5 月），页 122–128。

我们反向再看，上述龙华民与蔡汝贤的经验适可说明清军入关前，圣母怀抱圣婴的图像何以同时还有中国画家再予华化。明人所传的一幅《圣母子图》，此时几乎已内化而变成中国传统的形貌:图中圣母仍着西袍，但其面貌及身影近乎观音，怀中所抱圣婴也剃去了头发，唯其前额尚余刘海一撮。"祂"依偎在玛利亚怀里，倘非手中捧着一本显然是《圣经》的书，看来几乎就是个地道的中国男婴，整幅画因此和传统所见的"送子观音图"差别不大[1]。这幅画还有一点后现代式的凿枘不合，亦即圣婴怎会手捧叙写其未来的《圣经》？顾名思义，《圣经》当然含括事关耶稣未来的《四福音书》。难不成连这张画中所蕴，全部也都显现在天主造人之前的计划之中，可以打破时间的范围，事前事后两事并举？

优入圣域

　　"人神中保"与"悍妇妒女"乃欧洲中世纪常见的圣母形象；即使是现代人所传的玛利亚传，恐怕也难以回避不写。"赐子女神"这个面向，欧洲传统圣母奇迹故事集内有之，不过罕见类如"圣母护生产者"这类栏目。如果玛利亚传写在中国，而且就写在明清之际这个历史当口，情况自然有所不同:"赐子女神"这个面貌，作者应会着力渲染，强调非常，乃玛利亚在华少不得的第三种形象。入乡随俗，想当然耳。果不其然，欧加略（Arcadio del Rosario, 1641—1686）在清初撰《人类真安》，议论有关圣母的各种经文，并收录了不少玛利亚的奇迹故事，其中一部分的叙写即步武《圣母行实》第三卷，故特立《〈十五端经〉致人得子并死子复活》一栏，收了三章玛利亚送子或济助孕产的故事。《十五端经》

---

[1]　这幅画可见于莫小也:《十七—十八世纪传教士与西画东渐》，页 58，莫氏以明人所绘视之。

的"十五端"指"欢喜五端""痛苦五端"与"荣福五端",而全经即圣母《玫瑰经》的另一说法。所以诵念《十五端经》,无异于向圣母祷告求助。在解"经"上,欧加略所著或许承袭《圣母经解》,但在玛利亚的奇迹故事这方面,我觉得《人类真安》看齐的是高一志。欧加略乃西班牙籍的多明我会士,《圣母行实》所述圣多明我劝法国皇后向圣母祈子的故事,《〈十五端经〉致人得子并死子复活》一栏即复述之。高一志所谓"奉圣母工课"一语,欧著讲得更明白,指诵念《十五端经》及分送串珠等和玛利亚崇拜相关的行为。《人类真安》卷四还有《〈十五端经〉救人于魔鬼》数章,其中亦可见中文世界的第三个"浮士德的雏形",写富室某血书事魔[1]。此人幸而后来勤诵《十五端经》,遂蒙救度。由《人类真安》深入思之,我们益可见奇迹故事和玛利亚生平的联系之深,而一部玛利亚传的内容因此必然徘徊在虚实之间。本章既以"圣母行实"为题,最后不妨就此书所属的"圣传"(hagiography)性格赓续再谈,而我们对圣母形象及其奇迹故事中的天人约契等相关意义的讨论,也可循此而暂告一个段落。

罗马上古以来,"圣传"就是天主教文学重要的一支。现代学者多半认为,此一文类的形成"非因史实有以致之",而是由下面三个因素促成:《圣经》中的常谭(topoi)、文学上的巧思,以及道德上的箴规。"所以"圣传"——尤其是其中之动人者——每可称为"神圣的虚构"(sacred fiction)[2],有如中国传统搜神述异的说部杂俎一般。在《圣母行实》里,像玛利亚送子、金环之约或浮士德的雏形等奇迹不少。我们可以不论这些故事涉"史"的成分,也可以不论其道德上的正负面影响,但是我们

---

[1] 《人类真安》这个故事的前半部原文如下:"昔年有一富贵人,后极贫穷。魔鬼诱之,以将救其贫,令其背叛圣教而端事他,且[令其]以自己之血写书送与为凭。"

[2] Lynda L. Coon, *Sacred Fictions: Holy Women and Hagiography in Late Antiquity* (Philadelphia: University of Pennsylvania Press, 1997), p. xv.

必须承认在圣传书写的影响下，历代欧人的玛利亚崇拜绝大部分确实出自文学虚构，某些还忒具巧思，曲折动人。中文里，圣母称"圣"，除了玛利亚本身在欧洲民俗中早就受封为"圣克多"（sanctus）之外，我想虚构系其挑梁主因。

比起圣传书写，宣圣或封圣就容不得虚构。据天主教的正统，奇迹非经所谓"证实"，不可如是称之。天主教宣圣的办法，粗定于13世纪教皇额我略九世（Gregory IX）在位之际（1227—1241）。从兹以还，有圣德而未显奇迹者，不得位列圣品；而近八百年来，这个规定代代遵行，9世纪以前——尤其是在墨洛温（Merovingians）与卡洛林基（Carolingians）两个时代（415—987）——宣圣还是教士最大的荣誉，奇迹的传闻当然不绝于耳。倘回到《旧约》与《新约》的时代，奇迹又不知凡几了，几可谓葆禄开宗立教的正当性的基础。如果否定奇迹——尤其是否定"触身去癞"这类医疗奇迹——几乎就等于否定基督，使之难副"救世者"之名。在《新约》中，耶稣像佛教的药师佛，屡屡显现特异功能，为有恙者治病（如玛8:1–17及9:1–8等）。后人虽曾反省这类以医疗能力决定宣圣的适切性，教会依然奉行如故，几难撼动[1]，而耶稣既具印度药师佛拔苦却病的能力，玛利亚焉能不具备中国观音禳灾释厄的本领，何况身为女性，她取代后者的正当性岂非更高？天主教在华史上，不待高一志译述圣母奇迹，即使回到1605年，就在利玛窦给欧洲友人马赛利（Ludovico Maselli）的信上，他也强调过玛利亚的奇迹，谓圣母尝着白衣，命人救度身罹重病的中国教友[2]。

在形式上，天主教的圣传包含两个次文类："行实"（vita）与"感应

[1] 参见 Kenneth L. Woodward, *Making Saints: How the Catholic Church Determines Who Becomes a Saint, Who Doesn't, and Why* (New York: Simon and Schuster, 1996), pp. 191–220。

[2] 见利玛窦（著），P. Antonio Sergianni, P.I.M.E.（编），芸媸（译）:《利玛窦中国书札》（北京：宗教文化出版社，2006），页79。

录"（*miracula*）。前者记录圣人的生平，后者则写他们物故后显灵，在凡尘拔苦消灾的圣迹。玛利亚的地位非寻常圣人可比[1]，但她毕竟是凡胎所出，所以从先世到去世都可列入"行实"的记载范畴。对信徒而言，玛利亚又灵验异常，是以所积感应必多，而且常在主日为神父取为证道所资，有其诵念上必须遵行的仪式。高一志用中文译述玛利亚的故事，志在她的生前身后，所译并述故合"行实"与"感应录"这两个圣传的次文类为一；而后者所收，奇迹当系关目。从严格的传记文类区分，《圣母行实》其实又属混文类而成。高一志由"行实"开书——我指的是前二卷——再继之以圣母的"感应录"，也就是《圣母行实》的第三卷。《圣母行实》因此不类欧人的圣母奇迹专集，其谋篇之道几唯《圣传金库》中的玛利亚传可比，故而又是虚实交错，传记与传奇并陈，神圣与虚构掩映，而且彼此互文，使严肃的理论和趣味盎然的故事一鼎烹之。

感应录首重奇迹，不过奇迹不一定如本文所论尽带正面功能，《圣母行实》时而也呈现玛利亚抑凶惩恶的一面。高一志安排了一个在欧洲也不多见的栏目，专记教史上的异端及其难逃圣母惩处的噩运：《罚儌不肖者》（《三编》，3:1543—1552）。这一栏内的人物，当然难入圣域，更不可能宣圣，圣母可就严厉以对了。其中第一条奇迹关涉的对象，我们并不陌生：

> 中古西南国，有异端名搦思多略者，违背圣教，私传邪说，蛊惑善民，甚至诬圣母非天主真母。以故教主及当时圣贤，咸辟之。西总王亦不容居国中，投诸荒裔，竟染异俗恶疾，唇舌又被毒蛰残虐，四体腐臭而死！凡闻其恶终者，莫不称快。乃知圣母于善者为

---

[1] 徐光启《圣母像赞》中有如下两句描述得相当传神："位越诸神兮益上，德超庶圣兮特张。"见徐光启：《圣母像赞》，在《三柱石》，页106。

慈母，于恶者即为严司。(《三编》，3:1543)

"搦思多略"即"聂斯托略"，本章稍前所述的"神母"之争便因他挑起。聂氏隶属于安提阿（Antioch）学派的神学信仰；他深受亚里士多德哲学的影响，职是而认为玛利亚是人，不具神性，有悖西方或拉丁教会的体认。上引这一则所谓"奇迹"，重点从而是聂斯托略"违背圣教，私传邪说，蛊惑善民"，而——更糟糕的是——他"诬圣母非天主真母"这个名为"基督论"，实乃"圣母论"的问题，所以玛利亚严予惩处，令其身染恶疾，客死异乡埃及。

《圣母行实》的讲法，真假并陈。引文中的"中古"，非属今人的历史概念，而是高一志借自圣奥斯定《天主之城》的《圣经》史观。若以罗马为准，"西南"两字在此恐亦混淆了地理方位——因为聂斯托略驻铎的君士坦丁堡位处东方——连"教主"与"西总王"一说也颠倒了时序，抹除济利禄和亚历山大学派的历史存在。有关聂斯托略的故事，在"翻译"之外，高一志显然也有个人的文字增损。不过从感应录或此一文类所倚的奇迹的角度看，故事是否忠于史、地非关紧要，即使虚构也无妨，重要的是"神圣"的概念是否因而确立。《圣母行实》——尤其是卷三——乃货真价实的感应录：钱锺书尝表示明代某些中国人确懂西方，对玛利亚也粗有一些了解[1]，而圣母故事只要卷中可以表出她是"慈母"或"严司"的身份，也就无碍她的圣迹乃上述文类真身的事实。

就天主教思想史而言，"聂斯托略事件"直接触及者，系玛利亚在医疗或送子能力外为"圣"的根本原因；而其所间接肇致者，又是史上圣母崇拜是否正当的长久争执。在拉丁教父如特图良（Tertullian, *c.* 160—*c.* 220）或希腊教父如奥利根（Origen, *c.*185—254）所处的 2 至 4 世纪，

---

[1] 钱锺书：《钱锺书手稿集·容安馆札记》，3 册（北京：商务印书馆，2011），3:2137—2138。

"玛利亚问题"尚未演变成为天主教教义争辩的重心，虽则圣母的生前身后——尤其是她和若瑟之间的婚姻故事——早已有人试予诠释（*SWMAE*, pp. 29–30）[1]。即使到了 3 至 5 世纪，以圣安当（St. Anthony, *c.* 251—356）为首的沙漠圣父群里，玛利亚仍非信仰之所系，仅有时人爱卑发尼（Epiphanius, *c.* 315—403）对其容貌与身后略为分疏（*SWMAE*, pp. 39 and 42），而某普门师父（Abba Poemen）也表示甚为景仰玛利亚（*SDF*, p. 187）。我们不用引用欧语论述，这方面只要证诸汤若望口述，王征笔受的《崇一堂日记随笔》即可见微知著（《三编》, 2:755—837）。然而如此一来，在上述医孕与文类等关怀之外，我们难免又得一探本章首节提到的一个问题：玛利亚如何而可以——用高一志写阿奎那（St. Thomas Aquinas, *c.* 1225—1274）故事时沿用韩愈（768—824）《进学解》的名词来讲——"优入圣域"[2]，变成 19 世纪英人迪斯雷利（Benjamin Disraeli, 1804—1881）的小说《坦克雷德或新十字军》（*Tancred: or the New Crusade*, 1845）里所称新、旧教分家后的差异症结？[3]《圣母行实》首二卷乃中文世界最早也最集中的圣母生平与圣母论论述，所以上面的问题除了文前提到的"女神崇拜"外，我们不妨从这两卷撷取一二，试予再答。

---

[1] 再如诺斯替派（Gnosticism）也编有《玛利亚福音》（*Gospel of Mary*），见 Robert J. Miller, ed., *The Complete Gospels: Annotated Scholars Version* (Sonoma: Polebridge Press, 1994), pp. 357–367。

[2] 此一故事虽长，但在表彰圣母上借力使力，颇具意义，录之谨供参考："笃玛所（案即阿奎那），天学名师，意大里亚国人也。生二岁，偶遇片纸，固握不释，乳母夺之，辄哭；见其中所书，乃天神朝《圣母经》也，因大异，还之，遂止哭，吞之如怡。繄是识者预知其为圣母宠祐，后必树名于德学也。至十岁，文学已成，即攻格致之学，四载迈其曹耦。是后愈明物理，愈慕道德，钦崇圣母神形之斸洁，侔等天神；道德之实学超绝人类，优入圣域焉。"见《三编》, 3:1488。有关"优入圣域"的典故，见（唐）韩愈：《进学解》，收于（清）马通伯（其昶）（校注）：《韩昌黎文集校注》（台北：华正书局，1975），页 27。

[3] Benjamin Disraeli, *Tancred: Or the New Crusade* (Teddington, Middlesex: The Echo Library, 2007), pp. 136–137. 此书最著名的一句话译之如下："基督信仰的王国有半壁江山信奉一个犹太女人，另一半则以尊奉一个犹太男人为主。"（"[H]alf Christendom worships a Jewess, and the other half a Jew."）见同上书，页 137。

《圣母行实》首重者乃玛利亚的"本质"，而这个问题在奇迹故事中最易令人联想到其"天后"或"母皇"（Queen）的地位。据《玛窦福音》载，此一身份乃天主算定的计划中事，所以玛利亚才会与达味、撒落满系出同源，同时又是治国与司教者结合的苗裔（玛 1:1—24）。玛利亚位尊若此，所享荣宠当然高过后世所分的九品天神。欧洲上古与中古时人刻画玛利亚，又以为座次仅在耶稣左右[1]，故而在圣父、圣子与圣神这教义上的三位一体之外，我总觉得在民俗上，天主教似乎还得外加一个"圣母"或"母皇"的位格，变成"四位一体"[2]。《圣母花冠经》谓"真福圣母玛利亚"乃"天主圣父之长女，天主圣子之贞母，天主圣神之洁妇"[3]，她当然不能自外于圣父、圣子与圣神这个"铁三角"！再从《圣母行实》借用的比喻看，天主教中人"正如百骸合成一体，耶稣其首也，圣母其项也"，而最重要的是凡人"一身血气，自首而下，未有不繇项以相贯者"，故"耶稣恩泽皆繇圣母以下"而"及于世人"（《三编》，3:1318—1319）[4]，如此则这权高位尊的圣母玛利亚又怎可和世人元首区

[1] 例见下书所收的诺斯替派《信智书》（*Pistis Sophia*）第十九章及 4 世纪左右在亚历山德拉所集的《圣母玛利亚圣迹故事集》（*Miracles of the Blessed Virgin Mary*）中的叙写，在 Mary Ford-Grabowsky, ed., *Spiritual Writings on Mary: Annotated and Explained* (Woodstock: Skylight Paths, 2005), pp. 43 and 45. 不过《信智书》中坐在天主旁边的除圣母玛利亚（the Virgin）外，还有玛利亚玛大勒纳（Mary Magdalene）。

[2] 玛利亚的位格是一个复杂的神学问题，非以"文学"为立论根基的本章所能处理者，但下列文献论之甚明，可以参考 Tina Beattie, "Mary in Patristic Theology," in *Resource*, pp. 75–105; "Part 3: Mariology," in *Resource*, pp. 207–362; and Jaroslav Pelikan, *Mary Through the Centuries: Her Place in the History of Culture* (New Haven: Yale University Press, 1996) 一书。此外，14 世纪以来，罗马教会常视玛利亚为"救赎的合作者"（Co-redemptrix），地位等同于耶稣。20 世纪有包括庇护十二世（Pius XII）在内的多位教宗，纷纷发表文告拥护此说，芝加哥大学神学院（Divinity School, University of Chicago）等研究界也有不少人以为这是圣三应予扩大的正式宣告。相关问题参见 Alphonse Bossard, ed., *Dictionary of Mary*, pp. 78–80。

[3] （清）石铎琭（述）:《圣母花冠经》，页 7b。

[4] 在金尼阁口译，张赓笔录的《况义》里，君为"元首"一喻亦借《伊索寓言》中的人体各部位之争予以强调。金尼阁的关怀看似政治的成分多，但在这里移作宗教性诠解亦无不可。器官之争的寓言，见《法国图》，4:309–310。

隔？此一"世人"若放在信仰中绳范，就是"教会"。这一点，《格林多前书》已挪借格林多城中医神之庙（Asclepion）里的类伊索式寓言为喻，论之甚详（格前 12:12-26）[1]。

玛利亚虽然贵为"母皇"，但身份并非人间系谱可以局限，因为论者每借预表论说之，令她在圣子降世前与人类始祖以及因其开展的救恩史结为一体：在蛇或魔鬼诱惑元祖亚当与厄娃而使之堕落的同时，天主便曾宣告如次：蛇或魔鬼若敢方其所命，鼓舌惑人，日后"必令一女偕其胎子仇［之］"，又"令其足蹑"蛇顶以惩之（《三编》，3:1335）。耶稣为圣父化身，故为所宠，葆禄视如亚当第二（格前 15:22; 罗 5:14）。如此一来，尊贵如玛利亚者当系纽曼（John Henry Newman, 1801—1890）所称的"第二厄娃"（the second Eve）或"新厄娃"（New Eve）了[2]。不过此一"厄娃"不会"以邪魔语叛主命"而致"身远于主"，反会"以天神语顺主命"而致"腹中胎主"，变成了"赎罪厄娃"。第一厄娃乃圣意肋溺阿或圣热落尼莫（St. Hieronymus, c. 347—420）所称的"诸凶恶之母"，从之者"得定死之罪"；第二厄娃则为"诸福善之母"，从之者则"获永生之望"（《经解》，页 10a）。易言之，厄娃和玛利亚隔代映对：一个是圣伯尔纳笔下的"愚蠢的女人"，一个则是"明智的女人"；一个是"骄傲的女人"，一个则是"谦逊的女人"，而前者总是为后者所顶替，化悲

---

[1] 《格林多前书》此喻与"医神之庙"的关系见 Raymond E. Brown, S.S., et al., eds., *The New Jerome Biblical Commentary* (Englewood Cliffs: Prentice Hall, 1990), p. 810。"伊索式寓言"一词，我指的正是前注中人体器官在争执后重归于好的故事。天主教的另一修辞学式论式则以玛利亚为"教会"（Mother Church）的象征，其《圣经》典据及教中所依之论述可见 Alphonse Bossard, ed., *Dictionary of Mary*, pp. 66-69。《圣经》及天主教挪用《伊索寓言》的情形，可参见《晚明》，页 45-123，不过 Brown 等人之书认为《格林多前书》此喻与《伊索寓言》应该无关。

[2] 纽曼之说见 1865 年致普希（Pusey）的信，这里我引自 *SWMAE*, p. 40。此外，亦请参见致命游斯丁（Justin Martyr, c. 100—c. 165）所谓玛利亚乃"新厄娃"（New Eve）之说，见 *SWMAE*, pp. 106-107。古教父有关玛利亚济补厄娃之罪的论述见 St. Theodore the Studite, "Encomium on the Dormition of Our Holy Lady, the Mother of God," in Daley, ed. and trans., *On the Dormition of Mary: Early Patristic Homilies,* pp. 250-261。

为喜[1]。玛利亚故而有如耶稣，系为世人赎罪而生。上文或第二节所提那"真福"或"亚物"（Ave）二音，在拉丁文中颠倒过来就是"厄娃"（Eva）之名，仿佛暗示"玛利亚乃厄娃之反对"（《经解》，页8b），尤其是为了替厄娃赎罪才降世。因此，圣母不仅在象征的层次上和人类元祖共时而生，在贯时的层次上也是人类元始本身。她的存在不仅天主胸有成竹，抑且先于耶稣，是人世首位的救赎者。既然如此，玛利亚当然有如圣子，乃至纯、至善、至福、至美、至勇之人，而且三司全能，七德俱备，形神和合，又有如耶稣般早就跳脱了原罪的污染。所以万民有愆，在耶稣之外，几唯玛利亚可以扮演人神的中保[2]。此亦所以她可在非人道的情况下孕怀耶稣，以"无玷生子"（virgin birth）拯世济民，又以"无原罪始胎"化育百姓。

罗明坚曾以中文就天主圣三吟诗，其中叙及了上述的情形："中间圣母无交配，诞圣原嵁室女躬。"在耶稣会内，玛利亚神化至此，能力当然在兆民之上，可以像圣子或圣父一样令人趋前求助[3]。神学上，圣子和圣

---

[1] 这些名词和话语出现在圣伯尔纳论圣母的第二篇证道词上，见圣伯纳多（圣伯尔纳）（著），任佩泽（译）：《圣母赞》，页73。清代耶稣会士洪度贞（Humbert Augery, 1616—1673），亦引圣奥斯定的话而在《圣母会规·小引》中说道："厄娃害我而失利，玛利亚生我而致益。彼伤而此医也。"见《耶档馆》，12:443。有关"新厄娃"或"第二厄娃"的详论，请见 Marina Warner, Alone of All Her Sex: The Myth and the Cult of the Virgin Mary, pp. 50−78。

[2] Cf. Joseph Cardinal Ratzinger, "Introduction" to Pope John Paul II, "Encyclical Letter: Mother of the Redeemer," in Mary: God's Yes to Man: Pope John Paul II's Encyclical Redemptoris Mater (San Francisco: Ignatius Press, 1987), pp. 30−37.

[3] 从现代女性主义的角度来看，"无玷生子"这个深烙人心的神话剥夺了千百年来女性的主体自觉感，尤使夫妻间的性爱变成道德禁忌，致令鱼水之欢又屈身于"传宗接代"的前提之下，从而威胁或推迟了文艺复兴时期"人的尊严"的出现。这方面相关论述见 Gerd Lüdemann, Virgin Birth? The Real Story of Mary and Her Son Jesus, pp. 140−149。天主教对"无玷生子"似无异议，但"无原罪始胎"就不然。争执的焦点仍在基督宗教特有的"原罪"意识上。上古与中古之交的圣奥斯定与集中古神学大全的阿奎那就各执己见，一个同意圣母没有原罪，一个反对。两派神学家的见解，下文有提要钩玄的论述: Sarah Jane Boss, "The Development of the Doctrine of Mary's Immaculate Conception," in Resource, pp. 207−235。

父为一体之两面，玛利亚的地位又高过一切人神，因此可称天主之母，也可谓有如天主的至尊。易言之，玛利亚既是耶稣之母，当然也是耶稣信徒中唯一得享至荣至宠者（《三编》，3:1330）。"皇母"（Mother）乃"母皇"，又是"皇女"（Our Lady），设非如耶稣之同俱"天主性与人性"，曷以尊崇若是？非簪缨之族所出，天命所系，又曷以臻此？圣母可以为"圣"，自不应以凡俗宣圣的条件规矩之。她是达弥央（Peter Damian, 1007—1072）引《圣经》比拟的"天堂之门"（《三编》，3:1212）——徐光启（1562—1610）因而称之"义镜垂而群法，天门启而众臻"；吴历（1632—1717）也因此而谓之"乾坤莫囿贞怀蕴，久扃天衢今始开"——亦凡人升天的阶梯，当更不可以俗世庸扰加之[1]。

如是之圣母论，《圣母行实》首二卷频见，而这两卷纵然不完全是译文，当有不少也是译成中文的圣额我略、圣基琐（St. Chrysostom, 347—407），乃至圣奥斯定等古教父的见解，乃高一志入华时，论者对玛利亚认识的总纲[2]。这类圣母论另负护教之责，可廓清自亚流派（Arians）至聂斯托略的拉丁教会异端，也针对当时已经崛起的基督新教在行自我防御之实，有其历史意义。由于玛利亚的"万德"——用圣伯尔纳的话来说——长时都"以贞为冠"（《三编》，3:1375），故可投合信徒在教义上之所好，尤其是男性信徒中之有所求于女性神圣者，使之生景然仰慕之心。即使曾手书血契而叛主的那"贤士某"或浮士德，也不敢有悖或背叛玛

---

[1] 罗明坚的诗见 Albert Chan, S.J., "Michele Ruggieri, S. J. (1543—1607) and His Chinese Poems," *Monumenta Serica* 41 (1993), p. 143. 徐光启的诗见《圣母像赞》，在《三柱石》，页 116。吴历的诗见所作《庆贺圣母领报二首》，在章注，页 192。

[2] 此中问题繁杂，简约之论可见 Jaroslav Pelikan, *Mary Through the Centuries: Her Place in the History of Culture*, pp. 7-214。明清两代好以古教父或中古圣人的言行为《圣母经》注疏者，尚有前述《又圣母经传》一书。

利亚[1]。况且在"母皇"与"皇母"的双重地位加持下，玛利亚确可如耶路撒冷的牟德士图（Modestus of Jerusalem, d. 634）所述，化身变成"桥梁"，在故事中以"机关神"（*deus ex machina*）之身调解天人[2]，使信仰者在天网恢恢下仍可获得一线生机。

那"贤士某"或浮士德的故事依然可为上述作例，歌德的诗剧尤其强调了这一点：浮士德的沉沦打开头就言明是"信仰"幻灭使然[3]，而玛利亚反而以对耶稣的"信仰"名留《圣经》之中（路 1:45），在天主教世界亦以此著称，在歌德的剧中则又别有胜义[4]。因此，待浮士德重拾信心后，歌德遂如但丁般令笔下的"玛利亚式人物"（Marian figure）为其掌灯引路，引领他在剧尾透过"神秘的唱诗班"（Chorus Mysticus）赞美道，"永恒的女性引人向上而行"，尤可救济男性，助其登上天界[5]。

在世之时，歌德乃泛神论者，深受斯宾诺莎（Baruch de Spinoza, 1632—1677）与卢梭（Jean-Jacques Rousseau, 1712—1778）的影响，但他仍然不顾自己所宗，反令《浮士德》剧尾像高一志所译那贤士某的故事一样，不但出现了"荣耀的圣母"（Mater Gloriosa），也出现了对圣母体认最深的"崇奉玛利亚的博士"（Doctor Marianus）。《浮士德》的结局因而不像马洛的《浮士德博士》，没有强要浮士德沉沦地狱。他的灵魂在剧中已经得救。在论者看来，歌德所称"永恒的女性"当然包括玛利亚在

---

[1] 各种圣母奇迹集内，另有俗世抢匪或教中棍棍胆敢否认圣三，但他们始终都不敢背叛圣母，这类人物例如前文提过的 *MBV*, pp. 40-41 或 Nigel of Canterbury, *Miracles of Virgin Mary, in Verse*, pp. 83-90（"De clerico pro puella Deum negante"）。《三编》，3:1428—1431 里的一则同型奇迹故事亦然。有趣的是，《又圣母经传》也有同类故事，例子见此书页 9-284。

[2] Our Father the Holy Modestus, Archbishop of Jerusalem, "An Encomium on the Dormition of Our Most Holy Lady, Mary, Mother of God and Ever-Virgin," in Daley, ed. and trans., *On the Dormition of Mary: Early Patristic Homilies*, p. 94.

[3] Cf. Jaroslav Pelikan, *Faust the Theologian* (New Haven: Yale University Press, 1995), pp. 1-3.

[4] Cf. Joseph Cardinal Ratzinger, "Introduction" to Pope John Paul II, "Encyclical Letter: Mother of the Redeemer," pp. 24-27.

[5] Johann Wolfgang von Goethe, *Faust: Part Two*, trans. Philip Wayne (Harmondsworth: Penguin, 1976), p. 288.

内，可见钦崇之心[1]。玛利亚为浮士德引路，而《圣母行实》卷三亦可见圣母代人求情，尤常以"皇母"之尊恳求天主或耶稣不要在最后的审判中定人之罪。非特此也，高一志译述的玛利亚有时还会倚老求人，在奇迹故事中动用"母皇"的伦理高阶要求圣子开恩，切勿惩罚那些奉她为"皇女"的忠贞信徒。的确，圣母以"贞"名世，但在高一志的笔或译笔下，她也有"悍妇妒女"的一面，恐怕会要求信徒比她更"贞"，最好能像《金环之约》中那几经斥责后的小童般信守前约，全心奉献而又生死与之。宗教上的女性美与母性德，这里已经人性化了，全都奠基在前此我屡屡论及的约契关系上，而这个盟约不仅圣母、信众得守，彼此亦可因之而互蒙其利，相得益彰。

从世俗的角度再看，"悍妇妒女"一面的玛利亚确具占有欲，但在强调承诺与庇佑信徒的意义上，她也示范了天主教"母仪天下"的女德。正因玛利亚乃人世懿行的化身，方其随利玛窦以来的天主教耶稣会士在中国流布之际[2]，即使仅仅是张《圣母子图》也会令明代观者诧为神品，惊为异物，以为所见乃域外携入的送子观音图，又为其绘事之精而击节。利玛窦犹徘徊于南昌与南京之际，姜绍书（生卒年不详）尝入所建教堂仰视壁上悬挂的《圣母子图》，归后著文赞美圣母道："如明镜涵影，踽踽欲动。"徐时进见内廷所藏圣母图，虽不以天主教的圣母崇拜为然，但见其抱耶稣于矜带间，在所著《鸠兹集》中亦美之"气态如生，闪闪烁烁，可爱可畏"[3]。利玛窦方入北京之际，刘斯之（fl. 1602）刻正供职内庭，尝观利氏所进同一"天母像"，叹为丹青绝伦，中国所无。复懔于像中天

---

[1] Philip Wayne, "Introduction" to his trans., *Faust: Part Two*, p. 25.

[2] 利玛窦不但随身携有圣母图像，到广东肇庆传教之际，最早译的经书也包括《圣母经》。见利氏致詹巴蒂斯塔·罗曼（Giambattista Roman）的信，在利玛窦（著），Sergiani（编），芸娸（译）：《利玛窦中国书札》，页 69。

[3] （明）徐时进：《欧罗巴国记》，载于所著《鸠兹集》，8 卷（台北"国图"馆藏万历年间刻本，编号：12918），卷 1 页 12b。

234 │ 首译之功：明末耶稣会翻译文学论

神环绕，气象万千，乃作《天母歌》以咏之曰：

……

樱红梅绿绣且缘，衣从左衽色嫽嫽。婴儿大小环周旋，四顾精光射两观。

盱衡逾远神愈骞，飘如宛转落花钿。双手合掌高于拳，迎人当面身常先。

彩笔描写呈奇权，夺尽鬼工擅自专。……[1]

其后北京北堂建立，又是绘饰盈室，百余年后张景运（生卒年不详）回眸堂中玛利亚的画像，同样目为之眩，神为之驰。盖画中圣母易服现身，"两眸湛湛若秋水射人，自胸以上及两胳膊皆赤露"，而"肤理莹腻，居然生成"。如此之美加上璎珞垂胸，"金碧璀璨"，自是"光彩夺目"如盛服示现的"赐子女神"观音大士，张氏但觉正视不得[2]。如果怀中抱有圣婴，亲情跃然，张氏还会做何感想，我们不难揣知！

明人、清人见玛利亚绘像而心有体会的文字还有不少[3]，不过上述张景运所记最为生动，而康熙时人李元鼎（生卒年不详）所吟最称得体。结合两人之作，我觉得若在隐喻《圣母行实》所绘玛利亚的三种形象，这里可再取为本文的"结论中的结论"。就在康熙癸巳年（1713）五月，

[1]　（明）刘戡之：《竹林园行记·浮云篇》（日本公文书馆内阁文库藏万历年间刻本，番号：17407），12a–12b。另参见郑诚：《〈欧罗巴国记〉与〈天母歌〉——有关利玛窦的两篇明人诗文》，《澳门历史研究》第 12 期（2013），页 167 及 170。

[2]　姜绍书的描述见所著《无声诗史》卷 7《西域画》，收于续修四库全书编纂委员会编：《续修四库全书》1065 子部·艺术类（上海：上海古籍出版社，1995—2002），页 578；张景运的形容见所著《秋坪新语》，我引自方豪：《中西交通史》，5:37。另外，莫小也：《十七—十八世纪传教士与西画东渐》，页 83 亦引之，但"张景运"之名改为"张景秋"，不知所据为何？

[3]　其中当然也有较负面者，如谢肇淛即认为圣母"形状甚异，若古人所称人首龙身者"，见所著《五杂俎》，卷四，页 43b，在《禁毁书》子部第 37 册，页 436。

李元鼎偕友人入北京南堂参访，时距汤若望拜官太常，以国师尊之已久。但南堂仍得皇室厚赐，改建得焕然一新。李元鼎见"堂内结构精严，图像灵幻若浮出画面数寸，凛凛生动"，亦"不敢逼视"矣！南堂这些壁画，当然包括数十年后张景运在北堂也会见到的圣母子图。观画当时，李元鼎颇有感触，归后遂裁五言诗一首志之，内云："古殿灵光肃，新衔宠命温。庄严金碧灿，浩森雾云屯。"这四句诗的前两句或写南堂承恩新成，后两句则应指堂中壁上天堂的彩绘，张景运于乾隆时在北堂所见乃"四榜云气旋绕，迷离敞况"，而此时令张氏倍觉难忘者，则是玛利亚怀抱耶稣，独立其中，一副慈母形状。在张氏眼里，玛利亚"庄严妙好，高髻云鬟，面同满月"，有如救世菩萨。而说其美也，玛利亚尚不仅止于此：她穿着裸露，衣服自胸以下俱呈条纹状而"缭绕纠结"，看似"霞晕数重，五色陆离，涛回漩伏"。凡此美形妍貌和湛然眼波辉映，确实无异于我们在圣母奇迹故事所见的同一角色。张景运目睹的玛利亚像或许已得郎世宁（Giuseppe Castiglione, 1688—1766）彩笔重绘 [1]，所以真假莫辨。但巧笑倩兮，巧目盼兮，其栩栩如生状，李元鼎在熙朝南堂见之，已颇不俗，所赋五言诗继而才有如下二句，把个人在指顾间感受到的玛利亚的神性、女性与母性的心理幽微尽托而出："顶礼疑如在，瞻依觉欲言。" [2]

我们今天回省张景运与李元鼎的刻画，确然！玛利亚颜色动人，美

---

[1] 这是莫小也的推测，见所著《十七—十八世纪传教士与西画东渐》，页83。莫氏另文《早期北京天主堂壁画初探》对明清之际北堂、南堂及东堂壁画描述尤精，可参看，载卓新平（主编）：《相遇与对话——明末清初中西文化交流国际学术研讨会文集》（北京：宗教文化出版社，2003），页451–471。

[2] 吴历在康熙年间撰《感咏圣会真理》诗组，其中第七首颂圣母，有"蜜腊含芳处，瞻依十二旒"之句，一写玛利亚容颜，一称其神圣不可侵犯，可与李元鼎的诗句辉映，彼此也成互文。吴历所写见章注，页229；此诗进一步的疏论见章文钦：《吴渔山及其华化天学》（北京：中华书局，2008），页263–264。张景运继之所写，我仍引自方豪：《中西交通史》，5:37，李元鼎的诗则见《游天主堂并序》，在所著《石园全集》卷14，收于《存目》，集部第196册，页91–92。康熙年间北京南堂的壁画，余三乐亦有描述，见所著《中西文化交流的历史见证——明末清初北京天主教堂》（广州：广东人民出版社，2006），页331–337。

冠群伦，当时果然令张氏叹为"庄严妙好"，又使李氏"疑如在""觉欲言"，那么一部《圣母行实》里的轻责重斥，温委话语，尤其是卷三相关的奇迹故事与贯穿其间的各种有形与无形的约契，我想必定是他们澡眼以观、洗耳恭聆最为深刻的印象，也令清代信众珍之宝之，不得不读。此中当然也包括圣母显灵，赦免了贤士某或提奥菲勒士血书事魔的重罪，又提醒小童勿忘前盟，贞以守身，最后令弗斯辣名室求子得子，精修谢恩的种种约契。玛利亚在中国明代之所以能够优入圣域，她身为人神中保、悍妇妒女与赐子女神这三种既寻常又特殊，看似矛盾实则互补的形象，绝对是直接或间接的促媒，我们大意不得。

第六章
圣人·魔鬼·忏悔：
高一志译《天主圣教圣人行实》

黄金传说

> 古西有名圣多敏我，时入主殿，拜谢主恩，忽见天主耶稣发光
> 高座，手持三枪，似欲刑僇天下三种大恶。时见圣母玛利亚伏叩恳
> 祈，恤悯下民，因荐二士颁训于众，劝之改图：一谓多敏我，一谓
> 范济谷。耶稣顺允圣母慈意，即嘱二士宣教，率人改迁……

上面这一段话，我引自高一志（Alfonso Vagnone, c. 1568—1640）《圣
母行实》的第二卷（《三编》，3:1406—1407）。该卷重点是天主教神学
上所称的"圣母论"（Mariology），所以叙述中强调玛利亚"恤悯下民"，
要求圣子耶稣顺应其意，遣多明我会与方济各会的会祖圣多敏（明）
我（St. Dominic of Osma, 1170—1221）与圣方济各（范济谷；St. Francis
of Assisi, c. 1181—1226）入世救民，使之改过迁善，等等（《三编》，
3:1407）。《圣母行实》刊刻于 1629 年；同年——亦即崇祯二年——高一
志也曾"述"有《天主圣教圣人行实》（以下简称《圣人行实》）[1]，引介

---

[1] 《提要》，页 43 将《天主圣教圣人行实》作《圣人行实》，所据可能是高一志的自序及书中鱼尾
栏所刻。《天主圣教圣人行实》由阳玛诺、郭居静与费德勒（Rodericius de Figneredo, 1594—1642）共
"订"，但缺耶稣会著译通常会有的"校订者"（笔润者）之名，殊奇。此外，1629 年高一志人应已回到

教中高士。圣多明我与圣方济各的生平，即含括其中。高氏叙及圣多明我的专章之中，同样可见上引的故事，与《圣母行实》所述者，几无只字之差。

圣多明我的"忽见天主耶稣"，乃天主教常谭中的"神视"（vision）。不过《圣人行实》叙述的重点不在圣母论，而在圣多明我与圣方济各认识的经过，因此故事的叙述者又有下文道：多明我"出堂，行未数步，适逢范济谷。圣人未识其面，未知其名，［但］一晤即识之；呼之，以所见所闻于天主者告之"（《行实》，4:4b）。自此以后，多明我与方济各结成莫逆，各创之会也合作无间，屡屡提醒万民"严主在上"，希望毋违天意，以为自己释疆消灾。高一志籍隶耶稣会，该会会祖罗耀拉的圣依纳爵平生最思效法的两位教中先贤即多明我与方济各，所著《自传》（Autobiography）第一章中就凿凿言之而又切切诉之，孺慕之情溢于言表（PJ, p. 14; cf. IL, pp. 15–18）。身为会中后学，面对会祖遗训，高一志于圣多明我与圣方济各岂能无动于衷？他念兹在兹，难怪在华两年内所书就两述其事。

明清之际耶稣会士的著译颇多，《圣人行实》是其中我们可以推知原本"大致"为何的难得之"译"，其中传文"有某些"——不是"全部"——系本于 13 世纪佛拉津的亚可伯（Jacobi á Voragine, 1230—1298）所著《圣传金库》（Legenda aurea）。亚可伯乃多明我会士，他的书原题为《圣人传奇》（Legenda sanctorum），在高一志中译入华前，早就翻为日文。当代日人多从字面译之，和英国中古晚期文化界的名人卡克斯顿（William Caxton, c. 1415—c. 1492）以来的英译本同名，都称『黄金伝説』

山西绛州，而《圣人行实》居然刻于江南的"武林"（杭州），亦奇。后者之所以如此，我想应和 1627 年高一志赴嘉定开会，为"陡斯"定名有关。此刻他携书稿南下，交李之藻带回武林，趁机付梓问世。据宋莉华：《传教士汉文小说研究》（上海：上海古籍出版社，2010），页 330 载，武林天主超性堂版《圣人行实》之后，此书另有崇祯四年（1631）、崇祯五年、康熙十九年（1680）广州大原堂、康熙三十三年北京报领堂刻本，以及宣统二年（1910）北京北馆的石印本等多种版本，阅众可见不少。

（*The Golden Legend*）[1]。高本《圣人行实》和《圣传金库》之间互文颇多，纵使《圣人行实》非以《圣传金库》为本，后书仍然可以是我们讨论《圣人行实》时非常重要的参照文本。

上文中，我数度用引号限定高一志的"译"本，此因高本除了在序言中提到该书取自某《圣人行实》外（《行实·自序》，页 5a），全书几未言"译"，屡屡所用者反为"述"字，而且打一开书就是如此定位。另一原因就像鸠摩罗什（344—413）之前的梵典汉译，《圣人行实》虽然长达七卷，我们如可就亚可伯的《圣传金库》衡之，全书却仍为节译。亚可伯原收圣传多达 182 篇，而高译仅著录 74 人。篇数的删节，《圣人行实》的高序曾经明白提及（《行实·自序》，页 5a），而我可据《圣传金库》的比对再加说明的是：高译除了可能的节译或为传教目的之删削外，增添的圣人也颇有几位。以删削部分论，《圣人行实》有一大异：亚可伯的原作多据博韦的樊尚的《史鉴》等素材敷衍[2]，从 1260 年成书以来，各篇传文都以传主名姓的字源意义开篇立论，并借以观澜索源或因象立意，有如依西多禄（Isidore of Seville, *c.* 560—636）之编写《字源学》（*Etymologies*），意欲穷尽"姓名象征论"和中世纪托喻学的知识一般。然而高一志或其所本，或许考虑到《圣传金库》中这些欧洲名字的相关知识对中国读者意义不大，而且多数系耳食之谈，15 世纪以来为人诟病不已，所以大笔删削，使之荡然无存。《圣人行实》因此不只传文的篇数缩水，连内文也迭经节略改写。

文章的紧凑性或许是节略改写的另一考虑，耶稣会的翻译行动常见类此目的论（*skopos*）式的策略。至于增添的部分，《圣人行实》反而以

---

[1]　松原秀一：『中世ヨーロッパの説話——東と西の出会い』（東京：中央公論社，1992），页 134。日文本按字义可称为"圣人的工作"，本用罗马字译，现代景印本见『御作業』；另福岛邦道有"邦訳"（日译）本：『サントスの御作業翻字·研究篇』（東京：勉誠社，1976）。

[2]　不过下文中我引用的例子多出自天主教上古，所以比较关心的会是其他源头圣传的影响。

完整的新传为主。《圣传金库》成书后 170 年间，在欧洲变成几乎仅次于《圣经》的畅销书，俗语译本之多，不下于我曾经或即将讨论的《圣若撒法始末》或《圣梦歌》[1]。15 世纪中叶，欧洲发明印刷术，《圣传金库》有如添翼之虎，印刷版数直线攀升，销路又与耿稗思（Thomas à Kempis, c. 1380—1471）的灵修小品集《轻世金书》（Contemptus mundi）不相上下[2]，对中世纪晚期全欧的神秘剧（mystry play）与奇迹剧（miracle play）影响亦大。亚可伯的原著即使有完整性与教会节庆所需等各种因素的考虑，在中世纪结束之前，仍随着新圣人的"发现"与封谥，在后代编者笔下增收超过十二篇——也就是超过十二位以上的圣人——的传记。如果下修到高一志所处的中国明末，增加的圣人更多。高本《圣人行实》若可为例，最显著者当然就是前文略及而下文我还会提及的耶稣会会祖圣依纳爵。他去世百年后才封圣，祝谥的时间已逼近高一志刊刻《圣人行实》的 1636 年，称之为《圣传金库》或《圣人行实》中最"新"或最"资浅"的圣人之一，应不为过。

　　《圣人行实》另也添加了圣依纳爵之前的传统《圣传金库》所无的圣传，而高一志向来拿手的翻译策略"重编"，本书同样饱览无遗。1636 年刊行的《达道纪言》中，重编是以中国传统的伦序观为基础而重新编次，在《圣人行实》里，如此改动并不易，但圣人的属性、性别与婚姻状况却仍可恃，所以高一志依上述标准分门别类，把书中七十四位圣人分成"宗徒""司教"与"圣妇"等七类[3]，也把他们辞世的时间一一查出，从而按耶稣会在华纪年的普遍做法，假传尾易以中国历朝各帝的年号与时间。我查阅过数种 14 迄 19 世纪的《圣传金库》，俱不见以身份与地位为主的编法，中式纪年就甭提了。高一志果然重编了《圣传金库》，则加上

――――――――――――

[1]　参见本书第三章与第八章。

[2]　参见本书第九章。

[3]　其他四者为"致命""显修""隐修"与"童身"圣人。

内文改动与传文的增添，《圣人行实》确实不符今人对"翻译"所下——尤其是狭义——的定义。用我论耶稣会的翻译活动一向标举的"译述"一词称之，应该较近实况。尽管如此，每当高一志不增不减，也不加改动之际，他的翻译多数就名副其实，仍为今天一般概念中的译作。

关于上面这一点，我可以用圣多明我的传文为例，以见其实。多明我生于欧洲中古鼎盛之际，据《圣人行实》，他尚在"母胎时"，乃母"梦怀一犬，口衔薪火，辉照四方。生后领圣水时，或见明星堕其额，普照大地"（《行实》，4:1b）。《圣传金库》系亚可伯以拉丁文写下，圣多明我的"生前身后"，亚氏所叙如次：

> Cujus māter ante ipsius ortum vidit in somniis se catulum gestantem in utero, ardentem in ore faculam bajulantem, qui egressus ex utero totam mundi machinam incendebat. Cuidam etiam matronae, quae ipsum ex sacro foute levaverat, videbatur, quod puer Dominicus stellam perfulgidam haberet in fronte, quae totum orbem illustrabat.[1]

这段话和上引高一志的中译只有一处差别，在多明我领圣水时，系其"代母"（*mātrōna*）将他"从洗礼盆抱起"，而高译却用中文说这是"某人"——文言文所谓的"或"——所为：这不啻谓，高一志略过身份，模糊说之了。在《圣人行实》中，此一更动明显，但就明末耶稣会的一般译事情况而言，已可称"紧扣原文"或"信译"，难能可贵，可见《圣人行实》与其原文主脉确实浃洽——虽非全然"无间"。

除了上述之外，上引文也触及了圣人出世前后载借常见或传说常闻

---

[1] *LA*, p. 466. 这个版本另刊于 1890 年，有学者认为前 182 篇圣传才是亚可伯的原著，但为行文方便起见，1842 年版各篇的著作权，我暂时都归诸亚氏。参见 Sherry L. Reames, *The Legenda Aurea: A Reexamination of Its Paradoxical History* (Madison: University of Wisconsin Press, 1985), p. 69。

的异象。《圣人行实》所收圣传中，这类预兆或灵异不胜枚举，前及圣方济各一篇如此（《行实》，4:10a），同时的另一重要圣人伯尔纳（伯耳纳笃）一篇亦复如此（《行实》，5:39a）。此乃天主教圣传文学所以有异于一般史传的原因，也是文艺复兴以来，严肃的论者每以"传说"（legend）或"传奇"（romance）界定圣传之故。不过这里我觉得最应注意的，是高一志和罗明坚、利玛窦等耶稣会士一样，常以"圣人"称呼多明我或方济各等教中高士[1]，而且用得颇为一致。"圣人"不仅明白见于《圣人行实》的书名之中，终明清之际近两百年间，这个名词也是天主教对上述"高士"的通译。今天天主教教外通行的"圣徒"（saint）一词，反而得俟诸清代末叶因基督新教故才广见使用[2]。

圣的内涵

高一志与其他耶稣会士笔下的"圣人"，当然不是中国古人笔下同一名词的对等语。古书中提及"圣人"者，《周易》《尚书》《老子》与《论

---

[1] 罗明坚《天主圣教实录》及利玛窦《天主实义》二书俱用"圣人"称圣奥斯定，见《续编》，2:770；以及李辑，6:395。

[2] 详细时间待考。目前我可以确定的是，在马礼逊（Robert Morrison, 1620—1683）编纂《华英字典》之际，基督新教仍把"圣徒"（saint）译为"圣人"，而天主教迄今犹沿用旧译。我手边一本当代最近的中国天主教徒译的圣传即如此题名，见康之鸣（编译）:《圣人传记》（石家庄：河北信德室，1993）。话说回来，马礼逊也知道中文的"圣人"本指"圣贤"（sage）而言，见 Robert Morrison, *A Dictionary of the Chinese Language* (Macau: East India Company's Press, 1822), vol. 3, p. 374. 此外，《圣人行实》中，在圣妇玛利亚玛大勒纳的传文内确曾出现"圣徒"一词：玛大勒纳"屡具耶稣及圣徒所需资用，供给之"（7:41b—42a）。从上下文看来，这里的"圣徒"不是今日的用法，而是以耶稣为"圣"，再转为形容词以尊称耶稣当时的"门徒"（disciples）或《宗徒大事录》中所谓的"宗徒"（apostles），贺清泰所译《古新圣经》中的《玛窦福音》即如此称呼圣玛窦，见《圣徒玛窦万日略》，在《徐汇续》，33:199—205。《圣母行实》亦见类似用法，见《三编》，3:1309。不过后书中，所有耶稣的信徒都可如是称之，已近今天基督新教的用法。上举康之鸣书，乃833公教真理学会编译之《圣人传记》，4 册（台北与香港：思高圣经学会出版社，1960）重新编辑而成。

语》都不少，但最常见的似乎仍为《庄子》。庄子从《老子》"弃圣绝智"之说而得的下引，我们朗朗上口："圣人不死，大盗不止。"[1] 这种"圣人"究为何人？杨儒宾研究帛书的各种文本，以为"圣"（聖）字从耳，从口，所以就造字的哲学而言，圣人应指"耳聪"与"知言"者而言。这个说法不无道理，然而既言"耳聪"，应该也会"目明"，故此儒家"内圣外王"的重点，仍在"圣"字上面；而"圣人"——不论儒还是道的"圣人"——必然在"知言"外，又"耳聪目明"，进而可以"上达大听，得闻天道"[2]。这类通人通常已带宗教意味，高一志的天主教背景应以具有"神智"者称之（《行实·自序》，页 1a）。

　　西方"圣人"或"圣徒"的中译问题，天主教刚才入华就已滋生，利玛窦和罗明坚最早碰到。16 世纪 80 年代，他们合编《葡汉辞典》。两人在解释葡萄牙文"圣托"（santo）一音时，几乎无从下笔，最后所得居然是中文"仙"字（DPC, p. 143）。如此中译当然牵强。且不谈道教兴起后所赋予的意义，"仙"字的古文乃"仚"，是"人在山上"或"山上之人"的意思，而"圣人"未必如刘晨、阮肇之得登天台方可化至。不过仔细寻绎，"仙"字译得也不无道理：首先，可作音译看，近"圣"，罗明坚的《天主实录》（1584）就称"圣玛利亚"为"仙妈利呀"（《耶档馆》1:84）。其次，在利玛窦等人所处的中国晚明时期，道教兴起已久，而禅门古德亦谓"神仙本是凡人做"；至于"圣托"，同样是由"人"晋身而成，两者故而可称合拍之至。圣人这种高士虽非天主，甚至也不属于天神或天使一类，却可在天堂共天主与天神而处，还可享受那真福化境的种种美妙。利玛窦和罗明坚心思确富。

---

[1] 《庄子·外篇·胠箧第十》，收庄万寿（注译）：《新译庄子读本》（台北：三民书局，1987），页 136。

[2] 杨儒宾：《儒家身体观》（台北：文哲所筹备处，1996），页 173–219。唯其因圣人知言，《论语·季氏篇》方谓君子"畏圣人之言"，而小人则侮之，见朱注，页 176。

严格论之，圣人当然不是神仙，亦非儒家的圣贤或明末阳明或泰州学者所称的圣人，盖后两者并无宗教内涵。如此则天主教以"圣人"译"圣托"，在后世索隐派如马若瑟（Joseph-Henri-Marie de Prémare, 1666—1736）等人的强解外[1]，我们也只能就其所处的文化语境而听之。在道德这个基本原则之外，天主教中人要成圣，仍有不少内外条件得配合。儒家所谓"耳聪目明"的要件，恐怕是他们优入圣域，登上高明的条件之一。方济各和多明我一样，出身优渥，抑且更胜；《圣人行实》谓其父"以货殖富"。他的母亲不仅贤惠，纵然有孕在身，行动不便，一遇贫穷人家或行乞者仍会慷慨施舍。背景如此，方济各当可称"缙绅子弟"，不过他深知自己已蒙天主开牖，得对自己有所要求了，于是打"小学"起，便以"谦抑"修心，而"耳聪目明"的程度更高，几可谓与生俱来即可上达"天"听，目视天上的"奇丽宫室"和各种奇物（《行实》，4:11a）。高一志称方济各与多明我为"显修圣人"，其他范畴的圣人如"隐修圣人"，也身怀如此异能。后一范畴中最有名的修道僧，伯尔纳应居其一。其母怀有身孕时，也曾像多明我之母一样梦产"白犬"，而解梦者所解之一便是"明学之豫兆"（《行实》，5:39a），亦即耳聪目明，将来必然力可通天，进而在天主引导下隐修成圣。

中国圣人"耳聪目明"，《圣人行实》所收 74 位圣人几乎亦然。不过就天主教初兴那数世纪的传统而言，这种资质并非凡人成圣的绝对要件。《崇一堂日记随笔》中译了老实葆禄及毕约尔两位后世所称的"沙漠圣父"的传记：我们从中衡量，这两位史上亦以"圣"称的隐修僧似乎就非禀赋优秀。在常人看来，他们甚至因生性过于憨直而有愚昧之嫌；时而又"罔顾左右"，不知"审时度势"，还会出口"胡言"，连自己的

---

[1]　Knud Lundbæk, *Joseph de Prémare (1666—1736), S.J.: Chinese Philology and Figurism* (Aarhus: Aarhus University Press, 1991), pp. 152–158.

师尊都斥为癫狂，愚不可及[1]。尽管如此，福柯（Michel Foucault, 1926—1984）却也告诉我们，就在《圣传金库》一纸风行的中古晚期，"疯子"或某种形式的"傻子"（Fool, Idiot or Simpleton）在文学中每每为人视为奇人，是以上天特加宠顾，和神意世界具有某种神秘的联系，也是真理的"信使"（harbinger）。他们的世俗知识不高，心灵却纯洁如赤子，而且会以这种独特的真挚"见人之所不能见"或"言人之所不能言"，进而以"常人所无的智能"中介天人之际[2]，故而亦为圣域中人。对这类"神圣的笨蛋"（holy fool）的颂扬[3]，天主教世界从《格林多前书》开始，其实就屡见不鲜（如 1:27 及 3:18-20），连圣依纳爵都有法式之心，《圣传金库》就不用多说了。亚可伯所指的圣人，自然也可包括老实葆禄这类人物。

《圣人行实》中也有圣人或圣女并不以天资优异著称，和合本《圣经》称之为"抹大拉的马利亚"（路 8:2）的"玛利亚玛大勒纳"（Mary Magdalene）就是一例。然而我们若以"戒淫"度之，则全体圣人都得办到，而这点除了柳下惠（720—621 BCE）外，似乎并非中国古圣认真思考的问题。"戒淫"乃天主所颁十诫之一，凡信仰基督者都得奉行。圣人身为信徒中的表率，益当以淫为戒。有趣的是："淫"字若属血气性欲，则《圣人行实》中几无圣人——尤其是男性圣人——可以身免，而这种和凡俗无异的"神圣的不完美"（holy imperfectness），恐怕也才是《圣传金库》各篇传文读来最引人同情之处[4]。年少之时，圣人大多生过淫念，

---

[1]　Michel Foucault, *History of Madness*, ed., Jean Khalfa, trans. Jonathan Murphy and Jean Khalfa (London and New York: Routledge, 2006), pp. 12–13.

[2]　王德威：《浅论福柯》，收于米歇尔·福柯（著），王德威（译）：《知识的考掘》（台北：麦田出版，1993），页 17。

[3]　Jill Haak Adels, ed., *The Wisdom of the Saints: An Anthology* (New York and Oxford: Oxford University Press, 1987), pp. 181–182.

[4]　David Brown, *Through the Eyes of the Saints: A Pilgrimage through History* (London and New York: Continuum, 2005), p. 3.

其中以奥斯定为最[1]。他放荡成习，和情妇"自然生子"也罢，最令他后来"忏悔"不已者还包括既已生子，又订有婚约之后，仍然追逐声色，根本就是个"惯性罪人"（habitual sinner）[2]，是陷身肉欲中的登徒子。奥斯定的《忏悔录》（Confessions）名震寰宇，《圣传金库》中的奥传据之衍述，高一志因此也在《圣人行实》里为中国保存了第一篇建立在《忏悔录》上的奥氏传记，列入"司教圣人"一类。二十七岁左右，奥斯定在米兰得识该城大主教圣盎博罗削（St. Ambrosius, c. 339—397），"屡造门听其论理谈道"而"神目日渐光明"（《行实》，2:14a），因而辞邪归正，以三十三岁的"高龄"欣领圣水，弃异教而皈依了天主。《忏悔录》强调：奥氏至此遂终身淫行不犯。三十三岁和耶稣死而复活的年纪约略相当。

在《忏悔录》中，奥斯定握管至诚，将生命罪愆以远淡近浓的方式如实道来，笔法宛如中国山水画[3]。《圣传金库》里，亚可伯秉笔亦称客观，如实照搬。不过到了高一志，他却会为贤者讳，会看情形或教外现势而中译。奥斯定少时尝犯偷窃之罪，和一群恶少偷摘邻家葡萄园中的梨子。此事《忏悔录》忆来愧怍，奥斯定以自己性恶视之[4]，而这点在西方忏悔文学中更是著称不已，每视为个人悔过的示范而传为佳话，《圣传金库》当然实笔实录，分毫不爽[5]。然而回首《圣人行实》中的奥斯定

---

[1]　高一志据拉丁音译奥氏之名，故称之"奥吾思定"（Augustinus）。高一志之前，奥氏名即常用拉丁音中译，故而亦有称之为"峹梧斯悌诺"或"亚吾斯丁"者，例见利玛窦：《天主实义》及庞迪我：《七克》，见李辑，1:395 及 2:1027。

[2]　CFS, VI.xiii.(23)–VI.xv.(25)."惯性罪人"一语，我引自 Sherry L. Reames, The Legenda Aurea: A Reexamination of Its Paradoxical History, p. 137。

[3]　这里我推演彼得·布朗（Peter Brown）的比喻，他原先的用词是"中国地景"（Chinese landscape），见 Peter Brown, Augustine of Hippo (Berkeley: University of California Press, 1967), p. 168。

[4]　CFS, II.iv.9–x.18, Chadwick, trans., pp. 29–34."窃梨"一事的意义，见 Peter Brown, Augustine of Hippo, pp. 167–168。

[5]　Sherry L. Reames, The Legenda Aurea: A Reexamination of Its Paradoxical History, p. 123.

传，我们或明代的中国人可就无缘见此"佳话"，因为故事已经高一志的翻译筛滤而不传了。尽管如此，淫行色欲系天主教明载的死敌，必须痛切戒之，而奥斯定在这方面的罪过高一志可就直言不讳。奥斯定是凡人，凡俗会犯之过，他也难免。奥斯定也是圣人，圣人改过自省与责善劝过的本领，他同样不缺。

《圣人行实》中的圣人，尝犯淫行而重如奥斯定所述者说来几无，不过若以"淫念"衡之，则在成圣之前，几乎没有圣人不曾犯过，隐修圣人中尤有多起。圣伯尔纳以外，这类圣人之享有盛名者首推圣安当与圣本笃（Benedict of Nursia, 480—547）。圣安当乃沙漠圣父之一，名声之大，同代或后人难及。圣亚大纳削（St. Athnasius, c. 295—373）慕其名，特地会之，其后还为他立传，通常就冠于一般《沙漠圣父传》的书首（VP, pp. 24-75）。圣安当出身富室，进教后操志离家，埋名隐姓幽居于埃及深山之中。其后神修日精，讽刺的反而声名日渐鹊起，高一志的译笔谓"士民〔俱〕来观光"（《行实》，5:13a）。其实在圣安当尚未隐于幽穴之前，就在高一志犹以教中"神童"称之之际，"狡魔"——这里高译的用字遣词并无异于亚大纳削的《圣父安当传》（Vita Sancti Antonii Abbatis）——隐含的淫念亦曾"内动其欲心，煽炽骨血"，而且"外设美女之容，使起居之顷莫得脱于目，绝于念"（《行实》，5:10a）[1]。本笃本籍意大利，生于圣安当之后百年左右，却是伯尔纳之前最出名的隐修僧，所创之本笃会在隐修会中堪称首起，对后世影响甚大。本笃虽然也像安当一样立志"割财绝色"，继之又遁世而为高僧，然而一遇到有情本性，他同样难逃色欲的牵绊。《圣人行实》里，高一志亦以译笔设魔障倾之，传文故谓他修成正果前有鸟形"翱翔顽颉于左右"，令他"烦扰不宁"。

---

[1] Robert C. Gregg, trans., *Athanasius: The Life of Antony and the Letter to Marcellinus* (Mahwah: Paulist Press, 1980), pp. 33–35.

无奈之下，本笃只好画十字驱魔。讽刺的是，高译对此反曰："乌去，独遗淫念。"(《行实》，5:31a)"淫"之难戒，由此可窥一斑。本笃必须"赤身投入棘中，反复刺痛"，方能"尽灭淫焰"(《行实》，5:31a)。

如此窘状或试炼，《圣人行实》里的其他圣人亦曾经历，而他们除了靠天主臂助之外，破除之法若不是像圣方济各在寒冬脱衣埋身雪堆(《行实》，4:14a—14b)，就是像圣伯尔纳赤身浸于冰冻之池(《行实》，5:40a)[1]。淫念果真难抑！高一志显然借翻译如此苦叹。有淫念，就意味圣人生来并不完美，不过"完美"并非"圣"(sanctity)的对等词，"追求完美的奋斗过程"才是[2]。《圣人行实》里，"淫念"和《崇一堂日记随笔》或《沙漠圣父传》一样，多半化身为"魔"：圣人在超凡入圣前得先与魔军对阵，与心魔对垒。天主教"魔"的概念复杂，有修辞，也有修辞本身的外化，下节自会详之。这里我应该先予强调的，是中国——尤其是儒家——圣人若遇同类的问题，只要合乎"礼"，则可"节欲导情"，并无所谓"禁"或非得"戒"之不可的问题[3]。天主教的圣人则反是，他们得禁欲，如果不能积极以"理"御"欲"，那就得消极地"以苦服之"(《行实》，5:31a)。高一志译的《达道纪言》讲过一条世说："或问于加多大贤，孰善王。答曰：'善克其情欲者是。'"[4]这个"克"字在《达道纪言》的上

---

[1] 从圣本笃到圣伯尔纳等人以忍克淫的故事，在明代耶稣会中，例子亦可见诸艾儒略：《涤罪正规》，在《耶档馆》，4:472—473。有关本笃的苦修，另见艾儒略：《口铎日抄》，在《耶档馆》，7:40。

[2] David Brown, *Through the Eyes of the Saints: A Pilgrimage through History*, p. 49.

[3] Cf. Anthony C. Yu, *Rereading the Stone: Desire and the Making of Fiction in Dream of the Red Chamber* (Princeton: Princeton University Press, 1997), pp. 74—82.

[4] 高一志：《达道纪言》，见《三编》，2:683。加多(Cato)的世说，见 Plutarch, *Sayings of Romans*, in his *Moralia*, 3 vols (Cambridge: Harvard University Press, 1989), 3:179 (198.8): "He said that the worst ruler is one who cannot rule himself." 另见 Sher-shiueh Li and Thierry Meynard, *Jesuit Chreia in Late Ming China: Two Studies with an Annotated Translation of Alfonso Vagnone's "Illustrations of the Grand Dao"* (Bern: Peter Lang, 2014), p. 221。

下文中[1]，应指庞迪我（Diego de Pantoja, 1571—1618）《七克》（1614）书题所涵的"攻克"，不是儒家的"克制"。

"禁欲"的观念，特别适用于男性圣人。"圣托"一词在文法上本为阳性，拉丁文的"圣克徒斯"（*sanctus*）亦然，不过两者后来都兼包女性圣人或圣女，不再以男性为限了。所谓"圣女"若因贞洁（virginity）而列圣，高一志译之为"童身圣女"，《圣人行实》中有十二位。她们的传记多半也译自亚可伯《圣传金库》的系统。倘为已婚，高氏的译本若非以"圣妇"称之，就是再加二字而区分为"守节圣妇"，所译专传亦达十二篇之多。但是其中也有"未婚"的例外，像玛利亚玛大勒纳即属之。她不曾婚适他人，然而却曾身犯淫行，故而不可以"童身"形容。"童身圣女"乃"高志之女"：她们自幼及老，不嫁不污，又"勤修形神"（《行实》，6:1a），终入圣域。这类圣人的共同特色是"洁修"，不染情色或可自焚身欲火中抽拔而出。即使有淫妇诱之，有妄人迫之，有恶官刑之，童身圣女也都坚持洁身，不改其志，甚至自称已经"嫁给天主"了（《行实》，6:23a）。

多数所谓"圣妇"或"守节圣妇"则稍异；她们大多婚后再修神工，用高一志的"话"来讲，亦即因"守节"故而为"精修之妇"。就情欲一面而言，她们较近中国儒家所称"节欲导情"的典型，虽然双方方法确实有异。天主教的守节圣妇，简言之，多因各种非自愿的缘故而有其婚配。然而在生过子嗣，完成传宗接代的"任务"之后，她们随即要求丈夫同心绝欲，而其配偶几乎也会举双手赞成，彼此甚至以"兄妹"相称。

---

[1] 《三编》，2:683："比大峩曰：'大国败亡有四级。先恣于味而饮，次流于欲而淫，次相加辱而慢，终相残虐而亡。'"这条世说出典待考，但"比大峩"应指希腊古哲"毕达哥拉斯"（Pythagoras of Samos, 580?—500? BCE）则无疑。

默拉尼亚（Melania the Younger, *c.* 383—439）乃罗马圣妇，可为范例[1]。《圣人行实》谓其出身官宦之家，本拟终生保洁，然而父母不允，只好在初婚之日将本心告诉丈夫，而后者的回答正可代证上述："天主既以正道配合吾夫妇，则当俟有后嗣，以继家业，然后同志守节，专精修道，未晚也。"（《行实》，7:16a–16b）默拉尼亚的丈夫这几句话，令人想起隐修圣人亚勒叔（St. Alexis of Rome, fl. 312—435）的一生。新婚之夜，亚氏面赠妻子指环宝带，然后敛容正色谓其志在"遁世永贞"（《行实》，5:50a）。在《圣传金库》中，亚氏也"教其妻子敬畏天威，永保童贞"（*LA*, p. 403），一时间他在性别上倒转成了默拉尼亚。亚勒叔之妻虽觉不舍，但面对丈夫发下的誓愿，也没有二话。直到丈夫因自我牺牲而辞世之际，夫妻才又戏剧性重逢[2]。默拉尼亚夫妇的苦工，其实在亚勒叔一家之上。道教丹术所称"夫妻同修"的字面意义，他们可以当之。在守节圣妇及其配偶中，更是常见。中西所"修"，当然内涵大异：一者修之以"性"，一者反而坚拒这种关系。

何以"拒"之？其中所涉乃修饰圣妇常用的"守节"二字。中文"节"字本指竹干的"环节"，其后因气象与星象学上的挪用而有"节气"之论，也因男性世界向来有"节操"一词而衍生出女人的"贞节"之说。父系社会里，女人"守节"自然以男性为对象，尤其是自己的婚配。天主教的传统中，圣女冰清志洁，理所当然。如其为繁衍后代而不得不婚适他人，则行房后仍得"守节"，而此时这"节"是为谁而守就耐人寻味了。圣女婚媾而结果之后，一般情形是反得婉言或捍拒丈夫再度求欢，

---

[1]　现代版《圣传金库》不收默拉尼亚的传记，但在高译之外，此一圣妇之传另可见于公教真理学会（编译）：《圣人传记》，4:615–619。

[2]　圣亚勒叔一生的意义，见 Brigitte Cazelles, "Sanctity and Self-Sacrifice: The Life of Saint Alexis," in Cazelles, *The Lady as Saint: A Collection of French Hagiographic Romances of the Thirteenth Century* (Philadelphia: University of Pennsylvania Press, 1991), pp. 21–30. 亚勒（肋）叔的故事，艾儒略也曾对信徒谈到，见《耶档馆》，7:547–548，可见在耶稣会内之流行。

这可说明天主教圣妇不像中国古代的贞妇烈女会为婚配"守节"。结婚之前，她们早就矢志侍奉天主，婚姻乃抗议无效后的不得不尔，所以自己的"贞节"（chastity）当然是以最初的考虑为奉献的对象。这也就是说，"圣妇"正像"童身圣女"，同样"嫁给天主"了。她们在人间的婚谊，因此就像无效的"重婚行为"，有如王征纳妾，天主不喜，也不许，罔然也[1]。高一志以"守节"界定《圣人行实》中那十二位圣妇，明朝读者若熟悉中国妇女文化，恐怕会为这个华化的词语所惑。连类乃翻译的常态，即使高明如高一志者也免之不得。

　　不论男性还是女性圣人，他们的生命特色都还包括许多"奇遇"，天主常施异常的恩宠以坚其信仰。根据《沙漠圣父传》，天主教世界的第一位隐修僧名唤葆禄（Paul, 229—342）。再据圣热落尼莫，葆禄的名字与名号（epithet）乃"葆禄隐圣人之首"（Sancti Pavli Primi Eremitæ）：这个名号及葆禄的传记，都是热氏所取并撰[2]。圣安当苦修多年，尝以为自己乃教史上拔得头筹的隐修僧，哪知某夜他"倏闻天降之声曰：'深野中有大圣，是乃首功将表仪万世，汝未足比也。'"（《行实》，5:2b–3a）安当闻言，深感惭愧，对葆禄遂生仰慕。其时安当行年已九十有余，但仍不辞劳苦，第二天一早便整装往谒。孺慕之情，表露无遗。

　　为了寻觅葆禄，安当急赴旷野，一时间迷失了方向。幸而他在"午后逢妖兽，人面而马胯"。安当"初视之惊，稍间对画十字"，迎问葆禄何在。"人马弗言，以蹄指其方"，而后径去。安当依指示再往前行，彷徨间又"复遇妖物短如人形，羊足鹰鼻，额中有锐角"。他运神功凝想，知此物又系天主遣来，目的在告诉他葆禄确切的栖止。第三日，他"远望

---

[1] 参见本书第四章。此外，亦请参考《两头蛇》，页 131–174。

[2] 公教真理学会（编译）：《圣人传记》，1:93–96 译之为"圣葆禄首先独修"。圣热落尼莫的拉丁文本《圣葆禄首先独修》，则见 *VP*, pp. 8–18。

虎狼行［于某］山［之］下”，遂知葆禄已不远矣[1]。待觅得圣人所居地穴，安当即匍匐进入，终而得遇。其时葆禄遁世已久，但仍欣然迎之。言谈之间，葆禄方知一甲子已过（《行实》，5:3a–3b），自己是不知有汉，无论魏晋了。圣安当往谒的过程，人马妖物俱备，“奇遇”二字确可形容。

　　“奇遇”和“奇迹”一样，都是圣人所以为“圣”的外在条件之一，和内心修为一样重要。圣安当的故事，在《圣传金库》中殆循《沙漠圣父传》的说法，但后者却不是据圣亚大纳削的《圣父安当传》传之，反而是依圣热落尼莫的《葆禄隐圣人之首》改写而成，情况稍显复杂[2]。就明代两人传记的中译而言，混沌依然。《圣人行实》刊刻之前，王征尝延汤若望入西安，振铎于崇一堂。圣安当的故事旋经他们由某取自《沙漠圣父传》的专书中摘出，合译完成，收入《崇一堂日记随笔》之中（《三编》，2:754–838；另见《年谱》，页162–199）。高一志在汤若望之前入山西传教，《圣人行实》的初版也刻于省中绛州（《人物传》，1:151），但汤氏及王征人在陕西，合译葆禄的传记时想来并未读到邻省所出的高译。泾阳王家与绛县韩霖（1621—c. 1647）、段衮（生卒年不详）两家似乎也没往来，彼此间谈不上影响。上述“奇遇”，《圣人行实》收入葆禄传中，《崇一堂日记随笔》却改为圣安当的传记。这当中的依违，我认为系《圣传金库》以《沙漠圣父传》为依据时，有其编采上的考虑使然。《崇一堂日记随笔》凸显圣安当，《圣人行实》里，圣安当之所以为“圣”，也与他寻觅葆禄时的奇遇有关。

---

[1] 从《沙漠圣父传》的角度看，安当这“第三日”所见唯有一“母狼”，《崇一堂日记随笔》的译法因此比《圣人行实》准确多了：“安当寻至［葆禄所居之］洞口，远远看见椰树下一泉，一狼奔饮［于泉］。”见《三编》，2:779。

[2] See John Frank Cherf, O.S.B., "The Latin Manuscript Tradition of the 'Vita Sancti Pauli'" and Katharine Tubbs Corey, "The Greek Versions of Jerome's 'Vita Sancti Pauli,'" in William Abbott Oldfather, ed., *Studies in the Text Tradition of St. Jerome's Vitae Patrum* (Urbana: University of Illinois Press, 1943), pp. 65–250.

比起高一志所译的葆禄传，《崇一堂日记随笔》里的安当奇遇可谓毫不逊色，而且详细了许多。高译本里的"人马"，《崇一堂日记随笔》称之为"半人半马之大兽"，实乃希腊罗马神话中的"半人马"（centaur/hippocentaur），而圣安当再度遇见之羊足鹰鼻有角的"妖物"，王征笔受时则以对比的修辞手法唤之为"半羊半人之小兽"（《三编》，2:778），实则亦为希腊罗马神话中赫赫有名的"萨提尔"（satyr/fauns/incubi）。在天主教的基要思想中，希罗神话乃异教所出，其中凡与一神论抵牾的神仙精灵——不论他们再怎么良善或可爱迷人——统统都得予以贬斥，使之变成天主教神话世界里的妖魔鬼怪[1]。如其贬抑不了，就圣热落尼莫而言，那就要效圣奥斯定挪用上古修辞学而予以收编了。要做到这一点，就得解除半人马与萨提尔的神话身份，令其双双变成天主的创造物。

姑以半人马为例。此一"动物"可能源出埃及，后为希腊人收编而变成上古神话世界的名角。半人马有恶名，但为首的喀戎（Cheiron）在荷马史诗中却以智慧闻，是英雄阿喀琉斯（Achilles）的恩师。耶稣降生后近千年，天主教并不常挪用半人马，但是到了中世纪鼎盛之时，喀戎尤常出现在宗教艺术中。希腊人认为喀戎可以在普绪喀山（mount of Psyche）接引亡魂，在地狱摆渡他们，或引之进入仙境福地，连带使得一般半人马也可胜任"心灵导师"之责。因此之故，中古欧人——尤其是沙漠地区的隐修士——每以"救世者"的象征视之。半人马喀戎遂变成耶稣的化身[2]。在葆禄的故事里，半人马扮演的显然就是福山胜地指引者的角色，可以把安当由物质界这"低处"引向精神界那"高处"去。

在《崇一堂日记随笔》中，萨提尔也经同样手法收编了；他遇到圣安当那一刻，就以如下一语为自己"解神话"道："我乃世人，妄认山灵。[向

---

[1]　Andrew McCall, *The Medieval Underworld* (Phoenix Mill: Sutton, 1979), pp. 238–239.

[2]　Cf. Louis Charbonneau-Lassay, *The Bestiary of Christ*, translated and abridged by D. M. Dooling (New York: Arkana Books, 1992), pp. 381–390.

我］祈求福利者耳，殆魔鬼之属。"（《三编》，2:779）这几句话译得比圣热落尼莫的原文稍简，不过出典确为《葆禄隐圣人之首》，而热氏如此介绍萨提尔——当然也包括半人马——说来正可见希罗神话与天主教交锋的烙痕。在前者的文化中，萨提尔常与潘恩（Pain）在森林游荡，酒色俱来，而半人马因为性好渔色，也是"淫欲"（lust/lechery）的表征。天主教神话诠释学（Christian mythography）收编了希罗神话之后，半人马的属性转以弓箭手为主，隐喻"出淤泥而不染"的凡世"美德"；而萨提尔虽然更常经人比附为邪魔，其实又是大谬不然，因为他就像安当传中的自述，不过是山林中游荡的"世人"罢了，魔鬼一类凡物才会误认他为"山灵"[1]。

　　《圣人行实》改编的葆禄传里，萨提尔与半人马都跨越了神话上的藩篱：他们非但不以形异骇人，而且还为基督信仰服务。两者在文化翻译上的象征意涵丰富有趣，令人瞩目，更有耳目一新之感。高一志虽称圣安当所遇为"妖物"，其实"神物"方足以形容。葆禄有绝世之德，王征以为天主为免其埋没深山而不名，方命萨提尔与半人马"接引"安当，显其令誉，期使万世共仰。高一志从亚可伯而得的重点既在葆禄，也在安当，故《葆禄隐圣人之首》中安当见萨提尔后，特地以反语自问道："一野兽耳，犹知上主而敬畏之，以奉其命，灵生者独否？"换句话说，人怎能连禽兽都不如？安当为此伤神不已，在高译的传文中充分躬自反省，连带也使葆禄的传记变成了一幅自画像（《行实》，5:3a–3b）。《圣传金库》里，亚可伯用来称萨提尔与半人马者，非"妖"非"怪"，而是基督宗教所谓的"受造物"（animal; LA, p. 95）。易言之，他们也是天主所出，无异于人。即使是"兽"，萨提尔与半人马恐怕也变成了基督信仰中的"奇兽"，唯"奇人"才会有"奇遇"而得见之！王征尝谱《山居咏》，并列

---

[1]　J. C. J. Metford, *Dictionary of Christian Lore and Legend* (London: Thames and Hudson, 1983), pp. 64 and 221. 有关天主教的神话诠释学，参见《晚明》，页189–244。

"奇人"与"奇遇"二词（《遗著》，页197），我在第四章以为指《崇一堂日记随笔》的内容，然而从安当的故事看来，其实应该也可论证《圣人行实》中那"圣人"的"圣"字。

我们且回想前述多明我降世的预兆：那梦犬而生，生来又是明星堕额的异兆与异相或许引人遐想，以为天主教的圣人个个都该衔命出世，注定列圣！在奥斯定的《忏悔录》中，他和天主的关系又亲密无比，成圣乃迟早中事。然而打开《圣传金库》中的圣奥斯定传，我们却惊见天人关系有异：首先，此中天主远不可及，所以就成圣而言，奇迹或奇遇的重要性大为降低，圣宠的作用远不如奥氏个人力图向上的自主性或个人意志。其他圣传相去不远。这个特色，高一志的《圣人行实》大致延续，我们所见的圣安当、圣葆禄、圣默拉尼亚，甚至是圣本笃与圣方济各等人都得凭自己的努力绝世俗，再凭意志力绝世富、弃世乐、断绝俗世荣耀的诱惑，甚至得想方设法战胜淫念以戒色。他们的努力，天主顶多如上所述导之以奇遇。可以不涉入，天主就不涉入。所得结果故为圣人依意愿力搏所致，故乃个人的成就而非"命中注定"。此中道理何在，值得深思，但据耶稣会所信仰的神学，成魔成圣本为个人选择，出诸自由意志。在天主教的整体救恩史上，这一点虽称不上另出机杼，不过也因意志与选择乃人类本身的问题，所以绝魔趋圣的努力读来才特别感人。魔的力量愈大，我们感动愈深。由是观之，"魔为何物"就是个大哉问，我曾在他文略及，这里仍应专节续论，烛照问题。

魔为何物

前面说过，守节圣妇与童贞圣女都得"思无邪"，男性圣人则得"禁欲"。我又引多明我入觐耶稣的异象前导此一概念，而当时耶稣高举三枪，拟一举而尽戮人间"三恶"，所指涉者其实乃淫欲的大问题。所谓"恶"，《圣传金库》称之为"恶德"（*vitiis/vitium*; *LA*, p. 470），故《圣母行实》所译并无异于亚可伯的传统。但《圣人行实》虽以《圣传金库》为底本，高一志反而将"三恶"（*tribus vitiis*; *LA*, p. 470）中译或易成了"三仇"。一字之差，至少外相上差之千里，因为三恶指"骄傲"（pride）、"淫行"（concupiscence）与"贪婪"（avarice），而"三仇"则早有众议佥同的定义，乃——再用高一志在《圣人行实》中的译法——"世俗""邪魔"与"身欲"。我们若问及其内涵及引申意义，"三恶"与"三仇"当无二致，都是基督徒应该大力对抗的邪念或邪物，盖俗世功名引人趋"傲"，身内有"傲"念则易犯"过淫之行"（*orexis*），而"傲"也罢，"淫"也罢，在基督宗教中都可以"魔鬼"或"邪魔"代喻，天主教的强调犹然。圣、魔因此犹如天才与白痴，经常只有一线之隔。也是因此之故，圣人所至，邪魔随之。在《圣传金库》中，后者甚至就是人类超凡入圣的淬炼工具。职是之故，《圣人行实》笔下再现的邪魔或魔鬼，就值得我们深思其然了。

有关圣安当的传文里，天主曾劝这位隐修圣人一语，出自《新约·福音书》（玛 19:21；出 10:21；路 18:22）："汝欲成器而入圣域，即以产业施散于穷人，然后从我，庶得天上无朽之财也。"（《行实》，5:8a–8b）安当听罢，随即将家产二分，施与家人及贫者。这部分的传文紧扣《圣传金库》中的叙述（*LA*, p. 104），亚可伯乃取自亚大纳削的《圣父安当传》。《圣人行实》这里的译文似乎让"世富"与"俗世"重叠了，然而仅仅在刹那间，高一志亦已转换了亚可伯的语意。他首先强调"三仇"的可怕，以为精修者必先警惕之，其次则倒转三仇的次序，认为"身欲尤切，尤狠，尤难克服"。隐修者若能制伏之，则"其二易矣"（《行实》，5:8b）。所谓"身欲"的种种，"淫念"再居其首。因此，克服了"身欲"就是"克淫"完成，同时也可臻至孔子所称"戒色"的理想。不过《论语》中孔子进言的对象，有年岁之限，在"少之时"也（朱注，页176），而天主教期之于灵修者，却无此限——虽然青年修士血气方刚，应该特别谨慎，少年安当即为说明。他的传文中，亚可伯明白就让"淫念"和"邪魔"结合为一，无分彼此（LA, p. 104）。高一志则更进一步，译之为"狡魔"，上节业已指出。

"狡"者可喻顽强难敌，也可指掌握不易，滑不溜丢。高一志的用法有其欧洲"魔鬼学"（demonology）的基础。众魔的首领当然是撒殚，他背叛天主，管领一班天神作乱，而这些天神堕落之后，理论上就变成世间和地狱群魔。他们龇牙咧嘴，相貌骇人；但是若论本质，天主教可能沿袭希腊上古的传统而以庞迪我所谓"空中浮气"形容之，所以变形系魔鬼寻常的能力之一[1]。魔鬼作乱"事讫"，他们就得"还散归于本气"。因此之故，天使或天神"不得谓之有形"，堕落的天神——亦即魔鬼——亦然（《耶档馆》，2:198–200）。我们犹记得淫魔攻击本笃时，乃以鸟形现身，盘旋在他头顶之上，扰乱其神。鸟飞空中，犹如空气可以忽焉在上，忽焉在下，左右环伺，令人烦扰却又挥之不去。在亚大纳削的《圣父安当传》中，安当也碰到类似的魔军恼人，开启了史上"圣安当的诱惑"（Temptation of St. Anthony）的传说，形成文学与绘画上的一大传统。亚大纳削虽称时有善良的天神前来解围，但在天地交界之处，众魔仍像拢集的气体，严阵把守，不使凡人趋向天界。众魔本由天上堕落，所以最忌世人向天仰望，从而在凡尘到处阻人天路，尤好攻击那最可能上升圣域的有道高僧[2]。沙漠或旷野一望无垠，人烟不吹，人迹罕至，是邪魔

---

[1] William Harmless, S.J., *Desert Christians: An Introduction to the Literature of Early Monasticism* (Oxford: Oxford University Press, 2004), pp. 86–87.

[2] 见 Robert C. Gregg, trans., *Athanasius: The Life of Antony and the Letters to Marcellinus*, p. 47。另见庞迪我的《诠天神魔鬼》："人欲悛非修德，以蹈天路，邪魔甚雠甚妒而襄阻之，俾复于恶。"在《耶档馆》，2:217。

最爱的群聚之处。《福音书》会让耶稣在旷野里面对魔鬼，原因在此。魔鬼不但在旷野诱惑耶稣；耶稣之后，他们也在同类地方诱惑安当。高一志所译《安当圣人行实》中那"狡魔"，确实诡计多端，屡屡从各面窥探"神童"安当，准备进击。邪魔为"空中浮气"所造，退之之道，圣亚大纳削在《圣父安当传》中指出，只要在空中高举十字架即可[1]。《本笃圣人行实》里，本笃身边或无十字架，他驱走那化身鸟形的邪魔的方式是以手画十代之，而邪魔果去。

高一志的《安当圣人行实》译来和亚可伯的传文稍异:《圣传金库》写魔军攻击安当，并无"狡"字出现，"魔"（*daemon*; *LA*, p. 104）就是"魔"。高一志的"狡"字在其本身的内涵之外，也寓有如同《诗经·狡童》的"狡"或"淫惑"之意[2]，受挫后每会以其他的形貌再现，甚至会出其不意二度奇袭修圣之人。因此之故，安当的传记里的魔鬼好于"深夜诈作猛兽多像，使各发本情，施威哮吼，四围来攻，若欲吞之"（5:10a）。我尝比对《圣传金库》:《圣人行实》中这一段话阙，高一志或许另有所本，或许别出心裁。但他在这里所写的邪魔显然是无形的心魔，差别仅在修辞，因为此魔每以形体可见的撒殚之徒现身。总之，安当是时"淫念"确炽，而"淫"（*fornicatio*）与"魔"在他身上也已合而为一。较之于形体俱全的魔鬼，对安当而言，如此现身的"淫魔"根本不可称为外在于自己的"他者"（the other）；他毋宁为安当的"另外一个我"（*alter ego*），是一个有血有肉而尚难称"圣"的自己。

高一志与亚可伯另有感受:淫魔时而亦有实体。安当奋战之，对其狡策知之甚稔。他像本笃一样，拟画十败之，孰料——

[1]　Robert C. Gregg, trans., *Athanasius: The Life of Antony and the Letters to Marcellinus*, p. 48.

[2]　《诗经·狡童》的寓意，下书有分教: 余国藩（著），李奭学（译）:《重读石头记: 红楼梦里的情欲与虚构》（台北: 麦田出版，2004），页135–138。

邪魔犹不退服，乃作黑短丑形，投伏安当足前，告曰："世之修士……［投］我网者无算，惟尔败覆我谋，降抑我强，我甘服尔宜也。"安当闻言，以为诡计尤甚，盖邪魔用秽念、秽像败其洁不得，乃美言誉之，以败其谦……［安当］不动，第诘其原为何人何业？魔曰："吾乃邪淫之鬼。凡秽身污名、辱亲废伦者，咸我谟绩。无论男女老稚、贤愚尊卑，鲜能逃我。即连年修洁立圣名者，亦屡感诱之，无不服降矣。"（5:10a–10b）

这段叙写，有部分属《圣传金库》之语，部分则为高一志的添加。不论如何，语增本身确实有趣，盖其意涵深广。首先是邪魔有形，乃"黑短丑形"，而案亚可伯的原作，此魔现身之际和《沙漠圣父传》中一般的描述无异，均作"黑色小孩状"（*in specie pueri nigrī*; LA, p. 104）。其之形丑，乃安当判断所得："我已见汝丑态。"（*vilissima mihi apparuisti speci ...*；LA, p. 104）在天主教的神话中，多数鬼魔都以"黑"为肤色[1]，至于是"小孩"或是"大人"，则因情况而异。汤若望与王征在《崇一堂日记随笔》所译，即为"小黑人"。他们所用的"小"字应指体形，而不是年龄（《三编》，2:814；《年谱》，页 180；《行实》，5:35a）。这类叙写如有中世纪的特殊指涉，非洲埃塞俄比亚的"矮黑人"通常会是对象，变成撒殚的代罪羔羊，盖时人多以其为"群魔"的化身。如此联结充满了种族偏见，原有历史渊源[2]，请容另文再论。多数魔鬼当然以超自然的形貌现身，除肤色黝黑之外，身上通常还带有硫黄的味道。1637 年，艾儒略偕张赓译《圣梦歌》，诗中便有耶稣会在华晚出的典型描述："忽有两魔踰

---

[1]　Jeffrey Burton Russell, *Lucifer: The Devil in the Middle Ages* (Ithaca and London: Cornell University Press, 1984), pp. 68–69.

[2]　Gregrio Penco, "Sopravvivenze della demonologia antica nel monaschesimo medievale," *Studia monastica* 13 (1971), pp. 34–35.

第六章　圣人·魔鬼·忏悔：高一志译《天主圣教圣人行实》　|　261

炭黑，口吐硫黄炽火炎。"（《耶档馆》，6:456；另见本书页 393）有关这些魔鬼的画像，说其根本，仍然出自基督宗教的中心文本《圣经》，关乎《新约·若望默示录》所称撒殚堕落之地为一"烈火与硫黄的坑"，或许也因他所遣之会蹂躏世人的两万万恶马都口喷硫黄烈焰所致（默 9:17-18；20:10）。447 年的托雷多会议（Council of Toledo）故而由此定调魔鬼，使其散发硫黄的味道[1]，而教皇大额我略（Gregory the Great, *c.* 540—604）的《对话录》（*Dialogues*）中尤有属形体上的近似暗示[2]。

那"邪淫之鬼"对安当所鼓之词，句句涉及人伦的问题。人间一切背道败德，都是因这"邪淫之鬼"而起，结果常令人身败名裂，家庭及社会龃龉连连。为此，《沙漠圣父传》中的《沙漠圣父嘉言录》（*Apophthegmata patrum*）特设《自制》（"De Continentid"）与《淫欲》（"De fornicatione"）两大关目（*VP*, pp. 567-581），详载教中高士的相关言行，而《圣传金库》也把邪淫之鬼的影响详予表出。"绝色"既为耶稣会誓愿之一，高一志译《圣人行实》当然得特别当心那"邪淫之鬼"。在这淫魔之外，广义的魔鬼更是高氏关怀的对象。举世的宗教修辞中，魔鬼大概都属利科（Paul Ricoeur, 1913—2005）所谓"邪恶的象征"（symbolism of evil），因为他或他们引起的人间灾疆，尤有甚于他或他们那以"邪淫之鬼"自居的一面。有人疯狂，那是魔鬼附身；天灾如水潦干旱，也是魔鬼作祟；病痛疫疾，中国人别造了"瘟神"一词，但天主教仍然归因于魔鬼兴疠。人间不幸，总之都是魔鬼肆虐，所以在《福音书》中，举凡失心、癫痫、哑巴、失明、麻风等疾病，都因凡人体内"附魔"所致（例如窦 4:24），而耶稣众多的法力之一，就是把这些魔

---

[1] Basilius Steidle, "Der 'schwarze kleine Knabe' in der alter Mönchserzählung," *Erbe und Auftrag* 34 (1958), pp. 329-348.

[2] Gregory the Great, *Dialogues*, trans. Odo John Zimmerman, O.S.B. (New York: Fathers of the Church, 1959), p. 67.

鬼都赶出人身，让疾病愈瘥，疼痛不再。基督新教的和合本《圣经》把"魔鬼"（*daemonia/daemonium/diabolus/diaboli*）都译成了"鬼"（如太17:18），以中文推敲恐致误会，因为在中国传统里，人死为鬼，而鬼不一定会乱世为祸。"魔鬼"则不然；这个词由梵音转来合成，在天主教思高本《圣经》中只会作恶，不易令人误解。《圣人行实》偶尔也以"鬼"称之，更常见的却是"魔"字，也不乏"魔鬼"二字并举的地方，而他或他们共同的特色不仅是淫念等"邪恶的象征"，也如实在人世制造各种祸端，使人误入歧途或走向毁灭。

上面我屡屡称"魔鬼"为"他"或"他们"，单复数并用，因为魔鬼在天主教的传统中特指撒殚，不仅仅指其徒众而已。撒殚又名露祭拂尔，乃"上品巨神"，天主将他造得眉清目秀，美男子也。他尝自视"精灵睿智，神物无与为侔，辄忘所从出之原而生傲意，谓'我性若是灵秀，则所享尊荣当比上帝'，遂使诸神叛帝从己"。天主岂能坐视，容其"傲德"不敛（《耶档馆》，2:202），于是发动战争，将之逐出天界。《若望默示录》第十二章第七到第九节即回顾这场"天上的战争"（*proelium in caelo*），刻画天神弥额尔（Michael）率天兵和以艾萨克殚为首的叛军作战的经过[1]。经文中明载："魔鬼"就是"撒殚"。他及徒众一经"逐出天庭之下"，罗明坚在《天主实录》（*c.* 1584）中便使之变成了中文"魔鬼"（《耶档馆》，1:33）。非特如此：《创世纪》还称撒殚可以化身成"蛇"，而时间再走到若望的时代，这条"蛇"或"蛇盘丝"（*serpens*）不但会变成某"古蛇"（*serpens antiquus*），也和希腊人写的《阿尔戈英雄记》（*Argonautica*）中的"艾欧尼亚之龙"（Αονιοιο δρακοντοδ）结为一体，变成了思高本《圣经》多称之为"大龙"或"火红的大龙"的魔鬼（默

---

[1] 这一段过程，17世纪弥尔顿又改写之，并大肆敷衍，终于变成了弥氏《失乐园》（*Paradise Lost*）中从第一卷起就已经展开的"天上的战争"。

12:3 及 12:9）。《圣经》开篇和终篇的这个撒殚的故事，在西方宗教与民俗史上影响巨大，多数西方文献中的"龙"从而都变成了"魔鬼"的化身。《圣人行实》既然出自《圣传金库》的系统，其中涉"龙"之处，必然也是就魔鬼或撒殚手下那青面獠牙的群魔而言。

通俗本《圣经》中译后的"龙"字，出自拉丁文"爪寇"（*dracō*），而后者所源乃希腊文"爪恐"（*drákōn*），由是而形成万世一系的西方之"龙"（dragon）；龙会施魔法，也常经魔法或法术召唤而来。当然，在绝大多数的意义上，《圣经》里所称的西方"龙"和中国传统中的祥瑞之"龙"不同。这一点高一志——甚至是先他入华的利玛窦和罗明坚——知之甚详。《玛窦宗徒行实》写的是《新约》中税吏玛窦（St. Matthew the Apostle）进教的故事：耶稣命他从之传道，玛窦闻言，即起而从。耶稣升天后第八年，玛窦传道来到"厄弟阿彼亚"（埃塞俄比亚）某郡，"闻城中有二巫，袭托魔术，逆道害民"，而这二巫的看家本领就是"用咒召魔，使其造引蝮蛇，以惊愚民"（《行实》，1:46a）。《圣人行实》里的这条"蝮蛇"，在《圣传金库》的传文中实乃"爪寇"，现代人可能会用"龙"字中译。"蝮蛇"（agkistrodon）分布于美洲，因其口中有毒牙（*odon*）如勾（*agkistro*）而得名。蝮蛇头部又有大块鳞片如中国龙身所附者，高一志可能因此而在没有"爪寇"的中文对等语下强译之为"蝮蛇"[1]。二巫作法，招来撒殚化身的"恶龙"或"蝮蛇"，目的当然在对付圣玛窦。但玛窦既可"剖别黑白，辨其为邪"，而且又以"圣"称，当然不会在乎这区区魔物。高一志的译笔因而续道，"圣人第笑叱之，独向空画十字"，便将蝮蛇或龙或魔鬼驱逐而去，令其回到"旷野"老家，再也不许外出伤人（《行实》，1:46a）。

---

[1]　有关中文"龙"字欧译的过程，参见李奭学：《西秦饮渭水，东洛荐河图——我所知道的"龙"字欧译始末》，《汉学研究通讯》第 26 卷第 4 期（2007 年 11 月），页 1-11。

"蛇盘丝"和魔鬼的关系千丝万缕，复杂无比，拉丁文中除了巨蟒一类的大蛇外，也可指"爪寇"或希腊人所称的"爪恐"，亦即西方之"龙"也。《圣人行实》诸传中，把上述四者的关系译得有如寓言者，我以为是隐修士中的圣喜辣恋（St. Hilarion, c. 291—c. 371）的传奇。喜氏生于异教之家，他变成圣人，高一志的"译笔"谓"如玫瑰生棘中焉"（5:20a），取其如莲花般出淤泥而不染之意。我之所以用引号强调高氏的句子，原因在《圣传金库》的《圣喜辣恋传》（"De Sancti Hilarione"）里，这一句话的拉丁原文讲得一模一样，分毫不差（ipse... rosa de spinis floruit; LA, p. 864），故而也难脱《圣传金库》的影响。相形下有异者，乃《圣人行实》里的《喜辣恋隐修圣人行实》的传文本身比目前我所见的《圣传金库》各本都长，而在亚可伯13世纪计划的传目中，喜传原来并未含括在内。高一志的本子若非另有门路出之，就是据后出的《圣传金库》中的《圣喜辣恋传》改写而成。不过不管这"门路"或"所据"为何，我们倘比对圣热落尼莫所撰《圣喜辣恋的一生》（Vita Sancti Hilarionis）[1]，其实会发现各本都与这部喜氏最早的传记有关。如果高一志的《喜辣恋隐修圣人行实》不是从《圣传金库》的前后系统中译出，那么我可以暂下结论道:《圣人行实》里的这篇圣传，绝对可称圣热落尼莫撰《圣喜辣恋的一生》的节本中译。事实看来确是如此，《喜辣恋隐修圣人行实》传文的叙述次序——除去节略者外——完全遵从圣热落尼莫本的叙述者的安排，尤奉拉丁稿本中的主流而行[2]。

　　在圣奥斯定之前，圣热落尼莫可谓天主教名声最著的学问僧，所

---

[1]　Hieronymus, *Vita Sancti Hilarionis*, in Jacques-Paul Migne, *Patrologia Latina*, vol 23 (Paris: J.-P. Migne, 1844—1864), Col. 0029—0054A.

[2]　圣热落尼莫撰《圣喜辣恋的一生》的拉丁文稿本传世者多而复杂，在版本学家眼中早为一桩公案，详见 Mary Donald McNeil, B.V.M., "The Latin Manuscript Tradition of the 'Vita Sancti Hilarionis,'" in William Abbott Oldfather, ed., *Studies in the Text Tradition of St. Jerome's Vitae Patrum*, pp. 251-305。

撰《圣喜辣恋的一生》第三十九章写圣喜辣恋云游四方，到了大儿马济亚国（Dalmatia）某镇，时有巨蟒（serpens）如"爪寇"四处作乱，特好——我用《圣人行实》里的译文——"衡（横）行中野，残虐人物"（《行实》，5:26b）。这条巨蟒，当地人称之为"波阿斯"（Boas），圣热落尼莫时而也以——我还是用高一志的译词——"异形毒龙"（draco mirae agnitudinis；5:26b）称呼之[1]。括号中的拉丁原文并无"毒"字，"毒龙"一词应系高一志有鉴于中国龙乃祥物，不宜单字独称，所以像早年龙华民译《圣若撒法始末》一样，特地选用有负面之指的文字形容这条"龙"。《若望默示录》里，魔鬼或撒殚乃一红龙。他胆敢和天兵天将作战，不过一旦遭逢基督或天主，大概也只能吞下一身傲气，赶紧遁走，要不就乖乖听其降服[2]。《圣喜辣恋的一生》中，圣人假基督之名，几乎不费吹灰之力就降服了圣热落尼莫形容为"龙"的巨蟒波阿斯。有意思的是，如就《喜辣恋圣人行实》的译文观之，圣喜辣恋同时也用自己的名号收服了这一条"异形毒龙"：圣人入大儿马济亚国境，闻有毒龙肆虐，即"令积聚干薪，命龙自入薪，躬引火焚之"（《行实》，5:26b）。波阿斯既服，可想当地民众之惊喜，对喜辣恋自是景仰如神。不论是"波阿斯"，还是"巨蟒"，抑或是"异形毒龙"，或者就只是那条"龙"，在《喜辣恋圣人行实》的上下文中，统统都是圣人入世为民所除的邪物或魔物，这一点毋庸置疑。

　　十二宗徒中另有名为把耳多禄茂（St. Bartholomew the Apostle）者，生平事迹几乎散佚无存。然而亚可伯深入野史，仍然觅得不少。在圣把耳多禄茂的专传中，高一志随亚可伯抱怨所见材料有限，但也由此接下继续译道：把耳多禄茂在耶稣升天后像阿奎那一样赴亚洲传教，常得对抗

---

[1]　Hieronymus, *Vita Sancti Hilarionis*, in Migne, *Patrologia Latina*, vol. 23, Col. 0049B.

[2]　用庞迪我在《诠天神魔鬼》中的话来讲，亦即"鬼魔……惟天主能镇其力，破其谋，故不畏人，独畏天主"。见《耶档馆》，2:216。

该洲各地原有之土神或邪神。天主教的魔鬼学中，各方土神有如希、罗宗教里的诸神，其实一概都作邪神或魔鬼观[1]。他或他们如《天神魔鬼》中所谓"僭拟之傲，荣华之想，终未消歇。故时伏与（于）佛神诸像之内，假作种种灵迹，宣说秘密，令人谛听，现何宝光，欲人瞻仰，虚诳愚众，阴肆毒害，使人奉我敬我祭我，以我为真主，信我为正道"（《耶档馆》，2:204）[2]。圣把耳多禄茂某次行经印度北方某国，见"魔凭"者众，乃面见该国国王，志愿代为驱魔。此一过程中，他所遇就是上引《天神魔鬼》所述的情况，而整段事迹《宗徒大事录》虽阙，《圣传金库》倒言之凿凿。

《把耳多禄茂圣人行实》中，把耳多禄茂此刻面对的邪神或魔鬼，其实已经跳脱了欧洲尤以希腊罗马诸神为主的传统。圣人正面迎击者，乃佛教或其后北印度宗教中的"雕像"或"偶像"（ydolo; LA, p. 542）。对天主教而言，祭拜偶像系律法不允，十诫戒之尤甚，视为最重要的诫命之一："不可为你制造任何仿佛天上，或地上，或地下水中之物的雕像。不可叩拜这些像，也不可敬奉，因为我，上主，你的天主是忌邪的天主。"（出 20:4–5）天主难以接受偶像的另一原因，则攸关犹太及基督宗教的超越论：天主超乎人类的认识，不能绳之以人类的想象，也不可能具有俗世智慧所能想象的形象，更不可能就等于人的形象本身[3]。凡是人所能料及的天威，因此都不是神或天主。如其仍得以此相称，那么就是邪神，尤应冠以"伪神"之名。伪神当然是邪魔，天主不容，《出谷记》言之已明："你的天主是忌邪的天主。"

高一志刊刻《圣人行实》四年后的崇祯六年（1633），徐光启尝上

---

[1] Cf. Andrew McCall, *The Medieval Underground*, pp. 238–239.

[2] 《诠天神魔鬼》另有文曰：中国人见佛像每不知此皆"死人之像而已。邪魔乘隙伏藏像内，或俾讲言，或使发光，或伪显灵迹。人心乃渐惑溺，畏其害，冀其佑，故忘上帝之真主，废弃正道"。见《耶档馆》，2:235。

[3] 但有趣的是：如果用在《圣经·创世纪》中，这点似乎略显凿枘，盖天主"依其形象"造人，所以人应该是可以从他人的长相中"看到"天主，至不济也可"想象"祂的长相。

疏劝思宗皈依天主。他据汤若望与南怀仁（Ferdinand Verbiest, 1623—1688）之说晋谒，曰：凡归依天主教者，应"先问汝家有魔鬼否？有则取以来。魔鬼，即佛也"。[1] 按照徐光启的说法，亚可伯其实近四百年前已启之，时而更以"邪魔"（*dyabolus/daemon; LA*, p. 542）代之，而《圣传金库》所称"雕像"或"偶像"，其实就是上文我所说的"佛像"。高一志笔巧，他的书中几乎都将之改译为"魔像"，可见《圣人行实》所谓的"魔"，不仅止于露祭拂尔或撒殚这位背主的天神及其党羽，也不止于我们前面分析所得的淫念等心魔；相反，其内涵早已跳出了欧洲及西亚的传统，把异教——这里特指佛教——的神佛污名为"魔"了。有趣的是，在把耳多禄茂的专章中，高一志不但请回天主教那堕落天神的神话，还拿他来解释之前宗徒所面对的"佛"或"邪魔"。徐光启时任明室礼部尚书要职，崇祯信其言，于是将宫内玉皇殿中的佛道诸像尽以巨绳拽之，使下座毁斥而倾圮。据说殿中当时飞尘四扬，供桌四颓[2]，像极了下文圣把耳多禄茂在印度北部所行。

《把耳多禄茂圣人行实》里，把氏一见邪魔，旋即像圣安当一样命其自述繇来，使众人共知，而这邪魔果然如《天神魔鬼》中的刻画发声回道："……我非民真主，亦非真主忠臣，乃向来真主所弃罚，为戮于地狱者之鬼魔也。"由是观之，此魔不正是露祭拂尔或撒殚一类者吗——盖"堕落"的神话早已寓于他的回答中？不过如就"魔像"而再以把耳多禄茂所处的北印度观之，则这邪魔当益属历史年龄犹长于耶稣的佛陀的塑

---

[1] （明）文秉：《烈皇小识》（台北：广文书局，1967），页 160；（明／清）释道忞：《北游集》，收于明复法师（编）：《禅门逸书·续编》（台北：汉声出版社，1987），10:50。另参较（清）萧静山：《天主教传行中国考》，收于辅仁大学天主教史料研究中心（编）：《中国天主教史籍汇编》（台北：辅仁大学出版社，2003），页 115–117。

[2] （明）王誉昌：《崇祯宫词》，《丛书集成·续编》第 279 册（台北：新文丰出版公司，1989），页 549。徐光启劝崇祯毁"魔像"一事之前后，详见牟润孙：《崇祯皇帝之撒像及其信仰》，载于所著《注史斋丛稿》（台北：台湾商务印书馆重印，1990），页 117–126。

像。传文内北印度国中的人众，一听往常自己所奉者居然是魔，转觉差谬，于是也像传说中徐光启或崇祯帝销毁宫中群佛众仙的塑像一样，"相与倾魔座，废魔像，践魔身"（《行实》，1:42b），并拟一火焚之，以快其心[1]。就在拆毁之际，亚可伯如同《圣梦歌》的作者，称呼此魔乃"比煤灰还要黑的埃塞俄比亚人"（Aethiopem nigriorem fuligine; LA, p. 543），高一志故此沿前述"小黑人"的传统续译道："忽见一人短且黑，从魔像腹中出。"《圣人行实》接下米的描述又謦欬如闻了，基本上仍然扣着《圣传金库》的传文走，说这邪魔"面巨长，目黄色，火熛并发，颐生杂髭，鼻起黑焰，腰带火镰锁，耳目所未尝［听闻］，绝可畏"（cf. LA, p. 112）。把耳多禄茂传中继之再道：有某天神旋命魔鬼"奔遁旷野"（《行实》，1:42b），不许再行人间，而国中所有魔寺也随之都改建为天主堂了。后面一景，也令人想起龙华民译的《圣若撒法始末》，其中"应第亚"也有一段由佛教改宗天主的教史荣景（《法国图》，15:260）。

圣人驱魔在天主教中乃常态，没有驱魔的能力者反而难以称圣，中国圣人绝难想象。从高一志所译看来，所谓"魔"者，实有二指：一为实体之魔，包括"蛇盘丝"或"爪寇"；二为无形之魔如"淫念"等心魔。这些魔要之都系空气所出，"无形"实则才是他们真正的"形"。然而心魔如"淫念"等，经常也可以实体之魔现身，而实体之魔就常引人入歹，至少会作梗作祟，所以实体与无体之魔在《圣人行实》中不能截然二分，根本就是一体之两面。禅宗所谓"魔由心生"一语，《西游记》等中国传统说部常加发挥，这里或可取以况之，而天主教的圣人果然就如佛门高僧：他们可以修心祛魔，也会禳灾释疧，为自己，也为他人降妖除魔。

---

[1] 庞迪我的《诠人类原始》中，对这段"史实"有较为宏观的着墨：耶稣之后三百年间，"欧逻巴、利未亚、亚细亚千国之民，皆悔前非，识上帝为真主，尽除佛像，毁佛寺，不惑邪说，以循正道"。见《耶档馆》，2:237。

忏悔的方法

中国佛教中，"忏"与"悔"的意涵非一，各有解释。《六祖坛经》谓："云何'忏'？云何名'悔'？'忏'者，忏其前愆；从前所有恶业、愚迷、憍诳、嫉妒等罪，悉皆尽忏，永不起复，是名为'忏'。'悔'者，悔其后过，从今以后，所有恶业、愚迷、憍诳、嫉妒等罪，今已觉悟，悉皆永断，更不复作，是名为'悔'。故称'忏悔'。"（《大正藏》，48:354）至于汉《藏》的传统中，"忏"字多指对佛菩萨所行的"忏悔"，所以也有"礼忏"一说，包含赞美在内，近乎拉丁文"共费桑"（confessum）的本意，而"悔"字特指针对至亲所发之"悔改"。尽管如此，佛典的用法也难以一概而论，因为从本缘部的《佛说兴起行经》到阿含部的《大般涅盘经》，甚至到华严部的《大方广佛华严经》等沙门坟典，通常"忏悔"连用（《大正藏》，4:165；1:202；10:256–257），意义大致和今人所用无殊，都指有对象可以倾诉的"后悔"或"悔恨"而言。虽然如此，"忏悔"二字连词，明代耶稣会士却罕用：终《圣人行实》一书，只有在第三卷《斯大尼老圣人行实》中出现过一次[1]，由上下文看来倒和今日中文的用法一样，可为拉丁文"共费桑"、"白尼登济亚"（paenitentia）、"雷洗披肯提亚"（resipicentia）或"空盆构"（conpungo）等字词的概略性中译。

---

[1] "斯大尼老"是 "St. Stanislaus Kostka" (1550—1568) 或 "St. Stanislaus of Cracow" (1030—1079) 或另有其人，尚待查考。《圣人行实》中，"斯大尼老"一篇为新增，《圣传金库》中无。高一志称此"斯大尼老"是法国人，但上面所举二人却都是波兰（波罗尼亚国）人，令人困惑。尽管如此，耶稣会对 St. Stanislaus Kostka 仍然比较熟悉，巴多明（Dominique Parrenin, 1665–1741）所译《德行谱》（1726），即 St. Stanislaus Kostka 的传记，见《法国图》，20:479–572。在巴多明之前，吴历（1632–1718）早已吟有《圣达尼老·格斯加》一诗，而诗中人物指的便是这位波兰圣人，所以高一志有张冠李戴的误译可能。吴历诗见章注，页 217。现代人写的圣达尼老的简传见 David Hugh Farmer, *The Oxford Dictionary of Saints*, 4th ed. (Oxford: Oxford University Press, 1997), pp. 290–291 and pp. 452–453。

在薄伽丘的《十日谈》中，淫念常诱使修道者（尤其是沙漠中的修道者）犯下淫行，而薄氏每将他们刻画得滑稽突梯，把人性丑态表露无遗[1]。但是像《十日谈》这类讽刺笔法，不论在《圣传金库》还是在《圣人行实》中，都不可能见到。即使生了淫念或造有淫行的人，仍可在天主的济助下重获新生，甚至超凡入圣。天主臂助，当然有条件，而其首要即痛悔或忏悔，要求罪人吐露真相。天主教和自其分裂出来的其他基督宗教一样，都认为人生而造有"恶业"（sin），但是此"业"不像佛教所持之为前世造下，而是元祖亚当违背天命使然，再从血缘传下。职是之故，天主教徒只要呱呱坠地，就得受洗，以圣水洗去与生俱来的罪业，然后——姑且不论此生是否犯了大罪——继之以悔罪。唯有悔罪，才能蒙主宠爱，得晋圣域。凡人如此，圣人身前更得如此，而且几乎也是成圣的必要条件。

圣人的对立面当然是魔鬼。圣人是人，但在"心魔"这种喻词之外，魔鬼在天主教的语境中却是另一品类，乃庞迪我译为"天神"或今日天主教亦从基督新教所称的"天使"。因此，魔鬼的位阶实在天主之下而在人类之上。佛教有"一禅提"（icchantika）可否成佛的辩论，那么天主教是否也有"魔鬼"可以忏悔的说法？终《圣人行实》全书，以"悔罪"为名而蒙救渡赎罪者不计其数，然而他们都是人，都是"圣人"。高一志或他大致承袭的亚可伯，从未让笔下的魔鬼忏悔过。魔鬼除了使圣人受苦受难，而且处处与之为敌外，在《圣人行实》中偶尔也会显露出合作之态，听从圣人的号令，从而证明圣人之所以为"圣"，使这个"圣"字力量再添。心魔通常是圣人内心所出，但会外化成形，那么圣人忏悔，是否表示——至少是——心魔也会忏悔？此一问题易问难答，天主教似

---

[1] 例如第三日第十篇，见 Giovanni Boccaccio, *The Decameron*, trans. G. H. McWilliam (Harmondsworth: Penguin, 1975), pp. 314–319。

乎仅仅处理了忏悔的问题。

忏悔包括"痛悔"，乃天主教的七圣事之一，所以耶稣会士打进入中国开始，几乎就不曾间断解释。我所知最早的说明，出自 1605 年利玛窦的《天主教要》。其中"白尼登济亚"或"告解"的定义如下：

> ［译言］痛解……圣教中人，当时时省察，凡有违犯诫中事情者，真心痛悔，定志迁善，乃于神父撒责尔铎德前，吐实悉诉所犯罪过，求解，听示撒责尔铎德祝诵经言，即代天主解赦之。(《耶档馆》，1:342)[1]

这段说明所示的忏悔观有二，一为内在的省察，一为外在痛悔的仪式，对象是天主或其在俗世的代理人，内容则为十诫七罪。1616 年南京教案发生，而在前此一年，高一志尝以原名王丰肃著《教要解略》一书。其中不但指出"白尼登济亚"乃"耶稣未升天前"为人所订，上述忏悔的两种形式他也阐述有加，认为是内外夹击以解人罪的不二法门，必得言行合一，始能成事。即使忏悔的时间，高一志也都一一解明：一在领耶稣圣体之前，二在凡人临终或临危之际。不过此其间也有例外：勤于行道者"不待此二时。时时有罪，时时解之"(《耶档馆》，1:233)。

1630 年左右，艾儒略刊刻《涤罪正规》。在此之前，明末天主教有关忏悔的详论仍以利玛窦的《天主教要》称最。利氏此一教理问答里非特中译了《解罪经》，其后并附以有关七圣事的长篇教义问答。问及圣宠或圣额辣济亚（Gracia）如何获得，《天主教要》说唯有圣格勒西亚（Ekklesia）与撒格辣孟多（Sacramento）同心加持方可。所以圣格勒西亚与撒格辣孟多乃忏悔也得参与的功课，完成后灵魂或亚尼玛（*anima*）才

---

[1] 这个定义也出现在利玛窦约 1610 年译的《圣经约录》中，作"解罪"解，见《耶档馆》，1:113。

能洁净，才能为圣额辣济亚所喜而入住其中。若乏圣额辣济亚或教会之助，凡人断难登上天域，享有永生。忏悔在基督徒的生活中因此重要无比，大家都得以谦、真、全这三种功夫行之。我们由是回省，还会发现撒格辣孟多的重要性根本就建立在白尼登济亚或告解之上。纵使是敬领圣水或"保弟斯摩"（*Baptismō*）的仪式，目的也在为人涤净前业，和行白尼登济亚的目的无殊。利玛窦分白尼登济亚为三：第一是诚心痛悔罪过，叫作"恭弟利藏"（*contritio/contrição*）；第二是开口明告罪过，就是"共费桑"；第三是补赎凡人认下的罪罚，名曰"撒弟斯法藏"（*satisfactio*）。艾儒略所著《涤罪正规》一书，正是这类忏悔的技术性言谈。《天主教要》中内在的省察与外在痛悔的仪式，艾氏都分卷并论，然后以子目再予深化。艾儒略好解字，又从字源学的角度谓"悔罪"的拉丁文对等词"恭弟利藏"一词"犹言破碎也"。所以如此称之，"盖人心执著，如有一物体巨而坚，不可动移，必击碎始能移"（《耶档馆》，4:421）。所以悔罪就像佛教强调不可我执一样，是要击碎凡人过去的偏执或"过爱世物"，从而"在心中发一爱天主至切之情"或"柔伏以服主命"。真正的悔罪者，故而会"拊心搯胸"（《耶档馆》，4:421），会"痛极泪下，自恨自责"（《耶档馆》，4:422），而这便是所谓"真全痛悔"（《耶档馆》，4:423）[1]。

对于天主教这套忏悔论述，福柯有进一步的诠释：他借希腊教父的说法将之区分为二，我姑译之为"以身忏悔"（*exomologesis*）和"以言忏悔"（*exagoreusis*）。前者极富"剧场性"（theatricality），通常出现在悔罪行为最后的关卡。忏悔者经此身体力行后，精神上可重获新生，道德人格也得以重整（reintegrated）。至于"以言忏悔"，则常见于灵修运动兴起

---

[1] 有关《涤罪正规》的研究，见 Eugenio Menegon, "Deliver Us from Evil: Confession and Salvation in Seventeenth- and Eighteenth-Century Chinese Catholicism," in Nicholas Standaert and AD Dudink eds., *Forgive Us Our Sins: Confession in Late Ming and Early Qing China* (Sankt Augustin: Institute of Monumenta Serica, 2006), pp. 9–102。

后的修会告解。此时忏悔者会在内省的基础上，把前愆后过一五一十详细道出，态度谦恭至极。"柔伏"与"柔服"（obedience）主命为忏悔的最高原则，而且得做得有其先后次序，似有"布局"（organized）一般。这两种忏悔的形式，是福柯在构设其"真相的政治"（politics of truth）时极其看重的一环。希腊教父之外，拉丁教父中，福柯也举例谈了不少，所以就天主教整体而言，其普遍性显然[1]。我们观察《圣人行实》中圣人的忏悔，最具代表性的当推玛利亚玛大勒纳与圣奥斯定：前者"以身忏悔"，后者尤为"以言忏悔"的典型，文学史上早已著称不已。

圣奥斯定无疑是个我们今天所谓的"高级知识分子"，《忏悔录》之外，著作等身。《圣人行实》说他"闲居时"若非默思天国以务神工，就是"著书立言，以释天主经典"，而且做得"昕夕不暇"。奥斯定用功如此，高一志因谓"西国古代圣贤皆用其书，以为导引证据也"（《行实》，2:16b）。在中国，耶稣会的情况无殊。从利玛窦及罗明坚的时代开始，圣奥斯定的名字就常闪烁在会士的著译里。利、罗二公也引过《忏悔录》或相关的内容，印证教理。例如奥氏在海滨尝遇某童子开示，因而得悉圣三辽阔，凡智窳陋而难以想见，等等[2]。尽管如此，我所见的耶稣会在华著译仍乏直接提及《忏悔录》的书名者，令人好奇所以。目前我唯一能解释的是《忏悔录》所记奥斯定的早年确不光彩，视之为圣人表率的会士可能难以将书名公诸天下。《圣人行实》乃传记，该写的事件不会略过；然而既乏光彩，《忏悔录》之名，高一志翻译时也只好间接暗示，不能明说。就历史而言，《忏悔录》动笔于奥斯定领洗十二年后的 399 年。

---

[1] Michel Foucault, *The Politics of Truth*, eds. Sylvère Lotringer and Lysa Hochroth (New York: Semiotext, 1997), pp. 199–235.

[2] 利玛窦：《天主实义》即引过此一故事，见李辑，1:395。罗明坚：《天主实录》亦引过，见《耶档馆》，1:14–15；另见郑编，1:35–36。《忏悔录》出现之后，欧洲中世纪的证道故事集，随即将同一故事采入其中，例子可见 John Keller, L. Clark Keating, Eric M. Furr, trans., *The Book of Tales by A.B.C.* (New York: Peter Lang, 1992), p. 277。

他以纸笔代语言，在四十五岁之年开始向天主"言忏"。不过高一志更强调他七十二岁之际，在教务与著述一生后开始觉得体衰力竭而卧病在床那一刻。那一刻哥特人的铁骑已撼动了整个罗马帝国，奥氏驻铎的希波（Hippo）古城随之为入境的海寇围困。就在历史由上古步入中古之时或——按高一志的"说法"——在"圣人"自感不久于人世那一刻，他"复记少年所犯之罪，不胜伤痛，哭泣不已，且训其左右曰：'吾辈凡获罪天主者，虽幸蒙宥，然至终身不可或忘，且痛不可止也。'"（《行实》，2:17b）奥斯定忏悔了，他以"共费桑"的方式在行《教要解略》所谓临终前的告解礼或白尼登济亚。

《忏悔录》系统俨然，奥斯定从少年到改宗前一刻的罪愆，无不倾吐，可称典型的自剖之作，以生命为"真相"做证。前面我提过青年时代的奥斯定色欲熏心，而事实上他也"贪名好利"（《行实》，2:13b）。二十五岁那一年，奥氏果然"鄙陋其乡"，赴迦太基省城"择居设帐"，专门教人"才辩"，追求"文学名师"的令名。《圣人行实》继而记录他又心慕罗马，择居设帐不过两年旋即渡海再迁，而在罗马新居，他确实也"声名日达"。此时罗马皇帝因故迁都米兰，特"宣召高士"以"职都城文学"，奥斯定此时不避人荐，居然亲往就职。所谓"缄口简身"的天主教美德，他连想都不想（《行实》，2:13b—14a）。奥斯定当时仍为"惯性罪犯"：除了奉外教异端与陷溺女色外，所犯诸恶中，"名关"恐怕最大，日后令他懊悔不已，变成了《忏悔录》的主要内容之一，当然也是亚可伯与高一志所立奥传的重要关目。

所幸如前所述，奥斯定在米兰得遇圣盎博罗削，气质大变，天主教的性格大显。他改宗，他皈依天主了。皈依当下，奥斯定依礼得领圣水涤罪，继之便是忏悔少年以来的各种不良行为。《忏悔录》于此之追记结构严整，而前述罪愆，奥斯定一一悔来，又可谓秩序井然。高一志或从亚可伯转述的罪愆中，有一条倒是令人既感诧异，又觉讽刺。归主之前，奥斯定在迦太基、罗马或米兰所教的"才辩",其实就是今天中文所译的"修辞学"（rhetoric）。这个教育工作,亚可伯并不以恶举视之,但在某一意义上,对高一志而言似乎是罪,奥斯定也得为之忏悔。在欧洲上古,修辞学内含的是"公共演说"（public speech）或"演辩术"（oration）,曾数度发展成类似《韩非子·六反》以反语称之的"辩智之士",亦即以"语曲""牟知"与"诈伪"行世[1],希腊史上乃名之以"诡辩学派"（Sophism）。此派中人专逞口舌能事,倒黑为白,让柏拉图痛恨不已,曾在《高尔吉亚篇》（*Gorgias*）及《斐德罗篇》（*Phaedrus*）里大加攻击。亚里士多德及承袭其脉的西塞罗等希腊罗马大家,则认为修辞学倘施之于正,绝对可为真理加分。这点圣奥斯定后来也从天主教证道学的角度力挺,《论天主教义》（*On Christian Doctrine*）遂辟专卷详加论述。

来华之前,高一志据称在欧洲曾获颁博士学位,在庠校教过修辞学,时间长达五年之久。1636年,他在绛州与韩云共译《达道纪言》,再将修辞学译为"美论"（《三编》,2:737）,有赞许之意。不料在前此七年的《圣人行实》里,他擅添传文,强将修辞学或"文学"——我指的是"文科之学"——和奥斯定其他"恶行"并列而观,贬义显然。从艾儒略的《涤罪正规》来看,西方修辞学的确得贬为罪行,盖艾氏劝人读书只可读"修德诸书",亦即应该细玩"善书"而"不可徒悦其文"（参见《晚明》,页315–344）,如此天主方可牖人明心（《耶档馆》,4:453–454）。高一志在《圣人行实·自序》中也告诫世人不得"立奇言,多用文饰"（《行实》,页4b）,果然义正词严。不过艾、高二氏没有想到的,是奥斯定倘真弃修辞学于不顾,福柯所谓"以言忏悔"的史上第一家的美名,他恐难当之。

修辞学是《忏悔录》成功的保证,得力于奥斯定从小优游于其中

---

[1]（战国）韩非（著）,邵增桦（注译）:《韩非子今注今译》,修订本,2册（台北:台湾商务印书馆,1992）,1:81。

的文学不少。他好读史诗一类的虚构，徜徉在荷马的神话与维吉尔（Publius Vergilius Maro, 70—19 BCE）的国家传奇中。他对希腊哲学也佩服不已，甚至高悬柏拉图为知识导师。如今胸怀天主，奥斯定方才了解荷马、维吉尔和柏拉图都亵渎神圣，热衷其人其书不啻背叛天主。在《忏悔录》里，奥斯定为此追悔莫及，不断以诚挚的口吻细数自己过爱世乐的罪孽。高一志的《圣人行实》中，奥氏忏悔之不足，甚至在亚可伯指为庞迪提努（Pontitianus）的某"厚友"的一名武将指引下，又借圣安当苦修的事迹自勉，也因其人而深自痛悔知识、学问或教育的虚假，从而号啕而叹曰："嗟乎！"安当"无文无学，庸夫耳，［尚］且高立而致天国；唯吾何人习文学，乃纵欲流荡，莫能自振乎"？（《行实》，2:14b; *LA*, pp. 551–552）

奥斯定自此谦心自持，《圣人行实》中尤以卑微至极的态度掏心掏肺而"问天"道："吾慈主弃厌罪人至于何日，使我心志不决，前非不改，至于何时？日复一日，待来日而您已不及改矣！既决改于来日，奚不取今日之近，即决耶？"（《行实》，2:14b–2:15a）就《圣传金库》的传文较之（*LA*, p. 552），这一段话高一志译得相当自由，不过也传神而得意。话中奥斯定为自己把脉，自认天主才是救渡您过的舟筏。他泪流满面，细数平生过错，对着宇宙至尊自我剖析，痛哭失声。此乃福柯称为"自我诠释学"（hermeneutics of the self）的"告解"，本属"为自身"而行的"亚弟利藏"（*attritio/ atrição*）[1]。不过奥斯定在抹除自身之时，倒把忏悔句句都建立在爱主之上，从而反转了上述言忏，使之变成了"恭弟利藏"。悔罪者暴露真相，而他忘己之所得乃天主的回报，可蒙其重新接纳。奥斯定问天那句话，《圣人行实》省文缩译，把《圣传金库》约十行的拉丁文改易或改译成了行数不到一半的中文。虽然如此，原文精神中

---

[1] Michel Foucault, *The Politics of Truth*, p. 200.

的高妙处，译文里几无丁点之漏。高一志接下又同亚可伯之情，把《忏悔录》中最著称的"奥斯定的天启"移转到了中国明代，因为就在奥氏自怨自责之际，他突然听到有声音破空而降："取书读！取书读！"此时出现在奥斯定眼前的，赫然是本《圣经》，而他随手一翻，眼际闪过的乃《新约》中葆禄训勉罗马人的话（罗 13:13–14），高译如下："勿迷于酒味，勿恣于色欲，勿肆于争妒之恶；惟法耶稣圣德，依其训，母（毋）爱自己形身，而从其欲也。"（《行实》，2:15a）这几句话，"恭弟利藏"的精神尽集其中。《圣传金库》的原引虽然不过一行（ *LA*, p. 552），高一志却添写得——且让我用个"矛盾修饰语"形容——几无只字之增。他抓住亚可伯的原意；由此，他也让圣典勘破了奥斯定先前沉迷的色欲与名利之心。

若非奥斯定谦卑忏悔，上述天界灵光闪现不了，他故而发愤苦修。而在《涤罪正规》中，苦修自抑其实就如佛教一般，正是忏悔的形式之一（《耶档馆》，4:570–571）[1]。用福柯的话再说，苦修就是要"牺牲自己以发现自身的真相"[2]。艾儒略写下"刻苦补罪"之后，随即提醒世人道：即使苦修，凡人依然得赖"天主宠宥"，方可赎罪成功。类此忏悔之论，倒是不类沙门，《圣传金库》中的《圣奥斯定传》其实也不甚强调。但高一志的《奥吾思定圣人行实》不然，不但着墨颇深，也频频暗示若乏天主扶持，单凭个人一己之力，断难赎罪得救。倘要上邀天主济助，任何人都得养谦俟之。依照《涤罪正规》的解释，此因"傲"乃人类首罪使然，而欲予洗除，唯有以谦忏悔，从"内心自愧自恨"，向天主告解方可（《耶档馆》，4:500）。奥斯定的要求更高，希望凡人之心都得洁如冰清，谦如风行草偃。

---

[1]　这方面的比较，参见 Erik Zürcher, "Buddhist *Chanhui* and Christian Confession in Seventeenth-Century China," in Nicholas Standaert and Dudink, eds., *Forgive Us Our Sins: Confession in Late Ming and Early Qing China*, pp.103–127。

[2]　Michel Foucault, *The Politics of Truth*, pp. 226–227.

奥斯定虽然忏悔知识的虚假，本人毕竟还是高级知识人。不过就为学的态度而言，他仍然以"谦"为尚，和对生命的看法无二。高一志或亚可伯就此所下的总评如下："虽然圣人之学博大真实，玄妙无可拟议，乃其心更谦，未尝自信。凡有制作，就正他贤；或自覆查其所未安，辄用自罪，即为改正。"（《行实》，2:16b–17a）非但如此，奥斯定还会追述"自己之过失以提之，甚至详录生平是非，以自警自责"（《行实》，2:16b–17a）。此所以他有《忏悔录》之作也。所谓"言忏"，《圣人行实》所述诸传中，"谦"是最高境界，艾儒略也取《孟子》之典解释道，"真痛之心"的表现首要，在"将平生种种罪过与最丑之状尽反诸已"，谦求天主宽赦（《耶档馆》，4:437–438）。

福柯所谓的"以身忏悔"，倘从欧洲中古告解仪式的传统看，多数是以"麻衣"（sackcloth）裹身，以"灰烬"（ashes）涂脸，再伏在主内长者足下或对着天主的代表长跪告罪，细数过往之愆[1]。中古时期的此一传统，严格说来系上古遗绪。以 2 世纪末为例，当时的拉丁教父特图良在所著《论忏悔》（"On Repentance"）中就曾写道："悔罪者得穿头发所编的上衣，身沾灰烬，让自己看来状至狼狈。他得让人牵着手走进教堂。他得五体投地，跪在寡妇与司教者之前。他也得拉着司教者的衣服或寡妇的裙摆，亲吻他或她们的膝盖。"[2]福柯指出，同类叙写还可见诸圣热落尼莫等人的著作，早已蔚为天主教忏悔论述中的一大传统[3]。这类忏悔的代表人物甚多，但就《圣人行实》观之，人称"玛利亚玛大勒纳"的圣妇最称典型。《圣经》所述其人其行，可能还是仪式的促成要素。

---

[1]　John T. McNeill and Helena M. Gamer, "Penance in the Ancient Church," in their trans. and eds., *Medieval Handbooks of Penance: A Translation of the Principal Libri Poenitentiales* (New York: Columbia University Press, 1990), p. 6.

[2]　Tertullian, "On Repentance," in A. Roberts and J. Donaldson, eds., *The Ante-Nicene Fathers* (Rpt. Peabody: Henderikson, 1995), pp. 657–658.

[3]　Michel Foucault, *The Politics of Truth*, pp. 207–208.

在《四福音书》里，玛大勒纳曾长跪忏悔，悔罪对象的可即性甚至比天主教上古或其他中世纪所述者还高，因为《若望福音》明白写道：那是耶稣基督，是天主的肉身。《四福音书》涉及玛大勒纳的叙述不多，只有十二次。我们仅知耶稣曾经为她驱魔（如路 8:2），使她变成自己忠实的信徒之一。耶稣受难后，据传玛大勒纳是少数为耶稣收尸膏油者之一[1]；她也最早从天神口中得悉耶稣复活，然后把消息通知宗徒。亚可伯的玛大勒纳传乃据传说敷演，传说则多半因诺斯替派（Gnosticism）的经籍如《玛利亚福音》（*Gospel of Mary*）或《菲力普福音》（*Gospel of Philip*）形成。《圣传金库》演义这些外经，扩大改写了玛大勒纳的背景，谓之出身世家，乃世所罕见的绝色。不过她因为双亲早逝，所以家教阙如，奉主前——用高一志的翻译说——"渐染不洁，大玷名闻"。高一志所译，涉及"守贞防淫"这个教中要求，而玛大勒纳既未持贞保节，当然懿行有亏，应该忏悔[2]。职是之故，高一志在《圣人行实》里遂有评语再批道："大恶之积，非繇一日，正以渐积不觉而益深。"这句话痛惜之感溢于言表，高氏因此跳出译文三度叹道："惜乎！玛大勒纳孤女无怙无恃，不慎于初，渐流无底之辱。"（《行实》，7:41a）高一志的痛惜，除了内含解经学家之见外，另又暗示欧洲中古以来天主教中的普遍看法，亦即玛大勒纳曾经沦为街头神女，早年乃有关女人的各种恶德——尤其是"淫欲"（*luxuria*）——的表征[3]。"淫欲"所涉者若为女流，名节当最紧要。华纳（Mariana Warner）的研究指出，玛大勒纳和圣母玛利亚同名，而玛利亚乃耶稣至亲，神话上早已指为女性贞德的化身，懿行无玷，也不得

---

[1] 据《新约》，为耶稣安葬及膏抹身体的实乃若瑟与尼苛德摩，见若 19:38–42，玛 27:57–60，与出 15:42–47。

[2] 参见艾儒略：《涤罪正规》，见《耶档馆》，4:457–458。

[3] Katherine Ludwig Jansen, *The Making of the Magdalen: Preaching and Popular Devotion in the Later Middle Ages* (Princeton: Princeton University Press, 1999), p. 146.

玷之。所以在某种意义上，悔罪之前的玛大勒纳得代圣母承担她的位阶所不能加之的恶德，甚至得代表女人都有的情欲，象征的正是圣母贞德的反面。这种神话心理学反映的，其实是天主教承袭自希腊人的"憎恨女人论"（misogyny），我在本书第四章曾经论及。《圣人行实》遵从《圣传金库》的安排，也令玛大勒纳加入圣域，纳入"圣妇"一类，但她忏悔前的生命历程，天主教世界多以"妓女"（whore）视之，无可否认。玛大勒纳必须成圣，如此一则符合"妓女从良"或"浪子回头"式的社会期待，二则"憎恨女人论者"也不容她贞德再损，否则恐怕会威胁到男人也得讲究的贞德。所谓"威胁"，其实是"勾引"，危险大，不能不防 [1]。故此，玛利亚玛大勒纳"从良"前所犯之罪，乃"憎恨女人论者"的大忌，所以高一志前引之语有痛惜之意。

虽然如此，历代曾为玛大勒纳"辩诬"者仍不乏其人，重点都在她所犯者是否当真是十诫勒戒的"淫罪"。《四福音书》对玛大勒纳的叙写，最精者系《路加福音》。这卷经文的第七章有"悔改的罪妇"一节（pp. 35–50），后世解人——包括亚可伯与高一志在内——都曾对号入座，以为那妇人指的就是玛大勒纳。在经文中，以"罪妇"（peccatrix）称呼她的是约长西满，不过玛大勒纳忏悔后，耶稣对西满说的话，似乎是在解释她何以无罪："她的那许多罪得了赦免，因为她爱得多；但那少得赦免的，是爱得少。"（7:47）耶稣话中的关键词当然是"爱"，在希腊文《新约》中，耶稣用的都是"爱佳泊"（agapao）。即使是武加大本《圣经》，圣热落尼莫所用也是"亲爱"（diligere）这个动词。不论是哪一个词，其实无一与"性爱"有关。按经中的上下文看，相关的反而是对基督之爱，

---

[1] Marina Warner, *Alone of All Her Sex: The Myth and the Cult of the Virgin Mary* (New York: Vintage, 1976), p. 225.

个人荣辱已经置之度外[1]。"淫欲"云云，难怪有人认为是向壁虚构，得代玛大勒纳"辩诬"。话说回来，历史性的是非，这里我们得悬而不论。我们还是得从亚可伯与高一志一脉相承的玛大勒纳传立论，认为经中这个"罪妇"就是玛利亚玛大勒纳。如此读之，我们才能开显福柯所称"身忏"的意义。

解经学家与传家解《路加福音》，或许牵强附会，但是玛大勒纳也因此才由经中所称的"罪妇"或高一志所译的"淫妇"转为"圣妇"。此一转变的过程，坦白讲，充满福柯论"身忏"时所称的"剧场性"，因为写经人的叙写斧痕可见，仪式味道浓郁，有如一出忏悔大戏。《路加福音》第七章第三十七节开头指出，耶稣在上述法利赛人西满的家中做客，而那"罪妇"闻得耶稣坐席，"就带着一玉瓶香液"前往。她内心踌躇，不敢趋前，乃站在耶稣背后，伏下身去用香液为衪膏油净足。在此之前，她泪珠潸然流下，濡湿了耶稣的双脚，整个人不由得也号啕"哭开了"（路 7:38）。这一幕，亚可伯感动非常，乃运其彩笔在《圣传金库》里加油添醋，不但将女角定调为玛利亚玛大勒纳，最后还转为《圣人行实》里如下的译文，当然强调了"身忏"的仪式性，而且还是"无言"的身忏：

> 是时，天主耶稣降世救人，传道弘化，造无数灵迹，使改悟旧过，免于陷溺。玛大勒纳久闻圣风，惭其罪恶，欲归从之；第自念女流，且有辱名，无由见主，［乃］乘耶稣赴约长西满之席，径登庭上，从背后投身于耶稣台下，攀援圣足，哀痛涕泪不止，又以泪多，沾湿圣足，［乃］用发净拭之，［又用］香液涂之。（《行实》，7:41a-41b）

这一段译文，明清间颇为著名，艾儒略译《天主降生言行纪略》（1635）

---

[1] "爱佳伯"的意义争论不多，圣奥斯定则以"喜爱"或"爱护"（delectio）对译希腊文里的"喜爱"（storge），参见 Hannah Arendt, *Love and Saint Augustine*, eds. Jonaan Vecchiarelli, Scott and Judith, and Chelius Stark (Chicago: University of Chicago Press, 1996), pp. 38-39。

及贺清泰（Louis de Poirot, 1735—1841）译《古新圣经》（1790—1805）中俱有互文[1]，但说其实也，或可谓一出忏悔的"戏码"。《路加福音》中这一段平铺直叙，几乎不着一字于玛大勒纳的心理状态，而《圣人行实》逐字所译，几乎也就是亚可伯《圣传金库》里的传文（LA, p. 408）。然其着墨所在，却为玛大勒纳"自念女流，且有辱名"，因为这两句话回应了前及高一志的惋惜痛悼。玛大勒纳趑趄不前，原来是内省频频，如福柯引述上古忏悔仪式般在"自我否定"（Ego non sum ego.）。打开《涤罪正规》，内省是忏悔的前奏曲。不能反恭自省，凡人哪能发现错误，自我修正？玛大勒纳罪重求赦，《路加福音》中，耶稣因此还用了个《两个债户》的比喻（路 7:41–43），借西满之口迂回指出玛大勒纳旋即会因自己开恩而得救。令人惊诧的是：耶稣话才说完，回过头来反而指斥西满，说他"没有给我水洗脚"，而玛大勒纳却"用眼泪滴湿了我的脚，并用头发擦干"之（路 7:44）。席间众人正在狐疑之际，耶稣却又平心静气解释何以玛大勒纳的罪已得赦免："你的信德救了你。"（路 7:50）因此赦罪的先决条件是信主爱主，忏悔也得以此作为前提。玛大勒纳传中这身忏的一幕，复制了圣奥斯定传中的悔罪要义。

如果我们悬置剧场性，由天主教的忏悔论述予以再案，则玛大勒纳的"身忏"似也可谓"诚于中而形于外"，难怪高一志的译文谓之足以"表其悔罪之深，且爱慕其主之甚也"（《行实》，7:41b）。方诸奥斯定带有一点"亚弟利藏"的"恭弟利藏"，玛大勒纳的忏悔益可称为"恭弟利藏"的典型，无私到几乎以凌虐自我在祈求圣意开恩。所以在欧洲人——尤其是在中古时人——的眼中，玛大勒纳的"身忏"便变成天主教有史以来"最完美的忏悔行为"（perfect penance），每有人悬之为基督

---

[1] 参见李奭学：《近代白话文·宗教启蒙·耶稣会传统——试窥贺清泰及其所译〈古新圣经〉的语言问题》，《中国文哲研究集刊》第 42 期（2013 年 3 月），页 80–81。

徒的"表率"(*exemplum*),亚可伯即为其一[1]。

《圣传金库》中的玛大勒纳传虽杂凑外经而成,不过重点显然。亚可伯开写传文,有"姓名学"先导,完全以忏悔为其重点。玛大勒纳本名玛利亚,这点我们都知道,但她出身"如德亚"(犹太)世家,行三,《圣经》可就从缺了。玛利亚还有兄长一人,另有姊姊玛儿大(Martha of Bethany),亦圣女也,传文同样译在《圣人行实》中(《行实》,6:45a–47b)。父母双亡后,玛利亚"分得玛大勒纳之地",高一志说她"因号焉"(7:41a)。这个译法得体,不过亚可伯的原文与此无涉,反而就"玛利亚"与"玛大勒纳"二名大肆解说。"玛利亚"乃希伯来名,天主教的传统中原有定论,亚可伯则综合了"苦海""明星"与"得照"这三个意义而别创新解,谓之乃指基督信仰中地位崇高无比的"忏悔"。凡人肯经历人世这个"苦海",目的当在"成圣",而仰望"明星"在上,亦即愿意"默思天界",行天主教那最高尚的行为。"明星"又永远普照天下,所以"得其所照"殆"永恒"之事。"玛利亚"之所以以"苦"名,是"因为在忏悔的过程中,凡人都得经历万苦"。这一点,亚可伯说只要看她"泪水多到沾湿"了耶稣的双足,我们即可体得。"默思天界"是"内省"的行为,因此可以敛聚天上灵光,使自己变成"受照者",在心中仰承"完美的知识之光",包括"天界的荣光",甚至还可反过身来,变成是照亮他人的"光照者",使自己也变成了"天界的荣光"。至于"玛大勒纳"这个地名,希伯来文意为"仍然有罪",但是也有"加持""未经征服"或"辉光普照"之意。"玛大勒纳"之名所含的这三层意义,分别指忏悔之前玛利亚有罪,忏悔之时她已得耶稣"加持"而令"邪魔难以征服"了。改宗后,玛利亚圣宠加身,自然"辉光普照"(*LA*, p. 407)。

---

[1] Katherine Ludwig Jansen, *The Making of the Magdalen*, pp. 15 and 58.

亚可伯对玛利亚玛大勒纳的解释，系中世纪时典型名字象征论的托喻式延伸[1]，《圣人行实》虽阙，但高一志想来不会否认其实，因为他译述的《圣母行实》几乎也以同样的手法谈过圣母"玛利亚"一名的象征意涵。就本章的关怀来讲，亚可伯上述属灵的诠释更可让我们了解"忏悔"不但可以是个人的表白，也可以从言教而变成身教，变成是福柯式的"身忏"，诲己也诲人。高一志的中译系改编之作，大胆一点说，其中显示玛大勒纳对耶稣似乎也有某种特殊的感情。此所以说她除了用香液为耶稣沐足，以头发净之之外，也以此表明"其悔罪之深，且爱慕其主之甚也"。日后她又"自定终身事（侍）奉天主"，每趁耶稣"出途行道"而"舍延之，躬行婢役之事"（《行实》，7:47a），简直待之以人间的男女情谊。身忏当时，耶稣如上述训诫了所赴之宴里的一干人众（路 7:44-47），而玛大勒纳悔罪忘己，果然令耶稣感动异常，当场即赦免了她半生的罪愆，满足了"忏悔"最后希冀的结果。这一幕，用高一志的文言译文讲来，便如下引："尔罪皆尔赦，今安意归家可矣。"（《行实》，7:46b）

玛大勒纳的忏悔乃《圣传金库》的重点之一，亚可伯感动之余，曾在他文里分析这一幕何以变成天主教"忏悔的表率"之理：首先，玛大勒纳泪流满面，表示她已"痛自悔罪"，或已行那"恭弟利藏"了。其次，她是"告解"或"共费桑"的典型，因为她当众解罪——虽然是用行动而非言语——但在某种意义上已把所犯之罪清楚交代了。在约长家中，玛大勒纳又在诸客面前流泪痛哭，而且人己皆忘，以泪水为耶稣涤足，可见确实有意"以苦行赎罪"或行那"撒弟斯法藏"的要求。这样一来，玛大勒纳就把往昔所积的"罪愆"（sins）都转成"各种圣德"（virtues）了[2]。上述分析，亚可伯并非写在《圣传金库》中，但是没有

---

[1] Cf. *EIS*, p. 170. 不过此书解"玛大勒纳"之意，倒以"高塔"（tower）说之。

[2] Jacobus de Voragine, *Sermones Aurei de praecipuis sanctorum festis quae in ecclesia celebrantur, a vetustate et in numeris prope mendis repurgati* (Mainz: Petrus Cholinus, 1616), pp. 255-256.

第六章　圣人・魔鬼・忏悔：高一志译《天主圣教圣人行实》　| 　285

《圣传金库》铺彩摛金，预为操演，《圣人行实》大概也难以更胜一筹，将之戏剧化到令人过目难忘的程度。高一志当然明白亚可伯写《玛利亚玛大勒纳传》的深意，中文传文最后才"翻译"或"解释"道："从来教中，凡蔽于私欲获罪天主，或习恶久远难更者，多归玛大勒纳圣妇而希望求赐，随感辄应焉。"（《行实》，7:43b）易言之，在天主教信仰上，玛大勒纳可以说是忏悔者的"守护圣妇"（patron saint）；凡人只要心诚志明，她随时可因感应而回报之。

前世来生

前面所谈，多为《圣人行实》中译后的书旨问题。在析论的过程中，我一再指出高一志对《圣传金库》有信译处，但更多的恐怕是增删者，令人怀疑《圣传金库》这"底本"的可信度，更怀疑如此翻译是否当得上所谓的"翻译"。底本的问题，我想我们或可保留，但《圣传金库》与之有关，不容置疑。至于翻译的问题，那就仁智互见了。不过拿本书一再标举的"译述"一词形容之，料应无疑。

《圣传金库》写成之后，流衍复杂，随着欧洲圣传文学的高度发展，在中世纪晚期益形纷繁，不但跃居典型，也变成时代文学的泉源之一；15世纪以前，各种俗语译本流传的数量甚至高过《圣经》[1]。中世纪又是个高度宗教化的时代，平民百姓需要英雄领导，而在精神方面，圣人就是

---

[1] 有关《圣传金库》在文学上的影响力，见 Sherry L. Reames, *The Legenda Aurea: A Reexamination of Its Paradoxical History*, p. 4。欧洲传说中的"屠龙者圣乔治"（Saint George, the Dragon-Slayer）的故事，也是由《圣传金库》开启的。见 *LA*, pp. 188–202 ("De sancto Gregorio")。文艺复兴以前《圣传金库》的译本问题，参见 Le Goff, *In Search of Sacred Time: Jacobus de Voragine and "The Golden Legend"*, trans. Lydia G. Cochrane (Princeton: Princeton University Press, 2014), pp. ix–x。

时代的英雄，是绝佳的心灵导师，圣人的传记从而也变成了《圣经》以外的文本权威，在黑暗中引人向上。圣传当然罕见风花雪月，绝少插科打诨，唯有一幕幕展示人类虔诚与挑战体能、意志的戏剧，希望指引信徒在人生的道路上勇往直前，不致误入歧途。《圣传金库》更是圣传文学的登峰造极之作，所以这本集子的意义不仅限于中国人所谓的《神仙传》或《高僧传》。就宗教文学而言，其地位恐怕要拉拔再上，可谓当时载道文学的登峰造极之作，也是一部走在险恶的世路时，人人都可捧读的励志与益智文学。是以用勒高夫（Jacques Le Goff, 1924—2014）的话来讲，《圣传金库》把天主教化为时间，使阅众在文本中变化自己，在修身养性上层楼更上，而心灵则与古今圣哲共处一室，甚至达到天人合一的宗教化境[1]。

话说回来，《圣传金库》当然难以永处时代的尖端，也难以永远为人嗜读。犹在欧洲中世纪，就在亚可伯完稿后不过一甲子左右的 1324 年，欧洲另一位圣传作家圭伊（Bernard Gui, c.1262—1331）就曾批评亚氏所传难称经典，故在自己的《圣人宝鉴》(Speculum sanctorale) 里毫不客气地直指《圣传金库》所写诸圣的黄金传说不过蹈袭过往的教父所记，乃从故纸堆中杂抄而成，应予芟芜汰冗[2]。圭伊固然没错，但当时也没有扳倒《圣传金库》的地位。话虽如此，物极必反乃理之必然：文艺复兴一旦变成欧洲历史的大势所趋，《圣传金库》的颓势就日益明显，开始盛极而衰。此刻理性抬头，宗教改革的声浪一波波拍打，加尔文（Jean Calvin, 1509—1564）教派对《圣传金库》凸显个别信徒，奉少数为神圣的做法尤其反感，排斥之风继之蔚起。其次是天主教自家的内讧，奉行人文主

---

[1] Le Goff, *In Search of Sacred Time*, pp. 14–180. 勒高夫甚至认为本书第三章所谈的《圣若撒法始末》中两位要角所居的 11 月 27 日是天主教一年中"朝圣行"的结束时间，见同书页 121。

[2] Sherry L. Reames, *The Legenda Aurea: A Reexamination of Its Paradoxical History*, pp. 42–43.

义的伊拉斯谟（Desiderius Erasmus, *c.* 1466—1536）、摩尔（Thomas More, 1478—1535）、柯列特（John Colet, 1467—1519）与维韦斯（Juan Luis Vives, 1492—1540）等北方、英国或西班牙文艺复兴的台柱，纷纷重批《圣传金库》问题重重，所据阙实正居其一，何况其中圣人的生活似乎也太过狭隘，不合时代强调的人本思想。16 到 17 世纪，教会学者对往圣先贤的研究竿头再进，劳诺伊（Jean de Launoy, 1603—1678）与巴雷（Adrien Baillet, 1649—1706）等教区神父开始怀疑亚可伯书中的内容。他们斥之为悠谬不实，作伪或虚构的成分太多。亚可伯的玛大勒纳传中，这位"如德亚"圣妇最后居然出走法国，还曾救助当地百姓，又为国王建功无数，劳诺伊就指为荒唐无稽。等到启蒙时代来临，以往读者目为如假包换的奇迹、异象、奇遇与驱魔等超自然的现象，反而在"迷信"的罪名下从天堂一路打落。原来的优点与特色，如今变成了书中的缺点和迂腐之处。对某些欧洲知识分子与民众而言，《圣传金库》此时已跌落人间，演为穷途末路，中古晚期一枝独秀的盛况不复再临[1]。

　　《圣传金库》会变成中世纪以还的大众读物，亚可伯恐怕始料未及。他原来意之所在的读者，应该以神职人员居首，全书故有"教牧手册"（preacher's handbook）的特质，让登台讲道的神父有其谈资，知所取材[2]。我之所以把"黄金传说"这个卡克斯东以降即流行不已的书题改为"圣传金库"，原因便在所谓"传说"（*legenda*）的拉丁原字乃动词，指"阅读"或"朗读"（*legere*）而言，而其名词形在拉丁文法上又系中性复数，引申之下应指"读物"（readings）而言，并非"奇异的传说"。亚可伯全书，因此是为教牧编写的圣传指南，尤为多明我会神父的日常读物，原题因此得如莱恩（William Granger Ryan）英译本的副题，作《圣传读

---

[1] Sherry L. Reames, *The Legenda Aurea: A Reexamination of Its Paradoxical History*, pp. 27–43.

[2] Lawrence S. Cunningham, *A Brief History of Saints* (Oxford: Blackwell, 2005), p. 33.

本》(*Readings on the Saints* or *Legenda Sanctorum*) 解释[1]。

《圣传金库》的"前世"与"来生"既如上述，那么我们可能好奇耶稣会怎么会相中此一著作，怎么会在历史已进入文艺后兴时期后——甚至在欧西都已转为启蒙时代了——还特别钟情于《圣传金库》，甚至在抵华布道一甲子后，又让高一志把这部"陈年"圣传搬出，并且大费周章，以一种不亚于利玛窦中译《几何原本》的热忱将之或将其流衍移为中文？非特此也，《圣人行实》成帙后数量多达七卷，说来不但不亚于《几何原本》的翻译工程，篇幅甚至也大过许多！这些问题复杂，下面我或可分内外因素简略再谈，为本章曲终奏雅。

《圣传金库》既因基督新教发动"宗教改革"才由盛转衰，换个角度看，此书在欧洲必然也因基督旧教"反宗教改革"(Counter-Reformation)而为保守势力重新请回。从过去到今天，天主教始终强调"感应"，上古与中世纪犹然[2]，对教中由罗马宗座承认或册封的圣人的奥迹与奇迹着墨尤深。亚可伯选来为之立传的圣人，不少正是官方所认可者。不论是圣安当还是圣本笃，不论是圣奥斯定还是圣玛大勒纳，教中人士对他们都钦崇不已，而为他们的奇迹异行详传的《圣传金库》，当然水涨船高，日显重要。凡俗所责于奇迹的荒诞不经，就天主教人士而言，反而神圣之至。奇迹显现的"灵验"或"应验"等现象，乃信徒读圣传时的自然期待，就像道教徒对《神仙传》或佛门信徒之于《高僧传》也会有所期待一般。天主教解释奇迹，一向认为是天主借人类在显现自身。职是，宗教改革或其后抬头的理性精神丝毫也降低不了信徒的狂热。《圣传金库》在评价上的退潮，故而难挡"反宗教改革"重新带动的圣人崇拜。天主

---

[1] William Granger Ryan, "Introduction" to his trans., *The Golden Legend: Readings on the Saints* (Princeton: Princeton University Press, 1993), 1:xiii and, esp., 1:xiiin2.

[2] Lawrence S. Cunningham, *A Brief History of Saints*, pp. 23–24. Also see Ronald C. Finucane, *Miracles and Pilgrims: Popular Beliefs in Medieval England* (New York: St. Martin's Press, 1995), pp. 9–218.

教反宗教改革的势力众多，但哪一支力量会强过以保卫教皇自居而又有"基督的卫队"（Soldiers of Christ）之称的耶稣会士？[1]

天主教圣人的传记甚伙，高一志单挑《圣传金库》或其流衍而易名中译，我想耶稣会和"博兰德学派"（Bollandists）的关系或可为之再解，而圣依纳爵的生平奇遇则可说明其三。博兰德学派以耶稣会的圣传学家博兰德（Jean Bolland, 1596—1665）之名命名，但公认的创始人却是另一会士罗斯维德。罗氏首倡撰写历代教中圣人的合传，建议就题为后世沿用的《圣人列传》（*Acta sanctorum*）。博兰德及会中后人踵继其志，1643 年在安特卫普（Antwerp）出版了迄今已达六十八册的传记中的首二册[2]。就时间的先后来看，博兰德学派的《圣人列传》不可能是高一志《圣人行实》的根据，然而此派中人几乎都由耶稣会士组成，所以他们的"墓志铭吁请"（epitaph-urge）必曾影响当时的会中同志，高一志当然也难以置身事外。此外，博兰德学派的《圣人列传》的重要参考对象之一亦为《圣传金库》，高一志可能因此而对亚可伯情有独钟。

从 1260 年问世迄日薄崦嵫的文艺复兴时代，《圣传金库》的版本众多，今日犹存的抄本也多达千种[3]。我多方查考，仍然不知高一志所据系何年何版，也不知是否就是此书的某种衍本，但可以确定的是，《圣人行实》乃"重述"而出，高一志还曾为之分类，再依生卒年的先后编列次第。亚可伯撰写之初，每在配合教中礼仪历的要求下为笔下圣人编排出

---

[1]　耶稣会崛起于"反宗教改革"的声浪中，捍卫教皇不遗余力，甚至曾提出"教皇无谬论"，见蒂利希（Paul Tillich）（著），尹大贻（译）：《基督教思想史》（香港：汉语基督教文化研究所，2000），页 300–304。

[2]　现代版拉丁文本的《圣人列传》，可见下面网站：*Acta sanctorum. The Full Text Detabase*: http://acta.chadwyck.com，检索日期：2009 年 7 月 5 日。不过博兰德学派的圣书书写也是《圣传金库》由盛转衰的原因之一，当然这是《圣人行实》中译以后的事。参见 Le Goff, *In Search of Sacred Time*, pp. x–xi。

[3]　Lawrence S. Cunningham, *A Brief History of Saints*, p. 33.

场先后，而这点博兰德学派的《圣人列传》从之，即使今天中文世界最大的一套圣人传记，也是如此炮制[1]。尽管如此，现代版中最易看到的19世纪编印的《圣传金库》则未"遵古法制"，即使《圣人行实》也放弃了这种排序方式。高一志有其分类的方法：这点他或许受到中国史乘中"本纪""列传"与"贤媛"等篇目启发使然，是以《圣人行实》七分教中圣人，其间还有高低位阶之别。耶稣会重阶级，人尽皆知，高一志或许也因此而重排各类圣人的位阶。他的"译述"通常就是"重述"，对象包括文字与人物排序。在史上，亚可伯的原本迭见增补，内容会随着新封的圣人而改变，高一志从之。13世纪的传本中有"圣意讷爵"（St. Ignatius of Antioch, d. c. 304）的传记一篇，《圣人行实》中也有，但后书中的"圣意纳爵"却指16世纪的耶稣会祖"罗耀拉的意（依）讷（纳）爵"，列在"显修圣人"部分。紧接其后，高一志另外又添加了和依纳爵共创耶稣会的沙勿略（Francisco Xavier, 1506—1552）的行实[2]。凡此种种，皆可以说明《圣传金库》的内容确会随着时间"升级"，而在16、17世纪，耶稣会更可能如《沙漠圣父传》，也编有会中使用的独特版本。沙勿略和《圣传金库》的关系如何，我们不得而知，但圣依纳爵则不然。他于军旅负伤之际，在医院读到《圣传金库》，而且对书中圣多明我和圣方济各的生平体之尤深，仰慕不已。几经思考，依纳爵乃立志追随这两位圣人，出家精修，而且援引为榜样，有如中古骑士般投身捍卫基督及其所传之

---

[1]　我指的是四册本的公教真理学会（编译）：《圣人传记》。

[2]　除了本书所用的明版《圣人行实》外，《意讷爵圣人行实》与《方济各沙勿略圣人行实》也曾景印在《耶档馆》，1:147—186之中。钟鸣旦乃耶稣会士，他和杜鼎克重理会中文献，不将《圣人行实》足本重刊，仅选和东方传教关系最密切的圣意讷爵及沙勿略的传记刊印，可见即使是今天的耶稣会也有其有关圣传传播上的策略性选择。有关沙勿略传的历史沿革，参见魏明德（著）、余淑慧（译）：《方济各·沙勿略传：从传教历史到诠释策略》，收于李丰楙、廖肇亨（编）：《圣传与诗禅：中国文学与宗教论集》（台北：文哲所，2007），页137—168。

教的行列[1]。此一耶稣会史上人尽皆知的过往，在《圣人行实》中如实反映，内涵深刻。高译本的《意讷爵圣人行实》如此说道：圣依纳爵在医院中"欲观书，［然］室中仅得《圣人行实》之册，［乃］读之"。（《行实》，4:38a）

传文中这句话，典出本章开头即已提及的圣依纳爵的《自传》，高一志其实没有完全译出，因为圣依纳爵所"得"不"仅"是《圣人行实》或《圣传金库》，还有《福音书》以外西方史上首见的耶稣传：萨松尼亚的卢道福（Ludolphus of Saxonia, d. 1378）所著之《基督的生平》（De vita Iesu christi）[2]。除此之外，《圣人行实》中依纳爵居然会读到"《圣人行实》"一句，看来也矛盾，因为这句话形成了某种"以己论己"的"本书谈本书"的现象，颇类今人以"反思"（self-reflexivity）手法写出的后设小说（meta-fiction）。高一志的改编，明显可见。会祖既因《圣传金库》而投身教门，甚至因此而创立耶稣会，《圣传金库》对不到百年后的耶稣会士而言自然别具意义。他们来华若不译教中圣传便罢，否则他们或——缩而言之——高一志怎可能略过此书——即使系其嫡裔——不传？

高一志选译《圣传金库》的最后一个原因应和其内容有关。谈到这一点，我们反得逆向讨论，重返《圣人行实》书首高氏的《圣人行实·自序》。由这篇序文看来，上文我把重点放在"圣人""魔鬼"与"忏悔"这三位一体上，原因愈显：这三者乃认识《圣人行实》的概念基础，彼此环钩扣结。不过说其根本，高一志翻译《圣人行实》，是因他"早志奋

---

[1] *PJ*, p. 12 and p. 12n8. 圣依纳爵所读的《圣传金库》不是拉丁文原作，而是熙笃会士瓦加德（Gauberto Maria Vagad）的西班牙文译本，不过标题却用拉丁文题为《圣人华萃》（*Flos sanctorum*; 1493; rpt. Toledo,1511）详情见 *IL*, pp. 15–18。

[2] *PJ*, p. 12 and p. 12n8.《基督的生平》的简本，艾儒略也曾"译述"为《天主降生言行纪略》（1635）一书，见《耶档馆》，4:1–336。相关研究见钟鸣旦、孙尚扬：《一八四〇年前的中国基督教》（北京：学苑出版社，2004），页 384–386；以及潘凤娟：《述而不译？艾儒略〈天主降生言行纪略〉的跨语言叙事初探》，《中国文哲研究集刊》第 34 期（2009 年 3 月），页 111–167。

修，并期神益同志"，所以"敢取《圣人行实》，择其尤著者，议叙成帙"（《行实·自序》，页5a）。引文中的"择"字可以强化上述高氏"重编"《圣传金库》或其传统的史实，而亚可伯以"教牧手册"看待《圣传金库》，高氏似乎也知其大概，有意效法。亚可伯始料未及的是：所著欧洲中世纪最重要的圣传或其衍本，高一志在有意无意间已以中文予以复制了，在中国天主教的圣传史上先声夺人。

入华耶稣会士多以"同志"互称彼此（例见《徐家汇》，1:370），但高一志所谓"同志"，应该也包括心向基督的华籍望教徒或平信徒，因为对同属西来的会士而言，翻译不是绝对的必要。高一志的序文还有一大特色，通篇读来，有如在论说阅读圣传的好处，把天主教对圣人的敬重表露无遗："古者载记圣人生平勋绩，垂之后世，其益有三。"首先是"丕扬天主之全能神智"，其次是"阐明圣人之隐德奇功"，而最后则在"证验当遵之正道矩范"（《行实·自序》，页1a）。高序中这三者看似分立，不过如果我们倒退过来看，则可用一个问题概括之："何谓圣人？"首先，"丕扬天主之全能神智"唯圣人可为；其次，"隐德奇功"也唯圣人可以有之；最后，"正道矩范"除了天主外，人间可以"证验"或为之"制定"者，舍圣人其谁？职是之故，不论是译还是写，为圣人立传最重要的目的就是显扬之，进而教人成圣之道，而凡此种种，当系《圣人行实》全书七卷的总主题。

除了圣奥斯定与圣玛大勒纳等少数例外，笼统观之，《圣人行实》这7卷74位圣人的生平有一几乎一致的叙述模式，亦即他们多数从小就立志成圣，而且个个果敢坚毅，若非操志出家，就是夫妻同修。玛大勒纳与奥斯定一旦认清生命的价值，随即也弃绝俗念，心向圣域。然而圣域岂是一蹴可即？过程当中阻力可期。这些阻力的主力正是天主教常谈的魔鬼，其中有有形之魔，而更多的是那些圣本笃或圣伯尔纳所遇的心魔，连有形之魔时而都是心魔外化而成。圣人不能为魔鬼所惑，所以必须洁身克之。圣人代人驱魔，某一意义上也是在打扫自己的心地，驱除内心之魔。圣人甚至还可扩而大之，追讨教中或教外异端之魔，从而进入神话的层次，讨伐起那"聪明绝伦，地位过人"的魔鬼撒殚[1]。圣人所驱之魔若为心魔之属，是奥斯定或玛大勒纳等人纠缠的过往，那么驱魔的动作就会变成"忏悔"。因此之故，"忏悔"在消极意味上其实是"驱魔"的同义词，差别仅在对象是自己，要拭净的也是自己的心镜。在积极意味上，"忏悔"系重返天主怀抱的不二法门，以故圣人得"谦退自处群众之下"（《行实·自序》，页4a），视己"如敌如仇"，以悔其罪（《行实·自序》，页2b），冀盼借此再得天主垂怜，登临圣城，在诸天永享其生。

本章第二节我引过《庄子》的话："圣人不死，大盗不止。"道家这种反讽式的反智论，自西舶来的天主教大概难以欣赏。明末耶稣会士之中，我尚未见得任何评论。话说回来，如果庄子改个说法，天主教的圣人恐怕也难以否认其实：设使鸿蒙本无"天主"，人世还会有"魔鬼"吗？而人世果无"魔鬼"，那么世间还会有"圣人"的问题吗？我知道从基督信仰的神学看，上述命题在逻辑上绝难成立，因为天主超智永恒，无始无终，没有留下任何可使我们替它"假设"的可能。正是因为天主永恒，和祂对立的撒殚从受造后也一样永恒；跌落"烈火与硫黄的坑"，并不表示他就此灭绝。撒殚既属永恒，人类万代就会永远"获罪于天"，致令人类对自己成圣的期盼又一样永恒了。职是之故，《圣人行实》才会劝人注意如何修身成圣，回避魔鬼。而成圣之道无他，再从《天主圣教圣人行实》观之，几唯祛魔而已。凡人既染原罪，所以凡人想要成圣祛魔之法也无他，唯有忏悔而已。不论是元祖带来还是个人另添之业，凡人因此都得像高一志或亚可伯笔下的圣安当、圣奥斯定或圣玛利亚玛大勒纳一样绝财、绝色与绝意，并以虔心自处，以泪水自忏。超凡入圣，如此或许可期。

---

[1]　Elaine Pagels, *The Origin of Satan* (New York: Random House, 1995), p. 39.

第七章
著书多格言：
高一志译《譬学》

格言的定义

晚明三朝的显宦中，曾入阁为相者不少。其中除了徐光启外，和耶稣会关系最密切者首推叶向高（1559—1627）。1605 年，利玛窦在北京宣武门内东街建造今天人称的南堂，适毗东林党邹元标（1551—1624）与冯从吾（fl. 1589）在天启二年（1622）所建的首善书院（《徐家汇》，4:1842）。叶向高时在南京，两年后奉命入阁，任礼部尚书兼东阁大学士，自此时常出入首善书院。利玛窦进京前，和叶氏本为留都旧识，此时亦曾餐叙论棊[1]。明熹宗天启甲子年（1624），叶向高因阉党构陷，二度罢官归田。就在返闽途中，他因李之藻之介，得遇艾儒略于武林。两

---

[1] 论及徐光启与耶稣会关系的研究甚多，精简的近著见《两头蛇》，页 76-78；另见王欣之：《明代大科学家徐光启》（上海：上海人民出版社，1985），页 23-79；Willard J. Peterson, "Why Did They Become Christians? Yang T'ing-yün, Li Chih-tsao, and Hsü Kuang-chi," in Charles E. Ronan, S. J. and Bonnie B. C. Oh, eds., *East Meets West: The Jesuits in China, 1582—1773* (Chicago: Loyola University Press, 1988), pp. 145-147. 论及叶向高与耶稣会的关系者，见李天纲：《早期天主教与明清多元社会文化》，《跨文化的诠释：经学与神学的相遇》（北京：新星出版社，2007），页 332. 另见潘凤娟：《西来孔子艾儒略——更新变化的宗教会遇》（台北：基督教橄榄文化事业基金会和圣经资源中心，2002），页 94-97；以及见《两头蛇》，页 56-57 及页 105-108. 有关耶稣会入华及其与明清士人的关系的简史，见樊树志：《晚明史（1573—1644 年）》，2 册（上海：复旦大学出版社，2003），1:146-203.

人相谈甚欢，叶氏遂邀艾儒略入闽。丁卯年（1627）初夏，他们在福州二度会面，成就者就是长篇对话录《三山论学记》，辩驳天主教义（《续编》，1:419-493）[1]。早在武林初会之前，叶向高在京曾一睹杨廷筠著《西学十诫初解》，对入华耶稣会士的译著略有所识，还为杨著撰序云：西人"皆绝世聪明，于书无所不读，凡中国经史译写殆尽"。这几句话虽显夸张，然是时叶向高犹以未暇与杨廷筠深谈为憾。三山论学后，叶氏因艾儒略解释，自觉对西学西教认识已深，而耶稣会中人的言行如艾儒略者，令他印象最深的莫如"言慕中华风，深契吾儒理"。耶稣会士各类中文文本的特色，叶向高以台阁文臣致沉旨远之风，一言以蔽之："著书多格言。"[2]

耶稣会入华，多数都以合儒为传教策略，"四书""五经"无所不窥，下笔论天每如叶向高形容的契合孔门。加以从利玛窦的《天主实义》开始，耶稣会士又常以儒证耶，连清初的《儒交信》（1720?）等小说虚构也都强调天儒归一[3]，所以哪能废孔孟之道而不与之攀牵不谈？李贽（1527—1602）论利玛窦，谓之凡中国"书籍无不读，请先辈与订

---

[1]　参与这场对谈的人尚有曹学诠。有关《三山论学记》的讨论，见冈本さえ：『近世中国の比較思想：異文化との邂逅』（東京：東京大学東洋文化研究所，2000），頁203-233。有关叶向高二度罢官的经过，见冷东：《叶向高与明末政坛》（汕头：汕头大学出版社，1996），页175-191。

[2]　（明）叶向高：《西学十诫初解·序》，见《苍霞余草》卷五，收于《禁毁书》，集部第125册，页449。另见叶向高：《赠思及艾先生诗》，收于（清）晋江天学堂（辑）：《熙朝崇正集》（《闽中诸公赠泰西诸先生诗初集》），在吴编，页643。吴编所收版本，原名《闽中诸公赠诗》，我乃从《续编》，1:433-434引之。相关故事，见林金水：《以诗记事，以史证诗——从〈闽中诸公赠诗〉看明末耶稣会士在福建的传教活动》，收卓新平（主编）：《相遇与对话——明末清初中西文化交流国际学术研讨会文集》（北京：宗教文化出版社，2003），页276-277。叶向高的诗论，见陈炜舜：《叶向高诗论初探》，收于吴宏一教授六秩晋五寿庆暨荣休论文集编辑小组（编）：《吴宏一教授六秩晋五寿庆暨荣休论文集》（台北：里仁书局，2008），页571-604。

[3]　《儒交信》乃中国首部"创作"而非"译述"性的天主教小说，书中有要角称"司马温古"，而"温古子"系马若瑟的号，所以我疑为小说家嫁接彼此，故而此书之著也，应系马若瑟所为。至于马若瑟的名号问题，参见《人物传》，2:297。

音释，请明于'四书'性理者解其大义，又请明于'六经'疏义者通其解说"[1]。如此合儒策略，深究者如今已大有其人，也颇有成绩。虽然如此，上引叶向高诗中所谓"著书多格言"一语仍然启人疑窦，到底所指为何而又因谁而吟？这个问题复杂深刻，盖关联者非仅耶稣会的护教书写，而且包含了他们的文学实践。就"格言"一词而言，我们单举徐宗泽《明清间耶稣会士译著提要》为例，即可见利玛窦的《二十五言》、艾儒略的《五十言余》（1645），以及罗雅谷译录的《圣记百言》（1632?）等六七种，而徐宗泽没有纳入的耶稣会格言集，又可能数倍于所列举者，意大利耶稣会士高一志的《达道纪言》与《励学古言》（1632）就是例子。可见会士好用格言，绝非偶然。

著译之中，最令明代士子赞赏的一本，我想非利玛窦的《交友论》莫属（《提要》，页 327–348）。此书因明宗室建安王之请而作，然其深入是时仕宦与人心者却非现代人可以想见。焦竑（1540？—1620）读之，在新安之会上多所表扬；而李贽读之，亦许利氏为"极标致人"而传抄馈友[2]。说来讽刺，《交友论》实为译作，利玛窦却能以今人所称之"格言"笔法出之，难怪李贽感念下曾和以《赠利西泰》五绝一首。然而就在李氏犹问利氏"光国之光未"后数年[3]，叶向高却从艾儒略身上感受到天地无垠，从而有"小智安能拟"之叹。相对于世人或是中国人的"小智"，叶向高言下所指的天学或天主"大智"倘合《赠思及艾先生诗》以观，则就其世俗一面而言，我想我会说居中催发者乃耶稣会在华的格言书写传统。其中多含明德圣化，而一旦与警策或各种嘉言结合，则从内容到

---

[1] （明）李贽：《与友人书》，见《续焚书》（与《焚书》合刊；北京：中华书局，1974），页 35。有关耶稣会士对儒家学说的认识与诠释，近期佳作见刘耘华：《诠释的圆环——明末清初传教士对儒家经典的解释及其本土回应》（北京：北京大学出版社，2005），页 120–290。

[2] 李贽：《续焚书》（与《焚书》合刊），页 35。

[3] 同上。

形式又极具殊性，叶向高以为"拘儒"管窥不得[1]。

我们细案其实，耶稣会的格言传统并非入华后独立：正如拙作《中国晚明与欧洲文学》所示，欧洲古来"文科"即有独特的修辞学传统，而格言（proverbial sayings）之为物也，会士也早已了然于胸（《晚明》，页28-30）。欧洲修辞学传播入华，高一志比史上认定的艾儒略为先，所著《童幼教育》（1628）卷下"西学"一章，草于1611年，颇多修辞学之介绍，堪称《西学凡》的开路先锋，而且提前了足足十二年之久[2]。"西学"指出，西人在"小童开蒙之后，遂习于文"，而所谓"文"者，我们迫而察之，实指艾著音译的"勒铎里加"（*rhetorica*）或高氏自称之"修文者"也。观澜索源，我们还会发觉"西学"章中的修辞学殆指肆行于欧洲中古与文艺复兴时期的西塞罗式修辞学（Ciceronian rhetoric）。高一志归其法为五（《徐家汇》，1:371-372），而在"发明美意"（*inventio*）与"布置有序"（*dispositio*）后，即需以"古语美言润饰"（*elocutio*）之，然后再"娴习成诵，默识心胸"（*memoria*），"终至于公堂或诸智者之前辩诵之"（*actio/pronouncio*；《徐家汇》，1:371; cf. 李辑，1:27-31）。

上述修辞五法中，所谓"古语美言"看似文稿润饰上的技术言谈，不过衡诸耶稣会历来的传统，我觉得若视之为格言书写的叩门砖，意义更大，盖文体（style）与格言的联系，16世纪英国修辞学家威尔森（Thomas Wilson, 1525—1581）早已从欧洲角度详予说之（*Art*, p. 214），而今人麦肯兹（Alyce M. McKenzie）复从语法予以重厘，已成定论[3]。高

---

[1]　叶向高：《赠思及艾先生诗》，收于吴相湘（编）：《天主教东传文献》，页643。除了下文所论外，中文的"格言"，蔡谋芳也有明确的定义，见所著：《辞格比较概述》（台北：台湾学生书局，2001），页164-165。

[2]　有关《西学凡》的研究见 P. M. D'Elia, "Le Generalità sulle Scienze Occidentali di Giulio Aleni," *Rivista degli Studi Orientali* vol. 25 (1957), pp. 58-76；或 Luk Hung-kay, "Thus the Twain did Meet? The Two Worlds of Giulio Aleni," Ph. D dissertation (Indiana University, 1977)。

[3]　见 Alyce M. McKenzie, *Preaching Proverbs: Wisdom for the Pulpit* (Louisville: Westminster John Knox Press, 1996), pp. 4-5。

一志原名王丰肃，乃谐其意大利名之音而取，书前业已提及。他曾协助利玛窦在南京处理教务，"士大夫暨里巷小民"，多有从之，礼部郎中徐如珂（1562—1626）"恶之，……乃倡议驱斥"。1616年，礼部右侍郎沈㴖（1565—1624）与礼科给事中徐懋孳（生卒年不详）复"乞急行驱逐"而上《参远夷疏》，遂起南京教案而帝听之。高一志亦在被参之列，而且因筑室辟园于洪武冈王地与孝陵卫之前而为一干人犯之首，随即令囚车遣送广东，再转澳门。到了天启二年（1622），教案稍歇，而就在叶向高罢官南归之际，高一志改今名，"复入南京，行教如故，朝士莫能察也"。天启甲子年（1624），高氏离宁，终于北上山西绛州，再传所宗[1]。数年后，他应教徒段衮（字九章，生卒年不详）之请，在韩垍（崇祯六年举人）与韩霖（1621—c. 1647）等人襄助下"略举吾土古贤譬语"而译成《譬学》上、下两卷（1632），将欧人的"古语美言"尽情搜罗，并导以多达十二页的《譬学·自引》，析论譬式（《三编》，2:576），可谓民国前中文世界最长也最详细的譬喻专论。

衡诸历史，《譬学》亦首部传入中国的欧洲修辞学著作。高一志述毕全书后，上卷由段衮"阅"，下卷除段氏外，"阅"者群中另又包括韩垍与韩霖二人（页1a）。方其成书之际，《譬学》并未立即付诸剞劂，要待约莫半年后的崇祯五年（1632）春才全部刻毕。其中原委，可能和笔润有关，并得遵行教规，由阳玛诺等三人会审，方许出版（《譬下》，页39a）。据许理和之见，此书1632年的首版原题《譬式警言》，未著镌版地

---

[1] 见（清）张廷玉：《明史·意大利亚传》，载《新校本明史并附编六种》，12 册（台北：鼎文书局，1982），11:8460—8461。有关南京教案的论述甚丰，原始文献可见夏瑰琦（编）：《圣朝破邪集》（香港：建道神学院，1996），页 95-125；又上述以外之简述者见沈定平：《基、释之争与明末"南京教案"》，《文化杂志》第 53 期（2004 年冬季），页 111-124；另见钟鸣旦、孙尚扬：《一八四〇年前的中国基督教》（北京：学苑出版社，2004），页 255-260。早期的叙述见下书：George H. Dunne, S.J., *Generation of Giants: The Story of the Jesuits in China in the Last Decades of the Ming Dynasty* (Notre Dame: University of Notre Dame Press, 1962), pp. 128-148 and pp. 192-193.

点，二版才改题《譬学》，翌年刻于绛州（Zürcher, pp. 336 and 337n4）[1]。两版虽然仅隔一年，不过内文所收警言的条数有别，而《譬学·自引》也有异文。徐宗泽在徐家汇藏书楼所见的后者曾全文照录在所编之中（《提要》，页333–337），我疑为出自初版上卷：因为比而勘之，不论书题、譬式说明还是例句多和二版不同。本章以下所引，二版兼具。二版再经笔润，文字已较初版为佳，有体式之美。书中高一志所重者当为譬喻类的古语美言，而且借《譬学·自引》执柯取则，系统条列西方譬喻理论及其写作技巧：此即初版书题中所谓"譬式"是也，重要性恐怕还在正文所译的范例之上。无论如何，《譬学》二卷都可谓晚明耶稣会譬喻性格言的集大成者，而其譬式所出，应该也是该会借鉴的西方理论。

前引叶向高赠艾儒略之诗并未系年，但应作于艾氏司铎三山之前或同时，盖三山论学后不久，叶向高旋即弃世。所以从理论上来说，诗中"格言"应指艾儒略刊于1632年的《万国全图》《职方外纪》与《西学凡》等书的文句内涵，顶多外加1627年的几种神哲教要与祈祷文罢了。然而这些著作多为舆地与文化介绍，而《三山论学记》又系对话录，并非艾儒略独自所写，所以"格言"一词似乎不应仅就这些图书而言，况且艾儒略常有书赠达官贵人之举，其中除神哲外，会中人所著之人文著作恐亦不少[2]。果然如此，则叶诗"格言"二字所指到底为何，顿成问题。事实上，有文献指出《诗赠思及艾先生》未必真为艾氏而作，大有可能吟

---

[1] 此外，尽管许理和称罗马中央图书馆（Central Library of Rome or National Vittorio Emanuelle II Library）庋藏的上卷为《譬式警言》，但我手边影印自巴黎法国国家图书馆的《譬学》下卷却题为《譬式警语》，其后并注明刻于崇祯五年（1632），所以我推测初版的《譬学》的上、下卷书名有异。"警言"与"警语"只是只字之差，但这种情形同样反映在"阅"者的人数上面。法国国家图书馆馆藏的下卷首页唯署"段衮较梓"，而非上述第二版中的三人同校。第二版的文字较佳，想当然耳。

[2] 例如崇祯戊寅年（1638），他过莆阳，于横塘访"今相国"某"朱宗伯"者。后者表明赠书谢忱："相国曰：'承大教及所刻诸书，心窃向往。'"此一"朱宗伯"不完全同意天主教的基本教义，故所谓"心窃向往"，可能指——虽然我难以证实——利玛窦以来的耶稣会教义或人文著作。见李九标等（记）：《口铎日抄》，在《耶档馆》，7:528–538。

就于南京叶氏府邸，时在万历三十五年（1607），而诗题原作乃《诗赠西国诸子》[1]。果然如此，则所谓"格言"针对的应系利玛窦、高一志迄艾儒略等耶稣会士著作中的文句特色。万历年间士人支允坚（生卒年不详）读《交友论》，尝有是书"多格言"的评语。支氏文名藉甚，广交游，叶向高的诗句可能即取典乎《梅花渡异林》；而所指，可能就是《交友论》的文体了（《存目》子部杂家类，页682）。

不过话说回来，上文我虽振振有词，证实毕竟不易。即便叶诗"格言"二字的内涵，恐怕我也得承认众说纷纭。按中国传统，《孔子家语·五仪解》中"口不吐训格之言"乃"格言"二字最早的出处，而王肃（195—256）注之曰"格，法也"，是以"格言"即"可以为法之语"，故《论语·子罕》有"法语之言"（朱注，页120），所谓《朱子治家格言》即属之。就明代而言，格言尤指有载籍，也有理据可征的古圣先贤之语。熊明遇（1579—1649）著《则草》，即尝如此定义[2]。在这些意义下，最晚从明末以来，"格言"已转为文类，乃箴铭一类较为短小的德言、清言与世言，警世、醒世意义重而又别具形式特色，佳例可见清人金缨（fl. 1691）《格言联璧》所收者。叶向高诗内所用究竟何指，从上下文看来，我们难以断言，但就叶氏曾与之游的杨廷筠著《格言六则》（《法国图》，6:617-621）观之，其形式当如利玛窦前译《二十五言》或艾儒略其后所撰写《五十言余》，因为这两本书皆以条列方式述可以为法之语。即使仅就"可以为法"言之，格言古义今义并无渊壤之差，所以柏瑞里（Alessandra Brezzi）等人以意大利文译此词时，便以"警言"或"嘉言"

[1] 《叶向高》，中国历代人物网站，见 http://www.artx.cn/artx/renwu/10958.html，检索日期: 2006 年9 月1 日。

[2] （明）熊明遇:《则草》:"格言者，古圣贤之言，散见于载籍而事理之确然有据者也。夫不尊不信，无征不信，尊而征矣。窃附于好古之述，或不为妄作也。以后格言皆仿此。"见所著《绿雪楼集》，在《禁毁书》子部第 185 册，页 95。

（*massime*）释之，而冈本さえ则译为"宏言秀句"（"りっぱな言葉"），德礼贤（Pasquale M. D'Elia, 1890—1963）又心思巧发，解为"引经据典之文句"（*citazioni [dai Classici]*）[1]。明末流行"清言"，所属多半可为言行守则，自然是可法之言，自亦"格言"之属，下引陈继儒（1558—1639）《岩栖幽事》可以证之："读史要耐讹字，正如登山耐夕路，踏雪耐危桥，闲居耐俗汉，看花耐恶酒，此方得力。"[2]

我们细究其实，类此句式的重点当在譬喻，乃陈继儒出世后的语言特色[3]，而譬喻之为用也，明代官员称利玛窦《畸人十篇》等书常见。他们借以形容的乃今人所称的"格言"（*sententie e ditti*），并视为耶稣会著作的文体特色（*FR*, 2:303）。当然，清言式的格言如《菜根谭》者，"训"的味道低，但用以为"法"，引人向道，不成问题。我们若从斯坦纳（George Steiner）的观点再看，《菜根谭》或前述各种"格言"的写作时态当以现在式为主，因其申说或引介者均系天地至理，亘古不变。就此而言，斯坦纳又谓，"现在式每能跃进未来，确立未来"，故此恒与个人无涉，弹性尤大，可以放诸四海皆准，亦可用作箴铭或座右，因而每具权威性格[4]。类此格言，尤其是用"喻"所构成者，耶稣会专著的内文当

---

[1] 参见 Alessandra Brezzi, Yafang Chen, Paolo De Troia, Anna Di Toro, and Lin Jinshui, eds., *Al Confucio di Occidente: Poesie Cinesi in onore di P. Giulio Aleni S.J.* (Brescia: Fondazione Civiltà Bresciana, 2005), p. 73；冈本さえ:『近世中国の比較思想：異文化との邂逅』，页 206；以及 *FR*, 2:42n1。《孔子家语》引文见（汉）王肃（注）:《孔子家语》，《四部备要》版（台北：台湾中华书局，1981），卷 1，五仪解第七，页 10b。另见蔡谋芳:《辞格比较概述》，页 164–165。"警世名言"一意，我引自（清）金缨:《格言联璧·序》，收广文编译所（主编）:《楹联丛编》，8 册（台北：广文书局，1981），8:1b。

[2] （明）陈继儒:《岩栖幽事》，引自程不识（编）:《明清清言小品》（武汉：湖北辞书出版社，1993），页 80。

[3] 参见 Jamie Geenbaum, *Chen Jiru (1558—1639): The Background to Development and Subsequent Uses of Literary Personae* (Leiden and Boston: Brill, 2007), pp. 166–169。

[4] George Steiner, *After Babel: Aspects of Language and Translation*, new ed. (Oxford: Oxford University Press, 1992), p. 31。不过这里我也要澄清上引有关陈继儒的一个问题:《岩栖幽事》内其实也有不少清言是用第一人称写的，而这类语句就难以"格言"称之，因为一旦加入第一人称，格言的通性便失，殊性浮现，反而变成个人的笔记了，参见 *CWA*, 1394a–1395b。

然可见，如艾儒略《西学凡》形容神学可显"万有之始终，人类之本向，生死之大事"。故而较诸他学，就每"如荧光于太阳，万不可及"（李辑，1:50）。为了"穷理析义"，格言——不论是可法之言还是各式文类中之可独立者——虽然不必是喻[1]，但钱锺书（1910—1998）所称"须资象喻"者深入人心的程度仍然大甚[2]。职是之故，我们若称譬喻是耶稣会格言的撰述锦机，应非过论。因此，叶向高诗中的"格言"二字，不仅应做广义观，使其形容对象超越艾儒略所著，尤可"曲为之解"，做晚明会士缘譬喻形成的文字看：其中有说理，亦寓针砭，而身教言教系其重点。从写作方法再探，我们甚至可自西方原理为耶稣会士话说从头。后一问题又复杂无比，在深入一谈之前，我们或可先确认一点：若不论其他原因，前述高一志《譬学》确可视为某种炮制格言的方法与例证专著，值得我们细案其然[3]。

圣与俗

《譬学》既为华夏首刊之欧洲修辞学，理当难逃学界法眼，不过纵观所得，历来论者也不过许理和一人。高一志在这方面的贡献，大家的认识依然有限。许理和的所谓"研究"（Zürcher, pp. 332–359），惜乎系

---

[1] 易言之，本章所指"格言"乃泛指，包括英文"格言"（proverb）的一切义，亦即包含"警策"（adage）、"训格"（paroemia）、"佳言"（aphorism）、"嘉言"（apothegm）、"箴言"（maxim）、"金言"（sententia）、"箴规"（precept）、"隽语"（epigram）或"智言"（gnome）等等。参见 Alyce M. McKenzie, *Preaching Proverbs: Wisdom for the Pulpit*, pp. 1 and 9。请注意：上面这些名词因差别细微，其用法或译法在下文中不做绝对的区别，可能视语境而混用。
[2] 钱锺书：《管锥编》，4 册（北京：中华书局，1979），1:12。
[3] 当然，如此说来并不表示我反对就体制和文句之工整而言，《譬学》也可为时文炮制之用，因为明末时文如八股之类原本就常见格言式的文句掺杂其中。

以《譬学·自引》的英译为主，并非文本或理论的详析细剖。许氏抑且视之为"文艺复兴修辞学"，我觉得固可称是，然犹有商榷的余地。就年代而言，许氏用词正确，因为高一志如果言而有据，必定是他入华前接受的文艺复兴文本。明末耶稣会士中，高一志最精中国语言文字，也是学术造诣极高者之一（Pfister, 1:85）。1639年左右，徐昌治（1633年中举）编《破邪集》，即称来华之前，高一志在欧洲已"繇文考、理考、道考"而"得中多笃耳，即中国之进士也"（周编，2:120a–120b）。所以在道科之外，高氏最娴熟的学问就是文科或修辞学。费赖之（Louis Pfister, 1833—1891）著《在华耶稣会士列传》也强调在入华之前，高氏在欧曾执"古典经籍及修辞学"（*les humanités et la rhétorique*）教鞭达五年之久（Pfister, 1:85）。入华以后，高氏不但有前述《达道纪言》与《励学古言》等世说珠玑的中译，并在利玛窦起草《西国纪法》后，又共毕方济（Franciscus Sambiasi, 1582—1649）为之修订续成（*c.* 1623），为"勒铎里加"的内涵再添一解。《西国纪法》无他，乃循西塞罗五法中所谓"默识心胸"或"记忆之术"（*ars memoria*）所成的修辞学衍本。利玛窦等人挪用欧洲记法为中国文字的记忆之术，明代读者可能懵懂原委，但中古之世，欧人用拉丁文写就的是类专著却无以数计[1]。

　　章前我之所以认为"文艺复兴修辞学"一词似可再议，是因为《譬学·自引》有别于耶稣会他著，反而与文艺复兴时期所谓"神圣修辞学"（sacred rhetoric）联系较紧。许理和的用词仅见片面，难称周全。天主教对西塞罗的修辞学原本敬而远之，因为证道无须"发明美意"或"布置有序"。就信仰而言，天主本身就是不证自明的真理与秩序的化身。虽然

---

[1] 见《人物传》，1:151–152 及 Michael Lackner, "Jesuit *Memoria*, Chinese *Xinfa*: Some Preliminary Remarks on the Organisation of Memory," in Federico Masini, ed., *Western Humanistic Culture Presented to China by Jesuit Missionaries (XVII–XVIII Centuries): Proceedings of the Conference Held in Rome,*

如此，每当教会发现异端或异议者之际，却也不得不面对现实而得在辩论文体上细加琢磨，以便铲除异端或——用亚里士多德论修辞目的的话来讲——以"说服"（κοιναι πιστειζ）之行也（CWA, 1355b），蚀解异议的教派。神圣修辞学因此诞生，复因圣奥斯定在上古与中古之交发出如下的大哉问而提前获得其合法与正当性："雄辩之术虽然在招罪引恶或在伸张正义上都作用奇大，但是这种才能如果本身并无自主性，我们为何不将之转化而使为善良所用，为真理服务？"[1]

奥斯定诟病雄辩术，症结出在古希腊修辞学曾有诡辩学派兴起。利玛窦熟悉伊索克拉底（Isocrates, 436—338 BCE）的文字修辞才能；而用后者的话来形容，诡辩学派每为金钱而逞口舌能事，倒白为黑而又贪婪不已，致令修辞蒙尘而雄辩术为人误用[2]。然而在此之外，修辞学若可拥护基督信仰，则不仅奥斯定，连罗马教会也会默认其存在的价值，甚而鼎力提倡。换句话说，《周易·乾卦》所称"修辞立其诚"一语（阮刻，1:15），在某种意义上正是天主教悬为修辞鹄的的倡导前提。利玛窦尝著《斋旨》一书（写作时间不详），对这一点便有坦白剀切的说明：

> 所谓"诚"者，乃超性之德，根于心，发于事，时（无）时不
> 专向上主也。倘无向上主之诚，而为扬自己之声名，为显口才之雄
> 辩（辩），为夸学问之宏通，或以巧语胜人为能，或以重语压人为

October 25–27, 1993, pp. 201–219。有关欧洲中古记忆术的重要文本如今都有英译本了，见 Mary Carruthers and Jan M. Ziolkowski, eds., *The Medieval Craft of Memory: An Anthology of Texts and Pictures* (Philadelphia: University of Pennsylvania Press, 2002), pp. 32–258。此外，下书对记忆术有从各个角度观照的精彩讨论: Mary Carruthers, *The Book of Memory: A Study of Memory in Medieval Culture* (Cambridge: Cambridge University Press, 1996)。

[1] St. Augustine, *On Christian Doctrine*, trans. D. W. Robertson, Jr. (New York: Macmillan, 1958), IV.ii.

[2] Isocrates, *Against the Sophists*, 292.9–295.22, in Thomas W. Benson and Michael H. Prosser, eds., *Readings in Classical Rhetoric* (Davis: Hermagoras Press, 1988), pp. 43–46.

快，或以强词问难、塞人之口为得计，更有人前论道讲经，原非本愿，或出于偶然，或出于不得不然，若此之类，皆不可谓之纯心向主。（《徐家汇》，1:10）

倘据孔颖达（574—648）的疏注，《周易》中"修辞立其诚"的"辞"本指"文辞"或"文教"，而"诚"则为"诚实"（阮刻，1:15–16），所以全句合上下文并观，乃指外修文教，内修其诚而言。虽然如此，由于孔子本人也同意"言之不文，行之不远"，所以自《文心雕龙》以来，后人对修辞的解读便和《周易》有异。宋人王应麟（1223—1296）以降，"修辞立其诚"遂遭挪用，含义截然不同于孔颖达的解释，多指立言首应以诚为重。人而能如此，套个罗马修辞学大师昆第良（Marcus Babius Quintilianus, *c.* 35—*c.* 95）的用语，堪称"说苑贤者"（*vir bonus dicendi peritus*）[1]。上引利玛窦的话其实指祷告斋戒的心态，但同时也点出天主教"有所惧"或"有所求"于修辞学之处，和中国儒家桴鼓相应。天主教对修辞学既有如是之见，利玛窦之前，"神圣修辞学"乃应运和文法学校的"世俗修辞学"銮辂并驾，形成欧洲圣俗社会的共生结构[2]。

　　神圣修辞学既指古典雄辩术和天主教圣坛的结合，亦指古典修辞学曾为罗马教会服务之实，不啻说明亚里士多德和西塞罗式的修辞学此刻业已化为《新约·若望福音》中天主的"圣言"（若 1:1–2），而且此一

[1] （宋）王应麟：《困学纪闻》卷 1《易》（沈阳：辽宁教育出版社，1998），页 1。参见宗廷虎、袁晖（编）：《汉语修辞学史》（合肥：安徽教育出版社，1990），页 10–11；另见黄庆萱：《修辞学》（台北：三民书店，1975），页 2–3；并参较李奭学：《修辞立其诚》，《经史子集：翻译、文学与文化札记》（台北：联合文学出版公司，2005），页 279–281。昆第良的"说苑贤人"的概念，参见 James Murphy, et al., *A Synoptic History of Classical Rhetoric* (Davis: Hermagoras Press, 1995), p. 155. 即使到了欧洲中世纪，"说苑贤人"之见仍广为时人所重，例见 *EIS*, 11.1–5。

[2] Debora K. Shuger, *Sacred Rhetoric: The Christian Grand Style in the English Renaissance* (Princeton: Princeton University Press, 1988), p. 12.

"圣言"或"道"（logos）也另寓希腊文"理性"之义。倘从士林哲学的角度再看，神圣修辞学建立在理性的基础之上，系人类的"小智"得证天主"大智"的推理渡筏。因此利玛窦的《天主实义》道："人欲明事物之奥理，无他道焉：因外显以推内隐，以其然验其所以然。"（李辑, 1:455）高一志的《譬学·自引》开篇也指出："人虽为万物之灵哉，不若天神，不烦推测，洞彻物理也。"就在人智与天主之智难以并比的前提下，高一志沿袭利玛窦，正式标出他写《譬学》的目的，亦即"由显推隐"，希望"以所已晓，测所未晓，从其然，渐知其所以然"，而且遵《大学》之说，称呼这种方法为"格致之学"（《三编》, 2:575）。

后一名词，高一志写来似乎言不由衷，有如为取悦明代的理学家而设。其实不然，高氏并无过甚其词之处。王符（c. 85—162）《潜夫论》曰："夫譬喻也者，生于直告之不可明，故假物之然否以彰之。"王符的话，有如在为高一志的理论造桥铺路，盖《墨子·小取》亦称"辨"者，"察名实之理"也。元人王构（生卒年不详）的《修辞鉴衡》系中国首部以"修辞"为名的历代资料汇编，同代江南诸道监察御史王理（生卒年不详）为之所撰之序，也是中文世界率先以"术"界定修辞的文字，和亚里士多德及其罗马苗裔对这门"技巧"（Gk: τεχνη; Ltn: ars）的看法有同工之妙，其中更引宋人贺铸（1063—1120）的话指出"比兴深者，通物理"[1]。凡此种种，都有如在为高一志这舶来譬学下一中国式的导言，甚或结论。即使我们不论华夏固有，钱锺书《管锥编》亦尝引贺德（Johann Gottfried von Herder, 1744—1803）、尼采（Friedrich Wilhelm Nietzsche, 1844—1900）与博格森（Henri Bergson, 1859—1941）说明人类往往因象致

---

[1] （东汉）王符：《潜夫论》（与《新语》合刊，《四部备要版》），页 6a ;（战国）墨翟：《墨子》，卷11《小取》第 45（《四部备要》版），页 5b ;（元）王构：《修辞鉴衡》，收于徐中玉（主编）：《传世藏书·集库·文艺论评》（海口：海南国际出版中心及诚成文化出版公司，1996），第 1 册，页 70。贺铸此语除王构所引的《古今总类诗话》

喻，而又喜欢以"譬喻为致知之具"，进而化为"穷理之阶"[1]。上引高一志的结论，看来不分年代与中外都有其普遍性。

耶稣会自创会以来，从未间断修辞学的教育，大学与书院中都列为核心课程，希望遣外的教士个个能言善道，雄辩滔滔。1599 年，会中教育高层又设《研究纲领》（Ratio studiorum），全面提升修辞学的地位，尤尚古语美言之润饰，视为文体修辞上最重要的一环[2]。用"格致之学"描述修辞学当然有理，因为在晚明的语境中，修辞核心的文体的确是证道的首要工具，可以因之而得识宇宙幽微。緣此之故，文体分枝的"譬喻之学"每每就变成教会不得不修的布道学分。苏瑞芝（Cypriano Soarez, 1524—1593）著《修辞的艺术》（De Arte Rhetorica），乃入华前多数耶稣会士共用的拉丁文教科书，其中故称"理性"和"语言"难分，在希腊文中都是"逻各斯"的分身。倘从近代现象学看，则苏瑞芝抑且可能会另语说明："语言"乃"理性"的"图像"或"装饰"。亦即只要能够净化或排除诡辩这类的舛谬，古典修辞学依然可化为天主教的雄辩术，把天界的神圣尽情表之，把天主赋人的理性彰显而出（DAR, pp. 93–429）。以利玛窦为例，他在华最常"以其所晓"来"推测"的方式就是高一志标榜的"譬喻"。

史上利氏最为人知的著作是《天主实义》，其中譬喻频见，连开书首卷都用到泛天主教护教史上最为传统的《箭喻》[3]。《天主实义》刊刻前约

之外，其他诗话类著作亦常见引，如（宋）胡仔：《苕溪渔隐丛话》，2 册（台北：世界书局，1976），卷 37，1:250。王理序《修辞鉴衡》曰："《修辞鉴衡》之编，所以教为文与诗之'术'也。"见宗廷虎、李金苓：《中国修辞学通史·隋唐五代宋金元卷》（长春：吉林教育出版社，1998），页 776。

[1] 钱锺书：《管锥编》，1:11–12。

[2] Allan P. Farrell, S.J., *The Jesuit Code of Liberal Education: Development and Scope of the Ratio Studiorum* (Milwaukee: Bruce, 1938), p. 53; and Thomas Conley, *Rhetoric in the European Tradition* (Chicago: University of Chicago Press, 1994), pp. 152–153.

[3] 利玛窦的《箭喻》系地道天主教传统的产物："譬如观万千箭飞过于此，每每中鹄，我虽未见张弓，亦识必有良工发箭，乃可无失中云。"（李辑，1:383–384）此喻之所以为"传统"，原因在不仅拉丁教会，即使是曾经为其判为异端的聂派景教在唐代入华后，也曾在所译经中援引同喻，申说天主的存在。景教僧团的重要成员首推阿罗本，他在贞观九年（635）进入长安，太宗旋命翻经于宫中书殿，

四十年，威尔森的《修辞之艺术》畅销全欧，书中就指出理性乃修辞张本，而后者所生的"推测"亦"理性"衍发所致（*Art*, p. 198）。不过我觉得与其说得如此抽象，我们还不如说譬喻中喻依（vehicle）所强调者乃人类的"理性"，以及理性能够让人"推测"这个喻体（tenor）。易言之，从宗教的角度看，"比拟"（analogy）才是柏克（Kenneth Burke）所称教义修辞的根本大法：传教士若拟"劝化"（persuade）他人，则在论证上必如劳埃德（G. R. E. Lloyd）指出来的缺之不可。职是之故，"天主"的概念恐怕也仅能存在于人类的比拟或修辞之中，经验主义的力量有限 [1]。

波依提乌以降，天主教开始重视理性，亟欲化之为认识论的基础。由于人类生就此一异秉，所以有别于其他动物，能够推测世之隐而不显者。由是观之，天主的存在系因外围比拟，方得迂回"见之"。果然如此，那么明末耶稣会士欲不用喻也难。况且人非天神，"不烦推测"，会士当然得在修辞上浓墨分辨，也得教人"推测"之道，而高一志所教，即属上述的譬喻之学。就此衡之，《譬学·自引》乃清代以前西方在华最精辟的理论文字。我们虽然未必可以"雕龙"称之，但也绝非"雕虫"之属。高一志说，"夫明隐物之道不一"，而"圣贤经典，无不取譬"，满帖载喻（《三编》，2:575）。旨哉斯言！

从高一志所著如《齐家西学》（《徐家汇》，2:491-598；《法国图》，2:1-158）等书看来，他笃信譬喻，不言而喻，认为可使"辞之直者文，

其后与徒众出《一神论》，其中便有类如利玛窦之喻云："譬如人射箭，唯见箭落，不见射人。虽不见射人，之箭不能自来，必有人射。故知天地一神任力，不崩不坏。"见（唐）阿罗本等（译）：《一神论》，在翁绍军（注释）：《汉语景教文典诠释》（香港：汉语基督教文化研究所，1995），页110。《一神论》中这个《箭喻》亦建立在比拟的关系上，显而易见，把后来利玛窦在华所未道出者充分道出。

[1] G. R. E. Lloyd, *Polarity and Analogy: Two Types of Argumentation in Early Greek Thought* (Bristol: Bristol Classical Press, 1987), pp. 385-386. 柏克曾将"比拟"分为多类，参阅 Kenneth Burke, *The Rhetoric of Religion: Studies in Logology* (Berkeley: University of California Press, 1970), pp. 7-42。有关天主与比拟的关系的讨论，见 Janet Martin Soskice, *Metaphor and Religious Language* (Oxford: Oxford University Press, 1985), p. 66。

弱者力"，是以——高氏继之居然以譬说譬——"凡欲称扬美功，贬刺恶德，启愚训善，策怠约狂者"都得用譬。其力足以"巽悦其耳，深入其心：正如俗传点化之术，以铁为金，又如珍宝嵌物，俾增美好焉"。就高氏此说的内涵言之，他的譬学当具文艺复兴修辞学的世俗面向，希望即使是"夫妇之愚"，亦"可令明所不明也"（《三编》，2:575）。毋庸赘言，高一志"以譬明隐"主要的目的仍在冰鉴物理，使人类得知天神之灵，而这就不是世俗修辞学可以框限得了，反而偏向神圣修辞学的领域，至少是类此修辞学的分支。由于此故，高一志在《童幼教育·西学》（以下简称《西学》）中才又澄清道：西塞罗式的修辞五法"必贵实理而致于用焉，岂徒具其文而苟吐散于空中乎"？（《徐家汇》，1:372）《西学》所称"实理"，系指亚里士多德的修辞三型，亦即议论、法庭与展示修辞。然而就其不以虚浮为尚看来，所示却如耶稣会之论实学，绝大部分都针对天学的究明而言，同时也如他们之论文学，仅仅着重于有道可载之文而已（《晚明》，页311-398）。西塞罗式的修辞五法因此在晚明摇身一变，变成了耶稣会承袭自奥斯定《论天主教义》第四卷的神圣修辞学，也呼应了高一志自己在《譬学·自引》中对"天神"的尊崇与向往，更对应了他就理之晦者所持的说明与说服之道[1]。

耶稣会士处世，原以不言为贵，主张的乃《雅各书》中的"慎言"，因此利玛窦的《畸人十篇》才有"君子希言而欲无言"一说（李辑，1:175）。然而布道毕竟是劝化的过程，明摆着天主教有其不得已于言者，传教甚而根本就是一门"以语言论语言的学问"或柏克所称的"逻各斯之学"（logology）[2]。耶稣会士入华，著书无数，和人论辩也无数，因此都是"予岂好辩哉"的常态反映，而譬喻正是他们在神圣

---

[1] Cf. John Carrick, *The Imperative of Preaching: A Theology of Sacred Rhetoric* (Edinburgh: Banner of Truth Trust, 2002), p. 3.

[2] Kenneth Burke, *The Rhetoric of Religion: Studies in Logology*, p.1.

修辞学的掩护下的为"文"之道，可使欧洲修辞学质变，充溢"物性"（materiality）。这一点，拙作《中国晚明与欧洲文学》业已论及（《晚明》，页248–265），兹不赘。

譬喻的世俗功能，高一志确实深刻明白，至少在喻体上，《譬学·自引》几乎便把宇宙万物含纳其中：即连"古今书籍"都"具美譬之资"，何况"天文地理，山峙水流，空际万众（象），四行乖和，卉花之鲜美［与］羽禽走兽之异性奇情"（《三编》，2:576）。话虽如此，这几句话和下引展现的"美文之资"，实则又是上古文体三类中"宏伟文体"（*genus grande*）的中文实践："凡欲称扬美功，贬刺恶德，启愚训善，策怠约狂者，可以异悦其耳，深入其心。"（《三编》，2:575）后面这两句话倘若付诸实践，结果即"宏伟文体"，乃相对于"中庸"（*genus medium*）与"平直"（*genus humile*）的体式。这三种类别，亚里士多德的修辞三型已见雏形，因为所指议论修辞旨在移人，展示修辞得琢磨者再，而法庭修辞多半达意即可。亚氏之后，他的嫡传弟子窦法德或泰奥弗拉斯托斯（Theophrastus, *c.* 372—*c.* 287 BCE）的《论文体》（*On Style*）正式提出三体之名[1]，西塞罗的《演说家》（*Orator*）继而发扬光大之，定其功能曰"感人"（*movere/ flectere*），曰"娱人"（*delectare*），曰"教人"（*docere*; *Orator*, xx.69）。上古与中古之交，奥斯定由西塞罗再汲灵感，遂于《论天主教义》中正式将证道与文体三类冶为一炉，令其为天主教所用[2]。这

---

[1]　泰奥弗拉斯托斯的《论文体》如今已佚，我们得知其概念乃因西塞罗等人讨论之故，见 *Orator*, xxiii.79–xxvi.92。西塞罗之后，当然另有文体论，其中最重要者乃赫莫杰尼斯（Hermogenes, b. 161?）的《论文体的类型》。赫氏精研纪元前4世纪德摩斯梯尼（Demosthenes）的希腊文演说词，将其基本文体分为七型。赫氏书中所阐发者，尤有详于西塞罗之处，故而形成上古迄文艺复兴文体论的另一派别。赫莫杰尼斯的文体七型见 Cecil W. Wooten, trans., *Hermogenes' On Types of Style* (Chapel Hill: University of North Carolina Press, 1987), p. 3。"窦法德"是利玛窦的译法，见李辑，1:318。

[2]　St. Augustine, *On Christian Doctrine*, IV.xvii.34–xviii.35. Also see Debora K. Shuger, *Sacred Rhetoric: The Christian Grand Style in the English Renaissance*, p. 16.

三种文体和明清传教士的渊源，下节我会再谈，这里得指出来的是：《譬学·自引》论述与演介者多属格言或高一志自称的"警语"，不但和《文心雕龙·隐秀篇》所示独拔之"秀句"同工（周注，页740），也和叶向高认识的耶稣会士文本句法的本质无异。"著书多格言"，此语洵然。

按高一志之见，炮制"警语"或"格言"的良方乃譬喻，而不论从希、罗传统还是从天主教义来说，后一名词都属逻各斯之学，本质吊诡。《譬学·自引》里，高一志称《譬学》乃"略举吾西土古贤用譬之规"成书，但学界费时经年，所谓"西土古贤"的身份总算在近期考得大半。除了《圣经》经文、老普林尼的《博物志》与普鲁塔克的《道德论丛》（*Moralia*）外，全书另有五分之一乃出自伊拉斯谟（Desiderius Erasmus, *c.* 1466—1536）的《譬喻集》（*Parabalae sive similia*）与《箴言集》（*Adagia*），而这两部要籍确属文艺复兴时代希罗古典考掘而得的修辞学[1]。至于《譬学》的理论文字，我们顶多只能因苏瑞芝《修辞的艺术》略窥其原本可能的面貌。在援引苏瑞芝之前，我们还得认识一点：在西方，人所共知的修辞学的"完整"本源乃亚里士多德的《修辞术》（*Tekhnē rhētorikē*），其中亚氏确有专章论及前引西塞罗五法中的古语美言的润饰，此即第三卷里的各类阐释。其中关系到譬喻者，系卷中第二迄第四章的析论。在这些章节里，除了意念辞格（figures of thought）之外，亚里士多德同时也提到措辞辞格（figures of speech），而他最重视的系后者中位居关键的转义字（trope）和喻格（figure）。

转义字的意涵明确，甚至包括部分的喻格在内。后者的范围相对就小，只牵涉到最基本的"明喻"（simile）和"隐喻"（metaphor）。亚里士多德对这对喻格的本质观察甚精，一眼看出其中唯隐喻是重，而其内涵

---

[1] 参见林熙强：《高一志〈譬学〉中例句之译源初溯：从老蒲林尼〈博物志〉探起》，《中国文哲研究通讯》第22卷第1期（2012年3月），页73–85。另见金文兵：《高一志与明末西学东传研究》（厦门：厦门大学出版社，2015），页82–101及227–235。

俱建立在比拟之上，一般隐喻尤其如此。亚氏故说："隐喻之用也，……必据比拟之关系为之。倘比拟不当，即显矛盾不宜。"而"事物若可并置一处，我们即能扩而大之，使其差异［或类同］显露"（*CWA*, 1405a）。亚氏另一名作《诗学》（*Poetics*）持论亦复如是，以为隐喻乃字词关系的相互转移，必须以比拟作为准据（*CWA*, 1457b)。《譬学·自引》中，高一志对明喻或隐喻的看法仿佛其然，几乎直承亚里士多德或西塞罗立下来的传统而不予强分（*DO*, III.Xxxix.157–166）[1]。高氏首先定义"譬喻"，曰："譬者，借此物显明之理，以明他物隐暗之理也。"然后再进入譬喻的一般结构形式："譬必兼两端，其一已明，而取以明所未明，是谓所取之端。其一未明，而由他端以明，是谓所求之端。"（《三编》，2:576–577）这个《诗学》式的定义颇具启发性，高一志旋即因此而得出譬喻之本质在"比拟"——此一名词此地可能也带有士林哲学论证逻辑上的味道——这个我方才提到的结论。高一志的原文是：譬"宜两端相类"；若不类或不称，则"迂而不切"，不可谓譬（《三编》，2:577）。

比拟乃人类的知性本能，但使用的形式为何，前及许理和的认识相对下则显无讹。他将"譬学"英译为"比拟之学"（science of comparison），触及了《譬学》上下卷多数范例的广义内涵。"比拟"一词的拉丁文原意是"等同论之"（*comparatio*），在希腊文里亦可指"明喻"（*εικων*）而言，而其所虑者至少包括两人或两事之间的相似，可以让人运其联想而类推文意或句意，所以体式当然得建立在明喻和——甚至是——隐喻之上。不过高一志的比拟多用中国式的联语排比出之，不一定指单人或单事的互比，是以在比拟之外，我觉得譬学中的"譬喻"尤

---

[1]　有关亚里士多德的隐喻和明喻观的讨论，见 Marsh H. McCall, Jr., *Ancient Rhetorical Theories of Simile and Comparison* (Cambridge: Harvard University Press, 1969), pp. 38–53；有关各种转义词的讨论，最详者见 Janet Martin Soskice, *Metaphor and Religious Language*, pp. 54–66。

应指希腊传统流衍而出的"联比"（syncrisis）一义[1]，文体意义高过其他。后一名词或许还精确几许，因其所指正是"用比较（compare）或对比（contrast）呈现两个或两个以上的平行子句"的句法（isocolon）。《譬学》中由此构造产生的譬式不少，有类属条件性的，有因果性的，也有说明性的。换句话说，比拟或联比既属措辞辞格的范畴，亦为意念辞格所规矩，而且后者的指涉恐怕更深。除此之外，比拟还可用一般譬式演之，稍显不同者唯比拟多针对"论旨"（argument）而发，有其特殊目的，下引《旧约·箴言》就是一例："愚昧的人，以愚昧为基业；明智的人，以知识为冠冕。"（箴 14:18）[2]

在中文里，上引两联也是两句话，彼此都举两类人为喻依，而其间的关系便是"对比"或中国对仗修辞学所称的"反对"[3]，甚至也可以论证逻辑上的演绎推理（syllogism）和省略推理（enthymeme）予以表述（CWA, 1395b–1397a），在《圣经》——尤其是《箴言》——中惯见得很。前及劳埃德比较希腊与中国传统，便认为比拟论证（analogical arguments）在华夏说服技巧中有其分量，研究者不可小觑[4]。此外，希伯来智慧文学（wisdom literature）中，同类的联比尤其重要，系《圣经》常见的譬式之一。上引《箴言》中的两句话，读来有如在为晚明耶稣会

---

[1] 将"譬喻"译为"comparison"，自明末以来，西人其实便如此做了。罗明坚与利玛窦编《葡汉字典》（c. 1585—1595）也将葡文动词*comparer*译为"譬"，而名词*compacao*便是"譬喻"了。见 DPC, p. 59。

[2] Richard Lanham, *A Handlist of Rhetorical Terms*, 2nd ed. (Berkeley: University of California Press, 1991), pp. 147–148. Also see Marsh H. McCall, Jr., *Ancient Rhetorical Theories of Simile and Comparison*, p. viii.

[3] 相关讨论见褚斌杰：《中国古代文体概论》，增订本（北京：北京大学出版社，1990），页 149–150。

[4] G. E. R. Lloyd, *Adversaries and Authorities: Investigations into Ancient Greek and Chinese Science* (Cambridge: Cambridge University Press, 1996), pp. 76–77 and 87. Cf. David Schaberg, "The Logic of Signs in Early Chinese Rhetoric," in Steven Shankman and Stephen W. Durrant, eds., *Early China/Ancient Greece: Thinking through Comparison* (Albany: State University of New York Press, 2002), pp. 176–180. Cf. Xing Lu, *Rhetoric in Ancient China, Fifth to Third Century B.C.E.: A Comparison with Classical Greek Rhetoric* (Columbia: University of South Carolina Press, 1998), pp. 139–142.

的格言书写"抛砖引玉"。

《箴言》引文中的两类人——在其他句中或为两类事——到了高一志笔下，应该都会以"端"字名之，此所以他有譬宜"两端相类"之说。这个"端"字当为西方概念，乃"事柄"（res）之指，但所出却地道是华夏的修辞术语。我们倘就后者观之，其详且赅者恐怕无过于宋人陈骙（1128—1203）《文则》内的用词。陈骙论载言之文，即以"端"字指陈所论的人与事："论载言之文又有答问，若止及一事，文固不难，至于数'端'，文实未易。"[1]中国人言及譬喻，首见于《诗经》中"取譬不远，昊天不忒"（《汇编》，页3），次则为《论语·雍也》中的同名话语（朱注，页100），而后方有《诗大序》的比兴之说（《汇编》，页26）。但就系统之完备言之，除了汉人王充（27—c. 97）《论衡》曾详察"夸饰"之法——亦即所谓"语增"——之外（《汇编》，页39），《文则》应为晚清以前的空前绝后之作，即连明代高琦（生卒年不详）的《文章一贯》或胡震亨（1569—1645）的《唐音癸签》都难与比肩。陈骙不仅以修辞论文说诗，于辞令譬喻阐发尤详，而且有定义，有理论，有例证，又有比拟，堪称条分缕析，极系统之严，影响力且不止于赵宋，甚而下逮明清及当代，包括明人名作如归有光（1506—1571）的《文章指南》[2]。所以下文中，我拟举以和高一志的《譬学》参照者，大致取自《文则·丙一》论喻的部分。

---

[1] （宋）陈骙：《文则》，见《汇编》，页212。另见同书稍前论喻部分的话："……援引诗书，莫不有法。推而论之，概有二'端'。一以断行事，二以证立言。"见页214。至于《文则》，当然也有缺点，例如譬喻分类的标准不一等等，参见王松茂：《评介陈骙十喻》，附录于陈骙（著），刘彦成（注译）：《文则注释》（北京：书目文献出版社，1988），页304。此外，钱锺书对陈骙不重孔疏也啧有怨言，见钱锺书：《管锥篇》，4:1308。

[2] 参阅宗廷虎、李金苓：《中国修辞学通史·隋唐五代宋金元卷》（长春：吉林教育出版社，1998），页361-387。另见蔡宗阳：《陈骙〈文则〉新论》（台北：文史哲出版社，1993），页327及页554-557，以及陈望道：《修辞学发凡》，在所著《陈望道学术著作五种》（上海：复旦大学出版社，2005），页268-272。

再谈圣与俗

高一志的譬喻兼括比拟与联比，定义当然源出欧洲，可能绍袭西塞罗或昆第良，也可能本于二氏的耶稣会传人苏瑞芝。《修辞的艺术》依西塞罗五法分卷，第三卷所论正是古语美言之润饰。苏瑞芝从昆第良的《修辞学原理》（*Institutio oratoria*）说明转义字的功能（*IO*, VIII.vi.4），并分为十一小类（*DAR*, p. 275），其首要即"隐喻"（Gk: μεταφορά; Ltn: *translatio*）。苏氏谓隐喻的构造可为名词，也可以是动词，不过都得按比拟的方式依字面转义（*DAR*, p. 277）。只要过程合理，隐喻还应属措辞辞格最能投人所好者（cf. *DO*, III.Xxxviii.155）。西塞罗的《论修辞》（*De Oratore*）故而说道：隐喻建立在字词的相似性上（*DO*, III.xxxviii.155–156），而苏瑞芝于此所据依然是昆第良，昆氏也指出这种相似性直指人心，甚至会留下些许空白，让人由较显的一端类推所拟比拟或所拟对比者（*DAR*, p. 278）。用高一志的譬学及喻例解释，亦即"德照心，目照身"，而"目照身之理显于德照心之理"。我们可因后者，明白首端所称"德照心"的道理（《三编》，2:577）[1]。

高一志还要求所比的"两端之势"要"相类相称"（《三编》，2:577）：如其为人，则应称其人，故"与士言，必取于关于学者譬之；与农者言，必取于关于农者譬之；与君言，必取于关于国政者譬之"。连孔子的"因材施教"，高一志同样取为《譬学》所用："又必须视其人之贤愚善恶而因其才，顺其势，譬乃有功。"（《三编》，2:578）这种以品第与才能设譬的方向与理论，讲究的当属譬喻的适宜性（decorum），亚里士多德

---

[1] 本章最后一节会谈到中国文言文的隐喻性。这里高一志所举的"德照心，目照身"一联的关系看似明喻，因为此一对句可读为"德照心，正如目照身"。但是话说回来，文言文的简洁性格也可以将此一对句转读为"德照心即目照身"或"德照心，亦目照身也"，如此一来，则此一联比上下句的关系又变成隐喻了。衡诸《譬学·自引》这里高一志的用意，我想第二种读法应较接近。

的《修辞术》有分教："即使在诗中，奴隶或年龄之少者若以高雅之语言说话"，仍于"身份不合"；唯有自然设喻，"方能富饶说服之力"（*CWA*, 1404b–1405a）。经此烛照，高一志的《譬学·自引》才能以文体绳范譬文，终而形成高氏论譬的第三个原则："譬之文，欲约而不冗，雅而不俗，明而不暗。"因为"冗致人厌，俗致人鄙，暗则致理之晦也。"高氏还鼓励譬宜多变，不拘一格，而后可免"板腐之诮"（《三编》，2:578）。虽然如此，除了下面我会提到的譬喻范文外，高一志其实并不主张用喻过度，劝人尤应避免"同文同理，重现重出"，谓之"如此则反致厌咦，虽多奚为也"?（《三编》，2: 586）亚里士多德以为隐喻学不来，乃"天才的表现"，不过他也反对滥用，盖多则成"谜"（cf. *IO*,VIII. vi. 14），会变成"夷狄之语"（*CWA*, 1458a）。《譬学》理论最后的原则，看来又是亚氏隐喻观的中文翻版。

苏瑞芝头顶亚里士多德，足登西塞罗与昆第良等罗马修辞学家，曾大力强调隐喻，却几乎绝口不提现代人所称的"明喻"。尽管如此，苏氏并非没有明喻的概念，而是他受到亚里士多德《修辞术》、西塞罗《论演说》与昆第良《修辞学原理》的影响，认为明喻也是隐喻的一种（*DO*, III.xxxix157; *IO*,VIII.vi.8）。对尤其是亚里士多德的修辞学家而言，称阿喀琉斯"像狮子"或"是一头狮子"，差别并不大，因为喻者强调的重点都是"狮子乃猛兽"这个喻体，而且用在阿喀琉斯身上，蕴含的也是他"勇猛"的性格，其间并无绝对的差别（*CWA*, 1406b）。况且"隐喻若用得高明，亦可成为高明之明喻"，而"明喻未予解说，反类隐喻"矣！（*CWA*, 1407a）或许因为亚里士多德这么说了，高一志虽也了解明喻与隐喻仍有设喻上的微妙之别，但大体而言，《譬学·自引》最后罗列的种种譬式依然是明、隐不分。高一志的重点，反而摆在苏瑞芝侧重的"喻式"（styles of trope）上；而就苏氏来说，西塞罗在《书赠穆雷那》（"Pro Murena"）中强调的"明喻"、"长喻"（*allegori*a）和"隐喻"的交叠使用，才是最高明、最富于吸引力的喻式（*DAR*, p. 295）。由此组合而成者当非一般的文学语言，而是有其深意的格言警句。套一句亚里士多德在《亚历山大修辞术》（*Rhtorike pros Aleksandron*）中的话，如此组合倘再加上夸饰（hyperbole）以及其他喻格，"吾人即可创造出大量之格言"（*CWA*, 1430b）。亚里士多德之见隐含着"诗人的特权"（poetic license）[1]，简直在预表两千余年后入华耶稣会著作的文体主调，亦即前举叶向高所谓"著书多格言"；似乎也呼应了高一志撰写《譬学》的世俗用意：用譬时，可以"无曲不伸，无隐不灿，无高不至，无理不通，无论不效，无学不著也"（《三编》，2:576）。

　　高一志所本的西土古贤对譬式的区分五花八门，《譬学·自引》所论即达十种以上，我疑其部分因苏瑞芝故而仿西塞罗《致贺仁宁》（*Rhetorica ad Herennium*）论喻之章节而得[2]。《譬学·自引》这十种譬式另有衍体与变体，第一种高氏称之为"明譬"，然而他指今人所称"明喻"者，反而呼之为"直譬"，和前及陈骙《文则》所用的"直喻"有合拍之妙，可能经渗透而得。所谓"直譬"，高一志的定义是"直言此物即彼物也"，所举的例子也显然："目在身，正如日在天。"《文则》中陈骙的定义下得更简单："直喻"者，"或言'犹'，或言'若'，或言'如'，或言'似'"。如此定义的方法，有可能发明自孔颖达的《毛诗正义》，因为后书首卷有言曰："诸言'如'者，皆比辞也。"（阮刻，1:271）至于用例，《文则》则取自先秦经籍，论"直喻"者亦然，乃以《孟子》的"犹缘木而求鱼"作解（《汇编》，页212）。我们若比较"明譬"与"直喻"的例

---

[1]　Cf. Marcus Tullius Cicero, *Topica*, in H. M. Hubbell, trans., *Cicero II* (Cambridge: Harvard University Press, 1993), x.45.

[2]　《致贺仁宁》全称为《致贺仁宁论修辞书》（*Rhetorica ad Herennium*），西塞罗或非此书真正的作者。这里我指的《致贺仁宁》论喻的部分系出自 [Cicero,] *AH*, IV.xxx.42−xlix.62。《致贺仁宁》论重譬，无疑早于昆第良的《修辞学原理》，相关之讨论见 Marsh H. McCall, Jr., *Ancient Rhetorical Theories of Simile and Comparison*, pp. 66−74。

子，可能又会加深一层觉得高一志的译词或因陈骙启发而得。若其如此，则高氏所称的"直譬"可就是自译之词了，因其所指反系隐喻，而陈骙于后一喻格的说法亦如今人，而且以《礼记·坊记》的"诸侯不下鱼色"为例说明"其文虽晦，义则可寻"（《汇编》，页212）。细而观之，陈骙的定义包含了今人所称的"借喻"（metonymy），《譬学·自引》的描述亦同，差别仅在高一志的例子是联比，陈骙则取名词以释之。此外，高氏谓"明譬"乃"不待人言而自显"，所举之例为"舟师顺风而引其路，智士顺时而治其职"（《三编》，2:579）。这两联各居理之一端，形成平行的态势，我们可在其正比中得悉首尾两端实则理同义同，都以比拟的方式相互呼应。职是之故，阅读当下，读者可以明白其间对应的道理，不需要再以转义为媒介。这两句话如果易地在官场出之，那么依高一志之见，很可能就会化为如下之语："尔既居仕矣，奚不顺风而行乎？"易而再言，如此问之，句意已由普遍的陈述转成特定的指涉，有其殊性（cf. *IO*, VIII.v.6）。从譬喻之学的角度看，明譬此时也会变成隐譬，"隐指居仕者欲尽其职，必须法舟师顺时之智也"（《三编》，2:579）。不论明譬还是隐譬，这两种喻格都是今人袭自《文则》所称的"隐喻"："其文虽晦，义则可寻。"

譬喻有正反之分，中国人言之甚早，可见于宋人任广（生卒年不详）的《书叙指南》（《汇编》，页233–234），是以譬式也有和明譬同质而"反言此物非彼物"者。这一类的喻式，高一志的说法是"曲譬"，语句委婉曲折。上引高氏的明譬若再添字引申，所得则可能是一个隐喻式的曲譬："人目在身之势，即日在天之势也。"这个曲譬另蕴借喻的内涵，借人目在身遥指日之在天。如果比起"目在身，正如日在天"（《三编》，2:579），上引曲譬读来还会让人讶然，因其喻依幽僻而不中理，喻者所赖唯文中的机智与慧點，但读者读之纵觉错愕，仍可感受到某种歪打正着的当头棒喝。从约翰·邓恩（John Donne, 1572—1631）等英国玄学诗人惯用的比喻观之，高一志的曲譬似乎还可正名为"曲喻"（conceit），根本就是譬喻修辞上的"语义蒙太奇"[1]。顺藤摸瓜，下引《譬学·自引》的例子虽也有"如"字，但高一志依然以直譬所隶的曲譬视之："施学非如施财之易尽也，……如施光至于无穷，非特不损，尚增长而加明。"（《三编》，2:579）从这句话看来，曲譬的特色似乎不限于比喻的方法。比喻的内容及其制造出来的效果恐怕更重要，而取材的殊性及因此而成的惊诧感乃读者读之最大的感受。就譬言譬，曲譬的效果甚至会"愈曲而愈明"。

高一志另又有例，说明曲譬的形成之道："太阳一射其光，致育万品；君子一设其教，必治万民。……君子之教，非如一七之味，不足餍众。"（《三编》，2:580）在此一长句中，"太阳"和"君子"乃喻依原先之二端，对称极工，而其喻体也是两两相对，所以全句堪称一整饰的正对（balance）。高一志写来尔雅，目的在于显示"此譬"先"挈其两端"，再因这两端之"二理相类"，故"可相譬而相明"的道理。不过由于他话锋随后一转，"直言君子所非，而曲指君子所是"（《三编》，2:580），所以全喻仍可以典型的曲譬范畴之。我们观澜再索，则在其中也可看到"借代"（synecdoche）的使用，亦即以隐喻"八珍"的"一七之味"代表整体性的"食物"（Zürcher, pp. 354–355）。由是类推，则《譬学》处理的警语或格言，当然就可愈拉愈长了。下卷有例可资说明："法于国，如弦于琴也。操琴而琴不调，非弦之失也，操琴者之拙耳。治国而国不治，非法之罪也，治国者之蔽耳。"（《譬下》，页7a）此句两端所成者亦曲譬，但在一正一反的对比下欲求其效，则两端非得扩大不可，以便形成长篇联比。我们将"君子设教"一譬与此一联比并置而观，还会发现《譬学》

---

[1] 参见周振甫、冀勤（编著）：《钱锺书〈谈艺录〉读本》（上海：上海教育出版社，1992），页459–486。有关"语义蒙太奇"的说明，见刘大为：《比喻、近喻与自喻》（上海：上海教育出版社，2001），页25–30。

的例句每每兼包明喻与隐喻，甚至外加借喻和借代，和陈骙取自中国古典的例句略有不同。

高一志和亚里士多德或苏瑞芝一样，都无意效现代人详分明、隐二喻[1]。坦白言之，这种区分即使卡勒（Jonathan Culler）或德曼（Paul de Man, 1919—1983）等今人也不一定赞同。盖二者都作用在"比喻性"（figurality）这把大伞下，差别者，毫厘耳。德曼从尼采（Friedrich Wilhelm Nietzsche, 1844—1900）之见，对修辞向来另眼看待，不但认为修辞是制造真理的惯用手法，而且认为它几乎就是生活本身。职是之故，对德曼这类的理论家而言，生活语言和文学语言便无大异，都得在修辞加工下完成。就算是我们习焉不察的日常"错喻"（catachresis）如"山头""山腰"或"山脚"，德曼也认为是修辞的具体表现，因其若非由换喻组成，就是借换喻形成的隐喻[2]。高一志重修辞，好譬喻，就西方修辞传承来讲是再顺理成章也不过了。

大体言之，《譬学·自引》的譬式多奠基在直譬之上。这种譬法的形成虽以物之相似性为准——盖"直譬"（similitude）的拉丁文原意即为"类如"——但目的却在于说明、强化喻依的性格，并以之凸显喻体有如真理一般的特色。在西方古典文学界，直譬的堆垛就是我们通常所称的"荷马式"或"史诗式明喻"（Homeric simile or epic simile），可以连绵其譬，跨越十五或二十行而不止，显例如弥尔顿《失乐园》第九卷第 634

---

[1] 虽然如此，现代人如佛莱等人也认为"明喻"实乃"隐喻"的一种，差别仅在譬法系以连接词如"犹"（as）、"似"（like）或"有如"（as if）等语形成。见 Northrop Frye, Sheridan Baker, and George Perkins, eds., *The Harper Handbook to Literature* (New York: Harper and Row, 1985), p. 434。

[2] Jonathan Culler, *The Pursuit of Signs* (Ithaca: Cornell University Press, 1981), pp. 188–209; Paul de Man, *Allegories of Reading* (New Haven: Yale University Press, 1979), pp. 110–111; and Paul de Man, *Blindness and Insight: Essays in the Rhetoric of Contemporary of Criticism*, 2nd and revised ed. (Minneapolis: University of Minnesota Press, 1971), pp. 283–285. Cf. *AH*, IV.xxxiii.45; and Janet Martin Soskice, *Metaphor and Religious Language*, pp. 61–64.

至 644 行即是。《譬学·自引》中，高一志因谓：

> 直譬之间，又有详约之殊；若云："凡计丧其国，以致并丧其家，非甚愚者哉？"此说直也，不文不力，即立譬云："凡图沉沦其所居之国，以致其身家并沉沦者，不甚愚哉？"此借海舟为譬，未悉也，即复详云："人图凿其所乘之舟，以至并沉其身者，愚之至也。人图丧其所居之国，以致并丧其家，其愚如之何哉？"（《三编》，2:580-581）

这段引文中的首发之句乃一"直约之譬"（brevitas），因其出以"陈述"，亦即直陈某事的因果关系。就修辞效果而言，"此说直也"，力量稍嫌不足，是以不如以譬喻其因果有力。然而我们若在此端外另立一端，使之两两相较，则喻依所弥散的力量就会转强。"海舟"之譬，因而并焉，形成一个昆第良所称的"否定直譬"（negation）。若就《譬学·自引》最后推出的"叠譬"或"重譬"（similitudo）再看（《三编》，2:581），喻者得还博依繁喻，娓娓其说，甚而以譬终篇[1]。类此而喻，中国也惯见，前有《庄子》，后有佛家的《金刚》，俨然修辞道统。《抱朴子·博喻》甚至再申其说，而近人如钱锺书（1910—1998）也加入话题，尝为之引申疏理，可见学界日益重视[2]。方之中国人的博喻，西方人的格言或金言（sententia）却长譬尠见（cf. IO, VIII.v.1-3），顶多如普里西安（Priscian of Caesarea, fl. c. 500）所言而由此外加比拟，借以铺展罢了。中世纪的譬

---

[1] Cf. IO, V-VIII. 欧洲古典修辞学中意指"重譬"的字除"similitudo"之外，较为人认同者另有拉丁文里的"imago"和希腊文的"παραβολη"与"εικων"二词。其间之差别极其细微，要之都建立在"比拟"的基础上，见 Marsh H. McCall, Jr., Ancient Rhetorical Theories of Simile and Comparison, pp. 257-259. 本章中我用"similitudo"泛指高一志的"重譬"其实稍嫌勉强，乃权宜之计，因为高一志的重譬如后文会提到者均已华化，故有部分特重联语与音韵，而这点即非"similitudo"能够含括。

[2] 除了上引《管锥编》外，钱氏早年的《谈艺录》所论尤详，相关的整理与解说见周振甫、冀勤（编著）：《钱锺书〈谈艺录〉读本》，页 455-458。

喻教学确实如是优为，在欧洲史上走了千年之久[1]。南欧文艺复兴晚期对应于中国晚明，高一志在华"就地适应"（isotyping）的做法是多方阐发，使欧洲的叠譬或重譬和中国修辞道统合炉共铸，甚至故技巧施，使之踵事增华，再融入华夏譬学的整体传统之中（cf. Zürcher, p. 347）。

如上所谈的长譬，陈骙的《文则》或会颜之以"详喻"，因其形构系"虚假多辞，然后义显"，亦即蔡宗阳所称"用很多语词来表达喻依，使喻体的意思更清楚"[2]。《文则》从《荀子·致士》举例云："夫耀蝉者，务在乎明其火，振其树而已。火不明，虽振其树，无益也。今人主有能明其德，则天下归之，若蝉之归明火也。"（《汇编》，页213）在这段例子中，析理与喻词、喻依及喻体紧密结合为一，而且依序推论，有如高一志的"人""舟""国"和"家"也曾按性质递升或递降。句中排比井然而有层次："蝉"与"明火"者，喻依也，分比百姓和明君，而"若"字为喻词，两相映对联比，终于形成人主有德，天下归之这个治世与警世的喻体。

除此之外，《譬学·自引》中的各例也常反映欧人好用"修辞反问"（erotesis/rhetorical question）的倾向，尤其上引"丧国丧家"之喻的首端最后那"不甚愚哉"与尾端端尾那"其愚如之何哉"显然都是明知故问，是一些"伪装的主张"（disguised assertions）[3]，设问之目的唯在强化修辞力量，使阅者将注意力集中在喻体上而已。阅者果真回答了，似乎也只能顺譬而曰是。这种喻中的反问，《譬学》里仍有多起，如"日居高以照万方，君居高以临万民。日不以高自矜，君可以高自傲乎？"（《譬下》，页4b）似此反叩虽非诘难，其激问的方法却也已近乎陈骙的"诘谕"或

---

[1] 有关普里西安论喻的资料见 Priscian the Gramarian, *Fundamentals Adapted from Hermogenes*, in Miller, et al., eds., *Readings in Medieval Rhetoric*, pp. 56–69。

[2] 蔡宗阳：《陈骙〈文则〉新论》，页223。

[3] 见 F. C. T. Moore, "On Taking Metaphor Literally," in David S. Miall, ed., *Metaphor: Problems and Perspectives* (Sussex: The Harvester Press, 1982), p. 4. 当然，"其愚如之何哉"一句在此亦可作感叹句读。

欧人笔下的"责问"（*epiplexis*），虽则后者未必非得出以譬喻不可。陈骙在《文则》中取《论语·季氏篇》为例说明"诘谕"；其中有喻依，有喻词，但喻体却付诸阙如，或者说喻体乃存乎设问者与读喻者的默契中："虎兕出于柙，龟玉毁于椟中，是谁之过欤？"（《汇编》，页213；另见朱注，页173）引文最后一句话，陈骙认为"虽为喻文，似成诘难"，故名。换句话说，修辞反问倘用譬喻的形式结构，则中西传统意涵与方式雷同。

高一志笔下的"叠譬"或"重譬"之法，除了上文提到的例子外，《譬学·自引》又费辞详谈，而且是从"单譬"讲起。这倒饶有意趣，因为就我所知，欧洲譬法除上及荷马式明喻外，罕见单譬累积而成的长篇譬喻。高一志的单譬指"惟设彼此两端而譬之"，例如"智居于心，正如君居于国也"。首端"智／心"与尾端"君／国"间的关系乃明喻，而喻文也仅止乎此，是以可称之为"单譬"（《三编》，2:581）。不论名词还是例证，高一志的单譬读来都有如陈骙的"简喻"："其文虽略，其意甚明。"然而简喻所指反系隐喻，适和《譬学·自引》本意所在的明喻意含径庭。陈骙所举的例子寻常得很，如《左传》的"名，德之舆也"。这种譬式固然关乎文言文的语法，不过喻依和喻体都赖想象串场，亦唯深思其间衔接的动词方能显义（《汇编》，页213）。《左传》取类为喻，喻依与喻体彰明较著，不过类与类之间却也因关系有阙而宜归譬式上的隐晦之属。

高一志的单譬适为其反，前文已明。上引高譬也可以重譬的手法再加延展，造成另一种陈骙式的"类喻"，因为譬喻本身从第二端就可一路衰而譬之："智居于人心，正如君于国，如师于舟，如御于车。"（《三编》，2:581）这段话哪有异于《文则》引贾谊《新书》所称之"天子如堂，群臣如陛，众庶如地"？（《汇编》，页213）当然，高一志重譬的重点在全句首端，和陈骙通篇都由喻体、喻词与喻依一唱三叠的情况有别。非特如此，《譬学·自引》对重譬还情有独钟，不仅详予析论，而且指出其譬式可以分而再分，如"一譬二端之各端，又兼二相反之端"，此之谓"对而相反之重譬"也（contrarium; cf. AH, IV.xlv.59-61）。下面是例子："狭口之器，斟以众液，必不能容，反致旁流矣。渐而斟之，即无不容，以至于实。童幼之资，诲以深理，必不能解，反负师教矣。浅以诲之，即无不解，以至于成。"（《三编》，2:581-582）这个譬喻因喻中有喻而延展，高一志用的乃昆第良归纳的典型"铺展"（amplificatio）手法（IO, VIII.iv.1-29），对譬喻有美化与强化的双重作用（Art, p. 215; cf. pp. 154-160）。高氏先指出所取之端中有两端，略如《文则》之"详喻"（《汇编》，页213），次则再进入所求之端，摘出喻体或其圭旨。我们以中国修辞学术语说明，则可谓高喻系先举首端之正反二对，然后再由这正反二对类推，以便显露尾端的真理或喻体。缘此所设之喻倘属正面，那么高一志显然已走到陈骙的"对喻"去了，亦即走到"先比后证，上下相符"的前轻后重结构（periodic structure）去了，以喻依映显了喻体的美学成规。陈氏的例子取自《庄子·大宗师》与《荀子·大略》，都是古籍中的美譬佳喻，知之者众："鱼相忘乎江湖，人相忘乎道术"；"流丸止于瓯臾，流言止于智者"（《汇编》，页213）。

譬喻之道中，铺展乃以"递升"（epanodos）形成的美文巧技，用途甚广，高一志时而使用，此因重譬之道非由此入手不可。上引乃一"对而相反之重譬"，不过有时高氏自撰的——这回我要用陈骙的术语——"对喻"，换了个时空之后，似乎也会以铺展法再予改写，而且不见得每回都是喻中有喻。《譬学》上卷有云："水之流也，深浅巨微不等，入海而不复辨矣。人之生也，贵贱贫富不等，入墓而不复辨矣。"（《三编》，2:637）从西方修辞学的角度观之，这句话堪称佳构，因为首端以同质的"水"及"海"为喻，对应了尾端的"人"和"墓"的词性与因果关系，而水之"深浅巨微不等"又对应了人之"贵贱贫富不等"。全句可圈可点，誉之对仗工整，排比（asyndeton）整炼，应不为过。尽管如此，高一志依然不因此而满足，《譬学》下卷他故技重施，巧用铺展，居然还——这里我很难相信是"翻译"——"创造"出一句同类的譬喻来，不但使《譬学》上、下卷中这个譬喻形成一自反性的互涉文本，又让人想起中古"修辞初阶"（progymnasmata）的背诵之术（参见《晚明》，页 147–149）：

> 水之分流，深浅巨微，甘淡弗等；至入大海，则浑而为一，不复辨矣。人在世时，尊卑贤愚富贫如水之势，弗等也；至归土时，如入大海，而尊卑贤愚富贫岂有分乎？（《譬下》，页 31b–32a）

铺展后的新譬辞费而繁，斧斤显然。不过前后二句都用比拟写出却也毋庸置疑。繁简与人水之间，我们同时又嗅得一丝宗教味道，呼应了《圣经》时常强调的人乃空乏入世，必也空乏出世的感喟[1]。《譬学》的上卷罕见典出《圣经》的譬文，多数乃如许理和所言都是"以人为导向"（man-oriented）的格言（Zürcher, p. 334）；但下卷则相反，《圣经》经常为取喻的资本，连基督宗教的"原罪"一词也可见（《譬下》，页 12a）。故而类似的联比若非由《圣经》经文出之，就是由俗入圣，先导以外喻，而后再引经文以为内证（例见页 14b、15b、18a、28b、29b 或 35a），造成特殊的阅读效果。陈骙的"引喻"（《汇编》，页 213），或可视为此等譬式在中国传统中的等体。

重譬另有手法数种，其一是"言其二端相类之，然而不陈其之所以然者"，此谓之"无解譬"。用陈骙的话来讲，这也就是前面提到的"简喻"。此外，"又有陈其所以然者也"，是为"有解譬"（《三编》，2:582）。因为有解譬"须假设多辞，然后义显"，所以陈骙必定名之为"详喻"

---

[1] 如《旧约·训道篇》第五章第十四节：人"赤身出离母胎，也照样赤身归去"。《约伯传》，1:21 也有同样的看法。

（《汇编》，页 213）。高一志尝设一重譬曰："迷色者正如重病者，俱不喜闻忠言。"这句话如果改为"迷色者，正如重病者"，则其修辞条件就会变成高氏所谓"二端相类，然而不陈其之所以然"者，亦即会变成一"无解譬"。不过话说回来，我们一旦加上"俱不喜闻忠言"一句，那么此喻宜属"又有陈其所以然者"，也就是变成了有解譬。重譬这两类笔法，技巧当然有别，但大体而言，效果一致，都是强而有力的文学形式。其"二端会于一理"，故而也会因此而"相类而譬也"（《三编》，2:582）。

既有"所以然"的陈述差别，那么重譬的各端当然也可以仅陈"各端之所以然者"。这种手法，《譬学·自引》的例子系一直譬，由此再类推其余。但下面的例证，我直接采自《譬学》下卷，因其逻辑显然："婚姻如鱼筍然，未入者寻门而入，既入欲出，不能矣。故曰：'熟思于未入之前者，将免不能出之忧矣。'"（《譬下》，页 20b）此譬的喻依系一单譬，也可列入直譬之属，所喻者在人性的矛盾，而其等而下之的道德情况就是上卷所谓"鱼易入于筍而难退，人易溺于恶而难改"（《三编》，2:597）。这两句话中，高一志不仅以譬喻人性，还在喻后加入一段解释性的忠告，在《譬学》中相当抢眼。究竟其实，此譬可能改写自某苏格拉底的传说。《齐家西学》里，高一志尝谓苏氏婚后恒悔，"他日，或以婚问，答曰：'鱼欲入筍易，欲出筍难。'"（《徐家汇》，2:496）《齐家西学》这个故事实则出自上古世说（chreia）的传统，乃引自纪元 1 世纪瓦勒留（Valerius Maximus, fl. 14—37）的《嘉言懿行录》（*Facta et dicta memorabilia*）。此书在欧洲中古盛行一时，不意到了《譬学》中，高一志或他中译的源本却将其内容改编，使之变成一有解直譬或单譬，令人在诧异之余仍然不得不为其机智所折服[1]。上文的"解释性的忠告"，当然就是《譬学·自引》

---

[1] 瓦勒留一条见 Valerius Maximus, *Collections of the Memorable Acts and Sayings of the Ancient Romans and Other Foreign Nations* (*Facta et dicta memorabilia*), trans. Samuel Speed (London: Printed by Order of the Trustees, 1910), 7.2.F1. 另请参见《晚明》，页 168 注 100。

所称的"所以然者"或今人的"喻体"。

　　令人倍觉有趣的是:《譬学·自引》举出上面的譬式后,高一志自认讲得还不够彻底,所以在重譬部分又引出了更为"详悉"的"详喻"或"有解譬"数种,其一如下,当是详中之详了:"知古,太西国草名,食之无不死者,惟浸以蒲(葡)萄汁,可以解毒。倘和蒲(葡)萄汁饮之,其毒更甚。谄谀者无异是也:阿谀之毒能害人,直责之,似可解释。若又借直责之忠情,而复潜藏其谀毒,其害不更甚哉?"(《三编》,2:583–584)据金文兵所考,"知古"为拉丁文植物名"cicuta",而上引当出自伊拉斯谟《譬喻集》的"献书文"[1]。

　　重譬当然可用反对(antithesis)出之,再合以他譬他解而共成一喻,高一志称此为"无对而叠合譬",下例引自《譬学》上卷的正文,其内容不但和当时西方的科学知识有关,而且主典也已华化:"月失其光,地间之也。日失其光,月间之也。日月以无所间而光,夫妇以无所间而和。有所间,则白华之刺作,谷风之怨兴矣。"(《三编》,2:591)在这段话中,月食与日食的成因恰好处于相反(antithetic)之状,全句走势因而为"纵横交错"(chiasmus)的态势。继之登场者为比拟。比拟中甚至还可另生比拟——盖"白华"与"谷风"不仅取典乎《诗经》之《小雅》与《国风》(阮刻,1:459及1:496),在句中也是地道的隐喻——全句故此系一"无对而叠合譬"。重譬的类型一至于此,可以如是反复推衍,高一志就此譬式所下的结论当然就是"重譬之则,其数可至无穷焉"(《三编》,2:584)。《譬学·自引》收梢前的例子,就是由无数重譬并其他譬式

----

[1]　此句在《譬喻集》中的原文如下:"Cicuta venenum est homini, vinum cicutæ: quòd si cicutæ vinum admisceas, iam venenum multò præsentius & porsus immedicabile reddis, propterea quòd, vis & impetus vini, veneni noam citius ad vitalia membra perserat." 见 Desiderius Erasmus, *Parabolae sive similia des. Eras. Rot. ex diligenti avctorvm collatione novissimvm regognita, cum vocabulorum aliquot non ita vulgarium explicatione* (Londini: Impensis Guilielmi Nortoni, 1587), p. A3. 另见林熙强:《高一志〈譬学〉中例句之译源初溯:从老蒲林尼〈博物志〉探起》,页77–78。《譬喻集》以下简称 *Parabolae sive similia*。

累积而成的长譬。在华耶稣会士的西学概述中，不论是在艾儒略的《西学凡》、《西方答问》（1637）还是在高一志本人的《童幼教育·西学》等文本中[1]，我们俱不见如此引申而出的长篇大"譬"，似可再论。

整体言之，上引收梢之譬实为一"无对而叠合譬"，高一志以光阴的重要为例论譬，而他借来一用的主喻则为"珍玉"，谓"时如珍玉"，有如我们常说的"一寸光阴，一寸金"。直譬完成之后，高氏再述其所以然，从而提醒阅者光阴"不可不惜也"（《三编》，2:584）。不过高一志当然知道这个"直譬＋喻体"的模式过于明直简约，所以应予"加文加详"以晓人或引人入胜，也就是得用苏瑞芝《修辞的艺术》中所谓"例证比拟铺展法"（amplificatio à similitudine atque exemplo）就其内容充实一番，以达到说服的目的（DAR, pp. 176−178）[2]。然而铺展之道无他，又是各类譬式的使用，而高一志这一"譬"下去，造成的便是上述欧洲修辞学在华首见的"譬喻范文"，而且是以"各种譬式＋铺展法＋夸饰法"形成的长篇——从某一意义上说来讽刺——"美文"，乃《譬学·自引》或《譬学》全书的高潮。谨摘抄如下：

> ［时日如珍玉，不可不惜也。］物之弥贵者，人存之弥固，用之弥谨；时之为至宝也，可怠于守而侈于用乎？或有委弃其珍玉者，人知非之，至靡弃；光阴之重资，反无非之者，何也？且尔以失时为何失哉？即生命之失也。夫人之命，非万珍可比。乃人于珍玉微玷，犹知惜之；于尔命之亏，反不哀耶？况珍玉一失，犹可再得，

---

[1]《西方答问》的研究见 J. L. Mish, "Creating an Image of Europe for China: Aleni's *Hsi-fang ta-wen*," *Monumenta Serica* vol. 23 (1964), pp. 1−87.《西方答问》可能改写自利玛窦《拜客问答》。后书在法国国家图书馆的编号为 Chinois 7024，但书题误为《释客问答》(*Shike wenda*)。

[2] 欧洲古典修辞学另有"扩张"或"铺展"(επεκτεινωσις) 一词，见 James R. Butts, "The *Progymnasmata* of Theon: A New Text with Translation and Commentary," Ph. D. dissertation (Claremont Graduate School, 1986), pp. 204−223.

时日之失，无法可追，无宝可补矣。玉珍之失，多为他人所得，是虽于尔有损，尚于人有益也。若时之失，独尔有损，于人无益，况珍玉已失，能杜人骄侈之端，有益尔之躬修。而时之失，非特无益，尚绝其修之路也。珍玉虽固守之，犹虑为火所烬，为水所漂，为盗所掠。然而烬之，漂之，掠之，尔不任其咎也。若时之宝，无力可夺，无势可强，而妄弃之，尔之罪矣。盖珍玉之失，由于外，尔之所不得主也；时日之失，由于内，尔之所不得诿也。且珍玉可以易田地居室，不可以售善心美德。惟时之善用，可以积美学，立诚德，树不朽之名，成无限之功。则时之益，愈大且广；其失，咎愈重且深矣。彼委弃其珍玉者，或无明律严司审之究之。若废时之咎，必有严司审而究治之，乃可不兢兢于寸晷之惜乎？（《三编》，2:584-586）

这篇"范文"的排比四平八稳，辞多偶俪，布局上则有破题，有承题，有束股，也有大结，无不聚焦于"时"这个论旨上。其肌理严密，程度抑且不让明代应试的八股文专美。不过观乎内容，高一志可是持论深刻，写来或译来细致深入，而其点题处又非"譬喻"莫属，确也应了《文则》论喻开篇的话：《易》之有象以尽其意，《诗》之有比以达其情；文之作也，可无喻乎？"（《汇编》，页212）高氏文中除了缺乏陈骙所称"既不指物，亦不指事"的"虚喻"外（《汇编》，页213）[1]，《文则》余者几乎囊括。眼尖的读者，还可在这篇范文中读到其他譬式如"明譬""曲譬""单譬""有解譬""无解譬""对而叠合譬""无对而叠合譬""重譬"，以及后者因各端的正反态所形成的衍生譬式。换言之，重譬是上文在修辞上的主

---

[1]　在现代人眼中，"虚喻"其实不算喻，见刘彦成：《前言》，收于陈骙（著），刘彦成（注译）：《文则注译》，页5；另参蔡宗阳：《陈骙〈文则〉新论》，页226。

打技巧，而其使用之由一而二，甚至推而更多时，陈骙所谓"取以为喻，不一而足"的情况就会发生（《汇编》，页213），种种譬法也会踵继而来，"其数"确可如高一志所谓"至无穷焉"。这种譬式复杂，但精炼无比，陈骙尝引《礼记·学记》的术语称之为"博喻"（阮刻，2:1523），《致贺仁宁》或会称其构造为"详叠之譬"（*conlatio*; *AH*, IV.xlv.59–60）。

《譬学·自引》中，高一志非但详列上述譬式及其基本喻格，而且教人由譬语出发比喻，希望可经引申而塑造出更长与更细致的大块格言。这路譬法从欧洲古典传下，经普里西安等文法学家转介，长驱直入欧洲中世纪，最后终因亚里士多德的《修辞术》与昆第良的《修辞学原理》等书在文艺复兴时期重译或重现而益为人知，连苏瑞芝的《修辞的艺术》都难逃影响。高一志就此传统取精用宏，但同时也教人欲"譬"的先决条件："善用譬者，又须先明诸物之性，否则譬或不切，而旨愈晦。"（《三编》，2:576）这一点，应该也是他把譬式画归"格致"或"格穷之学"的原因之一（《提要》，页333），更是他教人"明主"的无上大法。凡人果能"深于物理"，那么这种人——如前所述——"取譬无不伸"，也会使"无隐不灿"或"无理不通"，哪怕不能反其道而行，"由显推隐"，认识天主的存在？12世纪，哈文的菲利普（Philip of Harveng, d.1183）著有《论教士的训练》（*On the Training of Clergy*），而《譬学·自引》谈到以譬格致时，高一志仿佛便在重申菲利普书中的要点，从而使上引范文也带有某种护教的色彩。菲利普有名言："理性若埋首不语，不让自己结合辞令的力量，则必如荒芜的处女将自己深锁闺中，不愿出嫁。"[1]高一志的理性当然娶了辞令之学，而此一联姻礼成的一刻，高氏显然也趄回了神圣修辞学的老路去：他毕竟是天主教的教士。

---

[1] Philip of Harveng, *On the Training of Clergy*, VI.20, in Miller, et al., eds., *Readings in Medieval Rhetoric* (Bloomington and London: Indiana University Press, 1974), p. 221.

《譬学·自引》或整部《譬学》可能因为重点在联比，从而没有提到苏瑞芝《修辞的艺术》里亦曾着墨的"名号譬喻法"（*antonomasia*）或"双重借喻法"（*metalepsis*）等较广或更深一层的其他喻格（*DAR*, pp. 288–297）。写到最后，依许理和之见，高一志本意所在的提要勾玄似乎也已走偏了，从而有治丝益棼之嫌（Zürcher, p. 353n51）[1]。尽管如此，我们倘就明喻与隐喻这两种基本喻格论之，高一志熟悉的西土古贤的譬式无不赅备，甚至远迈苏瑞芝书中所收所释者。这些古贤含括亚里士多德、西塞罗与昆第良等人，下逮普里西安一干后起之秀，明白显示高一志功在为晚明引介西学；在他娴熟的泰西"勒铎里加"的范畴里，他更为中国译述了一套欧洲由古典发展到文艺复兴时期的譬喻——尤其是"比拟"或"联比"——的方法论，抑且大加申述，举例佐证，极辞令学要的蕴涵与深广。

高一志固有上述世俗的一面，然而话说回来，我仍得强调他借修辞学所拟凸显者依然不脱传教的色彩，至少这点表面上并不难见。换言之，我们在重勘高氏译介的修辞学之际，仍应谨记此一世俗修辞学无形中或意识下都已让高一志转化成神圣修辞学了，有重返奥斯定挪用西洋古典的取向。再以上引的长篇大"譬"为例，上文最好的说明当然是"时日如珍玉，不可不惜也"这个世俗概念。高一志巧手转化，在严谨的重譬层递（anabasis）与排比下，这个概念因"玉"论"善"，进而推之于"德"，致令我们最后感受到的不是世俗，而是某种宗教上的情怀。高一志的转折有迹可循，而其首要当推"珍玉已失，能杜人骄侈之端，有益尔之躬修"一语。韶华易逝而逝者如斯，这是中外人人都懂的道理。贺拉斯等诗人因此转向"有花堪折直须折"的及时行乐论，宗教家也自同

---

[1] 但是诚如上文的讨论，我并不同意这里许理和称高氏忘了讨论"无对而迭合譬"的说法。高氏虽然没有明陈此法，但他在用例中确实暗示到了，而且此法原本就包含在"对或无对而迭合譬"之中，高氏自可不必复诵如仪。

一意象劝人，但希望以"尔之躬修"来——就拉丁文字面而言——"抓住这一天"（*carpe diem*）[1]，免致沉沦于永苦，堕入恶趣。因此之故，上引高一志的譬学范文可谓用意遥深，着墨在所难免就是天主对人类的期待了："若废时之咎，必有严主审而究治之，乃可不兢兢于寸晷之惜乎？"文中论旨胜出若此，古典修辞学俨然已为天主教的"善良"所用，也为天主的"真理"服务，终而化身变成了文艺复兴时代罗马教会抗拒不得的神圣修辞学。

综上所述，我目前可以暂作结论如次：高一志透过欧洲明喻与隐喻形成的各种譬式的译介，有意无意中也将西方修辞学融入中国文化的书写形式里，尤其融入了以陈骙《文则》为代表的修辞学道统中。谈到这一点，我得旧调重弹，再申拙著《中国晚明与欧洲文学》首章里的重点之一，亦即到了高一志的《童幼教育·西学》或《譬学》，从亚里士多德迄苏瑞芝等人的修辞学不但焦点已转，集中在西塞罗修辞五法中的"古语美言之润饰"上，而且这原本乃为"口语"而设的辞令之学也已历经变化，变成了中国古来最重的"文字润饰"，是书面语言的布局或游戏，不再是口语技巧的训练与切磋（《晚明》，页30）。要了解这种转变，我想我们应该回头推敲高一志译述《譬学》的缘由，并及此书成书之前后。

笔墨津梁

1622年，就在"王丰肃"变成了"高一志"之后，他如前述北上，潜入山西，继金尼阁在绛州建堂布教，几年之内，吸引了多达八千名的

---

[1]　此语见 C. E. Bennett, ed. and trans., *Horace: The Odes and Epodes* (Cambridge: Harvard University Press, 1988), p. 32。

信徒。其中有功名者凡两百余人（Pfister, 1:88），而名气最大的当系绛州士绅韩霖、韩霞（1620 年中举）及韩云（生卒年不详）一家。韩氏在绛州是大族，财力雄厚，社会人脉又广，不但出资为高一志兴建教堂，而且曾协助高氏译著，使绛州"发展成明季天主教书籍最重要的出版地之一"（《两头蛇》，页 281 及 309）。以韩霖为例，他为高一志刊刻了《修身西学》及《达道纪言》等名著，也如前述在崇祯癸酉年（1633）为《譬学》撰序，并举《礼记》与陈骙《文则》共享的"博喻"称美高氏："能博喻，然后能为师，先生之谓夫？"（《三编》，2:571）不过仅就《譬学》的成书而言，韩霖的姻亲兼至交段衮恐怕更紧要（《两头蛇》，页 233 及233 注）。《譬学·自引》里，高一志暗示自己深谙西方譬学，入华后却因故而有才难申：以对仗（parallelism）一道为例，拼音文字的音节不等，即不如中文的奇字单音可以整炼饬之。不过在星移物换之后，高一志却也信心渐增，而就在他"欲以譬学为同志者商"之际，"九章段子适以为请"，遂有《譬学》之作。韩霖与段衮对此书"有较雠之劳"，族人韩铁汉（生卒年不详）则是"捐青氊之俸以既匠者氏"（《三编》，2:572），而笔受之谊显然也非他们三人莫属。

《譬学·自引》不但提到这段成书因缘，韩霖的《譬学·序》还直言草成——亦即 1631 年——后，他征得乃师徐光启（1562—1633）首肯，将《譬学》送请"润色"（《三编》，2:572）。其时徐氏方兼文渊阁大学士，地有东西之遥，而且人也到了桑榆暮景，距大限仅余两年不到[1]，但他仍慨然为之笔助，所以《譬学》应该是徐氏为耶稣会所做最后的文学贡献，包括二版的藻饰。凡此种种，说明了修辞学或文学不仅是"东渐的西学"之一，在韩、段二族与徐光启的襄助之下，此一"西学"难免也带有

---

[1] Zürcher, p. 337 谓此时徐光启人在沪上故居，误。徐氏乃在勤政病亡之后才护丧返乡，参见王欣之：《明代大科学家徐光启》，页 141–150；以及顾卫民：《中国天主教编年史》（上海：上海书店出版社，2003），页 139。

"中学"的色彩。我们接下来应问的问题是：何以段衮会在高一志正拟译介譬学之际介入，甚至请译？

这个问题，我想和明末的文化环境有关，尤涉前及格言类著作的兴起。中国格言书写的传统悠邈，最迟可溯至《论语》及唐人《语林》等书的编述，但在明末却是个特殊的现象，不但非关传统的语类，而且结构形式也罕涉叙事[1]。是时魏珰祸起，动乱频仍，斗方名士率皆明哲保身，终而促成性灵之风蔚起，使得"世说""清言"一类小品文集盛行不已。当代文人或名公如屠隆（1542—1605）、吕坤（1536—1618）与前述的陈继儒等人都有类似之作，畅谈生命宇宙或家国治乱与山林泉石等议题。据今人程不识的概述，他们所著多以广义的格言为主[2]。而不论中外，格言又如前述，殆和譬喻有关，此所以万历年间徐元太（1536—1617）有《喻林》之编（1579），创下中国类书中首将如林譬喻蒐以成秩的典型。徐元太系嘉靖年间进士，官至刑部尚书，《喻林》所辑，大致出自唐前古籍和佛经譬喻，共分十门，各有子目，凡五百八十余类[3]。高一志的《譬学》大致有其欧语原本或各方出处，乃天主教人文主义（Christian Humanism）在华最佳的果实，不过段衮的呼吁并高氏的述译似乎和徐元太《喻林》的启发有关。郭子章尝为《喻林》作序，而郭氏不仅是当时显宦，也是籍隶山西的友教人士，和耶稣会士往还密切，熟

---

[1] 中国传统语类的结构形式多关叙述，详见俞志慧：《〈国语〉周、鲁、郑、楚、晋语的结构模式及相关问题研究》，《汉学研究》第23卷第2期（2005年12月），页35-63。

[2] 程不识：《前言》，见所编注之《明清清言小品》，页1-5。屠隆著有《娑罗馆清言》，吕坤有《申吟语》，陈继儒则除了《岩栖幽事》外，另有下面我会论及的《太平清话》等书。除程不识所编外，现代人编的明、清清言集另有合山究（选编），陈西中、张明高（注释）：《明清文人清言集》（北京：中国广播电视出版社，1991）等书。

[3] 《喻林》今日可见的最早版本为1615年的刻本，现代影印版见徐元太（编）：《喻林》，2册（台北：新兴书局重印，1972）。全书分为造化、人事、君道、臣述、德行、文章等十门，唯清代的四库馆臣认为其中摘取的材料讹误不少，见徐元太（编）：《喻林·提要》，在《景印文渊阁四库全书》，子部264类书类（台北：台湾商务印书馆，1983），958:1-2。

知利玛窦所绘的《山海舆地全图》。他尝引前及《礼记》有关"博喻"与"师道"的互涉，究明譬喻及其使用者的对应[1]。半世纪后韩霖再为《譬学》作序，遂借郭引而如上所述称美高一志有"博喻"专才，让人不得不怀疑《喻林》和《譬学》的译成若有联系。段衮乃韩家姻亲兼世交，他在天启年间商请高一志述《譬学》，可谓适逢其时。

《喻林》的自序中，徐元太对譬喻性的记忆之术着墨颇深，朗宓榭（Michael Lackner）认为这可能受到《西国记法》的影响[2]。不过衡诸两书首版面世的时间，我不觉得这种可能性成立得了。虽然如此，如果就《譬学》上、下卷的多数内容来看，我的确觉得高一志的译述攸关中国传统文体，尤其关乎汉世以降的"连珠体"。这种体裁如今尚存者首见于扬雄（53 BCE—18 AD），但以班固（32—92）所撰连珠五章最为著称，下引前三章以见一斑：

> 臣闻：公输爱其斧，故能妙其巧；明主贵其士，故能成其治。
>
> 臣闻：良将度其材而成大厦，明主器其士而建功业。
>
> 臣闻：听决价而资玉者，无楚和之名；因近习而取士者，无伯玉之功。故玙璠之为宝，非驵侩之术也。伊吕之为佐，非左右之旧。[3]

---

[1] 郭子章：《喻林·序》，在徐元太（编）：《喻林》，第2卷，页5。郭子章出生于山西省吉安府泰和县，为隆庆五年进士，和耶稣会的关系见《两头蛇》，页98–99；另参见洪业：《洪业论学集》（北京：中华书局，2005），页173–174。

[2] Michael Lackner, "Jesuit *Memoria*, Chinese *Xinfa*," in Federico Masini, ed., *Western Humanistic Culture Presented to China by Jesuit Missionaries (XVII–XVIII centuries)*, pp. 207–208. 另参 *AH*, III. xi.19–xxiv.40。

[3] 见（东汉）班固：《拟连珠》，收于（清）严可均（编）：《全上古三代秦汉三国六朝文》，5册（北京：中华书局影印，1991），《全后汉文》卷26，1:612。下面会简要论及连珠文的文体特色，另可参见廖蔚卿：《论汉魏六朝连珠体的艺术及其影响》，收于台静农先生八十寿庆论文集编辑委员会（主编）：《台静农先生八十寿庆论文集》（台北：联经出版公司，1981），页443–490。

班著排比整齐，对仗甚工，句法极严，字数有五、七、九之定，而最重要的是班固——或其他的连珠文家——都善用譬喻，而且用的都是陈骙所谓"对喻"或高一志的中译对等词"对而相同之重譬"。这种譬式，总之都建立在逻辑性的比拟与明喻的关系上，都因"联比"而有声韵之美，宜乎晋人傅玄（217—278）《连珠序》所称之"文体辞丽而言约，不指说事情，必假喻以达其旨，而贤者微悟，合于古诗劝兴之义"。倘用喻词来说，连珠文假物陈义，极"欲使历历如贯珠，易睹而可悦"，而班固上引——依傅玄之见——确实也"喻美辞壮，文章弘丽"（《汇编》，页57）。

我们再依傅玄之说，连珠文乃汉世朝臣奉诏而作，故其传统都以"臣闻"开笔（《汇编》，页57），别体则得俟诸后世，像北朝庾信（513—581）的《拟连珠四十四首》慷慨悲歌，就都易以"盖闻"破题，而南朝刘孝仪（484—550）的《艳体连珠》，则连"臣闻"或"盖闻"也都一概免了。高一志既非奉诏而喻，《譬学》所述因此类如刘文，所谓"臣闻"或"盖闻"同样免了。尽管如此，倘就对仗之工整、排比之有序、音韵之铿锵与譬喻之鲜明而言，高一志下面数句应该也当得上"连珠"之名：

[一] 葵花心向于日，日暮而不改其向也[1]。贞女生随其夫，夫亡而不失其守也。（《三编》，2:591）

[二] 石楹难立，立永不朽；善名难立，立永不磨[2]。（《三编》，2:604）

[三] 二木异材，以胶合而成器；夫妇异姓，以爱和而成室。（《譬下》，页8a）

[四] 井弥深，其水弥甘；学弥深，其言弥旨。（《三编》，2:638）

---

[1] 此语出自 *Parabolae sive similia*, p. 138。

[2] 此语出自 *Parabolae sive similia*, p. 119。

这四句句法最简洁者当推尾句，高一志主要以三、四对的字数承接两端，使之化为一"复字句法"（diacope），也使我们在互比的隐喻中类推连珠体常含的至理，甚而可能"姑且信之"（willing suspension of disbelief），在幻影下错把譬喻当真理。这四句当然各有其互譬的二端，而且都呈正对之势，和连珠文的对仗方式极其类似，例如首句中的"葵花"对"贞女"，"日暮"对"夫亡"，或第二句的"石楹"对"善名"，"不朽"对"不磨"等等。明人吴讷（1372—1457）的《文章辨体》认为骈四俪六乃连珠文的声调基本，高一志时而也会如此设譬，如上引第三句的两端就都由四、六对构成，读来——除了声调用事稍显平直之外——还颇似扬雄如下之句："明君取士，贵拔众之所遗；忠臣荐善，不废格之所排。"[1]此外，高譬的喻依出人意表，内涵曲喻，格外有趣。我们再加端详，当然会发觉连中国传统好用的"顶真格"也在第二句的"立"字上出现。欧洲修辞学并非没有顶真格，欧人称之为"尾字续用法"（anadiplosis）。然而我们若从扬雄或班固等汉代连珠文大师的角度看，"尾字续用法"似乎罕见微言大义，文字游戏的成分高，即使较诸高一志，其间差别也显然。

上面我对《譬学》范句的浅见，韩霖为此书撰序时同样观察到了。他说《譬学》二卷"仰观俯察，触类引申，……缩远而近，化腐而新，粲然如贯珠立联以泽也，冲然如醇醪之多且旨也，穆然如清风之袭人，濛然如细雨之入土也"（《三编》，2:569-570）。这段序文一则点出高一志取喻的对象与譬法的基本原则，另则誉之读后每如春风化雨，有兴教立人之效。虽然如此，我最重视的仍为韩霖读喻后所用之喻：他说《譬学》诸喻"粲然如贯珠之联"。我们倘不健忘的话，除了《譬学·自引》曾以"珍珠"或"珍宝"比喻其中之"譬"外（《三编》，2:571），前引傅玄《连

---

[1] 见（明）吴讷：《文章辨体》，在徐中玉（主编）：《传世藏书·集库·文艺论评》，第1册，页104及134，以及（汉）扬雄：《连珠》，收于严可均（编）：《全上古三代秦汉三国六朝文》，《全汉文》卷53（北京：商务印书馆，1999），1:416。

珠序》中亦有"历历如贯珠"一语,而梁代沈约(441—513)《注制旨连珠表》则称譬喻应"若珠之排结",宋人洪迈(1123—1202)的《容斋随笔》同谓连珠文之用,非得如珠之"重复连贯"不可,归有光《文章指南》从而强调"文势如贯珠"[1],而最重要的当然是《文则》论载言之文之佳者,喻之读来每令人有"续如贯珠,应如答响"之感(《汇编》,页217)。凡此明指或暗示,就《譬学》而言,无非高一志的重譬每可数转,句法近似连珠文,而他本人在韩、段家族与徐光启的襄助下,亦可称为有明连珠体的出类拔萃之士,至少耶稣会中罕人能及。

连珠文之为体也,重在假喻陈义,务必文辞并茂,兼以声顿齐整,我们可用章前提到的欧洲上古"文体三类"予以解说:"宏伟文体""中庸"与"平直文体"。这三类在英译里时称"高级"(high style)、"中级"(middle style)与"低级"或"平直文体"(low or plain style),不过其间并无等级上的优劣之分,唯有目的上的使用之别。演辩家甚至可在同一场合并用,使其声援彼此,达致希求之效。苏瑞芝从西塞罗之说,认为"平直文体"意在教学、解说与查证,不必刻意雕琢,而"宏伟文体"旨为说服,非得留心于句法与音韵藻饰不可。"中庸文体"的特色则介于"宏伟"与"平直"之间,读之目娱耳乐,令人不忍释手。此外,苏瑞芝再从西塞罗而认为"宏伟文体"既有堂皇之姿,又有华丽之美,更有富贵之态,则其读来也应如贯珠,有格言警句般的真理之感(DAR, pp. 412–417)。这种种特色,汉世以来都毕集于连珠之体,自然可与高一志的譬喻相埒。即使将两者并誉为"宏伟文体",似乎也没有不妥之处。

晚明耶稣会士并未特别留意文体三类,高一志《童幼教育·西学》与艾儒略《西学凡》论修辞,都止于西塞罗的修辞五法。在中国,欧人文

---

[1] (梁)沈约:《注制旨连珠表》,收于严可均(编):《全上古三代秦汉三国六朝文·全梁文》卷27,3:3109;(宋)洪迈:《容斋随笔》,2册(上海:上海古籍出版社,1978),2:489–492;(明)归有光(评选):《文章指南》(台北:广文书局,1985),页14。

体三类的引述要待清代中期法国耶稣会士贺清泰至，方能得见。在欧语如拉丁文之外，赫氏还精通汉文及满文，在乾隆朝曾以欧化体和北京俗语译《古新圣经》，共三十六"卷"[1]，近乎全译。由于这是《圣经》首度移为北京方言，贺清泰不得不解释他择"体"译经的原委，我们遂见他耗"序"通篇，专文说明移泽《圣经》的操作规范，同样在华抢得论述头香：

> 《圣经》不是人自己本意作的书，是天主亲自说，圣人记载的。天主……的意思是为人寡学道理，[多]行道理的事，所以特用俗语说了一件事，又[另体加以]重说，要高明的或愚蒙的都能容易懂得，也深深记得要紧的道理。……翻译合对本文，全由不得人或添或减，或改说法，恐怕有错处。定不得有人说："为钦敬天主的言语，也为合读书人的心意，也不高，也不低，用中等的说法翻译使不得么，有何妨碍呢？"（《古新》，1:4；另见《徐汇续》，28:3-4）

上引最后贺清泰所谓译体的高、中与低的"说法"，指的正是西方上古的文体三类。《圣经》有《雅歌》《箴言》与《圣咏集》等几乎全属文学语言的卷目，也有《创世纪》与《户籍记》一类叙述与描写性的卷目。文体三类，经中其实端视目的而使之，合并连用则为常态。不过一般说来，新、旧二约却多用语简朴的文句，尽其可能使妇孺可解，故贺清泰真正

---

[1]（清）贺清泰译的《古新圣经》时无刊本，仅传稿本与抄本各一，1949年之前分别藏于北平北堂图书馆及上海徐家汇藏书楼。这里的卷数据《人物传》，3:99；Pfister, 2:968-969所述则为三十四卷；《提要》，页18-20则称有三十八卷。我所见的徐家汇藏书楼本共三十六卷，外加一册复本。《提要》称有三十八卷，可能是扣除复本后，再加上两册晚出《圣咏》（注解较详）使然。除了《提要》，页22之外，下面这段引文另见（清）贺清泰（译注），李奭学、郑海娟（主编）：《古新圣经残稿》，9册（北京：中华书局，2014），1:3-4。《古新圣经残稿》以下简称《古新》，页码随文夹注。有关《古新圣经》的简介，可见李奭学、郑海娟主编：《古新圣经残本·导论》，1:1-90。

顾及的乃中国的通俗语言，不是西方读者的好恶，而他当然也在力辩自己以俚俗之语译经的合理性。对贺清泰而言，文体本身似乎就是意义，有其特殊指涉。

　　毋庸置疑，贺清泰反对以高级或宏伟文体译经。上引之后，他在《古新圣经》的序言中又说"圣热罗尼莫"曾效"西瑟洛"（西塞罗）古雅宏伟的拉丁体译经，结果睡梦中遭"天神"执鞭笞责，自此方知译经必须以俗常之语为之（《古新》，1:4；《徐汇续》，28:11），而此即中世纪风行全欧的《通俗本拉丁文圣经》或天主教所谓《武加大本圣经》文体的由来。尽管贺清泰氏所述未必全合史实[1]，高一志译《譬学》的目的显然和翻经不同，他志在以中文行亚里士多德修辞学的"说服"目的，所以《譬学·自引》方如前引，以"点化之术"比喻譬法的功能，志在以譬"感人"；而这不啻又有如在说《譬学》纵非用词古奥，所用句构似乎也不见得雕金镂玉，但就高一志近乎连珠体的文风而言，书中诸譬显然已近高级或宏伟文体了。何况奥斯定之后，天主教自奥氏"谦卑的证道词"（*sermo humilis*）推展出"卑降情况"（*humilitas*）里的三种层次，而顺水推舟，他也把低级或平直文体化为颇具弹性的写作方式，使之特具前所未有的崇高风格[2]。

　　韩霖尝合以中国文学的观念试解《譬学》这套宏伟譬法。他的《譬学·序》用隐喻称高一志的譬法是"物虽胡越，合则肝胆"（《三编》，

---

[1]　圣热落尼莫的故事见 Isidorus Hilberg, *Sancti Eusebii Hieronymi Epistulae*, in *Corpus scriptorum ecclesiasticorum Latinorum*, vol. 54-56 (Vienna-Leipzig: Vindobonae F. Tempsky, 1910—1918), I.22.30。他的梦可能做于 375—377 年间，而在此之前，《武加大本圣经》早已译毕，见 Neil Adkin, "The Date of the Dream of Saint Jerome," *Studi Classici et Orientali* vol. 43 (1993), pp. 262-273。

[2]　Erich Auerbach, *Literary Language and Its Public in Late Latin Antiquity and the Middle Ages*, trans. Ralph Manheim (Princeton: Princeton University Press, 1965), pp. 25-66. Cf. Marsh H. McCall, Jr., *Ancient Rhetorical Theories of Simile and Comparison*, pp.141-142; and Anthony C. Yu, "Literature and Religion," in Mircea Eliade, ed., *The Encyclopedia of Religion*, 15 vols. (New York: Macmillan, 1987), 8:564-565.

2:569）。熟悉中国文学批评史的人一定知道，这两句话取典自刘勰（465—520），正是《文心雕龙·比兴篇》篇末的主喻之一。不过韩氏为何用到此喻，我想关键正是在此。刘勰相关的语句用佛偈式的赞体写下："诗人比兴，触物圆览，物虽胡越，合则肝胆。"他以比喻所拟讨论者，显然是《诗经》的创作手法，也就是《诗》之六义中的"比"与"兴"。这两个字，尤其后者，每令历代学者困惑不已。但《文心雕龙》有定见，说是"比显而兴隐"，仿佛"比"字等同于现代人的"明喻"，可以"麻衣如雪"及"两骖如舞"中的"如"字为用法正则，包括宋玉《高唐赋》中"声似竽籁"的"似"字或枚乘（?—140 BCE）《菟园赋》中"若尘埃之间白云"的"若"字。至于"兴"，刘勰称之托物象义，"婉而成章"，则此非隐喻或其旗下的借喻与借代之属？刘勰又说比兴云云，要之乃"附理"与"环譬"的问题，而这几乎就等于《譬学》关怀的比拟、联想与重譬。譬喻不会全然不明自显，多半仍得借助想象力的辅佐，因此除了逻辑上的演绎或省略推理之外，也涉及思考上的创造活动。"物虽胡越，合则肝胆"之前的"触物圆览"，指的正是想象的活动迸发后的联想与熔铸，故此物有胡、越之别，但只要其中有偶合之处，则可比拟，则自然会在想象力的譬助下使二者合如重譬，亲若"肝胆"（周注，页677-692）。

韩霖在下"物虽胡越，合则肝胆"这个结论之前，所用的明喻系"弹之状如弓"与"麟之形如麟"二者（《三编，2:567-568》）。虽然这两个例子的内涵自我矛盾，显然虚晃一招，但在《说苑》中的惠施之外[1]，我相信又是取自《文心雕龙·比兴篇》，可见韩霖看待《譬学》几乎全然从文学的角度出发，是从譬喻诗学的传统着手。晚明耶稣会士——这里

---

[1] "弹之状如弓"典出（汉）刘向（著）：《说苑》的《善说篇》，收卢元骏（注释），陈贻钰（订正）：《说苑今注今译》（台北：台湾商务印书馆，1995），页358。

当然包括高一志在内——著述与译述众多，然而像韩霖如此由文学的角度予以品头论足者毕竟有限，故此《譬学·序》弥足珍贵，在了解高译上益发重要。韩霖下完结论后，在序中居然又用隐喻称高一志来自"章亥不到之地"，然而却读过"嫏嬛未见之书"（《三编》，2:569），是以能博取而设喻，译出一套泰西的譬学来。我们参详韩霖这篇序言，可以看出除了"理有不可遽达者，必以所知喻所未知焉"这个利玛窦和高一志早已提过的"以显明隐"的譬学目的外（《三编》，2:567–568），他借《文心雕龙》和各种明、隐喻所拟诉求者，其实也掺和着中国士人拟合理与合法化泰西譬学的动机，有收编之意。

这里我用"收编"二字，绝非夸大，高一志所以述《譬学》，前有晚明文学环境的催化，后有个人体会与意愿倾向可以追论——这一点请容后面再详。韩霖自《文心雕龙》的角度接受《譬学》，当然是此书就其文学技巧的一面所受到的考验，韩霖另从《礼记》的观念评断高一志的能力与用意，则是在文学之外另添为人师表者的文学涵养，而两者各有怀抱，其实都希望高一志可以是文学与中国师道兼具的儒家理想的"博喻之师"。话再说回来，倘要自天主教外寻找《譬学》的译述动力，以我目前研究所及，我不能不俯认尚待努力。不过格言警语乃历代善书的特色之一，明代名编更是如此，如洪自诚（生卒年不详）的《菜根谭》与陆绍珩（生卒年不详）的《醉古堂剑扫》等等，教士耳熟能详的谚语及格言集善书《明心宝鉴》尤然[1]，相信对《譬学》的译述也有部分推动之功。耶稣会士的中文著作，我们不要忘了他们每每呼之为"善书"（《晚

---

[1] 我用的是（明）范立本:《明心宝鉴》（洪武二十六年武林刻本）。此书乃最早译成欧洲文字（西班牙文）的中国图书之一，晚近就此书的西译及其与明末天主教士的关系的论述较可信者是刘莉美:《当西方遇见东方——从〈明心宝鉴〉两本西班牙黄金时期译本看宗教理解下的偏见与对话》，《中外文学》第33卷第10期（2005年3月），页121–131。不过刘文引郑阿财的研究，以为《明心宝鉴》最早的版本乃万历年间刻本，误。善书另一常体是用纪事或故事出之，参见陈霞:《道教劝善书研究》（成都: 巴蜀书社, 1999），页86–94。

明》，页 330–344）。

我们若换个角度，再从天主教内，从思想的层面加以检视，那么就不难看到中国文人接受《譬学》的蛛丝马迹了。韩霖主要的活动时间在明末，但由明至清，我们看到《譬学》由北迤逦南行，先入苏浙一带。康熙中期，吴历尝读《譬学》，其后为某"明试老道翁"的扇面题词，称之为《〈譬学〉一则》。正文八句，全部即都稍改《譬学》内文重组而成，其实是一种别开生面的读法：

> 掌树愈见加重，愈即奋逆。志士愈见屈抑，愈即奋志。树枝凡北向者，强固于南向者也。人之习逆，坚勇于习顺者也。（章注，页 525）

吴历号墨井道人，上文即如此落款。他说这是《譬学》一则，"为明试老道翁书"（章注，页 525）。"明试老道翁"的身份不详，吴历既称之为"道翁"，想来应为会内教友。吴历为他所题之词，旨在"习逆"，而这一点高一志的《达道纪言》已用欧洲上古世说，多所喻及[1]。《〈譬学〉一则》的特点在文体，吴历显然认为自己下笔，可以比《譬学》中的"原文"写得更好。"原文"乃出自《譬学》首版，譬文其实原分两则，都由伊拉斯谟的《譬喻集》译出[2]，我条列如次：

> 树枝北向者，强固于南向者也。人心之习逆，坚且勇于习顺者类此。（《三编》，2:605）
>
> 掌树愈加重，其力愈奋。志士愈屈抑，其力愈坚。（《三编》，2:605）

---

[1]　例子见《三编》，2:718–719 有关"束格拉底""弟阿日搦"忍受恶妻等诸则故事。

[2]　分别见 *Parobolae sive similia*, p. 181 以及 p. 173。

我们并比吴、高的引文，看来吴历认为这两则譬文倘能倒着读，则应可化为一则，形成联珠贯珍之效。对于吴历的改作，章文钦评道："略加排比润饰而文字更胜。"（章注，页 526 注 3）此语诚然！不过章氏忽视了一点：吴历的"排比"所循的理论基础，说来正是高一志在《譬学·自引》里所称的"重譬"之法，故而才形成上面我所谓"联珠贯珍"之势。吴历的改作，显示他系高一志最忠诚的"学生"，而《〈譬学〉一则》因此便变成史上《譬学》内文与修辞理论相辅相成的头一遭，而且是翻译的翻译，意义非比寻常。

吴历改易《譬学》时人在上海，而几乎与进入苏浙同时，《譬学》又挺进了八闽之地，影响更大。下面我拟举以略述的例子是康熙年间的李九功（？—1681）。李氏并其兄九标（？—1647?）一族，从明末开始便从艾儒略受洗 [1]。康熙戊午年（1670）之前，李九功早已读过绛州南下的《譬学》，并在所汇《文行粹抄》（序于 1678 年）的序文中称他正因此书而体得格言警语的重要，从而有法式之心，而其结果便是《文行粹抄》一书。《譬学》上下二卷所集西方格言有六百余条，而李九功独重"如下"两条：

> ［一］ 蜂求酿蜜必择于花，其无益者弗采也。人图聚学必择于书，其非者弗习也。
>
> ［二］ 善书如药室，人入无不得其痊治者。淫书如疫室，人往无不沾

---

[1] 见潘凤娟：《西来孔子艾儒略——更新变化的宗教会遇》，页 89–90。另见 Adrian Dudink, "Giulio Aleni and Li Jiubiao," in Tiziana Lippiello and Roman Malek, eds., *"Scholar from the West": Giulio Aleni S.J. (1582—1649) and the Dialogue between Christianity and China* (Brescia: Fondazione Civiltà Bresciana and Sank Augustin: Monumenta Serica Institute, 1997), pp. 129–200.

其恶邪者。是以先世名儒博古，雅不读非圣之书。[1]

严格说来，这两条并非《譬学》"原文"，李九功应该引自高一志"童幼教育·正书"一章，而第一条还是天主教圣人罢洗略（Basilius Caesariensis, c. 330—379）所喻，但已经伊拉斯谟加工与高一志的二度改译（《徐家汇》，1:362 及 1:367），去原文略有距离[2]，不过其间有若韩霖《铎书》（1641）内文所用者（《徐家汇》，2:733–734），盖俱有异文也，或可说明系因《譬学·自引》的用譬之规而自行改创的"类优浮体"（pseudo-euphuism）。由此可见高一志的正文并无特定语境，使用上开放自如。虽然如此，《譬学》以"蜂"为譬的句子[3]，为数不少，用"善书"与"淫书"对比，也颇有一些，尤见于下卷之中。上引李作第一条，应该化自上卷某关于"花"与"书"的有解曲譬，其"原文"如次："山中之花虽备众用，而蜂以善择善用益其蜜。书中之论虽备众意，而智者以善择善解长其学。"（《三编》，2:617）第二句话的"原文"亦然，至少后半部的"淫书"之说应由下面一句改写而成："饮毒者殒命，读邪书者失心。然邪书之毒更虐，故曰：'欲读邪书，宁入巨火；火止焚身而已，邪书既焚尔身，并燃尔神。'"（《譬下》，页 34b）据高一志的《童幼教育》，"邪书"之说典出

---

[1] （清）李九功（其叙）:《自序》，见所著《文行粹抄》，第 1 卷（榕城［福州］绿庄堂本，康熙戊午年刻，现藏耶稣会罗马档案馆，编号: Jap.Sin.I.34.a），页13（页码据耶稣会罗马档案馆本所标示者）。

[2] 原文见: Erasmus, *Parabolae sive similia*, p. 168: "Vt apes non quiduis ex omnibus colligunt, sed aliunde Metyn, aliunde Pissoceron, aliunde Propolin, aliunde Rhitacen, aliunde sobolem, aliunde mel: Ita non omnia petenda ex eodem auctore, sed ex vnoquoq [*sic*.] sumendum, quod habet vtilissimum: Ex poetis & oratoribus, verborum splendor: E dialecticis, argutia disserendi. E philosophis cognitio natura: E theologis pracepta viuendi."

[3] 其实不止《譬学》。以"蜂"引喻的格言性句子，我在罗雅谷中译的《圣记百言》第 96 条也看过，所以类此句法应为欧洲联此的传统之一。《圣记百言》的句子如次："蜂入万卉中，不问何类，但取其蜜。人在友中，亦当似之。采众善之花，成上德之蜜。"见《法国图》，23:465。

柏拉图：“罢辣多尝于邪书之害，譬之毒泉流行，推万民而毙之。”(《徐家汇》，1:365；另见《晚明》，页331)“毒泉”与“疫室”这两个喻依的差别并不大，而且《譬学》与《童幼教育》中的两喻用意也近似，都劝人远离邪书，勿自招损。耶稣会和释道一样好言“善书”，而且也好比之为“药室”，艾儒略即曾以之“譬诸药肆，诸品咸备，听人自取”，以随病疗治[1]。《譬学》二卷压轴的一段话中，高一志更把自己的译述之作方之“仁医药室”，认为可以“施药传方”，而其中诸譬就是“妙药奇方”了，好修之君子可以入而“取之而或进其德，或补其缺”(《譬下》，38b)。总而言之，李九功纂书的灵感确实得自《譬学》，但所引二喻都已加工改写，都隶属于高一志的有解重譬。由是衡之，高一志的《譬学·自引》果然灵验，在“教学”上成效卓著。李九功才展卷读之，旋能举一反三，可见譬规受用之一般。不过我们再省其然，如就《文行粹抄》的道德警训与格言譬喻衡之，则与其说李九功所重者乃《譬学》的文学形式，我认为还不如说他深为所动的系内中所摄的道德思想。后一意义上，李九功的阅读恰与韩霖取径相反。

　　中国早期天主教史上，李九功因亲炙艾儒略而颇以好学深思名，尤其长于个人的自省。明清之际，本土三教的功过格盛行，李九功每天也都按天主教自身所出的自省法记下功过，其后甚至认为只记过而不记功对灵修帮助更大[2]。正因为他怀有如此宗教热忱，遂乃遍览耶稣会士的中文著作，并将其中有益灵修的证道故事汇为《励修一鉴》二卷，又将每日读书自省的心得撰为《慎思录》(c. 1681) 三集，为中国日谱添一非属

---

[1]　见（明）李嗣玄：《思及艾先生行迹》(c. 1650)，见《徐家汇》，2:934–935。

[2]　以上参见王汎森：《明末清初的人谱与省过会》，《历史语言研究所集刊》第63本第3分（1993年7月），页679–712；Cynthia J. Brokaw, *The Ledgers of Merit and Demerit: Social Change and Moral Order in Late Imperial China* (Princeton: Princeton University Press, 1991) 一书；以及（清）李九功：《慎思录》，见《耶档馆》，9:223。

佛道与儒家的新体[1]。对李九功来说，道德修养可超越文化限制——"礼失求诸野"，极其自然。待其读到《譬学》时，脑际浮现的自然是让自己像蜜蜂一样择花采蜜，像名儒一般浸淫于善书之中，择精励志，从而把中西圣贤的嘉言美语汇为一编，使之发挥规过劝善的效果，利己也利他。福建奉教时人林一儁（生卒年不详）读《文行粹抄》，就觉得书中"道趣纷披，尘情顿扫"，从而"勃然以兴，或豁然以醒，或悠然以思，或憬然以悔"了[2]。《譬学》多借西方譬式成书，高一志这两卷巨著却在清室定鼎后变成另外一种中文典范，影响力虽不如陈骙的《文则》，但系统无疑更精更密。

在李九功法式《譬学》而纂集《文行粹抄》之后，《譬学》也随着文化输出，在李氏王朝正祖六年（1782）前就抵达朝鲜宫中，变成奎章阁藏书的一部分。可惜这方面的进展，我所知有限，难以详述[3]。话虽如此，仅就上举韩霖与李九功两例而言，我想《譬学》的确如一道笔墨津梁，非但融合而且焊接了中西修辞文化，进而发挥格言警语所应具有的文学教化功能。此所以高一志在全书完稿之后，又在近乎书末的地方跳出文本，添加了一条直喻，期许也呼吁读者道："若读此册而不改其所有之愆，譬之照镜，既见蒙垢而犹不思颒（浴）其面也。"（《譬下》，页

---

[1] 李九功：《励脩一鉴》的上卷刻本见《三编》，1:411-529，以及《法国图》，7:95-179；下卷则为抄本，见《法国图》，7:181-326，我所用者为巴黎法国国家图书馆藏抄本，古朗氏编号：6878。另见李九功：《慎思录》，在《耶档馆》，9:119-238。有关李九功《慎思录》的讨论，见许理和：《李九功与〈慎思录〉》，收于卓新平（主编）：《相遇与对话》，页72-95。有关明清日谱的研究见王汎森：《晚明清初思想十论》（上海：复旦大学出版社，2004），页117-185。

[2] （清）林一儁：《序》，收于李九功：《文行粹抄》，[页2]及[页4]。

[3] 斐贤淑（撰），杨雨蕾（译）：《17、18世纪传来的天主教书籍》，收于黄时鉴（主编）：《东西交流论谭》第2集（上海：上海文艺出版社，2001），页426。有关晚明西学远播韩国的情形，见李元淳（著），王玉洁、朴英姬、洪军（译），邹振环（校订）：《朝鲜西学研究》（北京：中国社会科学出版社，2001）一书。

28a）[1] 放在《譬学》全书的上下文中，高氏这句话来得突兀，却也有点自我反思的味道，使得《譬学》带有一点后设性格，自暴其翻译上的虚构性。尽管如此，这句话似乎同时也暗示一点：晚明耶稣会士好用譬喻性格言其来有自，所著每每趋之若鹜。

西来儒者

撒落满的《箴言》第一章第六节，早就要求"明达人"要"能明了箴言和譬喻，明了智者的言论和他们的隐语"（*animadvertet parabolam et interpretationem verba sapientium et enigmata eorum*）[2]。撒落满话里的"箴言和譬喻"，在《通俗本拉丁文圣经》中俱含括于"格言"（*parabola*）一词里，但此词在上引括号中的拉丁原句里，实则一语双关，在"格言"之外同时兼寓"譬喻"之意。"格言"乃前贤言谈的智慧，而"譬喻"系他们传递智慧的方式，两者故属一体之两面，尤可预表《新约》中耶稣的比喻（parable），凡人绝对忽视不得。如此也才能因惧天而得上智，进而开发道心，超凡入圣（箴1:6-7）。从象征的层次看，《通俗本拉丁文圣经》中"格言"的各种意涵述行性（performativity）重[3]，重到有如以经文在强化高一志用譬喻说格言的教内正当性。明末耶稣会士善譬，也能解譬，从这点看来，更像以象征性的行动在完成《圣经》交代的使命。

---

[1] "既见蒙垢而犹不思频（浴）其面也"一句括号中的"浴"字，我取自《譬学》首版（亦即《譬式警语》）下卷，页51a，而这个字理应为高一志译书时用的本字。

[2] 下面有关箴1:6的几个关键词的解释见 *The New Oxford Annotated Bible*, New Revised Standard Version (Oxford: Oxford University Press, 1991), p. 803n1.2–6。

[3] Cf. J. Hillis Miller, "Parable and Performative in the Gospels and in Modern Literature," in his *Tropes, Parables, Performatives: Essays on Twentieth-Century Literature* (Durham: Duke University Press, 1991), pp. 135–150.

尽管如此，倘就高一志本人再言，问题似乎还更复杂、更有趣。除了少数例外，《譬学》所收譬喻性格言理当为"译作"，但《譬学·自引》罗列的譬喻方法却可能所本难囿，系高一志个人自欧籍如《致贺仁宁》或《修辞的艺术》汲得的学识积淀，亦胸中所贮的非自觉性吐露。不错，高一志曾暗示所知譬学他不吐不快，故而"欲与同志者商"。这里的"同志"并不限于耶稣会内的弟兄，恐怕也包括段衮一类有志于文的中国士绅。《譬学·自引》有许多地方都结合了中国传统，而且不输《喻林》或其他清言集结合之深，是以高氏所谓"欲与同志者商"一句就另有意涵。

译述西学之际，高一志——从上文的分析看来——何以犹难忘怀中国的修辞传统，以致《譬学》二卷处处珠玑，而且每如贯珠立联？首先，明末文学环境的熏染得再考虑。耶稣会士日日晋接者，文人所占的比例不少，对于他们认识其时知识消费的方式当有启发作用，加以道德学问本来就是会士所长，他们当然知道如何逢迎对传教大有帮助的文人阶级。艾儒略时人郑璜（生卒年不详）出身泉州桃源，尝仕侯官学训导。他读过庞迪我的《七克》，而印象最深者乃庞氏下笔汪洋恣肆，"翼教"心切，因此在某诗中有庞氏"翼翼千篇敷神教"之句。待郑璜得见艾儒略，从其人其书又感受到会士的言语与笔下功夫了得，不得不因佩服而又吟出下面两句诗来："得君载授珠玑日，瘄瘰骦吟又日新。"[1] 第二句诗让我们想起利玛窦的时代。其时李贽三会利氏，而就在他阅毕《交友论》的友道格言，就在他援笔立就的五绝问道"观国之光未"后，他所吐诗行的尾句又和"日"的意象重叠，而最有趣的是李氏口占之际也充满了我心跃兮而令郑璜欢喜不已的朗朗氛围："中天日正明。"论者尝从历史的角度诠释后一句诗，以为指 1599 年利玛窦在南京和三淮辩论时所用的意象或

---

[1]　（清）晋江天学堂（辑）：《熙朝崇正集》，在吴编，页 672。

喻依[1]，但我宁可将之解为灿如皎日的"珠玑"，而如此成就才是晚明文人最重利氏处之一。这类训格之言自属其时文坛走势的风向球：以段衮之弟段袭为例，他为绛州刻本的《三山论学记》撰序，其中形容撰书之功，便又以"日自具真光"而"施照万有"为喻说明艾儒略出口成章、"字字珠玑"的本领（《续编》，1:428）。段袭这一席话，也可以为叶向高的"著书多格言"再进一解。高一志曾佐利玛窦布教南京，而这个城市正是利氏和李贽及焦竑（1541—1620）结缘之地，高氏焉能不知文学的标杆此刻转动的方向？譬喻性格言珠圆玉润，他不会漠视炮制之法。

修辞学虽然在中国没有形成西方式的撰述传统，也没有达到条贯分明的系统高度，但窥诸陈骙的《文则》，其中列举的各种喻式其实秩序井然，令人赞叹其条析之精且密。陈骙所论，大体乃明喻和隐喻两种，而用西方观念来说，这两种喻格正包含在章前我曾举出的"联比"一词的内涵中。观诸《譬学》，其基奠也正是现代人所称的"明喻""隐喻""借喻"及"借代"等修辞格，目的都在于"铺展简扼的概念"，使之变成更加完备的论述。其中当然金言夹杂，格言充斥。此外，我们尚得记住一点：耶稣会重古典与经院教育，而这两个系统所出的欧洲上古与中古，通俗文学中"金言集"或"格言集"（*florilegia/gnomologia*）就像高一志所处的中国晚明，乃社会上风行不已的传统，迄文艺复兴时代犹编译不辍[2]。来华之前，高一志就浸淫在这个传统中；在华援引并译述之，或因

---

[1] 李贽诗句见《赠利西泰》，收于李贽：《续焚书》（与《焚书》合刊），页 247。另参刘月莲：《李卓吾与利西泰：万历中西超儒之晤》，《文化杂志》第 43 期（2002 年夏季），页 160 及——尤其是——页 162。

[2] 参见下列著作: Robert L. Wilken, "Wisdom and Philosophy in Early Christianity," in Robert L. Wilken, ed., *Aspects of Wisdom in Judaism and Early Christianity* (Notre Dame: University of Notre Dame Press, 1975), pp. 43–168; Mary Rouse and Richard Rouse, *Preachers, Florilegia and Sermons: Studies on the Manipulus Florum of Thomas of Ireland* (Toronto: Pontifical Institute of Mediaeval Studies, 1979); R. H. Rouse, "Florilegia and Latin Classical Authors in Twelfth- and Thirteenth-Century Orléans," *Viator: Medieval and Renaissance Studies* 10 (1979), pp. 131–160; 以 及 Ann Moss, *Printed Commonplace-books and the Structuring of Renaissance Thought* (Oxford: Clarendon Press, 1996).

某种内心驱力使然，大到非得与诸"同志者商"不可。容我再复述一次：《譬学·自引》中的"同志"不止教门中人，而是包括对譬喻之法有志一同的晚明中国士子。

即使不论晚明与欧洲中世纪文学作风的联系，我们从机智隽语的角度看，高一志述《譬学》的原因也可另行揣悉。入华之后，利玛窦对中国语义观察深刻（《晚明》，页19），然而不论来华与否及时间上的先后次序，耶稣会士中，康、乾之际另有杜赫德（Jean-Baptiste Du Halde, 1674—1743）一人对中国语情的研究不乏余力。杜赫德乃法籍会士，毕生未曾移步中国，但因专责入华耶稣会通信的档案整理，所以对中国教史和中国社会与文化认识卓绝。他曾和郭弼恩（Charles Le Gobien, 1653—1708）共同编辑盛名远播的三十四册《耶稣会士中国书简集》（*Lettres edifiantes et curieuses*, 1702—1776），震撼了18世纪的欧洲文化界。杜赫德本人在案牍之余，同时撰有《中国全志》（*Description géographique, historique, chronologique, politique, et physique de l'empire de la Chine et de la Tartarie chinoise*）一书[1]。1725年杀青之后，此书的各种欧文译本纷纷出现，自此欧人对中国的概念才算差强人意。《中国全志》中有一小章专论中国修辞学，对中国人只重书写，不重《荀子·非相》所谓"谈说之术"的现象强调非常。杜氏谓："中国人对修辞的看法一如他们对逻辑的见解，都是任其发展，不予以归纳或分析成学，致使史上相关的著作有限，尤其难比欧人修辞学专书绵延之久，也难比其撰述之精且严。""不过这并不代表中国一无修辞学，而是说中国人宁可'仿拟'

---

[1] 杜书的英译本书题亦长，而且不著译者之名，见 [Jean-Baptiste Du Halde,] *A Description of the Empire of China and Chinese-Tartary, Together with the Kingdoms of Korea, and Tibet: Containing the Geography and History* (*Natural as Well as Civil*) *of Those Countries. Enrich'd with General and Particular Map and Adorned with a Great Number of Cuts*, 2 Vols. (London: Printed by T. Gardner for Edward Cave , 1738—1741)。杜氏在本书他处亦持类似之见，如 1:365 谓：中国人"用字遣词活泼鲜明，间杂以胆大心细的各种比喻及高尚的隐喻"。杜赫德与郭弼恩的生平，见《人物传》，3:71—73。

前人以炼字锻句，也不愿照着修辞术的规则自我演练。"杜赫德所言甚是，盖系统之"术"多为孔门所鄙，孔子不是说过"君子不器"吗？（朱编，页 69）[1] 依我浅见，杜赫德的见解另有可能受到曾德昭的启发。曾氏在 1613 年抵达南京，辅佐高一志办理教务。南京教案发生时，他也受到池鱼之殃，遭遣返回澳门。不过风声稍歇，他和高一志一样，又潜返中国内地，而且是南北敷教，四处奔波，二十二载过后才启程回欧。1638 年，曾德昭用葡萄牙文完成了《大中国志》一书，对中国文化环境有极其深刻的观察，其中之一就是批评中国人的修辞学涣散，并指斥中国文人好用"模仿的方法"，喜欢据他人的佳作以行文的"怪现象"[2]。

"怪现象"当然不一定怪，西方文艺复兴与新古典诗风也曾以希腊古典为仿效的对象，差别仅在各自的"拟仿"有"创造性"（creativity）高下的差别。曾德昭并未说明中国文人何以特好拟仿，而杜赫德毕竟没有到过中国，缺乏环境上的临场认识，对"拟仿"一说也只能点到为止。所幸艾儒略的了解就深刻多了。《西方答问·西学》里有中西制度的比较，这点艾氏的《西学凡》倒付阙如：他说西方庠序"一考文，与中华文章科第相似"[3]。这个"文"字，果然依《西学凡》的解释，那就是"勒铎理加"（李辑，1:27），是"修辞学"或——在中国的文化语境中——是"文则"或"文章之道"了。我们知道，唐宋两代的进士科在策、论之外，兼试诗赋。由于后者未必有益国计民生，非治道所需，是以北宋中

---

[1] 朱注，页 69；另见 Jonathan Benda, "The French Invention of Chinese Rhetoric?" Unpublished paper presented in "International Conference on East-West Identities: Globalisation, Localisation, and Hybridisation" (26–27 February, 2004, Hong Kong Baptist University), pp. 20–21. 上文所述杜赫德之论，我颇受启发。

[2] Alvarez Semedo, *The History of the Great and Renowned Monarchy of China*, trans. by "a Person of Quality," 3 pts. (London: Printed by E. Tyler for Iohn Crook, 1655), pt. 1, p. 51. 现代西方汉学家怀疑存在"拟仿"及其衍生而出的"背诵"（memorization）、"简练"（brevity）与"用典"（allusion）等问题乃中国人在"语言的创造力"上难以与西方匹敌的原因，见 Christoph Harbsmeier, *Language and Logic, Science and Civilisation in China*, vol. 7 (Cambridge: Cambridge University Press, 1998), pp. 98–100.

[3] （明）艾儒略：《西方答问》（明崇祯十年晋江景教堂刻本），页 12a。

叶以后，策、论的重要性日增，而这两科都是所谓"文章"的内容。到了明清的八股制艺，考法虽大异其趣，文章的作法却是定制更强。其性质、内容与方式，益发近乎欧人的修辞学及其实践[1]。艾儒略在《西方答问》里的比较，故而暗示考试制度才是"拟仿"的根本原因。

挂一漏万的是，艾儒略对中国文人"作文"的习用手法，讲得又没有杜赫德清楚。《中国全志》指出中国修辞学系统漫漶，继之的一段话就层楼更上，直指中国文章的本质核心："中国人有时也雄辩滔滔"，不过他们多用书写为之，语言上则有三大特色，亦即"用词鲜明，隐喻高雅，比喻（comparisons）大胆，而且主要都典出古贤的警语（maxims）和金言（sentences）。书写的方式更是活泼不已，风格则以隐晦（mysterious）见长，经常在几个字内就把大量的思想与意义汇合为一"。此见俨然成理，与曾德昭的看法略同[2]，不仅可以用来形容中国古人的文章积习，亦可借以说明高一志《达道纪言》或《励学古言》等文本的译述风流。至于《譬学》，那就不用多说，因为其中确实"隐喻"盈篇，"比喻"斗量，甚至内含"典据"，寄意遥深，笔下"高雅"之至。高一志的句子，更常在"几个字内就把大量的思想与意义汇合为一"。至于用字与句式的整炼，上文谈联比或其基本的联语时已明，毋庸再赘。

在中世纪或文艺复兴时期，欧人对修辞学的主流概念仍然处在雄辩

---

[1]　邓嗣禹：《中国考试制度史》（台北：学生书局，1967），页77–334。另参见 Thomas H. C. Lee, *Education in Traditional China: A History* (Leiden: Brill, 2000), pp. 131–170。

[2]　Jean-Baptiste Du Halde, *A Description of the Empire of China and Chinese-Tartary, Together with the Kingdoms of Korea, and Tibet: Containing the Geography and History* (*Natural as Well as Civil*) *of Those Countries. Enrich'd with General and Particular Map and Adorned with a Great number of Cuts*, 2:124. Also see Semedo, *The History of the Great and Renowned Monarchy of China*, vol. 1, p. 51. 有关早期欧人对中国语言的看法的通论，见吴孟雪：《明清时期——欧洲人眼中的中国》（北京：中华书局，2003），页1–38；David Porter, *Ideographia: The Chinese Cipher in Early Modern Europe* (Stanford: Stanford University Press, 2001), pp. 15–77, 以及 Christoph Harbsmeier, *Language and Logic*, pt. I, in Joseph Needham, *Science and Civilisation in China*, vol. 7, pp. 34–36。

术的阶段，而这种定义下的活动，中国当然不是全然无之，战国时代的名家、纵横家和儒家即其开山祖师[1]。就算在晚明的历史时空中，辩论之风也不曾稍歇。不谈明代特有的讲学聚会，利玛窦好辩成性，时人早已为之侧目不已（《晚明》，页 12）。诚如章前所述，《三山论学记》系叶氏和艾儒略辩论天儒的历史记录。我们在其中所见正是精彩绝伦的宗教与思想上的中西论战，虽则两人羽扇纶巾，风度也翩翩。时人苏茂相（1567—1630）曾任户部尚书，后因与魏珰不和而致仕归田，他的《三山论学记·序》[2]，对这场辩论有如下生动的描述，乃中式雄辩又一例证：

> 相国（案指叶向高）之往复辩难不啻数千百言，微艾子之墨守，曷敌输攻？然微相国之尘屑霏霏，则艾子之能不疲于屡照者，其明镜孰从而发之？（《续编》，1:422）

细而观之，苏茂相这里的描述多由明喻与隐喻组成，所谓"不啻"，所谓"墨守"，所谓"输攻"，所谓"尘屑"，所谓"明镜"，无一不是德曼所称的"修辞"，所以中国人不乏实际论辩，而是在国家语情与儒家巧言观的限制下，历来发展有限，重视也有限。

再回到杜赫德。他系高一志隔代也隔空的后辈，故其就中国语言的观察当非针对《譬学》而发，但是写来却也有如在时空倒置下忠告高氏：譬喻发展而出的格言警语就是中国人的修辞学之一，是他们用"古言美语"加强文气与文势的写作之道：如果要像利玛窦或稍后的艾儒略一样，

---

[1] Xing Lu, *Rhetoric in Ancient China, Fifth to Third Century B.C.E.: A Comparison with Classical Greek Rhetoric*, p. 117 and pp. 127–153; and Robert T. Oliver, *Communication and Culture in Ancient India and China* (Syracuse: Syracuse University Press, 1971), pp. 161–181.

[2] 有关苏茂相及其与三山论学的关系，见崔来廷：《海国孤生——明代首辅叶向高与海洋社会》（南昌：江西高教出版社，2005），页 262–313。

当个十足的"西来儒者",甚至要像罗明坚般誓入"中国子民之数"[1],生死与之,则在儒服儒冠的"文士"打扮之外,这种在西方几乎等同于宏伟文体的修辞方式也不能漠视!说得极是,谢和耐(Jacques Gernet)论利玛窦的中文笔风,用的形容词就是"最高级"(highest),显然以欧洲宏伟文体视之[2]。

在高一志发表《譬学》的17世纪30年代,格言性的清言世说早已盛行一时,而且方兴未艾,文人率皆操觚染翰,任其蔓延到下一个朝代。徐元太是晚明的前辈高手,而陈继儒向来交善于耶稣会士,更是稍后清言式格言集的写作能人。万历年间,陈氏还曾亲手"订正"陈骙的《文则》[3],并将之收为《宝颜堂秘笈》之一,和利玛窦的《友论》共处一"堂"[4]。陈氏所著《太平清话》杂记琐事,搜奇访异,但全书多数也有格言写作的倾向,尤其工于譬喻。下引一例,可以再证上文:"文人之有砚,犹美人之有镜也。故镜必秦汉,砚必唐宋,古人良有深味。"[5]倘用《譬学·自引》内的术语来说,我想高一志尤会将首句定位为"直约

---

[1] 罗明坚初到广东时,曾上书明朝权力当局,乞请俯允永居在华,身为百姓之一,并附有条件云:"完全与本国脱离关系,自己情愿列入中国子民之数。"反讽的是罗明坚在华仅八年(1580—1588),其后即因组教团来华事而奉诏返回意大利,而且一去不返,最后老死生身故乡。不过这可就不是高一志的故事了:他逢难不死,仍然入华传教,而且最后确实与中华子民"生死与之"。1640年高氏身殁之后,安葬于绛州高崖坟。惜乎如今除了砖堆而成的十字架尚存外,碑石已无复可辨,而知道他功在山西教史与中西文化交流的绛州人士也愈来愈少了。有关罗明坚的事迹,见裴化行(Henri Bernard)(著),萧浚华(译):《天主教十六世纪在华传教志》(北京:商务印书馆,1937),页263-264;以及矢沢利彦:『中国とキリスト教』(東京:近藤出版社,1972),页21-27。有关高一志墓拱所在,见《两头蛇》,页69。另参见刘耘华:《诠释的圆环——明末清初传教士对儒家经典的解释及其本土回应》,页83-90。

[2] Jacques Gernet, *China and the Christian Impact: A Conflict of Cultures*, trans. Janet Lloyd (Cambridge: Cambridge University Press, 1985), p. 47.

[3] 蔡宗阳:《陈骙〈文则〉新论》,页223。

[4] 见陈继儒(编):《宝颜堂秘笈》第15及第18函,收于《百部丛书集成》18(台北:艺文印书馆,1965)。

[5] 陈继儒:《太平清话》,引自合山究(选编),陈西中、张明高(注释):《明清文人清言集》,页81。

之譬"，而后陈氏再予"加详加力"，终而以推理论证与收场的套式终篇（cf. *CWA*, 1394b）。高一志本人所著率皆如此，其咳唾珠玉而复杂重叠则犹有过之，谢和耐若加分析，我想本章第二节那段譬学"范文"，他应该也会用"最高级"予以形容。

从 1583 年入华以来，天主教耶稣会士无不想方设法把自己融进明代社会之中。一方面，他们早已体知唐代以次，中国人崇文抑武，而在这种话语霸权激励之下，儒生早已变成了文化主流，是以会士的传教策略之一，就是修正欧洲形象，使自己蜕变成为中国文人。叶向高称艾儒略及其会中同志为"言慕中华风"，而为了"深契吾儒理"，利玛窦与罗明坚等早期会士甚至峨冠博带，行走大江南北。不过在外貌之外，明末会士当然也想在中国人最重视的书写文化上再行儒化，以获得儒门理想的君子建构的权力基础[1]。他们研习中文，用文言文述译与自我归化，对这种语言的一大认识便在杜赫德指出的比喻性格。另一方面，耶稣会士同时体会到中华说苑莫不以道德性美言为尚，文人下笔往往格言警语盈篇。耶稣会士"咬文嚼字"，特好织锦，因此绝非师出无名。他们的文化态度，可见于《圣记百言》与《交友论》这些格言集的中译，而高一志同属"以西化中"这个传统的实践者之一。《譬学》二卷就是从譬喻之学的角度会通中西，以便落实高氏自己"儒家文人"的身份实践。我们从高一志譬学和陈骙《文则》中的诗学来看，从《譬学》中的隽语警句和传统连珠文的比较，再从这些警句和晚明清言式的格言的笔法衡之，当会发现"耶稣会士高一志"就像他曾褪掉自己意大利文音译而成的名字"王丰肃"

---

[1] "才子"与"君子"都是儒家的文化楷模，而理想中这两种典型的建构和"文"或"喻"其实关系甚密，《礼记·学记》不另有言曰君子"不学博依，不能安诗"，或"君子之教，喻也"？（阮刻，2:1522—1523）有关儒家君子才子观的历史转析，见 Kam Louie, *Theorising Chinese Masculinity: Society and Gender in China* (Cambridge: Cambridge University Press, 2002), pp. 58–77；另可参阅 Song Geng, *The Fragile Scholar: Power and Masculinity in Chinese Culture* (Hong Kong: Hong Kong University Press, 2004), pp. 87–97。

一样，确实在译毕《譬学》前后就已经改变身份，在譬喻的写作上实行耶稣会著称于世的适应策略，认同了中国文士的文字活动与知性生活[1]。《譬学》虽仍带有神圣修辞学的色彩，但高一志同时也令其披上"儒者"的外袍，在文字上"峨冠博带"起来。说来还真讽刺：譬喻是修辞，而修辞乃虚构，柏拉图的对话录如《高尔吉亚篇》言之已详，抨击得不遗余力（*PCD*, 462c and 452d–453a），不过譬喻在中国可也不仅是格言的炮制方法，同时还可因格言衍发的幻觉，使人再生真理或儒门的权威之感。

譬喻之为德也，上述可窥一斑。

---

[1]　Cf. Lionel M. Jensen, *Manufacturing Confucianism: Chinese Traditions and Universal Civilization* (Durham: Duke University Press, 1997), pp. 39–70.

第八章
中译第一首"英"诗：
艾儒略译《圣梦歌》

梦的考掘

请先释题：本章大标题中所谓"中译第一首'英'诗"乃为简洁与醒目而设，实指"我们迄今可见的第一首中译'英'诗"而言，而且后面的"英"字指"英国"，也不是我们每会联想到的"中世纪"或"现代"英语。20 世纪 50 年代，钱锺书率先提出朗费罗（Henry Wadsworth Longfellow, 1807—1882）的《人生颂》（"A Psalm of Life"）系中译首见的"英诗"与"西洋诗"之说。钱氏所指系威妥玛（Sir Thomas Francis Wade, 1818—1895）与清吏董恂（1810—1892）共译者，时在 1864 至 1872 年间。五十余年后，沈弘与郭晖两人撰文推翻钱氏之说，认为英国传教士麦都思（Walter Henry Medhurst, 1796—1857）所译弥尔顿（John Milton, 1608—1674）的《论失明》（"On His Blindness"），才是如今可见最早中译的英诗，发表于《遐迩贯珍》之中[1]。钱、沈等人所争的时序问题，本章无意，也无能卷入，不过本章果能以国家而不以语种为界，则比起 19 世纪 50 及 60、70 年代译出的《论失明》或《人生颂》，下面所

---

[1] 钱锺书：《汉译第一首英诗〈人生颂〉及有关二三事》，见钱著《七缀集》（台北：书林出版公司，1990），页 143—178；沈弘、郭晖：《最早汉译英诗应是弥尔顿的〈论失明〉》，《国外文学》第 2 期（2005），页 44—53。

拟一谈的艾儒略（Giulio Alèni, 1582—1649）译《圣梦歌》乃刻于 1637年，比上述二诗实则又早了二十年左右。艾儒略是意大利出身的传教士，何以会赶在清室定鼎前在华译出"英"诗，详情且待下文，这里我只想强调：在知识系谱学业经高度反省的今天，所谓"第一"早已变成修辞权宜。本章的论述重点，故而是以源流、文本分析及其接受为主。所以开宗明义，本章得先释题。

2002 年以后，《圣梦歌》并非难觅。该年钟鸣旦与杜鼎克编讫《耶稣会罗马档案馆明清天主教文献》，而《圣梦歌》便收录于其中（《耶档馆》，6:435–464）。不过在明清间西学东渐的研究界，《圣梦歌》仍属最困扰人的文本之一，众议佥同。六十年前，徐宗泽（1886—1947）撰《明清间耶稣会士译著提要》，曾将此诗游目一过，纳之于晚明耶稣会"格言类"的译著中，而且许为"公教文艺之一种"（《提要》，页 341）。徐氏之后，持类似之见者另有其人，不过大多语焉不详，所知亦不出徐氏的认识。

《圣梦歌》首版刊刻于福建晋江[1]，有"清源张子"序，而此公即闽人张赓，其时入教已十五年左右。张氏又是万历年间举人，工诗文，奉教以来常臂助会士译作。《圣梦歌》的张序曾引艾儒略之言曰:《圣梦歌》之始也，乃"西土诗歌"，但艾氏愿以"中邦之韵"出之。所以全诗 276行在宗教考虑之外，也可谓耶稣会"自觉性"的"文学翻译"的嚆矢。再据费赖之（Louis Pfister, 1833—1891）查考（Pfister, 1:131），艾儒略来华前尝为教师，在欧洲所授课程之一即"文学"（*les belles-lettres*）。《圣梦歌》最早的形式，便系艾儒略和张赓合作的文学果实。艾氏莅闽前，尝在入陕后又至晋中敷教，绛州门人段衮在晋江版问世后以北人缘悭一面为由，于崇祯十二年（1639）偕二子冕、昱又于古绛天主堂重印之[2]。

---

[1] 如今此一刊本已佚，仅存抄本，见艾儒略（译述）:《圣梦歌》，崇祯十年版抄本，现藏巴黎法国国家图书馆，编号 Chinois 6884。

[2] 段衮一族和艾儒略的渊源见《口铎日抄》，在《耶档馆》，7:583–584。

段氏的《重刻〈圣梦歌〉》一文故曰："是歌久传西土，余师艾先生与清源张子译而梓之。"（《圣》，重刻序页 1a）[1] 不过是时以后，《圣梦歌》似乎仅流传于中国基督徒圈内，要待陈纶绪（1915—2005）著《罗马耶稣会档案处藏汉和图书文献目录提要》出，《圣梦歌》之为"译诗"才渐渐又引起学界注意，而时移代迁，耶档馆版刊出之际已值康熙二十三年（1684），距艾儒略开其象寄之才达一甲子以上。依陈纶绪的简述，艾儒略所谓"中邦之韵"殆指"七古"，而《圣梦歌》全本体式则"近似弹词"[2]。除此之外，《圣梦歌》还创下中国文学与翻译史上另一纪录，亦即从最严格的定义衡之，《圣梦歌》也是中译的某种"戏剧诗"之始，青史觌见。

明清之际的研究者偶将《圣梦歌》与艾儒略另著《性灵篇》混为一谈[3]，若有所论，也是浅尝辄止，所以《圣梦歌》迄今实则尚乏专文详论。原其所以，我想《圣梦歌》的作者与原文问题当为症结，而这是一首什么诗，属性与原来的形成背景又如何，则为症结之二。这些陈年问

---

[1] 杜鼎克认为《圣梦歌》乃艾儒略以口语"述译"，至于笔之成文，则殆由艾氏门下为之，不知所据为何？见 Adrian Dudink, "Giulio Aleni and Li Jiubiao," in Tiziana Lippiello and Roman Malek, eds., *"Scholar from the West": Giulio Aleni S. J. (1582—1649) and the Dialogue between Christianity and China* (Nettetal: Stetyler Verlag, 1997), p. 144n59. 实际上，张赓序中另引的艾儒略语"余凤未谙"中邦之"韵学"一语，可能是谦辞。张赓的序不仅指出艾氏"译"《圣梦歌》"以中邦之韵"是自觉性的译举，连林一儁的《圣梦歌·小引》也说此诗乃"译自西来艾先生"。艾儒略确有可能仅"述"之，但也有可能先以笔记之，然后再由张赓及其他门人笔润与校订。我所见的《圣梦歌》各版，除崇祯十年之抄本外，书名下皆无耶稣会士译作中惯见的某某人"口述"，某某人"笔受"等字样，也无艾氏同会中人为之"审订"之语，令人费解。话说回来，《圣梦歌》或许确如杜鼎克之见，乃乱世中的"私刻"。

[2] Albert Chan, S. J., *Chinese Books and Documents in the Jesuit Archives in Rome: A Descriptive Catalogue, Japonica-Sinica I–IV* (New York: M. E. Sharpe, 2002), p.189. 康熙三十七年版由三山钦一堂梓，亦即《耶档馆》, 6:435–464 中所收者。此版封面的手写说明中，有《圣梦歌》拉丁文的直译: *Cantica Sanctiorum Somniorum*。崇祯十年抄本首页除书名外，其下另有"远西艾儒略译述"数字。

[3] 潘凤娟：《西来孔子艾儒略——更新变化的宗教会遇》（台北：基督教橄榄文化事业基金会和圣经资源中心，2002），页 76 谓韩霖与张赓合著的《耶稣会西来诸位先生姓氏》中将《圣梦歌》与《性灵篇》二书分列，所以这两个题目应指不同的两本书。

题，历来研究艾儒略的学者极思回答，但囿于种种原因，延年宕月而犹难定案。《圣梦歌》妻身未明的关键中，另有一项使人懵懂于此诗的原委，亦即前引张赓序中艾儒略本人所布的作者迷阵。艾氏对张氏云：《圣梦歌》系他"粗述圣人伯而纳一梦"而得（《圣》，序页2a）。而林一儁的《圣梦歌·小引》亦指出《圣梦歌》所述，"出自西圣伯尔纳"（《圣》，小引页2a）。此一"圣人伯而纳"或"西圣伯尔纳"，再据费赖之查考，当指熙笃会创会者"明谷的圣伯尔纳"而言，乃欧洲在圣本笃（St. Benedict of Nursia, *c.* 480—*c.* 547）以外地位最为崇隆的隐修僧（Pfister, 1:133）。因为艾儒略有作者是伯氏之说，历来学者遂遍检其人全集，不过始终发现不明，以致疑团难解，有学者甚且以为此诗系艾儒略自制的"赝品"[1]。

"赝品"之说当然不可信，而挂上伯尔纳之名更非完全没道理。一部《圣伯尔纳全集》确有不少观点和《圣梦歌》重叠，难免撩人联想，将两者混为一谈。而伯尔纳在世时诗名藉甚，也易挛误解。除此之外，贾那斯却（Leopold Janauschek, 1827—1898）在1891年版的《圣伯尔纳书目集》（*Bibliographia Bernardina*）中，确实也见有一《身体与灵魂对话》的诗题，裴化行（Henri Bernard, 1897—1940）的《耶稣会译著文献欧文原典考》亦持类似看法，可见以伯尔纳为《圣梦歌》原作者其实"自古已然"[2]。话说回来，在欧洲中世纪，《圣梦歌》拉丁原文的篇题并不止一

---

[1]　See Hubert Germain Verhaeren, ed., *Catalogue de la Bibliothèque du Pé-T'ang* (Beijin: Imprimerie des Lazaristes, à Pékin 1949), 285:1009. "赝品"（spurious work）之说，乃梅欧金（Eugenio Menegon）的假设，见2002年8月14日他寄给我的电子邮件。梅氏著有 *Un solo Cielo: Giulio Aleni S .J. (1582—1649) Geografia, arte, scienza, religione dall'Europa alla Cina* (Brescia: Grafo, 1994) 一书，就艾儒略在欧洲舆地与科技美术之学多所介绍，但独独也"漏列"了艾儒略在文学上的贡献。

[2]　有关伯尔纳的诗的总论，见 F. J. E. Raby, *A History of Christian-Latin Poetry from the Beginnings to the Close of the Middle Ages* (Oxford: Clarendon Press, 1927), pp. 326–355。另见 L. Janauschek, *Bibliographia Bernardina* (Vindobonae: In Commissis apud A. Hölder, 1891), p. viiin55 and p. 165n683: "Querela sive Dialogus animae et corporis damnati, auctore S. Bernardo, quem per nocturnes visum composuisse diciturm cui additi sunt aliquot rhythmi de contemptu mundi, Rome: Apud Jacobum Ruffinellum Jaccobuum, 1587." 2002 年 2

种，我怀疑上述乃其中之一系《圣伯尔纳的异相》（*Visio Sancti Bernardi*）的因由。1613 年，此诗——而这也是目前我所用的版本——尝在英伦重印，书题亦道是"传为"（*aiunt*）伯尔纳作。19 世纪中叶，英国学者莱特（Thomas Wright, 1810—1877）又重印《圣梦歌》的原文，不过他把著作权——尽管他自己也未必相信——划归亨利二世时代英国文坛与教育界的闻人梅波士（Walter Mapes or Walter Map, *c.* 1140—*c.* 1209）[1]。在世俗界，《圣伯尔纳的异相》至少另有三个沿用已久的诗题：有因假想中的作者之名而称之为《菲利普的异相》（*Visio Philiberti*）或《福尔伯特的异相》（*Visio Fulberti*）者[2]，也有沿旧例因首行（*incipit*）而题之为《冬夜

月 28 日，钟鸣旦在应我请托的一封电子回邮上又指出贾那斯却所指之书，大有可能就是《圣梦歌》中译的底本，因为该书目页 xxiii 有言："Aleni, Julius, … praeter alia manu scripta et in archivio Romano Societatis Jesu custodita reliquit opusculum 'Xiñgmungco' i.e. dialogum inter animam et corpus (S. Bernardo attributum), stilo Sinensi poetico elaboratum." 至于裴化行虽然也在 1615 年版的《伯尔纳全集》上下了点功夫，但仅得出"灵魂与身体之间的对话"（*dialogum inter animam et corpus*）这个结论。尽管如此，我觉得在西学东渐与中国翻译史的研究圈内，裴氏会提出这个关键词已经难能可贵，可谓别具慧眼，见裴化行著 "Les adaptations chinoises d'ouvrages européens: bibliographie chronologique. Première Partie: depuis la venue des Portugais à Canton jusqu'à la Mission française de Pékin, 1514—1688," *Monumenta Serica* vol. 10 (1945), p. 352。

[1] *Querela, sive, Dialogues Animae et Corporis Damnati, quem aiunt S. Bernardum Composuisse. Ex vetusto Codice descripta* (Londini: Ex officina N. O. sumptibus Leonardi, 1613). 这个本子是拉、英对照版，早期现代英文的译者为克拉修（William Crashaw, 1572—1626）。下文我虽借首句称之《冬夜寂静时》，但引用时，我时而仍会沿袭《圣伯尔纳的异相》（*Visio Sancti Bernardi*）一称。莱特的现代重排本见 Thomas Wright, ed., *The Latin Poems Commonly Attributed to Walter Mapes* (London: Printed for the Camden Society by John Boyer Nichols and Son, 1841), pp. 95–106。但此本与 1613 年版间异文颇多，更有趣的是，梅波士对熙笃会士向有成见，而如上所述圣伯尔纳却是该会的创会者。这点见 Thomas Wright, "Introduction" to his ed., *The Latin Poems of Walter Mapes*, pp. viii and xvii。此外，就管见所及，1613 年版在 1616 年（Londini: Ex officini [sic] Georgi Purslow, sumptibus Leonardi Becket）及 1640 年左右（London: Printed for I. Wright）亦分别重印过，彼此间在版式及书首版画等次文本（paratext）上均有歧异。本章选用 1613 年版，因为这是我所知最早的本子，其余二者于正文不过踵常袭故而已。尽管如此，《冬夜寂静时》显然常随时代而有增损，莱特所编为一证。

[2] 菲利伯（Philibert）是法国中古时期的隐修士，福尔伯特（Fulbert, *c.* 960—1028）则是圣人，曾为沙特尔（Chartres）地区的主教。话说回来，《圣伯尔纳的异相》传说中的"作者"其实另有 Bishop Robert Grosseteste (13th century) 与 Philip de Greve 等人，虽然这些"传说"显然也是无稽之谈，见 *MEDP*, pp. xxvi。

寂静时》（*Noctis sub Silencio Tempore Brumali*）者。总之，林林总总，异题蜂出，而当今英国中世纪专家唯一能确定的是:《圣伯尔纳的异相》或《圣梦歌》绝非伯尔纳本人所作，而是另有其人（*ELDBS*, pp. 35–53）。

谈到这一点，我得指出本章大标题所陈绝非无端悬想。《圣梦歌》拉丁原本的主题虽和东方教会的末世神话有关，但就写作地点与作者的"国籍"而言却非欧陆，而是位居欧陆边陲的英格兰或不列颠。此诗最早的雏形若非 12 世纪的头韵诗《坟墓》（"The Grave"）[1]，就是往前再推的益格鲁－撒克逊时期的《灵魂对身体所述之言》（*The Soul's Address to the Body*）。后者亦以古英文写成，乃一独白体的诗作，如今仅见残卷，但诗中用词严峻一如其时或往后同类的诗篇。《灵魂对身体所述之言》中的角色，都出以中古托喻诗习见的拟人法，所以诗中"灵魂"与"身体"俱为抽象言谈的化身。灵魂出言冷峻，此刻在诗中已经天主审判而得救，是以严词中不无向身体道贺之意。诗中另蕴如下天主教义理:灵魂得来不易，是天主憨悯世人而遣天神携带下凡所致，故此凡人切勿耽溺于肉体之乐，尤其不可罹下道德重罪，否则审判之日后，灵肉必然二橛殊途[2]。

这个寻常教义，"讽刺的"正是《圣伯尔纳的异相》强调的主题，这

---

[1]　See Louis Dudley, "The Grave," *MP* 11 (1913—1914), pp. 429–442.

[2]　见 George Philip Krapp, ed., *The Soul's Address to the Body*, in *The Vercelli Book*, The Anglo-Saxon Poetic Record II (New York: Columbia University Press, 1932), pp. 54–59。此诗的现代英文的散体译本可见 R. K. Gordon, ed. and trans., *Anglo-Saxon Poetry* (London: J. M. Dent and Sons, 1962), pp. 280–283。R. K. Gordon 所编页 303 另收有《灵魂与身体》（"Soul and Body"）一首短诗，也谈到灵魂与身体合则两蒙其利，分则两害其害的"现象"。此外，倘据史威登堡（Emanuel Swedenborg, 1688—1722）从《圣经》所做的"分析"，在最后的审判时，"天主会在云端显灵，而伴着这荣光的则为众天使"，此际"尸体会从坟中复活，灵魂也会和身体同披一袍"，共赴审判。这也就是说，在审判日，"灵魂得重返尸身"，彼此不能二橛而令其一脱罪，见所著 *The Last Judgment in Retrospect: From De Ultimo Judicio, et de Babylonia Destructa*, George F. Dole, ed. and trans. (West Chester: Swedenborg Foundation, 1996), pp. 30 and 39。不过这里我得说明一点:史威登堡向来特立独行，不仅反对罗马公教，连新教各会也不见得投其所好。经文中先知宣示的审判，他不认为应由"字面"看，反而劝人从"象征"或"托喻"的角度了解，见上引所著页 39–43。

一点下节我会再详，这里且循英伦传统，再叙《圣伯尔纳的异相》的源流。盎格鲁－撒克逊时期的英诗甚伙，大多收于世存的四大稿本之中，而说来奇怪，除了《爱斯特稿本》（Exter Book）外，另亦收录《灵魂对身体所述之言》的《韦尔切利稿本》（Vercelli Book）的原藏地居然不是英国，而是意大利北部韦尔切利一所教堂的藏书楼，入库年代最晚可以溯至 12 世纪末。因此之故，就年代而言，《灵魂对身体所述之言》吟就的时间应该早于此刻[1]。此诗的生命力堪称旺盛，学者咸信是其后四首重要的辩论诗（debate poetry）的祖本，包括用古法文在法国所写的《瞻礼日之夜》（Un Samedi par Nuit）。所谓"辩论诗"，系风行于欧洲中世纪的诗歌形式之一。诗中角色至少有两人或两物以上，所以亦可谓某种较为简略的"戏剧诗"。在英国，《灵魂对身体所述之言》的三首衍诗分别用拉丁文及中世纪英文写出，如今都庋藏在大英图书馆。第一首身体与灵魂的韵体辩论通称《皇家辩论诗》（The Royal Debate）[2]，用双行体谱就，第二及第三首则是《皇家辩论诗》的缩译或改编，其一用中世纪英文吟唱，称《身体与灵魂的争辩》（Þe Desputisoun bitwen Þe Bodi and Þe Soule），其二则改用拉丁文，为《身体与灵魂的对话》（Dialogus inter Corpus et Animan）或《身体与灵魂的辩驳》（Conflictus Corporis et Animae）。后面这两个内容一致的诗题，其实就是《圣伯尔纳的异相》《菲利普的异相》《福尔伯特的异相》或《冬夜寂静时》的别称（ELDBS, pp. 39–53），总之，就是令艾儒略的研究者遍寻不获的《圣梦歌》的"原文"。

如上所述，《韦尔切利稿本》中的《灵魂对身体所述之言》写于 12 世纪末以前，所以《圣梦歌》的拉丁文本成诗的年代也不会晚于 12、13 世纪之交。《皇家辩论诗》和《冬夜寂静时》互文甚广，20 世纪以来，英

---

[1] 见 R. K. Gordon, "Introduction," in *Anglo-Saxon Poetry*, p. xi.
[2] 《皇家辩论诗》的全文可见于 *ELDBS*, pp. 54–81。

语世界的文学论者早有共识。后诗声名更在原本之上，在 12、13 世纪之交就流传到欧洲各地，俗语译本或改写本更是应有尽有，单用中世纪英文写成者就包括《冬夜入眠时》（*As I lay in a winteris nyt*）等长诗，终而形成一庞大的辩论诗的家族系谱[1]。艾儒略在明代晚期的中译，以他南欧出身的背景衡量，我想绝非出自《冬夜入眠时》，而应该译自拉丁文本的《冬夜寂静时》或《圣伯尔纳的异相》。

我们若不计现代重印版，《圣梦歌》世传者至少有三版，而且——除了首版仅存抄本，我难以判断外——每一版都用中诗印刷文化中罕见的"单行本"梓行。最早一版如前所述乃"崇祯十年晋江景教堂"的刻本[2]，其次是"崇祯十二年绛州景教堂"的梓本，最后才是目前最容易看到的"康熙甲子年孟春三山钦一堂重梓"的本子。在译文部分，这三本差异不大，但就序跋而言却有明显不同。此外，1637 年版的抄本除卷末有"崇祯十年晋江景教堂梓"数字外，书题下另有"远西后学艾儒略译述"数字。按耶稣会的传统，"译述"两字表示艾儒略译书并非"逐字全译"，所以最早的《圣梦歌》堪称《皇家辩论诗》经《冬夜寂静时》形成的另一形式的衍本，是在整个《皇家辩论诗》的家族中溢出欧语的另一"原本"。我们若保守一点再讲，当然也可以说《圣梦歌》乃《冬夜寂静时》比较松散——或亦可称之为"意译"——的"中译本"，犹如艾儒略在张赓序中所用的"粗述"二字的内涵所指。再如上述，《冬夜寂静时》

---

[1] *ELDBS*, pp. 5–53.《冬夜入眠时》全诗见 *MEDP*, pp. 20–49。此外，孔利另有一说，认为《冬夜入眠时》是前此《仁立废园中》（*In a Pestri Stude I Stud*）一诗的演义，见 *MEDP*, p. 21n14。孔利所编，从页 3–62 是包括《冬夜入眠时》与《仁立废园中》（pp. 10–17）的五首英国较著名的以身体与灵魂的论争为主的诗，颇具此一主题在英国流传上的参考价值。

[2] Paul Rule, "Aleni and the Chinese Rites Controversy," in Lippiello and Malek, eds., *"Scholar from the West": Giulio Aleni S. J. (1582—1649) and the Dialogue between Christianity and China*, p. 210n53 谓：终艾儒略一生，他可能未及一见《圣梦歌》梓行，应误，因为即使到了崇祯十二年，艾氏仍然健在。此外，潘凤娟：《西来孔子艾儒略——更新变化的宗教会遇》，页 95 称《圣梦歌》乃经福建"士人"协助出版，我不知所据为何，虽然这点我并不怀疑。

的作者名姓已佚，不过据考系出自不列颠，所以《圣梦歌》亦可谓《灵魂对身体所述之言》这个庞大的系谱中增生的非欧成员，而且从 1637 年迄今，恐已再无可以追溯的系谱可言了[1]。

从《贝奥武甫》（*Beowulf*）算起，一部英国文学史可谓始自纪元 5、6 世纪，其间用拉丁文创作的"英国文学"无数，递衍的时间最长。众所周知，欧洲中世纪文学——当然包括英国文学——多以宗教见重，拉丁文与俗语所撰的身体与灵魂的辩论诗自非例外，我们故而不难想见《冬夜寂静时》或《圣梦歌》的主题或吟唱的灵感都与《圣经》有关。果不其然，此诗直接所出的《皇家辩论诗》中的灵肉对驳，除了像极了圣安瑟冷（St. Anselm, d. 1109）或其他教区的证道词外，学者多以为系建立在《迦拉达书》之上，其中葆禄道：

> 我告诉你们：你们若随圣神的引导行事，就决不会去满足本性的私慾，因为本性的私慾相反圣神的引导，圣神的引导相反本性的私慾：二者互相敌对，致使你们不能行你们所愿意的事。但是如果你们随圣神的引导，就不在法律权下。本性私慾的作为是显而易见的：即淫乱不洁、放荡、崇拜偶像，施行邪法、仇恨、竞争、嫉妒、忿怒、争吵、不睦、分党、妒恨、[凶杀、]醉酒、宴乐，以及与这些相似的事。我以前劝戒过你们，如今再说一次：做这种事的人，决不能承受天主的国。（迦 5:16–21）[2]

---

[1] Robert W. Ackerman, "The Debate of the Body and the Soul and Parochial Christianity," *Speculum* vol. 37 no. 4 (Oct 1962), pp. 542–544. Cf. Hermann Varnhagen, review of Gustav Kleinert, "Ueber den streit zwischen leib und seele. Ein beitrag zur entwicklungsgeschichte der Visio Fulberti," Halle a. S. 1880. Dissertation. 76 s. 8., *Anglia* vol. 3 (1880), pp. 569–581; and Hermann Varmhagen, "Zu dem streitgedichte zwischen drossel und nachtigall," *Anglia* vol. 4 (1881), pp. 207–210.

[2] 这部分的经文 *ELDBS*, pp. 15–16 亦曾引出。

这段经文讲的是基督宗教的"性恶论",其中最关"灵魂与身体的对立"这个文学母题者,当然是如下一句:"本性的私慾相反圣神的引导,圣神的引导相反本性的私慾:二者互相敌对,致使你们不能行你们所愿意的事。"[1]倘据武加大本《圣经》,此处"圣神"指上帝赋予人类的"灵魂"(spiritus),而"本性的私慾"则为"肉体之欲"(caro...concupiscit),所以二者的"相反"(adversus)便是二者的"敌对"(adversantur)。在此一状况下,集二者于一身的"人",行事当然会与愿违,从而"不能承受天主的国"(regnum Dei non consequentur)。同类的说法,在葆禄的书信及《新约》其他部分还有不少(例如格前2:14、格前9:27、格前15:51、罗8:13、若5:28–29,以及默11:18),故此《冬夜寂静时》或《圣梦歌》才会和托马斯·阿奎那(St. Thomas Aquinas, c. 1225—1274)隔代对垒,非但不以"灵肉一家"或"肉体为灵魂的住所"为是,反而回头呼应了再早个六七世纪圣奥斯定强调的"灵魂对身体的控诉"(soul suing a body)[2],致使两者独立发展,因相互责难而推演故事。

天主教诗人铺彩摘陈,吟咏与改写的功夫并不下于前此中国敦煌的俗讲僧。1613年版的《冬夜寂静时》中,此一佚名诗人即以"对驳体"(altercatio)的叙述声音为上引经文演义。全诗凡八十五节,每节四行,共三百三十六行。其诗律为极其工整的亚历山大体(Alexandrine),亦即所谓的抑扬六步格(iambic hexameter)。至于诗节,则几乎每节都一韵到底,只有在更节换段之际才生变[3]。尽管如此,《冬夜寂静时》在严肃中

[1] 这句话的前半段,耶稣会想极重视,1629年前后高一志译《圣母行实》,即以文言出之:"夫神与形恒相争逆,而不合也。"见《三编》,3:1346。

[2] 阿奎那和奥斯定在灵肉问题上的异议见 Robert W. Ackerman, *Backgrounds to Medieval English Literature* (New York: Random House, 1968), p. 85。

[3] 有关中古拉丁诗的声律与音韵的问题,见 Dag Norberg, *An Introduction to the Study of Medieval Latin Versification*, trans. Grant C. Roti and Jacqueline de la Chapelle Skubly, ed. Jan Ziolkowski (Washington, D. C.: Catholic University of America Press, 2004), pp. 58–155。

仍带有某种轻快与幽默，节奏也不尽拘谨到呆板。以首节为例，那作者（avctor）兼第一人称叙述者的开场白就十分有趣，谨录之如下：

Noctis sub silentio tempore brumali,	冬夜寂静时，
deditus quodammodo somno spirituali,	魂觉梦非是，
corpus carens video spiritu vitali,	眼前金缕衣，
de quo mihi visio fit sub forma tali.	我疑系栖尸。

（VSB, 1:1-8）

上面我乃循莱特版排行，将 1613 年版的八行合并为四句。话虽如此，拙译大意仍然"紧扣"17 世纪的拉丁原文；而以五言体传释，我当然也有合以首句为主的命题法之意。另外则有鉴于讨论《圣梦歌》，我想任何人都难以不取陶渊明（365—427）的《形影神》方之，而陶氏这首醉中语或梦中辞正是三章一体的五言诗组[1]。当然，拙笔板腐，强译下的《冬夜寂静时》毫无陶诗的声律可言，也难比拉丁原作的节奏，所以不敢言译，顶多达旨。从中文看来，这一节诗有跳跃感，静谧之中动态盈然，而悬宕的口吻也令人莞尔。

在《皇家辩论诗》及其衍本如《冬夜寂静时》或《冬夜入眠时》里，那魂与尸生前系一"高大的骑士"（a mody knyȝt; MEDP, 21:5）。这一点，艾儒略的《圣梦歌》并未明陈，不过所形容的亡魂的生前，诗中看来应也相去不远。亡魂尝谓"我昔赋来原贵品"（页 1a），而且剑佩对他亦重品，表示他是武人兼贵族，怎非中古勒马奔驰疆场威武雄壮的骑士？非

---

[1] 以下有关《形影神》的引文均据逯钦立（校注）：《陶渊明集》（台北：里仁书局，1985），页 35-38。不过我得声明，陶诗之前，中国仍有对话体文字如《淮南子》之"魄问于魂"、《列子》之"力问于命"，以及《庄子》之"罔两问景"者，而后者还是陶诗的影响源头，见杨勇：《陶渊明集校笺》（台北：中国袖珍出版社，1970），页 46。

但如此，这亡魂还像《冬夜寂静时》或《冬夜入眠时》里他那道德有亏的对应体，要钱要财也要权，一身装扮若豪门。后诗第二节中，睡梦里的叙述者确见灵魂出窍，离开尸身，而尸魂两者还"叹且悲"（gemite/ plangebat; VSB, 2:7–8），对此出离一筹也莫展。《圣梦歌》中亦然，艾儒略的"骑士"同样一分为二，身后魂尸就殊途。灵肉本来共成一人，但彼此又可对立而二分，这点艾儒略笃信不已，所著《性学觕述》（1624年成书，1646年刊刻）可以为证（《耶档馆》，6:106），《圣梦歌》中更是应验得一点也不差。艾氏虽称自己昧于"中邦之韵"，但《圣梦歌》的声韵结构整齐，不论平仄还是用韵堪称有序，濡毫而出者故为有模有样的长篇七言古诗，一点也不输明代士子之作。较乎1613年版的拉丁原文，艾儒略唯一不遵守的地方是诗节:《冬夜寂静时》一节四行的形式，他译得确有"粗糙"之嫌，自由到有如另行创作，而且经常就以中国古来的对句出之。上述《冬夜寂静时》的两个诗节，《圣梦歌》不仅简化，而且——除非艾儒略另有所本——还将其大意"组装"为"一节":

> 严冬霜雪夜分时，梦一游魂傍一尸。
> 畴昔尸魂相缔结，到头愁怨有谁知?
>
> （《圣》，页 1a）

由是观之，艾儒略的"粗述"果然缩龙成寸，而这当系声韵翻译使然。尽管如此，在一个唯天主是问的宗教团体里，译者对作者或原作的"信"，重要性恐怕远不如他对信仰的"忠"。这一点，入华耶稣会的传译早已见分明（参见本书第一章或《晚明》，页45–123），而整体环境既如此，翻译势必就会演成德里达（Jacques Derrida, 1930—2004）所称的"延异"（la différance），亦即翻译既具主体性，但在掌握主体那一刻反又失却之。所谓"著作权"云云，对耶稣会士如艾儒略等人而言，我们只能在福柯式的史观下存之而不论。

　　前引《圣梦歌》中的四行诗，艾儒略应该认为主词是"圣人伯而纳"。中文非属曲折语，所以主词经中译后多半就得"缺席"了。方之《冬夜寂静时》，这个主词——也就是诗中的叙述者——所指仍然混沌。姑且不论"伯而纳"的身份是对抑错，《冬夜寂静时》里的"我"乃《圣梦歌》中鲜明的角色。就其指示功能（la deixis）而言，他一面是那第一人称的叙述者，一面又自称是本诗的"作者"，而且会随全诗的"进展"不时纵身入梦，对梦中景象加以品头论足，有如希腊古剧中的唱诗班一般[1]。就这类言说主体观之，魂尸对答当然是"我"的客观投影（objective correlative），而我们还得追问道：上述所谓"进展"又为何指？这个问题同样易问难答，我只能说《圣梦歌》写来仿佛历史，直如传记，更是一出生命的戏剧。我们由作者下笔与入梦二句，另外也可体察出全诗带有强烈的说教意图，是以接下来故事的发展必然关乎那尸魂的来龙与去脉，而且在这"拟人化"了的"魂"（Anima）与"尸"（Corpus）的戏剧中，稍后还得外加"群魔"（daemones）勾魂，使全诗由记梦与叙述演变成为梦中牵扯而出的戏中戏，也形成一场跨文类的死亡大梦。像多数宗教类的辩论诗一样，《圣梦歌》当然是天主教载道文学的表率。

　　就译笔言之，上引《圣梦歌》的诗句已可窥见艾儒略信笔走译的风格，而这当然是以归化（domestication）形成的策略。这方面，"中邦之韵"的功效发挥得淋漓尽致，但也是困扰的因素，盖其难免传统译家对女性主义者所提的"劫机"（highjacking）之讥，也难逃德里达驳斥本雅明的"劫后余生"（sur-vival）之说[2]。由上引微缩的四句再看，我们

---

[1]　第一人称"指示功能"的问题，参见 Émile Benveniste, *Problems in General Linguistics*, trans. Mary Elizabeth Meek (Coral Gables: University of Miami Press, 1971), pp. 224–226。

[2]　Sherry Simon, *Gender in Translation: Cultural Identity and the Politics of Transmission* (London: Routledge, 1996), pp. 14–16; and Jacques Derrida, "Des Tours de Babel," trans. Joseph F. Graham, in Graham, ed., *Difference in Translation* (Ithaca: Cornell University Press, 1985), p. 165.

当然佩服艾儒略在文字上的机智，甚至要称扬他确具"中邦之韵"的诗才。这里的"中邦之韵"，陈纶绪一句"七古"轻轻就打发，但说来也是，《圣梦歌》近三百行的戏剧，艾儒略几乎弹无虚发，行行都用七言实句写，通俗而酣畅，左近睡虎地《荀子·成相篇》中的同数句式[1]，亦即每遇四、六或八句都会换韵，而且多半就押在偶数句上。虽然如此，《圣梦歌》的平仄到底松散些，显然未依诗法明确的规则译，故其容量虽大，但入乐的可能性有限。艾儒略笔下的中邦声律，在某种意义上结合了明初吴讷（1372—1457）《文章辨体》里的"七古"与"歌行"之说[2]，更可容我们呼之为"七言歌行"，和汉家天下的童蒙七言诗及明代文人或民间的口诀歌谣前呼后应。《圣梦歌》这个"歌"字略无中国传统戏曲的弦音，但艾儒略用来确实有学问。

除了七古外，《圣梦歌》的形式，陈纶绪也用"弹词"形容之，而这是此诗与中国古传七言歌行最大的分野。陈氏自知所面对者乃尸魂怨怼或互设问答的文学套式，同时也看出《圣梦歌》虽非韵散合一，不过戏剧性的形神对驳却非传统七言歌行所长，何况"作者"梦醒前在尸魂相怨外，还加演了一出"魔进魔出"的戏码。如此编法除了用词不尽华丽外，其主客对话或尸魂互答倒近似中国赋体或"争奇文学"的传统[3]。

---

[1]　姚小鸥：《"成相"杂辞考》，《文艺研究》第 1 期（2000），页 88-99。另见睡虎地秦墓竹简整理小组（编）：《睡虎地秦墓竹简》（北京：北京文物出版社，1978），页 280 及 290-291。

[2]　（明）吴讷：《文章辨体》，收徐中玉（主编）：《传世藏书·集库·文艺论评》（海口：海南国际出版中心及诚成文化出版公司，1996），1:97。另请参较褚斌杰：《中国古代文体概论》，增订本（北京：北京大学出版社，1990），页 120-145。

[3]　"争奇"指"争奇斗妍"：如此定义下的文学形式，表现的多为互逗口舌能事的两造。他们互辩妍蚩，再由第三者裁定胜负。这两造多为花鸟木石，罕见人类，和下文会提及的《酒和水的辩论》或《猫头鹰与夜莺》等欧洲辩论诗有异曲同工之妙。相关研究见金文京：《东亚争奇文学初探》，收入张伯伟（编）：《域外汉籍研究集刊》第二辑（北京：中华书局，2006），页 3-20。另见金文京：《晚明文人邓志谟的创作活动：兼论其争奇文学的来源及传播》，收于王瑷玲、胡晓真（编）：《经典转化与明清叙事文学》（台北：联经出版公司，2009），页 295-316。

即使前及陶潜的诗组《形影神》也不类[1]，故而形式上的混成当系从外舶来。陈纶绪在中国传统中觅答，在南方说唱艺术中寻找可能的对应体，但讽刺的是清代中叶以后，弹词及其衍体弹词小说反成女性的专利[2]。《圣梦歌》译于晋江，亦即今天福建泉州一带，形式上固有"猫鼠互告"等闽南歌仔册的色彩，抑或也已经隔邻吴语文学的渗透，而弹词正是后者的主流之一。就像评书中的开场白，弹词有"开篇"，继而再进入"本书"，其中唱词多半为七言，而且常见两人对话或一问一答的"双档"。《圣梦歌》既为戏剧性的辩论诗，理当由多位角色混声对驳，和一般双档构成的辩论诗有别，故非"弹词"一语可以概括得尽。不过话说回来，若就句式与结构特色而言，陈纶绪的联想倒非无的放矢，仍然有某种程度的道理。

梦中对话

除了上文略及的东方教会的传统外，欧洲辩论诗另可上溯到希、罗文化里的两大主流，下逮中世纪本身的诗歌传统。就上古而言，这两大主流其一为中古时人重新建构的柏拉图式对话与亚里士多德的学术思想，其二为章前言及的古典悲剧中诗班的竞赛，以及以维吉尔为代表的罗马迄卡洛林基时代的对话型田园诗（eclogue）。至于中世纪本身——而这也是此时辩论诗最直接的起源——则与时人直承自古典的修辞学和文法

---

[1] 遑论白居易（772—846）与苏东坡（1036—1101）就之戏拟与隔代唱和的《自戏三绝句》与《和陶形赠影》、《和陶影答形》及《和陶神释》。以上白诗见（唐）白居易：《白居易集》，3册（台北：里仁书局，1980），2:805—806；苏诗见（清）王文诰（辑注），孔凡礼（点校）：《苏轼诗集》（北京：中华书局，1996），7:2306—2308。

[2] 参见胡晓真：《才女彻夜未眠：近代中国女性叙述文学的兴起》（台北：麦田出版社，2003），页21—32。

学的关系最大。细案之下，12 世纪开展的辩论诗可谓系出是时教育的大环境，盖世俗学校所授——尤其是——修辞学的各种课程，在士林哲学的析辨精神与二元对立的辩证法影响下，无不以"挑衅"（reprehensio）、"劝服"（suasoriae）与"论辩"（controversiae）作为演练的方法。所沿用者，故而为"问／辩／结"（quaestio-disputatio-determinatio）三段——也是三位一体——的叙述套式。简单讲，如此修辞之学就是希望学生因"正反合"而习得无碍的辩才[1]。至于文法学校，则将辩论应用到诗歌演练上，一般人所识的口语辩论故而可以形诸文字，化为笔底春秋[2]。修辞学加上文法学的演练又如雪球般滚大，最后还因法学教育加入与识字率再增而演成社会习尚，自文章魁首如亚尔昆（Alcuin, 735—804）到无名小卒如教堂僧侣与学校师生，都有能力沸水扬汤，在羊皮纸上逞其口舌之利，"搬弄是非"[3]。

---

[1] Betty Nye Hedberg, "The Bucolics and the Medieval Debate," *Transactions and Proceedings of the American Philological Association* vol. 75 (1944), pp. 47–67; Jean Frappier, *La Poésie lyrique française aux XIIe et XIIIe Siècles: Les auteurs et les genres* (Paris: Centre de Documentation Universitaire, 1966), p. 51; Alfred Jeanroy, *Les Origines de la Poésie lyrique en France au moyen-âge*, 3rd ed. (Paris: Champion, 1925), p. 46. Also see John Livingston Lowes, "Classical Eclogue and Mediaeval Debate," pt. 1, *The Romanic Review* 2/1 (1911), pp. 16–31; pt. II, *The Romanic Review* 2/2 (1911), pp. 129–143; and Michel-André Bossy, "Introduction" to his ed. and trans., *Medieval Debate Poetry: Vernacular Works* (New York and London: Garland, 1987), pp. xi–xxiv, or *MEDP*, pp. xi–xxxvi.

[2] 田园诗的"对驳"和辩论诗的差异，唯见于前者以牧羊人与牧羊女为主体，而辩论诗则由始至终都以一般观念的互驳为主，含有强烈的托喻成分。见 John Livingston Lowes, "Classical Eclogue and Mediaeval Debate," pt. 1, p. 20。

[3] Charles Homer Haskins, *The Renaissance of the Twelfth Century* (Cambridge: Harvard University Press, 1993), pp. 153–192. 此外，就天主教辩论诗的起源再言，现代学者另有《旧约·约伯传》一说。我们知道约伯在生命最痛苦的时期仍坚持信心，对天主矢志不二。不过他也希望和天主沟通苦难的缘由。后者尚未显灵前，就在《约伯传》的诗体部分，约伯和他的朋友有一对话，规模洋洋。这些朋友彼此相约，从远地前来慰问约伯，继之就灾祸与正义问题问难，约伯也答之辩之，不遗余力。如此场面不小的语言攻防，有人严肃称为"对话诗"，也有人干脆名之曰"辩论诗"，乃天主与犹太两教合一的圣典传统中唯一的一场诗体的"口舌之争"。约伯及其友人的言词咄咄逼人，相互间简直针锋相对。就主题而言，艾儒略的《圣梦歌》当然没有《约伯传》在论旨上的磅礴气势（如约 3:3–31:37），但两者都用韵文写出，前切后响，言辞之犀利在天主教文学史上堪称空前。以上参见梁望惠：《上帝、撒旦与约伯：信心的挑战》，在 http://ce.fhl.net/liang/laz/laz-003.htm，检索日期：2006 年 7 月 10 日。

中世纪英国的辩论诗就赶在这种氛围下崛起，而且一度管领风骚，逼使欧陆奉为马首。一般而言，英国辩论诗的系统有三，而第三种乃《西奥朵之诗》（*Ecloga Theoduli*）的流风衍裔，亦即本章关怀所在的《圣梦歌》的大系谱，包括拉丁文的《冬夜寂静时》及其中世纪英文苗裔如《冬夜入眠时》等灵肉之辩[1]。《圣梦歌》之始也，最重要的强调故非艾儒略译题中的"梦"字，而是"身体与灵魂的辩论"这个宗教常谭[2]。后面这一点，现代读者可能不察，读后看重的反系"人生如梦"这个对艾儒略而言其实不成其为问题的主题[3]。因此在讨论明代中国读者的接受前，我们确有必要借《圣梦歌》为模本，一探"身体与灵魂的辩论"这个中世纪文学的大母题，以见"英国人"——或扩而大之也可以说是晚明人华的耶稣会士——所拟表达的关怀。坦白言之，《圣梦歌》或其据以中译的《冬夜寂静时》确实是个"入梦"到"梦醒"的过程，但我们若就全诗与欧洲文化衡之，诗中这个过程却不在暗示李九标（fl. 1617）跋《圣梦歌》时所谓"宇内一梦场也，寓形其间者，梦中人也"（《圣》，跋页1a）。在欧洲辩论诗的传统中，纯粹以"对驳"（*conflictus*）为重的诗不一定和梦境有关，但若涉及宗教主题，梦则为恒常的写作框架，而且经常

---

[1] F. J. E. Raby, *A History of Secular Latin Poetry in the Middle Ages*, 2nd ed., 2 vols (Oxford: Clarendon, 1957), 2:300. 另两种：一为群鸟的辩论（debate of birds），深受印度及中东西传的《卡里拉和丁那》（*Kalila wa Dimna*）的影响；二是崛起较迟的会议辩论诗（parliamentary debates），其灵感首见于法国人对爱情的异见，故而主角可以为人，也可以是百兽。至于《西奥朵之诗》带动的第三类当然以信仰为依归，恒与梦境有关。4世纪西班牙天主教诗人普鲁登修斯（Prudentius）的《灵魂之战》（*Psychomachia*）为其源流中的源流，而5世纪乌尔提亚努斯（Martianus Capella）的《训诂学与信使的结合》（*The Marriage of Philology and Mercury*）继而强化。以上俱见 Betty Nye Hedberg, "The Bucolics and the Medieval Debate," p. 63。

[2] Cf. Thomas L. Reed, Jr., *Middle English Debate Poetry and the Aesthetics of Irresolution* (Columbia and London: University of Missouri Press, 1990), p. 110.

[3] 例如潘凤娟即有如下之见：《圣梦歌》的"目的在于强调世事如梦"，而灵魂自身体的解脱亦为其强调的对象。见潘凤娟：《西来孔子艾儒略——更新变化的宗教会遇》，页 352 及页 186 注 55。不过话说回来，潘凤娟仍有某程度上的正确认识，如尝谓"形神相恋"乃《圣梦歌》的主旨（页 186 注 55），并举下面我会提到的林一儁为例说明之。

是故事戏剧张力的来源，梦寐和醒觉因此形成互涉与互补的关系[1]。即使非关宗教，有些辩论诗如乔叟的《众禽议事》（*The Parliament of Fowls*），亦然。此一架构，就士林哲学再言，则是由波依提乌的《哲学之慰藉》首开风气。《圣梦歌》亦以梦境为结构上的框架，但在艾儒略的翻译中，原作强烈的"作者型叙述声音"转薄，不仅脱离原文，而且读来也易滋混淆。除了这些缺点，就翻译之为艺术观之，《圣梦歌》倒显得干净利落，可读性极高。

在 1613 年版的《冬夜寂静时》中，全诗的作者亦为诗中的叙述者，而且还身兼其中发声的角色之一。《圣梦歌》故谓作者在冬夜入睡后，梦到有人刚去世，而这往生者亦如前示，显然生前为富不仁。他的"灵魂"在身体倒下后旋即出窍[2]，但是因为进不了天堂，于是自怨自艾，继而回想从前而感慨万千，不禁对道旁自己的尸身就怨将起来，从而把所有的不幸都诿诸"其身"。那第一人称叙述者故此叹道："魂兮何有余多恨，喟向尸前叹且悲！"艾儒略的译笔这一开，踵继而来的就是超自然的戏剧，因为灵魂"恨"从中来，不但追问往事"肉躯曾忆否"（《圣》，页 1a），而且开始"演练"士林辩论术中的"挑衅"，继而提出"问题"，指斥身体在世所犯的罪愆，致使"他"如今不但难归离恨天，恐怕还要沉沦到

---

[1] W. T. H. Jackson, *Medieval Literature: A History and a Guide* (Jackson: University Press of Mississippi, 1974), p. 101. Also see Robert Thomas Lambdin and Laura Cooner Lambdin, eds., *Encyclopedia of Medieval Literature* (Westport: Greenwood Press, 2000), pp. 135−144; and *MEDP*, p. xxx.

[2] 从刘禾跨语际实践的角度看，"灵魂"一词应为耶稣会复兴中国古典——尤其是《楚辞》——而得，进而流行至今。这个问题另见柴田篤：「「亜尼瑪」と「霊魂」——イエズス会士の漢訳語について」；在吉田忠：「イエズス会士関係著譯書の基礎研究」（仙台：東北大學出版社，1988），頁 8；另见潘凤娟：《西来孔子艾儒略——更新变化的宗教会遇》，页 162. 刘禾"跨语际实践"的观念见 Lydia H. Liu, *Translingual Practice: Literature, National Culture, and Translated Modernity, China, 1900—1937* (Stanford: Stanford University Press, 1995), pp. 1−42. 不过"灵魂"一词并未收入刘著附录的语汇表，亦不见于 Federico Masini, "Aleni's Contribution to the Chinese Language," in Lippiello and Malek, eds., *"Scholar from the West": Giulio Aleni S. J. (1582—1649) and the Dialogue between Christianity and China*, pp. 539−554.

地狱^[1]。

在西方古贤如毕达哥拉斯、柏拉图或西塞罗的观念中，甚至是在往后天主教的神学上，灵魂的神圣性每与"记忆"的能力有关，艾儒略《性学觕述》便持如是观（《耶档馆》，6:142）^[2]，所以上引《圣梦歌》用的"忆"字有玄机，外现在诗中便是上面所提到的"恨"字。此"恨"或此"忆"，由于《圣梦歌》讲究的是戏剧，所以连教会向来排斥的"身体"都保有，相较下其形而上的崇高性反而不如上述古人所见那么强。灵魂的"忆"与"恨"，表现在西方宗教诗中多为"朝如青丝暮成雪"或"寿无金石固"的叙事套式（*ubi sunt*），《圣梦歌》也不例外，每借时间对比之，而其所依仍为《冬夜寂静时》（*VSB*, 3:1–7:8），故而翻译上是萧规曹也随：

> 试来相与忆当初，凄然竟归一瞬转。
>
> 趋承无复昔时人，繁华化作空中霰。
>
> 雕梁绣阁不复居，蝼蚁鸟鸢前致唁。
>
> （《圣》，1a–1b）

这六句诗句句挨着《冬夜寂静时》的原文走，内容确实堪比《红楼梦》中的《好了歌》。身前身后或今昔之间既有这么大的差别，灵魂怎能不回首沦落的原因，而他的结论同样也是诗："嗟尔生时罪谴多，使我地狱当折磨。"首行里所谓的"尔"字，指的正是身体；就灵魂再言，所谓"罪谴"的犯者亦无他，仍为凡躯肉体，是后者在世时"上不敬主狠于狼，下不爱人惨于戟"所致（《圣》，页 1b）。非特如此，灵魂还指摘身体"义德縩来口休道，浑是恣色与狗声"，而且只会"炮凤烹龙张宴会，昏昏曲

---

[1] 天主教在华论灵魂"上天下地"的能力，最早者见（唐）阿罗本等（译）：《一神论》，在翁绍军（注释）：《汉语景教文典诠释》（香港：汉语基督教文化研究所，1995），页 147–149。

[2] 另参 Frances A. Yates, *The Art of Memory* (London: Routledge and Kegan Paul, 1966), pp. 44–46。

藥嗜如猩"，否则就"甘心役役为钱虏"（《圣》，页 2a），一心念念是贪
逸。艾儒略把《冬夜寂静时》这一段再现得又有如早《圣梦歌》不到半
世纪的世德堂本《西游记》（1592），有如其中五圣自报家门所用的排律。
《圣梦歌》内文，我略引如次：

> 我昔赋来原贵品，聪明自喜擅包罗。
>
> 鼓弄机锋曾震世，指挥如意势巍峨。
>
> （《圣》，页 1b）

因此一旦物故人也非，灵魂怎能忍受这份气？他当然要反击身体，为自
己讨回"公道"。难料的是作者笔下夸张，故吟唱中的身体也不甘示弱，
幡然由地上爬起，擗胸号涕顿足捶首就反问："尔今怨我亦何理？"因为
"尔说虽多总浪谈，陷入祸坑须原始"（《圣》，页 2b–3a）。士林哲学的辩
证法，这里不请自来[1]。身体一旦搬出"始"（vnde; VSB, 9:7）这个字，灵
魂当然就难辞其咎。身体数落灵魂的诗句，艾儒略译来力贯日月，句句
都是千钧重量。《圣梦歌》一幕幕的"尸怨魂"或"魂怨尸"就这么唱下
去，而演出的不只是一场全英伦——也是中世纪时期整个欧洲——名闻
遐迩的辩论诗中最精彩的口舌之争。

　　首先，在天主教一般神学的位阶里，灵魂向居高位，因为如阿奎那
或圣德肋撒（St. Teresa of Avila, 1515—1582）所言，灵魂乃类似天主的动
能，而其所以如此，并非我们凡躯俗体可以得悉[2]。虽然这样，倘就身体

---

[1]　这点倒有如《春天与冬天的辩驳》（Conflictus Veris et Hiemis）等灵肉之争的中古辩论诗的实践，
参见 John Livingston Lowes, "Classical Eclogue and Mediaeval Debate," pt. 1, p. 27n29。

[2]　See St. Thomas Aquinas, Summa theologica, Q.76. Art. I, in Anton C. Pegis, ed., Introduction to Saint
Thomas Aquinas (New York: Modern Library, 1948), p. 293；圣德肋撒的看法见所著《内心的城堡》（The
Interior Castle），收 Phil Cousineau（主编），宋伟航（译）：《灵魂考》（台北：立绪出版公司，1994），
页 125–126。

与灵魂的辩论这个文学母题再谈，或就梦境文学的一般内容观之，灵肉位阶似乎不能仅向神学倾斜，而应就寓言文学的技法考虑（cf. *MEDP*, p. xxxi）：身体之外，亦得将灵魂视为物化的"实体"。尸魂要怨怼如戏曲之对答，我们还得重思他们的位置。如果有高有低，这场"辩论"恐怕会变成前头我指称的"斥责"，而"辩论"的正当性在天秤失衡的情况下当然就失效，戏剧张力跟着也就松弛了。其次是两个更吊诡的问题：如果人生如梦，那么死即是觉，死后梦就醒，只要不下地狱，灵魂出离尸骸又有何悲痛可言，哪还值得和身体大辩特辩呢？如果人生如梦，那么人生当又影戤空幻，则我们何以又要为空幻不实中的作为负责，甚且可能因之而下地狱？这些问题的答案，从文学批评的角度看，我觉得与其索求于神学，还不如叩之于《圣经》。

　　"人生如梦"或"人生如戏"乃宗教常谭，是不论中西都可一见的人世观，在中国晚明，佛道的强调尤甚。不过后者我们可以不论，单就"人生如戏"这个连利玛窦在《天主实义》里都着墨有加的问题看（李辑，1:537-538）。我们果真唯《圣经》是问，那么《创世纪》中的天主似乎并不认为红尘虚幻如梦，不像哈姆雷特强调人生的梯阶通往的只是舞台。"人生如戏"或"人生如梦"这两句习语，当然预设了生命与我们所居的世界都空幻不实，而在基督宗教的语境中也唯有天主之城——甚至包括祂创造而出的地狱——才是那真而又真的存在体。首先，《创世纪》首三章由"创世"与"造人"两故事凑合而成，不过写经人严丝密缝，统一性显然，透露而出的世界观是犹太教衍生而出的诸教共同的信仰[1]。既称"信仰"，从教徒的角度看，《圣经》中天主的活动就不能作虚构观。《创世纪》中天主的圣言一出，万物形成，因此基督宗教的信众

---

[1]　Cf. Raymond Van Over, ed., *Sun Songs: Creation Myths from Around the World* (New York: New American Library, 1984), p. 186.

才称天主或神为"创造主",毫不怀疑祂借圣灵表出的意志。其次,从《创世纪》首三章再看,天主造物当有其秩序与目的,而如此秩序或目的——再从天主的意志看——无一不具恒久不变的特质。在欧洲中世纪,《圣经》所教深入人心,凡受造物在宇宙中都有其位阶,包括身体及人类的七情六欲。这点显示:万物的创造乃按天主的计划行事,所以万物创造到了某个阶段,"天主看了"——再按《创世纪》所载——都会"认为好"(见创 1:8, 1:12 及 1:25)。

亚当、厄娃堕落后,天主要求他们繁衍人类,管理并善用万物。《创世纪》故此又写道:天主看了这一切,同样也"认为样样都很好"(创 1:31)。这个"好"(bonum/bona)字,一言以蔽之,乃《圣经》经文透露的灵肉观,显示万物与万象都得各司其职,各安其位,各有所用。由是衡之,灵肉有前高后低的位阶观就另有所本,而其关键正在"灵"(anima)这个观念上[1]。神学每以为"灵"乃人类有别于万物之处,位阶高至中文俗谈所谓"人为万物之灵"的程度。《创世纪》第七章第二节写得更明白:身体乃泥捏而成,系混沌之物;至于"灵",则是天主朝着人面"气吹"(inspiravit)而成。也因这口"气",人类"活生生的灵魂"(animam viventem)方能成就之。由于俗常都以为生死系于"一息"间,故"灵"的地位在一般人眼中便远高于身体,赖蒙笃(Raimundo del Valle, 1613—1683)《形神实义》(1673)的自序便持如是观(《法国图》,3:8-9)。

虽然如此,欧文(D. R. G. Owen)的研究却显示,《旧约》中的"灵魂"源出希伯来文的"灵芬西"(nephesh),而后一词的本意是"气",并"无极端的灵肉对立中'灵'的意涵",因此不能说地位高过天主所造

---

[1] 参见 D. R. G. Owen, *Body and Soul: A Study on the Christian View of Man* (Philadelphia: Westminster Press, n.d.), pp. 165–166.

的肉体[1]。在《创世纪》——如第七章第二十二节——中，天主其实也把"灵芬西"吹到其他动物的身上，是以任何会动之物皆具"灵芬西"，而其意思也仅限于"生命之气"或艾儒略在《性学觕述》中所称的"生活之原"而已[2]。据《创世纪》，人的灵性实如前述而与"生命之气"无关，盖"灵芬西"不过耶稣会士经常提及的世之三魂中的"魂"字，而这三魂还从"生魂"（anima-vegetativa）、"觉魂"（anima-sensitiva）与"灵魂"（anima-rationalis）依序递升，俱具尊卑之别[3]。人类之所以有异于万物，其实乃因人"从天主之像而造"所致（创 1:27），或因下面我会引到的《圣梦歌》所说的"肖似天主"所成。

在艾儒略的用法中，"灵"和"神"字一体，均指"人所以能明理推论之原也"（《耶档馆》，6:105 及 113）。这个"原"字，艾儒略亦作"活模"解，观念当出自亚里士多德的《说魂》，亦即亚氏所指事物确切意义的"本原"（ousia）[4]。因此之故，人类方可自居异秉，而灵肉也才有"记含明悟与爱欲"（《圣》，页 5a），变成了有如天主一般的存在体。巧合的

---

[1]　Ibid. p. 167. 另见 Mircea Eliade, ed., *Essential Sacred Writings from Around the World* (San Francisco: HarperSanFranciso, 1992), pp. 177–179。

[2]　见艾儒略：《性学觕述》，在《耶档馆》，6:105。艾氏此书综合亚里士多德的《说魂》（*On Soul*）与《说梦》（*On Dream*）成书，重点在人论，故而详述人类有别于万物的各个面向，其实也可算是一部议论化的《圣梦歌》。

[3]　Cf. Pan Fengchuan, "The Dialogue on *Renxue*: Giulio Aleni's Writings on the Philosophy of the Soul and the Responses of the Chinese Scholars," in Lippiello and Malek, eds., "*Scholar from the West*": *Giulio Aleni S. J. (1582—1649) and the Dialogue between Christianity and China*, pp. 527–538.

[4]　见Philip Ellis Wheelwright, ed. and trans., *Aristotle: The Way of Philosophy* (New York: Macmillan College Publishing Company, 1960), pp. 126–127。在某一意义上，"本原"实和唐代景经所谓的"神识"近似，例子可见阿罗本等（译）：《一神论》，收于翁绍军（注释）：《汉语景教文典诠释》，页 115。另参阅曾阳晴：《唐朝汉语景教文献研究》（台北：花木兰文化工作坊，2005），页 70。在（明）龙华民：《灵魂道体说》（梵蒂冈图书馆藏明刻本，编号：Borg. Cinese 350〔19〕）中，"活模"译作"体模"，而龙氏亦称"灵魂乃天主之象肖"也，见《法国图》，2:349。另参《法国图》，2:368。

是，这一点正是伯尔纳借自奥斯定的人论（anthropology）[1]。易言之，也再因上述之故，人类方能有如天主而拥有某种程度的意志上的自由，享有天主之"灵"所具的光辉与荣耀。此所以《圣梦歌》中身体虽暴跳辩驳，仍然不能不向灵魂低头。其时身体除了自身的受动外，反驳的重点唯有灵魂和天主的近似这一点：

> 主畀尔灵尊且美，知觉聪明种种全；
> 居然肖似一天主，使我时时役尔前。
>
> （《圣》，页 3a）

引诗中的"灵"字，《冬夜寂静时》阙，显然是艾儒略个人的语添，而其内涵既然是"肖主"，对等词"灵魂"在《圣经》中就是"天主特畀，自当与生觉大殊"[2]，故其本原也就难以为恶。故而亚当和厄娃的堕落非关物质的引诱，也不是天主所赐之灵变质有以致之。这场"堕落"所拟阐释者，其实是恶另有所出，非因灵魂本身所致。堕落之前，伊甸园平静如昔，所不同者唯蛇鼓其如簧之舌，而这个诱惑从本质上来看，却是知识而非物或欲性的，也就是人是否能"有如众神"（*sicut dii*）——甚至就像天主一样——享有知识的问题（创 3:5）。不过人因"灵"而得的意志，此时似乎发挥有误，因为既然肖似天主，人有可能也会"想"享有天主的知识。在这念念间，恶便出现于人世：知识唯天主或"众神"可有，受造物尽管肖似天主，却不能和祂或众神平起平坐。人确可得天

---

[1] St. Bernard of Clairvaux, *Sermo super Cantica Canticorum* 11, 5, in J. Leclercq, C. H. Talbot and H. M. Rochais, eds., *Sancti Bernardi Opera Omnia*, 8 vols (Rome: Editiones Cistercienses, 1957—1980), 1:57. Also cf. John R. Sommerfeldt, *The Spiritual Teachings of Bernard of Clairvaux* (Kalamazoo: Cistercian Publications, 1991), p. 3.

[2] 这是（明）李九功在《慎思录》第一集里的话，见《耶档馆》，9:173。

主之灵光照，却不能拥有《罗马书》中所称的"光荣自由"（罗 8:21）。所以上文所谓"想"，在天主的秩序观中便是僭越，而诚哉斯言，"僭越"两字实已颠倒天主布下的宇宙伦序，使"天主中心论"变成了"人类中心论"，也使人想要超越物种，变成非属自己品类的"神"或"天主"。如此易客为主是重罪，而这重罪居然潜伏在人类的内心，而且代代相传，大有违天主称造人为"好"的初衷。因为这一念之差，潘多拉盒内的罪恶——包括知识、权力和自由——遂假《圣经》之名一一出现在人世。

在《性学觕述》中，艾儒略所持的灵肉二元论，他称之为"灵神肉躯，……一为内，一为外；一为神，一为形"。这里的"灵神"，泰半也可易为"灵魂"二字，以别于"身觉二魂"。如是二分，其实已近似陶渊明《形影神》中的形神关系了："人为三才中，岂不以我（神）故。与君（形）虽异物，生而相依附。"姑不论陶诗是否意在驳斥慧远（334—416）似此的见解，陶渊明的三分法显然也是个障眼法，重点唯形与神罢了。在这个又是二元论的看法中，"神"当即艾儒略所重的"灵"，在天主教的语境中亦天主所赐；而"形"即"身体"，出自泥土，因此多半得承受"恶"的业果。

灵上肉下的位阶观，我依然要强调《旧约》中的天主并未明白表出：神学毕竟是人类诠释所成。职是之故，欧洲中世纪的灵魂与身体的辩论才成立得了：辩论中的两造，本来就应平等处之，如此双方的辩论才有其正当与合法性。如果两造起跑点不齐，则辩论已有预设的结论，辩论如何还能辩下去，灵肉又怎能在《圣梦歌》中以中古英文的"怨"（complaineth）字互控双方呢？在《圣梦歌》里，灵肉易途而行，灵魂但觉"于今受此严罚苦"，而他化身之"魂"当然也要一吐积压已久的怨气，从而大骂身体或"尸"曾经"上不敬主狠于狼，下不爱人惨于戟"。更有甚者，这身体似乎还从不以身后的归趋为念，只知享受人世的珍馔与美味。《旧约》的位阶里，身体既然不在灵魂之下，《圣梦歌》中的"他"

当然不会轻易骂不还口。原来僵化之躯遂跃起，在愤怒的诗句中反诘灵魂说来没根据，所以如今"陷入祸坑须原始"。

究其缘由，"始"字涉及的仍为《圣经》的灵肉观。《旧约》的看法上文已详，下面仅就《新约》略举一端再言。葆禄在《格林多前书》曾提到"肉和血不能承受天主的国"（格前 15:50），而类似的说法，《新约》书信中尚有多起（如罗 8:23 及格后 5:1-5）。但是我们倘以《新约》通书最关天主的圣传而论，其中心思想讽刺的反而和葆禄的看法左违，强调的乃《若望福音》里的"圣言成了血肉"，或新教《圣经》同卷所称的"道成了肉身"之说（约 1:14）[1]。其中所重不外乎"圣言降生为人"（Incarnation）的"史实"，而这个"人"，当然是天主之子耶稣。从"道成肉身"的对等性看，圣若望或天主似乎都不以人身为低劣，物质界或灵肉之喻触及的身体观，重要性反而不下于属灵者，况且圣言化为肉体的目的在救世，在拯世人及其灵魂于倒悬，而后者在此一逻辑下更无高居身体之上的理由。易言之，即使是《新约》，依旧没有后来神学家强调的灵肉之别，秉承的同为《创世纪》之见：物质界的一切早在天主规划的目的中，而这种种目的——用天主的话再说——必然是"好"的，是和谐一致的[2]。

职是之故，《新约》仍持灵肉对等论。正因如此，《圣梦歌》中身体在遭灵魂的指控后，才敢振振有词而有一套对付的方法，批之斗之几乎毫无畏缩感，同时也涉及章前"始"字的另一意涵，亦即叙述者引述的"为尔不能严主戒，相将两两堕罪愆"（《圣》，页 3a）。此一"罪愆"的由来，身体的看法是魂主动而尸被动，完全出自灵魂的放任。此说一出，

---

[1] 这里我用的是和合本《圣经》，修订版（香港：香港圣经公会，2011）。

[2] Cf. D. R. G. Owen, *Body and Soul: A Study on the Christian View of Man*, pp. 170–175; also see William Temple, *Nature, Man and God: Being the Gifford Lectures Delivered in the University of Glasgow in the Academic Years 1932—1933 and 1933—1934* (London: Macmillan, 1935), p. 478.

《若望福音》主张的灵肉对等论，在诗人笔下便不得不分出个高低来。《性学觕述》中，艾儒略故有灵肉"一为主，一为仆；一为贵，一为贱"之说（《耶档馆》，6:106），而《圣梦歌》中的身体也长篇回敬道：

> 我本区区一隶仆，尔却崇高作人牧。
>
> 理道自家宜主张，岂宜随我任追逐。
>
> 纵我有时矫命行，亦当御之使驯服。
>
> ……
>
> 我若非尔授之意，毫厘不能自起居。
>
> 我生我长我行事，与尔相倚似辅车。
>
> 设非縠尔开罪衅，迷俗痴狂肯相殉？
>
> 如今彼此遭蹦颠，罪状分明宜尔讯。
>
> （《圣》，页 3a–3b）

这一大段话是否可以士林哲学三段辩论术中的"劝服"称呼之，我目前尚难断定，不过在"论辩"或身体"辩诘"的过程中，类似的色彩似乎也不免。身体话里最中《圣经》本意的，想来当属"与尔相倚似辅车"，亦即两者位阶本相同，当如"辅车"所寓之"朋友"所拟的一体之两面。奈何朋友如今已有别，本来相倚的"辅车"也变成了"主仆"。所以相对于灵魂怨怼的咄咄逼人，身体的答辩够谦逊。尽管如此，在卑微中身体仍有某种拟和灵魂平起平坐的傲骨在。有趣的是，《冬夜寂静时》中，这"平起平坐"用"夫妻"的模拟来表述（ *Ergo si tu Domina/ Creata fuisti*… ; *VSB*, 28:1–2），和《左传》用以解释"以友辅仁"的"辅车"意涵大不同（阮刻，2:1795）。我推敲《圣梦歌》改写的道理，或因"夫妻"在华非居平等的地位，不如"辅车"所寓"朋友"更合于修辞的国情。身体委婉的辩驳，令人想起乔叟时人曼宁（Robert Mannyng, *c.* 1275—*c.* 1338），想起他所译的八步格双行体长诗《释厄广记》(*Handlyng Synne, c.* 1303)里的各种证道故事。此即是说，身体所抨击者依然是灵魂的放任，常使自己沉迷于各种世俗的玩乐中。尸魂或魂尸的辩论，艾儒略多借中文"怨"字比况之，方之《冬夜寂静时》上一语境中的"回答"(*respondet*)可谓传神而有力(*VSB*, 23:1−2)，而平起平坐的意味也增强了。

如此辗转互怨的文学叙述套式，当系中古特擅的烦琐析辩术，会把论旨析证到不能再细的地步。欧洲由上古转入中古后，辩证法原已遭人遗忘有多时。不过巧合的是 12 世纪前后，亚里士多德和柏拉图的著作双双由中东回流到欧陆，而此时柏氏见宠的程度又远胜于亚氏，各种著作展现的都是苏格拉底式对话的遗绪，也就是两造可为一"理"字——不管"有理"还是"无理"——争辩而构成连串的问答，其中当然也可见诡辩学派巧辩的影子[1]。亚里士多德的全集一旦又译成，二元对立的辩证法再度经人挪用，变成修辞论证的利器[2]，终于在中古鼎盛之际又点燃辩论的热情；而其反映在《冬夜寂静时》或《圣梦歌》一类的文本上，就是上及身体与灵魂的对立:你来我往，各有攻防，希望借此寻得问题的症结，甚至跳出传统辩论诗简化的三段论法，单是"挑衅"与"诘辩"就构成了全诗的三分之二。身体之所以在上引以"隶仆"自居，而且在此一节中还有"尔原是主反让余，自甘为我作马驴"之问，原因便在"诘辩"尚未完成:《圣经》对灵肉虽持平等的看法，后人的阐发仍有人具异秉之见，以为得天独厚。这就是世俗神学的内涵，而身体在回答灵魂的指责时，也因此反映了非属《圣经》本意的神学，亦即上引诗中灵魂"肖似一天主"的讥讽。

---

[1] Cf. G. B. Kerferd, *The Sophistic Movement* (Cambridge; New York: Cambridge University Press, 1981), p. 33.

[2] Walter Ong, *Ramus, Method, and the Decay of Dialogue: From the Art of Discourse to the Art of Reason* (Rpt. Cambridge: Harvard University Press, 1983), p. 280.

从"肖似天主"那两联诗观之，身体看来肯定了灵魂乃驱役自己的动力，不过他也忘了一点："灵魂"之"肖似天主"其实是修辞，因为"肖"是外现的状态，对象是"身体本身的样相"，不是灵魂的样貌。话说回来，身体敢于和灵魂辩驳，也显示中古的灵肉观仍有一典型的悖论：理论上灵肉虽无高低之别，不过一旦死后得冒"地狱无边苦"的危险，教牧眼中的神学就会取代《圣经》里的人学，促使《福音书》和《书信集》从希伯来人的观念往希腊宗教倾斜，从而如欧文所称自"充满圣灵的身体"（animated body）转向"化成肉身的灵魂"（incarnated soul）去[1]。《玛窦福音》经常见引的下面一段耶稣的话也跟着出笼："你们不要害怕那杀害肉身，而不能杀害灵魂的；但更要害怕那能使灵魂和肉身陷于地狱中的。"（玛10:28）此时耶稣话中隐然带有"灵魂不灭论"的色彩，把灵肉化成二元论："由肉生的属肉，由神生的属神。"（若3:6）既然两者各走各的，那么灵魂若出错，"他"当然会诿过于身体；而身体吊诡或"聪明地"也会以自己并无"知觉聪明"为由而将过错的球再度丢回灵魂去。此时灵高肉低的位阶就显现出来了，但是看来并非为"争功"而设，而是为"诿过"而立："漫道躯能误汝魂，罪应直向汝魂拟。"（《圣》，页3a）"诿过"的本领，灵肉双方平分秋色，而12世纪文艺复兴带动的古典辩证法，自是在《圣梦歌》或其拉丁底本《冬夜寂静时》里展现无遗。

《圣经》里耶稣话中的"肉"（caro），当然指"身体"而言，而"神"（spiritus）亦有"灵魂"的指涉，艾儒略时而译为"神魂"（例见《圣》，页5b）。身体原属天父所谓"好"，即使圣若望也告诉我们化为肉身后，圣言才能拯解世人的灵魂。可是身体又会堕落，可见也有恶的倾向。在这种悖论的张力拉扯下，诗人总让灵魂占上风，艾儒略本人在《口铎日抄》中亦持如是观（《耶档馆》，7:46–47及277–278），所以"轻世"

---

[1]　D. R. G. Owen, *Body and Soul: A Study on the Christian View of Man*, p. 182.

（*contemptus mundi*）就变成世人应有的处世之道，也就是对口腹之欲、宴饮之乐、衣着华美和凡间的宝物，我们都要鄙夷之：

> 我告诉你们：不要为你们的生命忧虑吃什么，或喝什么；也不要为你们的身体忧虑穿什么；难道生命不是贵于食物，身体不是贵于衣服吗？……你们中谁能运用思虑，使自己的寿数增加一肘呢？……所以，你们不要忧虑说："我们吃什么，喝什么，穿什么？"……你们先该寻求天主的国和它的义德，[然后上面]这一切自会加给你们。（玛 6:25–33）

耶稣叮咛的这些劝喻中，"生命"（*anima*）和"身体"（*corpus*）是关键，本身也都有"灵魂"与"躯壳"的另指，所以从中我们不仅可看出灵肉已二分，其间也像奥斯定所言变成了是"灵魂对身体的控诉"。在《天主降生言行纪略》里，艾儒略曾译《福音书》中耶稣训示门下之言道："欲亲就我而不谢父母妻子及轻生命者，非吾徒也。"又谓："尔辈不能谢其所苟，则[亦]不为我徒矣。"对中国人而言，这几句话——尤其是首句——看来有违孔门的伦常，艾儒略的解释则略如上引《玛窦福音》之意：凡入耶稣门下者都应"从教命，且矢志绝财，绝色，绝意，其心[得]居贫守贞……如宗徒辈者"，又曰，"此乃超性真修"，望人"不至半涂易志"也。换言之，艾儒略笔下的耶稣也要人"轻世"（《耶档馆》，4:205–206），而方之天主的意志及其所设的伦序，人也都不应以人事或人世为重。《圣梦歌》中，灵魂咒骂身体最凶狠，称之"世界大都为汝误，越多娱乐越增愁"（《圣》，页 4b），指的就是身体过度重视世乐，忘记存有的本身还有属灵的一面。虽然如此，身体亦非弱者，他驳斥灵魂的话同样言之成理，而且句挟千钧，毫不退让：

尔既有能能制我，尔合爱主积善功；

若然一切无惑溺，我亦奚能身为戒？

（《圣》，页 5a）

就是因为灵魂受到了诱惑，身体才问是谁要他"戒装焕发"——不要忘了《圣梦歌》的西方传统中，尸魂在世原为一"骑士"，所以一身戒装并不奇。身体与灵魂的怨隙，便如此这般在《圣梦歌》中迤逦演出，确实令人过目难忘。

上引耶稣叮嘱世人勿犯的恶德，《圣梦歌》的叙述者觉来所言最精准。此刻他脑中依稀还是梦中的景象，却已看到世人多将"世福认为实，舔此罪根日日出"（《圣》，页 8a），终而——

爱主爱人真德泯，欺同欺独谬多情。

不惧三仇图七克，只谓无财世所轻。

（《圣》，页 8a）

依前述尸魂生前的作为，他们——其实应该只是个"他"，也就是《冬夜寂静时》的叙述者所见的"骑士"——确实"不惧三仇图七克"，反以生前的富贵为荣耀。《圣梦歌》中那调子，吟来又似《西游记》里八戒报家门："得志妆成尊贵态，前趋后拥纷成队。"（《圣》，页 8a）对熟悉明末西学的人来讲，或对有明信仰基督的士人而言，"七克"的内涵不难懂，庞迪我的同名著作早就究明所拟"克"者乃人世的七罪宗（Seven Deadly Sins），而其中之一就是故作"尊贵"的"骄傲"态（李辑，2:717-792）。至于"三仇"，一贯也是天主教兴师讨伐的大恶，不仅《冬夜入眠时》（*MEDP*, pp. 36-39）或圣伯尔纳本人，连韩霖（1621—*c*.1647）《铎书》

与记载艾儒略言行的《口铎日抄》等中文内典也都曾指出这点[1]。我们还可上溯到时人王征的《山居自咏》，因为其中有句云："三仇五浊谁人去？防淫紧似防奔马。"[2] 王征并《圣梦歌》所谈，其实就是耶稣劝诫世人要警惕的"私欲偏情"（罗 6:12）、"世俗影响"（若一 2:15-17）与"害人的魔鬼"（伯前 5:8-11）。后者攻人的首要，李九标之弟九功认为每从"肉身"起，盖"饕嗜媱欲"着重的都是感官之乐，而且常和骄傲罪并行（《耶档馆》，9:189）。《圣梦歌》就此悠悠再唱，而方其唱到那叙事与戏剧的交界处，地狱魔鬼乃群集跃上生命的舞台，在尸魂的哀号声中将灵魂攫补下狱。这对尸魂——尤其是"尸"——生前颠倒价值，为求短暂的世乐，居然像浮士德一般将自己的灵魂"卖"给了魔鬼，正中了《圣梦歌》所谓"尔甘事魔作奴虏"一语的寓意（《圣》，页 4a）。

在遁入地狱前，群魔还抛下了两句诗，道是凡人一旦堕入死亡的幽谷，"渴思滴水无从得，欲睹青天不可期"（《圣》，页 7a）。这幅地狱变令人惊怵，所以此时我或许也应一谈《圣梦歌》就魔鬼所做的刻画，庶几可见三仇这最后一仇的狰狞。尸魂三问三答后，灵魂在《圣梦歌》中开始忏悔了。他正为如何赎罪而烦恼之际，作者冷不防在文本中却来了段"魔见"，而叙述者随即指出"忽有两魔踰炭黑"（《圣》，页 6b），跃上人世欲揪人[3]。这一幅景象，《冬夜寂静时》归为"梦中的作者"（"Auctor in visione"）之所见（VSB, 64:1），全诗的叙述声音遂因此而倾力描摹众魔的长相，称之"万笔难绘其丑模，万纸难书其凶慝"（《圣》，页 6b）。我曾

---

[1] 韩霖：《铎书》，见《徐家汇》，2:764; 857-858。另见 St. Bernard of Clairvaux, "De tribus inimicis hominis, carne, mundo, et diabolo," in J.-P. Migne, ed., *Patrologia cursus completes, Series Latina*, 222 vols (Paris: J.-P. Migne, 1844—1864), 184: 503-505；李九标等（记）：《口铎日抄》，见《耶档馆》，7:465-466。
[2] 王征：《山居自咏》，引自《年谱》，页 193（王征著译选辑）。这两句话下面一句是"策怠还如策蹇驴"，引喻的应是明末入教士士旂所著的《策怠警喻》（1621?）。该书见《徐家汇》，1:141-160。
[3] 除本书页 262、393 之外，有关基督宗教众魔的长相，另见下书中之讨论: Darren Oldridge, *The Devil: A Very Short Introduction* (Oxford: Oxford University Press, 2012), pp. 76-83。

逐字比对译文与原文，不得不说"魔见"一"折"中，艾儒略译来居然丝毫也不"粗"。《冬夜寂静时》这节诗的拉丁原文共计十六行，行行都经艾氏与张赓巧手变成秀异的中诗。为节省篇幅，下面我再效莱特的编排，将原文易为两节各四句的八行诗[1]，也把艾儒略《圣梦歌》中译得毫发不差的六句附录于次，而三仇最后一仇的丑态也就历历可见了：

Ferreos in minibus stimulus gestantes,

Ignemque Sulphureum per os emittentes,

Similes ligonibus sunt erum dentes.

Visi sunt ex naribus predire serpentes.

Aures errant patule, sanie fluentes,

Et errant in frontibus cornua gerentes,

Per extrema cornuum venenum fundentes,

Digitorum vngula vt aprorum dentes.

（VSB, 65:1–66:8）

口吐硫黄炽火炎，手持铁矛芒相逼。

齿如爬锄鼻出蛇，耳泻臭浓不可即。

额角峥嵘赤发撒，状如野猪又如獭。

（《圣》，页 6b）

《圣梦歌》的作者，这里是工笔细写，艾儒略的中译则亦步亦趋，我们所见乃西方最标准的魔鬼的样貌[2]。《圣梦歌》中，群魔重出人世，欲

---

[1] 不过莱特版这段话和 1613 年版间仍有异文，而且相当多。

[2] 参见高一志：《天主圣教四末论》（巴黎法国国家图书馆藏崇祯丙子年绛州刻本，编号 Chinois 6857），卷三，页 12a–12b。

将那堕落的灵魂擒回地府。他们得手那一刹那，艾儒略所译的生动程度，恐怕已经超越了《冬夜寂静时》的原文。我们读来不仅心惊胆战，那一幅幅活泼生动的"魔捉魂"的怪诞写实，尤其是他们四方寻索而抓啮罪人的急迫，在语增夸饰等效力的加码下，确可为巴赫金（M. M. Bakhtin, 1895—1975）笔下中古嘉年华或狂欢做一反讽性的中文说明。艾儒略也不用费辞，两句诗就写活或译活了这场狂欢会："得魂跳跃共推挤，争夺彼辈之慧诘。"这两句诗把"小人得意"状写得活灵活现，方之佛教文学中黑白无常的出没大异其趣，但一行也不逊。就体式再论或就地狱的描写重估，我仍然认为在华耶稣会的著译中无出《圣梦歌》之右者："欲比世刑倍无算，胜似热锡镕铜灌。"（《圣》，页6b）类此吟叙堪称语不惊人死不休，果然合以"无明狱火炽烧之"（《圣》，页7a），我们恰恰也可画出天主教四末论中彰显的地狱观[1]。

尸魂走到审判时，方才认清果报终不爽，无奈下两将怨诟收一旁，共谋是否能逃生，尸身还天真地问灵魂："若求脱免幽冥苦，可曾贿赂买得谁？"（《圣》，页6a）好一句"可曾贿赂买得谁"，幽默可笑得似乎临到黄泉都不忘人世的陋习！《圣梦歌》吟到这田地，高潮来临，我们总算体得某种中古辩论诗常见的"悬宕的美学"（aesthetics of irresolution）。尸身拟逞智巧，散发田宅舍赀以换得天主赦罪，灵魂也希望荣宠再临，幸脱苦海。提出了这些条件，表示两者显然都已智穷，仇敌这下变成了难兄与难弟。只可惜补牢无功，为时确晚，鬼魔霎时就将他们攫往地府去。在这之前，灵魂面对身体，也只能沮丧地为世人戒："嗟尔而今望罪

---

[1] 为免治丝益棼，这里我暂且按下高一志的《天主圣教四末论》，权引明清之际某佚名中国读者不知从何处摘述而来的天主教地狱图貌为例说明："地狱有四重，是刑罚之所，但有轻重之分。人不遵十诫者，身后天主罚于地狱刑之。其刑世无可比者，若莫能赘，略陈一、二。其刑似油汤煮，冷水浸，恶蛇咬，蛆虫蟿，铜槌铁瓜，刨烙火烧，剐刀刑割，棒打挨拖，臭气苦味，万般凌剉。满狱魔鬼，听命代刑。哭痛悲哀，惨惨怨气。"见佚名：《醒迷篇》，在《耶档馆》，9:263。《天主圣教四末论》外，有关天主教地狱的描述，亦见（清）孟儒望（述）：《天学略义》，在《续编》，2:891-898。

赎，赎罪何曾闻地狱？万金施舍更持斋，未有一人脱桎梏！"（《圣》，页6a）《新约》通常认为承受罪罚时，灵肉方才会重合，但因灵上肉下的神学已经变成了俗见，灵魂势必要为肉身的堕落再负责。这当然吊诡得又是悖论，令人糊涂于《新约》背后的灵肉观[1]！

就在众魔高声吆喝下，尸魂跟着踉跄行。众魔抑且高声齐唱道：饶是天主在，此时他们也难"垂怜"尸与魂，何况那"徼赦门"早已深锁在幽阴，哭号忏悔都已晚。面对尸魂的告饶，《圣梦歌》中众魔仍用反问挖苦道："尔祸尔招尔自受，何为对我妄纷纭？"（《圣》，页7b）此话一出，"异相"结束，辩论不再，唬得那叙述者"彷徨一梦瞿然憬，不知我在何等景"？他回忆梦中的辩论，以及辩后魔鬼的无情，不禁"仰吁大主发长号，求免陷落此深阱"（《圣》，页7b）。后一句的"深阱"有深意，《冬夜寂静时》的原文乃"重罪"（poenatam graui），不过如此中译并非艾儒略兴到擅改之，而是其中除有《冬夜入眠时》的互文外[2]，也有耶稣会内的联系，关涉龙华民、利玛窦与高一志纷纷用过的《空阱喻》，拙作《中国晚明与欧洲文学》有详论（《晚明》，页378–396）。其次，"井"或"阱"的意象乃地狱的象征。华南教徒陆丕诚（生卒年不详）等人所著的《奉天学徐启元行实小记》便谓"地狱之门，无异石'井'栏"（《徐家汇》，3:1245）。虽然如此，我们确可见艾儒略翻译策略的弹性大，其中甚至也有佛教的色彩。觉后的叙述者心境大为改观，此时已经"勘破世浮荣"，觉得"田宅货财俱幻影"，是以"不如弃之勿复图，一心事主哀祈请"（《圣》，页7b）。

灵魂为魔鬼所擒而下地狱一景，也使作者兼叙述者看清"异端蜂起

---

[1] D. R. G. Owen, *Body and Soul: A Study on the Christian View of Man*, p. 185.

[2] 这里我指的是另一个版本的《冬夜入眠时》，见 *The Debate of the Body and Soul*, in Thomas J. Gabáty, ed., *Medieval English Literature* (Lexington: D. C. Heath and Company, 1984), p.611 (XXXI: 248) and p. 617 (LIV: 432)。

正教微"，自己不可在"茫茫宇宙迷真学"（《圣》，页 8b）。《冬夜寂静时》中，此地的"异端"指希腊神祇而言（VSB, 76:34），但《圣梦歌》刊刻前一年，佛徒如黄贞（生卒年不详）与地方政府如福宁县治已经开始打压天主教 [1]。面对满楼的大风，艾儒略当然得未雨先绸缪。所以《圣梦歌》重打文脉，让上引两行诗变成坚定教徒信心的隐喻，否则在排山倒海而来的是非场中，他们不陷入迷惘也难。一旦信心不足，难逃的是天主最后的审判："呜呼死后赏罚明，到头殃庆各相迎。"（《圣》，页 8a）有关"最后的审判"这联诗，《冬夜寂静时》阙，仍然是艾儒略"粗述"时所增衍。但这"粗述"不是师出无名，系《圣梦歌》在译述上合法的填补，以便让阅者得悉善其生乃能善其死的生命至理。上面的"真学"两个字，说来又是艾儒略为合中邦之韵而做的省文，《冬夜寂静时》中若非作"神圣的美德"（theologicae Virtutes），就是指奥斯定强调的"信望爱"（Fides, Spes, & Charitas），是可以反制三仇的三德（VSB, 77:1–3）。有此三德在，叙述者才能以反语指涉前引而"不惧三仇图七克"。

一旦了结了三仇，七克功成，凡人至少可称"爱主"了。《冬夜寂静时》中，"不惧三仇图七克"这句诗其实亦阙如，但是耶稣会在华却代代沿袭，终而变成会内的传统。所以在"劫机"与"劫后余生"外，《圣梦歌》还做了不少配合会中故实的增添。踵事增华，一般而言乃译事常态，因为译文如本雅明——甚至是德里达——所指出来的，往往会和原文形

---

[1] 佛僧及其信众的诘难，便是后来徐昌治（天启年间贡生）所编《圣朝破邪集》的基础。此际及往后天主教徒在闽处境之难，参见潘凤娟：《西来孔子艾儒略——更新变化的宗教会遇》，页 56–62 及 98–104；以及张先清：《官府、宗族与天主教：17–19 世纪福安乡村教会的历史叙述》（北京：中华书局，2009），页 61–147；Eugenio Menegon, *Ancestors, Virgins, and Friars: Christianity as a Local Religion in Late Imperial China* (Cambridge: Harvard University Asian Center, 2009), pp. 59–91。《圣朝破邪集》书中诸文最早多为明僧费隐通容（1593—1660）所集，而后者此刻虽在闽，其说却多本乃师密云圆悟（1566—1642）而来。《圣朝破邪集》刊行于 1639 年，现代版可见于周编，第 2–4 册。

成互补的关系[1]。不过像《圣梦歌》如此一吟就是五行以上的添写倒罕见，也可知艾儒略借《冬夜寂静时》在华所拟着墨者何，亦即全诗"正反"互斥最后的"合"、"结辩"（determinatio）或天主教四末中那"最后的审判"。 如此强调，再度呼应了高一志《天主圣教四末论》的第二卷与利玛窦《畸人十篇》的第四篇（李辑，1:53–174）：彼此既互文，也渗透！"身体与灵魂的辩论"此时跟着水涨船高，早已脱离了"人生如梦"的常谭或叙述常套，转为耶稣会或不列颠中世纪灵肉辩论诗中教义圆成的表征[2]。凡此种种，无疑是某种布教的转义学（tropics），《圣梦歌》之前，高一志和利玛窦等初代会士固已熟烂矣。

梦的解析

缘转义而形成的翻译诗学，《圣梦歌》中确见于译事上的权变与方便。在中文里，如此处理则灵肉之争的主题也才开显得清楚。在宗教教学的语境中，增损尤为善巧之一。因此，非属天主教的意象，《圣梦歌》也常用。最显著的是身体第三次回答灵魂的话，其时两造已知都有错，"但论罪来各不同，受恩多者罪多丛"。后面一句分明针对"灵魂"而发，而且也把《圣梦歌》由孔利（John W. Conlee）所称的"横的对话"（horizontal dialogue）转向"纵的对话"（vertical dialogue）（MEDP, pp. xxxi）：因为灵魂得自天主者"恩无穷"（《圣》，页5a），所以"他"要接

---

[1] 见 Walter Benjamin, "The Task of the Translator," in Marcus Bullock and Michael W. Jennings, eds., *Walter Benjamin: Selected Writings*, vol 1, 1913—1926 (Cambridge: Harvard University Press, 1996), pp. 253–263。另参见德里达所谓"原文与译文互为欠债者"之说，见 Jacques Derrida, "Des Tours de Babel," trans., Joseph F. Graham, in Graham, ed., *Difference in Translation*, p. 184。

[2] Cf. Wendy Alysa Matlock, "Irreconcilable Differences: Law, Gender, and Judgment in Middle English Debate Poetry," Ph. D. dissertation (Ohio State University, 2003), esp. Chapter 3.

受的惩罚远比尸身重，两造当然不能再等同视之了。如此计较前，其实身体早知自己已为"世物空玩弄"，同时也看清了人世的本质为何。《冬夜寂静时》中，"他"脱口而出故而就是如下这四句：

Honor, vis, scientia,	荣耀与权才，
Virtus nec herbarum,	力难变药材：
Mortis possunt fugere	难医死之痛，
Stimulum amarum.	苦病不可瘥。

（*VSB*, 45:5–8）

《圣梦歌》中，艾儒略依旧大而化之，将这四行诗译成两句一对的联语，而且译得更自由，仿佛面对的不是原文，而是一个"原作＋译作＋读者＋宣教"的"写作方案"（writing project）[1]。《圣梦歌》的发声位置，无疑便是此一方案的着手处，而其译述目标或行为——亦即所谓"忠实"的对象——因此便非"原作"，而是整首诗从宗教出发的慧见：

才华荣贵与权能，

死后都如幻泡梦。

（《圣》，页 5a）

上引第二句中的"幻泡梦"，对应的当然是上面拙译最后的三句，而这三个字，对佛典稍知一二的人马上就会知道出自鸠摩罗什译《金刚经》。其中《化非真品》中的六字关或六如偈如下："一切有为法，如梦幻泡影，

---

[1]　这个词我借自 Sherry Simon, *Gender in Translation: Cultural Identity and the Politics of Transmission* (London: Routledge, 1996), p. 2。

如露亦如电，应作如是观。"[1]昭明太子题赐的这一品，所述乃佛在祇树
给孤独园说"法"。对佛而言，真正的"法"不可说，只可像中国禅宗般
"拈花微笑"以识之。"法"性来如电露，去如影梦，一旦开说，"法"即
非"法"。缘此法义形成的语言观，后人强自作解，所以"梦幻泡影"乃
经"曲挪"而比为人世的倏忽，又借朝露与闪电形容生命的短暂与空幻，
都是宗教修辞的上品。

拙作《中国晚明与欧洲文学》里说过：耶稣会在华不常以连类的方
式翻书，尤忌借佛语入译。但《圣梦歌》一反常态，艾儒略显然将"如
幻泡梦"省字了，用以中译《冬夜寂静时》所谓人力与药石都难以抑制
的死亡，可见"人生如梦"的文学常谭，艾氏并非毫无所感。非特如此，
《圣梦歌》另强调身体罪难逭，即使"万金施舍更持斋，未有一人脱桎梏"
（《圣》，页6a），而这"持斋"一语理非天主的教义，利玛窦的《天主实
义》早已究明过！（李辑，1:491–521）至于《圣梦歌》中的地狱，那"无
明狱火炽烧之"，呼应的分明又是佛教的变相与心学，《冬夜寂静时》里当
然提都不提。后者当节伊始，灵魂亦称身体"在世傲须眉"，然而"一朝
长寝颜容变，白骨荒丘人恶见"（《圣》，页1a），充满了道家与道教的生
命观，也强烈预示后来《红楼梦》的人世观，更不提下面我会再及的尸魂
"相依似辅车"的儒门观。总而言之，就在艾儒略径自将《冬夜寂静时》
改题为《圣梦歌》之际，在他之前中国固有三教的语言文化都已经挪转，
变成他取以传释的象征资本。其中既无窘迫感，用来亦无不适状。

欧洲辩论诗的传统中，如此挪转异教的方便善巧匪匙，德国的《水
与酒的辩论》（*Ein Kampffgesprech zwischen Wasser und Wein*）是一例。
此诗写于1536年，远比《冬夜寂静时》为晚。诗中希腊酒神巴克斯

---

[1]（姚秦）鸠摩罗什（译）：《金刚般若波罗蜜经》，见《大正藏》，8:752。有关这段话的含义，见
吴静宇：《金刚经释密》（台北：正一善书出版社，出版时间不详），页629–637。另参较（姚秦）鸠摩
罗什（译）：《维摩诘所说经》，见《大正藏》，14:537。

（Bacchus）和水神尼普顿（Neptune）在朱庇特（Jupiter）面前争辩神品的高下。水神为自己辩护时最强而有力的论点，是"天主"创世之际，"水"先一切而存在。《旧约》的故事，在此已融入希腊神话的框架中。然而巴克斯反嘲的却是"酒"出现得也不迟，诺厄方舟的时代就已发明了（创9:21）。他力辩时劲道最强的则为尊如基督者，身后也都将血液化为葡萄酒。如此这般，《新约》与天主教复活节的仪式同时进驻虚构的欧洲古典中，而这恐怕才是撒赫（Hans Sachs）——他是《水与酒的辩论》的作者——最拟突显的旨意[1]。艾儒略在华译《圣梦歌》之际，欧洲辩论诗已经不分异教与己教。撒赫所持的手法，艾儒略应不生疏。中国和西方人都好言"人生如梦"，艾儒略笔下的《圣梦歌》也始于入梦，终于梦醒。诗中演出的戏剧，全都发生在寤寐时。上节我剖明灵魂与身体的辩论或最后的审判才是《冬夜寂静时》劝世的重点，讽刺的是这里艾儒略在翻译上却实行了"粗糙"的连类与"大胆"的易名，同时也将《冬夜寂静时》的重点带向中国释、道时常可见的"人生如梦"去。《圣梦歌》劝人不应"热闹场中争是非"，也不要将那"世福认为实"，因为"身后为长生为暂"（《圣》，页8a-8b），尸魂的际遇即这般，而这一点，中国宗教传统早已有分教！

不过好个"身后为长生为暂"，似乎人世转眼确如梦！尽管《圣梦歌》这般唱，这里我仍要重复一个问题：人生果如梦，那么梦醒是觉，死亡又有何悲伤可言，而身后的时间岂非也是另一场梦？《圣梦歌》昭示生命倏忽，因此别有怀抱，目的仍在警醒世人地狱的可怕，所以不用等到最后的审判，我们就应修灵克己以上邀天主的荣宠，庶几来日可以入圣域。

---

[1]　Hans Sachs, *Ein Kampffgesprech zwischen Wasser und Wein*, in Adelbert von Keller and Edmund Goetze, ed., *Hans Sachs Werke*, vol 4 (Rpt. New York: G. Olms, 1982), pp. 247–254.

有趣的是，明清之际的中国人读《圣梦歌》，始则通常反客为主，让"梦"变成此诗细味上最大的感受。这当然又是"曲挪之解"，不过细究下也难怪，因为《冬夜寂静时》的传统所循乃中古欧洲的"梦境文学"（dream literature），是英国《农夫皮尔斯》（*Piers the Plowman*）或法国《玫瑰传奇》（*Roman de la Rose*）的传统，故事往往就发生在梦中所构筑的框架间，而所梦者，正是做梦者最大的关怀。就此而言，我们实则不必等到《圣梦歌》，早在《约伯传》的年代，写经人就告诉我们天主不会回答人类的问题，对人的训示凭借的多属"梦和夜间的异象"（约33:15）。这个概念铭刻既深，加上西塞罗在纪元前 1 世纪撰有名篇《西比欧之梦》（"*Dream of Scipio*"），所以 2 世纪开始，天主教循其精神就让《黑马牧人书》（*The Shepherd of Hermas*）悄然登场，从而揭开本教梦境文学的序幕，竟以"梦中异相"（dream vision）为"天启"（apocalypse）。6 世纪乍临，就在中世纪伊始，梦境文学复因波依提乌有类似之著而开启全新的面向，终而绵延繁衍而变成"梦中的辩论"（dream debates）。《冬夜寂静时》或其承袭与衍发的诸作率亦侧身于其间，变成此一传统正式的家族成员之一。《圣梦歌》拉丁原文的别名相继都以"异相"为题，其来有自，指各家所假设的作者——如伯尔纳或菲利普——都曾亲眼见到的"梦中的异相"。

　　所谓"异相"，艾儒略在《性学觕述》中曾用"古西土名医然纳第阿"的故事解说之。然氏何人也，我迄无所知，但他竟战营生，生怕死后灵魂脱离身躯，"则苦乐无所附着"。不过一夕，他——

　　　　梦美童子入其室，呼之曰："从我来。"即从之入一城，极其佳丽，耳闻世所未闻之乐，心甚乐之。童子曰："此圣人在天之乐也。"又目中所见美好种种，异甚。瘳后追忆不释。次夕，又梦童子呼其名曰："然纳第阿知我否？"问曰："尔非昨夜之童子，引我入佳城及闻美乐者乎？"童子曰："是天物也，尔何得见之？梦耶？寤耶？"然纳第阿曰："梦也。"童子曰："梦时，尔之目合乎？开乎？"曰："合耳。"童子曰："尔目既闭，何能见我，且随我入城，见诸美好也？"其人莫知所答。童子曰："此非尔世眼虽闭而自然能见者乎？则尔灵神自有一目，能见不借肉眼也。……"（《耶档馆》，6:164－166）

然纳第阿梦中所见的童子，最后向他解释肉身之眼必腐，但死后灵神之眼尚存，可以"无目而视"，故知"苦乐必有所受"（《耶档馆》，6:166）[1]，不必以此自累心神。这位美童子的解释沿袭亚里士多德以来的灵魂不灭论（参较李辑，1:421－449 及《耶档馆》，6:146－158），也复述了《性学觕述》中的灵肉二分说，但他拟强调者无疑是上引最后的"灵神自有一目，能见不借肉眼"者。欧洲中世纪梦境文学所指的"神异之相"，唯有在俗眼合上之后——亦即在"入梦"之后——方得见之，而且多为天堂与地狱的景象。中世纪英国文学再如《珍珠》（*Pearl*）——甚至包括 17 世纪班扬（John Bunyan, 1628—1688）的新教小说《天路历程》（*Pilgrim Progress*）——的高潮迭起处，率皆如此处理，可见"异相"深入基督徒心中的程度。

中国人对"梦"也情有独钟，《梦林玄解》或《周公解梦》一类书籍乃因梦决疑的代表，其类多如江鲫，早已构成民间占兆上的一大传统[2]。不过这些著作既为决疑之用，和庄周梦蝶等以梦为生命本然的大传统关系就有限。《庄子》以来，再加上佛教入华，中国哲人文士竞相以梦为

---

[1]　然纳第阿的异相，艾儒略在《三山论学记》中也曾对叶向高（1562—1627）述说一遍，但有异文，见《续编》，1:475－476；另请参见冈本さえ：『近世中国の比較思想：異文化との邂逅』（東京：東京大学東洋文化研究所，2000），页 219－220。

[2]　见刘文英、曹田玉：《梦与中国文化》（北京：人民出版社，2003），页 19－176。

题写作，而且往往是他们对人生最大的感受[1]。我们打开张赓在崇祯十年（1637）为《圣梦歌》所写的序，马上会发现《圣梦歌》的中译，几乎便在反映中国传统对西人梦观的兴趣。张序设为问答，全文写来虽无声韵之美，整饰却有如赋体，又似是为呼应《圣梦歌》中的对答而序之。劈头之句，因此是"有客询梦于西方之士"，继而才是艾儒略就梦之为梦所做的回应。在《性学觕述·论梦篇》之外，张序所记艾氏的天学或天主教对梦的看法，堪比时僧彻庸周理（1590—1647）的《梦语摘要》，写来抑且系统俨然，是对梦的本质最"科学"的分析：

> 所谓得梦，盖因人灵觉有三力焉，曰"明"，曰"爱"，曰"记"。凡人生平见闻尝嗅及触觉像类，毕能收之记含中。故寐时随其所记诸像，即远在数十载，咸照瞩如在目前。……在寤时，人能自主，任意拘拘一物，而梦却不能自主者，缘记脑间，诸像受脏胃热气上腾，恍惚贸乱如釜中烹诸殽实，火炽水沸其间，杂品互踊跃，上下无定序。故人梦暨不足凭，而不足为疑信者也。（《圣》，序页1a-1b）[2]

我们倘证之以《性学觕述》中"破梦"一章，艾儒略此见显然似在批驳《周公解梦》或《梦林玄解》一类的占梦著述。非特此也，艾氏又挪用了"济则落"（西塞罗）——并引"叶洛尼目"（圣热落尼莫）——之言，以

---

[1] Cf. Anthony C. Yu, *Rereading the Stone: Desire and the Making of Fiction in Dream of the Red Chamber* (Princeton, N. J.: Princeton University Press, 1997), pp. 137–151.

[2] 艾儒略这些讲法，尤其是引自圣额我略的"缘记脑间，诸像受脏胃热气上腾"等说，其实可以比诸《黄帝内经》等传统中国医书对梦的生理学阐释，参见刘文英、曹田玉:《梦与中国文化》，页233–251。圣额我略的看法见 Gregory the Great, *Dialogues*, trans. Odo John Zimmerman, O. S. B. (New York: Fathers of the Church, 1959), IV.50–51。中国传统梦观，另见路英（编著）:《释梦考——中国古代占梦迷信剖析》（北京: 中国民族摄影艺术出版社，2002）一书。

为强信人梦并以之为兆者，"是将与天主争权，而钦崇一梦于天地万物主之上乎"？（《耶档馆》，6:330-331）对天主教来讲，"与天主争权"当然是"骄傲"，而人罪莫大于此！

张赓的《圣梦歌·序》中，艾儒略表现出来的"梦的解析"其实多取诸圣额我略（Gregory the Great, c. 540—604）或圣奥斯定，12、13世纪再经里尔的亚兰（Alan of Lille, d. 1202）或德阿巴诺（Petrus de Abano, c. 1250—1315）等人转化，变成世传的所谓"三梦说"。艾氏故分梦为三："一为自梦，一为邪梦，一为圣梦。"所指"自梦"，殆所谓"日有所思，夜有所梦"的期待与忧虑，亦张湛《列子·周穆王注》所称的"情化住复"[1]，无关道德与是非，而"邪梦"乃因邪魔附身使然，人应驱避唯恐不及，否则将"陷于无穷罪恶"，从而快魔之意也（《耶档馆》，6:324）。至于"圣梦"则不然，系"从圣神来"，为"正梦"之属而非竟日悬想所出（《耶档馆》，6:323）。造物主间或"用之启迪人心，当有取益而为进修之助，如是特恩独盛德者时有耳"（《圣》，序页6b）。这也就是说，能得圣梦者"必大德之人"，盖其"克当帝心"，以"默为启照"，而且其人其数亦不多见："千百众中，仅有一二人；即大德一人之身，生平不过一二次也。"（《耶档馆》，6:328）如此大德之人，以明清间入华耶稣会士五百人而言——依夏伯嘉的估算——得享殊荣者似乎也唯有利玛窦一人而已[2]。在天主教史上，如此大德者必如伯尔纳等圣徒，故此艾儒略才主动要为张赓"粗述圣人伯而纳一梦"。

就中国说梦文学而言，艾儒略上述三梦之分，当然难比彻庸周理

[1] （周）列御寇（撰），（晋）张湛（注）:《列子》（北京：中华书局，1985），页40。有关艾儒略"三梦说"之来源，见 Steven F. Kruger, *Dreaming in the Middle Ages* (Cambridge: Cambridge University Press, 2005), pp. 31–64。

[2] 夏伯嘉:《宗教信仰与梦文化》，《历史语言研究所集刊》第76本第2分（2005年6月），页211–212。有关利玛窦的圣梦，见 *FR*, 1:355–356。

《梦语摘要》所析之详。后者胪列多达十三种的梦，连艾儒略的"正梦"都可能典出其中或其典另出之《列子·周穆王》与《周礼·春官》。虽然如此，艾氏的圣梦"名虽曰梦，实则大道真训也"，和周理区分的"传神梦"或"托意梦"仍有大别[1]。当然，"圣梦"一名亦《圣梦歌》一题的由来，而繇此我们可见艾儒略对梦的兴趣显然建立在梦中真理之上，仿如高一志《譬学》所设如下之喻："谈梦者，必醒寤矣，识恶者，必始善矣。但醒梦者，醒其虚，止于不信。醒恶者，醒其实，邃（遂）当速改也。"（《譬下》，页30b）这般的解释交融了两者，我们可借以了解所谓"圣梦"虽无"异相"之名，实具"异相"之实，而其功能既在"默为启照"，则其本质必属"天启"或"默示"无疑。艾儒略中译《圣梦歌》因此绝非为艺术而艺术；他在张赓序中才会说"此梦原有西土诗歌，聊译以中邦之韵"。这里的"聊"字是画龙点睛处，暗示"文学"可能是过程，不是艾氏译梦的初衷。

　　《圣梦歌·序》里，艾儒略称"韵学余夙未谙，不堪讽诵"，故而《圣梦歌》之"览者有味乎其概，可矣！"（《圣》，序页2b）然而诚如上述，目前可知的《圣梦歌》的"览者"中——包括某些现代学者——阅后似乎尚"难味其概"，更不提其中所寓天主教启示文学的真谛[2]。晋江版刊

---

[1] （明）周理：《梦语摘要》，见《嘉兴大藏经》，40册（台北：新文丰出版公司，1987），25:273。另见《周礼·春官·占梦》，在阮刻，1:808；列御寇（撰），张湛（注）：《列子》，页38；（明）何栋如：《叙》，《梦林玄解》，见《存目》子部第70册，页216；上及"蕉鹿"故事见列御寇（撰），张湛（注）：《列子》，页41。彻庸周理的生平简述，见廖肇亨：《僧人说梦：晚明丛林梦论试析》，收廖肇亨、李丰楙（编）：《圣传与诗禅——中国文学与宗教论集》（台北：文哲所，2007），页666-682。

[2] 下文我会指出"人生如梦"并非《圣梦歌》原文的创作主旨，但具天主教知识的现代学者中仍不乏见不了解天主教或艾儒略译梦的真谛者。费赖之还有更难思议的说法：《圣梦歌》之译也，意在"护教"，另兼"教会仪式的解说"之用（Il contient l'explication de certaines formulas employées dans les rites de l'Église.)，见 Pfister, 1:133。另见 Mark K. Chang, S.J., "Impact of Aleni's Apologetic and Pastoral Writings on the Missionary Work in China," in Lippiello and Malek, eds., *"Scholar from the West": Giulio Aleni S. J. (1582—1649) and the Dialogue between Christianity and China* (Nettetal: Stetyler Verlag), p. 365。"护教"或可能，"仪式解说"就难解。

刻之后，段衮的绛州《重刻〈圣梦歌〉》一文，在解读上也"含糊"如故："举世皆梦梦，惟圣人无梦，无梦所以觉天下之梦也。然余观伯尔纳《圣梦歌》，则是圣人未尝无梦。有梦，亦所以觉天下之梦也。"段衮重刻《圣梦歌》乃因"惧西觉而东尚梦也"，亦"惧南觉而北尚梦也"，但他仍难跳脱"人生如梦而圣人觉之"的中国传统思考模式（《圣》，重刻序页1b）。《冬夜寂静时》的重点，因此失焦了。盖循此阅读，《圣梦歌》或《冬夜寂静时》就不属于西方原来的梦境文学，而是经中译挪转而后形成的中式"梦的文学"。所谓"身体与灵魂的辩论"云云，看来似非段氏为绛州版撰序时最深刻的观察。

　　段衮之外，《圣梦歌》早期的阅者群中，仍有人乍读下不能完全理解艾儒略借额我略等人所称之"圣梦"者。除了张赓外，福唐林一㣾（fl. 1644—1672）、进贤熊士旂（1620年奉教）、桃源潘师孔（生卒年不详）与晋江苏负英（生卒年不详）等闽中或闽南士子早已通读过《圣梦歌》。后三人且曾为艾儒略校阅全诗，而林一㣾更为之特撰《小引》一篇。载籍有阙，熊、潘、苏三人读诗的反应我们不得而知。但林一㣾的《圣梦歌·小引》犹存，开门见山即取"自梦"之意曰："梦境多幻，世人浮想，因缘纷动不已。……所谓梦吉梦凶，大抵为眼前世福世祸附会妄拟耳。"（《圣》，小引页1a）待艾儒略另徒李九标读完《圣梦歌》，则其跋语又引人走向庄周梦蝶以次的中国文学传统，亦即前引所谓"宇内一梦场也，寓形其间者，梦中人也"。这些人"营营焉，逐逐焉。升沉泡影，得失蕉鹿者，梦中景也"（《圣》，跋页1a）。李九标文中，《金刚经》与《列子》并举，可想打一开头，他的认识依然不脱明人说梦的方式。林一㣾或李九标要待沉淀而深思后，才得以明白"圣梦"非关浮世如梦这种中国人传唱千年的常谭。陶潜的《形影神》表面上非关梦境，然而迫而察之，其中精思若非"身没名亦尽，念之五情热"，就是"纵浪大化中，不喜亦不惧"，对于全诗开头所提的宇宙真理似乎也忘了："草木得常理，霜露荣悴之。谓人最灵智，独复不如兹！"[1] 陶潜论人世，无异于段衮、李九标或林一儁之初读《圣梦歌》！

话说回来，不论李九标还是林一儁，他们在穿越固有文化的层峦叠嶂后，幸而仍能体得《圣梦歌》的个中三昧。明亡之后，林一儁曾补顺治年间的贡生（1644—1661），历福清学福安教谕与泉州府福安训导（1668—1672）。艾儒略在世之日，林一儁向以师礼事之，《熙朝崇正集》且收林诗两首，其一有句云："多缘大主恩无外，亦赖吾师志不惵。自此中天明宝鉴，上抉治化到黄农。"（吴编，页 680-681）诗中的"吾师"当指艾儒略，而"宝鉴"虽不必是《圣梦歌》，但从"吾师志不惵"及"上抉治化到黄农"看来，林一儁似乎早已识得艾儒略在译著上的真谛。像耶稣会士一样，林一儁相信中西文化义同理同，而中国人也不能自外于《圣梦歌》里身体与灵魂对话的结论。其中的警训格言，他认为还应录为座右，庶可鞭心修身。这里愚见如果无误，则上引诗暗示林一儁对"圣梦"的了解，绝非中国传统的"人生如梦"——虽然他的用词如"形神"应该取自陶渊明："兹《圣梦歌》一篇所述形神相怨之语……则又与世人幻梦大相径庭。"（《圣》，小引页 2a）凡此虽为推测，似乎也暗合艾儒略期待"圣梦"的训行归正之效：得圣梦者，可"命以事，使之肩承，励其德，使加修进"，或"诏以未来，使之证据"（《圣》，页［Ⅲa］）。

林一儁的生命慧见同样教人佩服："常人以死为梦，达人以生为梦，其说皆似而非。"《圣梦歌》的梦境内含艾儒略所称的"正梦"，而其认识应以天主为中心而启之："夫梦幻也，人生在世之日惟一天主鉴之，有或善或恶之分；其谢世之日唯一天主判之，有永赏永罚之报。"（《圣》，小引页 1a-b）所以生命本身或天地万象——林一儁教我们回到《圣经》字面的原意——都不应该"以幻者视之"。常人"以幻视生，故生无所备"。

---

[1]　逯钦立（校注）:《陶渊明集》，页 35-37。

但这点却是经文所举的生命大讳。换句话说，林一儁读《圣梦歌》的逻辑，已经颠覆了中国大传统所教的常人为"蛾与火"，智者为"庄与蝶悠悠忽忽以终其身"这种所谓的"达观"。《圣梦歌》中的形神辩论建立在以生为实的基础上，此亦至人所深知，所以他们"常念死候，夙夜哀悔，以祈主佑"。圣梦的内容，故而关乎天主的开示，系"实理实事，可惊可怖"。故"虽梦中景，实醒中药也"。全诗读到最后，林一儁终于看出欧人阅读《冬夜寂静时》常可省得的"托喻"（allegory）："此等梦景属之何人？彼昔日如我，我后日如彼，滔滔皆是。"（《圣》，小引页 2b–3b）

李九标和艾儒略的关系比林一儁更近一层[1]，不仅常和其弟九功代艾氏润笔，也曾为《圣梦歌》作跋，对于此诗也有独到之见。李九标尤和林一儁一样，同在思索传统浮生若梦后方才憬悟"圣梦"者何。对他而言，寓形乎宇宙的人经常"以梦偶梦，复以梦说梦"。这尚属次要，做梦者若遇"醒者推而使觉，反指醒者为梦也"（《圣》，跋页 1a）。李九标话说得简洁，但上面所见却非泛泛：他一来挑战了佛、道两家的人世观，不以人生若梦视之，继而将人世之见再度推回《圣经》经文的传统去，向后世神学家引申的浮世观宣战。艾儒略恪守《圣经》意蕴，由伊甸园开启人类的系谱，《性学觕述》所见的时间故而为线性之属（《耶档馆》，6:187–174）。就此一观念而言，人世乃进入天堂或地狱的基础，故而平日所闻所见绝非幻景，说来竟和——比如说——利玛窦《畸人十篇》中如"世为侨居"的概念背道而驰，应和者故类时僧湛然圆澄（1561—1626）假设中的逻辑："若觉是实，则无入梦；若梦是实，则应无有觉。"[2]利玛窦扮演宗教家的角色，自然得强调浮世如幻似影，如此才得以反衬

---

[1] Lippiello and Malek, eds., *"Scholar from the West": Giulio Aleni S. J. (1582—1649) and the Dialogue between Christianity and China*, pp. 129–190.

[2] 《嘉兴大藏经》，25:642。

天堂的重要或真实。但如前所述，《圣经》经文除了《新约》中葆禄的书信外，大多持人世为实的看法，非梦，非幻，非泡，非影。所以李九标的《圣梦歌·跋》继之才又说道："圣梦之歌，醒也，非梦也。"有趣的是，李九标也是寓形宇内的一介凡躯，而同为梦中之人，他"乌可语醒"？对此问题，李九标的试答就显出中古梦境文学的俗世功能来。他说自己得以觉来，乃《圣梦歌》助之之故：余"得是歌而讽叹之，咏绎之，醒矣，醒矣，其如开卷而醒，掩卷而仍梦"矣！此外，李氏另亦有比，可见读《圣梦歌》后的雀跃之情："何嗟夫长夜漫漫，孰呼之旦？举世蚩蚩，言笑晏晏，请与共歌斯篇，庶几东方之已璨！"（《圣》，跋页 1a–1b）读诗或咏诗，在李九标笔下似乎已变成救赎的渡筏。

就李九标观之，后面这些话不过是比喻。饶是如此，对前述段衮而言，方其在"丙夜"二度展读《圣梦歌》时，确也感到这首诗可为救赎之用，因为他已"知圣梦非梦"，梦中情况和人生毕竟都是如实的存在。段衮因从庄子《齐物论》所称"愚者自以为觉"一语而得灵感[1]，乃占《愚觉诗》一首，回应《圣梦歌》的大旨，也把自己读后悟得的机栝——亦即"愚觉"之感——吟诵而出：

> 万仞魔风梦仞溪，漫漫世路尽幽蹊。
> 梦中作梦醒还梦，迷里生迷悟尚迷。
> 上帝分身怜陷溺，西儒铎教赐提携，
> 一灯照破千年暗，天国于今信有梯。

> （《圣》，诗页 1a）

---

[1] （战国）庄周（撰），（晋）郭象（注），（宋）林希逸（口义）：《南华经》，上册（台北：中国子学名著集成编印基金会，1978），卷 2，页 19b。

万历中期，罗明坚尝和徐渭（1521—1593）互赠诗词[1]，而段衮上引之诗，则是管见在罗、徐之外，唯一知悉的耶稣会诗作有其应和者——虽然理论上，艾儒略的诗乃"译诗"，并非惯常的创作。段衮在《愚觉诗》后记中自谦道："或曰有梦歌，不可无觉诗。曰：'觉，非愚敢当也。'"（《圣》，页1a）但是他吟咏《圣梦歌》，的确发觉自己已从人生如梦的窠臼中醒来。设非如此，则"梦中作梦醒还梦，迷里生迷悟尚迷"，那么在现实世界里，我们读《圣梦歌》还能读出什么心得来？段衮二读《圣梦歌》，所悟者另又不止如上所述，他在诗里感受到"讽诵"似乎也是诊治现世罪愆的良方。伯尔纳"撰诗"，艾儒略"译诗"，两者分明都是"上帝分身怜陷溺"，是以《圣梦歌》对他俨然系"觉诗"，无异于身心苏醒的工具，更是上接天主恩宠的妙方："一灯照破千年暗，天国于今信有梯。"

诗中的"梯"字典出《旧约·创世纪》，乃雅各在贝特耳所见"顶天立地"的梯子，是那通往圣城唯一的天梯（创28:10-17）。无巧不成书，在《口铎日抄》中，艾儒略也曾铺陈圣多明我"于醒梦间，见升天之梯"的传奇（《徐家汇》，7:444），而雅各得见天梯，同样在梦中。这些"梦"或这种"梦"，实则亦天主显灵的"圣梦"，《愚觉诗》似乎有意将之与中译后的《圣梦歌》焊合衔接，所以说"一灯照破"后，"天国于今信有梯"。《愚觉诗》里，段衮显示他已得悟"克灵制肉"的方法，了解这才是进入天国的大道，而雅各则化隐喻为实体，告诉我们确有天国的梯航在。两个故事带来的虽是两种面对天主的取向，然而彼此一旦结合为一，则《圣梦歌》天启式的重要性就不言而喻了：有了这首诗或凡人得解这首诗，天梯自然会降下，自然会引领世人通过天主严格的审判，复得圣宠，回返祂的怀抱。段衮道："梦之中既有梦，则醒之中更有醒。"（《圣》，

---

[1] 见 Albert Chan, S.J., "Two Chinese Poems Written by Hsü Wei 徐渭（1521—1593）on Michele Ruggieri, S.J. (1543—1607)," *Monumenta Serica* vol. 44 (1996), pp. 317–337。

页 1b）《圣梦歌》在信仰上的效力，这是一证。

就中国本土诗史观之，像《圣梦歌》这么长的七古不多见，李商隐的《韩碑》与《乐府诗集》里的许多歌行都难比，而且传统七言诗也有异于《圣梦歌》者：倘不向赋体或前及"争奇文学"如敦煌《茶酒论》中寻觅，前者的辩论与戏剧形式中国几缺，而就宗教再言，当更难见"劝化"与"果报"的色彩。中国文学史上，攸关梦的文学固然多，不过打开《庄子》或《楞严经》，我们若非发现道家的越位旷达，就是佛门的超尘之思，总是缺乏《圣梦歌》的痛悟与积极。我们若仔细分辨，还可能大悟这所缺者原来就是《圣梦歌》或其所本的《冬夜寂静时》的终极关怀。《庄子》或《列子》以降，中国人谈梦其实不乏理性的成分。以著名的"庄周梦蝶"或前及《列子》中的"梦中失鹿"为例，都是用辩证法在论证古来所谓"梦觉之辨"或"梦醒之辨"。其循线推论的方式纵然曲折，但结论总以"吊诡"名之，因为辨而再辨，最后还是不脱金人段克己（1196—1254）的诗中意：

> 觉时常笑梦时讹，梦觉其间争几何？
> 聊尔藏身大槐国，闲看明月上南柯。[1]

这首《张信夫梦庵》寄笔幽默而苍凉，用典已脱离了《庄子》或《列子》，径自转向唐人的传奇小说《南柯太守传》，然而诗中所说地道却是"梦觉之辨"或"梦醒之辨"。叙述者看来亦《庄子》或《列子》式的故事中人，是怎么辨也辨不清生命是寤抑或寐？类此梦觉之分哲学味道重，在中国史上的存在已垂两千余年，而为《圣梦歌》作序撰跋或和诗

---

[1]（金）段克己：《张信夫梦庵》，收（金）段克己、段成己：《二妙集》，影印文渊阁《四库全书》，第 1365 册（台北：台湾商务印书馆，1983—1986），卷 5 页 18b。

者，相信无不受其深刻的影响。幸好这些居处中国南北的"梦的解析者"虽可能偏离艾儒略的本意，终了仍会回归《圣经》经文或《冬夜寂静时》在欧洲的诠释传统，使得《圣梦歌》的诗与梦在华显得独一无二，殊义超绝。

梦回英伦

只要《南柯太守传》出现，中国人有关梦的联想则非佛即道，若非云曰"蒸黍未熟"，荣宠已过，就是吟道"言下忘意一时了，梦中说梦两重虚"[1]。我引《枕中记》与白居易的诗，重心一为生命的倏忽与短暂，一为生命的空幻与不实。然而诚如上节所示，《圣梦歌》设定的人世反以"实"为基桩，即使在梦中，也是梦中吐真情，甚而有若"黄帝游华胥，成汤见负鼎"[2]。如此攸关梦的新见，在明清之际耶稣会士的中文著作中亦有之，马若瑟所写的《梦美土记》即是，而龙华民译《圣若撒法始末》中尚有天主教在华最早"梦游天堂"的描写[3]。总之，凡此诗文概属欧洲中古"异相"与"圣梦"，在某一意义上又和士林哲学强调的人学有关，看重的确为"记含"或清初方以智（1611—1671）所称的"资脑髓以藏受"的"记忆"[4]。人生"实而非幻"一旦在辩论诗中落实了，影响所及便是后世——尤其是英国——在《冬夜寂静时》之外的其他梦境文学。除了文前所述的中国基督徒外，我们在华目前也难再觅得《圣梦歌》

---

[1] （唐）沈既济：《枕中记》，见汪辟疆（校录）：《唐人小说》（台北：河洛图书出版社，1974），页38；白居易：《读禅经》，《白居易集》，2:716。

[2] 何栋如：《叙》，《梦林玄解》，页215。

[3] 参见本书第三章。另见《续编》，2:888—891。

[4] （明）方以智：《物理小识》，上册（台北：台湾商务印书馆，1968），卷3（人类身），页81。

的接受史，所谓文学传承，得待清代中叶新教的译著出[1]。是以我们如欲再探《圣梦歌》后续的发展，加强我们对此一目前可知中国首见——而且在民国之前还是"仅见"——的中译"英国辩论诗"的了解[2]，就得支开中国的传统，重返欧洲，再向不列颠文坛——至少要向《冬夜入眠时》的传统——索求了。

《冬夜寂静时》处理的魂尸之辩，在欧陆首先向东弥散，形成中古法文诗中的《心目之辩》（Débt du Cuer et de l'Oeil），由此再南传或向东再转向意大利和德国蔓延，影响遍及抒情诗与骑士文学中的宫廷爱情观。"心目之辩"因此恒与爱情或感官罪恶有关，通常是"心"责"目"之肆无忌惮，游观声色，从而累及"心"再犯下滔天的大罪，而"目"就像尸魂之辩中的身体，总会反击自己不过为心所役，铸下罪行均系被动，唆使的主谋根本就是"心"或那承受天主之灵的"魂"。诗中最后现身的大多为"理性"：他像《圣梦歌》中已觉的作者代天行道，判定两造其实都难逃罪责。就心之为主宰而言，所犯罪愆当远在双目之上。这种哥利亚德（goliardo）式"诙谐"（jeu d'espirit/partimen）的争辩套式，前此流传广泛的拉丁诗《心目之争》（Disputatio inter Cor et Oculum）中早已轮廓显然[3]，而且——根据韩佛德（James Holly Hanford）的研究——压根儿就出自《冬夜寂静时》的传统，系魂尸相怨的角色变体：两首诗面

---

[1] 郭实猎（Karl Gützlaff）的第一人称小说《悔罪之大略》即从第一人称主角"睡着做梦"写起，颇类稍后中译的《天路历程》的手法，参见本书结论页509。《天路历程》早期的中译史，见马祖毅：《中国翻译史》，上册（武汉：湖北教育出版社，1999），页688–691。

[2] 我未及详查民国以后辩论诗汉译的情况，不过《猫头鹰与夜莺》一诗，文首提及的沈弘已经完成中译。沈译且已出版，译来文情并茂，可圈可点，可为辩论诗的中译立下现代楷模，见沈弘（译注）：《英国中世纪诗歌选集》（台北：书林出版公司，2009），页28–92。至于以中文撰写的辩论诗研究，似乎迟至晚近才见专文，只可惜讲得简略，似乎犹在起步阶段，见陈才宇：《中古英语辩论诗述评》，《浙江大学学报》（人文社会科学版）第33卷第1期（2003年1月），页119–124。

[3] 《心目之争》已收入 Thomas Wright, ed., The Latin Poems Commonly Attributed to Walter Mapes, pp. 93ff.

对的问题一致，互责的形式也无殊，连用语（phraseology）都雷同到不得不令人疑猜频启，以为《冬夜寂静时》才是这一切在诗体与神学上的扩散者。至于诗人会找上心与目为对立的二元，恐怕《伊索寓言》中的《形体交疑》（"Belly and the Members"）才是灵感的泉源。韩佛德所论，即使放在中国晚明的耶稣会文化中也不失意义：《冬夜寂静时》的中译本有《圣梦歌》，而《形体交疑》早在 1625 年前就已经金尼阁与张赓合译于杭州或开封，并且就收录在中国最早的伊索式证道故事集《况义》里，对闽人有某种程度的影响[1]。

　　《冬夜寂静时》在罪恶的神学上实则用力最勤，连心目辩论的传统都难逃其渗透，但论者大多仍以"梦"看待中译后的《圣梦歌》，反映的乃中西梦文化的差异。夏伯嘉引柯儒格（Steven F. Kruger）著《梦在中古》（*Dreaming in Middle Ages*）一书道："自欧洲中古时期亚里士多德学说融入天主教的神、哲后，梦在天主教中［就］……压抑到边缘。"[2]此语洵然，因为亚兰等人续为梦论后，至少就耶稣会而言，梦的哲学已臻顶峰，分类上再难"科学"下去，哪需时人再予分疏？亚里士多德的《论梦》与《论占梦》（*On Divination in Sleep*）乃就希腊上古阐释，对天主教的梦观有启迪的作用，不过临到《圣梦歌》，只能算是锦上添花，既无补于圣奥斯定之见，也无济于亚兰诸氏的看法。《论占梦》又否认梦为神灵所托，理论上不但抵触了艾儒略接受的三梦观，尤其不利于圣梦的阐释，此所以其时"梦的解析"非属宗教思想的主流。

　　虽然如此，历史总是反讽者居多，梦境文学在 12 世纪文艺复兴后即

---

[1]　韩佛德之论见 James Holly Hanford, "The Debate of Heart and Eye," *Modern Language Notes* vol. 26, no. 6 (June 1991), pp. 161-163. 我用《形体交疑》译 "Belly and the Members"，系据戈宝权：《金尼阁口授、张赓笔传的伊索寓言》所引该寓言首句，戈氏另名之曰：《人体各部之争》，见戈宝权：《中外文学因缘》（北京：北京出版社，1992），页 409-410. 此外，相关论述见李奭学：《希腊寓言与明末天主教东传》，《中西文学因缘》（台北：联经出版公司，1991），页 22-24 及 31-32.

[2]　夏伯嘉：《宗教信仰与梦文化》，页 214.

秀出班行，独树一帜，变成欧洲文学的主流。在抒情诗、戏剧与史诗之外，梦境文学的各种样式均挟雷霆之力而由法国向四方扩散，当然也介入了英国自身的传统，终于播下《冬夜寂静时》前后英诗中这个大家族的种子。在此诗与此诗之前的《皇家辩论诗》中，拉丁文一向是辩论诗最重要的书写工具。不过《冬夜寂静时》撰就之前，英国本土语言在诺曼法文带动下崛起，而《圣梦歌》所据的传统便不能不改采新的书写系统了，章前未及深谈的《冬夜入眠时》，就是此刻身体与灵魂之辩以中世纪英文写就的最重要的圣梦诗。

从内容——甚至从形式——观之，《冬夜入眠时》都堪称《冬夜寂静时》的俗语翻版，就译史而言，因此便和《圣梦歌》东西辉映，变成了不同译语的兄弟档。就像中世纪多数用俗语写就的英诗一样，我们当然懵懂于《冬夜入眠时》的著作权，不过全诗译写于 13 世纪前后，西方学界早已有共识，而梦中所见尸魂生前的身份，在诗中明显也还原为"骑士"。中古之时，骑士是皇室以外社会高阶的代表，趾高气扬乃时人寻常的印象[1]，所以《冬夜入眠时》里，叙述者说他才躺下来，就在"日暮前一阵心绪迷乱中／看到某一堪称灵异的景象"，因为他见到某"棺木中有死尸一／生前系一骄傲的骑士／而且好逸恶劳，侍主不力"（In a droukening bifor þe day, /Vosoþe I sauȝ a selly syt:/A body on a bere lay/Þat hauede ben a mody knyȝt, /And lutel serued God to pay），差别仅在尚未达到令人深恶痛绝的程度。叙述者所谓的"心绪迷乱"，实指他刻处寤寐中，是以《冬夜入眠时》和《圣梦歌》的源文一样，都是中古鼎盛之际盛行的梦境文学。诗中骑士的身体和灵魂到此也应景分离了：后者望着棺中

---

[1] 参见如下辩论诗中正反两方的辩驳: Anonymous, "Elena y María: Esiputa del clérigo y el caballero," in Bossy, ed. and trans., *Medieval Debate Poetry: Vernacular Works*, pp. 79–97。另参见 Geoffrey Chaucer, "The Knight's Tale," in his *Canterbury Tales*, see F. N. Robinson, ed., *The Complete Works of Geoffrey Chaucer*, 2nd ed. (Oxford: Oxford University Press, 1957), pp. 25–47。

自己的躯体，出口仍然是一阵责骂，内容和《圣梦歌》又大同小异了。总之，尸、魂互责彼此耽逸或放纵，以至身后难逃天主的严审。

不论《冬夜入眠时》或《圣梦歌》，叙述者入睡的时分都在"冬夜"，恰和花开蕊吐和风习习的"春晨"形成强烈的对比。中古辩论诗的传统中，春日清晨常属谈情说爱的时刻，所以凑合下又变成了另一写诗的程序。梦境所以发生在夜间——白日做梦者罕见——孔利的解释和《约伯传》及《玛窦福音》有关，因为前者指出唯有在夜间，天主才会用梦显现异相，教人不得为自己谋算，也不得以骄傲处世（约 33:15–17）。在后者中，耶稣则曾训示十二门徒道："我在暗中给你们所说的，你们要在光天化日下报告出来；你们由耳语所听到的，要在屋顶上张扬出来。"（玛 10:27; cf. *MEDP*, pp. 20–49 and 20n1）

《冬夜入眠时》里，尸魂交相指责后，彼此终于妥协了，坦承各自生前都犯错，如今才会落得弃尸在棺中，而且灵魂还得跌落地狱受严惩。《圣梦歌》中加插的"魂怨尸"或"尸答魂"等提示语，《冬夜入眠时》的各种抄本中时或可见，有的"尸答魂"（*corpus respondit animan*）仍用拉丁文写，显然语出《圣梦歌》所由的《冬夜寂静时》。我们因此可以揣知，群魔到了全诗第 523 行也会出现在生命这座舞台上，斥责骑士生前作孽，如今才会落得"呼天抢地也没用／甭提耶稣或玛利亚／就连呼喊基督［的名号］亦枉然"（"Caitif, helpeþ þe na more/To calle on Ihesus ne Marie/Ne to crie Cristes ore"）。地狱之门关上后，骑士的灵魂就为熊熊的烈火所吞噬。比起《圣梦歌》或《冬夜寂静时》，群魔在《冬夜入眠时》里的"戏份"显然少了许多，不出几句话就攫获骑士的灵魂。到了第 608 行，《冬夜入眠时》居然转成古法文（*MEDP*, p. 48n608），道是"那看到这异相者下面也有话要说"（"Sou ke parla cely ki ceste avision aveit weu e dit issi"），显然梦中的"他"有如《圣梦歌》的作者或叙述者一样，此刻也为眼前骇人的异相所震慑，所以是该对生命的过程有所认识了："眼前

一刻亦难保，尚敢晏如高枕眠？"（《圣》，页 9a）

就"最后的审判"这个写作"大计"而言，《圣梦歌》的作者或叙述者最后的觉悟，在中译上看来都比《冬夜入眠时》"忠实"了许多：

De morte dum cogito,

    Contristor et ploro,

Vnum est, quod moriar,

    Et tempus ignoro:

Tertium, quod nescio,

    Quorum iungar choro,

Sed, vt suis valeam

    Iungi, Deum oro.

    （*VSB*, 85:1–8）

言念到此心战战，速祈天主赦吾愆。

指引直归真福处，庶得善终乐无边。

    （《圣》，页 9a）

后四句译诗首句中的"此"，实指原文中的"死"（*morte*），艾儒略的翻译乃顺着前文走，所以拉丁文和中译在字面及声韵上便产生了落差，例如第三和第四行就省略了："心中一事我不知：何时何人共赴死？"如此翻译落差或策略，强调的又是艾儒略在意者乃"表意"，可见他的"忠"——即使是"粗述"性质的"忠"——仍然是依整部《冬夜寂静时》的"计划"主旨而行。在某种意义上，艾儒略不会原文字字都译，句构或声韵亦非不可变。中译《圣梦歌》，大致维持《冬夜寂静时》的内涵就可以。明清之际，像艾儒略这种译述方式几乎是耶稣会的典型。但是这里我也得指出：即使梦回英伦，《冬夜入眠时》——诚如上文所示——也不是逐字逐句致力于近人所谓的"信"译。在译事原则上，《冬夜入眠时》和《圣梦歌》仍为《皇家辩论诗》这个家族里中西辉映的两大典型。

此一"典型"倘从《冬夜入眠时》看，则在英国的接受状况就难说。前文提过，对中国人或对艾儒略而言，《圣梦歌》中的"圣梦"才是阅读上的要著，不过英国人眼中的灵肉之辩的重心不在"梦"，而后者也不过是译写上沿袭的常套（convention）。按照艾克曼（Robert W. Ackerman）的研究，英国灵肉之辩的译写大多着眼在地狱之惨，宗教目的彰明较著。教士为了吓阻民众为恶所役，遂大力提倡灵肉辩论诗的阅读，因为其中必然会出现地狱景象，总会让人"言念到此心战战，速祈天主赦吾愆"。职是之故，《冬夜入眠时》一类的诗作，大有可能就是为一般教士而写或编译，尤其是为受过士林哲学熏陶的教士而致力。辩论诗草莱初创的口语传统，至此摇身一变，变成了"书面语"和"阅读"的问题，而兹事体大，因为此一发展已经影响到尔后英国诗歌的创作，同时又和《圣梦歌》在华的处境遥相呼应了。下面请容我就此再赘数言，试为本章收梢。

《冬夜入眠时》也好，《冬夜寂静时》也罢，其中的灵肉之辩一旦发展或互文成结论一致的《酒和水的辩论》或——甚至是群鸟辩论诗中的——《猫头鹰与夜莺》[1]，各地教士总是各取所需，或为其中的道德教训而传扬，或为尸骨及地狱的可怕而示人，以便以恶制恶，产生吓阻的效果。即使是罪人，也可在阅读后做忏悔用，故其重要与效力便和证道本身相去不远。因此之故，身体与灵魂的辩论这个主题，便时常因教区的转换而有字句斟酌上的调整。地方色彩变重，圣坛上证道词的色彩也会加重，《冬夜入眠时》就是最佳的说明[2]。《冬夜寂静时》之译为《圣梦

---

[1] Thomas L. Reed, Jr., *Middle English Debate Poetry and the Aesthetics of Irresolution*, pp. 228–229.

[2] 参较 Thomas J. Garbáty, ed., *Medieval English Literature*, p. 617 最后的"阿门"（amen）一语。

歌》，上述的考虑当然不免：中国人可因圣梦而体得《圣经》——虽然此时尚未全书译出——的指示。传教士如艾儒略者，也可在这种书写下强化教众的信仰，对抗明末排山倒海而来的反教压力。

在欧陆，辩论诗虽于 15 世纪式微，但在英国伊丽莎白时期却仍活力十足，像格雷恩（Robert Greene, *c.* 1560—1592）就曾别创诗体而写出《高傲朝臣的警言》（*A Quip for an Upstart Courtier*）一类的回响，戏剧效果十足。《冬夜寂静时》的回音真正响彻云霄的时代，应属尾随其来的英国 17 世纪。从翻译到改写，由改写再到创作，17 世纪的诗人无不尽心尽力，而其形式还包括歌行体的民谣（ballad）、单向的演说（speech）与哲学式的对话（dialogue）。林林总总，不一而足[1]。不过说来讽刺，从文艺复兴时代开始，《冬夜寂静时》或《冬夜入眠时》这类重灵轻肉的观点也曾遇反弹，至少就曾让 17 世纪的玄学诗人倒转过来读，写出一些歪理变正理的哲理诗或爱情诗。马维尔（Andrew Marvell, 1621—1678）在世时不仅从"灵魂与身体的辩论"别创自己如此题名的玄学诗，视两者为相互折磨的冤家，他盛名最负的《寄语怯情人》（"To His Coy Mistress"）更是他的《灵魂与身体的辩论》最佳的变体。倘不健忘，本章首节曾提到，12 世纪有《坟墓》一诗，其中灵魂在咒骂身体时犹曰：

> Laðlic is þæt eroð hus & grim inne to wunien,
>
> Ðer ðu scealt wunine & scealt wunine & wurmes þe to deleð.
>
> （*MEDP*, p. 5）

［你］终究要住到冰冷的泥土中，在黑暗里败坏腐朽，

而在这连门也没有的暗房里，虫蠹终究［也］会将你吞噬。

---

[1] 参见 Rosalie Osmond, *Mutual Accusation: Seventeenth-Century Body and Soul Dialogues in Their Literary and Theological Context* (Toronto: University of Toronto Press, 1990), pp. 84–112。

孰料五百年后，马维尔的《寄语怯情人》即紧扣此一灵肉对话的传统，让诗中的叙述声音警告自己的情人道：若非"时间的翼车在背后追赶"，情人你大可矜持，就让自己的追求再等上三百或三千年也无妨！话说回来，这种论证当然夸大，不是天地间的常情。岁月一旦溜走，"你的美貌不复得存"，而"蛆虫也会玷污你保存已久的贞操"。至于你的"冰清玉洁，至此更会化成黄土一坯"，那么在你躺进"大理石盖的墓穴前"，何妨就让我俩纵情狂欢，放胆彼此温存一番？[1]

马维尔这首名诗虽然没有明显的对答者，但发话者就肉欲立下的忏情书，我们读来动容，会因移情故而为那羞怯的女郎独自和叙述者"辩论"。马氏笔下当然要俏皮，他的抒情诗已把宫廷爱情推到一旁去，《冬夜寂静时》与《冬夜入眠时》的中世纪写手恐怕也难能同其情，因为"年命有限"或"寿无金石固"的套式已经反转而变成"及时行乐"（carpe diem）的人生观。中世纪的两首诗都抨击感官之乐，极力以属灵的世界为人劝。马维尔却不此之图：生也有涯，他故而写诗寄情，反转传统而希望有花堪折直须折[2]，何况郎若有情而妹也有意，那又何必为矜持怯情而让时间的翼车匆匆飞走！士林学者言之甚是：凡事必有两面性。所以当初写下《冬夜寂静时》或《冬夜入眠时》的诗人，大概料不到时隔五百年，翰墨同行竟然学会了以诗点题，反手对他们的"原典"来一番全属颠覆性的重读与改写。

就在马维尔的时代，《冬夜寂静时》旅行到了中国，变成迄今中译首见的"英"诗。尽管如此，《圣梦歌》的中译与际遇似乎不曾戏剧化到马

---

[1] Andrew Marvell, "To His Coy Mistress," in M. H. Abrams, et al., eds., *The Norton Anthology of English Literature*, 4th ed., 2vols (New York: W. W. Norton, 1979), 1:1361—1362. Also see Andrew Marvell, "A Dialogue Between the Soul and Body," ibid., pp. 1370—1371.

[2] 这个观念堪比乔叟（Geoffrey Chaucer, *c.* 1343—1400）《众禽议事》开头如下的一句："生也有涯，而艺也无涯。"（"The lyf so short, the craft so long to learne."）见 F. N. Robinson, ed., *The Complete Works of Geoffrey Chaucer*, p. 310。乔叟的"艺"（craft），指"爱的技艺"。

氏挪转的程度。在中国，这首诗横有南北刻本，纵有明末与清初的刊本，但是就我目前考得所悉，流行处毕竟仅限于天主教圈内。乾隆三十一年（1766）江苏华籍铎德姚若翰（1723—1796）就曾视《圣梦歌》为"变相"，以地狱之惨劝人离魔近主，从而令教众自动传抄《圣梦歌》，借以自警警人，而这恐怕也是天主教在华学佛教"抄经自警"的传统的首例，历史意义重大。[1] 尽管如此，上文我仍然仅能就翻译诗学与天主教的意识形态试为剖析。如今时序再隔四百寒暑，但许多杰出的学者依然视而不见此诗，所以全诗要在明、清两代非基督徒的中国文士中闻得回响，恐怕嘎嘎乎其难。其次，艾儒略径改《冬夜寂静时》或《圣伯尔纳的异相》的题名，称之为《圣梦歌》，先天上就容易误导，让此际的读者以为全诗不过以梦为经纬。加以在钟鸣旦等人编行《耶稣会罗马档案馆明清天主教文献》之前，《圣梦歌》世所罕见，不论读者还是行家的认识恐怕都止于教中的功能而已。果不其然，再据夏伯嘉，艾儒略辖下的耶稣会华南区一度便圣梦频传，而且此一梦种最后还变成乱世中凝聚教徒的力量[2]。纵然艾儒略不像利玛窦一样曾得圣梦而与天主通灵，但他无疑深知圣梦力可挽狂澜于将倾。他也是明季耶稣会士中最能说梦者，不但在《性学觕述》中撰文详予分析与分类，抑且以梦说梦，译《圣梦歌》呼应并实践之，从而将英国的拉丁文学首度传扬入华。明代人当中，徐光启在1600 年初见利玛窦，是夜归，即得三位一体的圣梦[3]；稍后耶稣会华南区的教徒传记里，天主显灵的报告或记载更不缺。这些圣梦中，张赓之

---

[1] 参见（清）佚名：《[神父姚先生]小记》，收入《圣梦歌》（上海徐家汇藏书楼藏清抄本，杜鼎克编号：SH 108/ZKW 910），页［1-3］。

[2] 夏伯嘉：《宗教信仰与梦文化》，页211-231及页242。《两头蛇》，页95n126亦引夏赓而有如下之说：明末"当时福建的许多教会中人，将圣梦和幻觉当成凝结实力和发展教务的重要工具"。

[3] 此事见载于 FR, 1:253-254；另见于柏应理（Philipe Couplet, 1622—1693）的中文著作《徐光启行略》（1678）之中，见《法国图》，12:536-537。柏著的追记，下书中有讨论：钟鸣旦、孙尚扬：《一八四〇年前的中国基督教》（北京：学苑出版社，2004），页196-198。

子张识（殁于 1623 年）所梦应该是福建教史上最著名者。据熊士旂（fl. 1621）等著《张弥格尔遗迹》及《张识》，张识因梦而得识天主，也因梦而入了天主教，最后更因梦而在梦兆预示下弃世。其后圣迹频传，俨然异人[1]。尽管如此，对不信占梦的艾儒略而言，张识的谢世，在我看来却是他以《圣梦歌》论梦最大的反讽，虽然这个反讽功在中国梦文化，甚至也有可能是艾氏译诗的原因之一。果为后者，则张识谢世与华南圣梦频传倒功在晚明文学翻译，而翻译文学若可视为国家文学的一支[2]，则其贡献更大，恐怕已经远远超出了艾儒略中译《圣梦歌》的初衷。

---

[1] （明/清）熊士旂（初稿），张焞（补）:《张弥格尔遗迹》及《张识传》，见《法国图》，12:417–437。另见（明）张识:《天主洪恩序》，见《法国图》，12:495–498 ；以及李九标等（记):《口铎日抄》，在《耶档馆》，7:43–45。

[2] Cf. Itamar Even-Zohar, *Polysystem Studies*, *Poetics Today: International Journal for Theory and Analysis of Literature and Communication* 11:1 (Tel Aviv: The Porter Institute for Poetics and Semiotics, 1990), pp. 13 and 45–52.

第九章
瘝心之药，灵病之神剂：
阳玛诺译《轻世金书》

译本的问题

明代中译的欧洲拉丁文学的原本中，后人最称熟悉的应该是耿稗思（Thomas à Kempis, *c.* 1380—1471）的《遵主圣范》（*De imitatione christi*）。此书乃天主教灵修小品集，但写来有计划、有系统，基督新教的阅众亦伙。就我所知，民国成立以前，此书的中译本至少有十种，书名另有《师主篇》《师主编》《师主吟》《大道指归》《神慰奇编》与《轻世金书》等等。这些译名中，明代耶稣会士阳玛诺（Manuel Dias, Jr., 1574—1659）所用的《轻世金书》可称最早，而阳本译就与刊就的时间同样也在史上领袖群伦[1]。《轻世金书》有助译或所谓"校订"者，乃浙江鄞县人朱宗元（*c.* 1615—1660）；他是中国第二代天主教徒中的重要人物，崇祯四年（1631）入教后，一向奉阳玛诺为师，《轻世金书》因以"甬上门人"弁其名（《人物传》，2:91-98）。

---

[1] 这些资料请见陈垣：《再论〈遵主圣范〉译本》，在《陈垣》，2:493-498（原刊《语丝》第53期［1925年11月16日］，页9-11）；以及张若谷：《三论〈遵主圣范〉译本》，收于周作人：《周作人先生文集·自己的园地》（台北：里仁书局，1982），页213-216。另见方豪：《〈遵主圣范〉之中文译本及其注疏》，在《自定稿》，2:1871—1882。陈垣文中所谓"译本"，包括白话语译与注解。《神慰奇编》一名，陈垣认为可能译自第三卷卷题"内心的安慰"（"Interna consolatine"），但以此题行世的中文译籍未存，方豪认为是陈氏误会了，见《自定稿》，2:1880—1882。

《轻世金书》刊行的时间，费赖之（Louis Pfister, 1833—1891）道是1640年（崇祯十三年），刊行地为北京。不过全书四卷，费氏以为阳玛诺身前可能尚未竣工，入清后才由蒋友仁（Michel Benoist, 1715—1774）和赵圣修（Louis des Roberts, 1737—1760）两位同会会士补成（Pfister, 1:109–110 and 2:744–747）。费氏之见，方豪颇不以为然，理由是阳译本的书前《小引》已明白指出他四卷全译，而通书的文体风格显然也一气呵成，不可能由他人捉刀代笔（《自定稿》，2:1871—1872）。孰是孰非，这里我们权且按下，不过一点殆无可疑：明清间天主教内的中国士子似乎多认为阳玛诺全译《轻世金书》。法国国家图书馆藏有教名方济斯（Franciscus）者的抄本一，书末就有序言曰：阳玛诺"尝居武林，交修好学之士不少，传译天学书亦不少。译兹笃玛大贤书，曰《轻世》，内分四帙"[1]。

方济斯本姓孙，绍兴鉴湖人氏，撰《轻世金书·序》，应在崇祯至康熙年间，而"笃玛大贤"就是前及德人耿稗思，我们固知之甚矣。尽管如此，孙方济斯的汉名为何，学界迄无所悉。他的序文倒是提到"虞山何公介"一名。此人名何世贞，号虞山，公介其字也，想系江苏常熟人。在清初的天主教圈内，何世贞小有来头，不但著有《崇正必辩》（1672）与《许嘉禄传》（c.1675）[2]，和历案主谋杨光先（1597—1669）激辩，也曾与朱宗元、李祖白共订贾宜睦（Girolamo de Gravina, 1603—1662）的《提正编》（郑编，4:82–139）。贾著完成于1659年夏，距清室定鼎不满十五年，而阳玛诺此时也才辞世，中国犹处于新旧交替间。故孙方济斯生逢明清易帜之际，和朱宗元、何世贞俱活跃于江浙的基督徒圈内。《轻

---

[1]　（明／清）孙方济斯：《轻世金书·序》，见阳玛诺（译），（明）朱宗元（订）:《轻世金书》（巴黎法国国家图书馆藏抄本，编号 Chinois 7199），页 1a。

[2]　现代人有关何公介的较详细的介绍，见章文钦:《吴渔山及其华化天学》（北京：中华书局，2008），页 107–109。《许嘉禄传》见《法国图》，12:523–530；《崇正必辩》见《法国图》，16:3–171。

世金书·序》另谓该书"曩虽成帙，未暇梨梓。虞山公介何先生袖出兹本，展翫尚多缺失。有自武林堂检书籍归，得此真稿，乃补之，兹成全璧"（页 2b–3a）。案阳玛诺在 1611 年来华，两年后进入北京，嗣因南京教案牵连而离境，避居澳门。1621 年，阳氏经人荐举，二度入京，但五年后因故左迁江南，出长耶稣会中国教区，1638 年且曾传福音于三山。其后福建再兴教案，朱宗元称阳氏"承长令"，于来年来传淛（浙）境[1]，卜居于宁波与杭州间。由是观之，1640 年，阳氏确有可能已在武林译得《轻世金书》。

费赖之又称四卷本的《轻世金书》最早刊刻于北京，时为 1757 年。这点方豪同样疑其有误，尝广事搜罗，举证说明足本不可能梓行于此刻（《自定稿》2:1872—1873）。我们可予以再证的是：若《轻世金书》的四卷本刻于 1757 年，那么除非孙方济斯及何世贞都未曾见到，否则孙氏——以及看来也仅持有稿本的何世贞——根本不必誊录，更不必有劳人助才得一窥通书。阳译《轻世金书》书成之后，版本复杂，今天最容易看到的刻本是 1848 年"司教马热罗准"的重刊本，有阳玛诺本人的序文一篇，而此文亦可见于孙方济斯的抄本（《轻世金书·小引》，页 1a–3a）[2]，可想为阳氏亲撰。有道是明清藏书家载，刻本可能在 1680 年即已面世，不过今日又佚。1848 年之前，世存可见的刻本唯有 1800 与 1815 年者，现藏圣彼得堡图书馆与罗马宗座传信大学图书馆等地[3]。如果

---

[1]　（明/清）朱宗元：《叙十诫》，见（明）阳玛诺：《天主圣教十诫直诠》，上卷（1642；1814 年主教若亚敬公准本，梵蒂冈教廷图书馆藏书，编号 Borgia Cinese 348[1]），页 5a。阳玛诺和南京教案之间的纠葛，参见（明）徐世昌（编）：《破邪集》，在周编，1:115a 及 118a 等。

[2]　不过孙抄本和 1848 年版仍有不怎么算是"差异"的小"差异"，以上述《轻世金书·小引》为例，1848 年版仅有"小引"二字。至于阳玛诺的名衔上，孙抄本称他的所来地为"西极"，不是耶稣会惯用的"极西"一词，见该抄本页 1a。后者 1848 年本都已"订正"了。

[3]　"Notes on Text History," CCT Database，网址：http://www.arts.kuleuven.be/sinology/cct/cct.htm，检索日期：2010 年 7 月 31 日。圣彼得堡与宗座传信大学本我都缘悭一面，相关资料我亦得悉自 CCT Database。

不论刊本还是抄本，我们如今可见最早的《轻世金书》的中译本，其实仍推孙方济斯的抄本。由于他序中有"曩虽成帙，未暇梨梓"二句，可见逮及孙抄本的时代，《轻世金书》尚可谓"世无刻本"。此外也值得一提的是：法国国家图书馆所藏的四卷本孙抄本，应为方济斯亲笔所录，因为书末所钤两方朱印（"鉴湖孙印"等）色泽鲜明，灿烂如新，足证此本应非后人的再抄本。孙氏称所抄合何世贞残本与武林堂旧本而得，而何氏与朱宗元关系密切，所持当然不会和阳玛诺无关。阳氏由闽入浙，实乃寓居于杨廷筠修筑的天主堂与住院，位置在杭（Pfister, 1:107），正是孙方济斯所称的"武林堂"[1]。我们比对 1848 年司教马热罗准印的刊本，发现阳序与正文均不出孙抄本的范围。所以除了孙序外，1848 年本一应俱全，其实可称明译《轻世金书》的标准版。即使到了民国十二年（1923），上海土山湾印书馆铅印《轻世金书》，仍袭袭此版重排之[2]。

在欧洲，《轻世金书》比较流行的书名是今天基督宗教界通译的《遵主圣范》或《师主篇》（*Imitation of Christ*），而这两个中文译题都是天主教界首创。据同治年间北京代牧田类斯或田嘉璧（Louis-Gabriel Delaplace, C.M., 1820—1884）所述，在 1874 年之前，《遵主圣范》一题便已见用（《自定稿》，2:1874），《师主篇》一题则从阳玛诺译本首卷标题的前半部——用阳玛诺的译文是"师主实行"——而来，也因该章开头中有如下一句而得："慕灵辉者，宜师主行而趋之。"（《金书》，1:1a）就《轻世金书》全书而论，《遵主圣范》或《师主篇》之名确得精髓，但书中重点，泰半乃论人生终向，指出万物虚幻，不可依恃，凡人应抛弃俗世享乐，静观死亡与最后的审判，并且要痛悔生平罪愆，抵御诱惑，忍

---

[1] 杭州住院与天主堂的情形，参见高龙鞶（Aug. M. Colombel, S.J.）（著），周士良（译）：《江南传教史》第 1 册（新庄：辅仁大学出版社，2009），页 223—224 及 358。

[2] 这个本子可见于中国宗教历史文献集成编纂委员会（主编）：《中国宗教历史文献集成·东传福音》，25 册（合肥：黄山书社，2005），5:73—113。

受在世的忧患，借以收敛心神，颂谢主恩。继而则勤领圣事，追求天上的永福。阳玛诺译书时若有"选择"，则他的书题之循欧洲中古迄文艺复兴时代流传甚广的"轻世"（*contemptus mundi*）一旨，理所当然，盖阳氏认为"若覩"《轻世金书》，"明培顿启，爱欲翛发，洞世丑"，因此便会"轻世"——轻视此世也。不无意义的是，从利玛窦写《畸人十篇》以来，"轻世"这个观念已成耶稣会在华喜欢强调的教内话题（《晚明》，页 58–70 ），而类此之书读来当"贵若宝矿"，就中国人题书的习惯再言，适可谓"金书"。不论此词还是另一常见的同义书题"宝鉴"，两者在中国传统中俱指价值非凡之作，世道上可以警人心，醒世迷。阳玛诺选用"轻世"为题，有深意。当然，书名与全书书旨的关系有更甚于此者，下文再详。

原本与源本

　　欧洲中世纪以来，天主教的灵修文学不少，《轻世金书》的拉丁文原本何以独占鳌头，勇冠群伦而出类拔萃？说其原始，我们得趱回中世纪后期。其时罗马教会盛极而衰，日趋腐败，为人诟病不已。在教义的诠解上，两百年来也因经院神学一枝独秀而变得烦琐不已，几乎忘其本来，陷入狂热主义的骚动末流而不自知。新柏拉图主义此时蠢蠢欲动，也为基督信仰催生出结合上古馀泽的神秘主义，以摧枯拉朽之势席卷全欧[1]。面对此等劣局，16 世纪开始，马丁·路德（Martin Luther, 1483—1546）终于发难，一面译《圣经》为德文，重诠信仰；一面发表系列文件，攻击、挑战教会，形成众所周知的"宗教改革"（Protestant Reformation）。路德

---

[1] John Huizinga, *The Autumn of the Middle Ages*, trans. Rodney J. Payton and Ulrich Mammitzsch (Chicago: The University of Chicago Press, 1996), p. 266.

最后率信众离开罗马教会，抗议宗继而风起云涌，西方教会自此一分为二矣！天主教面对各种挑战与自身的历史，从 14、15 世纪以来，其实极思有所作为，尤想"清理门风"，16 世纪乃有"反宗教改革"（Counter-Reformation）的因应运动出现。"反宗教改革"虽以保卫教宗、维护传统为信念，但也由外而内，积极向信仰靠拢，拟重回《圣经》经文的训示。就在"天主教宗教改革"（Catholic Reformation）的酝酿时刻，人称"新虔信"（devotio moderna）的平信徒灵修运动崛起，强调谦卑、服从与朴素的生活等实践美德，相信如此宗教上的新生活运动可以导腐败的时代于正[1]。

　　新虔信运动的领袖对神学上的沉思默想略有怀疑，不过不排除与天主冥契等所谓的神秘经验。学界认为耿稗思"称不上是自觉性的改革派人士"[2]，然而他确实特立独行，在全欧骚扰的涡旋中犹像 12 世纪的隐修僧圣伯尔纳"兀自静对天主，以寂寂之心坐下来和祂对话，并且深感愉快和甜美"，最后再以静观所得的散文谱出心曲[3]。《轻世金书》遂因缘际会，应运而生，变成了新虔信运动的代表作。书中的人生观为时人提供行世准则，务使回归素朴的宗徒时代；书中又教人领受圣体，接纳圣宠，也为时人开启灵视，朝"天"而行[4]。为了说明这些书旨，耿稗思引

---

[1] 有关"新虔信"运动的发展，见 Otto Grundler, "Devotio Moderna," in Jill Raitt, ed., *Christian Spirituality: High Middle Ages and Reformation* (New York: Crossroad, 1987), pp. 176–193; and Kenneth Michael Becker, *From the Treasure-House of Scripture: An Analysis of Scriptural Sources in De Imitatione Christi* (Turnhout: Brepols, 2002), pp. 35–42。

[2] James Edward Geoffrey de Montmorency, *Thomas á Kempis: His Age and Book* (New York: G. P. Putnam's Sons; London: Methuen, 1906), p. 172.

[3] Thomas à Kempis, "Solioquium animae," in his *Opera omnia*, ed. M. J. Pohl, 7 vols (Friburgi Brisigavorum: Herder, 1902—1922), 1:230.

[4] 有关"新虔信"运动与耿稗思的关系，见 Kenneth Michael Becker, *From the Treasure-House of Scripture: An Analysis of Scriptural Sources in De Imitatione Christi*, pp. 43–49；另见 Bernard McGinn, "Mystical Aspects of the Modern Devotion," typescripts for the 5th volume of his *The Presence of God: History of Western Christian Mysticism* (New York: Crossroad, 1994), pp. 1–75。

用《圣经》的经文达数千次，《轻世金书》也征集了包括奥维德（Publius Ovidius Naso, 43 BCE—14 AD）、维吉尔与贺拉斯等人在内的古典诗宗，而从圣奥斯定到圣伯尔纳的教父群更开窗探门，臂助而来[1]。《轻世金书》对《圣经》的强调，对天主的孺慕之忱，再加上其他种种的原因，全书遂变成名符阳玛诺译题所示的当世"金书"，从中古晚期一路流行到文艺复兴时代。就我了解，是时所传光是手抄本就有九百种以上，而据统计，今天各类版本也已达六千之多[2]。盛况如此，世所罕见，适可说明其纵时贯时的普世性格。

和版本一样，《轻世金书》的作者问题也极其复杂。有人认为是圣伯尔纳，也有人认为是新虔信运动的旗手克路特（Geert Groote, 1340—1384）[3]。总之，可能的作者人选不下三十五位之多。1441 年，德语地区出现了一本拉丁文《轻世金书》的手抄本，上署一名——"耿稗思的多玛"，而他——请容我再强调一次——便是阳玛诺译本与孙方济斯的序言中所称的"笃玛大贤"。耿稗思曾入奥思定会（Ordo Sancti Augustini）担任神职，本身也是位多产的作家，说来确可胜任《轻世金书》的作者之职，而19世纪以来学界的研究也证实了这一点[4]。章前提过，《轻世金书》共四卷，耿稗思在 1427 年完成最后一卷，而 1441 年的拉丁文本便是他最后的定稿。这四卷在阳玛诺的《轻世金书·小引》中有提要，谓之"若针南指，示人游世弗舛。初导兴程，冀人改愆，却旧，徙新，识己。次

---

[1] James Edward Geoffrey de Montmorency, *Thomas á Kempis: His Age and Book*, pp. 172–222.

[2] Uwe Neddermeyer, "*Radix Studii et Speculum Vitae*. Verbreitung und Rezeption der 'Imitatio Christi' in Handschriften und Drucken bis zur Reformation," in *Studien zum 15. Jahrhundert. Festschrift für Erich Meuthen*, ed. Johannes Helmrath and Heribert Müller, 2 vols. (Munich: R. Oldenbourg, 1994), 1:457–481.

[3] Cf. John Van Engen, ed., *Devotio Moderna: Basic Writings* (New York: Paulist Press, 1988), pp. 63–118.

[4] Samuel Kettlewell, *The Authorship of the De Imitatione Christi: With Many Interesting Particulars about the Book* (London: Rivingtons, 1877), pp. 1–9.

导继程，弃俗幻乐，饫道真滋，始肆嘿工。次又导终程，示以悟入默想，已精求精。末则论主圣体，若庀丰宴福，善士竟程，为程工报。兹四帙大意也"（《金书》，页 1a–1b）。《轻世金书》从德语地区开始流行不久，古腾堡（Johannes Gudenberg, 1398—1468）在美因茨（Mainz）发明了活字印刷术（1450），所以最迟到了 1472 年，耿稗思的拉丁本《轻世金书》便有印刷本面世[1]。

　　阳玛诺和耿稗思相距两百年以上。故而在阳氏的时代，《轻世金书》的版本和语言的变易也已历两百年以上，而阳玛诺中译时所用的底本为何顿成问题。这一点，光绪年间王保禄（1837—1913）读《轻世金书》时，即已察觉。王氏著有《轻世金书直解》，其序言称《轻世金书》与当时西方通行的拉丁文本"繁简不同"，盖前者第三卷"为六十四章"，而后者"只五十九章"，故而怀疑阳玛诺在明末中译时所据为他版，而"今之所行乃后贤增订之本"（《直解》，页 1a）。《轻世金书直解》在宣统元年（1909）重刊，民国十四年（1925）陈垣（1880—1971）读到王保禄的序文时，比较《遵主圣范》与《轻世金书》，"知第三第十五第二十七各章之下，《轻世金书》均多一章，而第二十三章之下，《轻世金书》则多二章"。至于这是因"篇章分合不同，抑词句多寡有别"所致，陈氏则觉得"非得三百年前蜡顶文原本校之不可"（《陈垣》，2:499）。

　　王保禄和陈垣的怀疑有理。陈氏所谓"非得三百年前蜡顶文原本校之不可"一句，依郭慕天（1918—？）十六七年后之见，倒可能有误。1947 年，郭氏在杭州《上智编译馆刊》发表一文，认为阳玛诺据以中译的《轻世金书》并非 15 世纪耿稗思的拉丁文原本，而是辗转重译，自西班牙文译本移得。郭氏在北京原北堂图书馆中访得 16 世纪西班牙文译《轻世金书》的古本两种，比较之下，发现都符合阳本第三卷的六十四章

---

[1] Bernard McGinn, "Mystical Aspects of the Modern Devotion," p. 8.

之数，而这两本书均属是时格兰纳达的刘易斯（Luis de Granada, 1505—1588）所译[1]，所以阳译据格兰纳达本之说，一时沸沸扬扬，甚嚣尘上，迄今仍未歇止[2]。

格兰纳达出生于西班牙，为多明我会士，以能言善道故，公推为当时圣坛高手，最后经葡萄牙延聘入籍，出掌多明我会该国之省长。格兰纳达既为教士，是作家，同时更是位深思明辨的神学家。他十九岁入多明我会神修之后，著作无数，而以灵修作品见重于世。所著《罪人明灯》（La Guía de Precadores）一书，完全用地道的西班牙文语汇写成，读来雄辩滔滔却又一派春风，人多比为耿稗思的《遵主圣范》[3]。格兰纳达确实也读过耿著，在开始创作前的 1538 年即曾将之移为西班牙文，伊比利亚半岛耶稣会其后所认同的译本，便是格兰纳达本的修订版，1522 年且刊有会内用本，因此阳玛诺熟悉格兰纳达所译，可能性不低[4]。

尽管如此，用第三卷的章数问题判定阳译源本（source text）为何，说服力仍然有待加强。所谓五十九与六十四之分，关键其实系于拉丁本章末的祈祷文是否独立成章，而这点文艺复兴时代每因编者所好而各有不同。职是之故，章数之异便非源语为何的主因：我所见某 1488 年德

---

[1] 郭慕天:《〈轻世金书〉原本考》,《上智编译馆馆刊》第 2 卷第 1 期（1947 年 1/2 月），页 36-38。

[2] 持此见的近作见 Liam Matthew Brockey, *Journey to the East: The Jesuit Mission to China, 1579—1724* (Cambridge: Belknap Press of Harvard University press, 2007), p. 276。

[3] Rebecca Switzer, *The Ciceronian Style in Fr. Luis de Granada* (New York: Instituto de las Españas, 1927), pp. 1–14.

[4] 我所见的格译的耶稣会准印版全名及出版资料如下: *Contemptvs mvndi, o Menosprecio del mundo. Añadidos aora dos tratados. El vno, los auisos importantes para el Acto de Contrición. El otro para tener oración mental* (Toledo: Christoval Loarte, 1622)。此书未署译者名，但我比对内文，确定乃格兰纳达本。此书扉页印有耶稣会会徽 IHS，其下并有该会 "准印"（con licencia）的字样。由于此书刊印于 1622 年，阳玛诺本人不可能携带入华。但此书和下文我会提到的 1550 年前后的修订版一样，都据拉丁原文补正了；如果 1622 年前后另有耶稣会版的刊本，如果有其他耶稣会士携之入华，则阳玛诺据之译书，可能性并非没有。

语区出版的拉丁文本，其第三卷同样便分为六十四章，而且连章目都和阳译本一模一样[1]。我另见 1551 年某托名法国神学家"尚·葛松"（Jean Charlier de Gerson, 1363—1429）所"著"的同书，第三卷亦作六十四章（ *IC*, 2 ）[2]。郭慕天的章数之说，不完全解得开阳译源本的谜团。

但是如就书题观之，我们或可廓清谜团一二。《轻世金书》的拉丁文原本的书题，最早有如《论语》，乃以首卷首章首节的第一句话（ *incipit* ）命之，阳玛诺译云"人从余"（ Qvi sequitur me; *IC*, I.i;《金书》, 1:1a ）。其后因该节标题有"师法基督"（ *De imitatione christi* ）一语，而此语在《新约》中常见（如格前 11:1："你们该效法我，如同我效法了基督一样。"），所以换个文言说法便为《遵主圣范》。逮及 16 世纪，出版界再因同节标题伊始乃天主教常谭"轻世"，故而亦有取之为题者，而使用这个书题最出名的译本，正是格兰纳达的西班牙文本。在拉丁文里，"轻世"一词中的"世"（ *mundi* ）字系所有格，其后所接，阳译简化为"幻光"，全句实指"轻视世界上全部的幻光"（ omnium mundi vanitatum…; *IC*, I.1./toda la vanidad; *Obras*, 6:1 ）而言。质言之，"轻世"非谓吾人应弃绝此世，而是取《训道书》开头"虚而又虚"之意（ 1:2 ），劝人弃绝俗世的种种虚幻，以便重回天主或基督的怀抱。后一意义抑且比前者重要，说来才是耿稗思撰书的本意。耶稣会整体，对格兰纳达偏好有加，前来东亚者尤然：日本该会曾经日译《罪人明灯》[3]，而入华者中，龙华民也据格氏另一要籍

---

[1]　参见 Thomas à Kempis, *Incipit liber prim [us] Joha [n] nis Gerson ca [n] cellarij parisie [n] sis. De imitation exp [ist] i [et] de conte [m] ptu omniu [m] vaitatu [m] mundi* (Auguste: Ratdolt, 1488), Capitula libri terii 之目录（无页码），网址: http://diglib.hab.de/wdb.php?dir=inkunabeln/116-14-theol-2，检索日期: 2016 年 3 月 31 日。

[2]　本章下引耿稗思的拉丁原文，除非另有说明，否则均出自 *IC*。

[3]　William J. Farge, *The Japanese Translations of the Jesuit Mission Press, 1590—1614: De Imitatione Christi and Guia de Peacadores* (Lewiston, Queenston, Lampeter: The Edwin Mellen Press, 2002), pp. 71-118.

《基督徒的生活准则》(*Memorial de la vida christiana*)而译有《天主圣教念经总牍》一书[1]。阳玛诺本于格兰纳达中译《遵主圣范》，格氏书题及格氏和耶稣会整体的渊源，应该也可算是一证。

格兰纳达译《遵主圣范》，可能不是依 16 世纪通行的拉丁文本。他的译本时见讹误，偶有增损[2]，而阳玛诺每每从之，亦且"变本加厉"，脱漏或擅添者时而可见。耿稗思开卷首章引《若望福音》第八章第十二节：耶稣说他是世界的光，而"跟随我的，决不在黑暗中行走"(Qvi sequitur me, nõ ambulat in tenebris; *IC*, I.i)。在《新约》中，耶稣的话原有下文，指追随祂的人"必有生命的光"。后面这一句，16 世纪版的耿稗思的拉丁文原著中有引之者，也有略之者[3]，但后者恐怕较为常见，以致当时迄今的译本多亦阙译[4]。话说回来，格兰纳达的西班牙文本则整句照录，而阳玛诺所译也是始终原引："人从余，罔履冥崎，恒享神生真光。"(《金书》，页 1:1a；El que me sigue, no anda en tinieblas, mas tendrà lumber de vida; *Obras*, 6:1) 第二句里的"冥崎"，乃"暗而险"之意，阳玛诺有翻译上的衍意。第三句以"神生真光"解释拉丁文"生命的光"，乃以"恒享"补充这"光"在"生命"中永远普照，则为阳玛诺在翻译上的演

---

[1]　Nicolas Standaert, "The Transmission of Renaissance Culture in Seventeenth-Century China," in Daniel Carey, ed., *Asian Travel in the Renaissance* (Oxford: Blackwell, 2004), p. 63. Also see Liam Matthew Brockey, *Journey to the East: The Jesuit Mission to China, 1579—1724*, p. 81.

[2]　John A. Moore, *Fray Luis de Granada* (Boston: Twayne Publishers, 1997), p. 120.

[3]　Cf. Kenneth Michael Becker, *From the Treasure-House of Scripture: An Analysis of Scriptural Sources in De Imitatione Christi*, p. 262. 不过 1488 年版与本章中我所用的 1551 年拉丁文耿著则都引之。1488 年版引用处，见页 432 注 1 网址中的 image 5。现代刊本中，"必有生命的光"通阙，参见 Thomas à Kempis, *De imitatione christi*, Cap. I, 在 http://www.thelatinlibrary.com/kempis.html，检索日期：2016 年 3 月 31 日。

[4]　例如下列中古英文与现代英文译本：John K. Ingram, ed., *Middle English Translations of De Imitatione Christi* (Millwood: Kraus Reprint, 1987), p. 2; and Thomas à Kempis, *The Imitation of Christ*, trans. Leo Sherley-Price (New York: Dorset Press, 1952), p. 27.

义[1]。两句话都是增补，都是译事上常见的诠释行为，无足为异，然而阳译全文所据应为格兰纳达的译本，不是耿稗思的原文（original），似乎极其明显，亦可说明阳译所从或许真为西班牙文本。郭慕天与其他论者之说，仍然有理。

格兰纳达本时见"错译"，后代批评者不少。但有时他的"错译"却是"故意之错"，因耿稗思的拉丁原文模糊所致。格氏翻译时，从而得"有违原文"，借以澄清[2]。阳玛诺的中译也常省文，赵圣修批为"错综约言而过"[3]，每每令人走失其间，难以振叶寻根，沿坡觅源。有趣的是，格兰纳达的"故意错译"，阳氏也会"萧规曹随"，可视为两人所译有其联系的一大内证。举例言之，耿稗思的拉丁原文第二卷第五章第三节有谓："灵魂爱主，所以轻视在祂之下的一切。"（Amans Deū anima sub Deo despicit vniversa; *IC*, II.v）句中耿稗思所用的拉丁文介词"下"（*sub*）字，其实不妥：除语意不清外，还会令人误解天主在宇宙的存在之链中的位置，格兰纳达译到这里便"予以订正"，使之变成"外"（*sin*）字："灵魂爱主，轻视在主以外的一切（El ánima que ama à Dios, desprecia todas las cosas sin èl; *Obras*, 6:48）。"阳玛诺这句话的中译，结合了德莱登（John Dryden, 1631—1700）所谓的"意译"（paraphrase）与"拟译"（imitation）两种策略，称潜德之士务必"内外双净"，如此世物就不能动摇其心。潜德之士尤应潜心和天主结合为一，而"存心宁之上法，惟顾己"：若个人能忘却世物，"必轻世"；若重之，则"必陨攸集德"。所以世间之"物有导汝进者，重之；余寔轻之"。后面这两句话，系上引第二

---

[1] （清）吕若翰：《轻世金书便览》（顺德：吕修灵堂，1848），页1a-2b。此书我所用者，现藏巴黎法国国家图书馆，编号：Chinois 7202。耿稗思的原文与《圣经》的关系，参见 Kenneth Michael Becker, *From the Treasure-House of Scripture: An Analysis of Scriptural Sources in De Imitatione Christi*, p. 106。

[2] John A. Moore, *Fray Luis de Granada*, pp. 120–121.

[3] ［赵圣修］：《轻世金书口铎句解·特标凡例》，见赵氏及蒋友仁（著）：《轻世金书口铎句解》，3册（上海图书馆徐家汇藏书楼藏清抄本），第1册书前页[4b]。

卷第五章第三节格兰纳达语的阳译，不可能出自耿稗思的原文，盖"物"（cosas）之有益于"汝"之灵魂而可使"汝"进德修业者，必在天主之内。反之，则在天主之"外"。阳玛诺译"外"为"余"，告诉我们那在天主之"外"者——或所谓"其余"者——潜德之士都该舍而轻之或轻而舍之[1]。

至于格兰纳达真正的误译，阳玛诺似乎就不是那么容易复制了。第一卷首章中，耿稗思尝谓轻视世物，慎走天堂之路才是"最大的智慧"（summa sapientia; IC, I.1），格兰纳达本却把这里的"智慧"误为"耐心"（paciencia），随手译之（Obras, 7:2）[2]，还得劳后世编者或校勘者为他正谬。我所见16世纪50年代前后在比利时安特卫普（Antwerp）出版的《新译西班牙文本轻世金书》（Contemptus mundi, nueuamente Romançado）系格兰纳达本的修订版，其中补正所据都是耿稗思的拉丁原文，而正误者在上例中用的也正是西班牙文的"智慧"（sapiencia）[3]。前提1622年的耶稣会专用版，同据此一版本再订而重刊。19世纪另一修订本《师主实行或轻视世物》（De la imitacion de Cristo, o menosprecio del mundo）之中，"耐心"依然改用"全智"（la suma sabiduría）译之[4]。

阳玛诺的《轻世金书》里，"大智"作"真知实学"解；如此译法，

---

[1] 这一句话，《直解》页2:6解得甚合拉丁文衍意："世间之事物，本无可重轻者，求真可重可异者，则惟一天主而已。"

[2] 我所见的一本19世纪的格兰纳达本的单行本，则仍一错到底，保留 Obras 本大多数的错误，借以维原原貌，见 Thomas à Kempis, *El menosprecio del mundo e imitacion de Cristo*, trans. Luis de Granada (Madrid: Ofinina Tipografic de Hospicio, 1871), p. 14。

[3] 见 [Luis de Granada, trans.] *Contemptus mundi, nueuamente Romançado* (1548; Antwerp: Café de Iuan Stelsio, 1551), p. 5. 此书虽未署译者名，但我比对《格兰纳达全集》中的《轻世金书》，确认也是格兰纳达本的修订版（现藏德国巴伐利亚州立图书馆）。此书原北堂图书馆藏有1571年版一册，见 Hubert German Verhaeren, ed., *Catalogue de la Bibliothèque du Pé-T'ang* (Beijing: Imprimerie des Lazaristes à Pékin, 1949), 1095:3797。

[4] Thomas à Kempis, *De la imitacion de Cristo, o menosprecio del mundo*, trans. Luis de Granada (Madrid: La Viuda de Barco Lopez, 1821), p. 25.

我们今天看似有误，不过仔细推敲，阳氏有深意焉：明末耶稣会的用法里，"实学"一词一来相对于佛、道或阳明心学等"玄虚之学"[1]，二来呼应了《旧约·训道篇》开卷所举的世之"虚而又虚"或"智慧空虚"（1:16-18），宣称天主的全智才是生命中的真知识、实学问。后一名词一旦和东来的欧洲天主教的"真知"并列，其内涵便无异于基督徒所称的生命"智慧"，而且还是无上的"大智"。阳玛诺非特出笔无误，在中西语言尚乏字典式的对等语那一刻，此译亦且高明非常，乃翻译性的诠解。"大智"一词的中译，显示阳玛诺若非直接由耿稗思的拉丁文翻译，就是另有所本，而这所据之"本"倘为格兰纳达译的《轻世金书》，则阳氏的依据必为16世纪中叶以后就已持续在做的格译"修订版"[2]。从前述伊比利亚半岛耶稣会的习惯推之，此一修订版有可能还是耶稣会内的专用版。

文体与译体

耿稗思的拉丁原文，在西方文学史上著称不已。他思路冷静清晰，论事单刀直入，用词则简洁而不尚藻饰，更无夸语浮词，对仗修辞却仍一脉天成，每每博人赞赏，而正对与反对尤为工整，几乎字字句句都用水磨工夫换得。耿稗思身前印刷业尚不发达，为使文章易于记诵，他得在句长与文字的音声上下功夫，用"短句把思想提升到感受的高峰"。时移代迁的颓丧与不安，他则易之以感情的内敛与思想的坚定，化俗套而

---

[1] 参见高一志：《王宜温和》，载《法国图》，1:324。

[2] 例 如 Thomas à Kempis, *Contemptvs mvndi, nueuamente romançado y corregido* (Lisbon: Iorge Rodriguez, 1623)。此书北京原北堂图书馆藏有 1577 年版一册，见 Hubert German Verhaeren, ed., *Catalogue de la Bibliothèque du Pé-T'ang*, 1096—1097:3798。葡萄牙国家图书馆也藏有数种 18 世纪时以此书之题为题的格兰纳达本《新译修订版西班牙文轻世金书》。葡萄牙国家图书馆本，我均未见，但登录在该馆图书目录第 890-893 号上。

为超拔。故此,《轻世金书》的拉丁文原本变成"《福音书》以外,整个基督宗教界最为人知"的文学奇葩[1]。不过到了格兰纳达所处的 16 世纪,印刷文本早已四处可见,是以不论用拉丁文还是用西班牙文写作,格著常见西塞罗式雄辩滔滔式的雄伟文体(Ciceronianism),非特遣词高雅,而且用字夺人魂魄,音韵的讲究就不在话下,更富时人雕镂的巴洛克式(Baroque)丰采,印刷文化的影响昭然可见。阳玛诺的母语是葡萄牙文,他果真由西班牙文译书,其缘由恐已难考,盖来华前阳氏的事迹载籍多阙。但耶稣会早年在东亚翻译《遵主圣范》,大多和格兰纳达有关,却是不争的事实。1596 年(庆长元年),日本耶稣会士用罗马字译的天草版《轻世金书》(『コンテムッス・ムンヂ』),有人认为就是本于格兰纳达本出之[2]。格氏的文字魅力,由此可窥一斑。

　　不过我们且先不提耿稗思整饰精炼的拉丁原文,即使格兰纳达的源文也有体式之美;而凡此种种,阳玛诺必定明白,所以面对《轻世金书》的中译大业,他不可能达意便罢,文体是文意之外,他最重要的策略考量。阳氏身处明代中国,有趣的是译书时每每拒仿其时盛行的八股文,下笔反从先秦。这点在迄今可见的文献中,道光年间的吕若翰体之最早,《轻世金书便览》的序言不仅称阳译为"圣教中第一部书也",又谓"其

<hr>

[1]　Maurice Helin, *A History of Medieval Latin Literature*, trans. Chapman Snow (New York: William Salloch, 1949), pp. 122–123.

[2]　C. R. Boxer, *The Christian Century in Japan, 1549—1650* (Berkeley: University of California Press, 1967), p. 192. 除了这里我指出来的罗马字版外,1610 年(庆长十五年),日本另有国字版《轻世金书》(『こんてむっすん地』)出,其第三卷仅三十一章。不过不论罗马字版还是国字版,也有人认为出自耿稗思的拉丁原文,参见 William J. Farge, *The Japanese Translations of the Jesuit Mission Press, 1590—1614: De Imitatione Christi and Guida de Pecadores*, pp. 9–70。国字版与罗马字版的比较另见 J. S. A. Elisonas, "Fables and Imitations: Kirishitan Literature in the Forest of Simple Letters," *Bulletin of Portuguese/Japanese Studies* 4 (2002), pp. 23–36。日译《轻世金书》相关之研究,另见松冈洸司:『コンテムッス・ムンヂ研究——翻訳における語彙の考察』(東京:ゆまに書房,1993)一书。国字版日译本全书,见新村出、柊源一(校注):『吉利支丹文学集』,第 2 版,2 册(東京:朝日新聞社,1960),1:189–390。

文词近古，字义颇深"[1]。费赖之也抢先后世中国论者，直指阳氏仿先秦"经中所用高伟之体"（en style sublime dans le genre de celui des *King*）译书（Pfister, 1:110），似乎有意以"经"视《轻世金书》，而这点倒和20世纪初日人新村出译《轻世金书》为《厌世经》不谋而合[2]。两人都以翻译或译体为策略拉拔耿稗思，使其所作升华为东方人在文本之见上的最高化境。

据我对明清间耶稣会士的了解，"经"其实是个文体问题。扬雄《法言·吾子》中"事胜辞则伉，辞胜事则赋，事辞称则经"一句，马若瑟在阳玛诺去世后九十年引之，目的便在解释"经"义。对马若瑟来讲，事辞不称，非"经"也；"称"，则属之。所以中国古经的"文体"，正是这些"经"何以称"经"的原因（*NLS*, p. 190）。费赖之上面的评论写在清末，他应该读过马若瑟的引文和评语，也应该有其感触。扬雄或马氏笔下所谓"称"的一大构因，王保禄则言之确实，《轻世金书直解》谓之"字句简古"。不过也是因此之故，王保禄认为"经"对时人而言确实"文义玄奥"（《直解》，页1a），而马若瑟的小说《儒交信》干脆就说阳玛诺译的《轻世金书》"文奥了些"，至少要有"举人"的学力才"容易看"（郑编，4:240及246）。话再说回来，有关《轻世金书》的文体，各方论者评来最为具体的，我以为还是陈垣。《再论〈遵主圣范〉译本》一文中，陈氏明白直陈《轻世金书》"用《尚书》谟诰体"译（《陈垣》，2:493）。冯承钧中译费赖之之作，乃改写上引费氏的法文原文而称阳译"文仿谟诰"[3]。冯氏的改译，当非漫说，而陈垣与冯氏之说，方豪等后来的论者几乎也都赞同（《人物传》，2:95），俨然不移之论。

---

[1] 吕若翰：《轻世金书便览》，序页4b。
[2] 新村出：《南蛮録》，见所著《南蛮廣記》（東京：岩波書店，1925），页325–334。
[3]（清）费赖之（著）、（民國）冯承钧（译）：《在华耶稣会士列传及书目》，2册（北京：中华书局重印，1995），1:113。

上文所谓"谟诰体"，当然指《尚书》中的《皋陶谟》《大诰》与《康诰》一类的篇章之体，尽管也可指《尚书》这"上书"或"天书"的通书之体，非但因去时已远而字迹"奇古"或"古朴"，同时亦因文辞艰涩而早令韩愈（768—824）叹为"周诰殷盘，佶屈聱牙"[1]。《轻世金书》中，前引《若望福音》第八章第十二节的译文古奥，实则多少已让我们了解翻译上的"谟诰体"为何，而韩文公批评《尚书》的"佶屈聱牙"四字，移之以形容阳玛诺的译笔，恐怕反对的人也不多。卷一首章引罢耶稣的话后，耿稗思开始讲道："兹主训也，示人欲扫心翳。慕灵辉者，宜师主行而时趋之。"这几句话犹称易解，接下来耿氏语若用格兰纳达的话来讲，意思是"让我们先认识、默思耶稣基督的生平"（Sea, pues, todo nuestro studio pensar en la vida de Jesu-Christo; *Obras*, 6:2）。由于此句前文已预设"主"或"耶稣基督"之名，阳玛诺的中译故而不需重复之。然而阳氏译来却也自由得出人意表，文法结构奇特不说，用字亦晦涩至极，显然有强调之意；"嘿行焉，咀言焉"。（1a）所谓"嘿行"，想系套用明朝小说如《拍案惊奇》中可见的"嘿记"一类的语汇[2]，为"默行"或"默默地做"之意；而"咀言"类似"含英咀华"或"咀英嚼华"，乃"细味"或"细品"之意。"嘿行焉，咀言焉"所对应者，系格兰纳达的源文中的"认识"与"默思"这两组动词。格译因为用的是"且让我们先……"的句构，阳玛诺自觉得以"焉"字反映他也有强调之意。他的三字格有声音之促，用来便在表示动作上的优先感。总而言之，即使在去今四百余年的明末，《轻世金书》类此的笔法不仅"高伟"，早也已"高古"得过

---

[1] （唐）韩愈：《进学解》，收于屈守元、常思春（主编）：《韩愈全集校注》（成都：四川大学出版社，1996），页1910。"古朴"一词为蒋友仁的评语，见所著《轻世金书口铎句解·序》，载于赵圣修、蒋友仁（著）：《轻世金书口铎句解》，书前页[1b]。

[2] 《拍案惊奇》卷七："玄宗素晓音律，将两手按节，把乐声一一嘿记了。"话中"嘿记"指"默记"。成语所谓"嘿嘿无言"或"嘿嘿无语"，亦"默默无言"或"默默无语"也。见（明）凌濛初：《拍案惊奇》（台北：三民书局，1990），页78。

于"古奥"了。

如此古奥之句，就阳译《轻世金书》通书观之，几乎无所不在，唾手可得。我们提过第一卷前头含有"真知实学"的一句，阳译的上下文如次："爱主而事之，轻世幻光。重天纯碫，斯真知实学也哉！"（《金书》，1:1b）第三章"主训真实"："奇主单词，群疑可扫。盖主词，圣子则是。物金出彼，为彼形声。彼无始，乃言垂谕世。"（《金书》，1:3a）第十五章"爱德益行"："猗与爱德，人获热爱一星，则视誉皆轻，观世若虚。"（《金书》，1:11a）第十八章"师法先圣"："昕劳身，夕毓灵，外务不辍灵工。"（《金书》，1:12a）第二十章"厌嚣忻嘿"："奇哉嘿工，启悟晰理，导涕浣灵秽，缔主如友。"（《金书》，1:14b−15a）凡此译句，读来确有古经风味，犹如在读《尚书》的谟诰诸篇。阳玛诺有修辞，正对与反对，他用得和耿稗思一样灵巧；声音上的前切后响，他自成一格，写来丝毫不逊格兰纳达的巴洛克风格。巴洛克尚雕凿，《轻世金书》奇字险句尽出，不遑多让。格兰纳达爱向西塞罗的长句求古意，中文文言的"古意"却得反向而行，在《诗经》与《尚书》一类古经的简略、晦涩怪异与冷僻中寻找。王保禄认为《轻世金书》的玄奥，"非兼通西文者，往往难得真解"（《直解》，页1a），而徐宗泽与方豪则称要懂这类瞻奥深文，则"非通经书者不辨"[1]，洵为确论。

"经书"若非指《诗经》，则尤指《尚书》，而后书正是第一代耶稣会士几乎必读的中国经典之一。阳玛诺由澳门登岸，在圣保禄书院教了六年书，1618年还曾捎信回欧，报告中日传教情况[2]，应该娴熟该院当时的

---

[1] 《人物传》，2:95，不过方豪节略了徐宗泽的文字。后者原文称《轻世金书》"文古奥，类经书"，这是衍译费赖之语；又称"经朱宗元润色，非深通经史子者不辨"，这句话则为方豪所据。见徐宗泽：《明末清初输入西学之伟人》，《圣教杂志》丛刊本（台北：文海出版社重印，1970），页62。

[2] Liam Matthew Brockey, "An Imperial Republic: Manuel Severim de Faria Surveys the Globe, 1608—1655," in Maria Berbara and Karl A. E. Enenkel, eds., *Portuguese Humanism and the Republic of Letters* (Leiden: Brill, 2012), p. 271.

中文学习方案；而《尚书》便是其中重要的研读科目，耶稣会士还得从中取题作文[1]。由于朱宗元尝为《轻世金书》润笔，而朱氏满门书香，本人又曾在顺治五年（1648）高中举人，中国古代经典自是娴熟不已。故此，《轻世金书》之实行谟诰体也，从陈垣开始，学者大多即归功于朱宗元。陈垣甚且进一步推测道：《轻世金书》中的谟诰体，"其文至艰深，盖鄞人朱宗元所与润色者也。……宗元之意，以为翻译圣经贤传，与寻常著述不同，非用《尚书》谟诰体不足以显其高古也"（《陈垣》，2:493）。

实情是否如陈垣所述，证实不易。《轻世金书》确为朱宗元所"订"，他有笔润之功，但朱氏不懂西班牙文，也不懂拉丁文，可能仅凭阳玛诺解释，就向他建议用谟诰体翻译吗？《轻世金书》译就前四年的1636年，阳玛诺另译有《圣经直解》一书，其中《圣经》经文，阳氏译来大致亦仿《尚书》。如下一句便如出自《大诰》或体式等同的《逸周书》："维时耶稣语门弟子曰：'日月诸星，时将有兆，地人危迫，海浪猛哄。'是故厥容憔悴，为惧且徯所将加于普世！"[2] 这里的译体，和《轻世金书》殊无二致，而这点陈垣也注意到了（《陈垣》，2:493），但我们能说这类《尚书》体同样也出诸朱宗元的建议吗？

1636年，阳玛诺确已认识朱宗元，而后者也因他而受洗，不过《圣经直解》乃耶稣会正式的出版品，书中始终却无只字提到朱氏之名，书首亦仅曰"极西耶稣会士阳玛诺译"，书尾的跋语中，阳氏则说得更明白：《圣经直解》意在解释《圣经》奥旨，"至于文词肤拙，言不尽意，所

[1] Liam Matthew Brockey, *Journey to the East: The Jesuit Mission to China, 1579—1724*, p. 265. 圣保禄书院的前身称"圣玛尔定经院"（la casa di San Martino），1594年改制为"圣保禄书院"。相关过程，参见刘羡冰：《澳门教育的发展、变化与现代化》，收吴志良、金国平、汤开建等（编）：《澳门史新编》，4册（澳门：澳门基金会，2008），3:909—911；另见汤开建：《明清时期天主教的发展与兴衰》，见上引《澳门史新编》，4:1093—1095及1107—1112；以及戚印平：《澳门圣保禄学院研究：兼谈耶稣会在东方的教育机构》（北京：社会科学文献出版社；澳门：澳门特别行政区政府文化局，2013），页51–93。
[2] 阳玛诺：《圣经直解》，收于《三编》，4:1571—1572。

不敢讳"也（《三编》，6:2954）。易言之，《圣经直解》通书确为阳玛诺所译，朱宗元或其他中国士子纵曾介入，角色可能也不吃重。就上引阳译经文观之，《圣经直解》译得实在不能说"文词肤拙"，而是有点"古怪"；精确言之，是"古奥"，乃陈垣注意到的《轻世金书》所用的谟诰体。由是观之，我想我们只能说阳玛诺译书，对《尚书》之体确有偏好。

从理论的角度看，阳玛诺的做法更是不难想象。翻译文学向居中国传统文学系统的边陲，天主教的翻译文学尤为旁出。然而《尚书》却是五经之一，汉唐乃文化中心，其后亦称重典。边陲向中心靠拢系举世的译史常态，埃文－佐哈尔（Itamar Even-Zohar）的多元系统理论（polysystem theory）对此已指陈历历。阳玛诺中译《轻世金书》，所重者因此是文体在中国人中的"可接受性"（acceptability），不是文体在原文或源文结构上的"充分性"（adequacy）[1]。《轻世金书》走向《尚书》的谟诰体，在翻译的文体规范上故此——就像佛教译史上的格义连类之举——乃事有必至，理有固然。

此外，早期来华的耶稣会士中，阳玛诺的中文写作能力数一数二，吕若翰谓当年"航海来宾"里，阳氏"聪慧绝伦，不数年竟澈中邦文字"（《轻世金书便览·跋》，页4a）。吕氏的时代距阳玛诺有年，他的说服力或嫌薄弱，不过这点我们可以趑回孙方济斯，再予补强。孙氏生当明清之际，不仅是阳玛诺的同代人，也是浙江教徒，县居比邻，所言之可信度绝高。他的《轻世金书·序》谓："泰西修士履中华传圣教者，无不精深好学，而必先传习中华语言文字，然……其精深，于阳先生为得也。"（页1a）易言之，阳玛诺确属耶稣会内的中文俊彦，古典文风，绝不陌生。朱宗元尝为《轻世金书》润笔，而朱氏文字功夫不差，陈垣还誉为

---

[1]　以上有关多元系统理论，参见 Itamar Even-Zohar, *Polystystem Studies*, *Poetics Today* 11:1 (1990), pp. 50–51。

"酣畅"（《陈垣》，2:493），助译之时，对《轻世金书》译体的形成，应该也有贡献。但我们看朱宗元其他的文本如《拯世略说》或《天主圣教豁疑论》等书，谟诰之体实非所长，在《轻世金书》中译的过程里，是否能完全主导笔风，不无疑问。译体必本于对原本或源本之体会而来，而对耿稗思及格兰纳达的拉丁与西班牙文文体能有所体会者，当年武林堂内，唯阳玛诺而已。能推二者而又熟悉先秦古典者，当年武林堂内，亦唯阳玛诺一人而已。因此，《轻世金书》选择《尚书》以为中译体式，阳玛诺个人的主导地位，恐难排除。用古奥的谟诰体译书，还可为《轻世金书》的宗教玄密再添神秘之感，何乐而不为？

阅读实学

欧洲耶稣会士好读《轻世金书》，人所共知。他们在晚明进入中国后，仍然选择此书中译，则是另外一个问题，而要澄清这个问题，我想我们可就耶稣会和阳玛诺两方面分别论之。天主教各修会中，耶稣会士可能是服从性最高的一群人。他们一如《圣经》与教中其他坟典的强调，对长上极其恭敬，已经到了所谓"顺从"的地步[1]，《轻世金书》首卷第九章的标题可借以形容："绝意顺长"（"De obedientia et subjectione"; *IC*, I.ix/"De la obediencia, y svjecion"; *Obras*, 6:10）。"绝意"与"绝财""绝色"乃天主教修士修女进入修会前必发的三绝大愿，早经耶稣会会祖圣依纳爵的《神操·例言》纳入，变成耶稣会士的生活公约（*IL*, pp. 124–125）。马基恩（Bernard McGinn）认为这三绝大愿中，"绝意"仍为首要，而其基础是要自居"卑微"（humility），亦耿稗思所谓"思性本微"或

---

[1] 参见本书第四章"卡利他"一节。

"认己本卑"(《金书》, 3:2a),甚至要能"唾面自干",像耶稣不以"侮辱"(humiliation)为意,如此才能"由内而外完全顺从权威",顺主而行。此所以《轻世金书》卷三第五十章中耿稗思说:"智善之士全倚主,曰:'吾灵安兮,以主为基兮,仆智不及万一!'"(《金书》, 3:34a)这句话也显示人贵"自知"(self-knowledge),自知生来有罪,凡事得仰仗天主:"仆今兹苦,非托乎主,人世孰能救哉?"(《金书》, 3:49a)。《思性本微》章中亦云:我们必须时时自省,"盖时识己,必能卑己"(《金书》, 1:2a)。高一志的《童幼教育》(c. 1628)称雅典有学校立上下二堂,上堂题曰"必从天主",下堂题曰"必知己",即为此意(《徐家汇》, 1:296;另见李辑, 2:1127)。马基恩因此又认为,耿稗思的"卑微哲学"必含额我略教皇强调的苦修精神里的"自责美德"(virtue of compunction),盖如此之德"出乎内",而其"形于外"的卑微必也真诚而实在。基督徒尤其要"奋发向主",完全"降服"(surrender to)于其下,"借之以证明自己接受苦难,并视苦难为天主意志的展现"。《轻世金书》所强调的卑微与降服,几乎已变成一种"抹除自我的语言"(language of annihilation)[1],置个人于度外了。在信仰上,他们的"绝意顺长"表现在对天主的崇拜上;在教中,他们的"绝意顺长"表现在对教宗的服从上;在会内,他们的"绝意顺长"表现在对圣依纳爵的遵从上,唯他马首是瞻。

圣依纳爵乃西班牙人,进教之前,原在军旅服务。进教之后,在高一志译为"忙肋撒"(Manresa)的西班牙小城埋名隐修(《行实》, 4:38b)。他为使德业日益精进,云蒸霞蔚,乃规定自己每日必须阅读《轻世金书》一章(PJ, pp. 28–44),终入巴黎大学结合同好,组成耶稣会。依纳爵组织该会,目的正在"遵主圣范",以三绝行世,而他的态度,看来也

---

[1] 以上马基恩有关耿稗思的"绝意"论述,参见 Bernard McGinn, "Mystical Aspects of the Modern Devotion," p. 10。

因《轻世金书》要人"师主实行"使然,因为上述三绝大愿中的"绝财"与"绝色"显然都是耶稣身前的美德,基督徒均宜法式。依纳爵在"忙肋撒"退隐之前,曾赴蒙赛辣朝拜圣母。当地圣母院院长送了他一本灵修专书,对他启发颇大,他遂开始构想自己的《神操》(*PJ*, pp. 20−27)。后书内载一套观想的方法,可让修习者与耶稣和玛利亚神交冥契。《神操》的目的,当然和《轻世金书》有别,但其之略见规模,却是依纳爵在"忙肋撒"发愿通读《轻世金书》之际,可想曾经大受影响。书内甚至规定修习《神操》的次周次日,修习者除了《福音书》与圣人传记外,还得阅读《轻世金书》,以便和天主有所共鸣(*IL*, pp. 147−148)。依纳爵生前读过的重要典籍如《基督的生平》(*De vita Iesu christi*)与《圣传金库》(*Legenda aurea*)[1],明末来华的耶稣会士大致都已移译为中文,《轻世金书》怎能例外?

《轻世金书》既为灵修宝典,对耶稣会通体而言,自是"自天降临"的"玛纳"(Manna)。换句话说,此书是"神粮",是"诸德之乐",是"自诿立勋",而最重要的是"失心之望",可借以释虚恐;又可以为"怠灵之策",可用来阻恶进善,臻至灵修化境(《轻世金书·小引》,页2a)。《轻世金书》既可医治心病,当然就是孙方济斯所称的"瘳心之药"(《轻世金书·序》,页1b);既然也可洗养灵魂,对阳玛诺而言,当然同为"灵病之神剂"(《轻世金书·小引》,页2a)。所以耶稣会"诸会士日览"之,"是故"阳玛诺亦"译之"(《轻世金书·小引》,页2a)。从这个角度再看,《轻世金书》的神秘主义身份虽有争议,我认为仍可拿这张标签形

---

[1] 萨松尼亚的卢道福的《基督的生平》,艾儒略尝据其简本"译述"为《天主降生言行纪略》(1635)一书(《耶档馆》,4:1−336),见钟鸣旦、孙尚扬:《一八四○年前的中国基督教》(北京:学苑出版社,2004),页384−386。至于佛拉津的亚可伯(Jacobi á Voragine, 1230—1298)的《圣传金库》,书前已提过依纳爵读的不是拉丁文版,而是西班牙文译的《圣人华萃》(*Flos sanctorum*),见 *PJ*, p. 12n5。1629年,高一志译《天主圣教圣人行实》,大致便以《圣传金库》为底本,相关研究见本书第六章。

容之[1]。《神操》依周按日操练神魂，以期上达诸天，共圣母与天主为一；《轻世金书》也有其朝天而行的修德阶梯，亦即由改悔兴程，继之以放弃世乐，三则冥思终程，最后再经天人合一而究竟生命全程。有鉴于《轻世金书》的效力若此，孙方济斯《轻世金书·序》故又赞而解释道："钦哉兹译！开卷先求天主锡朗悟司，神熏爱府。日瓻一二篇，吾信至慈天主必有益我神形，俾轻世暂。天闾虽窄，跻登宁不以此为阶，为牖哉？"（页 2b）

近代的中国人中，周作人（1885—1967）首拈"神秘主义"四字以形容《轻世金书》。周氏还引用英国反闪族犹太学者马格纳斯（Laurie Magnus, 1872—1933）的《欧洲文学大纲》为《轻世金书》的文学价值定位，认为其中的出世思想恰可与薄伽丘《十日谈》里的"现世主义"做一对比[2]。《轻世金书》这类出世的神秘主义，说穿了并非传统的神秘思想，教人的是如同"新虔信"所求于人的回归《圣经》，阳玛诺或许反会称之为"灵修实学"。《轻世金书》第四卷浓墨涂抹，叙述者特别希望能因领受圣体而与天主同在。这种看法颇为吊诡，为天主教传统的天人合一别增一有别于中国式的说法[3]，而圣餐礼（Eucharist）因此也不再只是象征，这里反变成灵修过程最重要的一环。耶稣殉难前那个逾越节的晚餐，祂拿起犹太人过节吃的饼来，"祝谢了，擘开"，然后递给门徒道："这是我的身体，为你们而舍弃的。你们应行此礼，为纪念我。"（路

---

[1] 《轻世金书》的神秘主义争议与倾向，参见 Bernard McGinn, "Mystical Aspects of the Modern Devotion," pp. 17–18。

[2] 周作人：《〈遵主圣范〉》，见所著《周作人先生文集·自己的园地》（台北：里仁书局，1982），页 201。周氏此文中有关薄伽丘与耿稗思的比较乃中译自马格纳斯的《欧洲文学大纲》，但除非周氏所引为玛氏早年的 *General Sketch of European Literature in the Centuries of Romance*（1918）一书，否则周氏文中的中译似乎自由到可称一般语意下所谓的"改写"，参见 Laurie Magnus, *A History of European Literature* (London: Ivor Nicholson and Watson, 1934), pp. 48–49。

[3] 参较余英时：《论天人之际：中国古代思想起源初探》（台北：联经出版公司，2014），页 219–252。

22:19）言讫，耶稣又拿起葡萄酒来，说道："这是我的血，新约的血，为大众流出来的。"（玛 14:24）天主教史上，"圣体"一礼就此立下，唯天主教徒多以"礼"视之，很少想到天人之际缺之不可。耿稗思如同新虔信运动的奉行者，笃信《圣经》经文，谨守耶稣教诲，所以把仪式象征观想成了精神运动的实况。《轻世金书》最后一卷开卷就复述最后的晚餐，耶稣道："予体，味真；血，饮真。"因此，叙述者也认真回道："言出主口，信主言哉！"（《金书》，4:1a）继而以圣体为"原性疢多"的治病"神药"，可以"止恶集善"（《金书》，4:5a），甚至可以"俾炍心清，启灵昏，获尝天味"（《金书》，4:5b）。是以到了第十三章，耿稗思已公然宣告要"霞举飞升"（Spiritual ascents），与天主"缔灵"（《金书》,4:12b）——亦即要与天主结合为一，"如良友相欢"——唯有信从《圣经》，由"频领圣体"启之（《金书》，4:13a）[1]。第四卷压轴一章还告诫我们：圣体神秘如渊，不必穷究其中奥理，实信即可，否则以人目仰叩天主真光，"弥瞠弥昏"，性灵恐坏（《金书》，4:15b）。耿稗思的"灵修实学"由《圣经》启之，也终于《圣经》的启示。

一般中国士子从耶稣会所知的"实学"一词，多因阮元（1764—1849）著《畴人传》与四库馆臣所以为的天文历算等耶稣会成就故而与"实用科学"挂钩了，特指徐光启（1562—1633）的《农政全书》或其弟子陈子龙（1608—1647）所编《皇明经世文编》等书开启的"经世致用之学"[2]。明末耶稣会士自己的用法中，"实学"一词反见歧义。要言

---

[1] Engen, ed., *Devotio Moderna: Basic Writings*, pp. 243-315.

[2] 参见（清）梁启超：《中国学术思想变迁之大势》，见所著《饮冰室文集》，10 卷（台北：台湾中华书局，1960），3:89 及 103-104；以及梁氏同性质的《中国近三百年学术史》（上海：中华书局，1936），页 8-9 及 337。另参《提要》，页 7-9。另见计文德：《从四库全书探究明清间输入之西学》（台北：汉美图书公司，1991），页 354-403。

之，他们若非指明代所称的"西学"，则多半指此一"西学"里成分最重的"天主之学"。《轻世金书》首章——这里我三度引到——故曰："轻世幻光，重天纯嘏，斯真知实学也哉！"在《轻世金书》中，"实学"一词则因首卷第三章"主训真实"而得。在这一章中，耶稣晓人"宇宙间唯一的真理"（universal Truth）乃"物由主出"，所以"物悉归主"（《金书》，1:3a-3b）这是个"实理"（la doctrina veritatis; IC, I.iii）。阳玛诺把耿稗思或格兰纳达的"真理"（veritatis; IC, I.iii/verdad; Obras, 6:6）译为"真实"；而攸关这整个"真实"形成的学问，理所当然就称之"实学"，倒左违了"经世致用的实用科学"这个明末以来多数中国士人的认知。

格兰纳达的译本中，"真知实学"指的恰是"天主的大智慧"（Dios suma paciencia [sapiencia] es; Obras, 6:2）[1]，而欲登此境，凡人得由"轻世"（desprecio del mundo; Obras, 6:2）启之，继而走上"天国"（Reynos celesciales; Obras, 6:2）的大道才行。换句话说，"实学"仍有赖"师主实行"方能求得，因为耶稣的"行"早已存在于天主的计划中，而天主教徒的"主"或"耶稣"的"实行"不都就记载于《圣经》之中吗？所以要"师主实行"，凡人得由阅读《圣经》做起；要能"轻世"，凡人也得由观想《圣经》做起，尤其要观想《新约》中所载耶稣的言行，进而师之法之。耶稣的生平，阳玛诺既译之为"实行"，则耶稣本身当然也是"实学"的内涵之一。记载耶稣一生的《圣经》——尤其是《福音书》——故此就是此一内涵外显后的"实学"。由是再看，《圣经》要怎么读，"实

---

[1] 我怀疑格兰纳达原文里的"paciencia"（忍耐）是"sapiencia"或"sabiduría"（俱指"智慧"而言）的误译或误植，耿稗思的拉丁原文其实是"sapientia"，亦即"智慧"。我所见的近代的修订本中，1821年版页25亦改为"sabiduría"，1871年版页14则维持"paciencia"，1949年版则又恢复为"sapiencia"。阳玛诺应该也知道此字有误，所以才从拉丁本改译为"真知"，外加"实学"（veritas）一词以补充之。

学"又应如何求得，就变成《轻世金书》轻之不得的大课题。其首卷第五章题为"恒诵《圣经》善书"，顺水推舟，顺理成章。

阳玛诺译《圣经直解》时，曾对阅读的问题稍加着墨，道是此书"观者取其义而略其词，可矣"（《三编》，6:2954）。再译《轻世金书》，阳氏仿佛借之澄清先前之意。首卷第五章章目的拉丁或西班牙文其实原为《〈圣经〉的阅读之道》（"De lectiõne Sanctarũ scripturarũ"; *IC*, I.v/ "Dela lecion delas sanctas escripturas"; *Obras*, 6:7），阳译本"易"或"译"之为"恒诵《圣经》善书"，看来有如"笃玛大贤"在代阳氏详而再谈阳氏个人的阅读实学：

> 诵《圣经》等书，求实，勿求文。主并诸圣，以圣意剷书，吾亦可以圣意诵之！图神灵明，毋图悦听。章句或雅或俚，吾惟坦心以诵，勿曰："作者何士？"行文浅深，惟视其书之旨。"作者骨虽已朽，其精意偕主真训，恒留书内。"主冀吾聆，不判彼此。奈人喜察超理，卒莫承神。夫欲承之，则宜逊矣！勿怙己睿，勿以言俚而逆意，勿以理在而加损，以沽儒者名。或时值理有不决，可虚衷以问。勿遽轻古贤喻：古之贤者皆有为也，敢不钦哉？（《金书》，1:4b–5a）

阳玛诺的中译里，这一章的重点有三：首先，读《圣经》应重其"实学"或"真理"（*veritatis*/verdad），不应重其"文"或"辞藻"（*la elocuencia*; *Obras*, 6:7）。其次，读《圣经》，得掌握住其中的神启或默示（*espiritù*; *Obras*, 6:7）。再次，读经在于精神回馈，不在于剖析其中的雕虫小技，尤应以虔卑之心、朴素之心，以及赤子之心待之，而古来圣人的训示（*palabras*; *Obras*, 6:7）亦应在意，哪怕是"长者"（*viejos*; *Obras*, 6:7）的

"比喻"（*doctrinas*; *Obras*, 6:7/*parabolæ*; *IC*, V.2）都不该轻易略过[1]。如此"阅读实学"所重者，乃"实学"之书里的"实理"，而阅读首要的目的便非辞章之美，亦非句读之严谨，而在于内容是否载道，是否表现了天主，是否充盈了天主教道。

除了少数几个句子，上引耿稗思的阅读实学系《轻世金书》译来比较浅显的一章，周作人和陈垣等人都特别重视——虽然他们读到的译本不同。尽管浅显，章中我们还是看到"奈人喜察超理，卒莫承神"这类颇为拗口的译文。阳译所谓"喜察超理"，指阅读《圣经》时，有些人"就是会详辨那些原该略读的地方"（"queremos escudriñar lo que llanamente se debia passer"; *Obras*, 6:7），致使自己反而"卒莫承神"，因此而"有碍读经"了（"impide muchas veces en el leer las Escritura"; *Obras*, 6:7）。是以要开卷有益，翻阅《圣经》时，我们应该谦逊以对。此阳译所谓"夫欲承之，则宜逊矣"。

从上述有关"实学"的歧义来看，《轻世金书》本身绝对也是一部有关"实学"的著作，因为书中劝人轻视世之幻光，效法耶稣的言行。书中也勉人勤于修身，要向天主铎德忏悔生命的罪愆。所载之道，都和重返天主荣宠或重回《圣经》经文所训示的"真知实学"有关，天主教的真理毕集于其中。

第五章章目中的"《圣经》善书"四字，耿稗思或格兰纳达都仅以"《圣经》"（*sanctarũ scripturarũ*; I.v/*sanctas escrituras*; *Obras*, 6:7）称之，所以阳玛诺的添加之译"善书"，似乎也有三种解释：一为"善书"乃专有名词，是《圣经》（*The Good Book*）的另一说法或同位语；二为"善书"

---

[1] 阳玛诺的"古贤喻"一译，应该参考过耿稗思的拉丁原文或某格兰纳达本的修订版，盖后者中的"las doctrinas de los viejos"本指"长者有关基督信仰的论述"，而拉丁本的"parabolæ Seniorum"才是指"长者的比喻"。不过若按阳译"错综约言"的习惯，拉丁原文或格兰纳达本，他都可改写如所译。

可指《圣经》的本质或其功效；三则为通称，盖"善书"亦可指其他向主的灵修著作如《轻世金书》曾提到的天主教圣人的传记或言行。第三方面的书籍内含天主教所以为的人类最高情操，告诉我们"宗徒""致命"或"童修"等圣人"昕劳身，夕统灵"而"世物不牵"，虽"外乏而内丰，遐世以逑主"（《金书》，1:12a—12b），同样值得世人在耶稣之外，立为表率，景仰法式。

在这三点之外，我们其实还可为《轻世金书》中所称"善书"再添一义：明代劝善运动盛行，而《圣经》犹如《太上感应篇》或《了凡四训》，乃此时中国新添的一本宗教善书——虽然全译本尚未出现，而阳玛诺抑且有取之与传统较量之意。明末以来，天主教首先欧译的中国书籍其实就是一本地道的善书，是元末明初编成的《明心宝鉴》。后书合儒释道三教为一，文字上写来颇有声韵之美[1]，从明初一路流行到明末。不过阳明心学在晚明蔚起，另有与之搭配的伦理劝善书刊出现，我们耳熟能详的《功过格》与《阴骘文》等俱属之，而各地乡约与自讼也都与之有关，可见善书及其同类文本已经演为社会风气[2]。我们若可不论翻译的目的，阳玛诺几乎是明代首先将"部分"《圣经》经文系统译成中文者，而且疏注并出，计划周延。他了解当代中国的善书文化，而《轻世金书》本身就是善书，其中提到"善书"《圣经》，何妨外添一词，也以译文称之为"善书"？阳玛诺的思虑当然有其吊诡之处：耶稣会才用"实学"

---

[1] （明）范立本（重编）：《[重刊]明心宝鉴》，洪武二十六年序，中国国家图书馆善本部藏本，编号17265。1592年之前，西班牙多明我会士高毋羡（Juan Cobo, 1546—1592）在菲律宾即将《明心宝鉴》译为本国语言。不过高氏的译文仅见抄本，为中、西双语对照本。1595年，此一译本经人携回西班牙献给国王菲利三世，目前收藏在马德里西班牙国图书馆。相关讨论见刘莉美：《当西方遇见东方——从〈明心宝鉴〉两本西班牙黄金时期译本看宗教理解下的偏见与对话》，《中外文学》第33卷第10期（2005年3月），页121—131。高毋羡译《明心宝鉴》的相关图版可见马德里自治大学东亚研究中心（编）：《西班牙图书馆中国古籍书志》（上海：上海古籍出版社，2010），页12。

[2] 吴震：《明末清初劝善运动思想研究》（台北：台湾大学出版中心，2009），页39—104。

把阳明心学判为"虚学"[1]，身为耶稣会士，阳玛诺如何又可以假"善书"之名把《圣经》推向阳明心学的劝善运动中去？

天主教确重"善书"，圣人传记便系其一，而且重要无此：历代教中圣人，无不广受敬重。《神操》里，圣依纳爵劝人多读圣人传记；而《轻世金书》中颂扬圣人的地方特别多，耿稗思有专章劝人——用阳玛诺的译法来讲——"师法先圣"（"De exemplo sanctor patrum"; *IC*, I.xviii/ "Delos exemplos delos sanctos padres"; *Obras*, 6:21），意即在此。耶稣会从入华开始，中译的教中圣传不少。这些"传记性的善书"当然应加细读，盖——借用或为高一志在《王宜温和》一书中的话——"夫书籍者，正谓历世之鉴，实事之光，诚德之师，邪恶之儆，善功之志，美治之资也"（《法国图》，1:316–317），所以读之"必为实学之验"（《法国图》，1:322）。但要如何读之，则再套一句艾儒略在《涤罪正规》中的话，教中人士应重所传之道，"不可徒悦其文"（《耶档馆》，4:453–454）。《天主圣教圣人行实·自序》中，高一志也说过：世人撰文写书，不该"立奇言，多用文饰"（《行实·自序》，页4b）。艾儒略与高一志的话，几乎是正反双向齐下，同时在提示圣传或善书的阅读之道，简直和《轻世金书》教人读《圣经》或"善书"的方法一样。耶稣会对"美文"向来排斥（《晚明》，页315–344），视之为《王宜温和》里所称的相对于"实学"的"虚学"（《法国图》，1:322）。《轻世金书》的中译，可谓呼应了耶稣会的"书写"和——尤其是——"阅读"上的"实学"；而阳玛诺对《圣经》，对"善书"的阅读理论的强调，多少也已令《轻世金书》自我指涉，自我反思，更用自己的强调定义了自身的书写或翻译的本质，甚至期待读者也以这种强调阅读自身。

---

[1] 参较葛荣晋（编）：《中国实学思想史》，3卷（北京：首都师范大学出版社，1994），2:94–95。

注疏的传统

耿稗思的《圣经》或"善书"的阅读方法，阳玛诺接受得一无挂碍。表现在《轻世金书》的翻译上，他首要的策略反应就是放弃明代的科考时文，走回唐宋八大家与有明前后七子的路线，也向先秦古文看齐，以书写上的实学取代相对的文字虚学。然而古文运动的推手所从者乃先秦诸子，并非春秋或春秋之前的"周诰殷盘"。韩愈知道《尚书》的文体"佶屈聱牙"，阳玛诺未必有同样敏锐的语感。如果朱宗元没有为他悬崖勒马，反而从旁煽风点火，我们在《轻世金书》中当然会读到如下"殷盘"之文："噫！尚莫克脱，预出迓之，大智欤？"（《金书》，2:12a–12b）朱宗元如果不辨诸子与"上书"，在《轻世金书·小引》中，阳玛诺当然也会写出这种"周诰"之体："世慹谀劣，人匪晻暧，金知先生译兹，毋乃虚营？"（《金书·小引》，页 1a）

《轻世金书》的译事是否为"虚营"，我想答案不完全在文体，而是系乎阳玛诺的读者读后是否能"师主实行"，并以自己肖似天主而洗心革面。孙方济斯说得好，读者"果尔自珍日新，兹译非虚营；使不自珍，不为奋新而徒知宫居之逸，粒食之甘……"，则"兹译虚营"！（《轻世金书·序》，页 2a–2b）然而《轻世金书》的译体独沽一味，阳玛诺的文字古奥艰深，从本章以上所引，我们确实也已充分感受到这一点。阳玛诺所用的谟诰体，史上诟病者确不乏人，但似乎仍未令人望之兴叹，裹足不前。《轻世金书》中译之后，意义已不仅限于自欧徂华的耶稣会士，而是遍及中国教徒，所以从明末到清末，甚至迤逦到了民初，阳译本一再重刻，总数在二十五种以上，几乎超越了利玛窦脍炙人口的《交友论》。白话文在清末兴起之前，《轻世金书》在天主教译史上因此可谓秀出班行，一枝独秀。光绪年间，王保禄在《轻世金书直解》的序言中就曾说过："[今]虽有[新译]《遵主圣范》，而人多以能读《轻世金书》为

快，求为讲解者甚伙！"（《直解》，页 1a–1b）

王保禄看得确是，但是明末以来，求为《轻世金书》讲解者，并非始自他生活其间的清末民初。由于文字晦涩、词汇古奥，朱宗元在崇祯末年或顺治年间其实便已著有《轻世金书直解》一书[1]，或以白话直接阐述大意，和王保禄所著同名。不过朱解如今已佚，欲得其详，恐非易事。虽然如此，因为阳玛诺迄 1659 年方才辞世，而时序此刻业已进入顺治年间。我想阳氏除了翻译期间应为朱宗元详说内涵外，可能也在译事竣工后又尝为之补充说明，更有可能从有明一说就说到了清初。《轻世金书直解》中的"直解"一词，史上始于宋代[2]，但以张居正（1525—1582）的《四书直解》或《书经直解》所用者声名最著。这两部张著，俱为万历经筵的日讲读本，阳玛诺的《圣经直解》命题，或因二书乃多数耶稣会士习《四书》与《尚书》的入门砖使然[3]。阳玛诺和朱宗元关系既密，朱氏又曾与闻《轻世金书》的译事，则《轻世金书直解》大有可能也因《圣经直解》而得名。总之，朱宗元在明清之际即为《轻世金书》作注，而从《四书直解》或《圣经直解》看来，其书必详，可能也是最近阳玛诺本人的翻译诠解。可惜朱本不传，我们印证无门。

朱宗元立下《轻世金书》的注释传统，乾隆年间另有前提赵圣修赓续其志，口述了《轻世金书口铎句解》，当也重在口语。不过此书才训解

---

[1] "崇祯年间撰"为陈垣在《明末清初教士译著现存目录》中的看法，陈氏亦且认为此时《轻世金书直解》还有"北京版"。陈氏之见，方豪曾引述于《自定稿》，2:1873。

[2] 例如（宋）汪革：《论语直解》，又如（宋）邵若愚：《道德真经直解》，再如（宋）朱弁：《尚书直解》等书。

[3] Liam Matthew Brockey, *Journey to the East: The Jesuit Mission to China, 1579—1724*, p. 266. 1616 年南京教案兴，从高一志（王丰肃）住处搜出来的藏书中，便有《四书直解》在内，可见此书与耶稣会渊源之深，见 Adrian Dudink, "The Inventories of the Jesuit House at Nanking Made Up during the Persecution of 1616—1617 (Shen Que, *Nangong shudu*, 1620)," in Federico Masini, ed., *Western Humanistic Culture Presented to China by Jesuit Missionaries (XVII–XVIII Centuries): Proceedings of the Conference Held in Rome, October 25–27, 1993* (Rome: Institutum Historicum S.I., 1996), p. 143。

到第三卷，功尚未竟，而赵氏业已因病而遽归道山。注解上所余的一卷，幸有蒋友仁为之续成。可惜书仍未刻，稿本现藏上海图书馆徐家汇藏书楼，徐宗泽的《明清间耶稣会士译著提要》虽未见收，但杜鼎克倒曾再睹，分有残本及完本二种。我循其目录，有幸在徐家汇藏书楼亦得一阅[1]。前及费赖之认为足本《轻世金书》的刻本首见于1757年，方豪斥为舛误。他据徐家汇藏书楼抄本上赵、蒋二氏及某李若翰者的序言，查得所谓1757年刻本实则未刻，乃《轻世金书口铎句解》之误，费赖之在徐家汇藏书楼不是看走了眼，就是笔记滟漫了（《自定稿》，2:1872—1873）。方豪之见，就我读到的《轻世金书口铎句解》，我甚以为是。

《轻世金书》的注疏本中，今天最易觅得的刻本乃章前我曾数度征引的吕若翰著《轻世金书便览》。吕氏亦为天主教士，乃广东顺德人，名翰，字若屏，而"若翰"者，教名也。吕氏"每见童儿辈展卷茫然"，读《轻世金书》"无从领会"，因在"同志大加参订，集思广益"下，"注而释之"，终于道光戊申年（1848）成《轻世金书便览》（《跋》，页5a—5b）。此书详明切实，陈垣认为所师法者乃康熙御定《日讲书经解义》的体例，故而有"注"，有"疏"，也有"讲"（《陈垣》，2:495）。吕氏既为天主教士，所著从中译的字义到天主教义的申论，几乎便无所不"讲"，无所不包了。对了解《轻世金书》，其功甚大。和吕氏共订《轻世金书便览》的"同志"是谁，我们仍无所知，但以书中对天主教义的说明之精，对阳本字义的解释之贴近耿稗思与格兰纳达，这群"同志"中应有深谙欧语原本或源本者。

民国以前最后一位为《轻世金书》作注者乃前述王保禄，另名君山，不过所著《轻世金书直解》书首未署名，仅著"圣味增爵会士"一

---

[1] 杜鼎克的编号为 SH 396/ZKW 410，以及 SH 478/ZKW 410，见 Adrian Dudink, "The Chinese Christian Texts in Zikawei 徐家汇 Collection in Shanghai: A Preliminary and Partial List," *Sino-Western Cultural Relations Journal* 33 (2011), pp. 26–27 and 31。

衔。"王保禄"一名系陈垣考得（《陈垣》，2:499），而王君山一称则系方豪查出（《自定稿》，2:1874—1875）。"圣味增爵会"又称"拉匝禄会"（Lazarites/Lazarists），其实也是"遣使会"（Congregation of the Mission）的化身，乃圣文生（Vincent de Paul, 1580—1660）于17世纪创立。王保禄曾留法读书，我们可以确定他兼通拉丁文，对欧洲其时通行的《轻世金书》的版本也有某种程度的了解。王氏撰《轻世金书直解》之前，尝据格兰纳达本以外的《轻世金书》书名而如前所述，在同治年间译有《遵主圣范》一书，以"浅文"出之，方豪称之"力求通俗"（《自定稿》，2:1874）[1]。周作人在民国成立后购得，读之欣喜异常，乃撰读后感[2]。但是据方豪解释，王保禄有复古倾向，不喜欢自己的新译，反而倾心于阳玛诺的旧译（《自定稿》，2:1875）。他屡屡为人解释《轻世金书》，"然少长难齐，时地亦异，念夫重讲复说而终难遍及也"，故此方思"略为批注成书，以便于众"。王氏似乎也看过"南来之注本"——亦即从南方传到北京去的吕若翰的《轻世金书便览》——"颇觉其繁"，因此效坊间《庄子》注释本《南华发覆》，在北京西什库北堂（救世堂）另著《轻世金书直解》。王书以原文大字、夹注小字的方式镂版，其后又将注释与疏串之文和本文"连贯，读为一句"（《直解》，页1a-2a），以收一目了然之效，兼而又有白话风味，果然"力求通俗"。

吊诡的是王保禄说《轻世金书直解》，他"非为初学之辈，乃为略通文义者"而注，"故于寻常字句未加音义注释"（《直解》，页2a）。在该书《志语》一栏，王氏又称阳玛诺的原文时而费解，而他每在所著"略为陈说西文是何意"（《直解》，页3a）。所以《轻世金书直解》是我们在赵圣修与蒋友仁的《轻世金书口铎句解》外，确定注本至少和当世拉丁文

---

[1] （清）王保禄：《遵主圣范》（1874；北京：救世堂，1912）。

[2] 此即章前我曾引到的周作人：《〈遵主圣范〉》，页200-203。

本参证过的专著。中国人之中，当为首发之作。王保禄看过阳译的新旧版，其间的讹误，他只要确定得了，也会"随处为之更正"（《直解》，页3b-4a)，所以《轻世金书直解》中的阳译原本，应该也是民国以前最为正确的"勘定本"。阳玛诺译得"虽有艰深处，然通体率皆简古大雅，意味深长"，所以王保禄不惧人以——他客气了——"点金成铁"罪之，毅然为《轻世金书》作注（《直解》，页4b)，而且注来诚惶诚恐，心思之细腻常在旧注之上。王注《轻世金书直解》初刊于光绪三十三年（1907），上距朱宗元的同名注本至少已阅三百年以上，可见从明末到清末，阳译《轻世金书》隽永依然，读者不乏其人。

　　阳玛诺当年中译《圣经》的礼仪年读本，在所本巴拉达（Sebastian Barradas, S.J., 1542—1615）的《福音史义笺注》（*Commentaria in Concordiam et Historiam Evangelicam*）之外[1]，还必须"祖述旧闻"，为之增注加疏，"著为直解"，故而名其所译为《圣经直解》（《三编》，6:2954）。四年后阳玛诺再译《轻世金书》，他未曾思及训诂，最后却仍得劳人注疏。我们从翻译史的角度话说回来，天主教在中国晚明的翻译传统确强，然而除了汤若望与王征（1571—1644）共译的《崇一堂日记随笔》附有文末"评赞"之外[2]，文学文本之兼而有坚强的注疏传统者——若可不计《圣经》——则明末八十年，几唯《轻世金书》而已，视之为明末诸译最得后世注家青睐的第一书，并不为过[3]。对中国基督徒而言，耿稗思、格

---

[1]　另请参见 Nicolas Standaert, ed., *Handbook of Christianity in China*, p. 623，以及 Nicolas Standaert 另著 "The Bible in Early Seventeenth-Century China," in Irene Eber, et al., eds., *Bible in Modern China: The Literary and Intellectual Impact* (Sankt Augustin: Institut Monumenta Serica, 1999), pp. 44–45n42；或陈占山：《葡籍耶稣会士阳玛诺在华事迹述考》，《文化杂志》第 38 期（1999 年春季），页 92。

[2]　参见本书第四章。

[3]　当然，如果不以文学，也不以翻译为限，后代白话或所谓官话版的明末耶稣会著作也有一些，利玛窦的《天主实义》与庞迪我的《七克》是两个例子。前者见利玛窦（原著），刘顺德（译注）：《天主实义》（台中：光启出版社，1966），后者见佚名：《七克真训》（1857 序；上海：土山湾慈母堂，1904；香港：纳匝肋静院，1925 重印）。

兰纳达与阳玛诺共同所开的这付"瘳心之药",因此意义重大。他们三人合力所制的这帖"灵病之神剂",几乎可比《圣经》的传统,甚至超越了阳玛诺自己的《圣经直解》这个同具规模的翻译大业,层楼更上。

第十章
结论：
明末翻译与清末文学新知的建构

旧教与新教

1664 年左右，汤若望（Johann Adam Schall von Bell, 1592—1666）的弟子李祖白（？—1665）著《天学传概》，驳斥前此杨光先（1597—1669）《辟邪论》中反教的言论。《天学传概》书末论及利玛窦以来天主教在华的贡献，称之"翻译"最著，不但宾至忘返，中华群贤抑且共襄盛举，乐于"协佐同文，抑首翻译，川至日升，殆无穷竟"，以故誉之为中华史上一大"盛事"也。本书所谈诸译，都是李祖白《天学传概》所称的"教学攸关"之作（郑编，4:34）；从文学的角度看，也就是"宗教文学"之属。下文中，我拟就迄今我仍乏机会详谈的几个重要的问题稍做说明，试为本书作结。

明末耶稣会士的翻译，常有人质疑其后世的影响力，有人甚至认为比起基督新教的活动，他们如果不是策略错误，把心力过度放在中国士人圈内与宫廷之中，就是言不及义，连中译《圣经》这种要事——即使聪慧敏捷如利玛窦者——都未暇一顾或根本就故意延宕，悬置不顾[1]。逮至清末，有鉴于新教牧师的著作中不时出现天主教士横加阻挠的记

---

[1]　这种观察的近例见 R. Po-chia Hsia（夏伯嘉），"The Catholic Mission and Translations in China,

载，基督宗教里的新、旧两大传统，学界遂以为龃龉日深。伦敦传道会（London Missionary Society）出身的马礼逊（Robert Morrison, 1782—1834），乃新教最早来华的传教士。以他的回忆录为例，即详载在广州学习中文或在澳门中译《圣经》时，屡屡有天主教士从中作梗，甚至曾"报将官去，限期离境"，令他和助手米怜颇感为难[1]。其时澳门所谓"天主教士"，当然以明末即已入华的耶稣会士为主。

平心而论，清末基督信仰的新、旧二宗确有不合。新教和旧教一样，也喜欢为中国人重说世界，早期所办的杂志《遐迩贯珍》的创刊号（1853 年 8 月）上有诗《题词》，乃某"保定章东耘"所写，最后两句为"坤舆夸绝异，空负著书名"，便在讥讽旧教著书虽多，却难以像新教创办印数可观的杂志，也没能"一气联中外，同文睹治平"[2]。《遐迩贯珍》来年第 10 号上，又有《西方四教流传中国论》，其中虽未丑诋天主教等其他三教，却也明文写道："若夫诚实无二，规于至正者，当推耶稣之教

1583—1700," in Peter Burke and R. Po-chia Hsia, eds., *Cultural Translation in Early Modern Europe* (Cambridge: Cambridge University Press, 2007), p. 41 ; Marshall Broomhall, *The Bible in China* (London: British and Foreign Bible Society, 1934), pp. 40—41。早期之见，见 Robet Morrison's letter to the British and Foreign Bible Society (June 8, 1816), in *The Thirteenth Report of the British and Foreign Bible Society* (London: Tilling and Hughes, 1817), p. 15。夏伯嘉另一遗憾之处是小看了明代耶稣会士译介的欧洲古典遗泽，尤其忽略了诸如高一志等人在《达道纪言》《励学古言》与《二十五言》等译作上所花费的心血。讨论明末耶稣会士与西洋古典传统的关系的著作日益增多，例如《晚明》，页 23—398 ；以及 Margherita Redaelli, *Il mappamondo con la Cina al centro: Fonti antiche e mediazione culturale nell'opera di Matteo Ricci S.J.* (Pisa: Edizioni ETS, 2007)，以及 Sher-shiueh Li and Thierry Meynard, *Jesuit Chreia in Late Ming China: Two Studies with an Annotated Translation of Alfonso Vagnone's "Illustrations of the Grand Dao"* (Bern: Peter Lang, 2014) 等书。

[1] Eliza Morrison, comp., *Memoirs of the Life and Labours of Robert Morrison*, 2 vols (London: Longman, Orme, Brown, Green, and Longmans, 1839), 1:392–393; cf. Marshall Broomhall, *The Bible in China*, p. 154. 另见陈惠荣:《中文圣经翻译小史》（香港: 中文圣经新译会,1986），页 11 ；并请参较孙尚扬:《马礼逊时代在华天主教与新教之关系管窥》,《道风: 基督教文化评论》第 27 期（2007 年秋），页 31–49。

[2] （清）章东耘:《题词》，见《贯珍》第 1 号（1853 年 8 月），页 [1b]。上引句的下方，章氏说明道:"按西洋南怀仁有《坤舆外纪》入《四库全书》。"南怀仁所著之名系《坤舆图》，章东耘笔误了，参见沈国威:《〈遐尔贯珍〉解题》，在《贯珍》，页 96。

为宗，尤非他教之可比。"(《贯珍》，页608）所谓"耶稣之教"，在清末的语境中，殆指基督"新教"而言，是故文中之褒贬不言而喻。尽管如此，学界所谓"龃龉"或"不合"，其实仅能就表面的教争言之，若论两教在文化上的传承，则他们毕竟系出同源，有共同的文化背景。清初官方刊印的《京报》，耶稣会士曾据其内容"翻译中国"。类此做法，新教莅华亦曾法式，节译转抄层出不穷[1]。马礼逊初临广州，还读过天主教士写的十诫诠解，读过他们编印的教义问答，而他个人由欧洲携来或在华取得的拉丁文中文字典，主要仍为法国天主教人士所编[2]。罗明坚、利玛窦早期在华布道的努力，马礼逊和米怜同样深有所悉[3]；中译《神天圣书》，马礼逊在广州甚至也应参考过贺清泰约1803年译毕于北京的《四福音书》[4]。清初的白晋（Joachim Bouvet, 1656—1730）、马若瑟好以象征论（figurism）的托喻手法诠释先秦经典；李提摩太（Timothy Richard, 1845—1919）晚了近两百年来毕，但以同样的手法翻译、解释明人的《西游记》，而且认为这是一本由基督徒写出来的天界行，宛如《天路历程》一般。李氏继承者，当然是天主教的象征论或索隐派[5]。

---

[1] 参见尹文涓:《耶稣会士与新教传教士对〈京报〉的节译》，《世界宗教研究》第2期（2005），页71-82。

[2] 我指的是德金（Chrétien-Louis-Joseph de Guignes, 1759—1845）的《汉法拉丁语字典》（*Dictionnaire chinois, français et latin, le Vocabulaire Chinois Latin*）。不过德金之书成书复杂，其底本应为17世纪方济各会士叶尊孝（Basilio Brollo, 1648—1704）在南京编的一本拉丁文字典。后者的手稿尚庋藏于梵蒂冈教廷图书馆。以上见马西尼（Federico Masini）（著）、钱志衣（译）:《十七、十八世纪西方传教士编撰的汉语字典》，见卓新平（主编）:《相遇与对话——明末清初中西文化交流国际学术研讨会文集》（北京：宗教文化出版社，2003），页334-347。

[3] Eliza Morrison, comp., *Memoirs of the Life and Labours of Robert Morrison*, 1:193-194; also see William Milne, *A Retrospect of the First Ten Years of the Protestant Mission to China* (Malacca: The Anglo-Chinese Press, 1820), pp. 69-70.

[4] Morrison's letter to the British and Foreign Bible Society (June 8, 1816), in *The Thirteenth Report of the British and Foreign Bible Society*, p. 15.

[5] Cf, John T. P. Lai, "Translating Buddhism: Timothy Richard's Christian Interpretation of *The Journey to the West*," *Cowrie: A Journal of Comparative Literature and Culture* 2 (2014), pp. 126-154.

倘缩小范围由译事再看，则新、旧两教彼此或曾"竞争"，但"合作"的比例绝对大得多，密切的程度尤像天主教几无异议便继承了唐代景教在华留下来的一切。我们且不谈清初或清中叶耶稣会士中译的《圣经》：在明末，阳玛诺早已刊有《圣经直解》一书，以系统方式翻译了部分的《福音书》，而且有注有疏，示范了极佳的文艺复兴解经学，容不得我们视若无睹；而新、旧两教的正式联系，其实便始自《圣经》的译事，因为论者皆知马礼逊的《神天圣书》和马殊曼（Joshua Marshman, 1768—1837）、拉撒（Joannes Lassar, 1741—?）合译的《圣经》最重要的中文底本，都是所谓"巴设译本"，也就是天主教外方传教会士白日升（Jean Basset, c. 1662—1707）在17、18世纪之交完成的《四史攸编》（1700?）[1]。所以基督新教虽有其独立的一面，大体而言，依旧继承了旧教开启的译事大业。就实质言之，两教在华果然分家，那是后来的事。

新、旧两教这类承袭，《几何原本》后七卷的续译最称著名，而两教共同承认的至高神的"圣号"（Tetragrammaton）的中译，则是另一个开端。潘凤娟尝撰一文，从理雅各（James Legge, 1815—1897）译《孝经》的经过考述原委，研究欧洲系统的新教何以将至高神"陡斯"（Deus）中译为"上帝"。此一名词原本出自《易经》《诗经》与《书经》[2]，利玛窦以来就频见使用，天主教的主流派一直用到1628年的嘉定会议方歇。在此之前，骆入禄（Jérôme Rodriguez, 1567—1628）奉命担任耶稣会远东区巡阅司铎，有鉴于"陡斯"的中译纷乱，于是命高一志、卫匡国（Martino Martini, 1614—1661）、金尼阁与龙华民等十一位耶稣会士群集

---

[1]　有关白日升、"巴设译本"与《神天圣书》和马殊曼、拉撒译本的关系见 Jost Oliver Zetzsche, *The Bible in China: The History of the Union Version or the Culmination of Protestant Missionary Bible Translation in China* (Sankt Augustin: Institute Monumenta Serica, 1999), pp. 25–58。另见赵晓阳：《二马圣经译本与白日升译本关系考辨》，《近代史研究》第4期（2009），页41–59；以及马敏：《马希曼、拉沙与早期的〈圣经〉中译》，《历史研究》第4期（1998），页45–55、另见页462注[1]。

[2]　参阅李申：《上帝——儒教的至上神》（台北：东大图书公司，2004），页1–30。

嘉定，共议定译。但会士看法分歧，莫衷一是，最后乃由中日两区巡阅司铎帕尔梅罗（André Palmeiro, 1569—1635）亲自定调，禁用"上帝"。高一志虽也拥护"上帝"，但"天主"一词使用已久，他同表支持，终于使之出线。到了1707年，教廷明令再颁，唯"天主"是从。1716年之前，教敕早已遍传北京[1]。

尽管如此，在天主教圈内，"上帝"一词并未因此见弃，嘉定会议之后反因仪礼之争而致呼声日大。会议当时，金尼阁因古经已有"上帝"一词，从而力主就地连类，以为"陡斯"的中文译法。主张未成，他在1628年愤而自裁，造下天主教在华因翻译问题导致的首宗悲剧[2]。时序入清，耶稣会士大致已满口"天主"，唯法国来的索隐派会士因研究上得钩稽古经，所以仍然袭用"上帝"，白晋及其高徒马若瑟便是代表，马氏尤其值得注意。中国教徒中参与仪礼之争者不少，编有《天学集解》的刘凝（1620—1725）亦为要角，而他和马若瑟实则谊在师友间。另一派人士所随乃南欧来华的耶稣会士，例如朱宗元即由葡籍的阳玛诺付洗，又因博学而善于属文，时常身任阳氏的翻译助手。他们都从帕尔梅罗令，以"天主"称"陡斯"。尽管如此，在仪礼之争的场合，这派人士也不得不检索古籍，抬出"天""上帝"或"帝"，证明天主教要早于中国先秦即已可见。朱宗元有应试文《郊社之礼所以事上帝也》传世，方豪谓之

[1]　Ray R. Noll, ed., *100 Roman Documents Concerning the Chinese Rites Controversy, 1645—1941*, trans. Donald F. St. Sure, S.J. (San Francisco: The Ricci Institute for Chinese-Western Cultural History, 1992), pp. ix, xi–xii, 8–24, and 47–62；（清）高龙鞶（Aug. M. Colombel, S.J.）（著），周士良（译）：《江南传教史》（*Histoire de la Mission du Kiang-nan*），第 1 册（新庄：辅仁大学出版社，2009），页 237–240。另参较罗光：《教廷与中国使节史》（台北：传记文学出版社，1983），页 136；中国第一历史档案馆（编）：《清中前期西洋天主教在华活动档案史料》，4 册（北京：中华书局，2003），1:47–49，以及陈垣（编）：《康熙与罗马使节关系文书》，在《康熙与罗马使节关系文书／乾隆英使觐见记》（台北：台湾学生书局，1986），页 75 及 88–96。

[2]　Liam Matthew Brockey, *Journey to the East: The Jesuit Mission to China, 1579—1724* (Cambridge: Harvard University Press, 2007), p. 87.

"引儒入天"（《人物传》，2:97），而理雅各便因此文而神交于早他三百年出世的朱宗元[1]。

　　1850 年前后，理雅各和文惠廉（William Jones Boone, 1811—1864）在裨治文（Elijah Coleman Bridgman, 1801—1861）创办的《中国丛报》（*The Chinese Repository*）上论战，为基督宗教的至高神（*Elohim/Theos*）应译为"上帝"还是"神"而大展辩舌[2]，复制或延伸了明季嘉定会议因"天主"及"上帝"产生的争执。潘凤娟的研究继而指出，理雅各英译《孝经》，不但参考过韩国英（Pierre Martial Cibot, 1727—1780）的法文译本，也因此而得悉卫方济（François Noël, 1651—1729）的拉丁文译本，从而比较优劣，为己译定位。翻译基本上是文字活动，我们在此又可见新、旧二教汇合为一。更重要的是，理雅各回应文惠廉的挑战或在英译《孝经》时，俱以"上帝"中译基督宗教王国的至高神，重新走回利玛窦、金尼阁与马若瑟等人的老路。他的理据或因英华书院华人神学家何进善（1817—1871）的启发而形成[3]，但更具关键的是受到前述朱宗元的科考时文影响，新教《圣经》其后因有上帝版与神版之分。朱氏的文题出自《中庸》，朱熹以为"郊，祀天。社，祭地。不言后土者，省文也"。（朱注，页 38）但是在天主教潜在的索隐传统里，这"省文"二字俱属夸饰，利玛窦在《天主实义》里说得好："吾天主乃古经书所称上帝也。《中庸》引孔子曰'郊社之礼以事上帝也'。朱注曰：'不言后土者，省文也'。

────────────

[1] 见潘凤娟：《郊社之礼，所以事上帝也——理雅各与比较宗教脉络中的〈孝经〉翻译》，《汉语基督教学术论评》第 12 期（2011 年 12 月），页 129–158。朱宗元 1648 年的《郊社之礼所以事上帝也》的抄本，见《徐汇续》，4:381–406。

[2] 理雅各与文惠廉两人争辩所在的《中国论丛》之外，还有当时一纸风行的《万国公报》，相关之原始文献，参阅李炽昌（主编）：《圣号论衡：晚清〈万国公报〉基督教"圣号论争"文献汇编》（上海：上海古籍出版社，2000）一书。

[3] Lauren Pfister, "A Transmitter But Not a Creator: Ho Tsun-sheen (1817—1871), the First Modern Chinese Protestant Theologian," in Irene Eber, et al., eds., *Bible in Modern China: The Literary and Intellectual Impact*, pp. 179–182.

窃意仲尼明一之以不可为二，何独省文乎？"（李辑，1:415）朱宗元的举业时文所循，正是《天主实义》中利玛窦之见，因此开篇便道："帝不有二，则郊社之专言帝者，非省文也。"（《徐汇续》，4:385）[1]

晚明天主教史上，罗明坚入华最早，1584 年著《新编天竺国天主实录》（亦称《天主实录》），尝从拉丁文译"陡斯"为"了无私"（《耶档馆》，1:11），音义兼具，颇见功力，足与当时从西班牙文出的另译"僚氏"或"獠氏"（Dios）抗撷[2]。然而罗明坚及其后在华的耶稣会士，大多仍主张古经中的"上帝"即天主教的"陡斯"，罗氏甚至兼采"天主"一词，所著书题早已如此明示。在清代仪礼之争白热化之前，此中唱"天主"之反调者，几唯龙华民一人而已。其后另有贺清泰在乾嘉两朝假《古新圣经》所大量使用者，而且贺氏还编造新词如"乐园"等等，后世译经或编造字典，遵循者不乏其人[3]。龙华民继利玛窦而为中国耶稣会的掌舵者，却不愿奉行利氏立下的适应政策。嘉定会议上，他主张音译"陡斯"，连"圣神"（Spiritus）也要改称"斯彼利多三多"[4]，而"圣父"则称"罢德肋"（Pater），"圣子"则为"费略"（Filius）。如此译事策略，颇似玄奘"五不翻"里的"此无故"，也带有一点"秘密故"的味

---

[1] 见潘凤娟：《郊社之礼，所以事上帝也——理雅各与比较宗教脉络中的〈孝经〉翻译》，页 140。

[2] 参见古伟瀛：《430 年前，天主的另一名称》，刊于《天主教周报》第 7 版全国新闻（2013 年 1 月 20 日）。另见古著《啼声初试：重读罗明坚的教会辞汇》，见姚京明、郝雨凡（编）：《罗明坚〈中国图集〉学术研讨会论文集》（澳门：澳门特别行政区政府文化局，2014），页 244–250。

[3] 例子见（清）贺清泰（译注），李奭学、郑海娟（主编）：《古新圣经残稿》，9 册（北京：中华书局，2014），1:9、12、14 等，或见《徐汇续》，28:25, 29, 33。另参见 Robert Morrison, *A Dictionary of the Chinese Language*, 6 vols (Macao: East India Company's Press, 1822), 6:309。

[4] 高龙鞶（著），周士良（译）：《江南传教史》，第 1 册，页 238。不过此一译本里，译者却用"得乌"与"西必利多"二音对译"陡斯"与"圣神"，和明末语境不合。利玛窦与龙华民二家之争的相关讨论见 Seán Golden, "'God's Real Name is God': The Matteo Ricci-Niccolo Longobardi Debate on Theological Terminology as a Case Study in Intersemiotic Sophistication," *The Translator* vol. 15 no. 2 (2009), pp. 375–400；以及 Sangkeun Kim, *Strange Names of God: The Missionary Translation of the Divine Name and the Chinese Response to Matteo Ricci's Shangti in Late Ming China, 1583—1644* (New York: Peter Lang, 2004), pp. 177–180。

道[1]，反映出龙氏以为这些都是新词而且独一无二，中国传统付之阙如，不应盲从旧典而以连类的方式出之。嘉定会议召开之际，龙华民在华传教已四十六载，对中华文化的认识不亚于利玛窦，自有其个人的体会。从龙华民的翻译观看，他显然否认从古迄当世，中国人有类似犹太基督宗教（Judeo-Christian）的一神观（monotheism），而这点终于驱使他在1700年前后，借由法译者之手写出《论中国宗教的几个问题》（*Traité sur quelques points de la religion des Chinois*, 1701），彻底否认了中国礼俗合乎天主教理的耶稣会传统之见[2]。

龙华民的看法后为索邦巴黎大学的神学家所据，而1704年，罗马教廷乃因之推翻了利玛窦的布道法，否认中国礼仪可与天主教理并行不悖。龙华民尽览中国群籍，就是看不到天主教神学特重的"属灵"的一面，而如是看法，当然犯了此后耶稣会不论隐性还是显性的索隐派大将的忌讳，柏应理（Philippe Couplet, 1623—1693）与马若瑟即曾侧面迎战，撰文力主中国上古所奉为一神论，在欧洲抑且引起某种程度的回响[3]。龙作面世后不久，莱布尼茨（Gottfried Wilhelm Leibniz, 1646—1716）且撰文驳斥，但反耶稣会的天主教界仍然依恃无恐。尤具意义的是，随后即使是基督新教都高举龙氏这面大纛，在19世纪挥军东向中国，向明清耶稣会的遗绪及其后入华的天主教士宣战[4]。

---

[1] 见（宋）周敦义：《翻译名义序》，见《大正藏》，54:1055。

[2] Nicolas Longobardi, *Traité sur quelques points de la religion des Chinois* (Paris: Pierre Palpant, 2013), esp. pp. 10–19.

[3] Cf. Nicholas Dew, *Orientalism in Louis XIV's France* (Oxford: Oxford University Press, 2009), pp. 205–223; also see Joseph-Henri-Marie de Prémare, *Lettre inédite du P. Prémare sur le monothéisme des chinois* (Paris: Benjamin Duprat, 1861).

[4] 上面有关《论中国宗教的几个问题》及龙华民的反面影响，我颇得益于潘凤娟：《无神论乎？自然神学乎？——中国礼仪之争期间龙华民与莱布尼茨对中国哲学的诠释与再诠释》，《道风：基督教文化评论》第27期（2007年秋季号），页51–77；以及李文潮：《龙华民及其〈论中国宗教的几个问题〉》，《汉语基督教学术论评》第1期（2006年6月），页159–184。

天主教时而以"神"中译后人所称的"灵魂"（anima），金尼阁在1623 年前翻译《况义》（《法国图》，4:312），便如此出之。入清以后，赖蒙笃（Raimundo del Valle, 1613—1653）还有《形神实义》（1637），赓续其说（《法国图》，3:1–400）。在此前后，与"神"字并行不悖的，首先是罗明坚《天主圣教实录》的"魂灵"一词（《耶档馆》，1:35–60），其后是利玛窦颠倒此词而或在 1594 年版《天主实义》上所用的"灵魂"与"灵神""灵才""灵觉""灵性"等词（李辑，1:379–490），其后才是1624 年毕方济译亚里士多德《灵言蠡勺》（De anima）的高因伯集注本所用者。希腊文与拉丁文"亚尼玛"的对等词，毕氏一时觅之无门，遂取利玛窦之旧说而译之以"灵性"与"灵魂"二词[1]。在道教以外的中国文化中，前此亦见"灵魂"并用，但为数甚少。"亚尼玛"之说，迄 1637年艾儒略译《圣梦歌》，都还含糊其辞，若非译之以"魂"，就是称之为"灵"，莫衷一是。天主教使用"灵魂"一词，大致一统于利玛窦的《天主实义》[2]，但今天我们朗朗上口，说来全拜龙华民的《灵魂道体说》之赐。此书成书的正确时间难考，或在 1636 年，或可推迟而到了明清易帜之际。龙氏迎合毕方济的看法，也以为中国人缺乏完整的"亚尼玛"观念，是以和利玛窦一样，在道经中觅得"灵"与"魂"二字，尤其觅得二字合一的"灵魂"后，便权借之以中译"亚尼玛"（《法国图》，2:349–353）。入清后康熙本人所写，或乾隆迄嘉庆朝的《古新圣经》之中，也就

---

[1] （明）毕方济：《灵言蠡勺·引》，见李辑，2:1127。另参见李知沅：《现代汉语外来词研究》（台北：文鹤出版公司，2004），页 37。另见实藤惠秀：《日本語と中国語》，在中国語学研究会（编）：『中国語学事典』（東京：江南書院，1958），页 1040。《灵言蠡勺》译于 1624 年之说，我据《提要》，页 200。此外，亦请参考本书第八章。

[2] 龙华民（译）：《圣若撒法始末》可见略晚的"灵魂"一词，见《法国图》，15:221。唯今传龙译在 1645 年业经张赓润饰，不知 1602 年左右的原译是否也用"灵魂"二字。

满纸"灵魂"了[1]。自此中国人言及生命本质及其死后的出离,"灵魂"不胫而走,风行至今(另参见本书页 378 注释 [2]),连基督新教的各种《圣经》都不免沿袭,包括马礼逊的《神天圣书》在内(如创 35:18、路 8:55、约 19:30)。

回到新、旧教因至高神的圣号引起的争战。这一点,历史随即又证明为"明争暗合",理雅各不但借耶稣会私下仍沿用"上帝"一词的英译《孝经》,他还和耶稣会训练出来的朱宗元里应外合,隔代呼应。译名与圣号的问题,我还可举出许多,说明天主教和基督教难以二分。马礼逊编辑首部中英字典,解释上的所谓对等语,几乎都唯天主教的旧说马首是瞻。例如新教如今所谓的"天使"或"安琪儿"(angel),马氏固然别造了"神使"一词以说之,可是说得并不肯定,随即又指出"罗马那帮人称之为'天神',而中国的回民则称之为'仙'"。回民怎么说是一回事,马礼逊的引证却是《道藏》可见的《大洞经》[2]。他的说明让我们觉得关联最大的,当然是"罗马那帮人"(Romanists)的说法。马氏之前的"罗马那帮人",其实就是"罗马教会",而当时"罗马教会"在华最多的传教士当为耶稣会士。是的,从庞迪我以来的耶稣会或在华天主教每译"安琪儿"为"天神"(如《耶档馆》,2:198–200),而迟至 20 世纪 60 年代的思高本《圣经》,方才从新教而改称"天使"。有趣的是,光绪三十年(1904)美华书馆二刷《喻道要旨》(*Krummacher's Parables*),李提摩太在书中仍然沿用耶稣会的"天神"一译[3]。即使新教也认同的天主圣三(Holy Trinity)中的"圣灵"(Holy Spirit),马礼逊初译时仍同耶稣

---

[1] 例子见陈垣(编):《康熙与罗马使节关系文书》,在《康熙与罗马使节关系文书 / 乾隆英使觐见记》,页 36;另见《古新》,1:8–9;或见《徐汇续》,28:24。

[2] Robert Morrison, *A Dictionary of the Chinese Language*, 6:24. 马礼逊沿用耶稣会的旧译处,当然不止此例,他例之详情可见黄河清:《马礼逊辞典中的新词语》,『或问』第 15 号(2008),页 13–20。

[3] 例子见(清)李提摩太:《喻道要旨》(光绪二十年 [1894] 初版;上海:美华书馆重印,1904),页 7a、14a–b 与 22a。

会而称之为"圣神"或——这个说法耶稣会倒受到景教的影响——"圣风"[1]，更不用说我曾经讨论过的"圣人"（saint）等词（参见本书第六章第一节）。

即使不完全由翻译而得的名词，新教教士也不乏袭裘耶稣会所用者。利玛窦以来，"天无二日，民无二主"等出自中国旧典之词，郭实猎的《正道之论》就曾辗转传抄[2]。利氏以降，"实学"一词风行中国。在天主教会中，此词每指"天主实学"（God's Truth），为"天学"的同义词，阳玛诺译耿稗思的《轻世金书》，首卷便有专章训之（《金书》，1:1b和1:2b–4a），而我在约莫二百五十年后郭实猎的小说《悔罪之大略》第一卷里，也看到类似的用法。郭氏乃清末新教极重要的小说家之一，十分清楚小说在传教上的意义与功能，一生编有六十一种中文书刊，而上举所著略谓某人走遍天下，拟寻访天主正道，不意这"实学却在咫尺之间，几乎失了"[3]。如此使用"实学"，就算郭氏不曾读过晚明的《轻世金书》，必然也深谙耶稣会其他著译。如此使用的"实学"，郭氏署名"爱汉者"的另一小说《赎罪之道传》的序言中，同样可见[4]。

新旧两教的暗合，我们如其仍然有疑，我或可举《悔罪之大略》为之再证。此书系郭实猎比较有趣的小说之一，写某人入梦，梦见人间"乐岛"，一派仙境。郭氏秉笔细写其景曰："……芬芬其风，其山菀菀，其林蓁蓁，其壑窈然而鲜。"（1:2a–2b）这几句话看似平实，郭氏实有

---

[1] Robert Morrison, *A Dictionary of the Chinese Language*, 6:212.（清）爱汉者（郭实猎）:《序》，见所纂:《赎罪之道传》（新加坡：坚夏书院，道光丙申年 [1836]），页 3a 等处亦见"圣神"一词。此外，后书第一回页 5a 也见同词，另亦可见"圣人"一语。郭实猎和明清耶稣会颇有渊源，下文会再论及。

[2] 郭氏稍改之，作"天无二日，民无二王"，见爱汉者（纂）:《正道之论》（澳大利亚国家图书馆藏清刻本），页 2a。参见利玛窦:《天主实义》，在李辑，1:365 与 398，以及（明）王家植:《畸人十篇·小引》，在李辑，1:112。不过此语实出自《礼记·曾子问》:"孔子曰:'天无二日，土无二王。尝禘、郊、社、尊无二上。'"见阮刻，2:1392；另见张星曜:《天儒同异考》，载在《法国图》，8:446。

[3] 郭实猎:《悔罪之大略》（大英图书馆藏书，编号 [Chinese] 15116.d.29），卷 1，页 11a。

[4] 爱汉者:《序》，见所纂:《赎罪之道传》，页 3a。

"出典"，乃章前我一再提及的耶稣会士马若瑟。1709 年，马氏著《梦美土记》，以寓言笔法用小说托喻了他所相信的中国古经索隐学。小说中，主角进入美土圣地，所见是灵山胜境，盖其内"猗猗其华，芬芬其风"，而"其山菀菀，其林蓁蓁，其墼窈然而鲜荫"[1]。郭实猎叙写乐岛的文字，和马若瑟仅有"鲜荫"中的"荫"这"只字之差"。此一差异或为手民漏植所致，郭实猎实为搦管直抄。清末传教士小说中，《悔罪之大略》卓有胜义，是别出心裁的划时代之作，而其遣词用字犹受天主教的影响，适可证明基督宗教的新、旧两宗阳违阴奉，文化上有其在华的传承。

马若瑟的《梦美土记》未见刊本，两百年后的郭实猎何以能够一睹，还可以挪用内文，说来令人不解。他或许曾像马礼逊有其特殊管道，得以一窥耶稣会先贤的著作。不过上引美土胜景乃马若瑟非常自豪的中文笔墨，尝重印于自己用拉丁文撰作的《汉语札记》之中（NLS, pp. 218-220），而此书马氏身前并未付梓，代之刊行者反而是对耶稣会颇有微词的马礼逊，刊行地也是马氏在马六甲一手创办的英华书院，时在 1831 年[2]。其时郭实猎已随阿美士德勋爵（Lord Amherst, 1773—1857）乘船出海，窥探中国东南沿岸，造下不少争端，史称"阿美士德号事件"。两年后，郭氏在广州开编《东西洋考每月统记传》[3]。如果没有其他机缘，郭氏可能便在这段时间内读到《汉语札记》，从而得悉形容美土胜景那一段话。

清末新教传教士小说家中，对天主教入华史了解最透彻者，郭实

---

[1] （清）马若瑟：《梦美土记》（法国国家图书馆藏王若翰抄本，编号 Chinois 4989），页 [2a-2b]。

[2] 这一段经过，参见 Knud Lundbæk, *Joseph de Prémare (1666—1736), S.J.: Chinese Philology and Figurism* (Aarhus: Aarhus University Press, 1991), pp. 178-179。Lundbæk 在同书页 179-200 又指出，后来为《汉语札记》承担英译工作者，也是新教牧师的裨雅各（James Granger Bridgman, 1820—1850），乃前及裨治文的堂弟，曾任《中国丛报》的编辑。

[3] 郭实猎的生平，可见于 Patrick Hanan, *Chinese Fiction of the Nineteenth and Early Twentieth Centuries* (New York: Columbia University Press, 2004), pp. 61-70；以及黄时鉴：《〈东西洋考每月统记传〉影印本导言》，见《统记传》，页 10-15。

猎当居其一。《赎罪之道传》把时间背景架设在明末，故事中人不是太守，就是御史，都是官宦。郭实猎表现出相当惊人的历史知识，显示他深知晚明耶稣会晋接的人物为何。小说所述乃耶稣代人赎罪之道，故为情节少而论证多的教理小说，亦即故事的构设只为带出《圣经》——尤其是圣史——的内容而已，可谓西方文艺复兴时代以来典型"福音合辑"（harmonia evangelica）的文字再现，而且是易以中国章回小说的形式的再现，饶富意义[1]。如此笔法，就在华基督宗教整体的小说传统论之，《儒交信》应为总源，米怜的《张远两友相论》（1817—1819）赓续之，而春花再开便系郭实猎的《悔罪之大略》与《赎罪之道传》等书。后者处理的教理课题，涵盖益广，不但有西方基督宗教的说部罕见的性善论，暗示郭实猎深知明末耶稣会士在华面对的挑战为何，也包括明清之际仪礼之争所重视的"禋祠实学"——不过这点郭氏缩限争议，重点摆在中国祭天古礼中的牺牲并非基督所尚等问题之上。面对中国历史，"性善"或"祭礼"的争议无可避免是新教也得解决的文化难题，《赎罪之道传》借取明清耶稣会的用语——例如取自《论语·八佾》的"获罪于天"（朱注，页76）——想当然耳。郭实猎笔端所至，有时地狱"永苦"，甚至连"天主"这个只有部分华北新教教士才会从天主教而用之的名词也曾出现。就施约瑟（Samuel Isaac Joseph Schereschewsky, 1831—1906）而论，

---

[1] 以章回体证《圣经》之史或谈"天文"之"天"，1815 年创刊的《察世俗每月统记传》早已如此实践了，例子可见（清）博爱者（米怜）（纂）：《古今圣史纪》第一回，《察世俗每月统记传》第1卷（嘉庆二十年十一月），页 27a-28b；第二回，见第 2 卷（嘉庆二十一年二月），页 34a-38b；第三回，见第 2 卷（嘉庆二十一年三月），页 44a-50b；第四回，见第 2 卷（嘉庆二十一年六月），页 67a-70b；以及第五回，见第 2 卷（嘉庆二十一年七月），页 79a-83b；等等。谈"天"者，例子见博爱者（纂）：第一回—第五回，《察世俗每月统记传》第 2 卷（嘉庆二十一年八、九月合刊），页 3b-21b；第六回，见第 2 卷（嘉庆二十二年四月），页 127a-128b；等等。相关讨论见宋莉华：《传教士汉文小说研究》（上海：上海古籍出版社，2010），页 43-49。至于小说，例子更多，最近的研究见黎子鹏：《晚清基督教文学:〈正道启蒙〉（1864）的中国小说叙事特征》，《道风：基督教文化评论》第 35 期（2011 年 7 月），页 279-299。《正道启蒙》的作者为宾惠廉（William Chamber Burns, 1815—1868）。

"天主"还出现在所译《圣经》初版中[1]。

不论如何，至少在 19 世纪 40 年代前后，新、旧两教在翻译名词、文学语言与最高神的圣号上走得近，几乎相沿成习[2]。跳开这些语汇，从断裂的历史罅隙中，我们仍可窥见对中国新教小说家而言，两教合一乃理所当然之至。1895 年，傅兰雅（John Fryer, 1839—1928）主江南制造局翻译馆并创办《格致汇编》多年后，为启迪民心，帮助中国人戒除缠足、时文与鸦片，特在《万国公报》上举办小说有奖征文，几个月内就拢聚了约一百六十家投稿应征。其中有济南府"慕教"廪膳生李凤祺（生卒年不详）者，撰有尚待完成的长篇小说十四回，以虚构之笔大谈利

---

[1]　以上依序参见《赎罪之道传》卷 1 第三回页 6a–10a、卷 2 第九回页 3b、卷 1 第四回页 11b、卷 1 第六回页 16a–19a，以及卷 2 第十一回页 8b。祭礼的问题，艾约瑟其后又有专论，见所著《中西祀典异同略论》，《中西闻见录》第 16 号（1873 年 11 月），页 403–406。《圣经》中"天主"一词，见施约瑟（译）：《旧新约圣经》（台北：台湾圣经公会重印，2005），书前页"施约瑟主教翻译约翰福音三章十六节"。

[2]　除了"神""上帝"与"天主"之外，在 1840 年以前，新教在最高神的圣号上表现得颇为混乱，马礼逊的《神天圣书》书名中的"神天"就是旧教所称的"陡斯"，1826 年麦都思撰《神天十条圣诫注释》，也明白承袭马氏的译词；到了 19 世纪 30 年代郭实猎编《统记传》之时，他仍沿用马礼逊之译，但也用过"神天皇上帝"与"神天上帝"等词，见黄时鉴：《〈东西洋考每月统记传〉影印本导言》，在《统记传》，页 14。至于郭氏所撰之《赎罪之道传》中，则常见"皇上帝"独用，而其《正道之论》除了再效马礼逊的"神天"外，还用"神主"以译之者，如爱汉者（郭实猎）（纂）：《正道之论》，页 2b–3a 与 8b 等。此外，（清）高理文（裨治文）：《美理哥合省国志略》（新加坡：坚夏书院，1838），卷 19 页 52a 中也以"皇上帝"称陡斯。这几个圣号，其实都出自耶稣会，盖马若瑟在《儒交信》中偶尔亦称他的"陡斯"为"皇上帝"，是他另一用法"皇天上帝"的简称。以"神天"指"陡斯"，马礼逊有解释，但首用此一名号者，仍是马若瑟，而且他是从中国古经得来的灵感，《儒交信》中已言之凿凿，见郑焜，4:221 及 241–242。尽管如此，马若瑟的用法更可能出自白晋的《古今敬天鉴》，其中谓中国人的"天"是"非有形之天，乃超天地之上无形全能之神天，为造物之主宰，见《法国图》，26:179，另参阅 Knud Lundbæk, "Joseph de Prémare and the Name of God in China," in D. E. Mungello, ed., *The Chinese Rites Controversy: Its History and Meaning* (Sankt Augustin: Institut Monumenta Serica; San Francisco: The Ricci Institute for Chinese-Western Cultural History, 1994), pp. 129–145; and Eliza Morrison, comp., *Memoirs of the Life and Labours of Robert Morrison*, 1:201。和圣号相关的问题，另参较 Irene Eber, "The Interminable Term Question," in Irene Eber, et al., eds., *Bible in Modern China: The Literary and Intellectual Impact*, pp. 136–161。基督新教士沿袭旧教译词乃常态，傅兰雅为江南制造局翻译馆订定名词翻译原则时，就曾说过"前在中国之天主教师……所著之格致或工艺等书"中之译词，亦可延用之，见熊月之：《西学东渐与晚清社会》（上海：上海人民出版社，1994），页 528。郭实猎在小说中用到"皇上帝"，应受马若瑟《儒交信》影响所致。

玛窦入华传教的故事，而且就史实营塑利氏的合儒策略，不但劝化了李之藻等人入教，另又就基督信仰之为"真道"，像《儒交信》一样在故事中夹插故事，把孙悟空等通俗说部里的要角一并拉进小说之中，编派职务，讥讽儒林与佛道，诟病科考与时文，而这非唯是新旧教联手出击中国传统，实则也已别创出了某种历史与虚构人物共处的"神魔小说"，联想力尚称丰富。李凤祺此一或题为《无名小说》者，并未获颁时新小说奖，当时的评审团显然无法欣赏利玛窦外加孙悟空的荒谬剧，而李氏迄今亦无藉藉之名。然而他以一介新教信徒之身编造旧教的故事，又自中国说部巧取旧套，为之圆场，不啻关注到旧教早年和《西游》《封神》等类宗教典籍的周旋，而且在华提前关注到两教数百年来的嫌隙，自有其历史意义[1]。职是之故，"时新小说"就不仅是中国小说史上首见的有奖征文而已，抑且新意再具，小说史家应该铺扬其背后的贡献，将之搬上文学史的前台，不可小觑！

明末与清末的新旧两教，在布道修辞上也多所重叠[2]。明末我译为"证道故事"（exemplum）的天主教文类，新教教士在清末亦纷纷译有性质近似的"喻道故事"（parable），前彰后显。几位影响中国至巨的教士如北京同文馆的丁韪良（William Alexander Parsons Martin, 1827—1916）与前及上海广学会的李提摩太，在华都译有是类的故事集，颇似明末金尼阁中译伊索寓言为《况义》，或像高一志译介西方上古名王名将嘉言而

---

[1] （清）李凤祺：《无名小说》，见周欣平（编）：《清末时新小说集》，14 册（上海：上海古籍出版社，2010），8:173–281。有关傅兰雅的"时新小说奖"征文与评审活动详情，参见吴淳邦：《新发现的傅兰雅（John Fryer）征文小说〈梦治三癫小说〉》，在蔡忠道（编）：《第三届中国小说戏曲国际学术研讨会论文集》（台北：里仁书局，2008），页 177–192；袁进：《试论西方传教士对中文小说发展所作的贡献》，见蔡忠道（编）：《第三届中国小说戏曲国际学术研讨会论文集》，页 419–425；以及袁进：《中国小说的近代变革》（桂林：广西师范大学出版社，2009），页 62–84。

[2] 有关明末者，除《晚明》一书外，最近的讨论见邹振环：《晚明汉文西学经典：编译、诠释、流传与影响》（上海：复旦大学出版社，2011），页 117–143。

成其《励学古言》与《达道纪言》等书，为自己，也为整个在华天主教提供了不少可资证道的文学小品。事实上，不论是丁韪良的《喻道传》（1858）还是李提摩太译的《喻道要旨》，他们的书中都有部分故事和耶稣会所传者重叠。在布道方法上，丁韪良承认自己研究过利玛窦的生平，故走耶稣会路线向中国上层发展[1]。然而丁氏实则不只重"科学"以怀柔中国上层士人，他也懂得用"文学"陶冶中国中下阶层的民众。再说李提摩太：戴奥吉尼士（Diogenes of Sinope, 412 or 404—323 BCE）乃明末耶稣会最喜欢的证道故事中人，基督新教似乎也缺之不可，李氏汉译的《喻道要旨》即曾译就一则高一志听来也会戚然有感的故事："希腊国皇帝亚力山大时，有贤士曰地约直内，帝重其名，往拜而归，谓廷臣曰：'我如非亚力山大，必为地约直内。'"[2]《喻道要旨》选译自德人辜马裘（Frederic Adolphus Krummacher, 1767—1845）的《比喻故事集》（*Parabeln*）第二版的英译本，《地约直内》一条原有下文，不过即使李提摩太仅译到此，高一志必然也会欣然从《励学古言》中引出所译呼应之："历山王亲谒第阿日搦（案即地约直内）名士。士甚自得，简王驾不起，不言。左右大臣不悦，怒骂之。王责臣曰：'……使我非为历山王，必欲为第阿日搦也。'"高一志笔下的第阿日搦自恃更高，毫不领情便回道："使我非为第阿日搦，必欲为第阿日搦而不为历山王。"（《法国图》，4:44）这位"第阿日搦"乃所谓"实学名士"，本身也是欧洲证道故事集常见的历史实人。李提摩太所译，高氏或许也会归纳为《达道纪言》一类的西洋"世说"（chreia），使明末与清末的证道文类再呈日月辉映之势。

金尼阁的《况义》是伊索寓言首见的中译选集，清末新教教士不

---

[1] W. A. P. Martin, *The Awakening of China* (London: Hodder and Stoughton, 1907), p. 138.

[2] （清）李提摩太：《喻道要旨》（上海：美华书馆重印，1904），页 7a。此一故事的出典颇有一些，较早者可见 Diogenes Laertius, *Lives of Eminent Philosophers*, trans. R. D. Hicks, 2 vols (Cambridge: Harvard University Press, 1995), VI.32。

曾出现伊索故事的杰出译者，然而英人罗伯聃（Robert Thom, 1807—1846）译毕《意拾喻言》后，一条条分明却又再发表于伦敦传道会麦都思（Walter Henry Medhurst, 1796—1857）主编的《遐迩贯珍》之中，多少代表基督教对是类寓言在证道或喻道能力上的期许[1]。前及丁韪良出身美国长老会，任京师同文馆总教席期间所出的《万国公法》（*Elements of International Law*），系近代中国政治启蒙的第一书。然而丁氏于寓言一道亦雅好有加，曾在所著《华夏精粹》（*The Lore of Cathay*, 1901）里辟专章讨论，明陈此道乃中国人遗忘已久的载道艺术，又假《中西闻见录》译有俄、法两国寓言[2]，而《喻道传》一书更是寓言专集的大成之译。其中不论著、译，篇篇都指向基督教义，乃身任证道故事的典型"比喻故事"。全书十六篇殆译于咸丰八年（1858），而其中令我读来最感惊讶的是第八篇《分阴当惜》：

　　　　一士人小负才名，倜傥不羁，恒以风雅自许，而举止有乖正道。师友多力劝之，不听，谓："吾方盛年，何遽拘拘如老成态？"一夕，梦游深山，见山中花木葱倩，泉石玲珑，正令人神怡目荡。于是扪巉履险，渐入佳境，忽失足堕于潭，不胜惊骇。幸潭口垂藤倒挂，随手攀附，不致陷溺。窥见光明一线，直射潭内，知此生路去此未远，意方稍安。回顾潭下，黑不见底，毛发森然，心又惕惕。

[1]　参见内田庆市：《谈〈遐迩贯珍〉中的伊索寓言——伊索寓言汉译小史》，见《贯珍》，页71-81。《意拾喻言》亦采"土洋合译"的方式，由罗伯聃口译，某"蒙昧先生"笔受。此外，米怜在马六甲期间，也曾在《察世俗每月统记传》中翻译了几则伊索的寓言，乃新教首见。参见内田庆市：《谈〈遐迩贯珍〉中的伊索寓言——伊索寓言汉译小史》，在《贯珍》，页71。

[2]　W. A. P. Martin, *The Lore of Cathay* (New York: Fleming H. Revell, 1912), pp. 144–147；丁韪良：《俄人寓言》与《法人寓言》，俱见《中西闻见录》第1号（1872年8月），页16a–16b。另见王文兵：《通往基督教文学的桥梁——丁韪良对中国语言、文学的介绍和研究》，《汉学研究通讯》第26卷第1期（2007年2月），页23–35。

然缘藤迅速而上，见有两鼠嚼藤之根。一色白者，一色黑者，互易嚼之不休。窃虑藤被鼠嚼，势必至于断然。亦无奈，只是着急攀援不舍。倏忽间，又见藤生果累累，其色鲜红可爱，心知为佳品。摘而嗅之，有异香；尝之，甘且美，觉人世无此珍异，意欲尽嗽之以为快。遂一心艳羡，曾不冀一隙之明尚可通，且并忘二虫之害为已甚也。无何，果未食竟，藤忽中折，一跌之余，方知为梦。……[1]

读者眼尖，应该可以看出丁韪良所"写"的这篇寓言，正是变化自拙著《中国晚明与欧洲文学》里数曾论之的《空阱喻》：

> 尝有一人，行于圹野。忽遇一毒龙欲攫之，无以敌。即走，龙便逐之。至大阱，不能避。遂匿阱中，赖阱口旁有微土，土生小树，则以一手持树枝，以一足踵微土而悬焉。俯视阱下，则见大虎狼，张口欲翕之。复俛视其树，则有黑白虫多许，龁树根，欲绝也。其窘如此，倏仰而见蜂窝在上枝，即不胜喜。便以一手取之，而安食其蜜，都忘其险矣。惜哉！食蜜未尽，树根绝，而人入阱，为虎狼食也。（李辑，1:157–158）

上面所引，出自利玛窦的《畸人十篇》，其渊源所自虽为印度梵典，欧洲出典却是圣若望达玛瑟的《巴兰与约撒法》，而其在华根脉一可见于鸠摩罗什译《杂譬喻经》以下的汉藏，二则可见于龙华民中译的《圣若撒法始末》（《晚明》，页360–361及380–398）。我之所以形容乍见丁韪良

---

[1] （清）丁韪良：《喻道传》（上海：美华书馆重印，1916），页11a。这一版书前有四明休休居士（范蓉棠）的序言，另有四明企真子（详见页479注[1]）的弁文，咸写于咸丰八年。此外，明治十年，丁氏此书另东传至日本，书题稍改，见丁韪良（著），渡部温（训点）：『勸善喻道傳』（東京：賣弘書肆，1877）。

"所写"为"惊讶",原因在首先丁氏的教育虽内涵欧洲文化,但以他出身美国而言,"所写"这新版《空阱喻》可能也带有新大陆的教会色彩,是出离了欧洲的另一文化产物。拙见果然有理,则本章这里强调的基督新、旧教的证道文化的传承与延续,在"旧大陆"之外,似乎还应再添一"新大陆"的内涵。

其次,丁韪良把原来《空阱喻》里的托喻性故事"改编"了,使之变成"梦中异相"。龙华民等人的在华耶稣会版本,故事大多架设在"旷野"之上,我们虽不知其地景如何,但想来绝非人间仙境。在丁韪良笔下,寓言中人不但入梦,梦中所在抑且"花木葱倩,泉石玲珑",足以"令人神怡目荡",显然人间仙境。耶稣会或所承袭的欧洲版本,寓言的主角则个性扁平,模糊到了我们对他几无所知。然而丁韪良写活了他的主角:此少虽然仍无名姓,我们却知道他倜傥风流,自负年轻而不以明日黄花为鉴。他失足掉落处乃某深山中的"水潭",而不是佛教传统中的"井"或天主教渊源里的"阱"。在尤属后者的证道故事系统中,《空阱喻》为口语文本,主角如何陷入"阱"内,多半一语带过。这方面丁韪良却多方着墨,所谓"失足堕于潭,不胜惊骇",所谓"毛发森然,心又惕惕",都是言简而意富的叙写,特重心理层面的实写,读之令人吃惊。而一句"一跌之余,方知为梦",则把各种叙写化为时间意象,终于引出丁韪良改写《空阱喻》的真正目的。

这个目的,用丁韪良的文题来讲,确是"分阴当惜",不过这个寓意得来不易,丁氏还是在峰回路转后才曲予表出。西方圣坛的证道高手,通常在讲完《空阱喻》后才会像《畸人十篇》里的利玛窦开示喻中奇景的真谛。可是丁韪良不此之图,仍然化这些寓意为故事的部分内容。那少年一旦得悉自己入梦,"遂于梦中自详梦兆,且惊且疑,意以此或天之启示我乎"?待他深思沉吟,"始悟我等之寄生于世上者,如暂堕于潭中耳"。接下来他一一细数所见异相,说其寓意之明晦者,要之"人得一气之延以生者，犹得一藤之垂以附耳。潭上之明光射下，明其为天堂也。潭下之深黑无底，明其为地狱也。但两鼠互啮者何"？这少年苦思良久，诧异说道："二鼠者，日夜也。一阴一阳，故色一黑而一白，其互啮以至于尽者，犹日夜之销磨以至于死耳。"令少年苦思又不得者，乃藤上何以有鲜红之果可食？他披衣起身，正襟危坐以思之，终得其解："藤上之美果即世上之乐境也，贪世上之乐而遂忘天堂之上升，竟至地狱之下陷，犹吾之欲尽啖美果而不计藤根之断绝也。"少年自行解出梦中异相的寓意后，他"终于知道为人之道矣"。所以要弃邪归正，警醒世人，而令"彼世之昏迷于世俗而日在梦中者，其以我梦为证也，可；即以我梦为醒也，可"[1]。

《空阱喻》此一新教的改写版，在景物上更动了耶稣会或其欧洲本源的一大传统：从龙华民、利玛窦、金尼阁与高一志以降，世俗之乐殆以树上蜂窝滴下的蜂蜜为代表，不是藤上美果。丁韪良的改编本无大碍，盖蜜滴与鲜果俱属味甜而美者，而以"甜美"隐喻世乐乃基督宗教从《圣经》以下的传统，甚至也是故事所源的佛喻里的说法（《晚明》，页386及390）。不过丁韪良改编得生动无比，把人心的贪婪表露无遗，甚至指出贪念可令人忘却自己的"一隙之明"，致令日月二虫危害一生。《喻道传》中每篇寓言的文末，都有四明企真子的喻道"赘语"，颇似金尼阁《况义》各喻喻末的"义曰"，更似《崇一堂日记随笔》各传之末王征的评赞。企真子所企求之"真"，当然就是上帝的"真理"（Truth），也是郭实猎和阳玛诺所称的"实学"（Veritatis）。他的"赘语"所吐[2]，系

[1] 丁韪良：《喻道传》，页11b。

[2] 吴淳邦指出"四明企真子"也是前及丁韪良的中文老师，亦即浙江四明人氏范蓉棣。吴氏同时也比对过丁氏与利玛窦的《空阱喻》，不过他以为《喻道传》的《空阱喻》教人珍惜的是出离生死后的时间，和我下面分析所得的结论完全不同，见吴淳邦：《天理、人情、喻道、传教——基督教文言小说〈劝善喻道传〉的创作与流传》，见钟彩钧（编）：《明清文学与思想中之情、理、欲：学术思想篇》（台北：文哲所，2009），页403–412。

其批阅各个寓言后的证悟所得。因此在长篇析梦之后,《分阴当惜》有云:世人陷溺世乐已深,何不"趁今梦之犹存,知大梦之必觉,毋安于梦梦而空成一梦,庶不负对梦人说梦话者欲人自觉其梦之苦心矣"?[1] 在天主教——尤其是耶稣会——的传统中,《空阱喻》通常借景暗示人世为幻,必需"轻世"以求取天上的永乐。丁韪良所谓"分阴当惜"的却是俗世的时间;在这层意义上,《分阴当惜》的寓意恰和《空阱喻》的内涵呈凿枘之势,牛马互攻了。企真子以"四明"自署,应该出身浙江,书首谈寓言及"寓言之道"的弁文也表明他和丁韪良关系甚佳,故可代丁氏发言。如此一来,则上引不啻指读丁氏寓言者应该爱惜此世,即使明知此世为梦,也要细味梦中一切,"珍惜"梦中"光阴",如此方可"知大梦之必觉"而不令此世之梦为浪费? 丁韪良出身美国长老会,章前已及,"分阴当惜"四字,在此因而有殊义,内涵长老会奉行的加尔文(John Calvin, 1509—1564)的神学主张:加氏要求教友入世,以人世之成功——包括发财致富——为获得神宠的前提与保证,而这点不仅有违耶稣所谓"骆驼穿过针孔,比富人进天国还容易"(玛 19:24),所著《基督教要义》(*Institutes of the Christian Religion*)里更是浓墨粉饰,连马克斯·韦伯(Max Weber, 1864—1920)在《新教伦理与资本主义精神》(*The Protestant Ethic and the Spirit of Capitalism*)中也大肆解说,终成教内显学[2]。美国史上,所谓"美国之梦"(American Dream)的兴起固和政治理想有关,然其部分宗教背景,胥赖于是[3],而基督旧教或耶稣会的《空阱

---

[1] 丁韪良:《喻道传》,页 12a。

[2] Cf. John Calvin, *Institutes of the Christian Religion*, ed. John T. McNeill and trans. Ford Lewis Battles, 2 vols (Philadelphia: The Westminster Press, 1960), 2:1485—1521. Also see Max Weber, *The Protestant Ethic and the Spirit of Capitalism*, in Stephen Kalberg, ed., *Max Weber: Readings and Commentary on Modernity* (Oxford: Blackwell, 2005), pp. 75–110.

[3] Rod W. Horton and Herbert W. Edwards, *Backgrounds of American Literary Thought*, 3rd ed. (New York: Appleton-Century Crofts, 1979), pp. 73–78.

喻》在华史上的最新版和"新教"之间的关系，我们也要由此详予覆案，方能了悟个中深旨。

再造文学的知识系统

从明末到清末，西来的文学观念与他类译词何止上述！一个小小的"十字"（*cruxuficio*），从利玛窦与罗明坚合著的《葡汉辞典》起就沿用到马礼逊的《英华字典》，而且只多了一个字，作"十字架"解（cross；*DPC*, p. 99）。至于文化中之大者如利玛窦的《山海舆地全图》，则早已席卷中国上层社会，连小传统的《日用类书》或《万宝全书》也都收录了，以示与时俱进。《山海舆地全图》的传播，不完全是字面翻译的问题，而是地道的文化翻译现象，是重组中国舆地与世界观的系统新血，对明清士人的知识再造贡献更大[1]。如果把清初也含括进来，我论《譬学》时指出来的欧人文体三类，不但可以再见于马礼逊的回忆录与米怜的《新教在华传教前十年回顾》，而且像贺清泰一样，他们也用之于《圣经》译体的选择。非特如此，马礼逊与米怜还挪用了此一始于戴奥佛拉斯托斯与西塞罗的观念，继而转而化之为中文文言与白话的差异，清末译经之体遂有"深文理"、"浅文理"与"官白"或"土白"之分[2]。

---

[1]　参见黄时鉴、龚缨晏：《利玛窦世界地图研究》（上海：上海古籍出版社，2004），页 87-117；许晖林：《朝贡的想象：晚明日用类书"诸夷门"的异域论述》，《中国文哲研究通讯》第 20 卷第 2 期（2010 年 6 月），页 172-178。

[2]　Eliza Morrison, comp., *Memoirs of the Life and Labours of Robert Morrison*, 1:329-335; William Milne, *A Retrospect of the First Ten Years of the Protestant Mission to China*, pp. 89-93. 参较许牧世：《经与译经》（香港：基督教文艺出版社，1983），页 135-143。我所见唯一以"中庸的文体"形容浅文理者为陈惠荣：《中文圣经翻译小史》，页 24。陈氏形容的是 1886 年杨格非（Griffith John, 1831—1912）的浅文理《圣经》译本。

回到本章的关怀：那么在再造中国知识系统方面，明末翻译给我们的首要启示为何？这个问题，我的答案是此刻刚刚冒出头的基督宗教的"灵修文学"（devotional literature）。明代语汇中并无此词，但概念当然有。"灵修"二字，据字面可译为"奉献"，或许会让我们联想到中国古人献给君王的诗赋辞章，甚至联想到屈原的《离骚》与尔后不少由女性声音谱出的赋体诗文，然而天主教——当然包括基督新教——的灵修文学却有其特殊意义，中国传统不能完全解释得了。首先，此一文学的范畴必与宗教有关，而"宗教"在华却是一个曩昔有之却使用松散的名词。其次，这个名词事涉"文学"，而后一词语非但不指古义，即使现代意义也是新造使然。最后，整个灵修文学在华现身，几乎都得委诸翻译，致使"翻译"变成尤属明末天主教文学不得不循之探索的系统再造工具。

　　中国古来，"宗教"两字通常分用。梁武帝（r. 502—549）时，袁昂（451—540）答法云（生卒年不详）有关范缜（1007—1088）《神灭论》的文章中，"宗教"方才连词出现，其后佛道两教并其他教门如禅宗等，也才进一步开始"推广"此词。尽管如此，中国百姓与士人心中却仍定见早存，"宗教"连词而用的例子依旧有限，单字使用方属多数[1]。明末来华的天主教初不以"宗教"为意，天主所"教"恐不如天主之"道"用得广泛，所以明末耶稣会士可随古人之"乐教"等"教"而新建"书教""诗教"与"礼教"等乍看非关宗教的名词，虽则其中仍有暗示，暗示所求者乃属灵的层次，不可拘泥于其字面意义。在拉丁文里，"宗教"的本音为"雷立基欧"（religio），本指对"神"及"诸神"的敬仰，是不能违抗的"律法"（law）。埃及、波斯与印度等古文明地区，殆皆循此立论。在某一意义上，类此情况亦可见诸基督宗教成长的历史过程，《圣

---

[1] Anthony C. Yu, *State and Religion in China: Historical and Textual Perspectives* (Chicago: Open Court, 2005), pp. 5-25.

经》系宇宙间独一而不可违背的圣书或"律法"。因此，"灵修文学"所"奉献"者恐非传统中国儒释道三教能解。天主教是一个中央集权的人间世系，却也有其超越性的一面，显示人间世系与天上世系互为投影。因此，天主教制度化的律法当然绵密非常，理论上是谁都违背不得。倘就天人之际再予衡量，这个宗教崇拜的最高存在体，我们还不得质疑，得完全匍匐其下，顺之从之，更是托大不得，否则造下的恶业会祸延人类全体——世世代代。

灵修文学的最后一个钥词是"文学"，从本书关心的明代译史的角度看，此词不能用现代定义予以强解，想当然耳。众所周知，中国史上，文学一词最早出现在《论语·先进篇》中，居孔门四科之一。余者为"德行""言语"与"政事"。优游于文学者，孔子举子游与子夏为代表；这些人都有嘉言懿行，而且好古敏求（朱注，页129），所以当时文学一词另有内涵，毋宁指某种积极求学的向上心态，偏向文字与行为的结合，以故《韩非子·六反》称"学道、立方，离法之民"为"文学之士"。孔子立下来的这种文学典范，后人欲破，其实也难：《世说新语·文学》中的人物如郑玄（127—200）、何晏（c. 195—249）与支道林（314—366）等，俱儒、道、释中经典与文字才华高人一等之士；《文心雕龙·时序篇》有谓"齐楚两国，颇有文学"，又谓"献帝播迁，文学蓬转"，指的也是"文化学术"或"儒生作家"。至于《水经注·江水》里，郦道元（c. 470—527）笔下"南岸道东有文学"中的"文学"，压根儿就是"学校"之指[1]。孔颖达作《五经正义》，所指"文学者"，亦是各有专精而能传其

---

[1]（战国）韩非（著），邵增桦（注译）：《韩非子今注今译》，修订本，2册（台北：台湾商务印书馆，1992），1:81–82；周注，页813、815、826及838。（南朝·宋）刘义庆（著），余嘉锡（撰），周祖谟、余淑宜（整理）：《世说新语笺疏》（台北：华正书局，1989）。（后魏）郦道元：《水经注》，《四库备要》版（台北：台湾中华书局，1981），卷33《江水第一》，页5b。

所教之人（阮刻，1:1986）。刘昫（887—946）撰《旧唐书》，涉及文学的地方益伙，多借以形容"儒生""读书人"或"通经籍者"。《旧唐书》另指出唐人承袭汉代用法，使"文学"纵身再转，变成朝廷命官，"掌侍奉文章"之职[1]。晚明之前，文学罕称今义，所指大抵如上，几无变化。

1583 年，罗明坚和利玛窦进入中国内地，他们首编者就是《葡汉辞典》。古书中斗大的"文学"二字，两人却视若无睹，《葡汉辞典》涉及我们今日狭义称之的"文学"或古人翰墨所谓"辞章之学"者，几唯"文辞"与"文章"二词而已，而字典中率皆以"典雅的虚构"（*elegante fabula*）解之（*DPC*, p. 87）。隶属于"文学家"此一大范畴中的"诗翁""诗家"与"诗客"等词，利、罗二公则统称之为"波伊塔氏"（*poetas*; *DPC*, p. 131），已近希腊与拉丁文的字形。葡萄牙文中的"文学"（*literatura*）出自拉丁文，几乎只有语音之异（*litterātūra/ literātūra*），惜乎《葡汉辞典》阙收。罗明坚和利玛窦有其疏漏处。

从历史的角度为文学溯源最力者，学者中应推近人马西尼（Federico Masini），刘禾诸氏继之，但也不过"蹈武其成"而已[2]。纵然如此，马西尼的研究仍有值得商榷之处。他认为今义下的文学始于艾儒略的《职方外纪》，时在 1623 年。晚明耶稣会士的著作里，尤其在高一志的《童幼教育》与《励学古言》（1632）等书中，"文学"的意涵一如"实学"，相

---

[1] 参见（后晋）刘昫:《旧唐书》,《四库备要》版（台北：台湾中华书局，1981），卷 2《本纪第二》页 6a；卷 6《本纪第六》，页 9a；卷 16《本纪第十六》，页 9b；卷 42《志第三礼仪三》，页 7a；卷 42《志第二十二职官一》，页 8b、13b；卷 43《职官志第四十三》，页 20a、23b；卷 44《职官三第二十四》，页 26a；卷 119《列传》，页 10b 等。

[2] Federico Masini, *The Formation of Modern Chinese Lexicon and Its Evolution Toward a National Language: The Period from 1840—1898* (Rome: Department of Oriental Studies, University of Rome, 1993), p. 273. Also see Lydia H. Liu, *Translingual Practice: Literature, National Culture, and Translated Modernity, China, 1900—1937* (Stanford: Stanford University Press, 1995), p. 273.

当分歧，高氏每取以指：一、经典之学，尤指儒家或哲学经典[1]；二、文科（修辞学或所谓"勒铎里加"）；三、文学教化，近似学校中的文科教育；四、正当的知识；五、所谓"正书"或"善书"（《徐家汇》，1:350–384）。除了部分经典与书面语的修辞学外，高一志笔下的"文学"并不完全符合今义。话说回来，艾儒略在《西学凡》中所用的"文艺之学"，其内容就颇近中国古人所称的"诗赋辞章"，或是今人狭义称之的"文学"。艾词的内容，要之归于四种：一、"古贤名训"；二、"各国史书"；三、"各种诗文"；四、"自撰文章议论"（李辑，1:28）。这四种文字范畴，方其修辞得当之际，无疑都当得上今义"文学"的内涵。马西尼所指《职方外纪》中"欧罗巴诸国皆尚文学"里的"文学"一词，其实不过上述高一志"文学"定义中的"文学教化"罢了，称不上有"辞章之学"的风雅[2]，此所以《职方外纪》继而才会提到泰西诸国之"国王"每每"广设学校"，振兴教育[3]。倒是《西学凡》原来使用的"文艺"二字，《职方外纪》中易为"文科"，而其内容吊诡地反和"文艺之学"若合符节，几无毫厘之差。有趣的是艾儒略认为"文科"系"小学"或"预备"教育，进了中学与大学，学生另有专攻（李辑，3:1360）。艾氏所用"文艺"一词，或许脱胎自《汉书》肇始的"艺文志"，不过无心插柳柳成荫，此词

---

[1] 这是王力所指的"文章博学"，亦即效《文心雕龙》而以"文学"为"经学"之指。见王力：《汉语史稿》，在《王力文集》第9卷（济南：山东教育出版社，1988），页685。至于下一条以"文学"为"修辞学"之指，甚至像《旧唐书》之以"文学"为官名，典型的例子可见高一志：《行实》，2:13b–14a。这几页中高一志谈圣奥斯定，一面以文学称奥氏拿手的"才辩之学"或"勒铎里加"（rhetorica），谓其在归主前每好追求"文学名师"的令名，一面说他曾应诏，在米兰"职都城文学"。高氏所述，一为学科，一为官衔。

[2] 吴历：《三余集》有《次韵杂诗七首》组诗，其第七首云"近究西文学，竟虚东下帷"之句。吴氏所谓"文学"，应和"西"字并读，指"西方的文字和语言之学"（拉丁文），倒合艾儒略"小学"的本义之一：进小学读书，当然得从字母语法句构读起。这不全指我们今天所称的"文学"。吴诗见章注，页274。

[3] 马西尼有关《职方外纪》的考证，见 Federico Masini, *The Formation of Modern Chinese Lexicon and Its Evolution Toward a National Language: The Period from 1840—1898*, p. 204。

反而贴近我们今天"文学"的定义，其中"各种诗文"一类，尤然。即使到了 21 世纪，我们仍然沿用"文艺"一词，视为范畴比"文学"更大的名词。马西尼笔下的"文学"若为"文艺之学"的简称，那么他的观察无误。

艾儒略所谈的"文学"，出自 1599 年欧洲耶稣会学校的《研究纲领》（*Ratio studiorum*）[1]。出了这个系统，情形有异。不过谈到这里，拙论已重复到部分拙作《中国晚明与欧洲文学》里的研究，下面我想转移论点，倾力再谈清代中期后"文学"的语意变化。1808 年，马礼逊决心开编《英华字典》，为来日翻译《圣经》预做准备。《神天圣书》刊就的前一年（1822），字典编成。这段时间内，马礼逊或从《康熙字典》按图索骥，搜集了不少中文字词，也觅到了几个近乎今义"文学"的表达方式。但是除了一个看起来怪异的"学文"（literature）之外[2]，《英华字典》中没有一个词条单就"文学"立论，任其在字林词海中阙如，令人纳闷。《英华字典》所收的字词中最近今义"文学"者，仍推古人常用而意涵广泛的"文"字[3]。事实上，即使历史都快进入民国，新教教士仍有部分宁走《童幼教育》与《职方外纪》的老路，把"文学"定义为"学校教育"。除李提摩太以外，上海广学会的另一要角是美南监理会士林乐知（Young J. Allen, 1836—1907）。1896 年，林氏出版名译《文学兴国策》，影响康有

---

[1] 欧洲耶稣会学校的《研究纲领》乃脱胎自 13 世纪以来葡萄牙高因伯大学（Coimbra University）的教育制度，而这个制度也影响到了 16 世纪耶稣会设在澳门的圣葆禄学院的教学程序。参见李向玉：《汉学家的摇篮：澳门圣保禄学院研究》（北京：中华书局，2006），页 21–33；另参较张伟保：《范礼安与澳门圣保禄学院：中西文化交流的基柱》，见单周尧（主编）：《东西方研究》（上海：上海古籍出版社，2011），页 131–138；以及戚印平：《澳门圣保禄学院研究：兼谈耶稣会在东方的教育机构》（北京：社会科学文献出版社；澳门：澳门特别行政区政府文化局，2013），页 128–162。

[2] "学文"一词，我想马礼逊并非倒用了"文学"二字，而是从《论语·学而篇》得来："行有余力，则以学文。"（朱注，页 63）所以他真正想说的"literature"的对等语，仍然是"文"字。

[3] Robert Morrison, *A Dictionary of the Chinese Language*, 2:279 and 6:258. 马礼逊的理解，或可说明八九十年后，林纾谈及西方"文学家"，每称之如"英伦文家"等等，例见所作《撒克逊劫后英雄略·序》，在罗编，页 232。

为（1858—1927）等维新派要角颇大，而说其实也，此书乃 1875 年日本驻清大使森有礼（1847—1889）所集。森氏广采美国名校校长如诗人艾略特的堂兄欧理德（Charles W. Eliot, 1834—1926）或教育家治校理念的信札成书，和今义"文学"又如风马牛，毫不相干[1]。

明末与耶稣会士相关的中国士人的著作中，杨廷筠身后七年方才梓行的《代疑续篇》也用到"文学"二字。《代疑续篇》写于 1635 年之前，其中杨氏介绍西学，直言——

> 西教［之学］……有次第，其入有深浅，最初有文学，次有穷理之学，名曰"费禄所斐亚"，其书不知几千百种也。数年之学，成矣，又进而为达天之学，名曰"陡禄所斐亚"，其书又不知几千百种也。[2]

从杨廷筠行文的口吻与缕述西学的次第，尤其是从所述教育与相关图书数量的罗列看来，上引文中他立论的根据是艾儒略的《职方外纪》，也就是受到耶稣会《研究纲领》的影响，是以他虽然有点"误打误撞"，其中所称西人初读者乃"文学"一语，的确倒合我们今天狭义所指的"文学"。我们犹记得艾氏称入小学者习"文科"，而这个"文科"所指，实乃包括"各种诗文"在内的"文艺之学"，一部分也是高一志《童幼教

---

[1] 此所以（清）龚心铭的《序》开篇便引《礼记》曰："古之王者，建国君民，教学为先。"见（清）林乐知等（编）：《文学兴国策》（上海：上海书店出版社，2002），序页 1。《文学兴国策》一名，乃译自 1873 年森有礼在纽约出版的 Education in Japan 一书书题，故林乐知的"文学"仍为古意，指"教育"而言。另参见林译之《序》，在序页 5。不过衷进以为《文学兴国策》和其时的"文学救国论"有密切的关系，见所著《试论西方传教士对中文小说发展所作的贡献》，收蔡忠道（编）：《第三届中国小说戏曲国际学术研讨会论文集》（台北：里仁书局，2008），页 421–425。

[2] （明）杨廷筠：《代疑续篇》，见《三柱石》，页 298–299。杨文中的"陡禄所斐亚"应作"陡禄日亚"（theologia），指"道科"或"神学"，杨氏笔误了。见艾儒略：《西学凡》，在李辑，1:27。

育》里介绍的"修辞学"。由是观之，杨廷筠、艾儒略，甚至包括高一志，似乎早有共识：不论"文科"还是"文艺"之学，应该都含括诗赋辞章这类的文字艺术。而历史演变至此，我们是可以肯定言之了：到了明末，至少已有杨廷筠率先发难，喊出了我们今天狭义所称的"文学"，故此"中国文学现代性的起源语境"就不应由清末算起[1]，明末才是正本清源的所在。马西尼就明末所做的考证，有一半是错误的。

杨廷筠是中国天主教史上的大人物，在翻译史上也有一定的地位。不过20世纪以前，他的《代疑续篇》称不上是重要的翻译文献，是否担任得了文学近义的传播要角，不无疑问。就此而言，马西尼另外一半的考证，仍然值得我们借鉴，即论释"文学"。马氏指出，魏源（1794—1857）是首用文学以指我们所谓"文学创作"的第一人，所本乃道光年间的《海国图志》（1843—1852）。魏书尝引马礼逊之言曰：马氏"只略识中国之文字，若深识其'文学'，即为甚远"。魏源所引其实另有下文："在天下万国中，惟（唯）英吉利留心中国史记、语言，然通国亦不过十二人，而此等人在礼拜庙中尚无坐位，故凡撰字典、杂说之人，无益名利，只可开'文学'之路，除两地之坑堑而已。"《海国图志》这段话的指涉，显然是今日广义的文学定义——或谓"汉学"——而且是西方文字如英文中的定义。我们从"字典、杂说"还可了解，凡涉文字写作，魏源此地都称之为"文学"，其实含糊。但在《海国图志》另章"大西洋各国总沿革"中，魏源的用法就精确多了。章中提到罗马本无文学，待降服了希腊之后，才接受各国"文艺精华。……爱修文学，常取高才，置诸高位，文章诗赋，著作撰述，不乏出类拔萃之人"[2]。易言之，

---

[1] 何绍斌：《越界与想象：晚清新教传教士译介史论》（上海：上海三联书店，2008），页242。

[2] 以上有关马礼逊及"大西洋各国总沿革"一章的引文见（清）魏源：《海国图志》（郑州：中州古籍出版社，1999），页283-284及页434。魏源的说法，时人徐继畬（1795—1873）《瀛寰志略》

"文学"奄有"文艺",而这里的"文艺"包括"文章诗赋"等中国传统承认的"辞章之学"。撰写《海国图志》之际,魏源虽称他未暇参考《天学初函》,但是《职方外纪》与《西学凡》显然都在他法眼之内,是以所称"文学"已然近乎艾儒略摘出的文艺的内容,和杨廷筠的用法几无差别。《海国图志》是清代中国认识世界非常重要的图书之一,流行遍及大江南北,影响力甚至东达日本[1]。若谓"大西洋各国总沿革"一章让多数中国人改变了文学的用法,缩小为我们今天的定义,从文献传播的角度看,我倾向可信。

《海国图志》撰述与补订的时间甚长,魏源犹握笔书写的 1853 年,麦都思在香港英华书院创办了《遐迩贯珍》。这本杂志刊行了近四年(1853—1856),总数超过三十期,其中"文学"出现了三次[2],但都指"学校教育"或"文科"而言,以古义或高一志所指为主。"文学"的近义,仍然由文章与诗词等传统语汇担纲。不过《海国图志》之后,中国有识之士倒有新举,文学的近义或已独立使用,或令其广义和诗文并举,要之已非传统文教等定义所能局限。从出洋使东或东游的清廷使节或在野名士开始,中国知识分子莫不如此使用文学,例子可见王韬(1828—1897)与黄遵宪(1848—1905)等人的著作[3]。在朝为官或为国政而奔走

<hr />

(1848?)中的"文学",庶几近之:"余尝闻之英官李太郭云:'雅典最讲文学,肄习之精,为泰西之邹鲁。凡西国文士,未游学于额里士,则以为未登大雅之堂也。'"徐氏此地所引的英国外交官李太郭(George Tradescant Lay, *c.* 1800—1845)以孔、孟所出的"邹鲁"限定"文学"二字,固然半指"哲学"而言,但以雅典所出诗文经典之黟证之,至少其半仍近我们今天所谓的"文学",见(清)徐继畬(著),宋大川(校注):《瀛寰志略校注》(北京:文物出版社,2007),页 194。

[1] 彭大成、韩秀珍:《魏源与西学东渐——中国走向近代化的艰难历程》(长沙:湖南师范大学出版社,2005),页 395-475。

[2] 见(清)王韬、应雨耕:《瀛海再笔》,《贯珍》,页 625;及佚名:《近日杂报》,《贯珍》,页606。《瀛海再笔》并未署名,这里我乃从沈国威的考证定之,见所著《〈遐迩贯珍〉解题》,在《贯珍》,页 104。

[3] 王韬:《扶桑游记》,页 402 谓他游日本京都天满宫时(1879),闻该神祠内"有女道士,颇通文学",而黄遵宪:《日本杂事诗[广注]》,页 646 亦指 1877 年左右东京大学的三个学部中,"文学有日本

于海内外的各方大员，亦复如是：光绪年间维新派的大将康有为与梁启超（1873—1929）便改用了新词，而文学也变成他们和当局或国人讨论国家兴亡的关目之一[1]。至于这一刻投身翻译事业的中国士人中，我们从严复《天演论》（1897—1898）的按语里，也看到新词新义益形巩固，变成对译外文不假思索便可得之的名词[2]。

　　文学要走到这种定义新局，仍非朝夕之事。道咸年间新教教士的发扬光大，和魏源等政治洋务派的努力实在并进中。1843年，麦都思继马礼逊与米怜等伦敦传道会的传教士之后创立了墨海书馆。十四年后的1857年，《六合丛谈》又继《遐迩贯珍》出现，由伟烈亚力（Alexander Wylie, 1815—1887）主编，更由上海出发，为文学的现代意义向整个中国打下最坚固的基桩，因为接下来近两年的岁月中，《六合丛谈》每期几乎都由艾约瑟（Joseph Edkins, 1823—1905）主笔，蒋敦复（1808—1867）副之，推出《西学说》专栏，以近十五篇系列专文介绍"西洋文学"，声

史学、汉文学、英文学"等科系。从上下文看来，上引中的"文学"的确多为今义所指，但有魏源在先，"文学"今义的形成，绝非由日本辗转传回，虽然日本仍有可能是促使其广泛见用的因素之一。王韬与黄遵宪这两个文本，我用的是钟叔河（编）：《走向世界丛书》III，修订本（长沙：岳麓书社，2008）内所收者。王韬与黄遵宪这两条资料，我亦从马西尼得悉，见 Federico Masini, *The Formation of Modern Chinese Lexicon and Its Evolution Toward a National Language: The Period from 1840—1898*, p. 205.

[1] 康有为在光绪年间尝谓明治维新时期，日本在二十年内"尽撮欧、美之文学艺术而熔之于国民"，所以建议善法"日本译各书之成业"与"转译辑其成书"，如此则"比其译欧、美之文，事一而功万矣"。由上下文看来，康作中之"文学"应指今义。见（清）康有为：《进呈"日本明治变政考"序》，收于石峻（编）：《中国近代思想史参考资料简编》（北京：生活·读书·新知三联书店，1957），页281。马西尼页205指出维新派另一要角梁启超的《读西学书法》也用到"文学"，而且用的是今义。我遍读梁文，就是看不到指今义的"文学"二字。若指"文学创作"，梁氏文中仍用传统语汇如"辞章之学"、"小说"与"说部"等等，见（清/民国）梁启超：《读西学书法》，收夏晓虹（辑）：《饮冰室合集·集外文》，3册（北京：中华书局，1989），3:1167及1169。此文页1164倒可见"文学"二字，但指林乐知所指的"教育"，而梁启超也知道此书"为日本兴学取法之书"，无关诗赋辞章或说部。尽管如此，1904年左右，梁氏在《饮冰室诗话》伊始即谓"我生爱朋友，又爱文学；每于师友之诗之辞，芳馨菲恻，辄讽诵之，以印于脑"。这里梁启超显然已改变"文学"的内涵，使之涵容"新小说"一类的新体，见所著《饮冰室诗话》，在《饮冰室文集》（台北：新兴书局，1967），卷4文苑类，页74。

[2] 例子见（清）严复：《天演论》（台北：台湾商务印书馆，1987），页7与33。

势浩大。

《六合丛谈》介绍西洋文学的独特处，不仅包括了史学书写（historiography），而且连中西文学观念的异同都谈到，这一点在明、清耶稣会士的努力外，也为中国开启了相关的文学知识的新纪元。艾约瑟尤有宏观的历史概念，《西学说》栏多有"译述"上的根本，但几乎也都由历史入手讨论西洋文学，首期（1857年1月）首篇就是希腊文学的整体介绍。艾约瑟所介绍的希腊—罗马文选，多出自费非的《希腊史》与克莱格通的《罗马史》。[1] 此文题为《希腊为西国文学之祖》，题目本身就展示了文学在中国的新身份，虽然艾约瑟的用法也涉及此一名词在西方和"文献"的联系。就本章的关怀而言，艾约瑟此文最大的贡献当在介绍史诗，一面由历史的角度谓之创自"和马"（Homer）与"海修达"（Hesiod, fl. *c.* 700 BCE），一面取明人杨慎（1488—1559）的《二十一史弹词》以较诸《以利亚》（*The Iliad*）与《阿陀塞亚》（*Odysseia/The Odyssey*），并且论及史诗的声律平仄，乃中国史上首见[2]。艾约瑟又把"史诗"译为"诗史"，并以夹注补充说明道："唐杜甫作诗关系国事，谓之'诗史'，西国则真有'诗史'也。"当其肇创之时，正值"姬周中叶"，而且"传写无多，均由口授，每临胜会，歌以动人"。罗马人也好为史诗，以"微尔其留"（Publius Vergilius Maro, 70—19 BCE，即维吉尔）所写的《爱乃揖斯》（*Aeneis/The Aeneid*）仿"和马"最胜。以上各诗的

---

[1] 见 C.A.Fyffe, *History of Greece* (New York: American Book Company, 1890), 及 M.Creighton, *History of Rome* (Toronto: The Copp, Clark Company, 1899)。

[2] "每句十字，无均（古韵字），以字音短长相间为步，五步成句（音十成章，其说类此），犹中国之论平仄也。"见《六合》，页525。不过这个陈述有误，《伊利亚特》等诗用的是扬抑抑六步格（dactylic hexameter），不是"五步格"（pentameter）。在下面我会提及的《和马传》中，艾约瑟自我修正了，谓：荷马诗各二十四卷，每卷六七百句，而每句俱"六步"，每步"或三字，或两字，以声之长短为节。前四步，一长声，二短声，或二长声。第五步，一长二短；第六步，二长，长短犹中国平仄也"。见《六合》，页698。

情节大要，艾氏更不吝笔墨，所为文中一一介绍[1]。他甚至在《六合丛谈》第3号又写了一篇《希腊诗人略说》，谓荷马史诗"纪实者参半，余出自匠心，超乎流俗"，而贺西德所歌咏者乃"农田及鬼神之事"（《六合》，页556）。荷马当为复数作者，写诗"半用爱乌利，半用以阿尼"等希腊方言入之，这点艾约瑟则在另文《和马传》中言及，而且还提到亚历山大大帝曾"以和马二诗置为枕中秘"一事（《六合》，页698-699），复述了《达道纪言》里高一志在明朝即已译说的故事（《三编》，2:668）。杜甫的地位当然用不着艾约瑟提升，但是"诗史"可容"国政"之说，几乎在向中国人所谓"抒情的传统"挑战，当然也在中国建立了一个新的文学价值观。

熟悉早期基督教出版品的人都晓得，1833年创刊的《东西洋考每月统记传》才是率先提到荷马的新教刊物。道光丁酉年（1837）正月号上，郭实猎为文谈《诗》，称道李白之外，他极力着墨的欧洲诗魁有二："和马"与"米里屯"或弥尔顿。郭氏称荷马的诗"推论列国，围征服城也。细讲性情之正曲，哀乐之缘由，所以人事浃下天道"。后一句话文字略显不通，意思大约是《伊利亚特》等诗中人神共处，往往互为忧喜福祸的因果。郭实猎综论荷马的史诗之外，也谈论希腊当时的时代背景；而上文接下来所用的"文学"一词，意义就颇似杨廷筠在《代疑续篇》里的用法，近似我们今日的意义：荷马"兴于周朝穆王年间，欧罗巴王等振厉文学，诏求遗书搜罗。自此以来，学士读之，且看其诗"（《统记传》，页195）。中国史上明白提及荷马之名者，首推高一志的《达道纪言》，称之"阿哩（嘿）汝"（Omero；《三编》，2:752-753）；其次是马若瑟的《天学总论》，译为"何默乐"（Homerus；《法国图》，26:491）。郭实猎不仅为文学贡献新义，他也以"和马"的介绍，在建立西洋文学的知识系统

---

[1] 不过介绍得最详者应为下面我会提及的《和马传》，见《六合》，页525。

上一马当先，拔得新教头筹，比艾约瑟足足早了二十年左右[1]。

艾约瑟虽将荷马史诗方诸杨慎的弹词，并以杜诗和国事之联系比于《伊利亚特》诸诗，然而行家都知道，比较的两端实则不能并比，艾氏所为的意义乃在赓续一新的文学系统的建构。就希腊罗马这两个相互传承的文化与政权而言，这个系统还应扩及"诗剧"与"修辞学"这两个文学的次领域。艾约瑟对欧洲文学的了解绝非泛泛，这点他跟上了高一志，所以《希腊诗人略说》称周定王之时，希腊人开演悲剧，"每装束登场，令人惊愕者多，怡悦者少"。艾氏并提及"爱西古罗"（Aeschylus, *c.* 524/525—*c.* 455/456 BCE）尚存的七种"传奇"，若"观之，能乐于战陈，有勇知方"。爱氏之后，另有"娑福格里斯"（Sophocles, *c.* 496/497—*c.* 405/406 BCE）与"欧里比代娑"（Euripides, *c.* 480—406 BCE）两人。前者亦存传奇七种，"精妙绝伦，人尤爱之"。至于欧著，"今存二十种，笔意稍逊。所演儿女之情，诲淫炽欲，莫此为甚"。不论如何，三大悲剧诗人所作"长于言哀，览之辄生悲悼"，唯"阿利斯多法泥"（Aristophanes, *c.* 446—*c.* 386 BCE）的十一种喜剧可与之抗撷，因其诗文词彬彬，可"讥刺名流，志存风厉"，亦可"正风俗或端人心"。谈到这里，艾约瑟回顾中国传统，不禁有感而发："考中国传奇曲本，盛于元代，然人皆以为无足重轻，硕学名儒，且摒而不谈，而毛氏所刊六才子书，词采斐然，可歌可泣，何莫非劝惩之一端？"艾约瑟语极不平，一为中国戏曲请命，认为即使是六才子书都有其"劝化"的功能，而这类功能，艾氏乃因希腊悲剧与喜剧有其承载而思及。喜剧"文词彬彬"，功在讽世，恐非中国传统的闹剧可与比肩。悲剧也是"精妙绝伦，人尤爱之"（《六合》，页 556-557）。我们且不谈剧中道德教训，单是上述悲剧的特点，中国人

---

[1]　有关《统记传》的历史渊源及其对中国人不通外国文墨的批评，参见赵晓兰、吴潮：《传教士中文报刊史》（上海：复旦大学出版社，2011），页 54-79。

恐怕就不易体会。艾约瑟一定知道除《窦娥冤》之外，他所推崇的元代"传奇曲本"中，几无西方定义下的所谓"悲剧"。他强调悲剧与喜剧，又在史诗之外为中国建立起一套前所未有的文学价值体系[1]。

我们可以循此再谈者，更大的关注点是欧人有史以来未尝须臾离的修辞学，以及由此衍生出来的所谓雄辩术或"文章辞令之学"。这套学问系统，中国并非没有，而是科举兴起后方见式微（《晚明》，页34）。不过艾约瑟的比较一针见血，他汲汲为中国人解释欧洲有一套中国所缺乏的政治制度，所以修辞学才会蓬勃发展，迄今未休："西国政教皆有议会，反复辩论，故尤尚辞令。"（《六合》，页525）《六合丛谈》专文所论的恺撒（该撒；Julius Caesar, 100—44 BCE）、西塞罗（基改罗；Marcus Tullius Cicero, 106—43 BCE），甚至是柏拉图（百拉多；Plato, 427—347 BCE）或修昔底德（土居提代；Thucydides, c. 460—c. 395 BCE）诸人，无一不是雄辩滔滔之士，辞扣不竭[2]。所谓"辞令之学"，高一志或艾儒略在明代即有专文介绍。他们或如前以"文科"笼统称之，或以"勒铎里加"音译而精细审之（《晚明》，页23-31）。在《基改罗传》中，艾约瑟借西塞罗生平的介绍，首先用哲学（性理之学）结合辞令之学，继而颠覆了柏拉图以哲学驳斥修辞学之举，反为修辞学的正当性背书，甚至搬出古来七艺，强调"文章辞令之学"古已有之（《六合》，页525），是谁都得钻研的学统。西塞罗从小喜欢听人演辩，尤好性理辩论，著作的强项之一即"议论辩驳之法"，强调辩才的养成，艾约瑟译其书之一曰《辩驳记》（《六合》，页638-639）。《六合丛谈》之前，艾约瑟在《遐迩贯珍》上已经写过另一

---

[1] 下面艾约瑟还讲了一段重要的话："西人著书，惟论其才调优长，词意温雅而已，或喜作曲，或喜作诗，或喜作史，皆任其性之所近，情之所钟。性情既真，然后发为文章，可以立说于天下，使读之者色然而喜，聆之者跃然而心服也。夫人既抱不凡之志，负非常之才，著书劝世，以仁义道德为本，岂不甚善？"见《六合》，页557。

[2] 柏拉图不喜修辞，世所公认，见 PCD, 447a-465e。但他的对话录托诸苏格拉底，而苏氏却是世所公认的辩驳名家。柏氏的语录体，艾约瑟方之"中国庄列体"，也算窥得堂奥，见《六合》，页682。

篇西塞罗的传记，而且中译了一段西氏的神人之说，偏重有异[1]。《六合丛谈》里，艾约瑟重弹明代耶稣会已经弹过的老调，但和明代会士有异的是，他也为中国开出了一服现代化国家讲求"现代"必备的"良方"，不仅关乎政体与国体，也关乎文学知识系统的强调之一的"文体"。

上面我转介的艾约瑟所述的西方文学知识系统，包含艾儒略在《西学凡》等书述"文艺之学"时所谓的"自撰文章议论""各种诗文""古贤名训"等等。《六合丛谈》甚至连"各国史书"也一并论及了，所以谈到希罗多德（黑陆独都; Herodotus, *c.* 484—*c.* 425 BCE）与前及修昔底德两家，亦即把《历史》和《伯罗奔尼撒战争史》都纳入了"西方文学"的范畴（《六合》，页 699–700 及页 751–752）。普利尼（伯里尼; Pliny the Elder, 23—79 AD）脍炙人口的《自然史》（《博物志》），在某个意义上既是"各国史书"（《六合》，页 752–753），又是宇宙万象的"自撰文章议论"，视之为文学，并非不合西方人的文学观念。文艺复兴时代以前，历史乃文学的一环。希罗多德广搜史料，实事求是，"用笔喜仿古法，水到渠成，自在流出，绝无斧凿痕迹"（《六合》，页 752），而修昔底德"作史也，出于耳闻目见"（《六合》，页 699），态度同样严肃异常。普利尼之书则"文笔颇佳，从积学而成"（《六合》，页 753）。19 世纪下半叶科学治史成风，但即使此时，艾约瑟文中仍暗示"土居提代"的战史所载"卿士议政，将帅誓师之辞"或非"耳闻目见"，而"黑陆独都"作史也是文史不分，人神不论，至于普利尼的书，那就"呵神骂鬼，荒诞不经"了（《六合》，页 752），无一不可作文学观。职是之故，《六合丛谈》介绍的"各国史书"确常让想象高出经验，由"史"驯至为"文"，读来是有点新历史主义（New Historicism）的况味。艾约瑟一旦祭起比较文学的大

---

[1] （清）艾约瑟、蒋敦复:《马可顿流西西罗记略》，载《贯珍》，页 454–455。此文作者，我据沈国威之说，见所著《〈遐尔贯珍〉解题》，页 120。

纛，我们在他的译介中看到的便系中国传统文学走入幕后，反朝西方舶来的文学新知一步步走去。系统的建立已为时不远，甚至早已展开[1]。

《六合丛谈》以文学的今义拟在华介绍新的知识系统，其中在艾约瑟所指之外最为攸关本章者，厥为章前我所称的"灵修文学"。19世纪后半叶，中文文学界犹不熟悉灵修文学一词，然而艾约瑟在《六合丛谈》第3期就已感叹纵然在欧洲，其时"著书劝世"以"感动人心者多"，而"用以导人崇敬天父者鲜"（《六合》，页557）。换句话说，艾约瑟借整套《六合丛谈》最想在中国建构的文学系统乃和"导人崇敬天父"有关，而类此文学系统，当然和宗教上的虔信、虔敬与礼敬有关，也就是所谓"灵修奉献"的文学新貌，宜归宗教文学之属。

为灵修文学下定义的近人，其贡献最为完整者，我想应推狄特摩尔（Michael Ditmore）。就载体而言，灵修文学有广义，指任何能够攀近天主或上帝的艺术手段，包括电影、电子书、音乐光盘、网络与坊间常见的灵修小册等，但传统由文字与印刷组合而成的书刊仍为主要的传播媒介，其内容更以西方传统纳为"文学"者居多。所以个人每由内心与对外表现入手，从基督的生死、下葬与复活等生平出发以修习灵性生活，借此改变自己以成为"生命新人"。凡此行为，都可称为"灵修实践"（devotional practice）。《罗马书》中保禄有句话，就是此意："你们不可与此世同化，反而应以更新的心思变化自己，为使你们能辨别什么是天主的旨意，什么是善事，什么是悦乐天主的事，什么是成全的事。"（罗12:2）虽然如此，灵修文学如就其狭义一面观之，仍需一切带有文学的质素成全。《圣经》本身就是一部灵修文学；各部《福音》都是有首有尾的叙述体，其中有人间或神圣的代行者（agents），而场景（setting）与

---

[1] 参见何绍斌：《越界与想象：晚清新教传教士译介史论》，页242–272。有关"文学"在近代和中外观念互动而形成今义的详情，见李奭学：《八方风雨会"文学"》，即将发表于《东亚观念史集刊》第10期（2017年1月）。

情节（plot）亦一应俱全，当然是灵修文学的楷模。凡人也可创作礼敬天主或耶稣的各种文类，是以任何铭刻而成的文本，任何可借以确立"基督徒内在的独一无二的特性"（the unique interior Christian self）的文本，都是灵修文学。由《圣经》激发出来的诗文，只要经得起时间的考验而流传下来，当然也可如是呼之。果然又可引人和天主结合为一，以基督为生命效法的对象则更佳。从灵修文学广狭合一的角度看，除了像一般文学也追求文字的美感（aesthetics）外，灵修文学最大的特色乃在歌咏天主、颂扬上帝，以基督或其相关的精神为内容首要。其次是精神追寻（spiritual quest）所衍生的"朝圣之旅"（pilgrimage），目的地可以是人间某某圣地，倘化为隐喻，则目的地也可以是"天"或"天堂"，总之就像奥斯定在《天主之城》里明白指出来的"朝天而行"（*CG*, 2:109ff）。再次是由精神追寻变化出来的"灵魂的圣战"（*psychomachia*），叙写基督徒如何超拔自身，躲避"钱财"等"万恶的根源"，而且还要"追求正义、虔敬、信德、爱德、坚忍和良善"，以便"打这场有关信仰的好仗"，借以"争取永生"（弟前 6:10–12）。职是之故，在文类上，灵修文学可以包括追思礼拜中的祷词（funeral sermon）、圣传（hagiography）、致命记（martyrology），以及各种基督徒的生命叙录如心灵日记（spiritual journal）、日记（journal）、传记（biography）与自传（autobiography）等。这些文类可出之以诗，以文，甚至可以韵散合一。在这层意义上，但丁的《神曲》、弥尔顿的《失乐园》、奥斯定的《忏悔录》、圣依纳爵的《心灵日记》等西方伟构，无一不可以和《福音书》《雅歌》《圣咏集》或《出谷纪》等《圣经》中的名篇佳构并驾齐驱[1]。

如果从新教教士的文化贡献来看，清末灵修文学的源头似乎不应从

---

[1] 以上有关"灵修文学"的定义，我颇受下文启发: Michael Ditmore, "Devotional Literature," in George Thomas Kurian, et al., eds., *The Encyclopedia of Christian Literature*, vol. 1: Genres and Types/ Biographies A–G (Lanham, Toronto and Plymouth: The Scarecrow Press, 2010), pp. 57–60。

《六合丛谈》算起：这本杂志的前身《遐迩贯珍》——且不谈在此之前的《东西洋考每月统记传》或《察世俗每月统记传》——已大略触及。就《圣经》而言，《遐迩贯珍》对新、旧两《约》都有专文论之（《贯珍》，页 572-574），《六合丛谈》亦然。在教史方面，《遐迩贯珍》不但如前所述论及系出同源的四大宗教，而且也刊出了数学名家李善兰（1811—1882）的《景教流行中国碑大耀森文日即礼拜日考》（《贯珍》，页 465-466）等文，甚至重刊了《大秦景教流行中国碑》（《贯珍》，页 403-404），呼应了《六合丛谈》中的《景教纪事》长文[1]。如此作为，有如明代天主教之引景教为先驱一般，目的都在说明"耶稣真教……流入中国……历时已久，非创自今日也"（《贯珍》，页 404）。若以圣传或致命记而论，我们则可见译名"若晏"的圣女贞德（Jeanne d'Arc, 1412—1431）传传之（《贯珍》，页 537-538），为整个基督宗教崇敬的"奇迹"再作解释。当然，就现代人最关心的主流文学而言，《遐迩贯珍》早已译出了第一首"英语"名诗弥尔顿的《论失明》，而其译者前言也明白介绍"米里顿"为"万历年间"的英国诗翁，著有长诗《乐囿之失》（*Paradise Lost*），"诚前无古，后无今之书也"（《贯珍》，页 618）。

沈国威以为弥尔顿的《论失明》之译，乃艾约瑟与蒋敦复后来在《六合丛谈》辟《西学说》专栏以引介"西方文学"的先声（《贯珍》，页 106）。此语当然不尽属实，盖如前述，郭实猎在《东西洋考每月统记传》中早就介绍过"米里屯"，而且介绍起来披沙拣金，要言不烦[2]。不过就

---

[1] 佚名：《景教纪事》，见《六合》，页 611-614。为配合此文，并让中国人多了解叙利亚古代和基督宗教的渊源，《六合丛谈》第 1 卷第 13 号随后又推出佚名者的下文：《叙利亚文圣教古书》，见《六合》，页 715-716。

[2] 郭实猎的引介如下："夫米里屯当顺治年间兴，其诗说始祖之驻乐园，因罪而逐也。自诗者见其沉雄俊逸之概，莫不景仰也。其词气壮，笔力绝不类，诗流转圜，美如弹丸。读之果可以使人兴起其为善之心乎，果可以使人兴观其甚美矣，可以得其要妙也。其义深奥而深于道者，其意度宏也。"见［郭实猎］：《诗》，在《统记传》，页 195。

弥尔顿的宗教精神而言——某个意义上他比较倾向天主教，遵从的还是利玛窦称之为"古贤"的伯拉纠（Pelagius, *c*. 354—*c*. 420/440）[1]——他前导的应该是《西学说》中少数有关古教父的评介性专文如《阿他挪修遗扎》等等（《六合》，页 715）。《遐迩贯珍》也刊载了罗伯聃译《伊索寓言》，几乎逐期连载（例子见《贯珍》，页 700）。就《伊索》夹杂在宗教文本间的位置观之，我想和《六合丛谈》内韦廉臣（Alexander Williamson, 1829—1890）连载《真道实证》的意义仿佛（例子见《六合》，页 540–543）都有强烈宗教启蒙的味道，说来又和明末金尼阁《况义》的翻译目的相去不远。

既然提到金尼阁的《况义》，我想就基督宗教的灵修或奉献文学而言，新教的介绍恐怕不如旧教的直接中译来得泽被当世与后代。灵修文学对《圣经》的选择性阅读十分在意，而从明末到清末，这方面的成就，当然以阳玛诺译《圣经直解》成书最早，成就也最高。全帙三卷殆由《福音书》取材，以供礼仪年各瞻礼日之用，方法上几乎就是狄特摩尔期待的可供灵修实践之用的《圣经》节本。我在本书第九章已约略讨论过阳氏此译，兹不赘；不过我仍应特别指出，予以表彰。明末他译如《励学古言》、《达道纪言》、《交友论》、《二十五言》和圣德肋撒的《圣记百言》等书，一面践行了艾儒略所提的"古贤名训"，一面也以最简洁的方式传达了灵修实践不可或缺的宗教氛围。至于圣传或致命记，则是向天主交心最直接的文学表现。致命记本身乃圣传，当可视情况而化为圣传的一部分，而且往往出现在传主生命高潮迭起之际。有明一代，天主教耶稣会译出的圣传各有代表性，显非随兴之举。龙华民的《圣若撒法始末》乃教争的产物，但是此译一出，中国和东西两洋并中亚、西亚的

---

[1]　Cf. Anthony C. Yu, "Life in the Garden: Freedom and the Image of God in *Paradise Lost*," in his *Comparative Journeys: Essays on Literature and Religion East and West* (New York: Columbia University Press, 2009), pp. 52–76. 利玛窦的话见所著《畸人十篇》，在李辑，1:154。

若撒法故事一气贯通，同时加入了举世文化史上气势最为磅礴的"译举"之一，其意义之大，非同等闲。圣依纳爵对《天主降生言行纪略》前身的《耶稣基督传》情有独钟，潘凤娟与宋刚均有详论[1]，本书故而略之，不再赘述。但影响依纳爵力量相当的《圣传金库》，高一志多少也已译出了部分，我则择要从圣人所以为圣人的角度加以评论。此书即使不论其对依纳爵的影响，本身的中译也是译史大事，因为书中重要圣人的专传在西方影响力之大，恐怕只有专攻基督宗教文学的专家心知肚明。其他重要性近似的译作，还有汤若望和王征合译的《崇一堂日记随笔》。汤、王之书虽然强调奇人异事，然而其原文多从《沙漠圣父传》撷取，称之为《沙漠圣父传》在华最早的节译本，并无不可；而就我所知，包括圣安当在内的这些异人奇行，迄今中文世界尚不见直接由《沙漠圣父传》的拉丁译文译出者。汤若望和王征的初心，不过在于阅读教中圣人的奇迹，不料所得却是一部曾深刻影响欧洲文学的专著。《崇一堂日记随笔》中的"随笔"乃王征的翻译心得，系他个人的情感投射，对所昭事的天主用心之诚之笃，视为奉献或灵修文学更是言之成理。凡是圣传，必含奇迹。天主教世界里，唯有耶稣和玛利亚的奇迹，中文方得以"奥迹"译之。高一志另译《圣母行实》三卷，重点之一便是玛利亚的"奥迹"，凡一百条左右，和其他两卷关系密切，是事实与理论的印证，也是玛利亚生命不死的保证，更是灵修文学攸关民俗传统的最佳见证。

　　灵修文学也可以音乐相关的形式表现，艾儒略在《西学凡》中告诉我们：在西方人的"文艺之学"或"文学"观念中，"又附有……拊奏之乐"（李辑，1:28），以故明末西学东渐才刚冒出头来，我们幸而就得见利玛窦中译而得《西琴曲意八章》。《西学凡》强调律吕家有其要责，"在音

---

[1]　见潘凤娟：《述而不译？艾儒略〈天主降生言行纪略〉的跨语言叙事初探》，《中国文哲研究集刊》第 34 期（2009 年 3 月），页 111–167。宋刚：《从经典到通俗：〈天主降生言行纪略〉及其清代改编本的流变》，《天主教研究学报》第 2 期（2011 年 7 月），页 208–260。

声相济为和"（李辑，1:38）。1601年，利玛窦进贡西琴一具入宫。此琴或已毁于闯军和清军的两次入宫蹂躏，所以《西琴曲意八章》的"音声"这一部分，我们几乎只有二手传播，不得其详。不过朱维铮以为这八首中国首见的欧洲歌词"大致取材于《旧约·诗篇》"，而利玛窦乃有意以此和达味——以及达味和耶稣——之间的关系期待于明神宗，希望他能效法天主教"理想的统治者"，进而变成基督徒（朱本，页240）。朱氏这套推论也许可能，不过不完全合理，本书第二章言之甚详。话说回来，《西琴曲意八章》果如朱维铮所论，岂不更坐实了其灵修文学的身份？利玛窦所传的律吕一道，直到清初，都还有耶稣会士赓续其志，将西式乐理直接传入中国，从而译出了《律吕正义》一类的专门著作[1]。不过这方面所需的知识，已超出了我论明代中译的西方文学的能力，我只能野人献曝，指出音乐的组成必含"歌词"与"音声"或"声律"，所以《西琴曲意八章》仍有其在歌词（lyrics）以外的"声律"（lyricism）可言，容得了专家钻研，否则利玛窦所带来的词曲合一的灵修文学，我们不就仅知其一，不知其二了吗？

从音乐的角度再看，我们还可回顾艾儒略中译的《圣梦歌》。就其英国传统而言，这首诗并不借乐鼓唱，然而艾译命之为"歌"，音声韵律显然就在意下，而且大有向中国古来的"歌行体"看齐之意。歌行体源自乐府诗，常用"歌""行""唱""引""弄""吟""曲""调""辞"等字命名。既属乐府的传统，歌行体的音节、格律就自由，句式往往也长短交错参差，有五、七与杂言等多种，变化多端，数量不限。我们熟悉的《孔雀东南飞》，长达351句，比《圣梦歌》还多了75句。不过《孔雀东南飞》系五言诗，在用字的总数上，方之《圣梦歌》，仍然略逊一筹。乐府诗出自民间，大多反映生民的喜怒哀乐，自然不比诗之雅正者好大喜

---

[1] 参见本书第二章，另见方豪：《中西交通史》，5册（台北：华冈出版公司，1977），5:15-19。

功，所以主题上多缘事而发，感于哀乐，尤显消极厌世。中国歌行体的诗，艾儒略所译已雄倨一方，可以和北朝诸译平起平坐，而中国文学史是再也不能否认此一事实了！中国译史势必重写，理所当然。从欧洲传统来看，《圣梦歌》当属辩论诗，民间的宗教意味浓，但写作形式仍在欧洲中世纪的修辞学体系之内，辩论上有其固有的起承转合，而这就不是乐府诗的传统（convention）所能局限。是以《圣梦歌》游移于中西之间，从形式到内容都是古来仅见，在"灵魂的圣战"这个题旨上，更是中文灵修文学少见，殊性特强。

明末耶稣会是否曾引介西方文学于中国？这个问题，观诸本书——或许就拿《圣梦歌》为例吧——我想读者自有公评。不过许理和特别钟情于《譬学》，而他对此书的看法，我认为倒正确无比。高一志在西洋修辞学上的认识，功夫炉火纯青，而《譬学》内文的逻辑结构，最近也因有人从符号学的角度重厘之，变得更加澄明。所谓"譬式"与"辞格"的考订，近人的研究尤显精湛。我们对《譬学》的了解，接下来应该突破的是最难的一关，亦即高一志所本源文为何；而这点近年来也大有进展，晚明译史与中西文学关系史的研究向前迈进了一大步。《譬学》内文收录了约六百条的例句，多为格言式的联比，广义言之，可以天主教的"智慧文学"（wisdom literature）看待[1]。就在华耶稣会的传统来讲，联比式格言上承利玛窦的《交友论》，下开罗雅谷中译的《圣记百言》（《法国图》，23:419–470），乃明末耶稣会灵修文学重要的成员之一，反映出利玛窦等人向《圣经》篇什借取智慧的智慧。高一志又为《譬学》译写了一篇

[1] 林熙强：《修辞·符号·宗教格言——耶稣会士高一志〈譬学〉研究》（新北市：中原大学基督教与华人文化社会研究中心、台湾基督教文艺出版社，2015），页93–320；金文兵：《高一志与明末西学东传研究》（厦门：厦门大学出版社，2015），页82–101及227–235；以及林熙强：《高一志〈譬学〉中例句之译源初溯：从老蒲林尼〈博物志〉探起》，《中国文哲研究通讯》第22卷第1期（2012年3月），页73–85。

理论性十足的序言，一开头就暗示人类的智慧难以胜天；若其如此，高氏效《圣经》所译的譬喻类智慧，应该也是他颂赞所信天主最高的智慧。

天主就是基督，"效法基督"乃灵修文学最常见的主题，虽然"如何效法"，文学史上争议不断[1]。本书最后所论的《轻世金书》，是欧洲文学史上就"如何效法基督"提出的答案的高明之最。耿稗思要人弃俗就圣，从师法圣人，从阅读《圣经》，从领受圣体，一步步超越自己，最后让灵魂与天主缔结为一。《轻世金书》为"新虔信运动"的代表作，"虔信"二字，我们也可以译为"奉献"或"灵修"，所以阳玛诺中译的《轻世金书》，恐怕是入华耶稣会最具代表性的灵修文学。全书不但对此着墨连连，拟借此臻至天主怀抱；全书也将灵修变为精神之旅的隐喻，是个人向天主迈进的"朝圣行"；全书更以温和但坚定的语气教人"遵主圣范"，提升自己。不论是上述哪一个层面，《轻世金书》都符合现代学者对于灵修文学的定义。阳玛诺的中译本，体效《尚书》，尤其是其中的谟诰之篇；而这点绝非毫无意义，对不少明清之际在华耶稣会士而言，文体（style）是"经"之所以为"经"的原因，文体所托的"寓言"也是理解"经"的关键要著（NLS, pp. 190 and 244）。阳玛诺以谟诰体翻译，因此说明他拟用中文把《轻世金书》"经典化"，拟从寓言的角度回省此书，以故最得上述灵修文学的旨意，可把耿稗思再度推向"经典作家"的行列，而——是的——阳玛诺译《轻世金书》，早已在文言文的时代变成天主教翻译文学的经典之作，更是上述所有灵修文学的典范里的典范，值得文学翻译史的学者大书特书，彰显其内在价值。

---

[1] Michael Ditmore, "Devotional Literature," in Kurian, et al., eds., *The Encyclopedia of Christian Literature*, 1:59.

中国早期现代性

梁启超研究清代学术大势，指出前此中国曾经历过一场"文艺复兴运动"，而且直指这场运动的触媒乃晚明耶稣会士。李天纲研究梁氏对清代学术的看法，继之指出明清之际早已可见某种"早期现代性"（early modernity），而前此暗示者并不乏人，虽然漠视者更是所在多有。李天纲所谓早期现代性的内涵包括两个层面：全球性的概念与学术典范的转移[1]。李氏所言甚是，但全球性的问题涉及舆图的引入与翻译，学术典范的转移则与经世致用的实学有关，尤其关乎实学的肇建与——又是——翻译，他则未予指出。明末的文学翻译，他同样只字未提，相当可惜。殊不知明末的文学翻译和中国早期现代性的联结匪浅，论及现代性一类的课题，实不宜轻易略过。

在《天主实义》上卷首篇中，利玛窦尝和某"中士"对话，可能是他在白鹿洞书院和友生论学的拟仿。我们犹记得当时他心有不平，抱怨中国"儒者鲜适他国"，因此昧于欧洲的文化和语言，当然也不"谙其人物"（参见本书页 8）。所以利玛窦希望能中译西籍，沟通文化。其后艾儒略矢志翻译，还拟传授欧洲语言，使华人可以移译西书。利玛窦和艾儒略对中国士子的批评和期待，反映出中国虽号称译史千年，但肇自东汉末年而止于北宋的译史经验，似乎仅仅锁在佛教的出经文化中，顶多外加少许隋末唐初景教和摩尼教等外来的宗教译事罢了。中国"儒者"在"翻译"一道上——即使包括历代他们都不能置身事外的朝贡大典等外交礼仪——几乎是彻底地"置身事外"了。利、艾二公另外明说暗示的，还有相关的另一点：中国"儒者"恐怕绝大多数连四裔的"外文"也不懂，

---

[1]　Li Tiangang, "Chinese Renaissance: The Role of Jesuits in the Early Modernity of China," in Yang Huilin and Daniel H. N. Yeung, eds., *Sino-Christian Studies in China* (Newcastle: Cambridge Scholars Press, 2006), pp. 27–37.

更不必说"欧逻巴的语言"。

倘不计佛门译经僧，中国历代"士子"中，能致力于译事或对外文略知一二者，明代之前，管见所知唯有谢灵运（385—433）与郑樵（1104—1162）等极少数人[1]。尽管如此，这些人仍不以翻译名世。刘禹锡（772—842）甚至贬抑翻译，所为诗《送僧方及南谒柳员外》还道"勿谓翻译徒，不为文雅雄"[2]，连方外人士中译梵典也不值。金代、明代与清代虽偶有翻译科考之开，遴选"笔帖式"一类的职才，他们毕竟不能等同于明经进士，乃"通事"一类的技术官僚而已[3]，可想在中国传统士子的脑海中，几无我们今天视为理所当然的翻译观，而译者历代在华地位之低，也几乎难与欧洲近代并比[4]。耶稣会士在明末来华后，或有中国修士从之习拉丁文，但奉教而非神职人员的士子中，当亦有人严肃面对就其而言几乎是全新的语种。利玛窦犹称健在时，浙人张焘（?—1632?）入教，曾随之课读拉丁文，"凡年中各瞻礼所用的经文，都可颂读"[5]。

---

[1]　Victor H. Mair, "Cheng Chi'ao's Understanding of Sanskrit: The Concept of Spelling in China," in his *China and Beyond* (Amherst and New York: Cambria Press, 2013), pp. 185–205. 有关谢灵运，参见 Richard Mather, "The Landscape Buddhism of the Fifth-Century Poet Hsiueh Ling-yün," *Journal of Asian Studies* vol. 18, no. 1 (1958), pp. 71–72.

[2]　（唐）刘禹锡:《送僧方及南谒柳员外》，收陶敏、陶红雨（校注）:《刘禹锡全集编年校注》，2册（长沙：岳麓书社，2003），1:231。

[3]　以上参见马祖毅:《中国翻译简史:"五四"以前部分》，增订版（北京：中国对外翻译出版公司，1998），页47–48，页176与233。隋僧彦琮著《辨正论》，在历史上首揭梵文为佛典"原文"之"正"者，甚至要求译经僧都得学习梵文以译梵典，此亦"正"之另义也。见彦琮:《辨正论》，在罗编，页44–47。

[4]　明代是少数的例外，参见王宏志:《"叛逆"的译者：中国翻译史上所见统治者对翻译的焦虑》，见所著《翻译与文学之间》（南京：南京大学出版社，2011），页1–43。不过话说回来，19世纪之前，翻译在欧洲几乎也边缘化了。大译家纵然以男性居多，翻译却似乎被贬为"女身"，中世纪以来，甚至仅可谓"女子进入文坛的晋身之阶"，见 Sherry Simon, *Gender in Translation: Cultural Identity and the Politics of Transmission* (London: Routledge, 1996), pp. 1–2 and 39–85.

[5]　这是曾德昭所述，见 *Le Petit Messager de Ningpo*, nos. 7–8 (1932), pp. 170–171. 这条资料，我系从方豪得悉，见所著《拉丁文传入中国考》，在《自定稿》，1:17。下面所谈早期中国人学习拉丁文的历史，我仰赖方豪此文处颇多。

《西儒耳目资》说起来是一部供外来教士学习中文用的字典，但是书中以韵分类，用二十九个音素把中国南京官话和欧洲语言的发音系统联系起来，反倒变成其时中国士人学习拉丁文的入门书。天启六年（1626），金尼阁在晋主笔此书，由陕人王征校定，刊刻流行。王征亦从金氏习拉丁文，可惜所知不出"字母字父"及发音，"顾全文全义则茫然其莫测也"[1]。因《西儒耳目资》而对拉丁文有所了解者，另有兼擅音韵的杨选杞（生卒年不详），所习比王征更进一步，能活用拼字以制韵谱[2]。明末再因《西儒耳目资》而习拉丁文的士子中，文名藉甚者首推当时四公子之一的方以智（1611—1671）。他交善于毕方济，流寓南京时可能因此而得悉《西儒耳目资》[3]。拉丁文的文义，方以智的了解如何，我们一无所知，不过在发音方面，他应该懂得，所著《通雅》第五十卷可窥用功之勤[4]。惜乎包括方以智在内的明末士子，恐怕也没有一位可以独力译书。即使到了康熙二十年（1681），吴历（1632—1718）随柏应理赴澳门，学道于圣保禄书院而初读拉丁文，情形依旧是"我写蝇头君写瓜，横看直视更难穷"（章注，页283）[5]，况乎明末！若论翻译，当时诸子仍得像佛教初年立下的传统，采土洋合作的模式。《几何原本》虽有瞿汝夔协译在前，但前六卷悉数完成，仍有赖徐光启敦请利玛窦中译而得，而《达道纪言》也是韩云（万历

---

[1] （明）王征：《〈远西奇器图说〉录最》，见（明）邓玉函（口授），王征（译绘）：《远西奇器图说》，2册（北京：中华书局，1985），1:8-9。

[2] （清）杨选杞：《声韵同然集纪事》提到《西儒耳目资》在其时流行的状况："辛卯，〔余〕糊口旧金吾吴期翁家，其幼子芸章一日出《西儒耳目资》以示余。余阅未终卷，顿悟切字有一定之理，因可为一定之法。"这里"辛卯"指1651年。杨文我未见，乃引自罗常培：《杨选杞〈声同然集〉残稿跋》，《史语所集刊》第1本第3分（1930），页339。

[3] 参见（明）方以智：《滕寓信笔》，见（清）方昌翰等（辑）：《桐城方氏七代遗书》（日本国立公文书馆东洋文库藏光绪十六年版），页19b及26a。方以智和西学的关系，见徐光台：《熊明遇与幼年方以智——从〈则草〉相关文献谈起》，《汉学研究》第28卷第3期（2010年9月），页259-290。

[4] 方以智：《通雅》第50卷，见李学勤（主编）：《中华汉语工具书书库·雅书部》第15册（合肥：安徽教育出版社，2002），页136-142。另见《自定稿》，1:4。

[5] 章注，页179；参见李向玉：《汉学家的摇篮：澳门圣保禄学院研究》，页119-120。

四十年中举）邀高一志口授出之[1]。

我们若可不计修习程度与人数的多寡，若可以杨选杞与方以智为限再谈，则中国士子敞开胸怀，不完全因宗教信仰而重视外文一事，首开其端者似乎依然得推明末，而这已是划时代的历史大事了。进入清初，学习外文似乎变成官场与学界部分士子拒绝"泥古"的方法之一。在野的一面，我们看到康熙时代的沈福宗（1657—1692）因柏应理教导，已可操拉丁文往游欧洲[2]，而刘献廷（1648—1695）更以史家之才，涉四裔知识，远及欧逻巴。拉丁文或荷兰文，俱在其囊括中，也用来研究中国的声韵之学[3]。康熙癸未年（1703）熊士伯（生卒年不详）编《等切元声》，更依拉丁字母成书。在朝，康熙本人有某种程度的拉丁字母基础，御令编成的《康熙字典》或受影响。康熙至雍正年间，满人在俄罗斯人或西洋教士教导下习拉丁文者颇有其人，而最迟到了雍正七年（1729），宫中西洋馆成立，由巴多明（Dominique Parrenin, 1665—1741）与宋君荣（Antoine Gaubil, 1689—1759）共掌教席，满汉子弟同学"辣第诺语言文字"。据方豪查考，四夷馆所出的《华夷译语》收西洋馆文字六种，其中便有"拉氏诺语"达五卷之多。清初这些朝野人士的欧语程度如何，我们亦无所悉。然而若含天主教内的人士，则墨井道人吴历迈入花甲之

---

[1]　今本《几何原本》中译的发起者，几近无头公案。徐光启的书序道是徐氏请译西籍，利玛窦"独谓"《几何原本》未译，"则他书俱不可得论"，遂共译之（李辑，4:1924），而利玛窦的译序反称自己有意为之，及遇徐光启，因请共译，见李辑，4:1938—1940。话说回来，《中国传教史》中，利玛窦又有另说，道是为方便传教计，徐氏因请共译之（FR, 2:356）。以当时徐光启亟思认识西学的情况来看，我觉得他首议译书的可能性较大，虽然前此利氏与瞿太素可能已译得一卷，参见 Peter M. Engelfriet, *Euclid in China: The Genesis of the First Chinese Translation of Euclid's Elements in 1607 and Its Reception up to 1723* (Leiden: Brill, 1998), pp. 84-86。韩云邀高一志译《达道纪言》，事见所作《达道纪言·序》，在《三编》，2:660。

[2]　参见潘吉星：《沈福宗在 17 世纪欧洲的学术活动》，《北京教育学院学报》（自然科学版）第 2 卷第 3 期（2007 年 6 月），页 1-8。

[3]　（清）刘献廷：《广阳杂记》（北京：中华书局，1985），页 152-153。另见徐海松：《清初士人与西学》（北京：东方出版社，2000），页 184；以及《自定稿》，1:4-5。

前，或往后再延而到了他晚年之际，看来确可"横读辣丁文"了。《三余集》内的《西灯》一诗中，他"擎看西札到，事事闻未闻"（章注，页283）[1]，方豪评之曰："道人能读西扎，其拉丁文造诣，必不平庸。"（《自定稿》，1:17）乾隆朝来华的耶稣会士钱德明（Jean Joseph Marie Amiot, 1718—1793），还提过某中国人康氏曾留法十年，可以拉丁文撰文作诗，一如西方人，语言能力当又在吴渔山之上了（《自定稿》，1:23）。

总而言之，中国人在明清之际，多少已因天主教而开始重视西方文字。鸦片战争后的新派人物曾走的开明大道，此刻已经走得甚为显然。西方现代始于文艺复兴时期，而文艺复兴诸多的肇因之一，和人文主义（humanism）要求的欧洲与东方古典语言的训练有关，"语言"因此是东欧以外欧洲现代性的构成成分之一。拉丁文不但是"人文学科"（*studia humanitatis*）必备的语言工具，也是所谓"天主教人文主义"（Christian Humanism）发展的基础。这两种人文主义有一共同特色——翻译。如其属于古希腊与古罗马的一面，则翻译所译大多与人类价值的提升有关；如其为《圣经》希伯来文与希腊文的改译，则强调的是以文艺复兴时期的拉丁文回头重诠新、旧两约的内容：审订版本，核校旧译。北方文艺复兴运动的巨擘伊拉斯谟，便是此道的代表性人物。中国士子的职责不在上述欧洲文化的内容，但因心中已有外文的观念，不以为举世斯文尽集于"国文"，所以清代中叶以后，中国政府才会延览丁韪良在北京同文馆教授英文，进而将《万国公法》译竣，提升中国人在法律上的世界观。清政府也敦请傅兰雅坐镇中国南方，假上海江南制造局翻译馆中译声光

---

[1] 据陈垣的《吴渔山年谱》，《三余集》内收诸诗应为渔山离开澳门后所作，尤可能写于江宁与上海嘉定诸地，其时渔山已经晋铎，年近花甲，见《陈垣》，7:368–371。另参阅陈著《墨井集源流考》与《吴渔山生平》，在《陈垣》，页535–539及页772–801；方豪：《吴渔山先生〈三余集〉校释》与《吴渔山神父领洗年代、晋铎地点及拉丁文造诣考》，见周康燮（编）：《吴渔山（历）研究论集》（香港：崇文书店，1971），页90及361；以及章文钦：《吴渔山及其华化天学》（北京：中华书局，2008），页355–361。

化电农矿医学等专业教科书，试图维新自强[1]。

中国人的翻译实践，同时或其后自有严复（1854—1921）、林琴南（1852—1924），甚至是女性译家如薛绍徽（1866—1911）与陈鸿璧（1884—1966）等人在民间接手经营[2]。我们因此可视明末从利玛窦到阳玛诺等传教士的努力为清末译业的前驱，在为此时迟到的其他更多的西洋知识奠定基础。明末的译家有其翻译理论，我在本书导论业已提过，但多数的中译策略都是所谓"译述""译写"或"变译"[3]，罕见"只字不差"的现代定义下的翻译行为。明末译者立下的基础花开两朵，也就是翻译与创作兼而有之，而且往往同其声气，互有联系。举例言之，清末深受西洋影响或由西方移植而来的梦境文学，在某一意义上乃《圣梦歌》的东方延续。艾儒略中译的这首长诗虽写于13世纪之前的欧洲，但其中强调的圣梦观却不是中国传统中的吉梦一类。1626年，高一志刊刻《则圣十篇》，其中亦有专文论梦，目之为癫狂所致，不值得一哂（《法国图》，4:304）。然而再前两年，艾儒略的《性学觕述》祖述亚里士多德梦论，则区别有圣梦与正梦，都是可取之梦，圣梦尤然！《圣梦歌》叙写的圣梦系天主的启示，当为好梦。是故《圣梦歌》开译的尽管是西方传统，这个传统却由马若瑟在康熙盛世以中国意象奠基，以西方观念组构，

[1] Jonathan D. Spence, *To Change China: Western Advisers in China, 1620—1960* (Boston and Toronto: Little, Brown and Company, 1969), pp. 129–160. 另参阅熊月之：《西学东渐与晚清社会》，页 587–586。

[2] 有关薛绍徽，见 Qian Nanxiu, "'Borrowing Foreign Mirrors and Candles to Illuminate Chinese Civilization': Xue Shaohui's Moral Vision in the Biographies of Foreign Women," in Grace S. Fong, et al., eds., *Beyond Tradition & Modernity: Gender, Genre, and Cosmopolitanism in Late Qing China* (Leiden: Brill, 2004), pp. 60–101；有关陈鸿璧，见郭延礼：《近代女翻译家陈鸿璧》，在所著《近代西学与中国文学》（南昌：百花洲文艺出版社，1999），页 221–224。

[3] 所谓"变译"，是黄忠廉在《明末清初传教士变译考察》里的话，包括增（写、释、评）、减、编、述、缩、并、改等，见刘树森（编）：《基督教在中国：比较研究视角下的近现代中西文化交流》（上海：上海人民出版社，2010），页 54–67。在现象的描述上，黄氏的研究颇有参考价值。不过他颇拘泥于现代人逐字翻译的狭义译观，昧于"译述"或他所谓"变译"才是民国以前中国翻译史上的主流之实，而且所举的例子中，有颇多实非翻译，而是"重述"，所以说服力稍差。

终于清圣祖九年完成文言小说《梦美土记》。故事叙述者所梦者"美土"，乃避秦之地，甚至可以超升而化为天主教的乐园，又是好梦，可画归圣梦或正梦一类。待鸦片战争后，历史局面丕变；同类之梦，基督徒译写并出，极其显然。就写的一面言之，郭实猎前及的《悔罪之大略》撰于道光年间，叙某自称为"弟"者在重阳佳节攀藤附葛，登高而行，"忽觉疲倦，临睡且梦"（1:11a）。在译的这一面，我们看到咸丰三年（1853），宾惠廉（William Chalmers Burns, 1815—1868）已译得文言版班扬《天路历程》全璧；而宾译开头，主角也这么说道："我行此世之旷野，遇一所，有穴，我在是处偃卧而睡。"[1] 于是，他同样入梦去了。基督新教其后圣梦赓续，同光年间，来恩赐（David Nelson Lyon, 1842—1927）便译就《续天路历程》（班著第二部），以苏州土白刊印，而其开头又是"我从前做个梦，……近来因为有便，到俚个本乡去。……我拉树林里困觉，就又做之一个梦"[2]。于是，此一第一人称者再度走入梦乡，形成一个自西徂东的新传统。从晚明迄晚清，凡属"新派梦境文学"者，我总觉得不如艾儒略迄来恩赐这互为传承的一脉可圈可点，包括稍后李提摩太译的贝拉米（Edward Bellamy, 1850—1898）的乌托邦小说《百年一觉》（*Looking Backward, 2000—1887*）在内[3]。

或问道：这一脉有何特出之处，足以担当中国走入现代的文学先锋？如此问题的关键要著，韩南替我们回答了：郭实猎的《悔罪之大略》的

---

[1]（清）宾惠廉（译）：《天路历程》（澳大利亚国家图书馆藏咸丰三年［1853］版），页1a。宾译之前，慕维廉（William Muirhead, 1822—1900）也译有《行客经历传》（1851），系《天路历程》的节译本，我未及见。

[2]（清）来恩赐（编译）：《续天路历程》（上海：华美书馆，1896），页1a。这个版本用苏州土白译；来恩赐是传教士，教区就在苏州。

[3] 此书译者原署名"析津"，连载于《万国公报》第35—39册（1891年12月—1892年4月），时题《回头看纪略》。其后李提摩太再加节译，改名《百年一觉》，由上海广学会刊行（1894）。相关之讨论见邹振环：《影响中国近代社会的一百种译作》（北京：中国对外翻译出版公司，1996），页98—101，以及何绍斌：《越界与想象：晚清新教传教士译介史论》，页176-207。

主角自称"弟"，小说中却指"我"，所以郭著乃中国近代首次以第一人称叙事的小说[1]。宾惠廉与来恩赐所译继之，也以第一人称发声。的确，《游仙窟》与史传以外的传统中国说部，几乎都以全知观点敷衍，笼罩在如神一般的叙述声音之下而令故事"毫焉废哉"！所以不论西方还是中国古代，"叙述观点"（narrative perspective）殆非作家行文思考的重点：18、19世纪，欧美小说家才开始正视是类技巧[2]。话说回来，这里我得代韩南补充一点:《圣梦歌》尽管是诗，不是小说，叙述者彻头彻尾却是一个同样进入梦境的"我"，所见也是一个死后也会分裂成"魂"与"尸"的"我"，而这多少已在为将来的第一人称叙述者的翻译小说预作准备。所以转到清初，《梦美土记》的主角生变，变成小说头尾俱全的第一人称叙述者了。马若瑟所用仍非"我"字，他使的乃"旅人"一词；然而就小说整体观之，没有一景不是笼罩在"旅人"的眼界之中。《梦美土记》的叙述声音，因此是一自称"旅人"的"我"所发。易言之，"旅人"系马若瑟的"面具"（persona），而《梦美土记》可谓上承《圣梦歌》，下开《悔罪之大略》《天路历程》与《续天路历程》等著译中的小说叙述观点之作。韩南另曾指出，吴趼人（1866—1910）的《二十年目睹之怪现状》（1903—1910）系中国人写出的首部第一人称长篇小说，其中的叙述者"我"每每自称"九死一生"[3]。倘就"我"的概念之使用再言，我们或许也应补上詹鸣铎（1883—1931）由清末写到民初的徽商小说《我之小史》。此书书名已透露某种玄机：叙述者不是称"我"，就是自称"在

---

[1] Patrick Hanan, *Chinese Fiction of the Nineteenth and Early Twentieth Centuries*, p. 70.

[2] Wayne C. Booth, *The Rhetoric of Fiction*, 2nd ed. (Chicago: University of Chicago Press, 1983), pp. 149-150. 有关中国传统中叙述观点的问题，参见袁进:《中国小说的近代变革》，页106-128。

[3] Patrick Hanan, *Chinese Fiction of the Nineteenth and Early Twentieth Centuries*, pp. 162-182. 有关《梦美土记》，另见拙文《中西合璧的小说新体——清初耶稣会士马若瑟著〈梦美土记〉初探》，《汉学研究》第29卷第2期（2011年6月），页81-116。

下"，而后者当然也是个"我"[1]。

叙述观点乃文学技巧的要素之一，其之讲究正是西方小说现代性的一环。移之以就中国，理不分殊。尽管如此，中国毕竟仍有不同于西方的历史处境，谈现代，我们不能一概而论。在西方，现代相对于传统，一切"新"的发现、现象与价值，均系现代性的构成要素。在中国，"新"或"现代"也相对于传统而言，但因中国近代之"新"系外力促成，尤受欧美与日本的影响使然，所以欧美拟破的天主教——甚至包括基督教——等"二旧"，对多数中国人来讲，却是"全新"的历史现象。在中国，明末大量涌入的罗马天主教，因此不是"旧"教，徐光启或方以智等其时有识之士都视之为一股"全新"的力量。按照一般的说法，基督教挟西方之船坚炮利进入中国。明代多数的中国人并不否认欧人的科技优势，澳门为葡萄牙人所据，便拜他们表现在《葡国魂》中的船坚炮利之赐。即使袁崇焕（1584—1630）与孙元化（1582—1632）的宁远大捷或清人反过头来逐鹿中原功成，矛盾的也因葡人及耶稣会士如汤若望等倒戈支援或代制"红夷炮"使然，有襄助之功[2]。清末开启的中国人的认知里，基督宗教里的新、旧两宗因此都位居时间光谱中最近"现代"的一端。职是之故，天主教虽非西方现代性的表征，却是中国"现代"当仁不让的符号，就好像"新虔信运动"那个"新"（moderna）字也有"现代"的内涵，而《轻世金书》就此而言当也可谓"'现代'灵修"的

---

[1]（清/民国）詹鸣铎：《我之小史》（合肥：安徽教育出版社，2008）。主角自称的"我"或"在下"，小说中随处可见，例如第一回页72-73等。

[2] 见以下黄一农的三篇文章：《天主教徒孙元化与明末传华的西洋火炮》，《史语所集刊》第67本第4分（1996），页911-966；《红夷大炮与明清战争：以火炮测准技术之演变为例》，《清华学报》新26第1期（1996），页31-70；《红夷大炮与皇太极创立的八旗汉军》，《历史研究》第4期（2004），页74-105。

代表作 [1]。

欧洲文艺复兴运动肇端于 14 世纪。前此，学界认为欧洲另有"12 世纪文艺复兴运动"，在艺术和文学上都接受了不少希腊、罗马古典与阿拉伯东去的文化遗产 [2]，所以至不济，天主教在"近代"（early modern era）之外，也代表某种更早的中国"早期现代性"。梁启超在清末说过一段"反教之语"，然而我们却可因之而益见船坚炮利和基督宗教之间的互动，兼及西教在华形成的优势地位，尤其是相对于中国传统的某些"现代"质素，"近日士夫，多有因言西学，并祖西教者"，此因他们"慑于富强之威，而尽弃其所据"有以致之！ [3]

在中国，文学上的"早期现代性"的表现方式甚多，就本书的关怀而言，其之荦荦大者乃"外文"与"翻译"在明末即已演为"价值思想"（mentalités）一事。另富意义的是，明末所知的"外文"与"翻译"并不以欧洲的"现代语言"（modern languages）为限，矛盾的反而是以西方古典语言（classical languages）为主，尤其是拉丁文。即使时迄清末，西方古典语言仍然可代"中国现代性"发声，新派人士的言论中尤可清晰闻之。清末如冯桂芬（1809—1874）等思想与眼界都开明的士子不少，最具慧眼的，我认为莫如马建忠（1844—1900）与梁启超二人。马建忠盱衡中国积弊，1894 年巨眼宏观，看出了"翻译"不能令中央或地方上的洋务派再马虎其事，必须从头扎根，乃发表著名的《拟设翻译书院议》。马氏出使法、英多年，阅历既广，深知中国之不振系因闭关锁国，不通外文，对欧西情况一无认识所致。他蒿目时艰，所发谠论近似利玛窦

---

[1]　参见 John Van Engen, "Introduction" to his ed., *Devotio Moderna: Basic Writings* (Now York: Paulist Press, 1988), pp. 8–10。

[2]　See Charles Homer Haskins, *The Renaissance of the Twelfth Century* (Cambridge: Harvard University Press, 1927), esp. chaps 4, 5, 6, and 9。

[3]　夏晓虹（辑）：《饮冰室合集·集外文》，3:1168。

在《天主实义》中对中国儒者所下的批评。有鉴于西方重要国家"不惜重资，皆设有汉文馆。有能将汉文古今书籍，下至稗官小说，译成其本国语言者，则厚廪之"，马氏因此力主斥资译书，"不容稍缓，而译书之才"更是"不得不及时造就"也。马建忠遂有设立翻译书院之议。话说回来，他的见解最为深刻之处，我以为莫过于对于西方古典语言的重视："辣丁乃欧洲语言文字之祖，不知辣丁文字，犹汉文之昧于小学，而字未能尽通：故英法通儒，日课辣丁古文词，转译为本国之文者此也。"言既如此，马建忠当然希望书院学生都能在现代语言之外，课读拉丁文，甚至层楼再上，扩而及于希腊古语。马建忠期待中国人所译者，因此不止经济外交法律或器械等时人眼中的"实学"，还包括恺撒的《高卢战记》（ *Commentarii de Bello Gallico* ）等西洋古典[1]。总而言之，马建忠已超越了急功的洋务派，以为翻译应该深入西方文化，推至西人古来的经典著作。

马建忠对西方语言与文化的看法，梁启超踵继之。1896 年，梁氏发表《读西学书法》，强调译书的重要。不过书要译得无讹，"非习西文不可"。中国之所以远逊于日本，此乃症结所在。梁启超鸟瞰欧洲语言始末，熟知拉丁文是法、英等国语言之母，"故欲求能读西书，莫如先从拉丁文入手。闻一年之内，即可以自读各书矣"[2]。梁启超的"闻"其实乐观了些，不过他对一新中国应备的西方基本语言的看法倒显无讹，和

---

[1] （清）马建忠：《拟设翻译书院议》，见罗编，页 126–128。明末以来，恺撒或西泽（则撒耳）之名，部分中国人并不陌生，耶稣会著译中偶会提到，如高一志：《达道纪言》，见《三编》，2:672。但中国人对于恺撒有比较完整的认识，则始于蒋敦复的《海外异人传：该撒》。此文所述多为征战与兵威，以及恺撒集权称帝，终为密友所弑等事。蒋氏化身"逸史氏"，文末有评，比恺撒于嬴政之称帝，谓之乃"石勒、刘裕"之流也，见《六合》，页 543–545；另参见熊月之：《西学东渐与晚清社会》，页 204。不过在《罗马诗人略说》中，艾约瑟对恺撒的文字则多所称道，评来切中肯綮："该撒学问优通，文法精练而少穷理之思，盖欲记载得真，不愿以己学见长。"见《六合》，页 573。

[2] 夏晓虹（辑）：《饮冰室合集·集外文》，3:1169—1170。

马建忠的拟议前后呼应，而且呼吁愈强、愈急，在所著系列《变法通议》中力倡其利，甚至邀马氏之兄相伯（1840—1939）筹设北京译学馆，其后遂有上海震旦与复旦学院等重视西洋古典与翻译的新式学府成立（1903）。蔡元培（1868—1940）等新旧交替的转型中人，此时也都加入了研读拉丁文的行列之中[1]。当时中国的有识之士果然不凡，对西学的看法近乎明末艾儒略或高一志在《西学凡》《职方外纪》与《童幼教育》中之所陈。如果不论古今语种，马建忠与梁启超等人的翻译见解，不旋踵就会应验在稍后严复与林琴南等人的译作之中。

尽管如此，本书最后，我想强调的依旧是宗教文学的翻译，尤其是天主教灵修文学的中译。2000 年，韩南另有专文讨论《昕夕闲谈》（*Night and Morning*），誉之为中国首见的"汉译西方小说"[2]。《昕夕闲谈》乃英人李登（Edward Bulwer-Lytton, 1803—1773）撰，1873 年由上海《申报》馆的《瀛寰琐记》月刊以连载的方式刊出部分，译者笔名为蠡勺居士（蒋其章，1842—?）。刊出之后，梁启超颇为看重，称"读之可见西俗"[3]。不论韩南还是梁启超，他们似乎对因信仰而形成的文学文本都兴趣有限。梁启超同意"泰西艺学源于希腊"，因其"与耶稣无关"；而韩南走得更极端，《天路历程》在咸丰三年之前即已译就部分，比《昕夕闲谈》的刊行还早了二十余年。前述韩南之文的初稿却以其内含"宗教"，与"一般兴趣"（general interest）无关，几乎就据以否认这是中国"第一部汉译西方小说"的身份[4]。韩南的分疏，令人诧异：设使我们像五四运动期间的赛先生一样，一见小说的主题和宗教有关就不以"文学"称

---

[1] 这段经过，蔡祝青有详论，见所著《创办新教育：试论震旦学院创立的历史意义》，《清华中文学报》第 12 期（2014 年 12 月），页 373–424。

[2] Patrick Hanan, *Chinese Fiction of the Nineteenth and Early Twentieth Centuries*, pp. 85–123.

[3] 夏晓虹（辑）：《饮冰室合集·集外文》，2:1169。

[4] 韩南（著），叶隽（译）：《谈第一部汉译小说》，收陈平原、王德威、商伟（编）：《晚明与晚清：历史传承与文化创新》（武汉：湖北教育出版社，2002），页 452。

之，那么荷马的《伊利亚特》或《奥德赛》——这是两部具"一般兴趣"的人经常朗读的文学作品——皆为希腊宗教与神学的泉源，而弥尔顿的《失乐园》吟唱的也是《圣经》中《创世纪》和《启示录》的故事，难不成西方"一般人"也要否定这些史诗乃艾约瑟所谓"西方文学之祖"或其"杰作"吗？这一点，本书首章已详。至于世俗和宗教的对立，确为西方现代性的特征。然而放在中国史上看，如此对立似乎只存在于部分五四文人的口号里。中国现代性的实质表现是"新"与"旧"的龃龉，是"西化"与"国粹"的拉扯；硬效西方而把基督宗教排除在外乃昧于史实，是学术上的生搬硬套。从明末到清末，包括日本在内的"西方"本身就是个大符号，是中国和所谓"全球"接轨的表征，其他名目犹其余事，不过是这个符号下一张张的小标签罢了。

鸦片战争以前的中国史上，这些标签中尤曾发光发亮者，正是基督宗教里相对而言反显保守的天主教，是迄今控制西方文化最久的力量，其重要性不言而喻。论者每以为康熙末年开始，中国禁教，西学中断，迄道光年间才又重拾译笔，展开第二次的西学东渐。从科技的角度看，或许如此。但若由宗教文学的中译观之，此见乃史撰谬论，其间实无"败部复活"的问题。雍乾年间，天主教不仅中译了《圣年广益》（1738），广收礼仪年所需的圣人传记，说来还是各家开译《圣经》的重要时期，或许尚可回溯自康熙中晚期，《四史攸编》、《训慰神编》（1730）无一不可见证其然，而贺清泰以白话中译《古新圣经》，则是迄嘉庆朝方歇。嘉庆皇帝禁教尤严，但他在位之际，教士星散各地，却也屡屡在暗处"用汉字编造西洋经卷"，传其所教[1]。由此可见明末以来的翻译活动，至此仍一魂还系，未曾间断，而且随着新教牧师如马礼逊莅华而光芒益

[1] 见中国第一历史档案馆编:《清中前期西洋天主教在华活动档案史料》，4 册（北京：中华书局，2003），2:839。

炽。由是再看，康熙之后，中国现代性藕既未断，丝亦尚连，而如此史撰的罅隙早该填补，不应任人错看误解。

走笔至此，龙华民中译的《圣若撒法始末》忽地奔到脑海：我想借此书为译史再陈一、二，强调龙译比《天路历程》或《昕夕闲谈》还要早三百年译出的史实。《圣若撒法始末》可谓中国最早可见的欧洲"传奇小说"（romance）：其背景独特，渊源久远而庞杂无比，其实已在自身中把东西与中外文学都绾结为一了。此外的17世纪最初十年，明神宗耳聆利玛窦进献的"西琴"，听宫中乐师弹奏而出的"异声"，似乎并未考虑《西琴曲意八章》是否为"道曲"。他果然听唱这八章，大概也会觉得其词有"异"！阳玛诺用中国《尚书》的谟诰体译书，而《轻世金书》辗转传递的却是中国人向所未闻的"圣体救赎说"，就如同其他上古与中古、男性与女性圣人的传记——包括为这些传记奠基的《譬学》或《圣梦歌》等辞令学要或其外现——也都是华夏古来见所未见的天方新体。旧的不去，新的不来，而凡此新体，一部部都在诉说着不论程度多寡，中国确实在变，历史也正在革新之中。就翻译与文学比肩观之，明代中译的欧洲天主教文学确有不少，本书所论不过尝鼎一脔，以管窥天。然而这些文本首刊之际，在历史上造成的无一不是上述"西方"之"新"且"异"的效果。基督徒或非基督徒读之，相信都有程度不同的感受，甚至震撼。我们使之对照于西方此刻，称之为中国文学现代性的滥觞，容或说来"标新立异"，但孰曰不宜，谁又能说不是？中国现代性的帷幕，明末因此即已骎然掀开，而且从未拉下，专治明清西学东渐与中国现代何以形成的学者，故而不宜再囿于传统成见，而应衔接两代，冲破历史的皮相，为尤为文学的译史再奠新猷。

重要书目

中日文

Edward Schillebeeckx（著），香港公教真理学会（译）:《玛利亚：救赎之母》（香港：香港公教真理学会，1983）。

H. チースリク、福島邦道、三橋健:『サントスの御作業の内拔書』（東京：勉誠社，1976）。

（清）丁韪良:《俄人寓言》与《法人寓言》，收于《中西闻见录》第 1 号（1872 年 8 月），页 16 甲 −16 乙。

——:《喻道传》（上海：美华书馆重印，1916）。

——（著），渡部温（训点）:『勸善喻道傳』（東京：賈弘書肆，1877）。

（清）《七克真训》（1857 序；上海：土山湾慈母堂，1904；香港：纳匝肋静院，1925 重印）。

中国第一历史档案馆（编）:《清中前期西洋天主教在华活动档案史料》，4 册（北京：中华书局，2003）。

中国宗教历史文献集成编纂委员会（主编）:《中国宗教历史文献集成·东传福音》，25 册（合肥：黄山书社，2005）。

中华大藏经编辑局（编）:《中华大藏经》（北京：中华书局，2004）。

公教真理学会（编译）:《圣人传记》，4 册（台北与香港：思高圣经学会出版社，1960）。

——（编著）:《圣人传记》，（台北：思高圣经学会出版社，2005）。

（清）《天主堂基石记》，收于《徐家汇》，5:2391—2438。

尹文涓:《耶稣会士与新教传教士对〈京报〉的节译》，《世界宗教研究》第 2 期（2005），页 71−82、158。

（明）支允坚:《梅花渡异林》，《存目》子部杂家类，105:596−793。

（清）巴多明（译）:《德行谱》，收于《法国图》，20:479−572。

内田庆市:《谈〈遐迩贯珍〉中的伊索寓言——伊索寓言汉译小史》，收于《贯珍》，页 65−89。

戈宝权：《中外文学因缘——戈宝权比较文学论文集》（北京：北京出版社，1992）。

（清）文秉：《烈皇小识》（台北：广文书局，1967）。

（明）方以智：《物理小识》（台北：台湾商务印书馆，1968）。

——：《通雅》，收于李学勤（主编）：《中华汉语工具书书库·雅书部》第48-50册（合肥：安徽教育出版社，2002）。

——：《滕寓信笔》，收于（清）方昌翰等（辑）：《桐城方氏七代遗书》（日本国立公文书馆东洋文库藏清光绪十六年版）。

方豪：《吴渔山先生〈三余集〉校释》，收于周康燮（编）：《吴渔山（历）研究论集》（香港：香港：崇文书店，1971），页85-102。

——：《吴渔山神父领洗年代、晋铎地点及拉丁文造诣考》，收于周康燮（编）：《吴渔山（历）研究论集》（香港：崇文书店，1971），页131-140。

——：《中西交通史》（台北：华冈出版公司，1977）。

——：《方豪六十自定稿》（台北：作者自印，1969）。

——：《中国天主教史人物传》，3册（香港：公教真理学会；台中：光启出版社，1967）。

计文德：《从四库全书探究明清间输入之西学》（台北：汉美图书公司，1991）。

李申：《上帝——儒教的至上神》（台北：东大图书公司，2004）。

毛瑞方：《王征著述考》，《历史档案》第3期（2008年8月），页25-31。

——：《关于七千部西书募集若干问题的考察》，《历史档案》第3期（2006），页10-15。

牛润珍、安允儿：《王征与丁若镛——16至18世纪中韩两位实学家对西洋奇器的研究与制造》，收于黄爱平、黄兴涛（编）：《西学与清代文化》（北京：中华书局，2008）。

王力：《汉语史稿》，收于《王力文集》第9卷（济南：山东教育出版社，1988）。

王文兵：《通往基督教文学的桥梁——丁韪良对中国语言、文学的介绍和研究》，《汉学研究通讯》第26卷第1期（2007年2月），页23-35。

（清）王文诰（辑注），孔凡礼（点校）：《苏轼诗集》（北京：中华书局，1996）。

（清）王先谦：《荀子集解》（台北：世界书局，1987）。

王汎森：《明末清初的人谱与省过会》，《历史语言研究所集刊》第63本第3分（1993年7月），页679-712。

——：《晚明清初思想十论》（上海：复旦大学出版社，2004）。

王宏志：《重释"信达雅"：二十世纪中国翻译研究》（上海：东方出版中心，1999）。

──:《翻译与文学之间》（南京：南京大学出版社，2010）。

王松茂:《评介陈骙十喻》，收于陈骙（著），刘彦成（注释）:《文则注释》（北京：书目文献
　　出版社，1988）。

王欣之:《明代大科学家徐光启》（上海：上海人民出版社，1985）。

（清）王保禄（味增爵会士）:《轻世金书直解》（1907；北京：西什库，1909）。

（清）王保禄:《遵主圣范》（1874；北京：救世堂，1912）。

（明）王家植:《畸人十篇·小引》，收于李辑，1:111–113。

王国光:《〈西游记〉别论》（上海：学林出版社，1990）。

（东汉）王符:《潜夫论》，收于《四部备要》子部，第357册（台北：台湾中华书局，1981）。

王雪:《基督教与陕西》（北京：中国社会科学出版社，2007）。

（宋）王钦若等（编）:《册府元龟》，3册（北京：中华书局，1982）。

（汉）王肃（注）:《孔子家语》，收于《四部备要》史部，第287册（台北：台湾中华书局，
　　1981）。

（元）王构:《修辞鉴衡》，收于徐中玉（主编）:《传世藏书·集库·文艺论评》（海口：海南
　　国际出版中心及诚成文化出版公司，1996）。

（明）王征:《代疑篇·序》，收于吴编，页483–489。

──:《活人丹方》，收于（清）刘凝（辑）:《天学集解》，俄罗斯圣彼得堡国家图书馆馆藏
　　抄本。

──:《山居自咏》，收于《年谱》，页19–192。

──:《仁会约》，收于《年谱》，页141–162。

──（著）、李之勤（辑）:《王征遗著》（西安：陕西人民出版社，1987）。

──（笔记）:《崇一堂日记随笔》，收于《三编》，2:765–831。

──（口授）、邓玉函（译绘）:《远西奇器图说》，2册（北京：中华书局，1985）。

（宋）王应麟:《困学纪闻》（沈阳：辽宁教育出版社，1998）。

王瑷玲:《评点、诠释与接受──论吴仪一之〈长生殿〉评点》，《中国文哲研究集刊》第23
　　期（2003年9月），页71–128。

（明）王丰肃（高一志）:《教要解略》，收于《耶档馆》，1:117–306。

（清）王韬、应雨耕:《瀛海再笔》，收于《贯珍》。

（明）王誉昌:《崇祯宫词》，《丛书集成·续编》第279册（台北：新文丰出版公司，1989）。

平田篤胤：『本教外篇』，见平田篤胤（著），上田萬年、山本信哉与平田盛胤（编）：『平田篤胤全集』卷二（東京：内外書籍，1932），页1–83。

（春秋）左丘明：《春秋左传正义》，见阮刻，2:1697—2188。

（唐）白居易：《白居易集》（台北：里仁书局，1980）。

四库全书存目丛书编纂委员会（编）：《四库全书存目丛书》（台南：庄严文化公司，1995）。

四库禁毁书丛刊编纂委员会（编）：《四库禁毁书丛刊》（北京：北京出版社，2000）。

矢沢利彦：『中国とキリスト教』（東京：近藤出版社，1972）。

（清）石铎琭（述）：《圣母花冠经》，法国国家图书馆藏书，编号：Chinois 2864。

任大援：《王征：西方思想的播种者》，收于宝成关（编）：《西方文化与中国社会：西学东渐史论》（长春：吉林教育出版社，1994）。

（清）任斯德范：《圣教理证》，收于郑编，4:385–453。

伊索（著），沈吾泉（译）：《伊索寓言》（台北：志文出版社，1985）。

全佛编辑部（编）：《观音宝典》（台北：全佛文化公司，2000）。

（周）列御寇（撰），（晋）张湛（注）：《列子》（北京：中华书局，1985）。

（清）印光任、张汝霖：《澳门记略》，收于祈垍（编）：《岭海异闻录》（台北：华文书局，1969），页5–240。

合山究（选编），陈西中、张高明（注释）：《明清文人清言集》（北京：中国广播电视出版社，1991）。

安倍喜任（编）：『新刊连珠格诗』，2卷（東京：小滨野贞助、齐藤栄作出版，1881）。

（明/清）朱宗元：《叙十诫》，收于（明）阳玛诺《天主圣教十诫直诠》，上卷（1642；1814年主教若亚敬公准本）梵蒂冈教廷图书馆藏书，编号：Borgia Cinese 348 [1]。

朱谦之（校释）：《老子校释》，收于《老子释译》（台北：里仁书局，1985），页1–213。

朱维焕：《周易经传象义阐释》（台北：台湾学生书局，1986）。

朱维铮（编）：《利玛窦中文著译集》（上海：复旦大学出版社，2001）。

——、李天纲（主编）：《徐光启全集》，10册（上海：上海古籍出版社，2012）。

（宋）朱熹（集注）：《四书集注》（台北：世界书局，1997）。

江苏师范学院历史系苏州地方史研究室（整理），余行迈等（点校）：《瞿式耜集》（上海：上海古籍出版社，1981）。

牟润孙：《注史斋丛稿》（台北：台湾商务印书馆重印，1990）。

米歇尔·福柯（著），王德威（译）：《知识的考掘》（台北：麦田出版，1993）。

（清）米怜：《察世俗每月统记传》，［微缩资料］（Leiden: IDC, 1982）。

——：《张远两友相论》，近史所郭廷以图书馆藏微卷，编号：MC00161。

（清）艾约瑟：《中西祀典异同略论》，《中西闻见录》第 16 号（1873 年 11 月），页 403–406。

——、蒋敦复：《马可顿流西西罗记略》，收于《贯珍》，页 454–455。

——：《罗马诗人略说》，《六合》，页 573–574。

（明）艾儒略：《西方答问》，明崇祯十年晋江景教堂刻本，载于艾儒略著、叶农整理：《艾儒
　　　略汉文著述全集》，下册（桂林：广西师范大学出版社，2011），页 125–154。

——：《三山论学记》，收于《续编》，1:419–493。

——：《大西西泰利先生行迹》，收于《耶档馆》，12:200–223。

——：《西学凡》，收于李辑，1:21–59。

——（著），向达（校）：《合校本大西西泰利先生行迹》（北平：上智编译馆，1947）。

——：《涤罪正规》，收于《耶档馆》，4:337–579。

——：《职方外纪》，收于李辑，3:1269—1496。

——（译），李九标（记）：《口铎日抄》，收于《耶档馆》，7:1–594。

——（译述）：《天主降生言行纪略》，收于《耶档馆》，4:1–336。

——（译述）：《圣梦歌》（崇祯十年版抄本），法国国家图书馆藏书，编号：Chinois 6884。

——（译）：《圣梦歌》（崇祯十二年绛州版），见《耶档馆》，6:435–464。

（唐）《序听迷诗所经》，《大正藏》，54:1286—1288。

圣伯纳多（圣伯尔纳）（著）：《注释〈雅歌〉讲道》，收于任达义（编译）：《圣伯纳多著作》
　　　第 1 卷（香港：大屿山神乐院，1990）。

——（著），任佩泽（译）：《圣母赞》（香港：大屿山神乐院，1994）。

何绍斌：《越界与想象：晚清新教传教士译介史论》（上海：上海三联书店，2008）。

（明）何栋如：《叙》，《梦林玄解》，收于《存目》子部术数类，70:214–846。

余三乐：《中西文化交流的历史见证——明末清初北京天主教堂》（广州：广东人民出版社，
　　　2006）。

余国藩（著），李奭学（译）：《重读〈石头记〉：〈红楼梦〉里的情欲与虚构》（台北：麦田出
　　　版，2004）。

冷东：《叶向高与明末政坛》（汕头：汕头大学出版社，1996）。

（明）利玛窦：《天主实义》，收于李辑，1:351-635。

——（原著），刘顺德（译注）：《天主实义》（台中：光启出版社，1966）。

——：《畸人十篇·附西琴曲意八章》，收于李辑，1:93-290。

——：《译〈几何原本〉引》，收于李辑，4:1929—1940。

——（著），P.Antonio Sergianni, P.I.M.E.（编），芸娸（译）：《利玛窦中国书札》（北京：宗教文化出版社，2006）。

——（著），朱维铮（编）：《利玛窦中文著译集》（上海：复旦大学出版社，2001）。

——（译）：《圣经约录》，见《耶档馆》，1:87-116。

（元）宗宝福（编）：《六祖大师法宝坛经》，《大正藏》，48:345-365。

吴昶兴：《真常之道：唐代基督教历史与文献研究》（台北：台湾基督教文艺出版社，2015）。

吴志良、金国平、汤开建等（编）：《澳门史新编》，4册（澳门：澳门基金会，2008）。

吴其昱：《景教〈三威蒙度赞〉研究》，《史语所集刊》第 57 本第 3 分（1986 年 9 月），页 411-438。

吴孟雪：《明清时期——欧洲人眼中的中国》（北京：中华书局，2003）。

（明）吴承恩：《西游记》，2册（台北：河洛图书公司，1981）。

——：《西游记》（台北：华正书局，1982）。

吴旻、韩琦（编校）：《欧洲所藏雍正乾隆朝天主教文献汇编》（上海：上海人民出版社，2008）。

吴欣芳：《"无声的说法者"：利玛窦的著书过程与读者理解》，台湾大学历史系硕士论文（2009 年 6 月）。

吴相湘（编）：《天主教东传文献三编》，6册（台北：台湾学生书局，1984）。

吴淳邦：《19 世纪 90 年代中国基督教小说在韩国的传播与翻译》，《东华人文学报》第 9 期（2006 年 7 月），页 215-250。

——：《新发现的傅兰雅（John Fryer）征文小说〈梦治三癫小说〉》，收于蔡忠道（编）：《第三届中国小说戏曲国际学术研讨会论文集》（台北：里仁书局，2008），页 177-192。

（明）吴讷：《文章辨体》，收于徐中玉（主编）：《传世藏书·集库·文艺评论》第 1 册（海口：海南国际出版中心及城成文化出版公司，1996）。

吴新豪：《康熙十架颂》，《宇宙光》第 420 期，2009 年 4 月，页 82-84。

吴震：《明末清初劝善运动思想研究》（台北：台湾大学出版中心，2009）。

（明／清）吴历（撰），章文钦（笺注）：《吴渔山集笺注》（北京：中华书局，2007）。

吴静宇：《金刚经释密》（台北：正一善书出版社，出版时间不详）。

（清）吕若翰：《轻世金书便览》（顺德：吕修灵堂，1848），法国国家图书馆藏书，编号：
　　Chinois 7202。

宋伯胤（编著）：《明泾阳王征先生年谱》，增订本（西安：陕西师范大学出版社，2004）。

宋刚：《从经典到通俗：〈天主降生言行纪略〉及其清代改编本的流传》，《天主教研究学报》
　　第 2 期（2011 年 7 月），页 208–260。

宋莉华：《传教士汉文小说研究》（上海：上海古籍出版社，2010）。

宋黎明：《国王的新装——利玛窦在中国（1582—1610）》（南京：南京大学出版社，2011）。

（清）李九功（编）：《文行粹抄》，耶稣会罗马档案馆藏书，编号：Jap.Sin.I.34.a。

———：《慎思录》，在《耶档馆》，9:119–238。

———：《励修一鉴》上卷刻本，收于《三编》，1:411–529；以及《法国图》，7:95–179。

———：《励修一鉴》下卷，收于《法国图》，7:181–326。

（明）李之藻（辑）：《天学初函》，6 册，1629（台北：台湾学生书局，1965）。

李元淳（著），王玉洁、朴英姬、洪军（译），邹振环（校订）：《朝鲜西学研究》（北京：中
　　国社会科学出版社，2001）。

（清）李元鼎：《石园全集》，见《存目》集部别集类，196:1–220。

李天纲：《跨文化的诠释：经学与神学的相遇》（北京：新星出版社，2007）。

李文潮：《龙华民及其〈论中国宗教的几个问题〉》，《汉语基督教学术论评》第 1 期（2006 年
　　6 月），页 159–184。

（明／清）李世熊：《史感・物感》（宁化：宁化修志局重印，1918）。

李向玉：《汉学家的摇篮：澳门圣保禄学院研究》（北京：中华书局，2006）。

李知沅：《现代汉语外来词研究》（台北：文鹤出版公司，2004）。

（清）李提摩太：《喻道要旨》（1894；上海：美华书馆重印，1904）。

（明）李嗣玄：《思及艾先生行迹》，收于《徐家汇》，2:934–935。

李凤祺：《无名小说》，收于周欣平（编）：《清末时新小说集》，第 8 册（上海：上海古籍出
　　版社，2010），页 165–281。

李际宁：《佛经版本》（南京：江苏古籍出版社，2002）。

李奭学：《中西文学因缘》（台北：联经出版公司，1991）。

——：《中西合璧的小说新体——清初耶稣会士马若瑟著〈梦美土记〉初探》，《汉学研究》第 29 卷第 2 期（2011 年 6 月），页 81-116。

——：《西秦饮渭水，东洛荐河图——我所知道的"龙"字欧译始末》，《汉学研究通讯》第 26 卷第 4 期（2007 年 11 月），页 1-11。

——：《中国晚明与欧洲文学——明末耶稣会古典型证道故事考诠》（台北：联经出版公司，2005）。

——：《经史子集：翻译、文学与文化札记》（台北：联合文学出版公司，2005）。

——：《评黄一农著〈两头蛇：明末清初的第一代天主教徒〉》，《中国文哲研究集刊》第 29 期（2006 年 9 月），页 303-307。

李炽昌（主编）：《圣号论衡：晚清〈万国公报〉与基督教"圣号论争"文献汇编》（上海：上海古籍出版社，2000）。

（明）李贽：《李贽文集》（北京：社会科学文献出版社，2000）。

——：《续焚书》（北京：中华书局，1975）。

杜德桥（著），李文彬等（译）：《妙善传说：观音菩萨缘起考》（台北：巨流图书公司，1990）。

杜鼎克、钟鸣旦、王仁芳（合编）：《徐家汇藏书楼明清天主教文献续编》，34 册（台北：利氏学社，2013）。

沈弘（译注）：《英国中世纪诗歌选集》（台北：书林出版公司，2009）。

——、郭晖：《最早汉译英诗应是弥尔顿的〈论失明〉》，《国外文学》第 2 期（2005），页 44-53。

沈定平：《基、释之争与明末"南京教案"》，《文化杂志》第 53 期（2004 年冬季），页 111-124。

（梁）沈约：《注制旨连珠表》，收于严可均（编）：《全上古三代秦汉三国六朝文·全梁文》卷 27，3:3109。

（唐）沈既济：《枕中记》，收于汪辟疆（校录）：《唐人小说》（台北：河洛图书出版社，1974），页 37-42。

沈国威、内田庆市、松浦章（编著）：《遐迩贯珍——附解题·索引》（上海：上海辞书出版社，2005）。

沈国威（编著）：《六合丛谈·附解题·索引》（上海：上海辞书出版社，2006）。

邢莉：《观音——神圣与世俗》（北京：学苑出版社，2001）。

（清）阮元（校刻）：《十三经注疏》，2 册（北京：中华书局，1980）。

（清）来恩赐（译）：《续天路历程》（上海：华美书馆，1896）。

《近日杂报》，《贯珍》，页 606。

卓新平（主编）：《相遇与对话——明末清初中西文化交流国际学术研讨会文集》（北京：宗
　　教文化出版社，2003）。

周作人：《周作人先生文集·自己的园地》（台北：里仁书局，1982）。

周欣平（编）：《清末时新小说集》，14 册（上海：上海古籍出版社，2010）。

周振甫、冀勤（编著）：《钱锺书〈谈艺录〉读本》（上海：上海教育出版社，1992）。

周振甫（注）：《文心雕龙注释》（台北：里仁书局，1998）。

（宋）周敦义：《翻译名义序》，见《大正藏》，54:1055。

周骉方（编校）：《明末清初天主教史文献丛编》，5 册（北京：北京图书馆出版社，2001）。

《周礼注疏》，收于阮刻，1:631-939。

（清）孟儒望（述）：《天学略义》，收于《续编》，2:839-904。

季羡林（译）：《五卷书》（北京：人民文学出版社，1981）。

宗廷虎、郑子瑜（主编）：《中国修辞学通史》，5 册（长春：吉林教育出版社，1998）。

宗廷虎、袁晖（编）：《汉语修辞学史》（合肥：安徽教育出版社，1990）。

冈本さえ：『近世中国の比較思想：異文化との邂逅』（東京：東京大学東洋文化研究所，
　　2000）。

——：『アジアの比較文化名著解題』（東京：科学書院，2003）。

彼得·克劳复·哈特曼（著），谷裕（译）：《耶稣会简史》（北京：宗教文化出版社，2006）。

松冈洸司：『コンテムツス·ムンヂ研究：飜訳における語彙の考察』（東京：ゆまに書房，
　　1993）。

松原秀一：『中世ヨーロッパの説話——東と西の出會い』（東京：中央公論社，1992）。

（清）林一儁：《序》，收于李九功：《文行粹抄》，耶稣会罗马档案馆藏书，编号：Jap.Sin.I.34.
　　a，[页 2] 及 [页 4]。

林金水：《以诗记事，以史证诗——从〈闽中诸公赠诗〉看明末耶稣会士在福建的传教活
　　动》，收于卓新平（主编）：《相遇与对话——明末清初中西文化交流国际学术研讨会
　　论文集》（北京：宗教文化出版社，2003），页 275-294。

——：《利玛窦与中国》（北京：中国社会科学出版社，1996）。

林纾:《撒克逊劫后英雄略·序》，收于罗编，页167–168。

林熙强:《修辞·符号·宗教格言——耶稣会士高一志〈譬学〉研究》（新北市：中原大学基督教与华人文化社会研究中心、台湾基督教文艺出版社，2015）。

——:《高一志〈譬学〉中例句之译源初溯：从老蒲林尼〈博物志〉谈起》，《中国文哲研究通讯》（2012年3月），页73–85。

（清）林乐知等（编）:《文学兴国策》（上海：上海书店出版社，2002）。

（西晋）竺法护（译）:《普曜经》，《大正藏》，3:483–538。

——:《正法华经》，《大正藏》，9:63–134。

（东汉）竺大力、康孟详（译）:《修行本起经》，《大正藏》，3:461–472。

邱春林:《会通中西——晚明实学家王征的设计与思想》（重庆：重庆大学出版社，2007）。

金文京:《东亚争奇文学初探》，收于张伯伟（编）:《域外汉籍研究集刊》第二辑（北京：中华书局，2006），页3–20。

——:《晚明文人邓志谟的创作活动：兼论其争奇文学的来源及传播》，收于王瑷玲、胡晓真（编）:《经典转化与明清叙事文学》（台北：联经出版公司，2009），页295–316。

（明）金尼阁（口授），张赓（笔传）:《况义》，收于《法国图》，4:307–343。

金版高丽大藏经编委会（编）:《金版高丽大藏经》，88册（北京：宗教文化出版社，2004）。

（清）金缨:《格言联璧·序》，收于广文编译所（主编）:《楹联丛编》，8册（台北：广文书局，1981）。

（唐）阿罗本等（译）:《一神论》，收于翁绍军（注释）:《汉语景教文典诠释》（香港：汉语基督教文化研究所，1995），页107–149。

俞志慧:《〈国语〉周、鲁、郑、楚、晋语的结构模式及相关问题研究》，《汉学研究》第23卷第2期（2005年12月），页35–63。

（明）南京礼部主客清吏司:《会审王丰肃等犯一案》，见（明）徐昌治（编）:《破邪集》卷1，收于周编，2:120a–124a。

姚小鸥:《"成相"杂辞考》，《文艺研究》第1期（2000），页88–99。

（清）姜绍书:《无声诗史》，收于《续修》子部艺术类，72:692–791。

（隋）彦琮:《辨正论》，收于罗编，页44–47。

思高圣经学会（译释）:《千禧版圣经》（台北：思高圣经学会出版社，2000）。

星斌夫:『明清時代交通史の研究』（東京：山川出版社，1971）。

（清）柏应理：《徐光启行略》，收于《法国图》，12:533-555。

（金）段克己：《张信夫梦庵》，收于（金）段克己、段成己：《二妙集》，影印文渊阁《四库全书》，第 1365 册（台北：台湾商务印书馆，1983—1986），卷 5 页 18b。

（宋）洪迈：《容斋随笔》（上海：上海古籍出版社，1978）。

（清）佚名：《[神父姚先生]小记》，收于《圣梦歌》，抄本（上海图书馆徐家汇藏书楼藏书，杜鼎克编号 SH 108/ZKW 910），页［1-3］。

（宋）胡仔：《苕溪渔隐丛话》，2 册（台北：世界书局，1976）。

胡晓真：《才女彻夜未眠：近代中国女性叙述文学的兴起》（台北：麦田出版社，2003）。

（明）范立本（重编）：《[重刊]明心宝鉴》，中国国家图书馆善本部藏书，编号：17265。

计翔翔：《金尼阁与中西文化交流》，《杭州大学学报》（哲学社会科学版）第 24 卷第 3 号（1994 年 9 月），页 51-57。

（明）凌濛初：《拍案惊奇》（台北：三民书局，1990）。

唐晓峰（审订）：《穆天子传》第 3 卷，收于赵敏俐、尹小林（主编）：《国学备览》第 3 册（北京：首都师范大学出版社，2007）。

施约瑟（译）：《旧新约圣经》（台北：台湾圣经公会重印，2005）。

夏伯嘉：《宗教信仰与梦文化》，《历史语言研究所集刊》第 76 本第 2 分（2005 年 6 月），页 211-212。

夏瑰琦（编）：《圣朝破邪集》（香港：建道神学院，1996）。

夏晓虹（辑）：《饮冰室合集·集外文》，3 册（北京：中华书局，1989）。

（明/清）孙方济斯：《轻世金书·序》，收于阳玛诺（译）：《轻世金书》，法国国家图书馆藏书，编号：Chinois 7199。

孙尚扬：《马礼逊时代在华天主教与新教之关系管窥》，《道风：基督教文化评论》第 27 期（2007 年秋），页 31-49。

——、钟鸣旦：《一八四〇年前的中国基督教》（北京：学苑出版社，2004）。

（清）徐元太（编）：《喻林》，2 册（台北：新兴书局重印，1972）。

（清）纪昀等（编纂）：《喻林·提要》，收于《景印文渊阁四库全书》，子部 264 类书类（台北：台湾商务印书馆，1983），页 958-1-958-2。

徐光台：《熊明遇与幼年方以智——从〈则草〉相关文献谈起》，《汉学研究》第 28 卷第 3 期（2010 年 9 月），页 259-290。

（清）徐继畬（著），宋大川（校注）:《瀛寰志略校注》（北京: 文物出版社，2007）。

（明）徐光启:《刻〈几何原本〉序》，收于李辑，4:1921—1928。

——、李之藻、杨廷筠（著），李天纲（编注）:《明末天主教三柱石文笺注——徐光启、李
之藻、杨廷筠论教文集》（香港: 道风书社，2007）。

徐宗泽:《明末清初输入西学之伟人》，《圣教杂志》丛刊本（台北: 文海出版社重印，1970）。

——:《明清间耶稣会士译著提要》（台北: 台湾中华书局，1958）。

（明）徐昌治（世昌）（编）:《圣朝破邪集》，收于周编，第2-4册。

徐海松:《清初士人与西学》（北京: 东方出版社，2000）。

（清）晋江天学堂（辑）:《熙朝崇正集》，收于吴编，页633-691。

柴田篤:『「亞尼瑪」と「靈魂」——イエズス會士の漢譯語について』，收於吉田忠:『ィエ
ズス会士關係著譯書の基礎研究』（仙台: 東北大學出版社，1988），頁7-14。

（东汉）班固:《拟连珠》，收于（清）严可均（编）:《全后汉文》卷26，载于《全上古三代
秦汉三国六朝文》，5册（北京: 中华书局影印，1991），1:612。

祝普文:《从〈物感〉一书看〈伊索寓言〉对中国寓言的影响》，《文献》第2期（1988），页
265-271。

翁绍军（注释）:《汉语景教文典诠释》（香港: 汉语基督教文化研究所，1995）。

袁进:《试论西方传教士对中文小说发展所作的贡献》，收于蔡忠道（编）:《第三届中国小说
戏曲国际学术研讨会论文集》（台北: 里仁书局，2008），页415-425。

——:《中国小说的近代变革》（桂林: 广西师范大学出版社，2009）。

马西尼（著），钱志衣（译）:《十七、十八世纪西方传教士编撰的汉语字典》，收于卓新平
（主编）:《相遇与对话——明末清初中西文化交流国际学术研讨会论文集》（北京: 宗
教文化出版社，2003），页334-347。

（清）马建忠:《拟设翻译书院议》，收于罗编，页126-129。

（清）马若瑟:《梦美土记》，法国国家图书馆藏王若翰抄本，编号: Chinois 4989。梵蒂冈教
廷图书馆藏抄本，编号: Borg. Cinese 357 (9)。

——:《天学总论》，《法国图》，26:481-524。

——:《儒交信》，收于郑编，4:211-258。

——:《圣若瑟传》，法国国家图书馆藏清刻本，编号: Chinois 6747。

马祖毅:《中国翻译史》，上册（武汉: 湖北教育出版社，1999）。

——:《中国翻译简史:"五四"以前部分》,增订版(北京:中国对外翻译出版公司,1998)。

马敏:《马希曼、拉沙与早期的〈圣经〉中译》,《历史研究》第4期(1998),页45-55。

马通伯(校注):《韩昌黎文集校注》(台北:华正书局,1975)。

(明)高一志:《天主圣教四末论》,法国国家图书馆藏书,编号:Chinois 6857。

——:《王宜温和》,收于《法国图》,1:243-323。

——:《达道纪言》,收于《三编》,2:657-754。

——:《圣母行实》,收于《三编》,3:1273—1552。

——:《励学古言》,收于《法国图》,4:1-66。

——:《譬学》下卷,梵蒂冈教廷图书馆馆藏崇祯六年刻本,编号:Borg. P.F.Cinese 324 (26)。

——(译):《天主圣教圣人行实》,梵蒂冈教廷图书馆藏明刊本,编号:Borgia Cinese 325。

(清)高理文(裨治文):《美理哥合省国志略》(新加坡:坚夏书院,1838)。

高楠顺次郎、渡辺海旭(主编):『大正新脩大藏経』,100册(東京:大正一切経刊行会,1924—1932)。

(清)高龙鞶(著),周士良(译):《江南传教史》第1册(新庄:辅仁大学出版社,2009)。

崔来廷:《海国孤生——明代首辅叶向高与海洋社会》(南昌:江西高教出版社,2005)。

康之鸣(编译):《圣人传记》(石家庄:河北信德室,1993)。

(清)康有为:《进呈"日本明治变政考"序》,收于石峻(编):《中国近代思想史参考资料简编》(北京:生活·读书·新知三联书店,1957),页280-282。

康志杰:《论明清之际来华耶稣会士对中国纳妾婚俗的批评》,《世界宗教研究》第2期(1998年4月),页136-143。

(清)康熙:《康熙十架歌》,见《普天颂赞》,修订版(香港:基督教文艺出版社,2003),第170首。

张先清:《官府、宗族与天主教:17-19世纪福安乡村教会的历史叙述》(北京:中华书局,2009)。

(明)程大约:《程氏墨苑》,2册,收于《中国古代版画丛刊二编》第6辑(上海:上海古籍出版社,1994)。

(清)张岱:《利玛窦列传》,见所著《石匮书》卷204,见《续修》史部别史类,320:205-207。

张治江、李芳园(编):《基督教文化》(吉林:长春出版社,1992)。

张若谷:《三论〈遵主圣范〉译本》,收于周作人:《周作人先生文集·自己的园地》(台北:里仁书局,1982),页213—216。

张星曜:《天儒同异考》,收于《法国图》,8:429—558。

(明)张赓、韩霖:《圣教信证》,收于《法国图》,4:505—601。

(明)张识:《天主洪恩序》,收于《法国图》,12:495—498。

张总:《说不尽的观世音:引经·据典·图书》(上海:上海辞书出版社,2002)。

《叙利亚文圣教古书》,见《六合》,页715—716。

(清)曹雪芹、高鹗:《红楼梦》,3册(北京:人民文学出版社,1982)。

(清/民国)梁启超:《读西学书法》,收于夏晓虹(辑):《饮冰室合集·集外文》,下册(北京:中华书局,1989),页1159—1170。

——:《中国近三百年学术史》(上海:中华书局,1936)。

——:《饮冰室文集》(台北:台湾中华书局,1960)。

梁望惠:《上帝、撒旦与约伯:信心的挑战》,网址:http://ce.fhl.net/liang/laz/laz-003.htm,检索日期:2006年7月10日。

(明)梁尔壮:《简而文小引》,收于谢伯阳(编):《全明散曲》第3册(济南:齐鲁书社,1994)。

(明)毕方济:《灵言蠡勺·引》,收于李辑,2:1127—1131。

章文钦:《吴渔山及其华化天学》(北京:中华书局,2008)。

——(笺注):《吴渔山集笺注》(北京:中华书局,2007)。

(清)章东耘:《题词》,见《贯珍》第1号(1853年8月),页〔1乙〕。

(战国)庄周(撰),(晋)郭象(注),(宋)林希逸(口义):《南华经》(台北:中国子学名著集成编印基金会,1978)。

庄万寿(注译):《新译庄子读本》(台北:三民书局,1987)。

莫小也:《十七—十八世纪传教士与西画东渐》(杭州:中国美术出版社,2002)。

许牧世:《经与译经》(香港:基督教文艺出版社,1983)。

许理和:《李九功与〈慎思录〉》,收于卓新平(主编):《相遇与对话——明末清初中西文化交流国际学术研讨会论文集》(北京:宗教文化出版社,2003),页72—95。

许止净:《救苦之愈疾二》,见《无量寿经修学网》,网址:http://a.bonze.cn/wlsjwz/gygy/44.htm,检索日期:2007年8月23日。

许晖林:《朝贡的想象:晚明日用类书"诸夷门"的异域论述》,《中国文哲研究通讯》第20卷第2期(2010年6月),页17-23。

(明)郭子章:《喻林·序》,收于徐元太(编):《喻林》(台北:新兴书局重印,1972)。

郭延礼:《近代西学与中国文学》(南昌:百花洲文艺出版社,1999)。

(西晋)郭象(注),(唐)陆德明(音义):《南华真经》,收于《中国子学名著集成珍本初编》,道家子部第54册(台北:中国子学名著集成编印基金会,1978)。

(清)郭实猎:《悔罪之大略》,大英图书馆藏书,编号:[Chinese] 15116.d.29。

——:《诗》,见《统记传》,页195。

郭慕天:《〈轻世金书〉原本考》,《上智编译馆馆刊》第2卷第1期(1947年1/2月),页36-38。

阴法鲁:《阴法鲁学术论文集》(北京:中华书局,2008)。

陈才宇:《中古英语辩论诗述评》,《浙江大学学报》(人文社会科学版)第33卷第1期(2003年1月),页119-124。

陈世骧:《陈世骧文存》(台北:志文出版社,1972)。

陈占山:《葡籍耶稣会士阳玛诺在华事迹述考》,《文化杂志》第38期(1999年春季),页87-96。

陈宏淑:《译者的操纵:从 Cuore 到〈馨儿就学记〉》,台湾师范大学翻译研究所博士论文(2010)。

陈佳荣、钱江、张广达(合编):《历代中外行纪》(上海:上海辞书出版社,2008)。

陈垣(著),陈智超(主编):《陈垣全集》,20册(合肥:安徽大学出版社,2009)。

——(编):《康熙与罗马使节关系文书／乾隆英使觐见记》(台北:台湾学生书局,1986)。

陈望道:《陈望道学术著作五种》(上海:复旦大学出版社,2005)。

陈惠荣:《中文圣经翻译小史》(香港:中文圣经新译会,1986)。

陈炜舜:《叶向高诗论初探》,收于吴宏一教授六秩晋五寿庆暨荣休论文集编辑小组(编):《吴宏一教授六秩晋五寿庆暨荣休论文集》(台北:里仁书局,2008),页571-604。

陈万鼐:《清史稿·乐志研究》(北京:人民出版社,2010)。

陈福康:《中国译学史》(上海:人民出版社,2010)。

陈霞:《道教劝善书研究》(成都:巴蜀书社,1999)。

(宋)陈骙:《文则》,收于《汇编》,页209-226。

（明）陈继儒：《岩栖幽事》，收于程不识（编）：《明清清言小品》（武汉：湖北辞书出版社，1993），页 30-37。

——（编）：《宝颜堂秘籍》，在《百部丛书集成》18（台北：艺文印书馆，1965）。

陶亚兵：《利玛窦献琴考》，未刊稿，发表于北京中国社会科学院世界宗教研究所与美国旧金山大学利玛窦中西文化历史研究所合办：《相遇与对话：明末清初中西文化交流国际学术研讨会》（论文集），2001 年 10 月 14-17 日。

——：《明清间的中西音乐交流》（北京：东方出版社，2001）。

（明）傅泛际（译义）、（明）李之藻（达辞）：《寰有诠》，在《存目》子部 94:1-189。

彭大成、韩秀珍：《魏源与西学东渐——中国走向近代化的艰难历程》（长沙：湖南师范大学出版社，2005）。

（汉）扬雄：《连珠》，收于严可均（编）：《全上古三代秦汉三国六朝文·全汉文》（北京：中华书局影印，1991），卷 53，1:416。

裴贤淑（撰）、杨雨蕾（译）：《17、18 世纪传来的天主教书籍》，收于黄时鉴（主编）：《东西交流论谭》第 2 集（上海：上海文艺出版社，2001），页 411-454。

《景教纪事》，见《六合》，页 611-614。

曾阳晴：《唐朝汉语景教文献研究》（台北：花木兰文化工作坊，2005）。

（明）曾德昭（著），何高济（译），李申（校）：《大中国志》（上海：上海古籍出版社，1998）。

《湖广圣迹》，收于《耶档馆》，12:423-438。

汤开建：《中国现存最早的欧洲人形象资料——〈东夷图像〉》，《历史月刊》第 136 期（1999 年 5 月）页 122-128。

——：《明清时期天主教的发展与兴衰》，见吴志良、金国平、汤开建等（编）：《澳门史新编》，第 4 册（澳门：澳门基金会，2008），页 1083—1133。

——：《蔡汝贤〈东夷图说〉中的葡萄牙及澳门资料》，《世界民族》第 6 期（2001），页 59-65。

——、陈青松：《明清之际天主教的传播与西洋宗教画的关系》，《安徽师范大学学报》（人文社会科学版）第 33 卷第 6 期（2005 年 11 月），页 662-668。

（清）费赖之（著）、（民国）冯承钧（译）：《在华耶稣会士列传及书目》（北京：中华书局重印，1995）。

（清）贺清泰（译注），李奭学、郑海娟（主编）：《古新圣经残稿》，9 册（北京：中华书局，

2014）。

逯钦立（校注）:《陶渊明集》（台北：里仁书局，1985）。

（明）阳玛诺:《圣经直解》，收于《三编》，第4—6册。

——（译），（明）朱宗元（订）:《轻世金书》（1848年重刊本），罗马梵蒂冈图书馆（Biblioteca Apostolica Vaticana）藏书，编号：Raccolta Generale Oriente, III, 1165。

——（述）:《圣若瑟行实》，云间敬一堂刊本，傅斯年图书馆藏书，编号：AFT081R。

（明）冯时可:《蓬窗续录》，收于陶宗仪等（编）:《说郛三种》（上海：上海古籍出版社，1988）。

黄一农:《天主教徒孙元化与明末传华的西洋火炮》，《史语所集刊》第67本第4分（1996），页911—966。

——:《红夷大炮与皇太极创立的八旗汉军》，《历史研究》第4期（2004），页74—105+191。

——:《红夷大炮与明清战争：以火炮测准技术之演变为例》，《清华学报》新26第1期（1996），页31—70。

——:《两头蛇：明末清初的第一代天主教徒》（新竹：台湾清华大学出版社，2005）。

——:《耶稣会士汤若望在华恩荣考》，《中国文化》第7期（1992年11月），页160—170。

顾卫民:《中国天主教编年史》（上海：上海书店出版社，2003）。

——:《果阿》（上海：上海辞书出版社，2009）。

续修四库全书编辑委员会（编）:《续修四库全书》（上海：上海古籍出版社，2002）。

黄忠廉:《明末清初传教士变译考察》，见刘树森（编）:《基督教在中国：比较研究视角下的近现代中西文化交流》（上海：上海人民出版社，2010）。

黄河清:《马礼逊辞典中的新词语》，《或问》第15号（2008），页13—20。

黄时鉴、龚缨晏:《利玛窦世界地图研究》（上海：上海古籍出版社，2004）。

黄进兴:《圣贤与圣徒》（台北：允晨文化公司，2001）。

（唐）《尊经》，《大正藏》，54:1288。

（唐）景净:《大秦景教流行中国碑颂并序》，《大正藏》，55:1289—1290。

（唐）《景教三威蒙度赞》，见《大正藏》,55:1288；另见翁绍军（注释）:《汉语景教文典诠释》（香港：汉语基督教文化研究所，1995），页191；以及普天颂赞编辑委员会（编）:《普天颂赞》（香港：基督教文艺出版社，2003），第679首。

黄庆萱:《修辞学》（台北：三民书局，1975）。

（清）爱汉者（郭实猎）等（编），黄时鉴（整理）:《东西洋考每月统记传》（北京：中华书局，1997）。

——（纂）:《正道之论》，澳大利亚国家图书馆藏清刻本。

——（纂）:《赎罪之道传》（新加坡：坚夏书院，道光丙申年［1836］）。

新村出:『南蛮廣記』（東京：岩波書店，1925）。

——、柊源一（校注）:『吉利支丹文学集』，2册（東京：朝日新聞社，1960）。

（明）杨廷筠（独醒斋主人）:《格言六则》，收于《法国图》，6:617–621。

——《代疑续编》，收于《三柱石》，页274–333。

杨勇:《陶渊明集校笺》（台北：中国袖珍出版社，1970）。

杨儒宾:《儒家身体观》（台北：文哲所筹备处，1996）。

邹振环:《影响中国近代社会的一百种译作》（北京：中国对外翻译出版公司，1996）。

——《晚明汉文西学经典：编译、诠释、流传与影响》（上海：复旦大学出版社，2011）。

《圣经：和合本修订版》（香港：香港圣经公会，2011）。

圣德肋撒（圣女大德兰）:《内心的城堡》，见 Phil Cousineau（主编），宋伟航（译）:《灵魂考》
　　（台北：立绪出版公司，1994），页125–126。

（明）叶向高:《赠思及艾先生诗》，收于吴编，页643。

——《苍霞余草》，收于《禁毁书》，集部第125册。

《叶向高》，中国历代人物网站，网址: http://www.artx.cn/artx/renwu/10958.html，检索日期:
　　2006年9月1日。

葛荣晋（编）:《中国实学思想史》，3卷（北京：首都师范大学出版社，1994）。

蒂利希（著），尹大贻（译）:《基督教思想史》（香港：汉语基督教文化研究所，2000）。

（清/民国）詹鸣铎:《我之小史》（合肥：安徽教育出版社，2008）。

路英（编著）:《释梦考——中国古代占梦迷信剖析》（北京：中国民族摄影艺术出版社，
　　2002）。

（姚秦）鸠摩罗什（译）:《金刚经》，《大正藏》，8:748–752。

——（译）:《妙法莲华经》，《大正藏》，9:1–62。

——（译）:《维摩诘所说经》，《大正藏》，14:537–556。

——（等译）:《心经》，《大正藏》，8:847–850。

（梁）僧伽婆罗（译）:《阿育王经》，《大正藏》，50:131–170。

（姚秦）僧叡:《大品经·序》，见（唐）僧佑:《出三藏记集》，《大正藏》，55:52–53。

实藤惠秀：『日本語と中国語』，收于中国語学研究会（编）：『中国語学事典』（東京：江南書院，1958）。

廖芮茵：《台湾子嗣神祇的信仰与科仪》，收于台中应用技术学院应用中文系（编）：《道教与民俗学学术研讨会论文集》（台中：台中技术学院，2007），页217-245。

廖肇亨：《僧人说梦：晚明丛林梦论试析》，收于廖肇亨、李丰楙（编）：《圣传与诗禅——中国文学与宗教论集》（台北：文哲所，2007），页651-682。

廖蔚卿：《论汉魏六朝连珠体的艺术及其影响》，收于台静农先生八十寿庆论文集编委会（主编）：《台静农先生八十寿庆论文集》（台北：联经出版公司，1981）。

周止庵：《般若般罗蜜多心经诠注》（台北：佛教出版社，1981）。

（明）周理：《云山梦语摘要》，2卷，见《嘉兴大藏经》第26册（台北：新文丰出版公司，1987），页273-283。

（明／清）熊士旂（初稿），张焞（补）：《张识传》，法国国家图书馆藏书，编号：Chinois 1098。

——（初稿），张焞（补）：《张弥格尔遗迹》，收于《法国图》，12:403-437。

熊月之：《西学东渐与晚清社会》（上海：上海人民出版社，1994）。

（明）熊明遇：《绿雪楼集》，收于《禁毁书》子部第185册。

睡虎地秦墓竹简整理小组（编）：《睡虎地秦墓竹简》（北京：北京文物出版社，1978）。

福岛邦道：『サントスの御作業翻字・研究篇』（東京：勉誠社，1979）。

台湾福音书房与李常受（译）：《圣经・恢复本》（台北：台湾福音书房，2007）。

裴化行（著），萧浚华（译）：《天主教十六世纪在华传教志》（北京：商务印书馆，1937）。

褚斌杰：《中国古代文体概论》，增订本（北京：北京大学出版社，1990）。

（清）宾惠廉（译）：《天路历程》，澳大利亚国家图书馆藏咸丰三年［1853］版。

赵晓阳：《二马圣经译本与白日升译本关系考辨》，《近代史研究》第4期（2009），页41-59。

赵晓兰、吴潮：《传教士中文报刊史》（上海：复旦大学出版社，2011）。

（明）赵韩：《榄言》，见《日乾初揲》，5册（日本国立公文书馆内阁文库藏明刻本），5:1a-55a。

（清）赵翼：《陔余丛考》，3册（北京：中华书局，2006）。

辅仁神学著作编译会：《神学辞典》（台北：光启出版社，1998）。

刘大为：《比喻、近喻与自喻》（上海：上海教育出版社，2001）。

刘文英、曹田玉：《梦与中国文化》（北京：人民出版社，2003）。

刘月莲：《李卓吾与利西泰：万历中西超儒之晤》，《文化杂志》第43期（2002年夏季），页

153–168。

（汉）刘向（著），卢元骏（注释），陈贻钰（订正）：《说苑今注今译》（台北：台湾商务印书馆，1995）。

（明）刘承范：《利玛窦传》，重刊于阎纯德编：《汉学研究》第13集（北京：学苑出版社，2009），页372–376。

刘志雄、杨静荣（著）：《龙与中国文化》（北京：人民出版社，1992）。

（明）刘侗、于奕正：《帝京景物略》（北京：北京古籍出版社，1980）。

（后晋）刘昫：《旧唐书》，《四库备要》版（台北：台湾中华书局，1981）。

（唐）刘禹锡（著），陶敏、陶雨红（校注）：《刘禹锡全集编年校注》（长沙：岳麓书社，2003）。

刘秋霖等（编著）：《观音菩萨图像与传说》（北京：中国文联出版社，2005）。

刘耘华：《诠释的圆环——明末清初传教士对儒家经典的解释及其本土回应》（北京：北京大学出版社，2005）。

——：《徐光启姻亲脉络中的上海天主教文人：以孙元化、许乐善二家族为中心》，《世界宗教研究》第1期（2009），页98–107、158。

刘莉美：《当西方遇见东方——从〈明心宝鉴〉两本西班牙黄金时期译本看宗教理解下的偏见与对话》，《中外文学》第33卷第10期（2005年3月），页121–131。

刘羡冰：《澳门教育的发展、变化与现代化》，收吴志良、金国平与汤开建等（编）：《澳门史新编》第3册（澳门：澳门基金会，2008），页909–929。

（南朝·宋）刘义庆（著），余嘉锡（撰），周祖谟、余淑宜（整理）：《世说新语笺疏》（台北：华正书局，1989）。

（南朝·梁）刘勰（著），周振甫（注）：《文心雕龙注释》（台北：里仁书局，1984）。

（清）刘献廷：《广阳杂记》（北京：中华书局，1985）。

（战国）墨翟：《墨子》，《四部备要》版（台北：台湾中华书局，1981）。

广东、广西、湖南、河南辞源修订组及商务印书馆编辑部（编）：《辞源》（台北：远流出版公司，1987）。

（清）樊守义：《身见录》，收于方豪：《中西交通史》，第4册（台北：华冈出版公司，1977），页187–195。

樊树志：《晚明史（1573—1644年）》，2册（上海：复旦大学出版社，2003）。

（清）欧加略:《人类真安》，牛津大学博德莱图书馆馆藏书，编号: MS. Chin.d.43。

潘吉星:《沈福宗在 17 世纪欧洲的学术活动》，《北京教育学院学报》（自然科学版）第 2 卷
　　第 3 期（2007 年 6 月），页 1–8。

潘凤娟:《述而不译? 艾儒略〈天主降生言行纪略〉的跨语言叙事初探》，《中国文哲研究集
　　刊》第 34 期（2009 年 3 月），页 111–167。

——:《郊社之礼，所以事上帝也——理雅各与比较宗教脉络中的〈孝经〉翻译》，《汉语基
　　督教学术论评》第 12 期（2011 年 12 月），页 129–158。

——:《无神论乎? 自然神学乎? ——中国礼仪之争期间龙华民与莱布尼茨对中国哲学的诠
　　释与再诠释》，《道风: 基督教文化评论》第 27 期（2007 年秋季号），页 51–77。

——:《西来孔子艾儒略——更新变化的宗教会遇》（台北: 基督教橄榄文化事业基金会和圣
　　经资源中心，2002）。

谭帆:《中国小说评点研究》（上海: 华东师范大学出版社，2001）。

（明）范立本（编）:《[重刊] 明心宝鉴》，中国国家图书馆善本部藏明刻本，编号 17265。

（明）蔡汝贤（撰）:《东夷图像·东夷图说》，2 卷，见《存目》史部地理类，255:409–430。

蔡宗阳:《陈骙〈文则〉新论》（台北: 文史哲出版社，1993）。

蔡忠道（编）:《第三届中国小说戏曲国际学术研讨会论文集》（台北: 里仁书局，2008）。

蔡祝青:《创办新教育: 试论震旦学院创立的历史意义》，《清华中文学报》第 12 期（2014 年
　　12 月），页 373–424。

蔡谋芳:《辞格比较概述》（台北: 台湾学生书局，2001）。

（清）蒋复敦:《海外异人传: 该撒》，收于《六合》，页 543–545。

（明）邓玉函（口授），王征（译绘）:《远西奇器图说》（北京: 中华书局，1985）。

邓嗣禹:《中国考试制度史》（台北: 台湾学生书局，1967）。

郑安德:《明末清初天主教和佛教的护教辩论》（高雄: 佛光文教基金会，2001）。

——（编）:《明末清初耶稣会思想及文献汇编》，5 卷（北京: 北京大学宗教研究所，2003）。

郑振铎（著）:《中国文学研究新编》（台北: 文光出版社，1973）。

郑奠、谭全基（编）:《古汉语修辞学资料汇编》（台北: 明文书局，1984）。

郑骞:《校〈天乐正音谱〉跋》，收于《自定稿》，2:1626。

鲁深:《陕西雕版源流考》，《人文杂志》第 4 期（1985），页 95–99。

黎子鹏:《晚清基督教文学:〈正道启蒙〉（1864）的中国小说叙事特征》，《道风: 基督教文化

评论》第 35 期（2011 年 7 月），页 279–299。

萧静山：《天主教传行中国考》，收于辅仁大学天主教史料研究中心（编）：《中国天主教史籍汇编》（台北：辅仁大学出版社，2003）。

（清）《醒迷篇》，收于《耶档馆》，9:239–388。

钱锺书：《七缀集》（台北：书林出版公司，1990）。

──：《管锥编》，4 册（北京：中华书局，1979）。

──：《钱锺书手稿集·容安馆札记》，3 册（北京：商务印书馆，2011）。

骆其雅（著），詹正义、周天麒（译）：《圣经中所有的比喻》（台北：基督中国主日，1987）。

（明）龙华民：《灵魂道体说》，梵蒂冈教廷图书馆藏明刻本，编号：Borg. Cinese 350 [19]。

──（译）：《圣若撒法始末》，《法国图》，15:221。

彌永信美：『仏教神話学 II：観音変容譚』（京都：法藏館，2002）。

缪咏禾：《明代出版史稿》（南京：江苏人民出版社，2000）。

（明）谢肇淛：《五杂俎》，收于《禁毁书》子部 37:347–703。

韩承良（编著）：《若望·孟高维诺宗主教：中国第一位天主教传教士》（台北：思高圣经学会出版社，1992）。

（战国）韩非（著），邵增桦（注译）：《韩非子今注今译》修订本，2 册（台北：台湾商务印书馆，1992）。

韩南（著），叶隽（译）：《谈第一部汉译小说》，收于陈平原、王德威、商伟（编）：《晚明与晚清：历史传承与文化创新》（武汉：湖北教育出版社，2002），页 452–481。

（明）韩云：《达道纪言·序》，收于《三编》，2:660。

（唐）韩愈（著），屈守元、常思春（主编）：《韩愈全集校注》（成都：四川大学出版社，1996）。

（明）韩霖：《铎书》，收于《徐家汇》，2:599–862。

韩承良：《若望孟高维诺宗主教》（香港：思高圣经学会出版社，1992）。

（东晋）瞿昙僧伽提婆（译）《中阿含经》，见《大正藏》，1:421–809。

（明）归有光（评选）：《文章指南》（台北：广文书局，1985）。

魏明德（著），余淑慧（译）：《方济各·沙勿略传：从传教历史到诠释策略》，收于李丰楙、廖肇亨（编）：《圣传与诗禅：中国文学与宗教论集》（台北：文哲所，2007），页 137–168。

魏特（著），杨丙辰（译）：《汤若望传》，2 册（台北：商务印书馆，1960）。

（清）魏源（著）：《海国图志》（郑州：中州古籍出版社，1999）。

罗光：《利玛窦传》（台北：辅仁大学出版社，1982）。

——：《教廷与中国使节史》（台北：传记文学出版社，1983）。

（明）罗明坚：《天主圣教实录》，收于《续编》，2:755-838。

——：《天主圣教实录》，收于郑编，1:33-60。

罗常培：《杨选杞〈声韵同然集〉残稿跋》，《史语所集刊》第 1 本第 3 分（1930），页 339-343。

（明）罗雅谷：《圣记百言》，收于《法国图》，23:419-470。

——：《圣母经解》，法国国家图书馆藏本，编号：Chinois 7316。

罗新璋（编）：《翻译论集》（北京：商务印书馆，1984）。

谭载喜：《西方翻译简史》（北京：商务印书馆，1991）。

谭达先：《中国民间寓言研究》（台北：台湾商务印书馆，1988）。

（明）庞迪我：《七克》，收于李辑，2:689-1126。

——：《诠人类原始》，收于《庞子遗诠》卷四，见《耶档馆》，2:221-252。

——：《诠天神魔鬼》，收于《庞子遗诠》卷四，见《耶档馆》，2:191-219。

（清）严复：《天演论》（台北：台湾商务印书馆，1987）。

（明）苏如望：《天主圣教约言》，《耶档馆》，2:253-296。

（明/清）释道忞：《北游集》，收于明复法师（编）：《禅门逸书·续编》（台北：汉声出版社，1987），10:1-164。

赵圣修、蒋友仁（著）：《轻世金书口铎句解》，3 册（上海图书馆徐家汇藏书楼藏清抄本）。

（明）钟始声（蕅益智旭）（编）：《辟邪集》，在周编，第 2-4 册。

钟鸣旦、杜鼎克、蒙曦（编）：《法国国家图书馆明清天主教文献》，26 册（台北：利氏学社，2009）。

——、杜鼎克（编）：《耶稣会罗马档案馆明清天主教文献》，12 册（台北：利氏学社，2002）。

——等（编）：《徐家汇藏书楼明清天主教文献》，5 册（台北：方济出版社，1996）。

——等（编）：《徐家汇藏书楼明清天主教文献续编》，34 册（台北：利氏学社，2013）。

——、杜鼎克（著），尚扬（译）：《简论明末清初耶稣会著作在中国的流传》，《史林》第 2 期（1999），页 58-62。

（北魏）郦道元:《水经注》,《四库备要》版（台北：台湾中华书局，1981）。

龚天民:《观世音菩萨真相》（台北：校园书房出版社，1999）。

龚缨晏、马琼:《关于李之藻生平事迹的新史料》,见《浙江大学学报》（人文社会科学版）第 38 卷第 3 期（2008 年 5 月），页 89－97。

《观音应验记：诸菩萨感应抄》写本（原藏于京都青莲院，东京：东京大学史料编纂所重刊，1955）。

西文

Ackerman, Robert W. "The Debate of the Body and the Soul and Parochial Christianity." *Speculum* vol. 37 no. 4 (Oct 1962), pp. 541－565.

——. *Backgrounds to Medieval English Literature.* New York: Random House, 1968.

Acta sanctorum. The Full Text Detabase (accessed July 5, 2009), http://acta.chadwyck.com.

Adels, Jill Haak, ed. *The Wisdom of the Saints: An Anthology.* New York and Oxford: Oxford University Press, 1987.

Adkin, Neil. "The Date of the Dream of Saint Jerome." *Studi Classici et Orientali* vol. 43 (1993), pp. 262－273.

Alan of Lille. *The Art of Preaching.* Trans. Gillian R.Evans. Kalamazoo: Cistercian Publications, 1981.

Alighieri, Dante. *The Divine Comedy.* Trans. John Ciardi. New York: W. W. Norton, 1970.

Altman, Charles F. "Two Types of Opposition and the Structure of Latin Saints' Lives." In *Medievalia et Humanistica: Studies in Medieval and Renaissance Culture*, New Series, Number 6: *Medieval Hagiography and Romance*, ed. Paul Maurice Clogan, pp. 1－62. Cambridge: Cambridge University Press, 1975.

Arendt, Hannah. *Love and Saint Augustine.* Ed. Joanna Vecchiarelli Scott and Judith Chelius Stark. Chicago: University of Chicago Press, 1996.

Armstrong, Edward C. *The French Metrical Versions of Barlaam and Josaphat, with Especial Reference to the Termination in Gui de Cambrai.* Princeton: Princeton University Press;

Paris: Librairie Édouard Champion, 1922.

Auerbach, Erich. *Literary Language and Its Public in Late Latin Antiquity and the Middle Ages*. Trans. Ralph Manheim. Princeton: Princeton University Press, 1965.

Augustine, Saint, Bishop of Hippo. "Homilies on 1 John." In John Burnaby ed., *Augustine: Later Works*. Philadelphia: The Westminster Press, 1955.

——. *Confessions*. Trans. Henry Chadwick. Oxford: Oxford University Press, 1991.

——. *Eighty-three Different Questions*. New York: Fathers of the Church, 1959.

——. "Letter to Saint Jerome." In André Lefevere, ed., *Translation/History/Culture: A Sourcebook*, p. 16. London and New york: Routledge, 1992.

——. *On Christian Doctrine*. Trans. D. W. Robertson, Jr. New York: Macmillan, 1958.

——. *The City of God*. Trans. John Healey. Ed. R. V. G. Tasker. London: J. M. Dent and Sons, 1962.

Banks, Mary Macleod, ed. *An Alphabet of Tales*. Millwood: Kraus Reprint, 1987.

Barnes, Jonathan, ed. *The Complete Works of Aristotle*. Revised Oxford Translation. 2 vols. Princeton: Princeton University Press, 1984.

Barnett, Suzanne Wilson, and John King Fairbank, eds. *Christianity in China: Early Protestant Missionary Writings*. Cambridge and London: Harvard University Press, 1985.

Bates, Paul A. ed. *Faust: Sources, Works, Criticism*. New York: Harcourt, Brace and World, 1969.

Becker, Kenneth Michael. *From the Treasure-House of Scripture: An Analysis of Scriptural Sources in De Imitatione Christi*. Turnhout: Brepols, 2002.

Benda, Jonathan. "The French Invention of Chinese Rhetoric?" Paper presented at the International Conference on East-West Identities: Golalisation, Localisation, and Hybridisation, Hong Kong Baptist University, 26–27 February 2004.

Benjamin, Walter. *Walter Benjamin: Selected Writings*. Eds. Marcus Bullock and Michael W. Jennings. Cambridge: Harvard University Press, 1996.

Bennett, C. E., ed. and trans. *Horace: The Odes and Epodes*. Cambridge: Harvard University Press, 1988.

Benveniste, Émile. *Problems in General Linguistics*. Trans. Mary Elizabeth Meek. Coral Gables: University of Miami Press, 1971.

Berbara, Maria, and Karl A. E. Enenkel, eds. *Portuguese Humanism and the Republic of Letters*.

Leiden: Brill, 2012.

Bernard, Henri. "La musique européenne en Chine." *Bulletin Catholique de Pékin* 22/258 (Février 1935), pp. 40–43 and. 78–94.

——. *Le Père Matthieu Ricci et la Société Chinoise de son timps (1552—1610)*, 2 vols. (Tientsin: Hautes études, 1937).

——. "Les adaptations chinoises d'ouvrages européens: bibliographie chronologique. Première Partie: depuis la venue des Portugais à Canton jusqu'à la Mission française de Pékin, 1514—1688." *Monumenta Serica* vol. 10 (1945), pp. 1–57 and 309–388.

Bernard of Clairvaux, Saint. "De tribus inimicis hominis, carne, mundo, et diabolo." In *Patrologia cursus completes, Series Latina*, vol. 184. Ed. J.-P. Migne. Paris: J.-P. Migne, 1844—1864.

——. *Sermo super Cantica Canticorum*, in *Sancti Bernardi Opera Omnia*. Eds. J. Leclercq, C. H. Talbot and H. M. Rochais. Rome: Editiones Cistercienses, 1957—1980.

Boccaccio, Giovanni. *The Decameron*. Trans. G. H. McWilliam. Harmondsworth: Penguin, 1975.

Booth, Wayne C. *The Rhetoric of Fiction*. 2nd ed. Chicago: University of Chicago Press, 1983.

Boss, Sarah Jane. *Mary: The Complete Resource*. Oxford: Oxford University Press, 2007.

Bossard, Alphonse, ed. *Dictionary of Mary*. Trans., revised, expanded, and ed. John Otto. N.p.: Catholic Book, 1985.

Bossy, Michel-André, ed. and trans. *Medieval Debate Poetry: Vernacular Works*. New York and London: Garland, 1987.

Boxer, C. R. *The Christian Century in Japan, 1549—1650*. Berkeley: University of California Press, 1967.

Boyd, Beverly, ed. *The Middle English Miracles of the Virgin*. San Marino: The Huntington Library, 1964.

Bräm, Toni. *La verion provençale de "Barlaam et Josaphat": une oeuvre cathare?* Konstanz: Hartung-Gorre, 1990.

Brezzi, Alessandra, Yafang Chen, and Giulio Aleni. *Al Confucio di Occidente: Poesie Cinesi in onore di P. Giulio Aleni S.J.* Brescia: Fondazione Civiltà Bresciana, 2005.

Britt, Brian M. *Walter Benjamin and the Bible*. New York: Continuum, 1996.

Brockey, Liam Matthew. *Journey to the East: The Jesuit Mission to China, 1579—1724*.

Cambridge: Belknap Press of Harvard University Press, 2007.

Brokaw, Cynthia J. *The Ledgers of Merit and Demerit: Social Change and Moral Order in Late Imperial China*. Princeton: Princeton University Press, 1991.

Broomhall, Marshall. *The Bible in China*. London: British and Foreign Bible Society, 1934.

Brown, David. *Through the Eyes of the Saints: A Pilgrimage through History*. London and New York: Continuum, 2005.

Brown, Peter. *Augustine of Hippo*. Berkeley: University of California Press, 1967.

——. *The Body and Society: Men, Women, and Sexual Renunciation in Early Christianity*. New York: Columbia University Press, 1988.

——. *The Cult of the Saints: Its Rise and Function in Latin Christianity*. Chicago: University of Chicago Press, 1981.

Brown, Raymond E.,S.S., et al. *The New Jerome Biblical Commentary*. Englewood Cliffs: Prentice Hall, 1990.

Budge, E. A. Wallis, trans. and ed. *The Paradise of Palladius*, vol. 1 of *The Sayings and Stories of the Christian Fathers of Egypt: The Paradise of the Holy Fathers*. London: Kegan Paul, 2002.

——. trans. *One Hundred and Ten Miracles of Our Lady Mary*. Oxford: Oxford University Press, 1933.

——. trans. *Baralâm and Yĕwâsef, Being the Ethiopic Version of a Christianized Recension of the Buddhist Legend of the Buddha and the Bodhisattva*. Cambridge: Cambridge University Press, 1923.

Bull, Marcus, trans. *The Miracles of Our Lady of Rocamadour: Analysis and Translation*. Rochester: The Boydell Press, 1999.

Burke, Kenneth. *The Rhetoric of Religion: Studies in Logology*. Berkeley: University of California Press, 1970.

Burke, Peter, and R. Po-chia Hsia, eds. *Cultural Translation in Early Modern Europe*. Cambridge: Cambridge University Press, 2007.

Burns, J. Patout. trans. and ed. *Theological Antropology*. Philadelphia: Fortress Press, 1981.

Burton-Christie, Douglas. *The Word in the Desert: Scripture and the Quest for Holiness in Early Christian Monasticism*. New York and Oxford: Oxford University Press, 1998.

Butts, James R. "The *Progymnasmata* of Theon: A New Text with Translation and Commentary." Ph. D. diss., Claremont Graduate School, 1986.

Caesarius of Heisterbach. *Dialogus Miraculorum.* Ed. S. Strange. Cologne: H. Lempertz, 1851.

Calvin, John. *Institutes of the Christian Religion.* Ed. John T. McNeill and trans. Ford Lewis Battles. Philadelphia: The Westminster Press, 1960.

Camões, Luís de. *The Lusiads.* Trans. Sir Richard Fanshawe. Ed. Geoffrey Bullough. London and Fontwell: Centaur Press, 1963.

Carrick, John. *The Imperative of Preaching: A Theology of Sacred Rhetoric.* Edinburgh: Banner of Truth Trust, 2002.

Carroll, Michael P. *The Cult of the Virgin Mary: Psychological Origin.* Princeton: Princeton University Press, 1986.

Carruthers, Mary, and Jan M. Ziolkowski, eds. *The Medieval Craft of Memory: An Anthology of Texts and Pictures.* Philadelphia: University of Pennsylvania Press, 2002.

Carruthers, Mary. *The Book of Memory: A Study of Memory in Medieval Culture.* Cambridge: Cambridge University Press, 1996.

Catholic Encyclopedia of America (accessed October 28, 2008), at http://www.newadvent.org/cathen/14081a.htm.

Cazelles, Brigitte. *The Lady as Saint: A Collection of French Hagiographic Romances of the Thirteenth Century.* Philadelphia: University of Pennsylvania Press, 1991.

CCT Database, at http://www.arts.kuleuven.be/sinology/cct/cct.htm.

Ch'en, Kenneth K. S. *Buddhism in China: A Historical Survey.* Princeton: Princeton University Press, 1964.

Chan, Albert, S.J. "Two Chinese Poems Written by Hsü Wei 徐渭 (1521—1593) on Michele Ruggieri, S.J. (1543—1607)." *Monumenta Serica* vol. 44 (1996), pp. 317–337.

——. *Chinese Books and Documents in the Jesuit Archives in Rome: A Descriptive Catalogue, Japonica-Sinica I–IV.* Armonk and New York: M. E. Sharpe, 2002.

——. "Michele Ruggieri, S.J. (1543—1607) and His Chinese Poems." *Monumenta Serica* vol. 41 (1993), pp. 129–176.

Chang, Mark K., S.J. "Impact of Aleni's Apologetic and Pastoral Writings on the Missionary Work in China." In Tizian Lippiello and Roman Malek, eds., *"Scholar from the West": Giulio Aleni S.J. (1582—1649) and the Dialogue between Christianity and China,* 2:365–372. Nettetal:

Stetyler Verlag, 1997.

Charbonneau-Lassay, Louis. *The Bestiary of Christ*. Translated and abridged by D. M. Dooling. New York: Arkana Books, 1992.

Chaucer, Geoffrey. "Prioress's Tale" of *Canterbury Tales*. In F. N. Robinson, ed., *The Complete Works of Geoffrey Chaucer*. Oxford: Oxford University Press, 1957.

——. *Canterbury Tales*. In F. N. Robinson, ed., *The Complete Works of Geoffrey Chaucer*. Oxford: Oxford University Press, 1979.

Cherf, John Frank, O.S.B. "The Latin Manuscript Tradition of the 'Vita Sancti Pauli.'" In William Abbott Oldfather, ed., *Studies in the Text Tradition of St. Jerome's Vitae Patrum*, pp. 251–305. Urbana: University of Illinois Press, 1943.

Cherniss, Michael D. "Two New Approaches to (Some) Medieval Vision Poems." *Modern Language Quarterly* vol. 49, no. 3 (September 1988), pp. 285–291.

Chevalier, Ulysse. *Répertoire des sources historiques du moyen âge*. Paris: A Picard et fils, 1907.

Cicero. *Ad Herennium*. Translated by Harry Caplan. Cambridge: Harvard University Press, 1989.

——. *Cicero XXI: De Officiis*. Trans. Walter Miller. Cambridge: Harvard University Press, 1990.

——, Marcus Tullius. *Cicero II: On Invention/The Best Kind of Orator/Topics*. Trans. H. M. Hubbell. Cambridge: Harvard University Press, 1993.

——. *Cicero V: Brutus, Orator*. Trans. G. L. Hendrickson and H. M. Hubbeli. Cambridge: Harvard University Press, 1988.

Coens, Maurice. "Héribert Rosweyde et la recherche des documents. Un témoignage inédit." *Anactecta Bollandiana* vol. 83 (1965), pp. 50–52.

Commager, Steele. *The Odes of Horace: A Critical Study*. Norman: University of Oklahoma Press, 1995.

Conlee, John W., ed. *Middle English Debate Poetry: A Critical Anthology*. East Lansing: Colleagues Press, 1991.

Conley, Thomas. *Rhetoric in the European Tradition*. Chicago: University of Chicago Press, 1994.

Contemptvs mvndi, o Menosprecio del mundo. Añadidos aora dos tratados. El vno, los auisos importantes para el Acto de Contrición. El otro para tener oración mental. Toledo: Christoval Loarte, 1622.

Coon, Lynda L. *Sacred Fictions: Holy Women and Hagiography in Late Antiquity*. Philadelphia:

University of Pennsylvania Press, 1997.

Copeland, Rita. *Rhetoric, Hermeneutics and Translation in the Middle Ages: Academic Translations and Vernacular Texts*. Cambridge: Cambridge University Press, 1991.

Corey, Katharine Tubbs. "The Greek Versions of Jerome's 'Vita Sancti Pauli.'" In William Abbott Oldfather, ed., *Studies in the Text Tradition of St. Jerome's Vitae Patrum*, pp. 306–448. Urbana: University of Illinois Press, 1943.

Cosquin, Emmanuel. "La légends des saints Barlaam et Josaphat: son origine." *Harvard Theological Review* vol. 30, no. 4 (1937), pp. 579–600.

Couto, Diego do. *Decada Quarta da "Ásia"*. Goa: n.p., 1597.

Crane, T. F. "Miracles of the Virgin." *The Romantic Review* vol 2, no 3 (July–Sept., 1911), pp. 235–279.

Culler, Jonathan. *The Pursuit of Signs*. Ithaca: Cornell University Press, 1981.

Culley, Thomas D., and Clement J. McNaspy. "Music and the Early Jesuits (1540—1565)." *Archivum hisoricum Societatis Iesu* no. 40 (1971), pp. 213–245.

Cunningham, Lawrence S. *A Brief History of Saints*. Oxford: Blackwell, 2005.

Damascene, St. John. *Barlaam and Ioasaph*. Trans. G. R. Woodward, et al. Cambridge: Harvard University Press, 1983.

D'Elia, Pasquale M., S. I. "Le Generalità sulle Scienze Occidentali di Giulio Aleni." *Rivista degli Studi Orientali* 25 (1957), pp. 58–76.

——. "Il Trattato sull' Amicizia: Primo Bibro scritto in cinese da Matteo Ricci S.I. (1595)." *Studia Missionalia* vol. 7 (1952), pp. 449–515.

——, ed. *Fonti Ricciane*. 3 vols, Rome: La Libreria dello stato, 1942.

——. "Musica e canti italiani a Pechino." *Rivisita degli Studi Orientali* vol. 30 (1955), pp. 131–145.

Davenport, Tony. *Medieval Narrative: An Introduction*. Oxford: Oxford University Press, 2004.

de Berceo, Gonzalo. "El milagro de Teófilio." In Jorge Zarza Castillo, ed., *Los Milagros de Nuestra Señora*, pp. 37–39. Barcelona: Edlcomunicatión, 1992.

de Coinci, Gautier. "Histoire d'un moine mort dans la buche duquel on trouva cinq roses fraîches." In F.-J. Beaussart, et al., trans., *Miracles et mystères: la littérature religieuse au nord de la*

France, pp. 82–83. Laferte-Milon: Corps 9 Éditions, 1989.

de Granada, Luis, trans. *El contemptus mundi.* In vol. 6 of *Obras dell V. P. M. F. Luis de Granada*, 17 vols. Madrid: La Imprenta de Manuel Martin, 1756—1757.

de Man, Paul. *Allegories of Reading.* New Haven: Yale University Press, 1979.

——. *Blindness and Insight: Essays in the Rhetoric of Contemporary of Criticism.* Minneapolis: University of Minnesota Press, 1971.

——. *The Resistance to Theory.* Minneapolis: University of Minnesota Press, 1997.

de Montmorency, James Edward Geoffrey. *Thomas à Kempis: His Age and Book.* New York: G. P. Putnam's Sons; London: Methuen, 1906.

de Prémare, Joseph-Henri-Marie. *Lettre inédited du P. Prémare sur le monothéisme des chinois.* Paris: Benjamin Duprat, 1861.

——. *Notitia linguæ Sinicæ.* Malaccae: cura Academiæ Anglo-Sinensis, 1831.

de Vries, Ad. *Dictionary of Symbols and Imagery.* Amsterdam: North-Holland, 1974.

Debate of the Body and Soul, The, in Thomas J. Gabáty, ed., *Medieval English Literature.* Lexington: D. C. Heath and Company, 1984.

Department of Manuscripts, British Museum. *A Catalogue of Additions to the Manuscript, 1916—1920.* London: British Museum, 1933.

Derrida, Jacques. "Des Tours de Babel." In Joseph F. Graham, trans. and ed., *Difference in Translation*, pp. 51–69. Ithaca: Cornell University Press, 1985.

——. "Des Tours de Babel." In Rainer Schulte and John Biguenet, eds., *Theories of Translation: An Anthology of Essays from Dryden to Derrida*, pp. 218–227. Chicago: University of Chicago Press, 1992.

Dew, Nicholas. *Orientalism in Louis XIV's France.* Oxford: Oxford University Press, 2009.

Disraeli, Benjamin. *Tancred: Or the New Crusade.* Teddington, Middlesex: The Echo Library, 2007.

Ditmore, Michael. "Devotional Literature." In George Thomas Kurian, et al., eds., *The Encyclopedia of Christian Literature*, 2:57–60. Lanham, Toronto and Plymouth: The Scarecrow Press, 2010.

Dryden, John. "On Translation." In Rainer Schulte and John Biguenet, eds., *Theories of Translation:*

An Anthology of Essays from Dryden to Derrida, pp. 172–173. Chicago: University of Chicago Press, 1992.

——. "The Three Types of Translation." In Douglas Robinson, ed., *Western Translation Theory from Herodotus to Nietzsche*, pp. 17–31. Manchester: St. Jerome Publishing, 1997.

Du Halde, Jean-Baptiste. *A Description of the Empire of China and Chinese-Tartary, Together with the Kingdoms of Korea, and Tibet: Containing the Geography and History (Natural as well as Civil) of Those Countries. Enrich'd with General and Particular Map and Adorned with a Great Number of Cuts.* London: Printed by T. Gardner for Edward Cave, 1738—1741.

Dudbridge, Glen. *The Legend of Miaoshan*. Revised edition. Oxford: Oxford University Press, 2004.

Dudink, Adrian. "Giulio Aleni and Li Jiubiao." In Tiziana Lippiello and Roman Malek, eds., *"Scholar from the West":Giulio Aleni S.J. (1582—1649) and the Dialogue between Christianity and China*, 1:129–200. Brescia: Fondazione Civiltà Bresciana and Sank Augustin: Monumenta Serica Institut, 1997.

——. "The Inventories of the Jesuit House at Nanking Made Up during the Persecution of 1616—1617 (Shen Que, *Nangong shudu*,1620)." In Federico Masini, ed., *Western Humanistic Culture Presented to China by Jesuit Missionaries (XVII–XVIII Centuries): Proceedings of the Conference Held in Rome, October 25–27, 1993*, pp 119–157. Rome: Institutum Historicum S.I., 1996.

——. "The Religious Works Composed by Johann Adam Schall von Bell, Especially His *Zhuzhi Qunzheng* and His Efforts to Convert the Last Ming Emperor." In Roman Malek, ed., *Western Learning and Christianity in China: The Contribution and Impact of Johann Adam Schall von Bell, S.J. (1592—1666)*, 2:805–898. Sankt Augustin: China-Zentrum and the Institut Monumenta Serica, 1998.

——. "The Chinese Christian Texts in Zikawei 徐家汇 Collection in Shanghai: A Preliminary and Partial List." *Sino-Western Cultural Relations Journal* vol. 33 (2011), pp. 1–41.

Dunne, George H., S.J. *Generation of Giants: The Story of the Jesuits in China in the Last Decades of the Ming Dynasty*. Notre Dame: University of Notre Dame Press, 1962.

Durham, Michael S. *Miracles of Mary: Apparitions, Legends, and Miraculous Works of the Blessed Virgin Mary*. San Francisco: HarperSanFrancisco, 1995.

Eagleton, Terry. *Literary Theory: An Introduction*. Oxford: Basil Blackwell, 1983.

Eber, Irene, et al., eds. *Bible in Modern China: The Literary and Intellectual Impact*. Sankt Augustin: Institut Monumenta Serica in cooperation with the Harry S. Truman Research Institute for the Advancement of Peace, The Hebrew University of Jerusalem, 1999.

Eco, Umberto, et al. *Interpretation and Overinterpretation*. Ed. Stefan Collini. Cambridge: Cambridge University Press, 1992.

"Elena y María: Esiputa del clírigo y el caballero." In Michel-André Bossy, ed. and trans., *Medieval Debate Poetry: Vernacular Works*, pp. 79–97. New York and London: Garland, 1987.

Eliade, Mircea, ed. *Essential Sacred Writings from Around the World*. San Francisco: HarperSanFranciso, 1992.

——. *A History of Religious Ideas*. Trans. Willard R. Trask. Chicago: University of Chicago Press, 1982.

Elisonas, J. S. A. "Fables and Imitations: Kirishitan Literature in the Forest of Simple Letters." *Bulletin of Portuguese/Japanese Studies* vol. 4 (2002), pp. 23–36.

Engen, John Van, ed. *Devotio Moderna: Basic Writings*. New York: Paulist Press, 1988.

Engerfriet, Peter M. *Euclid in China: The Genesis of the First Chinese Translation of Euclid's Elements in 1607 and Its Reception up to 1723*. Leiden: Brill, 1998.

Even-Zohar, Itamar. *Polysystem Studies, Poetics Today: International Journal for Theory and Analysis of Literature and Communication* vol. 11, no. 1 (1990).

Farge, William J. *The Japanese Translations of the Jesuit Mission Press, 1590—1614: De Imitatione Christi and Guia de Peacadores*. Lewiston, Queenston, Lampeter: The Edwin Mellen Press, 2002.

Farmer, David Hugh. *The Oxford Dictionary of Saints*. 4th edition. Oxford: Oxford University Press, 1997.

Farrell, Allan P., S.J. *The Jesuit Code of Liberal Education: Development and Scope of the Ratio Studiorum*. Milwaukee: Bruce, 1938.

Finch, Casey, trans. *The Complete Works of the Pearl Poet*. Eds. Malcolm Andrew, et al. Berkeley: University of California Press, 1993.

Finucane, Ronald C. *Miracles and Pilgrims: Popular Beliefs in Medieval England*. New York: St.

Martin's Press, 1995.

Flint, Valerie I. J. *The Rise of Magic in Early Medieval Europe*. Princeton: Princeton University Press, 1991.

Ford-Grabowsky, Mary, ed. *Spiritual Writings on Mary: Annotated and Explained*. Woodstock: Skylight Paths, 2005.

Foucault, Michel. *History of Madness*. Ed. Jean Khalfa. Trans. Jonathan Murphy and Jean Khalfa. London and New York: Routledge, 2006.

——. *The Archaeology of Knowledge and the Discourse on Language*. Trans. A. M. Sheridan Smith. New York: Pantheon Books, 1971.

——. *The Politics of Truth*. Eds. Sylvère Lotringer and Lysa Hochroth. New York: Semiotext, 1997.

Frappier, Jean. *La poésie lyrique française aux XIIe et XIIIe siècles: Les auteurs et les genres*. Paris: Center de Documentation Universitaire, 1966.

France, Peter. *Hermits: The Insights of Solitude*. New York: St. Martin's Press, 1996.

Froehlich, Karlfried, trans. and ed. *Biblical Interpretation in the Early Church*. Philadelphia: Fortress Press, 1981.

Frye, Northrop, Sheridan Baker, and George Perkins, eds. *The Harper Handbook to Literature*. New York: Harper and Row, 1985.

Gadon, Elinor W. *The Once and Future Goddess: A Sweeping Visual Chronicle of the Sacred Female and Her Reemergence in the Cultural Mythology of Our Time*. New York: HarperCollins, 1989.

Gallop, David, trans. *Parmenides of Elea: Fragments*. Toronto: University of Toronto Press, 1984.

Ganss, George E., S. J., et. al., eds. *Ignatius of Loyola: The Spiritual Exercises and Selected Works*. New York and Mahwah: Paulist Press, 1991.

Geenbaum, Jamie. *Chen Jiru (1558—1639): The Background to Development and Subsequent Uses of Literary Personae*. Leiden and Boston: Brill, 2007.

Gernet, Jacques. *China and the Christian Impact: A Conflict of Cultures*. Trans. Janet Lloyd. Cambridge: Cambridge University Press, 1985.

Gersonis, Ioannis (Thomas à Kempis). *De Imitatione Christi*. Lvgdvni: Apud Theobaldum, 1551.

Golden, Seán. "'God's Real Name is God': The Matteo Ricci-Niccolo Longobardi Debate on

Theological Terminology as a Case Study in Intersemiotic Sophistication." *The Translator* vol. 15, no. 2 (2009), pp. 375–400.

Golvers, Noël. *Building Humanistic Libraries in Late Imperial China*. Rome: Edizioni Nuova Cultura, 2011.

——. *Portuguese Books and Their Readers in the Jesuit Mission of China (17th–18th Centuries)*. Lisbon: Centro Cientifico e Cutural de Macau, I.P., 2011.

Goodman, Howard L., and Anthony Grafton. "Ricci, the Chinese, and the Toolkits of the Textualists." *Asian Major* vol. 3, pt. 2 (1990), pp. 95–148.

Gordon, R. K., ed. and trans. *Anglo-Saxon Poetry*. London: J. M. Dent and Sons, 1962.

Gregg, Joan Young. *Devils, Women, and Jews: Reflections of the Other in Medieval Sermon Stories*. Albany: State University of New York, 1997.

Gregg, Robert C., trans. *Athanasius: The Life of Antony and the Letter to Marcellinus*. Mahwah: Paulist Press, 1980.

Gregory the Great, Pope. *Dialogues*. Trans. Odo John Zimmerman, O. S. B. New York: Fathers of the Church, 1959.

Grendler, Paul F. *Schooling in Renaissance Italy: Literacy and Learning, 1300—1600*. Baltimore: Johns Hopkins University Press, 1989.

Grundler, Otto. "Devotio Moderna." In Jill Raitt, ed., *Christian Spirituality: High Middle Ages and Reformation*. New York: Crossroad, 1987.

Haile, H. G. *The History of Doctor Johann Faustus*. Urbana-Champaign: The Board of Trustee of the University of Illinois, 1965.

Hamilton, Edith, and Huntington Cairns, eds. *Plato: The Collected Dialogues*. Princeton: Princeton University Press, 1961.

Hammond, N. G. L., and H. H. Scullard, eds. *The Oxford Classical Dictionary*, 2nd ed. Oxford: Clarendon Press, 1970.

Hanan, Patrick, ed. *Treasures of the Yenching: Seventy-fifth Anniversary of the Harvard-Yenching Library Exhibition Catalogue*. Cambridge: Harvard-Yenching Library of the Harvard College Library, 2003.

——. *Chinese Fiction of the Nineteenth and Early Twentieth Centuries*. New York: Columbia

University Press, 2004.

Hanford, James Holly. "The Debate of Heart and Eye." *Modern Language Notes* vol. 26, no. 6 (June 1991), pp. 161–165.

Harbsmeier, Christopher. *Language and Logic of Science and Civilisation in China.* Cambridge: Cambridge University Press, 1998.

Harmless, William, S.J. *Desert Christians: An Introduction to the Literature of Early Monasticism.* Oxford: Oxford University Press, 2004.

Harvey, Keith. "Translating Camp Talk: Gay Identities and Cultural Transfer." In Lawrence Venuti, ed., *The Translation Studies Reader*, pp. 402–422. 2nd ed. New York and London: Routledge, 2004.

Haskins, Charles Homer. *The Renaissance of the Twelfth Century.* Cambridge: Harvard University Press, 1993.

Hazleton, Lesley. *Mary: A Flesh-and-Blood Biography of the Virgin Mother.* New York: Bloomsbury, 2004.

Head, Thomas, ed. *Medieval Hagiography: An Anthology.* New York and London: Routledge, 2001.

Hedberg, Betty Nye. "The Bucolics and the Medieval Debate." *Transactions and Proceedings of the American Philological Association* vol. 75 (1944), pp. 47–67.

Heffernan, Thomas J. "An Analysis of the Narrative Motifs in the Legend of St. Eustace." In *Medievalia et Humanistica: Studies in Medieval and Renaissance Culture* New Series: Number 6: *Medieval Hagiography and Romance*, ed. Paul Maurice Clogan, pp. 63–89. Cambridge: Cambridge University Press, 1975.

Helin, Maurice. *A History of Medieval Latin Literature.* Trans. Chapman Snow. New York: William Salloch, 1949.

Heningham, Eleanor Kellogg. *An Early Latin Debate of the Body and Soul Preserved in MS Royal 7 A III in the British Museum.* New York: Published by the author, 1939.

Herolt, Johannes. *Miracles of the Blessed Virgin Mary.* Trans. C. C. Swinton Bland, New York: Harcourt, Brace and Company, 1928.

——. *De Miraculis beatæ Mariæ virginis.* In Johannes Herolt Discipvli, *Sermones de Sancis, cvm exemplorvm promptvario,* Venetiis: Apud Io. Antonium Beranum, 1598.

Herrtage, Sidney J. H., ed. *The Early English Versions of the Gesta Romanorum.* Oxford: Oxford

University Press, 1879.

Hesiod. *Theogony*. Cambridge: Harvard University Press, 1982.

Hieronymus. *Vita Sancti Hilarionis*. In Jacques-Paul Migne, ed., *Patrologia Latina*, vol. 23. Paris: J.-P. Migne, 1844—1864.

Hilberg, Isidorus. *Sancti Eusebii Hieronymi Epistulae*. In *Corpus scriptorum ecclesiasticorum Latinorum*, vol. 54–56. Vienna-Leipzig: Vindobonae F. Tempsky, 1910—1918.

Hone, William, ed. *The Lost Books of the Bible*. New York: Bell, 1979.

Hooks, Bell. *Between Languages and Cultures: Translation and Cross-Cultural Texts*. Pittsburgh: University of Pittsburgh Press, 1995.

Horton, Rod W., and Herbert W. Edwards. *Backgrounds of American Literary Thought*, 3rd ed. New York: Appleton-Century Crafts, 1979.

Huizinga, John. *The Autumn of the Middle Ages*. Trans. Rodney J. Payton and Ulrich Mammitzsch. Chicago: The University of Chicago Press, 1996.

Ikegami, Keiko. *Barlaam and Josaphat: A Transcription of MS Egerton 876 with Notes, Glossary, and Comparative Study of the Middle English and Japanese Versions*. New York: AMS Press, 1999.

Ingram, John K. ed. *Middle English Translations of De Imitatione Christi*. Millwood: Kraus Repint, 1987.

Iser, Wolfgang. *The Act of Reading: A Theory of Aesthetic Response*. Baltimore: Johns Hopkins University Press, 1878.

Isidore of Seville. *The Etymologies of Isidore of Seville*. Trans. with Introduction and Notes by Stephen A. Barney, et al. Cambridge: Cambridge University Press, 2006.

Isocrates. *Against the Sophists*. In Thomas W. Benson and Michael H. Prosser, eds., *Readings in Classical Rhetoric*, pp. 43–46. Davis: Hermagoras Press, 1988.

Jackson, W. T. H. *Medieval Literature: A History and a Guide*. Jackson: University Press of Mississippi, 1974.

Jacobus de Voragine. *Sermones Aurei de praecipuis sanctorum festis quae in ecclesia celebrantur, a vetustate et in numeris prope mendis repurgati*. Mainz: Petrus Cholinus, 1616.

Jakobson, Roman. "On Linguistic Aspects of Translation." In Lawrence Venuti, ed., *The Translation Studies Reader*, pp. 145–151. London and New York: Routledge, 2000.

Janauschek, L. *Bibliographia Bernardian*. Rome: Jaccobuum, 1587.

Jansen, Katherine Ludwig. *The Making of the Magdalen: Preaching and Popular Devotion in the Later Middle Ages*. Princeton: Princeton University Press, 2000.

Jeanroy, Alfred. *Les origines de la poésie lyrique en France au moyen-âge*. 3rd ed. Paris: Champion, 1925.

Jensen, Lionel M. *Manufacturing Confucianism: Chinese Traditions and Universal Civilization*. Durham: Duke University Press, 1997.

John of Damascus. "On the Dormition of the Holy Mother of God." In Brian E. Daley, S.J., ed. and trans., *On the Dormition of Mary: Early Patristic Homilies*, pp. 183–201. Crestwood: St. Vladimir's Seminary Press, 1998.

Johnson, Rand. "Translating the Sacred: Renaissance Latin Bibles." *Proceedings of 2007 MEMESAK International Conference*. Seoul: Kyung Hee University, 2007.

Keller, John E. L., Clark Keating, and Eric M. Furr, trans. *The Book of Tales by A.B.C.* (*Ei Libro de los exemplos por a.b.c.*) New York: Peter Lang, 1992.

Kerferd, G. B. *The Sophistic Movement*. Cambridge; New York: Cambridge University Press, 1981.

Kettlewell, Samuel. *The Authorship of the De Imitatione Christi: With Many Interesting Particulars about the Book*. London: Rivingtons, 1877.

Kieckhefer, Richard. *Magic in the Middle Ages*. Cambridge: Cambridge University Press, 1989.

Kim, Sangkeun. *Strange Names of God: The Missionary Translation of the Divine Name and the Chinese Response to Matteo Ricci's Shangti in Late Ming China, 1583—1644*. New York: Peter Lang, 2004.

Komroff, Manuel, ed. *The Travels of Marco Polo* [*the Venetian*], Revised from Marsden's Translation. New York: W. W. Norton, 1982.

Kraemer, Casper J., ed. *The Complete Works of Horace*. New York: Modern Library, 1936.

Krapp, George Philip, ed. *The Vercelli Book*. New York: Columbia University Press, 1932.

Kruger, Steven F. *Dreaming in the Middle Ages*. Cambridge: Cambridge University Press, 2005.

Lackner, Michael. "Jesuit *Memoria*, Chinese *Xinfa*: Some Preliminary Remarks on the Organisation of Memory." In Federico Masini, ed., *Western Humanistic Culture Presented to China by Jesuit Missionaries (XVII–XVIII Centureis): Proceedings of the Conference Held in Rome, October 25–27, 1993*, pp. 201–219. Rome: Institutum Historicum Societatis Iesu, 1996.

Laertius, Diogenes. *Lives of Eminent Philosophers*. Trans. R. D. Hicks. 2 vols. Cambridge: Harvard University Press, 1995.

Lamalle, Edmond. "La propoaganda du P. Nicolas Trigault en faverur des missions en Chine (1616)." *Archivum Historicum Societatis Iesu* vol 9 (1940), pp. 49–120.

Lambdin, Robert Thomas, and Laura Cooner Lambdin, eds. *Encyclopedia of Medieval Literature*. Westport: Greenwood Press, 2000.

Lang, David Marshall, trans. *The Balavariani: A Tale from the Christian East Translated from the Old Georgian*. Berkeley and Los Angeles: University of California Press, 1966.

Lanham, Richard. *A Handlist of Rhetorical Terms*. Berkeley: University of California Press, 1991.

Lau, D. C. "The Doctrine of *Kuei Sheng* 贵生 in the *Lü-shih ch'un-ch'iu* 吕氏春秋." *Bulletin of the Institute of Chinese Literature and Philosophy, Academia Sinica* vol. 2 (March 1992), pp. 51–92.

Lee, Thomas H. C. *Education in Traditional China: A History*. Leiden: Brill, 2000.

Lefevere, André, ed. *Translation/History/Culture: A Sourcebook*. London and New York: Routledge, 1992.

——. "What is Written Must be Rewritten, Julius Caesar: Shakespeare, Voltaire, Wieland, Buckingham." In Theo Hermans, ed., *Second Hand: Papers on the Theory and Historical Study of Literary Translation*. Antwerp: ALW-Cahier, 1985.

Lewis, C. S. *Miracles*. Rpt. San Francisco: HarperSanFrancisco, 2001.

Li, Tiangang, "Chinese Renaissance: The Role of Jesuits in the Early Modernity of China." In Yang Huilin and Daniel H. N. Yeung, eds., *Sino-Christian Studies in China*, pp. 27–37. Newcastle: Cambridge Scholars Press, 2006.

Lindahl, Carl, et al., eds. *Medieval Folklore: A Guide to Myths, Legends, Beliefs, and Customs*. Oxford: Oxford University Press, 2002.

Lindorff, Joyce Z. "The Harpsichord and Clavichord in China during the Ming and Qing Dynasties." *Early Keyboard Studies Newsletter* vol. 8, no. 4 (October 1994), pp. 1–8.

Liu, Lydia H. *Translingual Practice: Literature, National Culture, and Translated Modernity, China, 1900—1937*. Stanford: Stanford University Press, 1995.

Lloyd, G. E. R. *Adversaries and Authorities: Investigations into Ancient Greek and Chinese*

Science. Cambridge: Cambridge University Press, 1996.

——. *Polarity and Analogy: Two Types of Argumentation in Early Greek Thought*. Bristol: Bristol Classical Press, 1987.

Lockyer, Herbert. *All the Miracles of the Bible*. Grand Rapid: Zondervan, 1961.

Loffredo, Eugenia, and Manuela Perteghella, eds. *Translation and Creativity: Perspectives on Creative Writing and Translation Studies*. London: Continuum, 2006.

Longobardi, Nicolas. *Traité sur quelques points de la religion des Chinois*. Paris: Pierre Palpant, 2013.

Louie, Kam. *Theorising Chinese Masculinity: Society and Gender in China*. Cambridge: Cambridge University Press, 2002.

Lowes, John Livington. "Classical Eclogue and Mediaeval Debate." Pt. 1. *The Romanic Review* vol. 2, no. 1 (1911), pp. 16–31; Pt. II. *The Romanic Review* vol. 2, no. 2 (1911), pp. 129–143.

Lu, Xing. *Rhetoric in Ancient China, Fifth to Third Century B.C.E.: A Comparison with Classical Greek Rhetoric*. Columbia: University of South Carolina Press, 1998.

Lüdemann, Gerd. *Virgin Birth? The Real Story of Mary and Her Son Jesus*. Trans. John Bowden. London: SCM Press, 1998.

Luis de Granada, trans. *Contemptus mundi, nueuamente Romançado*. 1548; Anvers: Café de Iuan Stelsio, 1551.

Luk, Hung-kay. "Thus the Twain did Meet? The Two Worlds of Giulio Aleni." Ph. D. diss., Indiana University, 1977.

Lundbæk, Knud. "Joseph de Prémare and the Name of God in China." In D. E. Mungello, ed., *The Chinese Rites Controversy: Its History and Meaning*, pp. 129–145. Sankt Augustin: Institut Monumenta Serica; San Francisco: The Ricci Institute for Chinese-Western Cultural History, 1994.

——. *Joseph de Prémare (1666—1736), S.J.: Chinese Philology and Figurism*. Aarhus: Aarhus University Press, 1991.

Ma, Xiaoyang. "Conflicts Between Roman Catholicism and Buddhism in the Late Ming Dynasty and their Effects." Trans. Esther Tyldesley. *China Study Journal* vol. 18 (2003), pp. 27–40.

MacDonald, K. S. *The Story of Barlaam and Joasaph: Buddhism and Christianity*. Calcutta: Thacker, Spink and Company, 1895.

Magnus, Laurie. *A History of European Literature*. London: Ivor Nicholson and Watson, 1934.

Marlowe, Christopher. *Dr. Faustus*. Ed. John D. Jump. London and New York: Routledge, 1998.

Martin, Harold S. "Three Enemies of the Christian Life" (accessed July 5, 2009), at http://www. brfwitness.org/Articles/1985v20n6.htm.

Martin, William Alexander Parsons. *The Awakening of China*. London: Hodder and Stoughton, 1907.

——. *The Lore of Cathay*. New York :Fleming H. Revell, 1912.

Marvell, Andrew. "A Dialogue Between the Soul and Body." In M. H. Abrams, et al, eds. *The Norton Anthology of English Literature*, 1:1370—1371. New York: W. W. Norton, 1979.

——. "To His Coy Mistress." In M. H. Abrams, et al, eds. *The Norton Anthology of English Literature*, 1:1361—1362. New York: W. W. Norton, 1979.

Masini, Federico. "Aleni's Contribution to the Chinese Language." In Tizian Lippiello and Roman Malek, eds., *"Scholar from the West" : Giulio Aleni S.J. (1582—1649) and the Dialogue between Christianity and China*, 2:539–554. Nettetal: Steyler Verlag, 1997.

——. *The Formation of Modern Chinese Lexicon and Its Evolution Toward a National Language: The Period from 1840—1898*. Rome: Department of Oriental Studies, University of Rome, 1993.

Matlock, Wendy Alysa. "Irreconcilable Differences: Law, Gender, and Judgment in Middle English Debate Poetry." Ph. D. diss., Ohio State University, 2003.

Matsubara, Hideichi. "The Migration of a Buddhist Theme." In Jean Yamasaki Toyama and Nobuko Ochner, eds., *Literary Relations East and West: Selected Essays*. Honolulu: College of Languages, Linguistics and Literature, University of Hawaii at Manoa, 1991.

Maximus, Valerius. *Collections of the Memorable Acts and Sayings of the Ancient Romans and Other Foreign Nations (Facta et dicta memorabilia)*. Trans. Samuel Speed. London: Printed by Order of the Trustees, 1910.

McCall, Andrew. *The Medieval Underworld*. Phoenix Mill: Sutton, 1979.

McCall, Marsh H., Jr. *Ancient Rhetorical Theories of Simile and Comparison*. Cambridge: Harvard University Press, 1969.

McGinn, Bernard. *The Foundations of Mysticism: Origins to the Fifth Century*, vol. 1 of *The Presence of God: A History of Western Christian Mysticism*. New York: Crossroad, 1994.

McKenzie, Alyce M. *Preaching Proverbs: Wisdom for the Pulpit*. Louisville: Westminster John

Knox Press, 1996.

McNeill, John T., and Helena M. Gamer, trans. and eds. *Medieval Handbooks of Penance: A Translation of the Principal Libri Poenitentiales*. New York: Columbia University Press, 1990.

Menegon, Eugenio. *Ancestors, Virgins, and Friars: Christianity as a Local Religion in Late Imperial China*. Cambridge: Harvard University Asian Center, 2009.

——. "Deliver Us from Evil: Confession and Salvation in Seventeenth- and Eighteenth-Century Chinese Catholicism." In Nicolas Standaert and AD Dudink, eds., *Forgive Us Our Sins: Confession in Late Ming and Early Qing China*, pp. 9−102. Sankt Augustin: Institute of Monumenta Serica, 2006.

——. *Un solo cielo: Giulio Aleni S.J. (1582—1649): Geografia, arte, scienza, religione dall' Europa alla Cina* (Brescia: Grafo, 1994).

Mérimée, Prosper. *Colomba: la Vénus d'Ille, Les Âmes du Purgatoire*. Paris: Calmann Lévy, 1900.

Metford, J. C. J. *Dictionary of Christian Lore and Legend*. London: Thames and Hudson, 1983.

Metzger, Bruce M., and Roland E. Murphy, eds. *The New Oxford Annotated Bible*, New Revised Standard Version. New York: Oxford University Press, 1991.

Miller, J. Hillis. *Tropes, Parables, Performatives: Essays on Twentieth-Century Literature*. Durham: Duke University Press, 1991.

Miller, Robert T., ed. *The Complete Gospels: Annotated Scholars Version*. Sonoma: Polebridge Press, 1994.

Milne, William. *A Retrospect of the First Ten Years of the Protestant Mission to China*. Rpt. Zhengzhou: Daxiang chubanshe, 2008.

Milton, John. *Paradise Lost*. In Merritt Y. Hughes, ed., *John Milton: Complete Poems and Major Prose*. New York: Odyssey Press, 1957.

Mirk, John. *Mirk's Festival: A Collection of Homilies*. Ed. Theodor Erbe. London: Early English Text Society, 1905.

Mish, J. L. "Creating an Image of Europe for China: Aleni's *Hsi-fang ta-wen*." *Monumenta Serica* vol. 23 (1964), pp. 1−87.

Moore, F. C. T. "On Taking Metaphor Literally." In David S. Miall, ed., *Metaphor: Problems and Perspectives*, pp. 1−13. Sussex: The Harvester Press, 1982.

Moore, John A. *Fray Luis de Granada*. Boston: Twayne Publishers, 1997.

Morris, William. "The Ring Given to Venus." In May Morris, ed., *The Collected Works of William Morris*, vol 6. London: Routledge and Thoemmes Press; Tokyo: Kinokuniya, 1992.

Morrison, Eliza, comp. *Memoirs of the Life and Labours of Robert Morrison*. London: Longman, Orme, Brown, Green, and Longmans, 1839.

Morrison, Robert R. *Lope de Vega and the Comedia de Santos*. New York: Peter Lang, 2000.

Morrison, Robert. *A Dictionary of the Chinese Language*. 6 vols. Macau: East India Company's Press, 1822.

Morrison's letter to the British and Foreign Bible Society (June 8, 1816). In *The Thirteenth Report of the British and Foreign Bible Society*. London: Tilling and Hughes, Grossnor-Row, Chelsen, 1817.

Moss, Ann. *Printed Commonplace-Books and the Structuring of Renaissance Thought*. Oxford: Clarendon Press, 1996.

Murphy, James, et al. *A Synoptic History of Classical Rhetoric*. Davis: Hermagoras Press, 1995.

Mussafia, Adolf. *Studien zu den mittelalterlichen Marienlegenden*. 5 vols. Wien: Sitzungsberichte der Kaiserlichen Akademie der Wissenschaften, 1886—1898.

Neddermeyer, Uwe. "*Radix Studii et Speculum Vitae*. Verbreitung und Rezeption der 'Imitatio Christi' in Handschriften und Drucken bis zur Reformation." In Johannes Helmrath and Heribert Müller, eds., *Studien zum 15. Jahrhundert. Festschrift für Erich Meuthen,* vol. 2, pp. 457–481. Munich: R. Oldenbourg, 1994.

Newman, Barbara. *God and Goddesses: Vision, Poetry, and Belief in the Middle Ages*. Philadelphia: University of Pennsylvania Press, 2003.

New Oxford Annotated Bible, The. New Revised Standard Version Oxford: Oxford University Press, 1991.

Nigel of Canterbury. *Miracles of Virgin Mary, in Verse* (*Miracula sancte dei genitricis Virginis Marie. Versifie*). Ed. Jan Ziolkowski. Toronto: Pontifice Institute of Medieval Studies, 1986.

Niranjana, Tejaswini. *Siting Translation: History, Post-Structuralism and the Colonial Context*. Berkeley: University of California Press, 1992.

Noll, Ray R., ed. *100 Roman Documents Concerning the Chinese Rites Controversy, 1645—1941*.

Trans. Donald F. St. Sure S.J., et al. San Francisco: The Ricci Institute for Chinese-Western Cultural History, 1992.

Norberg, Dag. *An Introduction to the Study of Medieval Latin Versification*. Trans. Grant C. Roti and Jacqueline de la Chapelle Skubly. Ed. Jan Ziolkowski. Washington, D.C.: Catholic University of America Press, 2004.

Norris, Richard A., Jr., trans. and ed. *The Christological Controversy*. Philadelphia: Fortress Press, 1980.

Oliver, Robert T. *Communication and Culture in Ancient India and China*. Syracuse: Syracuse University Press, 1971.

Ong, Walter. *Ramus, Method, and the Decay of Dialogue: From the Art of Discourse to the Art of Reason*. Rpt. Cambridge: Harvard University Press, 1983.

Ovid. *Metamorphoses*. Trans. Frank Justus Miller. Cambridge: Harvard University Press, 1984.

Owen, D. R. G. *Body and Soul: A Study on the Christian View of Man*. Philadelphia: Westminster Press, n.d.

Pagels, Elaine. *The Origin of Satan*. New York: Random House, 1995.

Palisca, Claude V. *Humanism in Italian Renaissance Musical Thought*. New Haven: Yale University Press, 1985.

Palladius. *The Paradise of the Holy Fathers*. Trans. E. A. Wallis Budge. *The Sayings and Stories of the Christian Fathers of Egypt: The Syriac Version of the Apophthemgata Patrum*. Vol I. Rpt. London: Kegan Paul, 2002.

Palmer, P. M., and R. P. More, eds. *The Sources of the Faust Tradition from Simon Magus to Lessing*. New York: Oxford University Press, 1936.

Pan, Fengchuan. "The Dialogue on *Renxue*: Giulio Aleni's Writings on the Philosophy of the Soul and the Responses of the Chinese Scholars." In Tizian Lippiello and Roman Malek, eds., *"Scholar from the West": Giulio Aleni S.J. (1582—1649) and the Dialogue between Christianity and China*, 2:527–538. Nettetal: Steyler Verlag, 1997.

Peeters, Paul. "La première traduction latine de *Barlaam et Joasaph* et son original grec." *Analecta Bolandiana* XLIV (1931), pp. 276–312.

Pelikan, Jaroslav. *Faust the Theologian*. New Haven: Yale University Press, 1995.

——. *Mary Through the Centuries: Her Place in the History of Culture*. New Haven: Yale University Press, 1996.

Penco, Gregorio. "Sopravvivenze della demonologia antica nel monaschesimo medievale." *Studia monastica* vol. 13 (1971), pp. 31–36.

Peterson, Willard J. "Why Did They Become Christians? Yang T'ing-yün, Li Chih-tsao, and Hsü Kuang-chi." In Charles E. Ronan, S.J. and Bonnie B. C. Oh, eds., *East Meets West: The Jesuits in China, 1582—1773*, pp. 129–152. Chicago: Loyola University Press, 1988.

Pfister, Louis. *Notices biographiques et bibliographiques sur les Jésuites de L'ancienne mission de Chine, 1552—1773*. 2 vols. Shanghai: Imprimerie de la Mission Catholique, 1932.

Pfister, Lauren. "A Transmitter But Not a Creator: Ho Tsun-sheen (1817—1871), the First Modern Chinese Protestant Theologian." In Eber, et al., eds., *Bible in Modern China: The Literary and Intellectual Impact,* pp. 165–198. Sankt Augustin: Institut Monumenta Serica in cooperation with the Harry S. Truman Research Institute for the Advancement of Peace, 1999.

Philip of Harveng. *On the Training of Clergy*, VI.20. In Miller, et al., eds., *Readings in Medieval Rhetoric*, pp. 218–221. Bloomington and London: Indiana University Press, 1974.

Pliny. *Natural History*. Trans. H. Rackham. 2nd ed. Cambridge: Harvard University Press, 1983.

Plutarch. *Moralia*. 15vols. Cambridge: Harvard University Press, 1989.

Porter, David. *Ideographia: The Chinese Cipher in Early Modern Europe*. Stanford: Stanford University Press, 2001.

Porter, Deborah Lynn. *From Deluge to Discourse: Myth, History, and the Generation of Chinese Fiction*. Albany: State University of New York Press, 1996.

Powell, Barry B. *Classical Myth*. Upper Saddle River: Pearson Prentice Hall, 2004.

Pratt, Mary Louise. *Toward a Speech Act Theory of Literary Discourse*. Bloomington: Indiana University Press, 1977.

Prémare, Joseph Henri de. *Lettre inédited du P. Prémare sur le monothéisme des chinois*. Paris: Benjamin Duprat, 1861.

Price, A. W. *Love and Friendship in Plato and Aristotle*. Oxford: Oxford University Press, 1989.

Price, Richard. "Theotokos: The Title and Its Significance in Doctrine and Devotion." In Boss, ed.,

Mary: The Complete Resource, pp. 56−73. Oxford: Oxford University, 2007.

Priscian the Gramarian. *Fundamentals Adapted from Hermogenes*. In Miller, et al., eds., *Readings in Medieval Rhetoric*, pp. 52−68. Bloomington and London: Indiana University Press, 1974.

Qian, Nanxiu. "'Borrowing Foreign Mirrors and Candles to Illuminate Chinese Civilization': Xue Shaohui's Moral Vision in the Biographies of Foreign Women." In Grace S. Fong, et al., eds., *Beyond Tradition & Modernity: Gender, Genre, and Cosmopolitanism in Late Qing China*. Leiden: Brill, 2004.

Querela, sive, Dialogues Animae et Corporis Damnati, quem aiunt S. Bernardum Composuisse. Ex vetusto Codice descripta. Londini: Ex officina N. O. sumptibus Leonardi, 1613.

Quintilianus, Marcus Babius. *Institutio Oratoria*. Trans. H. E. Butler. Cambridge: Harvard University Press, 1996.

Raby, F. J. E. *A History of Christian-Latin Poetry from the Beginnings to the Close of the Middle Ages*. Oxford: Clarendon Press, 1927.

——. *A History of Secular Latin Poetry in the Middle Ages*. Oxford: Clarendon, 1957.

Ratzinger, Joseph Cardinal. "Introduction" to his *Mary: God's Yes to Man: Pope John Paul II's Encyclical Redemptoris Mater*, pp. 43−53. San Francisco: Ignatius Press, 1987.

Reames, Sherry L. *The Legenda Aurea: A Reexamination of Its Paradoxical History*. Madison: University of Wisconsin Press, 1985.

Redaelli, Margherita. *Il mappamondo con la Cina al centro: Fonti antiche e mediazione culturale nell' opera di Matteo Ricci S.J.* Pisa: Edizioni ETS, 2007.

Reed, Thomas L. *Middle English Debate Poetry and the Aesthetics of Irresolution*. Columbia and London: University of Missouri Press, 1990.

Resende, André de (Andreas Eborensis). *Sententiae et exempla*. Paris: N. Nivellium, 1590.

Ricci, Matteo. *Dell' amicizia*. Trans. Filippo Mignini. Macerata: Quodlibet, 2005.

——. *On Friendship: One Hundred Maxims for a Chinese Prince*. Trans. Timothy Billings. New York: Columbia University Press, 2009.

——. *Storia dell'Introduzione del Cristianesimo in Cina*. In Pasquale M. D'Elia, S.I., ed., *Fonti Ricciane*, vols. I−II. Rome: La Libreria dello stato, 1942.

Ricoeur, Paul. *Sur la traduction*. Paris: Bayard, 2004.

Robinson, F. N., ed. *The Complete Works of Geoffrey Chaucer.* Oxford: Oxford University Press, 1957.

Robinson, J. Armitage, ed. *Texts and Studies.* In *The Apology of Aristides*, vol I. 2nd ed. Cambridge: At the University Press, 1893.

Rolston, David L. ed. *How to Read the Chinese Novel.* Princeton: Princeton University Press, 1990.

Rosweyde, Heribert. *Vitae Patrum: De vita et verbis seniorum libri X historiam eremeticam complectentes.* Antwerp: Ex Officina Plantianiana apud Viduam et Filios Io. Moreti, 1615.

Rouse, Mary, and Richard Rouse. *Preachers, Florilegia and Sermons: Studies on the Manipulus Florum of Thomas of Ireland.* Toronto: Pontifical Institute of Mediaeval Studies, 1979.

Rouse, R. H. "Florilegia and Latin Classical Authors in Twelfth- and Thirteenth-Century Orléans." *Viator: Medieval Renaissance Studies* vol. 10 (1979), pp. 131–160.

Rousseau, Philip. *Ascetics, Authority, and the Church in the Age of Jerome and Cassian.* New York: Oxford University Press, 1978.

Ruggieri, Michele, and Matteo Ricci. *Dicionário Português-Chinês* (Mss part). Ed. John W. Witek, S.J., et al. Lisbon and San Francisco: Biblioteca Nacional Portugal, Instituto Português do Oriente, Ricci Institute for Chinese-Western Cultural History, University of San Francisco, 2001.

Rule, Paul. "Aleni and the Chinese Rites Controversy." In Tizian Lippiello and Roman Malek, eds., *"Scholar from the West": Giulio Aleni S.J. (1582—1649) and the Dialogue between Christianity and China* 1:201–217. Nettetal: Steyler Verlag, 1997.

Russell, Jeffrey Burton. *A History of Heaven: The Singing Silence.* Princeton: Princeton University Press, 1997.

——. *Lucifer: The Devil in the Middle Ages.* Ithaca and London: Cornell University Press, 1984.

Ryan, William Granger, trans. *The Golden Legend: Readings on the Saints.* Princeton: Princeton University Press, 1993.

Sachs, Hans. *Ein Kampffgesprech zwischen Wasser und Wein.* In Adelbert von Keller and Edmund Goetze, eds., *Hans Sachs Werke*, Vol IV, pp. 247–254 . New York: G. Olms, 1982.

Sánchez, Clemente. *The Book of Tales by A.B.C.* Trans. John E. Keller, L. Clark Keating, and Eric M. Furr. New York: Peter Lang, 1992.

Sartre, Jean-Paul. *Qu'est-ce que la littérature*? Paris: Gallimard, 1984.

Schaberg, David. "The Logic of Signs in Early Chinese Rhetoric." In Steven Shankman and Stephen W. Durrant, eds., *Early China/Ancient Greece: Thinking through Comparison*, pp. 155–186. Albany: State University of New York Press, 2002.

Schwarz, W. "The History of Principles of Bible Translation in the Western World." *Babel* vol. 9 (1963), pp. 1–2 and pp. 5–22.

Semedo, Álvaro. *Le Petit Messager de Ningpo*, nos 7–8 (1932), pp. 170–171.

Shakespeare, William. *Hamlet*. Ed. Harold Jenkins. London: Methuen, 1982.

——. *Romeo and Juliet*. Ed. Brian Gibbons. London and New York: Methuen, 1980.

——. *The Merchant of Venice*. Ed. Jay L. Halio. Oxford: Oxford University Press, 1993.

Shuger, Debora K. *Sacred Rhetoric: The Christian Grand Style in the English Renaissance*. Princeton: Princeton University Press, 1988.

Simon, Sherry. *Gender in Translation: Cultural Identity and the Politics of Transmission*. London: Routledge, 1996.

Soarez, Cypriano *De Arte Rhetorica*. In Lawrence J. Flynn, S.J., "The *De Arte Rhetorica* (1568) by Cyprian Soarez, S.J.: A Translation with Introduction and Notes." Ph.D. dissertation, University of Florida, 1955.

Sommerfeldt, John R. *The Spiritual Teachings of Bernard of Clairvaux*. Kalamazoo: Cistercian Publications, 1991.

Sonet, Jean, S.J. *Le Roman de Barlaam et Josaphat*. Paris: J. Vrin, 1949.

Song, Geng. *The Fragile Scholar: Power and Masculinity in Chinese Culture*. Hong Kong: Hong Kong University Press, 2004.

Soskice, Janet Martin. *Metaphor and Religious Language*. Oxford: Oxford University Press, 1985.

Southern, R. W. "The English Origins of the 'Miracles of the Virgin'." *Medieval and Renaissance Studies* vol. 4 (1958), pp. 176–216.

Spalatin, Christopher A. *Matteo Ricci's Use of Epictetus*, Ph.D. dissertation, Pontificae Universitatis Gregoriane, Wagan, Korea, 1975.

Spence, Jonathan D. *Chinese Roundabout: Essays in History and Culture*. New York: Norton, 1992.

——. *The Memory Palace of Matteo Ricci*. London: Faber and Faber, 1985.

——. *Return to Dragon Mountain: Memories of a Late Ming Man*. Toronto: Penguin Group, 2007.

——. *To Change China: Western Advisers in China, 1620—1960*. Boston and Toronto: Little, Brown and Company, 1969.

Spivak, Gayatri Chakravorty. *Outside in the Teaching Machine*. New York and London: Routledge, 1993.

St. Augustine. *Confessions*. Translated with an introduction and notes by Henry Chadwick. Oxford: Oxford University Press, 1911.

——. *The City of God*. Translated by John Healey. Edited by R.V.G.Tasker. 2 vols. London: J.M.Dent and Sons; New York: E.P.Dutton and Co., 1962.

St. Ignatius of Loyola. *Spiritual Diary*. In George E. Ganss, S.J., et. al., eds., *Ignatius of Loyola: The Spiritual Exercises and Selected Works*. New York and Mahwah: Paulist Press, 1991.

Standaert, Nicolas. "The Bible in Early Seventeenth-Century China." In Irene Eber, et al., eds. *Bible in Modern China: The Literary and Intellectual Impact*, pp. 31−54. Sankt Augustin: Institut Monumenta Serica, 1999.

——. "The Jesuits' Preaching of the Buddha in China." *Chinese Mission Studies (1550—1800) Bulletin* no.9 (1987), pp. 38−41.

——. "The Transmission of Renaissance Culture in Seventeenth-Century China." In Daniel Carey ed., *Asian Travel in the Renaissance*, pp. 42−66. Oxford: Blackwell, 2004.

——. *The Interweaving of Rituals*. Seattle: University of Washington Press, 2008.

——, ed. *Handbook of Christianity in China, volume I: 635−1800*. Leiden: E. J. Brill, 2001.

Steidle, Basilius. "Der 'schwarze kleine Knabe' in der alter Mönchserzählung." *Erbe und Auftrag* vol. 34 (1958), pp. 329−348.

Steiner, George. *After Babel: Aspects of Language and Translation*. Oxford: Oxford University Press, 1992.

Swan, Charles, trans. *Gesta Romanorum or Entertaining Moral Stories*. London: George Bell and Sons,1891.

Swedenborg, Emanuel. *The Last Judgment in Retrospect: From De Ultimo Judicio, et de Babylonia Destructa*. Trans. and ed. George F. Dole. West Chester: Swedenborg Foundation, 1996.

Switzer, Rebecca. *The Ciceronian Style in Fr. Luis de Granada*. New York: Instituto de las Españas, 1927.

Temple, Olivia and Robert K.G., trans. *Aesop: The Complete Fables*. Harmondsworth: Penguin, 1998.

Temple, William. *Nature, Man and God: Being the Gifford Lectures Delivered in the University of Glasgow in the Academic Years 1932—1933 and 1933—1934*. London: Macmillan, 1935.

Tertullian, "On Repentance." In, A. Roberts and J. Donaldson, eds., *The Ante-Nicene Fathers*. Rpt. Peabody: Hendrickson, 1995.

Thomas à Kempis. *Contemptvs mvndi, nueuamente romançado y corregido*. Lisbon: Iorge Rodriguez, 1623.

——. *De imitatione christi*, Cap. I (accessed May 2, 2011) at http://www.thelatinlibrary.com/kempis.html.

——. *De la imitacion de Cristo, o menosprecio del mundo*. Trans. Luis de Granada. Madrid: La Viuda de Barco Lopez, 1821.

——. *Incipit liber prim* [*us*] *Joha* [*n*] *nis Gerson ca* [*n*] *cellarij parisie* [*n*] *sis. De imitation exp* [*ist*] *i* [*et*] *de conte* [*m*] *ptu omniu* [*m*] *vaitatu* [*m*] *mundi*. Auguste: Ratdolt, 1488.

——. *Opera omnia*. Ed. M. J. Pohl. Friburgi Brisigavorum: Herder, 1902—1922.

——. *The Imitation of Christ*. Trans. Leo Sherley-Price. New York: Dorset Press, 1952.

Thomas, Aquinas, St. *Introduction to Saint Thomas Aquinas*. Ed. Anton C. Pegis. New York: Modern Library, 1948.

Thompson, John. "Matteo Ricci: Eight Songs for Western Keyboard" (accessed November 11, 2010) at http://www.silkqin.com/01mywk/themes/programs/mrxiqinquyi.htm#musiccom.

Toury, Gideon. "The Nature and Role of Norms in Translation." In Lawrence Venuti, ed., *The Translation Studies Reader*, pp. 205–218. New York and London: Routledge, 2004.

Tubach, Frederic C. *Index Exemplorum: A Handbook of Medieval Religious Tales*. Helsinki: Akademia scientiarum Fennica, 1969.

Tylenda, Joseph N., trans. *A Pilgrim's Journey: The Autobiography of Loyola*. Collegeville: The Liturgical Press, 1985.

Van Dam, Raymond. *Saints and Their Miracles in Late Antique Gaul*. Princeton: Princeton University Press, 1993.

Van Over, Raymond, ed. *Sun Songs: Creation Myths from Around the World*. New York: New American

Library, 1984.

Varnhagen, Hermann. Review of Gustav Kleinert, "Ueber den streit zwischen leib und seele. Ein beitrag zur entwicklungsgeschichte der Visio Fulberti. Halle a. S. 1880. Dissertation. 76s.8." *Anglia* vol. 3 (1880), pp. 569–581.

——. "Zu dem streitgedichte zwischen drossel und nachtigall." *Anglia* vol. 4 (1881), pp. 207–210.

Venuti, Lawrence. *Translator's Invisibility: A History of Translation*. London and New York: Routledge, 2005.

Verhaeren, Hubert Germain, ed. *Catalogue de la Bibliothèque du Pè-T'ang*. Beijing: Imprimerie des Lazaristes à Pékin, 1949.

Visscher, Eva De. "Marian Devotion in the Latin West in the Later Middle Ages." In *Resource*, pp. 177–201.

von Goethe, Johann Wolfgang. *Faust: Part Two*. Trans. Philip Wayne. Harmondsworth: Penguin, 1976.

von Magdeburg, Mechthild. *Das fliessende Licht der Gottheit*. Ed. Hans Neumann. Munich: Artemis, 1990.

von Rad, Gerhard. *Old Testament Theology*. Trans. D. M. G. Stalker. New York: Harper, 1962—1965.

Voragine, Jocobi á. *Legenda aurea*. Edited by Johann Georg Theoder Graesse. Vratislaviae: Apud Guilemum Koebnner, 1890.

Waddell, Helen, trans. and ed. *The Desert Fathers*. Ann Arbor: University of Michigan Press, 1994.

Waley, Arthur. *The Way and Its Power: A Study of the Tao Té Ching and Its Place in Chinese Thought*. New York: Grove Press, 1958.

Walker, Barbara G. *The Woman's Encyclopedia of Myths and Secrets*. San Francisco: HarperSanFrancisco, 1983.

Wallace, David. *Boccaccio: Decameron*. Cambridge: Cambridge University Press, 1991.

Ward, Benedicta, SLG, trans. *The Sayings of the Desert Fathers: The Alphabetical Collection*. Kalamazoo: Cistercian Publications, 1975.

——, trans. and ed. *The Desert Fathers: Sayings of the Early Christian Monks*. London: Penguin, 2003.

——. *Miracles and the Medieval Mind: Theory, Record, and Event, 1000—1215*. Philadelphia: University of Pennsylvania Press, 1987.

Warfield, Benjamin B. "The Terminology of Love in the New Testament." *The Princeton Theological Review* no 16 (January 1918), pp. 1–45.

Warner, Marina. *Alone of All Her Sex: The Myth and the Cult of the Virgin Mary*. New York: Vintage, 1976.

Weber, Max. *The Protestant Ethic and the Spirit of Capitalism*. In Stephen Kalberg, ed., *Max Weber: Readings and Commentary on Modernity*, pp. 75–110. Oxford: Blackwell, 2005.

Weber, Robert, and Roger Gryson, eds. *Biblia Sacra Vulgata*, 5th ed. Stuttgart: Deutsche Bibelgesellschaft, 2007.

Weisslowits. *Prinz und Derwisch*. Munich: n.p., 1890.

Wheelwright, Philip Ellis, ed. and trans. *Aristotle: The Way of Philosophy*. New York: Macmillan College Publishing Company, 1960.

Whiteford, Peter, ed. *The Myracles of Oure Lady*: Ed. from Wynkyn de Worde's Edition. Heidelberg: Carl Winter, 1990.

Wilken, Robert L., ed. *Aspects of Wisdom in Judaism and Early Christianity*. Notre Dame: University of Notre Dame Press, 1975.

Williams, Gordon, trans. and ed. *The Third Book of Horace's Odes*. Oxford: Oxford University Press, 1969.

Wolff, Robert Lee. "The Apology of Aristides—A Re-examination." *Harvard Theological Review* vol. 30 (1937), pp. 233–247.

Wilson, Thomas. *The Art of Rhetoric (1560)*. Edited with notes and commentary by Peter E. Medine. University Park: Pennsylvania State University Press, 1993.

Woodward, Kenneth L. *Making Saints: How the Catholic Church Determines Who Becomes a Saint, Who Doesn't, and Why*. New York: Simon and Schuster, 1996.

Wooten, Cecil W., trans. *Hermogenes' On Types of Style*. Chapel Hill: University of North Carolina Press, 1987.

Wright, Thomas, ed. *The Latin Poems Commonly Attributed to Walter Mapes*. London: Printed for the Camden Society by John Boyer Nichols and Son, 1841.

Yates, Frances A. *The Art of Memory*. London: Routledge and Kegan Paul, 1966.

Yu, Anthony C. "Literature and Religion." In Mircea Eliade, ed. *The Encyclopedia of Religion*,

8:558−569. New York: Macmillan, 1987.

——. *Comparative Journeys: Essays on Literature and Religion East and West*. New York: Columbia University Press, 2009.

——. *Rereading the Stone: Desire and the Making of Fiction in Dream of the Red Chamber*. Princeton: Princeton University Press, 1997.

——. *State and Religion in China: Historical and Textual Perspectives*. Chicago: Open Court, 2005.

Yu, Chun-fang. *Kuan-yin: The Chinese Transformation of Avalokiteśvara*. New York: Columbia University Press, 2001.

Zetzsche, Jost Oliver. *The Bible in China: The History of the Union Version or the Culmination of Protestant Missionary Bible Translation in China*. Sankt Augustin: Institut Monumenta Serica, 1999.

Zürcher, Erik. "Renaissance Rhetoric in Late Ming China: Alfonso Vagnoni's Introduction to His *Science of Comparison*." In Federico Masini, ed., *Western Humanistic Culture Presented to China by Jesuit Missionaries (XVII−XVIII Centuries): Proceedings of the Conference Held in Rome, October 25−27, 1993*. Rome: Institutum Historicum S.I., 1996.

——, trans. (with Introduction and Notes). *Kouduo richao: Li Jiubiao's Diary of Oral Admonitions, A Late Ming Christian Journal*. 2 vols. Sankt Augustin: Institut Monumenta Serica, 2007.

索引

图书在版编目（CIP）数据

首译之功：明末耶稣会翻译文学论 / 李奭学著. —
杭州：浙江大学出版社，2019.6
ISBN 978-7-308-19078-7

Ⅰ. ①首… Ⅱ. ①李… Ⅲ. ①耶稣会－宗教文学－文
学翻译－研究－中国－明代 Ⅳ. ①B979.2 ②I059.9

中国版本图书馆 CIP 数据核字（2019）第 066742 号

首译之功：明末耶稣会翻译文学论

李奭学 著

责任编辑	周红聪
责任校对	杨利军　牟杨茜
装帧设计	蔡立国
出版发行	浙江大学出版社
	（杭州天目山路 148 号　邮政编码 310007）
	（网址：http://www. zjupress.com）
排　　版	北京大观世纪文化传媒有限公司
印　　刷	北京时捷印刷有限公司
开　　本	635mm×965mm　1/16
印　　张	38.5
字　　数	480千
版 印 次	2019年6月第1版　2019年6月第1次印刷
书　　号	ISBN 978-7-308-19078-7
定　　价	98.00元